中国农垦农场志丛

广　西
西江农场志

中国农垦农场志丛编纂委员会　组编

广西西江农场志编纂委员会　主编

中国农业出版社

北　京

图书在版编目（CIP）数据

广西西江农场志/中国农垦农场志丛编纂委员会组编；广西西江农场志编纂委员会主编. —北京：中国农业出版社，2022.12

（中国农垦农场志丛）

ISBN 978-7-109-30636-3

Ⅰ.①广…　Ⅱ.①中…②广…　Ⅲ.①国营农场－概况－贵港　Ⅳ.①F324.1

中国国家版本馆CIP数据核字(2023)第070553号

出 版 人：刘天金
出版策划：苑　荣　刘爱芳
丛书统筹：王庆宁　赵世元
审 稿 组：柯文武　干锦春　薛　波
编 辑 组：杨金妹　王庆宁　周　珊　刘昊阳　黄　曦　李　梅　吕　睿　赵世元　黎　岳
　　　　　刘佳玫　王玉水　李兴旺　蔡雪青　刘金华　陈思羽　张潇逸　喻瀚章　赵星华
工 艺 组：毛志强　王　宏　吴丽婷
设 计 组：姜　欣　关晓迪　王　晨　杨　婧
发行宣传：王贺春　蔡　鸣　李　晶　雷云钊　曹建丽
技术支持：王芳芳　赵晓红　张　瑶

广西西江农场志
Guangxi Xijiang Nongchangzhi

中国农业出版社出版
地址：北京市朝阳区麦子店街18号楼
邮编：100125
责任编辑：王庆宁　　文字编辑：赵世元
责任校对：吴丽婷　　责任印制：王　宏
印刷：北京通州皇家印刷厂
版次：2022年12月第1版
印次：2022年12月北京第1次印刷
发行：新华书店北京发行所
开本：889mm×1194mm　1/16
印张：30.75　插页：26
字数：750千字
定价：238.00元

大众分社投稿邮箱：zgnywwsz@163.com

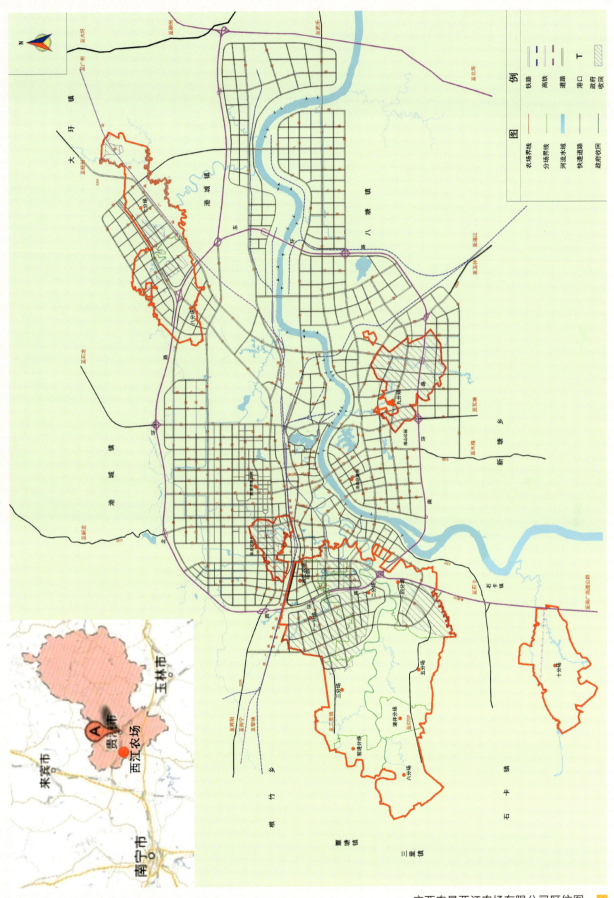

一、农场区位图

广西农垦西江农场有限公司区位图

1986年12月14日，广西壮族自治区党委书记陈辉光（右二）、广西壮族自治区人大常委会副主任黎济武（右三）到西江农场视察

广西壮族自治区人民政府主席韦纯束（中）在西江农场领导陪同下视察糖厂

1995年元月，中华全国总工会副主席杨兴富（前排右二）在自治区总工会主席陈梧生（前排右一）、副主席莫玲玲（前排右四）陪同下，检查西江农场工会工作

2022年10月14日，自治区副主席许显辉（前排右一）到西江农场公司贵港·农垦大厦调研

2022年11月2日，自治区农业农村厅一级巡视员梁雄（中）到西江农场公司调研

2018年5月9日，农业农村部农垦局副局长彭剑良（前排左一）到西江农场考察凯旋国际项目

2021年11月10日，广西农垦集团党委书记、董事长甘承会（前排左二）到西江农场贵港·农垦大厦调研，农垦集团党委副书记、总经理谭良良（前排右二），副总经理李金刚（前排右一）陪同调研

2022年4月14日，广西农垦集团党委副书记、总经理谭良良（前排左二，现任广西农垦集团党委书记、董事长）到桂垦良品贵港·农垦大厦店调研

2018年11月16日，广西农垦集团党委副书记、工会主席翁科（左二）到西江农场指导党建工作

2020年4月7日，广西农垦集团纪委书记覃绍生（前排右一，现任广西农垦集团党委副书记、纪委书记、工会主席）到西江农场公司七分场查看万鑫种猪场项目建设情况

2018年11月19日，广西农垦集团副总经理李东（前排左）到西江农场调研

2021年1月19日，广西农垦集团副总经理张安明（右一）到西江农场公司对困难党员、困难职工进行春节慰问

2020年11月19日，广西农垦集团副总经理黄永华（中）到西江农场公司调研 ◼

2021年6月23日，广西农垦集团副总经理黄河（左一）到西江农场公司走访慰问困难党员 ◼

2021年10月31日，中共贵港市委书记何录春（前排左一）到贵港·农垦大厦参加入驻企业揭牌仪式

2016年3月1日，贵港市委副书记、市长农融（前排左三）在自治区农垦局副局长杨海空（前排右三）、副局长甘羽翔（前排左二）的陪同下，在贵港市园博园项目选址实地调研

三、峥嵘岁月

国营西江农场第一批下放干部摄影留念 一九五七年十二月十五日

第一批下放干部合影 ◢

战天斗地 ◢

农业生产

畜牧生产

机械化开垦

第一代拖拉机手家庭照

筑洪堤，保家园

收花生

龙眼丰收

四、锐意改革

甘蔗生产

柑橘园喷灌

售猪途中

奶牛厂

二砖厂晒砖场地

机械厂大门

工人在理麻

1990年西江糖厂制炼车间

五、走过风雨

1994年、2001年，西江农场分别遭遇历史罕见的特大洪水袭击 ■

被淹没的分场道路 ■

糖厂职工转移

2001年，抗洪救灾，严守鲤鱼江

解放军官兵及西江农场职工奋战在抗洪前线

西江农场职工在抗洪前线 ■

心手相牵保家园 ■

贵港市防洪工程鲤鱼江堤开工典礼 ■

西江农场建场初期场部远景 ◼

西江农场公司现办公楼近景 ◼

建场早期田间劳作 ■

现代田间劳作 ■

建场早期机耕、人工种植场景

现在的机械化种植

建场早期机械化生产设备 ◾

新的机械化生产设备 ◾

四分场职工危房改造前居住的房屋 ■

四分场职工危房改造后居住的楼房 ■

旧防洪堤

新防洪堤

公司全体党员集体重温入党誓词

"西江先锋集结号"党建品牌创建活动启动仪式

先锋集结，整装待发 ▋

西江农场公司党委清廉文化品牌创建启动仪式 ▋

党建聚力，服务民生 ■

西江农场公司党委组织贵港市自然资源党建联盟成员单位志愿者帮助缺少劳动力的职工家庭施甘蔗肥 ■

西江农场公司党委开展助力打造现代一流食品企业志愿服务活动 ■

2018年11月16日，广西农垦党建工作经验交流会在西江农场召开 ■

2022年7月5日至6日，广西农垦集团党建品牌建设培训会在西江农场公司举办 ■

2022年11月23日，西江农场公司党委书记、董事长杨立军授学习贯彻党的二十大精神专题党课 ■

"七一"唱响主旋律快闪活动 ■

西江农场公司党委到贵港市"不忘初心、牢记使命"教育体验基地开展主题党日活动 ■

西江农场公司党委"打卡红色教育基地"活动 ■

八、产业发展

贵港·农垦大厦

西江农场公司自持物业

凯旋国际 ◼

西江绿城·香榭里花园 ◼

中央花园 ◼

西江商业服务中心项目施工现场 ◼

农垦文创小镇项目效果图 ■

西江钢材市场 ■

西江建材批发市场 ■

西江竹木市场 ▮

西江商贸城 ▮

机械化收割甘蔗 ▮

千亩果蔬基地 ▮

西江花卉产业示范区

西江农场公司水厂

桂垦良品贵港·农垦大厦店 ■

西江汽车公司别克、雪佛兰双品牌4S店 ■

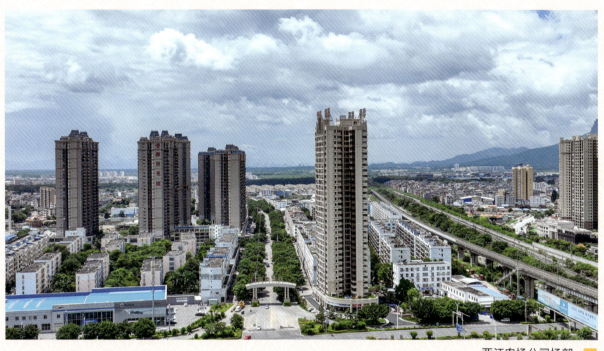

西江农场公司场部 ■

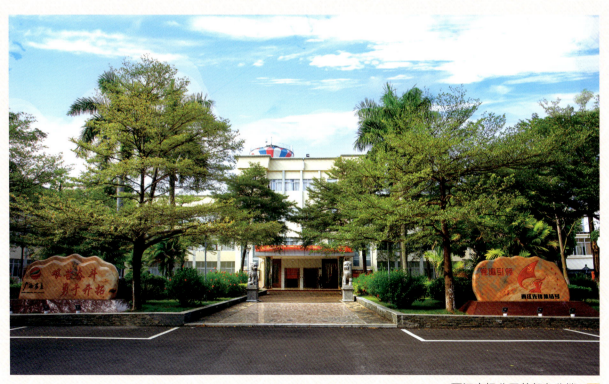

西江农场公司总部办公楼 ■

蔗海 ◼

场部城镇化建设 ◼

西江商住综合楼

广场湖心亭

分场新貌 ■

红色广场 ■

首届"西江农场"杯山地自行车赛

庆祝建党100周年和建垦70周年趣味竞技比赛

气排球比赛 ■

篮球比赛 ■

送春联下分场

西江农场道德讲堂上的手语表演《感恩的心》

西江艺术团承办广西农垦新春慰问晚会 ■

西江农场党委承办"广西农垦党旗红"文艺晚会 ■

诗朗诵《我深爱着你，广西农垦》参加广西农垦集团庆祝新中国成立70周年文艺演出

西江农场公司举办书法摄影展

团建活动 ▮

西江合唱团参加自治区"迎十九大 感恩祖国"主题歌咏汇演活动 ▮

西江农场党委荣获"全国创先争优先进基层党组织"

西江农场党委荣获"自治区先进基层党组织"

西江农场工会荣获"全国农林水利系统模范职工之家"

西江农场荣获自治区"文明单位"

西江农场荣获"自治区和谐企业"

西江农场公司党委荣获自治区国资委党委系统"先进基层党组织"

西江农场公司党委荣获广西农垦集团党委"先进基层党组织"

西江农场荣获"自治区农垦文明单位"

西江农场公司荣获广西农垦建垦70周年"先进单位"

西江农场公司荣获贵港市城市发展跃升"先进集体"

中国农垦农场志丛编纂委员会

主　任

张兴旺

副主任

左常升　李尚兰　刘天金　彭剑良　程景民　王润雷

成　员（按垦区排序）

肖辉利　毕国生　苗冰松　茹栋梅　赵永华　杜　鑫　陈　亮

王守聪　许如庆　姜建友　唐冬寿　王良贵　郭宋玉　兰永清

马常春　张金龙　李胜强　马艳青　黄文沐　张安明　王明魁

徐　斌　田李文　张元鑫　余　繁　林　木　王　韬　张懿笃

杨毅青　段志强　武洪斌　熊　斌　冯天华　朱云生　常　芳

中国农垦农场志丛编纂委员会办公室

主　任

王润雷

副主任

王　生　刘爱芳　武新宇　明　星

成　员

胡从九　刘琢琬　干锦春　王庆宁

中国农垦农场志丛

广西西江农场志编纂委员会

主　任

杨立军

副主任

苏海波　邓德平

委　员

甘再兴　李　坚　蒋　诚　李　蔚　吉文星

广西西江农场志编缉部

总　编

邓德平（兼）

执行总编

侯莹莹

总　纂

周朝宁（特邀）

参编人员

邓兆鹏　周永燕　王东波　郑　瑶

总序

中国农垦农场志丛自 2017 年开始酝酿，历经几度春秋寒暑，终于在建党 100 周年之际，陆续面世。在此，谨向所有为修此志作出贡献、付出心血的同志表示诚挚的敬意和由衷的感谢！

中国共产党领导开创的农垦事业，为中华人民共和国的诞生和发展立下汗马功劳。八十余年来，农垦事业的发展与共和国的命运紧密相连，在使命履行中，农场成长为国有农业经济的骨干和代表，成为国家在关键时刻抓得住、用得上的重要力量。

如果将农垦比作大厦，那么农场就是砖瓦，是基本单位。在全国 31 个省（自治区、直辖市，港澳台除外），分布着 1800 多个农垦农场。这些星罗棋布的农场如一颗颗玉珠，明暗随农垦的历史进程而起伏；当其融汇在一起，则又映射出农垦事业波澜壮阔的历史画卷，绽放着"艰苦奋斗、勇于开拓"的精神光芒。

（一）

"农垦"概念源于历史悠久的"屯田"。早在秦汉时期就有了移民垦荒，至汉武帝时创立军屯，用于保障军粮供应。之后，历代沿袭屯田这一做法，充实国库，供养军队。

中国共产党借鉴历代屯田经验，发动群众垦荒造田。1933年2月，中华苏维埃共和国临时中央政府颁布《开垦荒地荒田办法》，规定"县区土地部、乡政府要马上调查统计本地所有荒田荒地，切实计划、发动群众去开荒"。到抗日战争时期，中国共产党大规模地发动军人进行农垦实践，肩负起支援抗战的特殊使命，农垦事业正式登上了历史舞台。

20世纪30年代末至40年代初，抗日战争进入相持阶段，在日军扫荡和国民党军事包围、经济封锁等多重压力下，陕甘宁边区生活日益困难。"我们曾经弄到几乎没有衣穿，没有油吃，没有纸、没有菜，战士没有鞋袜，工作人员在冬天没有被盖。"毛泽东同志曾这样讲道。

面对艰难处境，中共中央决定开展"自己动手，丰衣足食"的生产自救。1939年2月2日，毛泽东同志在延安生产动员大会上发出"自己动手"的号召。1940年2月10日，中共中央、中央军委发出《关于开展生产运动的指示》，要求各部队"一面战斗、一面生产、一面学习"。于是，陕甘宁边区掀起了一场轰轰烈烈的大生产运动。

这个时期，抗日根据地的第一个农场——光华农场诞生了。1939年冬，根据中共中央的决定，光华农场在延安筹办，生产牛奶、蔬菜等食物。同时，进行农业科学实验、技术推广，示范带动周边群众。这不同于古代屯田，开创了农垦示范带动的历史先河。

在大生产运动中，还有一面"旗帜"高高飘扬，让人肃然起敬，它就是举世闻名的南泥湾大生产运动。

1940年6—7月，为了解陕甘宁边区自然状况、促进边区建设事业发展，在中共中央财政经济部的支持下，边区政府建设厅的农林科学家乐天宇等一行6人，历时47天，全面考察了边区的森林自然状况，并完成了《陕甘宁边区森林考察团报告书》，报告建议垦殖南泥洼（即南泥湾）。之后，朱德总司令亲自前往南泥洼考察，谋划南泥洼的开发建设。

1941年春天，受中共中央的委托，王震将军率领三五九旅进驻南泥湾。那时，南泥湾俗称"烂泥湾","方圆百里山连山",战士们"只见梢林不见天",身边做伴的是满山窜的狼豹黄羊。在这种艰苦处境中,战士们攻坚克难,一手拿枪,一手拿镐,练兵开荒两不误,把"烂泥湾"变成了陕北的"好江南"。从1941年到1944年,仅仅几年时间,三五九旅的粮食产量由0.12万石猛增到3.7万石,上缴公粮1万石,达到了耕一余一。与此同时,工业、商业、运输业、畜牧业和建筑业也得到了迅速发展。

南泥湾大生产运动,作为中国共产党第一次大规模的军垦,被视为农垦事业的开端,南泥湾也成为农垦事业和农垦精神的发祥地。

进入解放战争时期,建立巩固的东北根据地成为中共中央全方位战略的重要组成部分。毛泽东同志在1945年12月28日为中共中央起草的《建立巩固的东北根据地》中,明确指出"我党现时在东北的任务,是建立根据地,是在东满、北满、西满建立巩固的军事政治的根据地",要求"除集中行动负有重大作战任务的野战兵团外,一切部队和机关,必须在战斗和工作之暇从事生产"。

紧接着,1947年,公营农场兴起的大幕拉开了。

这一年春天,中共中央东北局财经委员会召开会议,主持财经工作的陈云、李富春同志在分析时势后指出:东北行政委员会和各省都要"试办公营农场,进行机械化农业实验,以迎接解放后的农村建设"。

这一年夏天,在松江省政府的指导下,松江省省营第一农场(今宁安农场)创建。省政府主任秘书李在人为场长,他带领着一支18人的队伍,在今尚志市一面坡太平沟开犁生产,一身泥、一身汗地拉开了"北大荒第一犁"。

这一年冬天,原辽北军区司令部作训科科长周亚光带领人马,冒着严寒风雪,到通北县赵光区实地踏查,以日伪开拓团训练学校旧址为基础,建成了我国第一个公营机械化农场——通北机械农场。

之后,花园、永安、平阳等一批公营农场纷纷在战火的硝烟中诞生。与此同时,一部分身残志坚的荣誉军人和被解放的国民党军人,向东北荒原宣战,艰苦拓荒、艰辛创业,创建了一批荣军农场和解放团农场。

再将视线转向华北。这一时期，在河北省衡水湖的前身"千顷洼"所在地，华北人民政府农业部利用一批来自联合国善后救济总署的农业机械，建成了华北解放区第一个机械化公营农场——冀衡农场。

除了机械化农场，在那个主要靠人力耕种的年代，一些拖拉机站和机务人员培训班诞生在东北、华北大地上，推广农业机械化技术，成为新中国农机事业人才培养的"摇篮"。新中国的第一位女拖拉机手梁军正是优秀代表之一。

（二）

中华人民共和国成立后农垦事业步入了发展的"快车道"。

1949 年 10 月 1 日，新中国成立了，百废待兴。新的历史阶段提出了新课题、新任务：恢复和发展生产，医治战争创伤，安置转业官兵，巩固国防，稳定新生的人民政权。

这没有硝烟的"新战场"，更需要垦荒生产的支持。

1949 年 12 月 5 日，中央人民政府人民革命军事委员会发布《关于 1950 年军队参加生产建设工作的指示》，号召全军"除继续作战和服勤务者而外，应当负担一部分生产任务，使我人民解放军不仅是一支国防军，而且是一支生产军"。

1952 年 2 月 1 日，毛泽东主席发布《人民革命军事委员会命令》："你们现在可以把战斗的武器保存起来，拿起生产建设的武器。"批准中国人民解放军 31 个师转为建设师，其中有 15 个师参加农业生产建设。

垦荒战鼓已擂响，刚跨进和平年代的解放军官兵们，又背起行囊，扑向荒原，将"作战地图变成生产地图"，把"炮兵的瞄准仪变成建设者的水平仪"，让"战马变成耕马"，在戈壁荒漠、三江平原、南国边疆安营扎寨，攻坚克难，辛苦耕耘，创造了农垦事业的一个又一个奇迹。

1. 将戈壁荒漠变成绿洲

1950 年 1 月，王震将军向驻疆部队发布开展大生产运动的命令，动员 11 万余名官兵就地屯垦，创建军垦农场。

垦荒之战有多难,这些有着南泥湾精神的农垦战士就有多拼。

没有房子住,就搭草棚子、住地窝子;粮食不够吃,就用盐水煮麦粒;没有拖拉机和畜力,就多人拉犁开荒种地……

然而,戈壁滩缺水,缺"农业的命根子",这是痛中之痛!

没有水,战士们就自己修渠,自伐木料,自制筐担,自搓绳索,自开块石。修渠中涌现了很多动人故事,据原新疆兵团农二师师长王德昌回忆,1951年冬天,一名来自湖南的女战士,面对磨断的绳子,情急之下,割下心爱的辫子,接上绳子背起了石头。

在战士们全力以赴的努力下,十八团渠、红星渠、和平渠、八一胜利渠等一条条大地的"新动脉",奔涌在戈壁滩上。

1954年10月,经中共中央批准,新疆生产建设兵团成立,陶峙岳被任命为司令员,新疆维吾尔自治区党委书记王恩茂兼任第一政委,张仲瀚任第二政委。努力开荒生产的驻疆屯垦官兵终于有了正式的新身份,工作中心由武装斗争转为经济建设,新疆地区的屯垦进入了新的阶段。

之后,新疆生产建设兵团重点开发了北疆的准噶尔盆地、南疆的塔里木河流域及伊犁、博乐、塔城等边远地区。战士们鼓足干劲,兴修水利、垦荒造田、种粮种棉、修路架桥,一座座城市拔地而起,荒漠变绿洲。

2. 将荒原沼泽变成粮仓

在新疆屯垦热火朝天之时,北大荒也进入了波澜壮阔的开发阶段,三江平原成为"主战场"。

1954年8月,中共中央农村工作部同意并批转了农业部党组《关于开发东北荒地的农建二师移垦东北问题的报告》,同时上报中央军委批准。9月,第一批集体转业的"移民大军"——农建二师由山东开赴北大荒。这支8000多人的齐鲁官兵队伍以荒原为家,创建了二九〇、二九一和十一农场。

同年,王震将军视察黑龙江汤原后,萌发了开发北大荒的设想。领命的是第五师副师长余友清，他打头阵，率一支先遣队到密山、虎林一带踏查荒原，于1955年元旦，在虎林县（今虎林市）西岗创建了铁道兵第一个农场，以部队番号命名为"八五〇部农场"。

1955年，经中共中央同意，铁道兵9个师近两万人挺进北大荒，在密山、虎林、饶河一带开荒建场，拉开了向三江平原发起总攻的序幕，在八五〇部农场周围建起了一批八字头的农场。

1958年1月，中央军委发出《关于动员十万干部转业复员参加生产建设的指示》，要求全军复员转业官兵去开发北大荒。命令一下，十万转业官兵及家属，浩浩荡荡进军三江平原，支边青年、知识青年也前赴后继地进攻这片古老的荒原。

垦荒大军不惧苦、不畏难，鏖战多年，荒原变良田。1964年盛夏，国家副主席董必武来到北大荒视察，面对麦香千里即兴赋诗："斩棘披荆忆老兵，大荒已变大粮屯。"

3. 将荒郊野岭变成胶园

如果说农垦大军在戈壁滩、北大荒打赢了漂亮的要粮要棉战役，那么，在南国边疆，则打赢了一场在世界看来不可能胜利的翻身仗。

1950年，朝鲜战争爆发后，帝国主义对我国实行经济封锁，重要战略物资天然橡胶被禁运，我国国防和经济建设面临严重威胁。

当时世界公认天然橡胶的种植地域不能超过北纬17°，我国被国际上许多专家划为"植胶禁区"。

但命运应该掌握在自己手中，中共中央作出"一定要建立自己的橡胶基地"的战略决策。1951年8月，政务院通过《关于扩大培植橡胶树的决定》，由副总理兼财政经济委员会主任陈云亲自主持这项工作。同年11月，华南垦殖局成立，中共中央华南分局第一书记叶剑英兼任局长，开始探索橡胶种植。

1952年3月，两万名中国人民解放军临危受命，组建成林业工程第一师、第二师和一个独立团，开赴海南、湛江、合浦等地，住茅棚、战台风、斗猛兽，白手起家垦殖橡胶。

大规模垦殖橡胶，急需胶籽。"一粒胶籽，一两黄金"成为战斗口号，战士们不惜一切代价收集胶籽。有一位叫陈金照的小战士，运送胶籽时遇到山洪，被战友们找到时已没有了呼吸，而背上箩筐里的胶籽却一粒没丢……

正是有了千千万万个把橡胶看得重于生命的陈金照们，1957 年春天，华南垦殖局种植的第一批橡胶树，流出了第一滴胶乳。

1960 年以后，大批转业官兵加入海南岛植胶队伍，建成第一个橡胶生产基地，还大面积种植了剑麻、香茅、咖啡等多种热带作物。同时，又有数万名转业官兵和湖南移民汇聚云南边疆，用血汗浇灌出了我国第二个橡胶生产基地。

在新疆、东北和华南三大军垦战役打响之时，其他省份也开始试办农场。1952 年，在政务院关于"各县在可能范围内尽量地办起和办好一两个国营农场"的要求下，全国各地农场如雨后春笋般发展起来。1956 年，农垦部成立，王震将军被任命为部长，统一管理全国的军垦农场和地方农场。

随着农垦管理走向规范化，农垦事业也蓬勃发展起来。江西建成多个综合垦殖场，发展茶、果、桑、林等多种生产；北京市郊、天津市郊、上海崇明岛等地建起了主要为城市提供副食品的国营农场；陕西、安徽、河南、西藏等省区建立发展了农牧场群……

到 1966 年，全国建成国营农场 1958 个，拥有职工 292.77 万人，拥有耕地面积 345457 公顷，农垦成为我国农业战线一支引人瞩目的生力军。

（三）

前进的道路并不总是平坦的。"文化大革命"持续十年，使党、国家和各族人民遭到新中国成立以来时间最长、范围最广、损失最大的挫折，农垦系统也不能幸免。农场平均主义盛行，从 1967 年至 1978 年，农垦系统连续亏损 12 年。

"没有一个冬天不可逾越，没有一个春天不会来临。"1978 年，党的十一届三中全会召开，如同一声春雷，唤醒了沉睡的中华大地。手握改革开放这一法宝，全党全社会朝着社会主义现代化建设方向大步前进。

在这种大形势下，农垦人深知，国营农场作为社会主义全民所有制企业，应当而且有条件走在农业现代化的前列，继续发挥带头和示范作用。

于是，农垦人自觉承担起推进实现农业现代化的重大使命，乘着改革开放的春风，开始进行一系列的上下求索。

1978年9月，国务院召开了人民公社、国营农场试办农工商联合企业座谈会，决定在我国试办农工商联合企业，农垦系统积极响应。作为现代化大农业的尝试，机械化水平较高且具有一定工商业经验的农垦企业，在农工商综合经营改革中如鱼得水，打破了单一种粮的局面，开启了农垦一二三产业全面发展的大门。

农工商综合经营只是农垦改革的一部分，农垦改革的关键在于打破平均主义，调动生产积极性。

为调动企业积极性，1979年2月，国务院批转了财政部、国家农垦总局《关于农垦企业实行财务包干的暂行规定》。自此，农垦开始实行财务大包干，突破了"千家花钱，一家（中央）平衡"的统收统支方式，解决了农垦企业吃国家"大锅饭"的问题。

为调动企业职工的积极性，从1979年根据财务包干的要求恢复"包、定、奖"生产责任制，到1980年后一些农场实行以"大包干"到户为主要形式的家庭联产承包责任制，再到1983年借鉴农村改革经验，全面兴办家庭农场，逐渐建立大农场套小农场的双层经营体制，形成"家家有场长，户户搞核算"的蓬勃发展气象。

为调动企业经营者的积极性，1984年下半年，农垦系统在全国选择100多个企业试点推行场（厂）长、经理负责制，1988年全国农垦有60%以上的企业实行了这项改革，继而又借鉴城市国有企业改革经验，全面推行多种形式承包经营责任制，进一步明确主管部门与企业的权责利关系。

以上这些改革主要是在企业层面，以单项改革为主，虽然触及了国家、企业和职工的最直接、最根本的利益关系，但还没有完全解决传统体制下影响农垦经济发展的深层次矛盾和困难。

"历史总是在不断解决问题中前进的。"1992年，继邓小平南方谈话之后，党的十四大明确提出，要建立社会主义市场经济体制。市场经济为农垦改革进一步指明了方向，但农垦如何改革才能步入这个轨道，真正成为现代化农业的引领者？

关于国营大中型企业如何走向市场，早在1991年9月中共中央就召开工作会议，强调要转换企业经营机制。1992年7月，国务院发布《全民所有制工业企业转换经营机制条例》，明确提出企业转换经营机制的目标是："使企业适应市场的要求，成为依法自主经营、自负盈亏、自我发展、自我约束的商品生产和经营单位，成为独立享有民事权利和承担民事义务的企业法人。"

为转换农垦企业的经营机制，针对在干部制度上的"铁交椅"、用工制度上的"铁饭碗"和分配制度上的"大锅饭"问题，农垦实施了干部聘任制、全员劳动合同制以及劳动报酬与工效挂钩的三项制度改革，为农垦企业建立在用人、用工和收入分配上的竞争机制起到了重要促进作用。

1993年，十四届三中全会再次擂响战鼓，指出要进一步转换国有企业经营机制，建立适应市场经济要求，产权清晰、权责明确、政企分开、管理科学的现代企业制度。

农业部积极响应，1994年决定实施"三百工程"，即在全国农垦选择百家国有农场进行现代企业制度试点、组建发展百家企业集团、建设和做强百家良种企业，标志着农垦企业的改革开始深入到企业制度本身。

同年，针对有些农场仍为职工家庭农场，承包户垫付生产、生活费用这一问题，根据当年1月召开的全国农业工作会议要求，全国农垦系统开始实行"四到户"和"两自理"，即土地、核算、盈亏、风险到户，生产费、生活费由职工自理。这一举措彻底打破了"大锅饭"，开启了国有农场农业双层经营体制改革的新发展阶段。

然而，在推进市场经济进程中，以行政管理手段为主的垦区传统管理体制，逐渐成为束缚企业改革的桎梏。

垦区管理体制改革迫在眉睫。1995年，农业部在湖北省武汉市召开全国农垦经济体制改革工作会议，在总结各垦区实践的基础上，确立了农垦管理体制的改革思路:逐步弱化行政职能,加快实体化进程,积极向集团化、公司化过渡。以此会议为标志,垦区管理体制改革全面启动。北京、天津、黑龙江等17个垦区按照集团化方向推进。此时,出于实际需要,大部分垦区在推进集团化改革中仍保留了农垦管理部门牌子和部分行政管理职能。

"前途是光明的,道路是曲折的。"由于农垦自身存在的政企不分、产权不清、社会负担过重等深层次矛盾逐渐暴露,加之农产品价格低迷、激烈的市场竞争等外部因素叠加,从1997年开始,农垦企业开始步入长达5年的亏损徘徊期。

然而,农垦人不放弃、不妥协,终于在2002年"守得云开见月明"。这一年,中共十六大召开,农垦也在不断调整和改革中,告别"五连亏",盈利13亿。

2002年后,集团化垦区按照"产业化、集团化、股份化"的要求,加快了对集团母公司、产业化专业公司的公司制改造和资源整合,逐步将国有优质资产集中到主导产业,进一步建立健全现代企业制度,形成了一批大公司、大集团,提升了农垦企业的核心竞争力。

与此同时,国有农场也在企业化、公司化改造方面进行了积极探索,综合考虑是否具备企业经营条件、能否剥离办社会职能等因素,因地制宜、分类指导。一是办社会职能可以移交的农场,按公司制等企业组织形式进行改革;办社会职能剥离需要过渡期的农场,逐步向公司制企业过渡。如广东、云南、上海、宁夏等集团化垦区,结合农场体制改革,打破传统农场界限,组建产业化专业公司,并以此为纽带,进一步将垦区内产业关联农场由子公司改为产业公司的生产基地(或基地分公司),建立了集团与加工企业、农场生产基地间新的运行体制。二是不具备企业经营条件的农场,改为乡、镇或行政区,向政权组织过渡。如2003年前后,一些垦区的部分农场连年严重亏损,有的甚至濒临破产。湖南、湖北、河北等垦区经省委、省政府批准,对农场管理体制进行革新,把农场管理权下放到市县,实行属地管理,一些农场建立农场管理区,赋予必要的政府职能,给予财税优惠政策。

这些改革离不开农垦职工的默默支持,农垦的改革也不会忽视职工的生活保障。1986年,根据《中共中央、国务院批转农牧渔业部〈关于农垦经济体制改革问题的报告〉的通知》要求，农垦系统突破职工住房由国家分配的制度，实行住房商品化，调动职工自己动手、改善住房的积极性。1992年，农垦系统根据国务院关于企业职工养老保险制度改革的精神，开始改变职工养老保险金由企业独自承担的局面，此后逐步建立并完善国家、企业、职工三方共同承担的社会保障制度，减轻农场养老负担的同时，也减少了农场职工的后顾之忧，保障了农场改革的顺利推进。

从1986年至十八大前夕，从努力打破传统高度集中封闭管理的计划经济体制，到坚定社会主义市场经济体制方向；从在企业层面改革，以单项改革和放权让利为主，到深入管理体制，以制度建设为核心、多项改革综合配套协调推进为主：农垦企业一步一个脚印，走上符合自身实际的改革道路，管理体制更加适应市场经济，企业经营机制更加灵活高效。

这一阶段，农垦系统一手抓改革，一手抓开放，积极跳出"封闭"死胡同，走向开放的康庄大道。从利用外资在经营等领域涉足并深入合作，大力发展"三资"企业和"三来一补"项目；到注重"引进来"，引进资金、技术设备和管理理念等；再到积极实施"走出去"战略，与中东、东盟、日本等地区和国家进行经贸合作出口商品，甚至扎根境外建基地、办企业、搞加工、拓市场：农垦改革开放风生水起逐浪高，逐步形成"两个市场、两种资源"的对外开放格局。

（四）

党的十八大以来，以习近平同志为核心的党中央迎难而上，作出全面深化改革的决定，农垦改革也进入全面深化和进一步完善阶段。

2015年11月，中共中央、国务院印发《关于进一步推进农垦改革发展的意见》（简称《意见》），吹响了新一轮农垦改革发展的号角。《意见》明确要求，新时期农垦改革发展要以推进垦区集团化、农场企业化改革为主线，努力把农垦建设成为保障国家粮食安全和重要农产品有效供给的国家队、中国特色新型农业现代化的示范区、农业对外合作的排头兵、安边固疆的稳定器。

2016年5月25日，习近平总书记在黑龙江省考察时指出，要深化国有农垦体制改革，以垦区集团化、农场企业化为主线，推动资源资产整合、产业优化升级，建设现代农业大基地、大企业、大产业，努力形成农业领域的航母。

2018 年 9 月 25 日，习近平总书记再次来到黑龙江省进行考察，他强调，要深化农垦体制改革，全面增强农垦内生动力、发展活力、整体实力，更好发挥农垦在现代农业建设中的骨干作用。

农垦从来没有像今天这样更接近中华民族伟大复兴的梦想！农垦人更加振奋了，以壮士断腕的勇气、背水一战的决心继续农垦改革发展攻坚战。

1. 取得了累累硕果

——坚持集团化改革主导方向，形成和壮大了一批具有较强竞争力的现代农业企业集团。黑龙江北大荒去行政化改革、江苏农垦农业板块上市、北京首农食品资源整合……农垦深化体制机制改革多点开花、逐步深入。以资本为纽带的母子公司管理体制不断完善，现代公司治理体系进一步健全。市县管理农场的省份区域集团化改革稳步推进，已组建区域集团和产业公司超过 300 家，一大批农场注册成为公司制企业，成为真正的市场主体。

——创新和完善农垦农业双层经营体制，强化大农场的统一经营服务能力，提高适度规模经营水平。截至 2020 年，据不完全统计，全国农垦规模化经营土地面积 5500 多万亩，约占农垦耕地面积的 70.5%，现代农业之路越走越宽。

——改革国有农场办社会职能，让农垦企业政企分开、社企分开，彻底甩掉历史包袱。截至 2020 年，全国农垦有改革任务的 1500 多个农场完成办社会职能改革，松绑后的步伐更加矫健有力。

——推动农垦国有土地使用权确权登记发证，唤醒沉睡已久的农垦土地资源。截至 2020 年，土地确权登记发证率达到 96.3%，使土地也能变成金子注入农垦企业，为推进农垦土地资源资产化、资本化打下坚实基础。

——积极推进对外开放，农垦农业对外合作先行者和排头兵的地位更加突出。合作领域从粮食、天然橡胶行业扩展到油料、糖业、果菜等多种产业，从单个环节向全产业链延伸，对外合作范围不断拓展。截至 2020 年，全国共有 15 个垦区在 45 个国家和地区投资设立了 84 家农业企业，累计投资超过 370 亿元。

2. 在发展中改革，在改革中发展

农垦企业不仅有改革的硕果，更以改革创新为动力，在扶贫开发、产业发展、打造农业领域航母方面交出了漂亮的成绩单。

——聚力农垦扶贫开发，打赢农垦脱贫攻坚战。从 20 世纪 90 年代起，农垦系统开始扶贫开发。"十三五"时期，农垦系统针对 304 个重点贫困农场，绘制扶贫作战图，逐个建立扶贫档案，坚持"一场一卡一评价"。坚持产业扶贫，组织开展技术培训、现场观摩、产销对接，增强贫困农场自我"造血"能力。甘肃农垦永昌农场建成高原夏菜示范园区，江西宜丰黄冈山垦殖场大力发展旅游产业，广东农垦新华农场打造绿色生态茶园……贫困农场产业发展蒸蒸日上，全部如期脱贫摘帽，相对落后农场、边境农场和生态脆弱区农场等农垦"三场"踏上全面振兴之路。

——推动产业高质量发展，现代农业产业体系、生产体系、经营体系不断完善。初步建成一批稳定可靠的大型生产基地，保障粮食、天然橡胶、牛奶、肉类等重要农产品的供给；推广一批环境友好型种养新技术、种养循环新模式，提升产品质量的同时促进节本增效；制定发布一系列生鲜乳、稻米等农产品的团体标准，守护"舌尖上的安全"；相继成立种业、乳业、节水农业等产业技术联盟，形成共商共建共享的合力；逐渐形成"以中国农垦公共品牌为核心、农垦系统品牌联合舰队为依托"的品牌矩阵，品牌美誉度、影响力进一步扩大。

——打造形成农业领域航母，向培育具有国际竞争力的现代农业企业集团迈出坚实步伐。黑龙江北大荒、北京首农、上海光明三个集团资产和营收双超千亿元，在发展中乘风破浪：黑龙江北大荒农垦集团实现机械化全覆盖，连续多年粮食产量稳定在 400 亿斤以上，推动产业高端化、智能化、绿色化，全力打造"北大荒绿色智慧厨房"；北京首农集团坚持科技和品牌双轮驱动，不断提升完善"从田间到餐桌"的全产业链条；上海光明食品集团坚持品牌化经营、国际化发展道路，加快农业

"走出去"步伐，进行国际化供应链、产业链建设，海外营收占集团总营收20％左右，极大地增强了对全世界优质资源的获取能力和配置能力。

千淘万漉虽辛苦，吹尽狂沙始到金。迈入"十四五"，农垦改革目标基本完成，正式开启了高质量发展的新篇章，正在加快建设现代农业的大基地、大企业、大产业，全力打造农业领域航母。

（五）

八十多年来，从人畜拉犁到无人机械作业，从一产独大到三产融合，从单项经营到全产业链，从垦区"小社会"到农业"集团军"，农垦发生了翻天覆地的变化。然而，无论农垦怎样变，变中都有不变。

——不变的是一路始终听党话、跟党走的绝对忠诚。从抗战和解放战争时期垦荒供应军粮，到新中国成立初期发展生产、巩固国防，再到改革开放后逐步成为现代农业建设的"排头兵"，农垦始终坚持全面贯彻党的领导。而农垦从孕育诞生到发展壮大，更离不开党的坚强领导。毫不动摇地坚持贯彻党对农垦的领导，是农垦人奋力前行的坚强保障。

——不变的是服务国家核心利益的初心和使命。肩负历史赋予的保障供给、屯垦戍边、示范引领的使命，农垦系统始终站在讲政治的高度，把完成国家战略任务放在首位。在三年困难时期、"非典"肆虐、汶川大地震、新冠肺炎疫情突发等关键时刻，农垦系统都能"调得动、顶得上、应得急"，为国家大局稳定作出突出贡献。

——不变的是"艰苦奋斗、勇于开拓"的农垦精神。从抗日战争时一手拿枪、一手拿镐的南泥湾大生产，到新中国成立后新疆、东北和华南的三大军垦战役，再到改革开放后艰难但从未退缩的改革创新、坚定且铿锵有力的发展步伐，"艰苦奋斗、勇于开拓"始终是农垦人不变的本色，始终是农垦人攻坚克难的"传家宝"。

农垦精神和文化生于农垦沃土，在红色文化、军旅文化、知青文化等文化中孕育，也在一代代人的传承下，不断被注入新的时代内涵，成为农垦事业发展的不竭动力。

"大力弘扬'艰苦奋斗、勇于开拓'的农垦精神,推进农垦文化建设,汇聚起推动农垦改革发展的强大精神力量。"中央农垦改革发展文件这样要求。在新时代、新征程中,记录、传承农垦精神,弘扬农垦文化是农垦人的职责所在。

(六)

随着垦区集团化、农场企业化改革的深入,农垦的企业属性越来越突出,加之有些农场的历史资料、文献文物不同程度遗失和损坏,不少老一辈农垦人也已年至期颐,农垦历史、人文、社会、文化等方面的保护传承需求也越来越迫切。

传承农垦历史文化,志书是十分重要的载体。然而,目前只有少数农场编写出版过农场史志类书籍。因此,为弘扬农垦精神和文化,完整记录展示农场发展改革历程,保存农垦系统重要历史资料,在农业农村部党组的坚强领导下,农垦局主动作为,牵头组织开展中国农垦农场志丛编纂工作。

工欲善其事,必先利其器。2019 年,借全国第二轮修志工作结束、第三轮修志工作启动的契机,农业农村部启动中国农垦农场志丛编纂工作,广泛收集地方志相关文献资料,实地走访调研、拜访专家、咨询座谈、征求意见等。在充足的前期准备工作基础上,制定了中国农垦农场志丛编纂工作方案,拟按照前期探索、总结经验、逐步推进的整体安排,统筹推进中国农垦农场志丛编纂工作,这一方案得到了农业农村部领导的高度认可和充分肯定。

编纂工作启动后,层层落实责任。农业农村部专门成立了中国农垦农场志丛编纂委员会,研究解决农场志编纂、出版工作中的重大事项;编纂委员会下设办公室,负责志书编纂的具体组织协调工作;各省级农垦管理部门成立农场志编纂工作机构,负责协调本区域农场志的组织编纂、质量审查等工作;参与编纂的农场成立了农场志编纂工作小组,明确专职人员,落实工作经费,建立配套机制,保证了编纂工作的顺利进行。

质量是志书的生命和价值所在。为保证志书质量,我们组织专家编写了《农场志编纂技术手册》,举办农场志编纂工作培训班,召开农场志编纂工作推进会和研讨会，到农场实地调研督导，尽全力把好志书编纂的史实关、政治关、体例关、文字关和出版关。我们本着"时间服从质量"的原则，将精品意识贯穿编纂工作始终。坚持分步实施、稳步推进，成熟一本出版一本，成熟一批出版一批。

中国农垦农场志丛是我国第一次较为系统地记录展示农场形成发展脉络、改革发展历程的志书。它是一扇窗口，让读者了解农场，理解农垦；它是一条纽带，让农垦人牢记历史，让农垦精神代代传承；它是一本教科书，为今后农垦继续深化改革开放、引领现代农业建设、服务乡村振兴战略指引道路。

修志为用。希望此志能够"尽其用"，对读者有所裨益。希望广大农垦人能够从此志汲取营养，不忘初心、牢记使命，一茬接着一茬干、一棒接着一棒跑，在新时代继续发挥农垦精神，续写农垦改革发展新辉煌，为实现中华民族伟大复兴的中国梦不懈努力！

中国农垦农场志丛编纂委员会

2021 年 7 月

广西西江农场志
GUANGXI XIJIANG NONGCHANGZHI

七十载峥嵘岁月，砥砺耕耘；七十年励精图治，成就辉煌。在西江农场公司建场70周年来临之际，《广西西江农场志》正式问世。它的付梓，是西江农场精神文明建设中的一大成果，是农场公司发展史上一件可喜可贺的大事，更是西江人一大盛事。

盛世修志，历来是我们中华民族的优良传统，也是国家兴旺发达的标志之一。它是物质文明、政治文明和精神文明的组成部分，是社会主义文化建设的系统工程，是承上启下、继往开来、服务当代、有益后世、惠及子孙的千秋大业。

《广西西江农场志》旨在追寻拓荒者的足迹，真实记录70年来西江人艰苦创业、辛勤耕耘、振兴经济、改革发展的光荣历史。场志的编纂，系继承和发扬"艰苦奋斗，勇于开拓"的农垦精神，为我们鉴往知来、把握现在，提供了珍贵的历史资料，是农场一笔巨大的精神财富，起到"存史、资治、教化"作用，具有极其深远、重大的意义。

西江农场公司现隶属广西农垦集团，前身为广西国营西江机械农场，建场于1953年

11月。1955年8月，经中共广西省委批准更名为"广西国营西江农场"，先后由广西农业厅、玉林地区管理，1960年自治区农垦局收归直接管理。2003年9月，改称为"广西农垦国有西江农场"，2018年11月，西江农场改制后更名为"广西农垦西江农场有限公司"，并一直沿用至今。

西江农场区位优势明显，交通便利，地处西南地区最大的内陆港口城市——贵港市，位居"西江黄金水道"核心地带，由呈马蹄形分布的四块不相连的土地组成，东西长约40公里，南北宽约25公里。气候温和，雨量充沛，土地肥沃，人杰地灵，民风淳朴，资源丰富，发展前景广阔，商机无限，是一片充满活力和生机的热土。

解放初期的郁江大地，人烟稀少，碱荒遍地，旱涝频仍。1953年11月，广西国营西江机械农场在这片荒芜贫瘠的土地上宣告成立。一支垦荒大军响应党和国家号召，风餐露宿、披荆斩棘、辛勤耕耘，以血汗洗刷贫穷，用智慧开垦新天地。

党的十一届三中全会召开后，改革的春风吹遍了祖国大地，农村经济体制改革的成功，进一步推动了农垦改革。1984年随着农场家庭联产承包责任制的推行，西江农场的经济社会建设发生了深刻的变化，改革开放和现代化建设不断推进，职工生活水平逐步提高，科教文卫等各项事业蓬勃发展。特别是进入21世纪以来，西江人解放思想，抢抓机遇，与时俱进，调结构、推改革、惠民生，优化产业转型升级，紧紧围绕"稳定发展甘蔗产业，实践高新农业，做强房地产，拓展物流业"的经营方针，改革创新，真抓实干，经济指标快速增长，综合实力不断增强，农场场容场貌焕然一新，农业基础地位不断夯实，民生建设明显改善，职工收入大幅增加，社会和谐稳定，呈现出科学发展、欣欣向荣的良好局面。2001—2022年，西江农场累计盈利总额达6.87亿元，为农场经济的腾飞奠定了坚实的基础。在经济全球化、信息全球化的今天，西江农场公司以区位优势为立足点，建设了西江钢材专业市场、木材市场、果蔬批发市场、旧货市场等一批新兴专业市场；以土地资源优势为突破口，凯旋国际、中央花园、西江绿城·香榭里花园、陶然花园、悦桂田园·福港城等重点工程项目落地开花；以绿色生态农业为核心理念，国家级蔬菜标准园示范基地、西江蔗糖产业示范区、西江花卉产业示范区等特色农业项目建设如火如荼。新时代，新思路，新跨越，西江农场公司正按照广西农垦集团"一盘棋"优化重组方案，打造现代一流食品企业赋予西江的"食品产业贵港片区龙头、食品农业带动型企业、贵港片区城乡服务协同型企业"发展定位，大力推进以一流食品和物产业为核心产业、蔗糖业、健康文旅、水务产业、汽车经营等六大经济板块建设，为全面构建富饶西江、美丽西江、幸福西江、和谐西江，实现富民强企新跨越而努力奋斗。

2000年以来，西江农场公司先后获"广西农垦经济效益突出贡献奖""广西农垦企业管理优秀单位""广西农垦建垦70周年先进单位""贵港市纳税大户""广西壮族自治区文明单位""自治区先进基层党组织""全国创先争优先进基层党组织"等荣誉称号。这些骄人的业绩，凝聚着公司广大职工干部的才华智慧和辛劳汗水。

本志书以马克思列宁主义、毛泽东思想、邓小平理论、"三个代表"重要思想、科学发展观和习近平新时代中国特色社会主义思想为指导，坚持辩证唯物主义和历史唯物主义的观点，遵循存真求实的原则，以改革和发展为主线，全面、客观、准确、翔实地记述了西江农场70年来深化改革、全面发展的历程，涵盖了政治、经济、文化和社会事业诸多方面的成果。

全书约70万字，图、表、传、记、录齐备，书中既彰显了西江农场公司成功的业绩，总结了经验，又点出了失误和不足，吸取了教训；本书体例完整、门类齐全、特色突出、内容全面、详略得体，既明白晓畅，又严谨切实，不仅是一部内容翔实的资料性著作，更是一部弘扬农垦和企业精神的文化书籍。

古人云："治天下者以史为鉴，治郡国者以志为鉴。"回顾往昔，面向未来，借助这部场志，让历史告诉未来，必将激发广大职工群众前赴后继、薪火相传，把西江农场公司事业不断推向前进，谱写出更加灿烂辉煌的篇章。

由于本志书上下限时间跨度长及各种原因，加之水平有限，谬误纰漏在所难免，恳请读者不吝指正。

是为序。

广西西江农场志编纂委员会

二〇二二年十二月

广西西江农场志

GUANGXI XIJIANG NONGCHANGZHI

凡例

一、《广西西江农场志》以马克思列宁主义、毛泽东思想、邓小平理论、"三个代表"重要思想、科学发展观和习近平新时代中国特色社会主义思想为指导，坚持实事求是的原则，力求客观、真实、全面地反映西江农场70年的历史变化过程。

二、本志书记述时间为1953年至2022年。

三、本志书采用述、记、传、图、表、录等体裁，以志为主。全志按章、节、目排列，目下列小标题，突出重点，体现特征。全志设十二章，前有概述、大事记，后设附录、后记。正文前设专版图片，章节中有随文插图。附表随文设置。

四、本志书执行广西壮族自治区地方志编纂委员会2001年8月下发的地方志行文规定，以第三人称记述。

五、本志书使用国家语言文字工作委员会发布的简化汉字。纪年未做特殊说明的均为公元纪年。

六、本志书中数字按照《中华人民共和国国家标准·出版物上数字用法的规定》书写。

七、本志书中人物章收录的人物坚持"生不立传"原则。

八、本志书中资料来自西江农场档案室，农场所属部门单位的档案资料、工作总结、统计报表等。其中附录中的相关影印文件保留档案原始样貌。

中国农垦农场志

目 录

概　述

　　广西农垦西江农场有限公司（简称西江农场）的前身为始建于 1952 年的贵县新生农场（属劳改农场）。1953 年冬改建为西江机械农场，是由柳州机械农场筹备处与贵县新生农场合并而成的广西第一个国营西江机械农场。1953 年 11 月 3 日，奉中共广西省委指示，广西国营西江机械农场正式成立，隶属于广西省农业厅管辖。1955 年 8 月，广西国营西江机械农场易名为"广西国营西江农场"。1992 年农场改制为"广西西江农工商总公司"（两块牌子一套人马）。1995 年 12 月，国家经济贸易委员会、国家计划委员会、劳动部等中央六部委联合下文，根据企业规模和投入产出规模，西江农场进入国家大型二档企业行列。2003 年 9 月，根据自治区农垦局指示，更名为"广西农垦国有西江农场"。2018 年 11 月，公司化改制后改称"广西农垦西江农场有限公司"。农场隶属关系历经"两下两上"的变动，1958 年从广西僮族自治区农业厅下放给玉林地区管理。时隔两年，由自治区农垦局收回管理。1967 年，隶属关系再次变动，从广西壮族自治区（简称自治区）农垦局下放至玉林专署管辖。此次下放时间共 11 个年头。1978 年，自治区人民政府根据国务院关于"农场管理体制要相对稳定，不能轻易变动"的指示，将下放地方管理的国营农场全部收回，由自治区农垦局管辖，并将管理体制稳定下来。直至现在，隶属关系再未变动。

　　西江农场位于广西贵港市港北区西郊，地处北纬 22°58′45″—22°10′30″，东经 109°30′37″—109°44′15″，场部狮子岭与贵港市区接壤，从东到西南，由大圩、南山、石卡、鲤鱼江南北岸 4 块不相连接的土地组成。鲤鱼江穿过农场中部注入郁江，将农场土地分为江东片、江北片和江南片。铁路、水路、公路交通甚为便利。

　　1956 年，经广西省农业厅土地利用局勘测，全场土地总面积 161955 亩[①]，几十年来场域几经变迁，至 2012 年全场土地总面积为 123790.89 亩。场间土地大部分属波状平原，小部分属缓坡低丘陵，东北面及西面海拔略高，渐向东南面倾斜。农场内河流较多，有龙潭河、鲤鱼江、牛皮河、樟竹江等 11 条大小河流纵横分布。西江农场属南亚热带季风性

---

① 亩为非法定计量单位，1 亩 ≈ 667 平方米。——编者注

气候，热量充足，雨量充沛。据自治区农垦局 1982 年 10 月编印的《广西农垦国营农场地图集》一书记载，西江农场年均温 21.4℃，极端最低温为－3.4℃，常年有霜期 3～6 天，最多 15 天。年日照时长 1309 小时，年降水量 1480 毫米，年蒸发量 1555.6 毫米，相对湿度 79%，干湿交替明显。自然环境宜居，然而自然灾害给农场带来的损失也异常严重，洪灾、旱害、霜冻都曾给生产建设造成重大损失。建场以来较大的洪涝灾害就达 12 次，最为严重的是 1994 年的洪水灾害，全场 95% 的土地被淹没，农场交通、通信一度中断，房屋倒塌，共 2049 户 1 万多人受灾，经济损失 1.67 亿元。西江农场为了治水，自建场至二十世纪八十年代末，在鲤鱼江南北两岸建筑 48.5 米高程的防洪堤 39.5 公里，防洪闸涵 22 座。2002 年，自治区和贵港市共投入 4333 万元，建筑左堤工程 10.3 公里，同年又投入 550 万元，实施右堤加高加固工程，保障农场和地方人民生命财产安全和经济建设的发展。

西江农场建场以来，农业产业先后进行多品种的发展，既种植粮食作物，又种植经济作物，后来根据农场经营体制的转换，围绕"建设现代甘蔗园，发展特色农业"调整了农业产业结构，全力推进原料蔗生产，原来水稻、玉米、木薯、花生、水果、剑麻等农作物相继停止发展。从 1954 年到 2022 年，累计甘蔗产量达 649.43 万吨。西江农场的农业机械有比较深厚的基础，且发展很快，机械化程度相当高，建场初期就有中、小型拖拉机 32 台，1955 年又增加了大型拖拉机 15 台及各种农机具 19 台（组），除了耕作机械，运输机械、收获机械和播种机械也都迅速发展起来，机械化发展到顶峰时，达到大中型拖拉机 125 台，机械总动力 3774 千瓦；农用载重汽车 28 辆，机械总动力 1882 千瓦。随着企业管理进入新阶段，从 1988 年开始，各类农机设备逐步折价转让给职工个人，至 1998 年所有机车、农具已全部折价转让完毕，西江农场再无任何公有农机设备。

从建场开始，西江农场就重视发展畜牧业，除建立场部直属畜牧队养殖种畜，各分场也分别养殖猪、牛等牲畜。畜牧业的发展，大致经历了如下阶段：二十世纪五十年代至六十年代为养殖业基础准备阶段；二十世纪七十年代起为发展阶段，尤其是杂交改良成绩显著，培养成适应南方饲养的黑白花奶牛群，并创造性地实现了广西白猪的育种工作，大群饲养的势头发展也很迅速。后由于将猪折价给家庭农场，在一定程度上抑制了畜牧业的发展。1986 年开始推行集约化养猪，推行科学养殖方法，获得很大成功，在饲养管理、疫病防治、品种繁育、推广等方面都很有成效，每年有几万头肥猪出栏。2001 年，农场畜牧业改制，从农场分立出去。自 1978 年至畜牧业分立，累计出栏生猪 609787 头，产牛奶 21131.5 吨。2001 年畜牧业分立当年，共有存栏奶牛 271 头。畜牧业改制分立后，西江农场占有 25% 的股份。

场办工业自1954年起开办，主要是围绕农业办工业，为本场农牧业生产服务，后来逐步向商品化生产发展。开办最早的是修理业，最初是由修理队改建的修理厂，后发展成一家规模化的机械厂。西江农场工业建设与时俱进，1957年，在七里桥建成红砖厂1座；1958—1959年，相继建成淀粉厂8座；1966年，利用自有资源设置1间炼奶室，后发展为奶制品厂；1980年，建成年产1000吨的剑麻制品厂1座；1983年，建成小麻绳厂1座；1987年，各食品项目整合成1座综合食品厂；1989年，经过农场努力争取，建成日榨料蔗1000吨的糖厂1座。场办工业在农场生产建设发展过程，发挥了重大作用，取得显著的经济效益和社会效益。随着我国市场经济体制逐步确立，场办工业走上市场后，因为各厂科技含量低、设备落后、成本高、负担重，经营亏损相当大，达到非改制不可的地步。1994年，先试行第一家股份制企业，即三砖厂股份制分厂。1997年，场办工业分别以竞标承包经营、租赁制经营和股份合作制等形式全面改制，制糖业于2001年实行资产重组，从农场分立。各厂自建厂以来至1997年全面完成改制，累计产出红砖45980万块，淀粉116092吨，剑麻制品15762吨，糖厂从建成开榨至厂场分立，13个榨季总共产出机制糖172146吨。

西江农场创建以来，随着国家经济建设方针和政策的变化，生产经营方针经也多次变动，企业管理、经营管理紧紧围绕农场经营方针的调整制订实施方案。西江农场的生产建设和经济发展全过程，大体分为4个阶段：第一个阶段是建场开始至1983年农场经济体制改革前；第二个阶段是1984年至2000年农场转换经营机制，实行家庭农场联产承包责任制，兴办职工家庭农场；第三个阶段是2001年至2018年，农场产业转型升级，经济跨越发展时期；第四个阶段是2019年至2022年，西江农场完成了公司化改制，成立西江农场公司，结束了65年全民所有制体制，从此以全新的公司制体制、机制开展运作。

第一阶段（1953—1983年）是计划经济时期。西江农场1953年11月正式建场以后，经济体制和管理机制是全民所有制统一经营模式，生产建设和经济发展计划由国家主管部门统一下达，劳动管理实行国家统一规定的8小时工作制和休假制度，统一时间出工，统一时间收工，劳动报酬按国家统一的工资制度和等级标准发放，财务实行统收统支，利润上缴国家财政，亏损由国家财政弥补，企业吃国家的"大锅饭"，职工吃企业的"大锅饭"。其间生产经营、经济建设、企业文化建设虽然都有一定程度发展，但由于经营管理和企业管理模式不能充分发挥职工生产积极性和劳动创造性，既不奖勤，也不罚懒，既不负盈，也不负亏。30年中，生产经营盈利12年，累计利润总额336.92万元；亏损18年，累计亏损总额1252.3万元，盈亏相抵，净亏915.38万元。

第二阶段（1984—2000年）是经济体制改革和经营机制转换时期。按照国家实行改革开放搞活经济的方针政策，西江农场从 1984 年起逐步推行经济体制改革，实行家庭农场联产承包责任制，主要内容是农业工人承包经营，"两费"自理。把农作物分配给农业工人承包经营，实行生产费和生活费自理，农业工人按田亩每年上交一定实物给农场，折合为货币，叫"上交费"，把经济责任和经济利益联系起来，农牧业实行包产到劳、到户，联产计酬；工副业由场包到厂，再由厂包产到班组，有些项目直接包到劳。1985 年，根据农垦部颁发的《国营农场职工家庭农场章程》，全场范围内兴办了职工家庭农场，以户为单位，实行家庭经营，单独核算，定额上交，自负盈亏的经济实体；完善大农场套小农场的双层经营体制，极大地调动了职工的生产积极性。通过改革，产量大幅度增加，部分勤劳的职工收入得到大幅度提高，生活水平有了很大的改善。但经过 10 年运行，这种体制也暴露了不足之处，即国有经济比重越来越少，机械化程度越来越低，家庭农场投入不足，农场经济发展缓慢。此外，由于企业刚走上市场，场办工业产品科技含量低、消耗高、成本高，工业生产在市场上屡遭重创，西江农场工业各厂 1991—1997 年累计亏损了 2534 万元。尤其 1994 年 7 月，西江农场遭受了一场特大的洪涝灾害，导致全场 95% 的土地被淹没，经济损失共达 1.67 亿元。这个阶段的 17 年间，全场生产经营亏损总额达 6568 万元，成为企业改革中的阵痛。1995—2000 年，是农场推进经济恢复、深化改革的关键时期，全场工作的重心是恢复生产，重建家园，全力以赴恢复经济运行。1996 年，西江农场对场办的工业实行改制，先后对机械厂、麻绳厂、纸箱厂、造纸厂、食品厂、丰收化工厂等采取了抵押承包、还本租赁、职工持股等多种形式改制。经过几年有成效的工作，至 2000 年末，已从根本上完成企业的脱困任务。

第三阶段（2001—2018 年）是产业转型、跨越式发展时期。贵港市由县级市升格为地级市后，经济发展速度加快，西江农场的区位优势更加凸显。随着城市的不断扩张，工业园区的建设规模越来越大，西江农场迎来了新一轮发展机遇。从 2001 年起，农场一举扭亏为盈，2001 年成为改革开放以来第一个盈利年，实现利润 180 万元，从此走上生产经营盈利，经济逐步发展的正常轨道，至 2018 年，年年实现正利润。随着畜牧业、制糖业相继从农场分立，剩下的只是经济效益不太高的甘蔗种植业，缺乏保持经济总量相对稳定的优势互补。面对新形势新情况，西江农场历届领导班子积极调整生产经营思路，利用区位优势，蔗地、房地齐发展，最大限度地开发利用土地资源，成功实现产业转型。农场从实际出发，制订了切实可行的"稳定发展甘蔗产业，实践高新农业，做强房地产，拓展物流业"经营方针。围绕这个方针，建设糖料蔗"双高基地"，推进科学种蔗，克服贵港城市建设不断从西江农场有限公司征地，甘蔗种植面积逐年减少的困难，实现高产稳产，2016 年糖料蔗总产高达 26.67 万吨。利用自己的土地资源优势，在依托城镇化建设过程中，推进房地产开发，做好楼盘销售。其间，共开发了钓鱼岛别墅区工程、江北大道商住楼工程、西江小区 AB 区工程、瑞安花园一二三区工程、凯旋国际项目、西江花园项目、西江绿城·香榭里花园项目、贵港市西江汽车商贸城项目、文化广场项目、西江综合商贸城项目、物流中心项目、中央花园、贵港·农垦大厦项目、西江花卉产业示范区项目、西江商住综合楼项目等较大工程，先后建成了西站旧货市场、木材市场、汽车摩托车市场、钢材市场等总占地 550 亩的一批市场群。积极推进西江产业园区建设，加强园区用地规划、建设规划和基础设施建设。2013 年 4 月 29 日成立的广西贵港市西江置业有限公司，是西江农场拓展物流业的一个重大举措。农场先后成立广西贵港市西江旭远现代农业有限公司、广西贵港市西江鑫林绿化有限公司，为农场大力发展特色农业打下了良好的基础。2018 年，西江农场建设"广西农垦西江蔗糖产业示范区"和"广西农垦西江花卉产业示范区"，现代农业示范区建设走上新的台阶。2018 年 11 月 23 日，广西农垦西江农场有限公司获得工商注册登记证书，12 月 24 日公司正式挂牌运作。此外，西江农场主动与地方政府对接，全面完成了公司的社会职能交地方政府接收工作。

第四阶段（2019—2022 年）公司化运作时期。在这 4 年里，广西农垦西江农场有限公司围绕广西农垦集团公司"打造现代一流食品企业"发展目标和"一体两翼"主导产业体系，依托区位优势，立足城乡服务产业，大力推进以一流食品和物产业为核心产业、蔗糖业、健康文旅、水务产业、汽车经营等六大经济板块建设，突出转型打造现代一流食品企业，以发展攻坚为中心工作，理清思路，深挖潜力，整合资源资产，加强管理，完善监管，推动企业高质量发展。企业经营收入逐年提升，2019 年为 1.3 亿元，2020 年为 2.6 亿元，2021 年为 3.5 亿元；2022 年为 4.33 亿元；完成利润总额 2019 年为 8666 万元，2020 年为 7212 万元，2021 年为 7698 万元，2022 年为 1.01 亿元，公司荣获"贵港市2022 年度优秀企业"称号。至 2022 年，公司持有物业板块收入约 6000 万元/年，物产业已成为重要经济支柱产业。全力推进项目建设，2019 年，与广西悦桂田文化旅游投资有限责任公司（简称悦桂公司）合作开发建设悦桂田园·福港城项目，贵港农垦大厦进入装修招商阶段，与贵港骏骁汽车销售服务有限公司合作成立广西农垦西江汽车销售服务有限公司，加快推进西江绿城瑞安花园三区新建住宅楼项目。2020 年根据《广西农垦集团有限责任公司"解放思想抓管理，敢做善成当龙头"三年行动计划（2020—2022 年）》，西江农场有限公司作为战略协同龙头单位，协同配合广西糖业集团实施发展战略，协同配合广西桂垦牧业有限公司实施扩张战略，协同配合悦桂公司推进福港城项目开发。2021 年装修运营贵港·农垦大厦项目，建设西江商业服务中心项目，加快西江商业物流园的供地工作，助力悦桂公司福港城和协同配合加油站项目建设。2022 年，西江农场公司按照广西农垦集团上下"一盘棋"打造现代一流食品企业的战略部署以及集团赋予西江"食品产业贵港片区龙头,贵港片区城乡服务协同型企业,食品农业带动型企业"的发展定位,利用优越的区位优势,立足城乡服务产业,探索城乡服务业与一流食品企业的融合,推进食品产业建设,开创一流食品企业新局面:运营贵港·农垦大厦项目,开启农场公司高端商业综合体经营,2022年实现租金收入500.6万元。加强现有物业租赁管理,通过减少空置率,转变低效益市场经营业态等措施(如将家和居建材广场由自主经营建材家居转为整体租赁给贵港市人民医院作为第二门诊,实现租金收入580万元/年,收益提高123.9%)盘活资产,提高收益。西江农场公司助力农垦集团与贵港市政府签订战略合作框架协议,开启了垦地战略合作新历程。农场公司主动与贵港市政府对接,积极争取产业、财税、用地等方面的支持,《贵港市农产品销售体系建设方案》(贵政办通〔2022〕10号)明确支持农场公司建设农产品集运中心等项目;《贵港市统筹推进农村物流高质量发展行动方案(2022—2025)》将西江农场公司列入产地保鲜仓和移动冷库等项目配合单位。抓"项目为王",探索城乡服务业与一流食品企业的融合,开工建设西江商业服务中心一期项目,谋划农垦文创小镇、西江农场五分场大棚种植蔬菜项目、广西农垦·西江食品仓储物流园等一批项目。开设桂垦良品贵港·农垦大厦店和社区店,以经营桂垦良品店为切入点,探索食品配送业务,充分利用公司现有的4700亩鱼塘、1000亩果蔬基地等积极探索发展蔬菜、水果、鱼类、蛋类,以及本地东津细米等食品批发零售业务,同步推进农垦畜牧猪肉、柑橘、茶叶等优选产品进商户、企业、机关、学校及社区。通过配送西江牛奶,实现配送业务零的突破,目前已占领港北区、覃塘区大部分学校的用奶配送。2022年西江农场公司新增食品板块业务实现营业收入5888万元,公司荣获"2022年贵港市农业产业化重点龙头企业"称号。在贵港城市发展不断征用公司土地的情况下,虽然公司甘蔗面积不断减少,但公司在提高单产上下功夫,科学种管。同时,西江农场公司和西江制糖公司加大惠农力度,2019年至2022年每年发放各项惠农补贴分别为409.4万元、438.5万元、428.53万元、422万元,促进了高产栽培技术的落实。2018/2019年榨季进厂原料蔗25.94万吨,2020/2021年榨季进厂原料蔗24.39万吨,2021/2022年榨季进厂原料蔗26.34万吨,确保了西江制糖公司原料蔗供应。此外,西江农场公司还重视建章立制,规范经营,全力构建现代企业治理体系。

西江农场于1955年8月开办了小学,接着又办了幼儿教育。1961年起,农场有第一届小学毕业生,同年7月开办初中,初期仅招收一个班,之后逐步发展,达到初中3个年级24个班,学生多至998人。1969年秋,农场开办高中,二十世纪七十年代初至八十年代末,农场还开办了职业教育和业余教育。教师队伍逐步扩大,师资水平日益提高,具有本科学历的中小学教师最多时达 9 人，具有大专学历的最多时达 32 人。农场从建场之初就积极开办卫生医疗事业，1953 年设立卫生所，有医务人员 17 人，随后设立了卫生院，技术力量和医药器械都相应增加。1963 年，农场成立医院，队设置卫生室，随着农场工农业生产的发展，医疗卫生事业达到一定规模，场医院设有内科、外科、儿科、妇产科、五官科、放射科、理疗针灸室、化验室等，主要设备有 X 光机、超声波、心电图机、高倍显微镜、分析天平、救护车等，医务人员最多时达到 74 人，包括医师 19 人。医院除为广大职工群众治病疗伤，还为计划生育进行常态化服务以及开展妇幼保健工作。根据自治区人民政府关于剥离企业社会职能的指示精神，2003 年 1 月和 2004 年 5 月，分别将西江农场办的中小学校和医院移交贵港市接管。

1953 年建场后，农场急需运送生产资料和生活资料，交通运输工作抓得很紧。修筑的交通要道和田间道路都是用简单工具从荒无人烟的地方开拓出来的。现今农场交通运输已有相当的发展，至 2021 年底，全场修筑的主干道已达 278.22 公里，田间道路 389.57 公里，形成网络化，建成永久性的桥梁 17 座。场内有两条循环公路，场属单位皆有路通车。

西江农场职工业余文化娱乐活动一直比较活跃，自建场至 2022 年底开展活动从无间断。尤其是二十世纪八十年代办起了文化室，兴建了多功能的文娱活动场所（舞厅、棋艺室、舞台、娱乐室）后，群众文化活动更加广泛。无论清晨还是晚上，露天舞台每天都有群众自发性地来练功、舞剑、跳广场舞、跳健身舞。逢重大节日，农场都安排一场影响较大的文艺晚会。2016 年，西江农场建设了占地 55 亩，集绿色生态、文体活动、休闲娱乐、健身文化为一体的文化广场，成为职工群众开展文体娱乐活动的好去处。农场还组建了西江合唱团、西江艺术团等文艺团体，通过自编、自导、自演，开展"送文艺、送科技、送法律"下分场活动。2010 年，农场还承办了自治区农垦局交付的到一些农场做新春慰问演出的任务。2011 年，在自治区机关工委庆祝 90 周年"党的生日"和自治区农垦局"建垦 60 周年"文艺汇演中，西江农场代表队演出"春天的芭蕾"分获三等奖和二等奖。2012 年 10 月，西江农场合唱团参加广西企业歌曲大赛演出，获三等奖。2017 年 9 月，西江农场合唱团代表自治区农垦工会委员会参加自治区"迎十九大 感恩祖国"主题歌咏会演，获优秀奖。西江农场还创办了小报《今日西江》，编印《企业文化手册》，创作西江农场场歌《可爱的家园》，制作西江农场场徽，建设西江农场文化展厅、企业文化长廊，凸显浓厚的企业文化氛围。

西江农场群众业余体育活动广泛开展。活动的门类很多，人们最喜爱的有篮球、气排球、乒乓球、门球、象棋、麻将等，参加活动的有从少年、青壮年到老年的不同群体。西江农场的残疾人运动员黄汉升、黄东海在第六届远东及南太平洋残疾人运动会上参赛的射箭项目，分别获得金牌和铜牌，为祖国争得了荣誉；他们在第七届全国残疾人运动会上也取得优异成绩，为西江农场、为广西争得了荣誉。

自 1996 年开始至 2022 年底，西江农场实施城镇化建设 26 年，已形成由乡变城的格局，逐步实现城镇化水平较高的新体系。依托贵港市城市化进程，农场场部小城镇建设，按照广西城乡规划局编制的西江农场小城镇规划方案，自筹资金，自己建设，自我配套，自行完善。在规划区内，农场原来建有的各类职工住宅均已按照上级关于住房改革规定精神，折价卖给职工，共 2688 户，建筑面积 104.96 万平方米；职工自建楼房 1649 户，建筑面积 71 万平方米。到 2005 年，从场部的旧区改造至新区的建设，均发生了巨大变化，小城镇建设已初具规模，当年 10 月，经贵港市人民政府批准，正式对场部小城镇街道命名，命名的街道有狮岭路、西江园路等共 10 条，从此结束了西江"有街无名"的历史。2011 年 5 月 31 日，农场启动了广西农垦最大的危房改造工程，逐步由小城镇建设变身城市化建设。2014 年 12 月 30 日，危房改造工程全面结束，拆除职工旧房 2885 套，规划十个分场 2885 套宅基地，配套相应的基础设施，十个分场建设成为现代化小区。

西江农场长期坚持开展评先进、树劳模活动，对先进典型人物进行表彰奖励，同时经常性地开展劳动竞赛，陶冶职工思想情操，鼓励职工积极劳动创高产。自建场至 2022 年，西江农场被授予广西省（自治区）劳动模范称号并受到表彰奖励的员工共 15 人；获厅局级以上各种荣誉称号的员工 350 人（次）；获厅局级以上各种荣誉称号的先进单位 40 个（次）；先进集体 119 个（次）。

建场初年，西江农场就成立党委会。农场党组织在农场各个时期经济建设、政治建设和社会文化建设事业中，充分发挥核心领导作用。实施富民强场，努力构建美丽西江农场的新时期，场党委创新的"结对帮扶"活动，推进企业利益共同体的建立，获得了"广西壮族自治区文明单位""广西壮族自治区先进党组织""全国创先争优先进基层党组织"称号。

大　事　记

● **1953 年**　8 月　中共广西省委组织部（简称省委组织部）贯彻中南国营农场会议精神，调柳州机械农场筹备处场长洪华到贵县新生农场地址筹建国营西江机械农场。

11 月 3 日　经中共广西省委批准建场，并转报中南局，将柳州机械农场筹备处与贵县新生农场合并，成立广西国营西江机械农场，委派洪华为场长兼党委书记。

● **1954 年**　3 月　成立中共国营西江机械农场委员会。20 日，经省委组织部批复，任命洪华为西江机械农场场长兼党委书记。

4 月下旬　在贵县七个区招收第一批农工 165 人。

5 月 14 日　经省委组织部批复，任命殷延绪为西江机械农场第二场长。

9 月　西江农场成立审干委员会、审干办公室、审干检查小组，对 249 名干部进行了审查。此工作进行了一年零两个月，至 1955 年 12 月结束。

10 月 3 日　农场党委发出《关于在生产建设中开展立功创模运动的指示》。

1954 年　总场下设 5 个分场、1 个直属作业区、1 个基建大队、1 个修理厂、1 个副业加工厂、1 个砖瓦厂，共 10 个成本核算单位。

● **1955 年**　1 月 8 日　西江农场党委向华南分局、广西省委、中共中央农村部、中央农业部国营农场管理总局作《关于一年来政治工作总结报告》：建立 2 个总支，12 个支部；成立场工会和 9 个基层委员会；建立青年团场工作委员会和 4 个总支，17 个支部；加强和改善了场群关系。

4 月 24 日　《人民日报》第 6 版登读者来信《广西西江农场生产不好，浪费很大》，5 月 1 日、8 日，农场在《广西日报》分别做了回映，党委负责人洪华向省委、报社、全场职工做了深刻检讨。

5 月　广西省委作出决定，把西江农场余下的劳改犯 5207 人全部调走，释放留用部分 400 多人转为新职工。

6 月　中共广西省委与省农业厅决定由广西省农业厅土地利用局为国营西江农场勘测和搞场内场界规划。

8 月 3 日　"广西国营西江机械农场"改名为"广西国营西江农场"。

8 月 28 日　西江农场开办职工子弟小学。

9 月 8 日　西江农场开办职工子女幼儿园。

11 月　在中央水利部领导陪同下，苏联专家来西江农场调研淀粉生产情况。

1955 年　西江农场从合浦县三合口等农场调来农工 189 人，从平乐、容县、宾阳、横县等县招收农工 1463 人。

1955 年　西江农场接待越南农业生产研究队、其他国际友人及各界人士有组织参观，共 26977 人次。

● **1956 年**　1 月 15 日　广西农业厅土地利用局派技术人员到西江农场搞场界规划，成立"国营西江农场场界规划设计委员会"，对西江农场场界进行踏勘、定界。

1 月 27—30 日　在贵县县长沈景辉的主持下，在西江农场场部召开各区乡代表会议，通过确定规划西江农场的场界。

2 月 11 日　贵县人民委员会正式批准国营西江农场场界。

8 月　蝗虫大面积危害旱稻，西江农场损失稻谷约 100 万斤[①]。

10 月　西江农场进行工资改革，废除工分制和物价津贴制，实行等级工资制。

10 月 10 日　省委常委会议批准，马德良任容县地委委员、西江农场党委书记兼场长。

1956 年　入秋以后，西江农场遭遇严重的大旱灾，造成减产失收，旱灾导致农场直接损失 122.93 万元，占水、虫、病、畜等灾害直接损失 134.51 万元的 91.4％，其中甘蔗因旱灾全部失收损失 13.76 万元，部分失收损失 95.12 万元，合计 108.88 万元。全年净亏损 183.8 万元。

1956 年　西江农场吸取 1954 年、1955 年遭遇虫病害的教训，成立治蝗

---

① 斤为非法定计量单位，1 斤＝500 克。——编者注

指挥部，计共投入防治虫病害 11800 多人工，用药 20 万斤，曾一度消除农场的主要虫病害。

1957 年 11 月中旬　西江农场在整改阶段，精简机构，下放干部。原来总场部设 11 个科室，65 个干部，精简后，场部不设科室，直接由书记、场长领导，共留 19 个干部，生产队只设队长、会计各一人。

12 月 26 日　西江农场撤销分场一级组织，实行场部、生产队二级管理体制，在原五个分场的基础上成立 10 个生产队、1 个畜牧队（与园艺队合并）、1 个加工厂。

1958 年 4 月 17 日　解放军海军南海舰队转建下放军官 128 人到西江农场。

6 月 30 日　为加强与区、乡的联系，进一步密切场群关系，西江农场党委报经中共贵县县委批示，公布 11 名党员干部参加区、乡党委会为委员。

7 月　自治区党委农村工作部部长徐麟村组织广西各县副县长来西江农场第四生产队召开畜牧工作现场会议。

8 月　自治区党委副书记李友久来西江农场视察畜牧工作。

9 月　遵照自治区党委农村部与玉林地委的指示精神，参照贵县农校的建议，贵县农校合并到西江农场，由西江农场党委书记马德良兼校长，原农校校长、党支部书记梁国乐任第一副校长兼党支书，农场农业技师梁逸飞任第二副校长。

9 月下旬　发生特大洪水，郁江水位 47.3 米，贵县组织军民 4 万多人防洪抢险。全场职工奋力战胜洪水，保住了农场几万亩农作物。

1958 年　西江农场第一次扭亏为盈，被评为广西僮族自治区农、林、水先进单位。

1958 年　西江农场由自治区农业厅下放至玉林地区管理。

1959 年 7 月 3 日　自治区党委批准马德良任自治区农业厅副厅长兼农垦局副局长，免去其西江农场党委书记兼场长职务。

7 月 10 日　自治区党委批准赵品三任中共西江农场委员会书记兼场长。

1959 年　西江农场被评为自治区农垦先进农场。

1960 年 2 月 26 日　贵县附城乡东山、旺华两个大队并入西江农场。

3 月　苏联专家来西江农场调研作物的播种情况。

3 月 28 日　自治区农垦局在西江农场建农垦机械学校。该校共培养了技术工人和技术干部 500 人。

5 月 10 日—6 月 18 日　西江农场开展以反贪污为中心的反贪污、反浪费、反官僚主义的"三反"运动。

9 月　越南参观代表团来西江农场参观生产建设情况。

1960 年　西江农场建成淀粉厂 9 座。

1960 年　西江农场由自治区农垦局收回直接管理。

● **1961 年**　6 月 23 日　经报玉林专署批准，成立西江农场职工子弟初级中学（后改名为场部中学）。

10 月　《广西日报》登载《总路线光辉照耀，机械化大显优越，西江农场生产跃进贡献大》的报道，总结西江农场 1958—1961 年扭亏为盈的成绩、经验。

11 月 27 日　越南国际友人来西江农场参观。

1961 年　西江农场为实现经营方针，扩种粮食作物，增加复种，由吃商品粮改为吃自给粮，实现了粮食自给，并上交国家贸易粮 283 万斤，公购粮 149 万斤。

● **1962 年**　2 月 27 日　自治区总工会慰问团来西江农场慰问。

9 月 10 日　自治区党委批准孟祝华任西江农场场长。

11 月　西江农场内鲤鱼江大桥竣工，总投资 19.91 万元。

12 月 26 日　经自治区水利电力厅审批，兴建鲤鱼江两岸电力抽水站（共 5 个抽水点），装机 285 千瓦，抽水流量 1.71 立方米/秒，灌田 1.3 万亩，整个工程预算审定为 27.9 万元。

● **1963 年**　12 月 27 日　遵照自治区农垦局通知，为支援兄弟农场建设，从西江农场调去良丰、源头、荻龙等农场干部 7 人，工人 340 人。

1963 年　西江农场遭受八十年一遇的特大旱灾（自入春开始就一直干旱到 10 月），但由于水利设施较建场初期已有很大提高，又加上农场合理组织领导抗旱工作，全年粮食总产量达到 1460 万斤，比 1962 年增长 36.8%，粮食全部自给，并上交国家粮食 300 万斤，花生油 5.3 万斤，出口淀粉 570 吨。

● **1964 年**　1 月　自治区机电排灌领导小组办公室批准西江农场兴建一涵洞、六涵洞、大湾、三江、朱砂塔、上岗岭、罗卜湾等 7 个电灌站，装机 9 台共 393 千瓦，共投资 31.51 万元。

9月9日　西江农场抽调 37 名农场干部参加自治区党委梧州专区社教工作队。

9月15日　中国人民解放军广西军区批准广西西江农场为民兵师，任命陈美良为师长，赵品三为政治委员。

9月19日　自治区人民委员会任命郝维春为西江农场场长，免去其自治区农垦局机务加工处处长职务。

12月18日　凌晨 5 时 10 分，西江农场场部加工厂干燥室发生火灾，约 2 小时后扑灭。此次火灾，烧毁淀粉六七千斤，烧毁干燥室房屋 3 幢 15 间小房和干燥架 90 多个，共计损失约 5000 多元。

1964 年　从 1963 年冬至 1964 年春，修筑 23 个较大的抽水站工程，维修主要干渠 23 条，支渠 21 条，完成土方 31.3 万立方米，石方 6079 立方米，全长约 98.5 公里。平整土地 8500 亩，生产粮食 1453 万斤，比 1963 年增长了 15.8%，上交国家粮食 530 万斤。

1965 年　2月7日　自治区党委农垦系统"四清"工作团 300 多人到西江农场开展系统"四清"运动。

9月25日　经中南局批准，王俊杰任西江农场党委书记，免去其自治区农垦局生产处处长职务。

1966 年　4月　驻场广西农垦"四清"工作团清理 1954 年、1955 年刑满释放留场就业之新职工 243 人，由九曲湾、廖平、新桥等三个劳改农场接收（1960—1962 年，少部分年老体弱的已按退职处理回家），至此时，原新生农场之劳犯已全部清理出场。

10月3—10日　西江农场召开学习毛主席著作积极分子代表大会，组织代表和一些非代表的工人、干部共 707 人到贵县学习毛主席著作先进单位鹤山公社参观。

1966 年　西江农场进行企业改革，实行企改《国营西江农场贯彻执行中央关于国营农场经营管理制度若干规定的实施办法草案》（共 34 条，简称《34 条》）。

1967 年　3月27日　西江农场成立由 13 人组成的"抓革命，促生产"指挥部，原场长郝维春担任主任委员。

11月　场部中学复课。

12月31日晚　场部召开庆祝大联合筹备委员会成立暨一九六八年元旦大会。

1967年　西江农场下放至玉林地区管理。

1968年　4月23日　经自治区革筹小组批准，成立西江农场革命委员会。

4月25日晚　召开西江农场革命委员会成立庆祝大会，郝维春任第一副主任。

6月27日—7月9日　洪水上涨。郁江水位达47.89米，西江农场被淹作物16139亩。全场组织抢收。

9月14日　解放军毛泽东思想宣传队进驻西江农场。

10月19日—11月4日　西江农场开办第十期毛泽东思想学习班，集中干部104人进行学习。精简机构，下放干部，成立"五七"生产队，革委会留下的工作人员共16人，下放干部60多人到"五七"生产队及其他生产队劳动。

11月9日　西江农场大仓库碾米车间因电走火造成火灾，烧毁房屋一间。

12月4日　经报玉林专区，贵县整党建党领导小组批复，成立西江农场整党建党领导小组，郝维春任组长。

1969年　7—11月　西江农场革委整党建党领导小组批复队、厂、站等19个单位重建党支部。

9—11月　西江农场革委批复队、厂、站等16个单位成立革命领导小组。

1970年　7月14日　玉林专区革命委员会任命权正琨为西江农场革命委员会主任。

7月19日　西江农场第十届党员代表大会决定基层单位改为连、排、班建制。

11月　东山、旺华两个大队回归公社管理。

1971年　4月27日　西江农场召开党委（扩大）会议，决定掀起以路线教育为中心的活学活用毛泽东思想群众运动和农业学大寨群众运动。

1972年　3月12日　中共玉林地委任命权正琨为中共西江农场委员会书记。

12月16日　广西国营农场会议在西江农场召开。

1972年　西江农场建立以班、排（作业区）为核算单位的定任务、定人员、定投资、定收入为主要内容的岗位责任制，让工人参加计划、劳动、财务、技术四大管理，做到出勤有考核，劳动有定额，质量有检查，开支有计划，消耗有指标。

● **1973 年** 1973 年 西江农场各生产队成立科研班，建立了三级留种田，十一个科研班的水稻高产试验平均亩产都超过千斤。

● **1974 年** 7 月 24 日 鲤鱼江防洪堤第三生产队地段被洪水冲垮（郁江洪水标高47.75 米），鲤鱼江北岸三队、试验站、园艺队、种猪场、奶牛场、二队等土地全部被淹没，洪水淹到场部西头山脚下，被淹作物 1.6 万亩，损失达 110 万元。

10 月 10 日 西江农场成立农田基本建设指挥部，副书记任传多任总指挥，进行平整土地及开始对防洪堤进行加高、加宽、加固工作。

1974 年 西江农场党委提出"抓大事，促大干，猪超计划粮争千；学大寨，志更坚，利润增加多贡献"的任务，抗灾夺丰收，水稻生产第一年"跨了《纲要》"（亩产超 800 斤，《纲要》指《一九五六年到一九六七年全国农业发展纲要》），养猪增重和出口都超过历史最高水平。

1974 年 玉林、容县、贵县等城镇知识青年 520 人来西江农场插队。

● **1975 年** 2—7 月 经中共玉林地委批准，西江农场从工人代干中吸收 140 名为干部。

3 月 4 日 西江农场革委下达水稻区试、水稻品比、水稻杂交选育、蒸汽育秧试验、甘蔗品比等 28 项农业科学试验项目。

1975 年 西江农场从农业青年工人中选拔 117 人学习开拖拉机、开汽车、修理农机等。

1975 年 西江农场粮食总产 1077.92 万斤，水稻全年平均亩产 881 斤，实现连续两年"跨《纲要》"。

● **1976 年** 5 月 20 日 西江农场党委作出"国营农场的主要矛盾是什么？""依靠什么人办好国营农场？"两个专题辩论。

11 月 11 日 邹林任西江农场党委书记、革委会主任。

11 月 23 日 西江农场开办"五七"大学，招收农业（包括剑麻、果树园艺）、畜牧兽医和农业机械三个专业班。学习时间为农业、农业机械班两年，畜牧兽医班一年。

12 月 3 日 西江农场召开场、队干部和区队长会议，贯彻中央"第二次全国农业学大寨会议预备会议"精神及"全国宣传工作座谈会议"精神。

12 月中旬　西江农场党委书记邹林赴北京参加全国第二次农业学大寨会议。

1976 年　西江农场大规模维修防洪堤。

● **1977 年**　1 月 10 日　西江农场召开职工代表大会,党委书记邹林传达全国第二次农业学大寨会议精神,任传多作《认真贯彻全国第二次农业学大寨会议精神,为今年建成大寨场而努力奋斗》的报告。

1977 年　西江农场 3153 名工人和 269 名干部于 10 月份起调整了工资,565 名工人转正定级。

● **1978 年**　3 月 30 日—4 月 5 日　由玉林地区、贵县、西江农场有关领导和工作人员共 16 人召开会议,制订了《关于处理国营西江农场与有关社队土地纠纷的意见》共 21 条。

6 月 24 日　召开国营西江农场科学大会,受奖科技成果有 14 项,受奖的单位有 10 个,受奖的个人有 14 人。

1978 年　西江农场由自治区农垦局收回直接管理。

1978 年底　筹备建场部办公大楼,计划投资 13 万元,占地面积 1338 平方米。

● **1979 年**　1 月 19 日　西江农场召开 1978 年先进集体、先进个人代表大会暨职工代表大会,贯彻十一届三中全会精神和全国国营农场会议精神,把工作转移到以生产为中心,以管理为重点的轨道上来,计划 1979 年主要生产指标和到 1985 年的主要规划,为把农场建成农、工、商联合企业而奋斗。

4 月 5 日　撤销农场"五七"大学建制,改办短期训练班。

10 月 3 日　根据自治区及农垦局文件通知,决定农场不再设立革命委员会,建立党委集体领导下场长分工负责制。

11 月 1 日　全场干部 272 人、工人 1533 人提升一级工资。

12 月中旬　西江农场新建 680 千瓦的火力发电站正式建成投产。

1979 年　西江农场贯彻以定额管理为中心的生产岗位责任制。

1979 年　西江农场遭受水、旱灾害。8 月中、下旬洪水淹没水稻、木薯等作物 11160 亩,损失近 35 万元;9 月至年底连续 4 个多月干旱,但经努力抗灾,开展全面增产活动,生产仍取得好成绩,粮食总产达 6029.71 吨,全年净盈利 33.85 万元,做到灾年盈利增,被评为全区先进农场之一。

● **1980 年**　1 月 30 日　在原第十一生产队建立广西壮族自治区农垦畜牧研究所。

2月27日—3月1日　西江农场召开1979年先进集体、先进生产（工作）者暨职工代表大会，传达中共中央副主席邓小平的重要讲话精神及自治区农垦局1979年先进代表大会（简称先代会）精神。

6月11日　西江农场开始进行建场以来第一次全面土壤普查。

8月20日　为解决职工饮水卫生，动工新建场部饮水渠道及水塔。

10月22日　西江农场剑麻制品厂建成投产。

12月2日　建立农场党委领导下的职工代表大会制度。

12月24—29日　西江农场召开首届职工代表大会，通过《西江农场职工代表大会制度（试行草案）》。

12月31日　西江农场撤销第十一生产队，分别设立奶牛场和种猪场（一种）两个生产单位。

1981年　3月12日　自治区农垦局报自治区农委批复，任李润怀为西江农场党委书记。

4月4日　成立贵县公安局西江农场派出所。

4月　西江农场土壤普查办公室作出《西江农场土壤普查报告书及附表》。

6月17日　自治区农垦局转区农委通知，任刘光汉为西江农场场长。

8月20日　西江农场作出《关于落实政策总结报告》：自1978年以来开始进行对党的干部政策落实复查工作，复查处理了各类案件共计68件。

1981年　西江农场全年净赢利38万元。

1981年　西江农场基本建设共投资195.33万元，包括：新建第二种猪场、园艺八队猪舍、园艺十队猪舍共86.09万元，果树定植和果树抚育50.15万元，购买拖拉机、摩托车、干燥机和修建干燥楼等共29.09万元，新建职工宿舍41间1277平方米共7.61万元等。

1981年　西江农场安排自然增长劳动力473人，工人调整工资930人，中小学教职工调整工资216人，医疗卫生人员调整工资72人。

1982年　1月16—18日　西江农场召开第二届职工代表大会，出席的代表288人，特邀代表1人，列席代表26人，场长刘光汉作《振奋精神，改进作风，认真落实责任制，为全面完成1982年的任务而奋斗》的报告。大会通过《西江农场场纪场规试行草案》及《西江农场职工代表大会暂行条例》。

3月中旬　西江农场每个职工义务植树30株，每个中小学生义务植树10株。全场职工4989人，五年级以上学生1760人，共植树16.73万株。

4月7日 西江农场成立打击经济领域违法犯罪活动领导小组和办公室。

4月28日 西江农场建立职工教育管理机构，对青壮年职工进行文化、技术补课工作。

5月21日 西江农场召开1981年先进生产（工作）者暨1982年春季生产突击手表彰大会，出席的代表共237人，会后发出《倡议书》：广泛深入开展比学赶帮超的立功竞赛活动，继续贯彻执行和逐步完善联产计酬责任制和各种生产责任制，打击经济领域严重犯罪活动，为农场"两个文明建设"创立新功。

6月1日 西江农场成立人口普查领导小组，设立人口普查办公室，开展人口普查工作。

7月3日 成立西江农场农业机械化区划组，在自治区农垦局农机化区划办公室、华南热作机械化研究所、西江农场党委领导下进行工作。历时5个月，完成了西江农场农业机械化区划工作。

8月下旬 西江农场完成人口普查工作，全场总人口10173人，其中男4940人，女5233人；汉族9522人，壮族649人，满族1人，瑶族1人；大学毕业68人，大学肄业7人，高中毕业1461人，初中毕业2333人，小学毕业4029人，未接受教育的2275人。

11月20—27日 全场进行职工文化摸底测验。

12月27日 西江农场制订1983年经济责任制奖惩办法，实行联产计酬生产责任制。

1982年 场部办公大楼建成。

1982年 西江农场基建投资有：第三种猪场的母猪舍及各队的育肥猪舍17幢3708平方米，职工宿舍2821平方米，石灰窑、机农具、场部水塔文化宫，以及柑果抚育、定植等，共296.78万元。

1983年

5月下旬至6月 西江农场分3期轮训党员干部，学习"十二大"报告和新党章，每期10天。

6月、9月、11月 西江农场分三次进行青壮年职工初中文化考试。

10月21—23日 西江农场召开党委扩大会议，贯彻自治区农垦工作会议精神，草拟农场1984年农、林、渔、牧业生产实行大包干的经济责任制。

10月26日 西江农场党委发出《关于试办职工家庭农场和完善目前经济责任制的意见》。

12月27—30日　西江农场召开第二届职工代表大会第三次会议，出席的代表251人，列席代表13人，提出1984年的各项生产任务指标，实行大包干经济责任制。

1983年　西江农场基建投资156.38万元，用于新建职工宿舍6036平方米，新建第三种猪场、场部片饮水设施，购置农具设备，以及进行柑橙定植抚育和宿舍改建等。

1983年　西江农场为解决内洪危害，保证农业稳产增收，购置防洪闸门的启闭机四台，投建安装二、四、六、十生产队共五个排洪点（四队有2个排洪点）的机械设备，合计防洪面积1450亩，全场内洪区共有21处，占全场容易内洪淹没面积的25%。

1984年

1月　西江农场党委批复各队（厂）经民意测验、组织考虑、民主选举的领导班子。进行全场性的民意测验和进行代表性的干部及技术职称人员参加的第二次民意测验，推荐农场领导班子。

5月3日　经自治区农垦农工商联合企业总公司党委决定，梁振安任西江农场党委书记，邓志宁任场长。

7月31日　制定《西江农场企业整顿工作方案》，组成企业整顿领导小组和办公室。

9月17日　成立西江农场高中搬迁筹备委员会，发动职工捐款资助筹建高中校舍。

11月14—16日　西江农场召开第三届职工代表大会，出席大会的代表268人，列席代表29人，特邀代表4人。这次代表大会的主要任务：①审议场长1984年的工作报告；②审议通过1985年兴办家庭农场经济责任制实施办法；③审议通过农场机构改革及管理办法。

1984年　西江农场兴办职工家庭农场（大包干责任制）的户数1498户，工人数2697人，占农、牧、机工人数的90.5%。其中，联户经营的139个、工人数334人；单户经营的757个，工人数1761人；个人经营的602个。

1984年　西江农场建成大学专科以上学历毕业生住房（又名"知识楼"）两幢，共24套（50平方米/套），投资24万元。

1985年

1月30—31日　在贵县城区召开西江农场场群关系会议，作出了《贵县西江农场场群关系会议纪要》。

8月28日—9月21日　西江农场外洪内涝前后24天，水涨水退反复4

次，外洪水位高达 47.47 米，农场 15147.86 亩农作物被淹，损失稻谷 223 万斤，共计损失 154.71 万元。

9月9日晚　在场部电影场隆重召开庆祝首届教师节大会。

9月20日　自治区党委华侨（农垦）农场工作团西江农场工作组共 12 人到西江农场，对西江农场经济体制改革进行调查研究。

10月　西江农场制订了《西江农场小城镇规划说明书》。

11月21—22日　贵县人民政府在贵县城区召开"关于处理有关乡镇村与西江农场和贵县驻军的土地纠纷问题"的会议，会议议定坚决维护 1956 年 2 月 11 日经贵县人民委员会正式批准的场界，和 1978 年 4 月 5 日经玉林地区处纪办制定的《关于处理西江农场与有关社队土地纠纷的意见》（简称《21条》）。

11月30日　自治区农垦总公司党委研究决定：任命龚普贵为西江农场党委书记。

12月18日　自治区驻西江农场工作组对西江农场经济体制改革写出了《调查报告》。

12月25—29日　西江农场召开第三届职工代表大会第二次会议。出席大会的代表 240 人，列席代表 53 人，特邀代表 4 人。大会总结 1985 年工作，提出 1986 年的任务，大会审议通过 1986 年职工家庭农场经济责任制实施办法，审议关于清理家庭农场债务的说明，审议关于加强财务管理的规定，民主评议干部。

1985年　西江农场批复 537 名青年工人转正定级，62 名职工停薪留职。

1985年　西江农场高中教学大楼（三层，占地 2000 平方米）建成，投资 23 万元。

1986年　1月16日　任命梁振安为西江农场场长。

4月6日　西江农场成立司法办公室。

5月12—15日　西江农场召开贯彻"区农垦工作会议精神"会议，农场党委书记龚普贵总结试办家庭农场的经验教训，以及进一步调整、改革、完善家庭农场的经济体制形式。

7月2—3日　西江农场召开思想政治工作会议，贯彻区农垦政治思想工作会议精神，机械厂、四队、奶牛场介绍了做思想政治工作的经验。

9月11—13日　中共贵县县委在西江农场召开关于处理西江农场、贵县驻军与乡镇村民土地纠纷会议，贵县、农场、驻军、地区有关部门领导共 50 多人参加了会议。

11 月 1 日　西江农场 11 名从事财务工作 25 年以上的干部职工领取国家农牧渔业部颁发的荣誉证书、证章。

11 月 15—16 日　贵县县委、县人民政府召开贵县农垦经济体制改革工作会议，西江农场领导、石卡等 10 个乡镇和 23 个村的领导干部、贵县调处西江农场土地工作组、县直各有关委、办、院、局新闻单位的负责人共 100 多人出席会议，会议由农场党委书记龚普贵传达贯彻九月自治区农垦经济体制改革工作会议精神，县委副书记黎尚军作总结报告。

12 月 14 日　自治区党委书记陈辉光、自治区人大常委会副主任黎济武来西江农场视察。

● **1987 年**　2 月 4 日　经自治区计委批准，西江农场年产 88000 吨的水泥厂和年产 2000 吨的造纸厂正式立项筹建。

2 月　西江农场干部、工人参加《治安管理处罚条例》考试，人数达 3200 多人。

5 月 16 日　西江农场年产 2000 万块红砖的第二红砖厂建成投产。

7 月 2—3 日　西江农场工会举办"学习'三个条例'①，推进民主管理"学习班。

7 月 6 日　西江农场工会号召全场女职工为边防指战员捐慰问品。

7 月　西江农场民兵参加 1987 年贵县民兵高射机枪射击训练，获先进单位称号。

9 月　西江农场与相邻 10 个乡镇 35 个村签订场界协议已有 28 个单位。

10 月 14 日　玉林地区劳动人事局批准下达增加劳动指标 800 名给西江农场，安排自然增长劳动力 746 名为固定工人。

11 月　西江农场开展学习、宣传党的十三大文件精神。

1987 年　泰国正大康地集团卢必武先生两次到西江农场参观访问。

● **1988 年**　2 月　西江农场工会筹建的职工业余培训学校教学基地（又名"文化室"）建成使用。

---

① "三个条例"指中共中央、国务院 1986 年 9 月 15 日颁发的《全民所有制工业企厂长工作条例》《中国共产党全民所有制工业企业基层组织工作条例》和《全民所有制工业企业职工代表大会条例》。——编者注

2月7日 西江农场召开第四届职工代表大会,出席大会代表201人,大会讨论通过《国营西江农场一九八八年经济承包责任制实施办法》。

2月29日 袭普贵任西江农场场长,梁振安任西江农场党委书记。

3月4日 成立西江农场职工中学。

3月 西江农场正式进行住房改革。

4月1日 农场成立编写《西江农场志》办公室。

4月12日 自治区计委、经委、建委、糖业公司以及玉林地区计委、贵县计委、农垦局工业处、计财处等有关部门的领导,对西江农场建设糖厂进行考察。

4月15日 西江农场职工中学开学,招收畜牧、电工两个班。

4月19日 自治区建材局、电力局、农垦局,玉林地区和贵县农行等14个单位的领导、专家共40多人,在南宁对西江农场兴建水泥厂进行设计会审,通过西江农场兴建水泥厂项目。

4月25日 自治区计委、建设银行、农垦局、综合设计院、农垦设计院等部门的领导和专家再次来西江农场考察,要求做好兴建糖厂的准备工作。

5月5日 《广西日报》刊登场长袭普贵、党委书记梁振安《投资办企业,西江农场是理想的宝地》,及副场长韦德崇《地利人和,政策优惠》的文章,提出向来场投资合作办企业者提供六项优惠政策。

5月24—26日 西江农场召开场职工代表大会第四届第二次会议,出席的代表200多人。此次会议,场长袭普贵传达了自治区农垦工作会议精神,和西江农场1988—1990年场长任期目标责任制的具体规划,并选举产生了西江农场第一届管理委员会。

6月18日 西江农场年产1200万块红砖的第三红砖厂建成投产。

6月20—21日 在贵县召开西江农场日榨千吨糖厂可行性论证会,自治区计委、综合设计院、农垦局、糖业办公室、玉林地区计委、地区农行,贵县政府、贵县农行等24个有关单位共58名专家代表参加了会议,全体代表和专家进行充分论证,通过西江农场建日榨千吨糖厂可行性报告。

7月19—20日 全国机械化养猪协会理事长朱尚雄一行9人,到西江农场第一、二、三种猪场参观,重点对第二种猪场采取现代化工艺——流水作业饲养母猪作出评估。

7月31日 西江农场住房改革全部结束。全场已有2688户公房转让给职工，总面积 10.31 万平方米，共收回住房作价款 107 万元。

8 月 24 日　西江农场成立糖厂筹备处。

8 月下旬　经上级有关部门批准，全场 305 人获得高级、中级、初级技术职称。

8 月　西江农场进行部分学校撤点并校：原"三七初中"撤销，合并到场部中学；保留场部小学、联办小学（设于"三七初中"校址）、园艺队小学、第一生产队小学、第四生产队小学、第九生产队小学。

9 月　西江农场职工中学又招收农机一个班。

10 月 26 日　为贯彻十三届三中全会通过的"治理经济环境，整顿经济秩序，全面深化改革"的重大决策，根据自治区农垦局指示，在全场范围内开始进行税收、财务、物价大检查，结合检查为政清廉问题。

10 月 31 日　根据中央精神，结合西江农场的实际情况，经场管理委员会研究决定，发出《关于做好职工思想动员，鼓励职工投资入股，振兴西江经济的通知》，先在一砖厂、造纸厂试行股份制。

11 月 11 日　西江农场电厂新增加一台 500 千瓦火力发电机。

11 月 17 日　西江农场召开支书、队长、场（厂）长、科室领导干部会议，贯彻自治区党委五届五次全委（扩大）会议精神。此次会议调整农业产业结构的顺序为粮、蔗、麻、果，确保糖厂为重点产业。

● **1989 年**　2 月 24 日　原"广西国营西江农场场部中学"更名为"广西国营西江农场初级中学"。

6 月　西江农场投资 3080 多万元兴建了一座日榨 1000 吨的糖厂。

11 月　西江农场造纸厂建成，总投资 521 万元。

1989 年　西江农场被评为广西垦区、全国农垦尊师重教先进单位。

1989 年　西江农场被评为"农业部农垦司农机管理标准化优胜单位"。

● **1990 年**　2 月 21 日　西江农场以西农办字〔1990〕第 16 号文下发《关于不准在农场范围内部种植玉米、花生、黄豆的有关规定》。

1990 年　西江农场工会投资了 17 万多元安装了场部卫星地面接收闭路电视系统。

1990 年　由于农场糖厂建成投产，西江农场的产业结构由原来的粮、果、麻、蔗变为蔗、粮、麻、果。

1990 年　西江农场剑麻制品厂经自治区农垦局、玉林地区经委联合全面考核验收确认为"推行全面质量管理"单位，并发给合格证书。

1990年　西江农场食品厂生产的淀粉被评为自治区优质产品。

1990年　西江农场剑麻制品厂生产的白棕绳，继1986年首获广西优质产品奖，1990年经区委复评，再次获广西优质产品。

1990年　西江农场荣获垦区1990年旱地甘蔗大面积丰产栽培技术三等奖。

● **1991年**　6月26—27日　共青团国营西江农场第十七次代表大会召开。

10月29日　贵港黄练林场发生火灾，西江农场出动数百人支援扑灭山林火灾。

12月20日　中共西江农场第十五次党员代表大会召开。

1991年　自治区农垦局给予西江农场灭鼠科技成果进步三等奖。

● **1992年**　6月26日—7月2日　广西剑麻联营公司在西江农场举办广西首届"剑麻杯"篮球赛决赛。

7月16日　西江农场成立广西国营西江农场综合服务公司和广西贵港市新港加油站（属综合服务公司领导）。

8月19日　西江农场撤销园艺队小学，归属场部小学管理。

10月10日　西江农场增挂"广西西江实业有限总公司"的牌子。

11月19日　自治区工商局又将企业名称核准为：广西西江农工商总公司。总公司下设了工贸公司、农贸公司、畜牧水产公司、奶品公司、综合服务公司、建筑公司、商业公司。

1992年　在贵港市第二届体育运动会上，西江农场体育代表团共150多人，参加了10个项目比赛，其中在田径项目比赛中，获奖项目达40多个，其中有8项荣获第一。

● **1993年**　1月6日　西江农场挂牌成立广西西江农工商总公司并启用新印章。

2月11日　西江农场成立畜牧水产养殖场，将原鱼苗场、畜牧研究所的鱼塘划归水产养殖场管辖、经营。

4月27日　西江农场撤销"广西国营西江农场资源管理办公室"机构，其原来的管理、业务工作由农场派出所兼管。

6月12日　西江农场成立贵港市联小俭学铸造厂，该厂为集体所有制性质，主要经营机械零配件铸造。厂址在西江农场二队，从业人员为本场待业青年以及教职员工，高年级学生课余时间参加劳动实践。

12月18日　国营西江农场工会召开第十五次代表大会。

1993年　西江农场畜牧在"南方集约化饲养外瘦肉型猪综合高产技术研究"方面获自治区农垦局科技进步奖。

1993年　西江农场纪检监察部门被玉林地区纪委评为"1993年度纪检监察工作先进单位"。

● **1994年**　1月8日　西江农场决定成立"广西国营西江农场水电科"机构。

1月15日　西江农场刻制并正式启用"广西国营西江农场第十一生产队"和"广西国营西江农场水电科"印章。原印章"广西国营西江农场园艺队""广西国营西江农场试验站""广西国营西江农场青年一队""广西国营西江农场青年二队""广西国营西江农场青年三队"同时作废。

2月21日　西江农场成立广西国营西江农场汽车大修厂。

4月20日　西江农场增设了广西西江糖业公司。

5月20日　经西江农场党委研究决定，党办室、纪委办、教育科合并成立党委办公室；行政办、劳资科、计生办合并成立行政办公室；经营办、财务科、审计科合并成立企业管理办公室；宣传科、团委与工会合并，场工会办成经济实体。

6月26日　西江农场党委、管委召开全场单位领导会议，传达上级指示精神，广大干部、职工积极向洪水灾区捐款。全场4682人捐款，捐款金额89535.17元，衣物1042件，大米192.5斤，蚊帐2床，鞋17双，其他物品418件。

7月中下旬　西江农场遭到建场以来罕见的特大洪水袭击，鲤鱼江大堤四队十九号地防洪堤于7月22日15时崩塌。据统计，全场共有32个单位，3539户1万人受灾，15.5万亩土地被淹，占全场土地的95％；全场经济损失16684.7万元，其中农林业3969.6万元、畜牧水产业957.3万元、工业6270万元、其他3367.8万元、间接损失2120万元。

1994年　西江农场糖厂荣获自治区社会经济评价中心专家评估委员会颁发的"综合经济效益百强企业"殊荣。

1994年　抗洪抢险中，西江农场党委副书记蔡卓钢被自治区党委、政府授予抗洪救灾先进个人称号；陆凤生、蒙守伟被自治区公安厅授予二等功；吴伙寿、石光龙、蒋世团被玉林地区公安处授予三等功。

1994 年　台湾佛教慈济慈善事业基金会为西江农场 2049 户，5723 个受灾同胞援助大米 257535 公斤，援助款 471234 元。

● **1995 年**　1 月　中华全国总工会副主席杨兴富在自治区总工会主席陈梧生、副主席莫玲玲陪同下，到西江农场检查工会工作。

10 月　西江农场红砖产品荣获"贵港市红砖质量第一"的称号，市技术监督局授予西江农场"产品信得过单位"。

1995 年　西江农场灾后重建的关键一年，为尽快修复水毁工程，投入资金 210 万元，修复防洪堤挡土墙 1000 多米，改造鲤鱼江防洪闸门 7 座，砌石方 7100 立方米；修筑、加固、加高防洪堤 6 公里，完成土方 1819 立方米，为恢复农场生产建设打下基础。

● **1996 年**　2 月 2 日　西江农场将下属单位的原"生产队"称谓更改为"分场"称谓。将剑麻队和第七生产队合并为第七分场，撤销原剑麻队机构。

3 月 4 日　西江农场撤销西江糖业公司和奶品公司；撤销工贸公司，设立工业科；撤销农贸公司设立农林科。

3 月 6 日　自治区人民政府副主席奉恒高在贵港市委书记黄延南、市长蒋纯基、副市长梁镇燊、市人大常委会副主任陈木辉等领导陪同下到西江农场视察。

3 月 11 日　西江农场奶品厂归属畜牧水产公司管辖。原农贸公司的肥料、农药门市部归属商业公司管辖。撤销汽车队建制，原属汽车队权属管理范围均划归商业公司管辖。

1996 年　西江农场出栏生猪 37769 头，完成计划的 107％，其中出口生猪 20829 头，均创历史最高纪录。

1996 年　西江农场甘蔗种植面积 28852 亩，甘蔗总产 16.24 万吨，平均亩产 5.61 吨。其中：原料蔗总产 15.44 万吨，均创历史最高纪录。

1996 年　西江农场开始房地产开发，同年成立了西江房地产开发有限公司。

1996 年　农场职工覃福超获得自治区授予的"有突出贡献科技人员"。

1996 年　西江农场中学获贵港市高考质量二等奖和贵港市中考质量三等奖。

1996 年　西江农场工会成功举办了广西电视台与西江农场"西江杯"钓鱼比赛。

● **1997 年**　5 月 11 日　自治区教委主任李林、贵港市副市长韦广雄到西江农场了解与广西大学合办教学实验基地的办学情况。

5 月 20—21 日　中共西江农场党委召开第十六次党员代表大会。

7 月 28 日　贵港市副市长梁镇燊到西江农场与场防汛指挥部成员研究有关防汛工作事宜。

12 月 10 日　自治区农垦局局长童玉川、贵港市副市长梁镇燊到西江农场参加糖厂开榨仪式。

1997 年　经自治区农垦局批准,原西江剑麻制品厂改制为股份制企业,由本厂 66 名职工共同出资将原厂产权买断,成立了"白龙绳厂"。

1997 年　西江农场大部分的小型工业已改制完毕。

1997 年　西江农场养殖业实现利润 646 万元,为建场以来历史最好水平。有一些技术指标在国内外独占鳌头,其中平均每头猪产肉量与全国平均水平、世界平均水平、发达国家平均水平相比分别高出 61.2 公斤、40.2 公斤、15.4 公斤,出栏率分别提高 81.85、77.85、34.85 个百分点。

● **1998 年**　2 月底　西江农场对 8 家工厂完成了改组改制工作,改制的形成有租赁、拍卖、承包、股份合作等。

3 月 29 日　西江农场召开第七届职工代表大会第二次会议。

3 月 29—31 日　西江农场召开第七届职工代表大会第三次会议。

5 月 7 日　自治区农垦局副局长侯兆强到西江农场检查工作。

5 月 8 日　西江农场党委建立综合服务公司党支部,撤销建筑公司党支部,原建筑公司中共党员归属综合服务公司党支部管理。

5 月 21 日　西江农场把原农业队撤销改制为农业分场。

8 月 18 日　自治区农垦局局长童玉川到西江农场检查改制工作,并在场七届五次职代会上作讲话。

8 月 19 日　西江农场召开第七届职工代表大会第五次会议。

9 月　西江农场果菜专业批发市场投入使用。

10 月 15 日　西江农场房地产开发有限公司挂牌,场部中心区的城建规划已获贵港市政府批准通过。

12 月 8 日　贵港市副市长梁镇燊到西江农场检查防洪工作。

12 月 9 日　自治区农垦局副局长陆明廷到西江农场检查工作,并参加 1998/1999 年榨季开榨仪式。

12月15日　广东省湛江农垦局副局长巫开华一行到西江农场了解蔗糖生产经营情况。

12月31日　贵港市副市长梁镇燊到西江农场检查鲤鱼江洪堤到友谊洪堤的改造情况。

1998年　西江农场被列为广西农垦6个企业改制试点单位。

1998年　西江农场出栏生猪43159头，其中出口量为17371头，创利润约150万元，西江农场成为广西壮族自治区唯一有三个品牌猪出口的单位。

1998年　西江农场纸箱厂和剑麻制品厂在年初分别实行产权转让，改制为股份合作制企业，并以此延伸到种植业，将1291亩剑麻经营权转让给职工，为农场种植业的改制工作开了先河。

1998年　西江农场用土地作价与贵港市工商局合作开发一个水果、饲料蔬菜、粮油批发市场。

1998年　西江农场小学被评为"广西农垦先进学校"，西江农场被评为"广西农垦先进办学单位"。

● **1999年**　2月6日　自治区农垦局局长童玉川到西江农场检查工作。

3月23日　西江农场召开第八届一次职工代表大会，讨论通过三项制度改革方案。

6月18日　全区农垦小城镇建设现场会在西江农场召开，场长刘达人作《西江农场小城镇规划建设的做法和体会》发言。

8月2日　西江农场作为重点脱困企业，法人代表刘达人与自治区农垦局签订《1999—2000年广西农垦重点企业脱困目标责任状》。

8月13日　西江农场提出并制订《1999—2000年西江农场脱困实施方案》。

12月8—10日　自治区农垦局局长童玉川到西江农场检查工作。

1999年　西江农场对学校从1999年开始进行三年过渡、逐步剥离的改革。农场下拨经费逐年减少，到2002年农场除了保留部分仪器设备费、开学奖励等共23万元经费外，教职工的工资已由学校自行解决。

● **2000年**　2月29日　自治区农垦局副局长陈锦祥到西江农场检查指导工作。

3月14日　自治区农垦局副局长陆明廷到西江农场检查指导工作。

3月29—31日　西江农场召开第八届三次职工代表大会。

5月18日　自治区农垦局书记童玉川、局长蒋济雄到西江农场检查指导工作。

7月16日　自治区农垦局副局长罗天耀到西江农场检查指导工作。

7月　西江农场场部的小城镇规划经过地方主管部门的修编，已于2000年7月由政府批准实施，农场将按照这个规划方案有计划、有步骤地分期实施建设。

8月15日　自治区农垦局副局长侯兆强到西江农场检查指导工作。

8月16日　贵港市副市长严世明到西江农场调研。

8月31日　自治区农垦局副局长陈锦祥陪同广西农垦经济社会发展战略课题组一行10人到西江农场调研考察。

11月17日　西江糖厂将锅炉车间与机电车间合并为动力车间。

12月2日　自治区农垦局局长蒋济雄到西江农场检查指导工作。

12月26日　自治区农垦局副局长陈锦祥到西江农场检查指导工作。

12月28日　自治区农垦局书记童玉川到西江农场检查指导工作。

10月初至11月中旬　西江农场在全场853名党员中开展以"三讲"（讲学习、讲政治、讲正气）为主要内容的专题学习活动。

2000年　西江农场组织收复了村民占种的土地210亩。

2000年　作为国家经贸委7个重点脱困企业之一的西江糖厂如期完成了脱困任务。

2000年　农场深化"五小"工业的改制，对场办工业逐步实行战略性改组。

2000年　西江农场积极与自治区农垦局保险处和贵港市有关部门联系，将农场5141名职工的养老保险和全场5077名职工的医疗保险纳入了全区统筹和贵港市统筹范围。

2000年　在贵港市21所企业小学中，西江农场小学获"贵港市一级学校"荣誉称号。

2000年　西江农场是自治区扭亏单位，更是自治区农垦局八个重点扭亏企业之一，农场认真制订扭亏措施，抓落实抓实效，完成了自治区农垦局下达的扭亏任务，亏损额大幅度下降，从1999年亏损800多万元减少到2000年的亏损80万元。

2000年　西江农场五小工业改制在前几年改革基础上，对第二红砖厂、第三红砖厂、机械厂实行了还本租赁的深层次改制。

2000年　据全国第五次人口普查工作统计，西江农场普查人口数为10974人，共有3805户。

● **2001 年**　3月19—20日　自治区水利厅专家以及玉林水利电力勘测设计研究院，贵港市水电局等单位的有关专家、领导、工程技术人员到西江农场对鲤鱼江防洪工程进行实地考察并召开了座谈会。

4月28—30日　西江农场召开第九届职工代表大会。

5月17日　西江农场召开了中国共产党西江农场第十七届二次代表大会，选举产生了西江农场出席中国共产党贵港市第二次代表大会代表。

5月28日　西江畜牧水产公司从2000年6月1日改制以来，经过清产核资、资产评估、股权认购，成立广西农垦西江畜牧有限责任公司，并在2001年5月28日正式挂牌。

6月4—5日　广西农垦西江畜牧有限公司召开首届董事会第一次会议，会期2天。同期，广西农垦西江畜牧有限公司召开首届股东代表大会第二次会议。

6月30日　经西江农场第八届三次职工代表大会通过，把农场畜牧水产公司改制为广西农垦西江畜牧有限公司，并将原广西国营西江农场奶制品厂并入该公司，更名为广西农垦西江畜牧有限公司奶制品厂。

2001年　在抵抗大洪水灾害的斗争中，领导带头，干群一心，西江农场最终抵御了这场新中国成立以来最大的洪水灾害，保住了城区以及全场职工生命财产，西江农场、三分场、前进分场获"贵港市抗洪抢险先进单位"，包括场长在内的5位干部职工获"贵港市抗洪抢险先进个人"。

2001年　西江农场组织自己力量收复了四、五、八、九分场和清井分场被村民侵占的土地共计900多亩。

2001年　西江农场获得全垦区双文明优秀单位。全垦区仅有两家企业获得此荣誉。

2001年　西江农场领导班子认真贯彻农垦工作会议精神，对原来改制"五小"工业进行了深层次的改革，对畜牧公司实行了多方融资的有限责任公司改制，将5000多名职工的养老保险纳入全区统筹，医疗保险纳入贵港市统筹，中小学实行内部剥离，由原来每年经费120万元，减少到40万元，同时，成立专门领导小组，对改制中产生的富余职工200多人实行转岗分流。

2001年　西江农场甘蔗受水灾面积达16800亩，绝收6000亩，直接损失3000多万元。在抗洪抢险斗争中，西江农场直接投入抢险资金150万元。

2001 年　西江农场完成占地 30 亩的天隆购物中心项目定点、立项及图纸设计工作。完成公司开发资质升级工作，从四级升为三级，增强了公司的市场竞争力。

● **2002 年**　2 月 3 日　西江农场把防洪堤设施移交贵港市统一管理。鲤鱼江左堤建设项目于 2002 年 2 月 3 日正式开工，工程按 20 年一遇防洪标准建设，总投资 4333.3 万元。

5 月 9—10 日　西江农场召开第九届职工代表大会第三次会议。

8 月　西江农场房地产公司在贵港市城西车站旁建一个占地面积 10 亩，累计投资 750 万元的西站综合批发市场，于 8 月顺利试业。

9 月　根据自治区农垦局有关精神，西江农场与西江糖厂在人事权、财产权、经营权等方面彻底分立，不再实行一套人马两块牌子经营模式。重组后的西江制糖有限公司于 12 月 5 日按计划顺利开榨。

12 月 4 日　西江农场成立老年人体育协会。

12 月 26 日　农场房地产公司与垦建房地产公司合作开发的西江工业品批发市场（列入贵港市重点建设项目）奠基，标志着该项目正式投入建设。

2002 年　西江农场收复四、五、七分场被村民占种的土地共约 300 亩。

2002 年　西江农场被评为"全区老年体协基层先进辅导站"和"贵港市老龄工作先进单位"。

2002 年　西江农场与糖厂分离，"五小"工业已全部改制，西江农场的工业主要以电厂为主。

2002 年　本年自 1996 年西江农场场部小城镇进行大规模基础设施建设的第七个年头，累计已投入的基础设施建设投资达 1100 多万元。

2002 年　西江农场已经实现甘蔗品种良种化，良种覆盖率超过 99％。

● **2003 年**　1 月 28 日　西江农场为减轻企业负担，加快国有企业建立现代企业制度步伐，推动农场二次创业进程，根据上级有关精神，将学校和医院移交给贵港市归口管理。在市政府的支持和各部门的积极配合下，学校剥离工作进展顺利，于 2003 年 1 月 28 日双方正式签订协议。

4 月　西江农场党委决定成立西江房地产公司党支部。

4 月　西江农场党委决定撤销综合服务公司党支部，党建工作归西江房地产公司党支部管理。

5月　西江农场召开第十次职工代表大会。据统计，全场有在职职工1891人，共选出正式代表131人，列席代表6人，单位特邀代表3人，老干部特邀代表5人。

6月　西江农场党委决定成立社区管理委员会党支部。

8月27日　贵港市达开高中在西江农场场部举行西校区成立挂牌仪式。

8月　西江农场党委向"7·31"案表现英勇、贡献突出的狮子岭派出所和李文兰、周东杰、周东凯、刘桂容作出表彰决定。

9月24日　西江农场更名为"广西农垦国有西江农场"，印章同时正式启用，原"广西国营西江农场"印章同时作废。

9月　西江农场撤销西江农场西区开发办公室，成立西江农场场部小城镇建设办公室。同月，根据广西农垦集团有限责任公司相关文件的精神，农场决定将农场部分土地评估作价入账，并成立该项工作领导小组。

10月　西江农场籍残疾人运动员黄汉升、黄东海，在第六届全国残疾人运动会中取得了1枚金牌、3枚银牌、1枚铜牌、2项第五名、1项第六名的好成绩。特别是黄汉升一人就获得了1枚金牌、2枚银牌、1枚铜牌，实现了贵港市残疾人运动员在全国性的残疾人体育运动比赛中金牌数零的突破。农场决定给予黄汉升人民币3000元奖励，黄东海800元奖励。

10月　西江农场成立西江农场选区补选贵港市港北区二届人大代表工作领导小组。

2003年　西江农场老龄办组队参加贵港市第二届老年人运动会，荣获地掷球比赛男子组第一名，女子组第一名。

2003年　西江农场职工代表广西参加全国残疾人运动会，获得1项第一名、3项第二名、1项第三名、4项第五名、2项第六名的优异成绩。

● **2004年**　3月30日　西江农场召开第十届二次职工代表大会。

5月14日　西江农场与贵港市人民政府签订协议，把西江农场医院一次性整体移交给贵港市人民政府，归口贵港市人民政府卫生行政部门管理。至此，农场办社会职能已全部移交给贵港市人民政府归口管理。

5月20日　西江农场党委同意成立广西农垦西江畜牧有限公司党总支。

6月28日　西江农场党委同意西江畜牧有限公司党总支部成立5个党支部，分别为：饲料厂党支部、一猪场党支部、三猪场党支部、种猪场党支部、奶牛场党支部。

8月9日　西江农场成立土地管理科，办公室设在机关办公楼。成立西江农场项目办公室，主要负责招商引资、上报项目、项目实施、追踪服务等。为方便管理和开展工作，党委办、纪检监察、计划生育、共青团、宣传工作、场工会合并办公，由党委办公室主任总负责、协调。

9月　西江农场天隆购物中心项目正式开始施工，该项目占地14400平方米，折合21.6亩。

12月28日　西江农场举行办公大楼扩建落成庆典仪式。

2004年　西江农场组队参加贵港市老年人地掷球比赛荣获女子组第一名，男子组第三名，并参加自治区老年人地掷球比赛，荣获女子体育道德风尚奖。

2005年　1月6日　西江农场党委决定撤销第二红砖厂党支部建制，党务工作及党员管理并入林艺分场党支部管理。

1月31日　西江汽车摩托车城正式开业。为方便购车户办理上牌手续，经过西江房地产公司多方的努力，市公安局交警支队车辆管理所在摩托车城内设立了办证大厅，并于2005年7月4日正式开展办证业务。到2005年底，市区内经营摩托车的商家已基本搬迁到西江摩托车城经营，形成相当的规模。

4月13日　西江农场召开第十一次职工代表大会。

6月22日　西江汽车摩托车专业市场第二期工程即汽车城，于当日正式开工建设，建筑面积约2万平方米，预计投资1000万元。

7月　西江农场党委在全场共产党员中开展保持共产党员先进性教育活动。

2005年　西江农场号召广大干部职工、家属向灾区捐款，于6月27日将1万斤大米送至平南灾区；6月30日向遭受山洪泥石流冲击最为严重的广西农垦阳圩农场灾区捐款139140.2元。

2005年　为使小城镇的管理更趋完善，西江农场成立了街名征集工作领导小组，在全场范围内进行了街道名称征集活动，并把征集到的10条街名报请贵港市民政局，于10月获得了贵港市政府批准通过，正式对农场小城镇的街道进行了命名，结束了西江农场有街无名的历史。

2006年　3月27日　西江农场被评为"2005年度贵港市招商引资工作先进单位"，张聪被评为"招商引资工作先进个人"。

4月18日　西江农场召开第十一届二次职工代表大会，会期1天。

6月27日　西江农场党委被评为"贵港市先进基层党组织"。

6月底　西江汽车摩托车城二期工程竣工，8月正式开张营业。

9月8日　西江农场第十七届二次党代会胜利召开。

2006年　西江农场职工黄汉升参加在马来西亚举办的远东及南太平洋地区残疾人运动会（简称"远南"运动会），获得男子射箭第三名。

● 2007年　2月2日　广西农垦甘蔗生产春种春管工作现场会在西江农场召开。

3月26日　贵港市人民政府办公室组织召开了关于西江农场与市政府建设项目资金问题协调会。

4月24日　西江农场召开第十二次职工代表大会。

5月15日　贵港市人民政府和广西农垦局共同组织召开了关于处理广西农垦下属企业有关问题的协调会。

5月24日　为加快广西农垦贵港西江工业区开发建设的步伐，由广西农垦集团有限公司和广西农垦西江农场有限公司共同出资成立广西农垦贵港西江开发投资有限公司。广西农垦贵港西江开发投资有限公司注册资本为人民币1000万元，其中广西农垦集团有限公司占股权比例为70%，广西农垦西江农场有限公司占股权比例30%。

5月29日　广西农垦糖业集团授予西江农场2006年度广西农垦甘蔗生产评比第一名，奖励3万元。西江农场被评为榨季完成任务责任风险二等奖。

6月29日　西江农场党委被评为"广西农垦先进基层党组织"。

7月20日　西江农场召开第十二届二次职工代表大会。

8月　西江产业园正式挂牌运作。

10月　西江房地产公司开始对外出售部分楼盘。

11月13日　西江农场被评为"广西农垦2006年度综合统计业务先进单位农场类一等奖"。

● 2008年　1月5日　自治区侨联副主席韦穗奇，贵港市人大常委会副主任莫启锋一行来到西江农场，就发展现代农业、加快产业园区建设等方面内容开展调研活动。

2月28日　西江农场出动全场的管理人员配合贵港市政府对一分场原公房进行拆除（主要为马草江公园建设）。

3月13日　西江汽车摩托车城荣获自治区"无假冒伪劣商品示范店"称号。

3月19日 西江农场经过年初对一分场住户做了大量细致的工作，全部完成拆迁协议的签订，共139户。

4月28日 西江农场召开第十二届三次职工代表大会，会期1天。

6月2日 西江农场一分场与林艺分场合署办公。

6月12日 李蔚、李震到西江农场分别任党委书记、场长。

6月 西江产业园区向十一分场开发建设，农场配合园区对十一分场公路旁部分住户的房子动员后进行拆迁工作。

9月4日 广西农垦西江产业园招商引资推进项目协调会在西江农场举行。贵港市委常委、统战部部长蔡锦军出席会议。

9月10日 西江农场组织文艺队"送文艺、送科技"到分场慰问。

9月27日 西江农场举办庆祝新中国成立59周年红歌比赛晚会。

9月28日 西江农场成立效能监察审计室，撤销西江农场审计科。

10月9日 西江农场要求工会到原淀粉厂对关于该厂是否继续生产或停产问题召开了全体股东大会用投票形式进行表决，结果绝大部分股东同意停产。

10月14日 西江党委书记李蔚、农场场长李震一行到广西八桂田园参观考察。

10月17日 西江农场成立工作指导小组对淀粉厂进行指导该厂如何处置善后工作。

10月25日 在第五届中国—东盟博览会上，西江产业园区签约项目2个，金额11.3亿元。

10月 《今日西江》创刊。

11月5日 自治区农垦局局长刘志勇到西江农场考察调研。

11月 西江农场进行机构、人事改革。

12月 由西江农场开发建设的贵港市西江钢材市场举行隆重的开工典礼剪彩仪式。

2008年 西江农场实施了内部机构改革和人员的压缩调整，场部机关由原来的11个科室、部门，重新设置为综合管理办公室、科技生产部、财务部、土地管理保卫部、规划建设部和企业管理办公室6个部门。地产公司也由原来的7个部门压缩为4个部门。

2008年 在向四川地震灾区捐款活动期间，全场干部职工5800多人次捐款 18.58 万元，另外党组织号召党员交纳特殊党费 4.15 万元。

2008 年　西江农场党委获"广西壮族自治区农垦局先进基层党委"和"贵港市先进基层党委"。

2008 年　西江农场工会获"广西壮族自治区农垦局先进基层工会"。

● **2009 年**

1 月　在 2009 年春节"春风暖流"慰问活动中，西江农场筹集资金 1.2 万元，由场领导上门看望了困难职工 60 户。

2 月 18 日　广西农垦玉林片区宣讲党的十七届三中全会精神暨掀起春季农业生产高潮动员会在西江农场拉开序幕。

2 月 24 日　贵港市"万台农机闹春耕暨甘蔗生产机械化示范活动"现场会在西江农场举行，活动为春耕工作打下了坚实的基础。

3 月 30 日　西江产业园六个建设项目举行开竣工仪式，标志着广西农垦在以园区建设拉动投资、促进地方经济发展中又迈出新的步伐。同日，广西农垦园区项目建设暨服务企业年活动交流会在西江产业园举行。

3 月 31 日　西江农场召开深入学习实践科学发展观活动动员大会。学习实践活动以"稳定发展甘蔗产业，实践高新农业，做强房地产，拓展物流业"为主题，以"建设一个高新农业基地，打造六大市场群"为载体。

4 月 8 日　西江农场第十三次职工代表大会开幕。

4 月 9 日　自治区人大农业与农村委员会主任覃远通带队到西江农场开展《广西壮族自治区农垦发展条例（草案）》专题调研。

5 月 7 日　广西农垦 2009 年甘蔗生产检查总结交流会在西江农场举办。经民主投票，西江农场在此次评比活动中获得生产管理第四名。

6 月　西江房地产公司破解金融寒冰，半年完成全年售楼任务。

7 月 2 日　西江农场倡导职工、家属为四分场尿毒症患者捐款累计 33545 元。

7 月 27 日　落户西江农场的国家科技支撑计划"糖料蔗新品种选育及高效节本增效栽培技术研究"项目，顺利通过了中期验收。

7 月　西江农场被自治区农垦局和集团公司授予 2008 年度招商引资工作先进单位二等奖。

8 月　西江农场荣获贵港市民兵军事训练军事理论科目一等奖。

9 月 7—9 日　西江农场成功举办 2009 年广西农垦杯玉林片区职工球类运动会，并摘得四项桂冠。

9月9日　西江农场开发建设的钢材专业市场隆重开业，该市场是贵港市最大的钢材物流、信息流集散地。

9月22—26日　西江农场地掷球队女子组荣获广西第五届老年人运动会地掷球比赛第二名，男子组获得体育道德风尚奖。

9月　西江农场组织开展了庆国庆"送文艺、送科技"下乡慰问演出活动。

9月　西江农场组织工作队员深入基层开展秋冬季助农增收大行动。

10月　西江农场男子羽毛球获得农垦杯职工运动会团体赛冠军，男子篮球获得亚军，女子乒乓球荣获团体比赛亚军，男子乒乓球荣获团体比赛季军，女子气排球获得季军。

10月　西江产业园在中国—东盟博览会上签约5亿多元。

10月　西江农场第五分场别墅型小区正式开工建设，一期14栋，建房面积约3864平方米。

11月4日　西江农场组织47名党员干部前往贵港监狱，开展了一次别开生面的反腐倡廉警示教育现场会。

11月5日　西江农场、西江制糖公司召开2009/2010年榨季动员大会。

12月17日　西江农场测土配方施肥中心站挂牌成立，作为广西农垦四大测土配方施肥中心站之一，该站主要分管玉林、百色、贵港片区农垦的测土配方施肥工作。

2010 年　1月12日　贵港电视台、《贵港日报》媒体采访报道西江农场第八分场职工甘杰慧种植的高达4.18米的甘蔗。

1月18日　由相关部门组成的专家组一行19人，对落户西江农场第五分场的国家科技支撑计划"糖料蔗新品种选育及高效节本增效栽培技术研究"项目进行田间测产验收。

1月25日　广西农垦第四届"送文艺、科技、法律下基层"活动走进西江农场，向管区职工捐赠了图书，受到了热烈欢迎。

2月2日　西江农场场领导分6组，对全场20个下属单位72个特困职工进行了走访慰问，给他们一一送上了新春的祝福和慰问金。全场共发放特困职工新春慰问金2.16万元，比去年增加近万元。

2月6日　西江农场在贵港市老鸭山庄举行新春团拜会。全体管理人员欢聚一堂，以自编自演的文艺演出形式，共忆旧岁，展望新春。

2月10日　西江农场发文件加强甘蔗中后期砍运管理预防外流的工作。

2月　西江农场被评为"广西农垦2009年度宣传通讯工作先进单位"。

3月17日　贵港市副市长庞文达围绕"打造西江绿城"的主题，实地察看了西江农场管区的建设情况。

3月23日　西江农场启动"兴水利、大种树、强基础、优生态、惠民生、促发展"主题活动。至6月底整个活动结束时，全场共种植乔灌木8000多株，铺草皮15000平方米。

3月29日　西江农场与贵港市农机局联合举办了甘蔗收获机械化的现场演示会。

3月　西江农场管区内廉租房建设、钢材市场三期等6个项目齐头并进，固定资产投资总额达2120多万元，实现了开门红。

3月　西江农场在管区内开展党组织建设年活动。

3月　西江农场荣获广西农垦2009年"招商引资与项目建设攻坚年"活动二等奖。

3月　西江农场荣获贵港市2009年度落实纪检监察工作目标管理责任制先进单位二等奖。

3月　西江农场被授予"贵港市创建第五轮自治区文明城市活动先进集体"荣誉称号。

3月　西江农场通过召开女职工座谈会，举办趣味竞赛以及老年妇女游园活动等多种形式，喜迎妇女节设立100周年。

3月底　西江农场测土配方施肥中心站已全部完成1600个土壤样品的采集工作。

4月1日　西江农场以"强基兴水利、林改优生态、惠农保民生、产业促发展"为主题，召开了工作队员深入基层开展强基惠农春季大行动动员会，掀起了春季农业生产热潮。同日，西江农场制定出台了《西江农场分场建房管理实施办法（试行）》，使得分场建房有章可循，更趋规范化、制度化。同日，西江农场召开了2010年"招商引资与项目建设年"活动动员大会。会议传达并贯彻落实了广西农垦2010年招商引资与项目建设动员部署会议的精神。

4月20日　西江农场召开第十三届二次职工代表大会。

4月20—27日　西江农场在管区范围内举办了气排球、乒乓球以及羽毛球比赛，欢庆"五一"劳动节。

4月29日　在自治区劳动模范和先进工作者表彰大会上，西江农场周启美被授予"广西壮族自治区劳动模范"荣誉称号。

4月30日　全场共有2753名干部职工向玉树灾区捐款，捐款累计达到38556元。

4月　广西农垦集团有限责任公司授予西江农场"广西农垦2009年度效益贡献奖"的荣誉。

5月6日　西江农场制定并印发实施了《西江农场关于建设项目用地涉及青苗等补偿及失地职工家属安置试行办法》，使得这一工作有章可循，也表明了农场工作日趋制度化、规范化。

5月12日　自治区农科院专家组一行9人在院长李杨瑞的带领下，到西江农场就甘蔗生产工作进行调研、指导。

5月26日　西江农场举办了党员干部国学教育培训班，培训主要以观看电教片《翟鸿燊国学"修养篇"》的方式进行。

5月27日　西江农场、西江制糖有限公司联合举办了新型农机现场演示会。

5月28日　在自治区农垦局土地处处长纪录的陪同下，自治区国土资源厅土地整理中心副主任徐航建率自治区土地整理中心专家组一行到西江农场四、五分场对土地整治项目实地踏勘。

5月　西江农场被评为"广西农垦2009年度'兴垦'杯优质高产甘蔗劳动竞赛高产场奖第一名""广西农垦2009年度基地农场甘蔗生产第一名"。

5月　西江农场在管理人员之间实行月工作目标及绩效考核办法，从此，管理人员每月完成工作的情况与当月的绩效工资挂钩。

5月　贵港市政府授予西江农场"2009年度政府门户网站建设及内容保障工作先进单位三等奖"。

5月　西江农场通过开通企业手机短信平台，开办了"手机党报"业务。

5月底　西江农场共组建了一支600人左右的应急救援抢险队，筹备抗洪麻袋14000只，以及一批铁铲、泥箕，筑牢汛期安全屏障。

6月2日　西江农场成立《西江农场场志》续编工作领导小组、编纂办公室。

6月10—11日　西江农场组织全场中层以上管理人员，对管区内的13个农业分场的甘蔗生产情况进行了检查评比。

6月17日—7月初　西江农场联合贵港市计生委，对场属40多个单位的3000多名妇女进行了免费健康体检。

6月18日　一场由西江农场、黔江农场联合举办的主题为"夕阳红 庆和谐"的歌舞晚会在西江文化活动中心上演。

6月22日　自治区农垦局副局长杨海空就防洪工作到西江农场检查、指导。

6月29日　西江农场召开庆祝建党89周年暨党内先进表彰大会，表彰了6个先进基层党组织和76名优秀共产党员。

6月　西江农场投资2万多元，统一购买材料并由技术人员自行配制老鼠药14000斤，免费分配到全场1800多个承包岗。

6月　全场共有61户承包户淘汰剑麻改种上了甘蔗，面积共约748亩，占全场剑麻面积的62%，承包户麻改蔗共获得各种补贴24.8万元。

6月底　全场共完成职工医疗互助保障1473份，比去年增加284份，参保金额达到55515元。第一、二季度进入低保的职工家属共获补助金额39.18万元。

6月底　西江地产公司上半年物业收入突破400万元。

6月28日—7月12日　西江农场与西江制糖公司共同组织全场13个农业分场的200余名职工代表，分7批次进行甘蔗高产栽培技术巡回培训活动。

7月14日　良圻农场、西江农场共舞合唱"难忘今宵"联欢晚会在西江农场文化活动中心上演。

7月15日　《广西日报》发表文章《西江农场"创先争优"显成效》报道西江农场创先争优活动的做法、经验。

7月18—21日　西江农场以防汛抗洪工作为契机，组织相关分场共约500人，开展预防突发事件安全撤离实战演练活动。

7月20日　西江农场举办了领导干部时代前沿知识培训班。培训主要以观看我国著名经济学家厉以宁教授今年在贵港讲学、考察时候的视频的方式进行。

7月25日　自治区国土厅同意对《广西农垦国有西江农场四、五分场土地整治项目》立项，项目实施规模 650 公顷，新增耕地 22.07 公顷，投资控制 2437.6 万元。

7月　西江农场组织由机关和基层管理人员 91 人组成的工作队与分场和职工开展覆盖全场的"结对共建、先锋同行""一对一"帮扶活动。

7月　西江农场为全场 489 名有手机的党员建立了电子档案。

7月　西江农场抢抓台风"灿都"带来的雨水，在全场普遍追施了一次壮尾肥，施肥面积达到 26459 亩，占全场总面积的 94.5％，施肥量达605 吨，有力地保障了当年甘蔗的产量。

8月3日　贵港市市长李宁波带领市住建委、国土局的相关部门领导就"如何将政府行政资源优势和西江的土地资源优势有机地结合，将经济做大做强，实现互惠共赢"的主题到西江农场调研。

8月25日　西江农场 4 名当年考上大学的贫寒学子参加了贵港市总工会2010 年"金秋助学"启动仪式，每人领到了 2500 元的"金秋助学"金。

8月27日　西江农场召开 2010 年土地工作会议。

8月　西江农场响应自治区农垦局的号召，在管区范围内开展了见义勇为献爱心募捐活动，西江片区单位共有职工家属 951 人献出了自己的爱心，善款共计 19437 元。

8月　西江农场制定、印发《西江农场甘蔗旱情灌溉工作预案（试行）》。这是农场第一次印发抗旱工作预案。

9月8日　自治区农垦局机关八支部书记、后勤服务中心主任周锋与西江农场党委书记李蔚、场长李震等一行人，到结对帮扶的大伦农场开展"结对共建 先锋同行"活动调研。

9月16日　西江农场召开第四季度工作会议，学习贯彻全区农垦年中工作会议精神，对当年第四季度的工作重点做了部署。

9月20日　贵港市港北区第六次全国人口普查"两员"业务培训会在西江农场举行。

9月28日　在西江农场青年连成立 40 周年纪念日，80 多名知青集体重返西江，追忆如歌岁月，互诉阔别情怀，畅谈美好未来。

9月　全场共完成固定资产投资 2.3558 亿元，完成自治区农垦局下达 2亿元的 117.8％，其中：招商引资完成 1.9 亿元，完成自治区农垦局 1.5亿元目标任务的 126.7％，完成 1.8 亿元奋斗目标的 105.6％。

9月 西江农场在管区内组织开展了职工球类、钓鱼等比赛，喜迎国庆。

10月14日 西江农场党委书记李蔚带领场40多人组成的文艺队，赴黔江农场合办联欢文艺晚会。

10月中旬 西江农场"送文艺、科技"下分场活动，先后到清井分场、前进分场、九分场、三分场开展活动。

10月20日 在第七届中国—东盟博览会上，西江农场和广西大将房地产开发有限公司签订了农垦新城以及西江汽车专业市场两个合作协议，将投资10多亿元，把原来182亩的西江汽车摩托车城改造建设成为集住宿、餐饮、购物、娱乐为一体的农垦新城；同日，西江农场房地产公司新售楼部暨陶然花园营销中心举行揭牌仪式，这标志着农场房地产开发建设向规范化、规模化、品牌化的战略目标大踏步迈进。

10月23日 西江农场社区管理委员会举行揭牌成立仪式，标志着农场社会管理工作由企业包揽向社会统一管理的转变，标志着农场社会管理工作将进入政府主导、区域管理、企业支持的全新管理机制。

10月28日 西江农场党委书记李蔚、场长李震带领场文艺队，到良圻农场合办联谊文艺晚会。自治区农垦局社会事业处副处长吴敢与良圻农场广大干部职工一同观看了晚会。

10月29日 西江房地产公司陶然花园取得预售证。

11月1日 自治区农垦局副局长杨海空一行到西江片区所在的单位开展调研工作，实地走访陶然花园营销中心。同日，西江农场100多名人口普查员分别登门入户，开展管区内人口普查工作。

11月7日 自治区统计局副局长、区第六次全国人口普查常务副主任石日灿到西江农场检查人口普查工作。

11月初 西江农场各分场共投入资金24万元，累计维修田间道路约190公里，主干道路36公里。

11月16日 西江农场、西江制糖公司联合召开榨季动员大会，号召全场上下围绕"榨好蔗，产好糖，卖好价"这一总要求，鼓足干劲共同做好原料蔗的砍、运、种、管等各项工作。

11月27日 西江房地产公司陶然花园开盘，当日上午，一期132套商品房销售一空。截至开盘前接受预约共计292套。

11月30日 西江农场召开专题会议，学习十七届五中全会和自治区党委九届十三次全会的精神。

12月7日　自治区农垦局副局长杨海空、区农垦纪工委书记谢可年一行深入西江片区调研，实地走访了西江房地产开发有限公司陶然花园营销中心、西江农场场部。

12月10日　广西大学高级管理人员工商管理硕士（EMBA）企业总裁班2009级学员15人到西江农场参观、学习。

12月20日　由相关部门组成的专家组对落户西江农场的国家科技支撑计划"旱地甘蔗高效节本栽培技术集成研究与示范"项目进行了2010年测产验收。

2011年　1月5日　西江农场召开了2010/2011年榨季甘蔗生产冬种冬管现场会。同日，广西农垦第五届"送文艺、科技、法律下农场"活动启动仪式暨首场文艺演出活动在西江农场隆重举行。往年"送文艺"部分是邀请社会上专业的剧团承担的，本次承担文艺演出的西江艺术团是由西江片区各单位普通的职工组成的。

1月7—10日　在农场党委书记李蔚的带领下，慰问演出团代表广西农垦分别到了东风农场、山圩农场、五星总场、红山农场进行慰问演出，开创了农垦慰问演出"自编、自导、自演"的新模式。

1月11日　《贵港日报》第5475期第2版刊登西江农场创先争优事迹的报道《西江农场扎实开展创先争优活动》。

1月28日　西江农场召开全场中层以上管理人员会议，传达1月14日在南宁召开的全区农垦工作会议精神。

1月　西江农场认真做好春节前各种慰问及补贴的发放工作，发放各种补贴共计113.35万元。其中，发放756人（岗位）2009年农工税费改革补贴56.99万元；发放2011年农业一线职工、退休职工3158人医疗门诊补贴31.58万元；发放甘蔗承包职工、家属及离退休职工3960人春节慰问金19.38万元；发放84位困难职工及退休老干部慰问金5.4万元。

1月　党委书记李蔚、西江农场场长李震等领导分6组，先后走访慰问了离退休老干部、困难职工，向他们致以新春的祝福。

2月21日　针对春节后榨季面临砍蔗、种蔗"民工荒"的严峻形势，西江农场、西江制糖公司榨季指挥部召开紧急会议，重点就如何破解民工荒，加快砍运、种植进度进行了安排和部署。

2月下旬至4月上旬　西江农场测土配方施肥中心站组织精干力量，结合强基惠农政策，组织召开测土配方施肥技术专题培训会。培训还为职工、家属们送去了《甘蔗高产栽培技术》以及《甘蔗病虫害综合防治知识》等科技宣传资料，共计1000份。

3月2日　贵港市学习型党组织建设督查组到西江农场检查工作。

3月3日　自治区农垦局局长刘刚到西江片区所在的单位调研。先后走访了西江制糖公司、西江乳业公司、西江畜牧公司猪场搬迁新址工地、西江产业园区以及西江农场陶然花园营销中心。

3月8日　西江农场在职女工以开展趣味竞赛和召开女职工座谈会等形式，纪念国际劳动妇女节101周年。

3月12日　西江农场在全场范围内启动"兴水利、大种树、优生态、强基础、惠民生、促发展"主题活动。

3月19—24日　西江农场抽调了17名工作能力强的职工，在管区范围内的26个单位开展危旧房实地丈量、登记、信息填写工作。

3月　西江农场捷报频传，被评为"贵港市2010年度纳税大户和纳税增长大户"；被评为"广西农垦2010年度宣传通讯工作先进单位"；被评为"广西农垦2010年度企业管理优秀单位"；被评为"广西农垦2010年度经营效益贡献奖"；被评为"广西农垦2010年度固定资产投资和招商引资工作三等奖"。

3月　西江农场成立了以党委书记、场长为组长的党务公开工作领导小组。

4月2日　西江农场种植的2.8万亩甘蔗全部进厂压榨，总产、单产均刷新历史纪录，总产24.4万吨，比去年同期增长0.79%。

4月6日　西江农场召开会议公开推荐选拔农场副职后备干部。

4月9日　西江农场对地膜覆盖进行了验收。在地膜杯劳动竞赛的推动下，全场地膜覆盖13939.53亩，比去年8470亩增长了64.6%。

4月12日　滨海农场一行在场长庞德伟的带领下到西江农场参观、交流。

4月13日　西江农场组织中层副职以上管理人员召开会议，传达学习农垦企业集团理事会第十四次全体会议精神。

4月15日　西江农场召开2011年土地管理工作会议,传达3月10日自治区农垦土地资源管理工作会议精神。

4月20日　西江农场召开企业文化工作会议。西江农场作为区局企业文化建设试点单位之一,在软件、硬件方面积极探索加强企业文化建设的新途径。

4月21日　西江农场召开2011年水利建设工作会议,分析农场水利建设现状、存在的问题,回顾总结2010年全场水利建设工作,着重部署2011年水利建设工作;同日,垌美农场一行7人主要就土地开发利用模式到西江农场交流。

4月26日　西江农场召开了第十四次职工代表大会。

4月27日　自治区农垦局副局长杨伟林到西江农场主要就甘蔗生产管理、危旧房改造工程进行了实地走访调研。

4月28日　西江农场组织人员对管区内江北、江南、江东片进行汛前安全大检查;同日,西江农场、西江制糖有限公司联合成立了甘蔗健康良种繁育基地建设领导小组。

4月　西江农场被评为"2010年度贵港市政府门户网站内容保障工作先进单位二等奖"。

5月9日　西江农场防汛抗旱指挥部对冲锋舟进行了检修以及性能的检测调试,并在党委书记李蔚、副场长周启美的带领、指挥下,在贵港市鲤鱼江进行了冲锋舟救援训练、演练。

5月10日　贵港市由相关部门组织的防汛工作组到西江农场检查防汛工作。

5月12日　西江农场召开全场甘蔗生产管理工作会议。场长李震传达广西农垦2010/2011年榨季工作总结会的重要精神。

5月18日　红河农场一行8人到西江农场主要就包括商品房开发建设、危旧房改造等在内的房屋建设工作进行经验交流。

5月　西江农场被评为"广西农垦2010年度基地农场甘蔗生产评比第一名"。这是西江农场连续两年获得此殊荣。

5月　西江农场被评为"2008—2010年广西农垦内部审计工作先进单位"。

6月2日　贵港市公安局狮子岭派出所到西江农场深入开展"大走访"开门评警活动。

6月8日　贵港市创先争优工作领导小组就活动的"承诺联评"情况到西江农场检查工作。

6月9—10日　西江农场开展为期2天的甘蔗生产检查评比活动。

6月20日　西江农场召开贵港市港北区人大代表换届选举西江农场片区动员会。

6月22日　西江农场艺术团歌伴舞节目《春天的芭蕾》参加自治区区直机关庆祝中国共产党成立90周年文艺晚会，在65个节目中以第15名的成绩获得三等奖。

6月28日　贵港市委常委、副市长宾能松到西江农场慰问社区困难党员梁秀兴。

6月　西江农场党委被评为"广西壮族自治区2010年度先进基层党组织"；西江农场党委被评为"广西农垦2010年度先进基层党组织"；西江农场纪委被评为"广西农垦2010年度纪检监察先进集体"。

6月　西江农场荣获"贵港市参加自治区第七届市容'南珠杯'竞赛先进集体"称号。

6月　西江农场通过走访慰问困难老党员、观看红色革命影片，开展户外登山活动，召开庆祝建党90周年暨先进表彰会，组织35个党组织召开支部座谈会。

6月　西江农场门球代表队勇夺广西农垦第六届暨"昌菱杯"老年门球赛第一名。

6月　西江农场结合实际，自编并印发《西江农场安全生产宣传手册》。

7月8日、14日　西江农场分别召开了危房拆迁及建设动员会、危旧房改造工作进度会议。

7月14日　根据贵港市市长李宁波的批示，贵港市委常委、常务副市长宾能松主持召开关于西江农场有关问题的专题会议。

7月15日　贵港市港北区西江农场人大代表选区共有7298人参加了投票，选举产生了农场选区人大代表2名。

7月20日　西江农场召开全场年中工作会议，传达贯彻农垦年中工作会议精神。

7月21日　《贵港日报》第5659期刊登了西江农场帮扶职工的事迹报道，标题为《职工冷暖挂心头——西江农场帮扶职工二三事》。

7月21—22日　由西江农场党委书记李蔚、场长李震带队的考察组到广东省湛江南华农场考察危旧房改造、文化广场建设、室内文体活动室建设等工作。

7月26日　贵港市政府以文件的形式印发了《关于西江农场有关问题专题会议纪要》，会议就自治区农垦局提出的关于西江农场的八大问题达成了共识。

7月29日　西江农场设立了"场长接待日"，场长与危旧房工作的领导一起，与职工、家属面对面，进一步促进危旧房改造建设。

7月30日　西江农场周启美、张程、蒋诚、梁新、蒙庆宁获得自治区农业科学院颁发的"科学技术进步奖一等奖"。

7月　《广西画报》2011年7月刊总第381期《党建风采》专栏报道了西江农场党委的先进事迹。

7月　西江农场完成各项收入18742.47万元，农场上缴税金1415万元，与上年同期466万元相比增长203％。

8月3日　《贵港日报》第5672期报道了西江农场党委先进事迹，标题为《西江绿城党旗红》。

8月9日　西江农场、西江制糖公司联合召开启动全场甘蔗一级抗旱预案动员大会。

8月27日　《贵港日报》报道了西江农场危房改造的先进事迹，标题为《西江农场职工喜建新房》。

8月30日　西江农场场长李震带队到黔江农场考察、参观甘蔗生产管理工作。

8月31日　西江农场召开甘蔗生产管理及抗旱紧急会议。

8月　西江农场场歌定稿，名为《可爱的家园》，由广西著名指挥家、作曲家，前广西合唱协会会长苏以淑谱曲，由马艳红填词。

8月　西江农场召开了综合维稳工作会议。

8月　西江农场在有条件的8个分场建立了职工书屋。同时，农场还向职工发出捐书的号召，让职工书屋里的书种类更全。

8月　西江农场投入8.9万元在场部机关大楼、房地产公司各主要通道安装了电子监控设备。

9月1日　《贵港日报》第5701期报道了西江农场职工书屋的建设工作。

9月3日　广西农垦建垦60周年纪录片拍摄组到西江农场取景拍摄。

9月5—7日　西江农场组织13个农业分场共计50多名职工代表，分2批到黔江农场参观、学习甘蔗生产管理工作、经验，探讨土地连片承包的经营模式。

9月6日　西江农场举行危旧房改造暨七分场职工居住新区工程开工仪式。自治区农垦局发展计划处副处长张佑民参加仪式。

9月23日　自治区农垦局局长刘刚到西江农场检查危房改造工作。

9月27日　西江农场召开第十四届二次职工代表大会。来自场属26个单位的职工代表齐聚一堂共商危房改造大计。

9月28日　西江农场隆重举行场部片区危房改造安置房公寓楼西江花园的奠基仪式。至此，农场2011年危房改造项目实现百分之百动工；同日，西江农场、良圻农场、黔江农场以及西江管区内的农垦单位齐聚在西江，共同举办庆国庆、庆垦庆文艺晚会。

9月　西江农场通过举办篮球、乒乓球、羽毛球、钓鱼比赛活动，及举办一台综合文艺晚会的形式，喜迎国庆、垦庆。

10月10日　住建部危房改造巡察组到西江农场检查危房改造工作。同日，西江农场举行四、五分场土地整治项目开工典礼，自治区农垦局副局长罗永魁参加了典礼。同日，西江农场测土配方施肥项目通过自治区农业厅验收。同日，西江农场举办老年人运动会欢度重阳节。

10月11日　西江农场召开了场部片区危房改造拆迁安置动员大会。

10月13日　由西江农场场长李震、党委书记李蔚的带队，西江农场考察组到玉林嚼绿行农副产品公司的蔬菜生产基地参观。

10月　西江农场李震被授予广西农垦建垦60周年先进工作者，陈少海、周启美、甘显兴、岑少英、陈修文、黄炎芬被授予广西农垦建垦60周年功勋奖。

10月　西江农场组织开展了对"四老"（离退休老领导、离休老干部、老党员、建场老工人）及特困职工的走访慰问活动。

10月　西江农场开展统一灭鼠行动，拌制灭鼠稻谷13406斤，免费分发给全场1800个甘蔗承包岗。

11月1日　西江农场表彰了2010年度10个先进集体，75名先进个人。

11月7日　自治区农垦局副局长甘羽翔到西江农场调研。

11月15日　贵港市第四届老年人运动会在西江农场举行。

11月16日　西江农场参与协办广西农林水利系统创建劳动关系和谐企业表彰经验交流会。

11月24日　西江农场测土配方施肥中心站召开2011年总结大会。当天，中心站向7个项目农场分发了施肥建议卡共计4500张。同日，西江农场、西江制糖公司联合召开2011/2012年榨季动员大会。

11月　农垦新城项目的落地是西江房地产开发史上一次质的飞跃，是西江农场房地产开发以来最大的项目，总投资12亿元以上，占地175亩，建筑面积58万平方米，农场已经完成招拍挂工作，缴纳出让金9133万元。农垦新城也被贵港市列入300工程项目整体推进。

12月14日　西江农场举行2011年冬季新兵欢送仪式。

12月28日　西江农场召开了冬春植蔗现场会。

12月31日　西江农场房地产公司开发建设的陶然花园小区440套商品房正式交房。

12月　广西农垦集团有限责任公司任李震为广西农垦贵港市西江开发投资有限公司董事长，自治区农垦工委任曾凡新为西江农场党委副书记。

12月　经过一段时间提炼和编制的《西江农场企业文化手册》正式发布。《西江农场企业文化手册》较系统地展示了企业文化的最新成果，对企业理念、行为规范和多方面文化等进行了归纳和解读，集中展示了企业的良好形象和员工的风采。

12月　广西贵港动力有限公司久菱牌3ZP-0.8型甘蔗中耕培土机演示活动在西江农场清井分场举行。贵港市农机局领导、各糖厂代表参加了演示活动。

12月　西江农场场徽设计确定，采用原农场员工肖汉才的设计，农场奖励设计者5000元，肖汉才从设计费里捐出2000元用于工会春节期间慰问困难职工。

2012年　3月15日　自治区农垦局科技产业处、贵港、玉林、百色片区专家及业务骨干到西江农场开展耕地地力评价指标体系专家研讨会。

3月　西江农场财务部荣获"广西五一巾帼标兵岗"荣誉称号。

4月18日　自治区农垦局领导杨伟林和玉林片区各农场领导到西江农场指导工作。

4月24日　自治区农垦局副局长罗永魁及国土厅土地整理中心领导到西江农场检查工作。

5月14日　自治区党委第四巡视组到西江农场参观西江产业园、钢材市场、陶然花园、农垦新城以及七分场危旧房改造工作。

6月8日　贵港市委常委、常务副市长蔡锦军带领市直有关部门和港北区、港南区的有关领导到西江农场进行调研，并召开了座谈会，双方就贵港市与西江农场加强土地开发合作、共谋发展问题进行了深入的交流和研究。

6月14日　广西农垦局土地整治培训班在西江农场召开。

6月　西江农场党委荣获"全国创先争优先进基层党组织""2012年广西农垦创先争优活动示范点""2010—2012年贵港市创先争优先进基层党组织"。

6月　西江农场纪委荣获"2012年广西农垦先进集体"荣誉称号。

6月　李蔚荣获"2012年度广西农垦创先争优活动先进人物典型奖""2010—2012年贵港市创先争优共产党员"荣誉称号，戚桂群荣获"2010—2012年贵港市创先争优优秀共产党员"荣誉称号，邓夏炎荣获"2012年度广西农垦创先争优活动先进人物典型"奖，杨立军荣获"2012年广西农垦纪检监察先进个人"奖。

7月26日　黔江农场领导到西江农场指导交流工作。

7月　西江农场荣获"2012年度首批农垦文明单位"。

8月　西江农场投入45万元在场部片区安装70台视频监控器。

9月10日　西江农场筹建成立广西贵港西江鑫林绿化公司。

9月　西江农场荣获第二批自治区"和谐企业"称号，农场何正验家庭荣获第二批自治区"和谐家庭"称号。

10月15—17日　西江农场第五届"送文艺、送科技、送法律"下基层慰问演出，进一步展示了西江农场科学发展、和谐发展，跨越发展新风貌。

12月26日　贵港市委副书记李鸣、市农业局局长黄炎林到西江农场五分场蔬菜基地调研指导工作。

● **2013 年**　1 月 14 日　贵港市总工会副主席陈湘文到西江农场慰问困难劳模陈少海，并送上了祝福和慰问金。

1 月 23 日　自治区农垦局副局长罗永魁到西江农场、西江产业园区调研指导工作。

1 月 25 日　自治区农垦局副局长杨海空到西江农场蔬菜基地大棚考察指导工作，并送上了春节慰问金。

1 月 29 日　贵港市副市长张壮深入西江农场调研。

1 月 31 日　自治区农垦局副局长甘羽翔到西江农场调研，西江产业园区及贵港农垦物业公司领导也参加了座谈会。

2 月 28 日　自治区农垦局副局长罗永魁、副巡视员黄永润一行到西江农场就四、五分场土地整治项目进行督指导工作。

3 月 1 日　西江农场召开甘蔗生产机械化现场演示会，贵港市农机场、市农机推广站、西江农场、西江制糖公司领导及贵港市各县市区、西江农场农机大户、甘蔗种植大户参加此次演示会。

3 月 12 日　西江农场开展以"义务种树，绿化家园"为主题的植树活动。

3 月 16 日　西江农场举办 2013 年企业管理培训班。场长李震作加强企业管理专题讲座，约 130 人参加此次培训活动。

3 月　西江农场荣获"2012 年度广西农垦新闻宣传信息工作先进单位"称号，梁旭、周永燕荣获"广西农垦新闻宣传信息工作优秀通讯员"称号。

4 月 11 日　贵港市人民检察院检察长兰志才到西江农场五分场国家级标准园蔬菜示范基地调研，贵港市农业局局长黄炎林、西江农场党委书记李蔚陪同调研。

4 月 16 日　自治区农垦局副局长杨海空率领督查组到西江农场督查固定资产投资和招商引资进展况（西江产业园区督查广西金宏 20 万吨亮铜杆生产项目；西江畜牧公司千秋原种猪场督查猪场保育场项目）。

5 月 6 日　广西贵港市西江鑫林绿化有限公司举行简单揭牌仪式。

5 月 13 日　中国农业机械化协会副秘书长沈瀚一行到西江农场对甘蔗生产机械化工作进行调研。

5 月 17 日　西江农场召开"美丽广西·清洁农场"活动动员会，全场副科级以上管理干部、离退休同志以及职工代表近 170 人参加会议。认真传达学习全区"美丽广西·清洁农场"会议精神和广西农垦"美丽广西·清洁农场"活动动员大会精神，会议对"美丽广西·清洁农场"活动进行具体部署。

5月24日　吉文星任西江农场纪委书记。

5月27日　自治区农垦局局长刘刚、副局长罗永魁一行到西江农场考察，主要就房地产项目开发建设工作进行专题调研。

5月28日　西江农场召开第十五次职工代表大会，场长李震作《凝心聚力促转型　奋发进取谋发展》工作报告，全场约 90 名代表参加此次大会。

6月8日　自治区农垦局副局长杨海空一行到西江农场考察，在场长李震陪同下分别深入桂碧园、桃花源水岸、西江水岸、凯旋国际、城市花园等项目现场调研。

6月21日　自治区农业厅党组成员、自治区农业区划委员会办公室主任谭明在贵港市农业局局长黄炎林、西江旭远现代农业有限公司总经理戴春燕的陪同下深入西江农场五分场蔬菜基地考察调研。

6月25日　西江置业公司正式挂牌成立。

6月27日　西江农场组织开展甘蔗生产观摩评比活动，场领导、有关部室负责人及各分场场长 20 多人参加。

7月15日　西江农场召开党的群众路线教育实践活动动员大会。农场领导班子以及场属各党支部的负责人参加了会议。会议由农场党委副书记曾凡新主持，农场党委书记李蔚、农场场长李震先后做了活动的动员讲话。

7月23日　中共西江农场第十八次代表大会开幕。104 名党员代表出席了会议。

7月　西江农场财务部荣获贵港市"五一巾帼标兵岗"荣誉称号。

9月6日　西江农场召开学习贯彻全区农垦经济工作推进会精神干部大会。会上，党委书记李蔚传达了 8 月 28 日全区农垦经济工作推进会的会议精神。场长李震结合西江农场实际，对第四季度的工作提出了 10 点要求。

9月25日　广西西江房地产开发建设有限公司机构设置：办公室、财务部、营销部、工程部、造价部及项目部。李震任广西西江房地产开发建设有限公司总经理。

10 月 24 日　自治区农垦局报社领导沈毅平等到农场了解西江农场场庆宣传稿工作。

11 月 13 日　西江农场、西江制糖公司联合召开 2013/2014 年榨季砍运种管动员大会。农场场长李震作总体工作部署讲话，党委书记李蔚主持会议并传达了自治区农垦糖业集团 2013/2014 年榨季动员大会的精神，农场副场长周启美做动员讲话，场长助理黄健鹰宣读并解释了《甘蔗砍运种管管理办法》。

11 月 20 日　贵港市政府、广西农垦和广西地产集团有限责任公司在贵港共同签订了《土地开发合作协议》。贵港市市长李宁波、广西农垦局副局长杨海空与广西地产集团董事长曹国生共同签订合作协议。贵港市委书记王可、自治区农垦局副局长罗永魁等领导见证签约并表示祝贺，自治区农垦局有关处室及西江农场，贵港市相关部门，地产集团公司等相关负责人出席签订仪式。

11 月 21 日　贵港市委副书记雷应敏到西江农场就中越青年联欢活动筹备工作进行实地检查，就发现的问题提出整改意见。西江农场党委书记李蔚，贵港市农业局、市政局、公安局等相关部门人员陪同检查。

11 月 25 日上午　350 名参加第二届中越青年大联欢活动贵港分会场农业交流之旅的越南青年代表走进西江旭远现代农业有限公司。

11 月　西江农场职工黄健鹰荣获"2013 年度全国农业先进个人"奖。

12 月 18 日　自治区党委第四巡视组组长李鸣带队到西江农场开展巡视回访工作。

2014 年　1 月 3 日　由西江农场与广西大将房地产开发有限公司共同合作开发的贵港市凯旋国际项目工程举行奠基仪式。作为贵港市"三年目标任务行动计划"重点项目的凯旋国际项目，由广西合家福投资有限公司开发建设，计划总投资 20 亿元，建设工期 6 年。

1 月 6 日　西江农场召开专题动员会议，启动"美丽贵港·场容场貌集中整治大行动"活动。

1 月 14 日　西江农场老年体育辅导站荣获"广西老体协成立三十周年先

进集体"荣誉称号,广西农垦系统共有 2 个集体获得此殊荣,而西江农场老年体育辅导站是唯一获奖的基层集体。

1 月 16 日　自治区农垦局副局长杨伟林一行 3 人到西江片区开展新春慰问活动。

1 月 23—25 日　西江农场领导班子 6 人分 6 组,深入场属 24 个单位,开展新春走基层送祝福活动,慰问了 87 名困难职工。

1 月 25 日　西江农场机关开展了为期一天的"挑战自我,熔炼团队"素质拓展活动。

1 月　西江旭远公司蔬菜基地被自治区农业厅认定为"无公害蔬菜生产基地"。

1 月　投资 105 万建成的西江老龄文化活动中心投入使用,该活动中心是目前广西农垦管区最大的专为老年人打造的文化娱乐中心。

2 月 17 日　西江农场喜获"广西壮族自治区农垦局 2012 年度年终决算报表一等奖"。

2 月 21 日　西江农场、西江制糖公司联合召开优质高产高糖糖料蔗示范基地建设试点工作动员会,西江片区有 2 万亩的基地建设任务。

2 月 27 日　西江农场志愿者服务队举行启动仪式。

2 月　西江农场纪委荣获贵港市(市直、中区直企业类)纪检监察工作目标管理责任制考核二等奖。

2 月　人保财险广西分公司政策性农业保险赔款 53.76 万元已陆续发到西江农场 1107 户甘蔗承包户手上。

2 月　经贵港市物业行业协会评审,贵港市农垦物业服务有限责任公司被评为贵港市 2013 年度"优秀物业服务企业"。

2 月　"西江绿城·香榭里花园"项目总平图获贵港市住建委审批通过。

3 月 5 日　贵港市委副书记雷应敏,副市长蒋和生、张双智深入西江农场调研,贵港市农业局、财政局、国土局、林业局、规划建设局等相关部门领导陪同调研和会谈,主要洽谈在农场辖区建设现代农业产业园区问题。

3 月 5 日　西江农场党委组织了 58 名志愿者服务队员走进田间地头,义务帮助困难职工黄海勇种甘蔗。

3 月 8 日　西江农场举行了集体跳绳、众星捧月、划龙舟等一系列丰富多彩的活动欢度妇女节。

3月13日　自治区"双高办"项目实施组副组长冯晓善率自治区人民政府办公厅第四秘书处、国土厅、水利厅等部门一行到西江农场督查"双高"示范基地建设工作推进情况。

3月27日　西江农场举办第一期道德讲堂《母爱如山》，传播道德正能量。

3月29日　2013/2014年榨季顺利完成砍收计划，比上个榨季提前1个多月。2013年，西江农场在征地4000多亩的情况下仍能大幅超额完成任务，甘蔗单产、总产再创历史新高。2013/2014年榨季，全场进厂原料蔗总产量为26.66万吨（其中农场总产25.58万吨），完成农垦糖司下达22万吨任务的121.2％。

3月　贵港市精神文明建设委员会授予西江农场"第八批贵港市文明单位"荣誉称号。

3月　西江农场被评为"广西农垦2013年度经济效益突出贡献奖""新闻宣传与信息工作先进单位"。

4月15—17日　西江农场举办了以"放心农资进场入户，保障农产品安全"为主题的"放心农资下乡进分场宣传周"活动。

4月22日　自治区农垦局副局长杨伟林到西江农场了解"双高"项目推进情况。

4月24日　西江农场举办了学习贯彻十八届三中全会精神讲座。讲座邀请了贵港市国有资产监督管理委员会党委书记、党的十八届三中全会精神贵港宣讲团成员李坚林讲课。

5月14日　自治区农垦局组织医科大专家下基层送健康的第三站走进西江农场，广西医科大学专家在西江农场举办肿瘤防治健康讲座。

5月16日　西江农场召开了第十五届二次职工代表大会。

5月21日　西江农场纪委组织60名中层以上领导干部，到贵港监狱开展警示教育。

6月1日　凯旋国际楼盘开盘，首日销售额超2.1亿元。

6月6日　西江农场在贵港大岭码头大江上组织开展冲锋舟防汛演练活动，为当年"安全生产月"拉开帷幕。

6月17—18日　西江农场"双高"示范基地建设考察组赴广西北海考察学习。

6月24日　西江农场以安全生产月为契机，举办了一场较大规模的安全培训暨警示教育专题活动。

6月30日　西江农场召开庆祝建党93周年暨表彰先进大会。

7月9日　自治区副主席黄日波一行深入西江乳业有限公司检查乳制品安全工作。

7月10日　自治区农垦局副局长金大刚到西江农场调研。

7月15日　西江农场召开第十六次工会会员代表大会，会议分别召开了第十六届工会委员会、经审委员会、女工委员会第一次全体委员会，选举了工会正副主席、经审委员会主任、女工主任，会议共93名代表参加。

8月5日　西江农场举办学习贯彻《中国共产党发展党员工作细则》（以下简称《细则》）培训班，全场34个党（总）支部书记以及党务工作者40多人参加培训。

8月18日　在西江农场党委书记李蔚的带领下，西江旭远公司全体管理人员到南宁市武鸣县（今武鸣区）清江老农合作社蔬菜生产基地考察学习。

9月2日　台湾广西总商会会长赖灿德一行在贵港市招商局领导陪同下到西江农场调研考察。

9月3日　西江农场开展干部职工违规多占住房清退工作推进会，西江农场下属公司、农业分场、改制厂等31个单位共2237人参加了此次清退违规多占住房活动。

9月9日起　西江农场开展了离退休人员及领取养老保险供养待遇人员，人脸模板和基本信息采集工作，整个工作共为全场2532人完成人脸模板和基本信息采集。

9月15日　贵港市市长李宁波到落户西江农场的贵港市人民医院全科医生临床培养基地项目调研。贵港市副市长岑宛玙、西江农场场长李震陪同调研。

9月16—18日　受当年第15号强台风"海鸥"影响，农场遭遇6～8级大风，2.68万亩甘蔗倒伏。

9月18—19日　由西江农场主办，贵港市老年人体育协会协办的贵港市中老年门球、乒乓球邀请赛在西江农场老年活动中心举行。来自市直、驻贵中、区直等在内的15个单位共250多名运动员、裁判员参加了活动。

9月29日　西江农场召开了西江鑫林景观林业生态产业园项目方案推进会，广西大学林学院、贵港市林业局、广西城乡设计院等专家领导参加此次会议。

10月13日　西江农场举办老年人健身运动会欢度重阳节。

10月20日　自治区糖业局副局长、自治区"双高办"副主任刘全跃率自治区国土厅、农机局专家组成的督查组在自治区农垦局副局长杨伟林的陪同下，深入西江农场督查"双高一优"项目进展情况。

10月22日　自治区农垦局局长刘刚到西江农场调研考察，自治区农垦局巡视员罗永魁陪同考察。

11月2日　贵港市副市长肖明贵率领中绿集团深入西江农场调研。贵港市农业局、西江农场领导陪同考察。

11月4日　自治区农垦局副局长甘羽翔到访贵港市，与贵港市副市长谭斌及市工信委、港北区等有关部门负责人就解决贵港市政府及园区征收农垦土地进行补偿等方面的历史遗留问题，确保垦地合作健康发展及园区建设及体制改革等问题进行对接和协调，西江农场及园区领导参加了座谈。

11月13日　西江农场十分场"旱改水"项目设计方案和施工方案顺利通过评估。

11月14日　西江农场、西江制糖公司联合召开2014/2015年甘蔗榨季砍运种管动员大会。

11月24日　西江农场向贵港市覃塘区石卡镇西山村捐赠修路款3万元。

12月19日　西江农场召开以"严格党内生活，严守党的纪律，深化作风建设"为主题的领导班子民主生活会。

12月30日　西江农场举办2015年元旦辞旧迎新歌会。

12月　西江农场幼儿园园长韦勇文荣获"全区2011—2013年度未成年人思想道德建设工作先进个人"称号。

2015年　1月12日　西江农场召开"美丽广西·清洁农垦"工作总结暨"美丽广西·生态农垦"活动动员大会。

1月16日　西江农场新水厂正式建成并投入使用。由于新水厂投资较大，农场从2015年2月1日起调整供水价格。

1月22—23日　广西农垦2014年度甘蔗新品种试验示范工作总结暨百万

亩蔗区农药废包装回收处理项目会在西江农场召开。自治区农垦局副局长杨伟林出席会议并讲话。

1月31日 西江农场召开传达贯彻2015年广西农垦工作会议精神大会。

2月4日 西江农场召开学习贯彻十八届中纪委五次、十届区纪委六次全会精神专题学习会。

2月11—12日 西江农场领导班子分6组，走访慰问了全场困难职工（含困难党员）74人，慰问了离休干部、退休场级干部共7人。

3月3日 西江农场党委开展以"支部建设我争先 为民服务我争先"为主题的承诺、践诺活动。

3月5日 西江农场组织开展了学雷锋主题教育实践活动。组织了志愿者清扫大街体验环卫工作，以及与西江社区卫生服务中心共同举办"生命有爱 健康同行"学雷锋主题实践活动。

3月6日 西江农场通过举办趣味竞技、游园活动以及女工座谈会等，欢度妇女节。趣味活动吸引了西江片区21个单位，410人次参。

3月10日 自治区农垦局副局长、农垦"双高办"主任杨伟林率领督查组，到西江农场督查"双高"基地建设。

3月17日 贵港市国资委员会书记李坚林等3人到西江农场进行工作对接交流。

3月19日 西江农场场长李震等领导以及西江置业公司、鑫林绿化公司相关负责人一行9人，到平南县新桥农场的罗汉松园林基地参观学习。

3月28日 西江农场2014/2015年榨季圆满结束。实现进厂原料蔗25.27万吨。因受2014年征地影响，总产同比减产，平均亩产8.95吨，同比增加0.02吨，增幅0.2%，单产再创历史新高，超额完成22万吨料蔗产量目标任务，完成任务的115%。料蔗销售总收入10235万元。

4月2日 西江农场党委书记李蔚率队一行40多人到金光农场参观学习。

4月9日 自治区农垦局副局长杨海空到西江乳业公司调研，主要就该公司搬迁问题进行调研。农垦畜牧集团、西江农场、西江产业园区、西江畜牧、西江乳业公司等领导陪同调研。

4月14日 广西农垦纪工委书记谢可年到西江农场调研，专题听取了农场清退多占住房工作情况，并与农场干部职工一起参加"美丽广西·生态农垦"植树活动。

4月15日　西江农场举办党务工作培训班，全场管理人员约160人参加了培训，培训邀请了自治区农垦局机关党建办主任徐坤主讲。

4月16日　西江农场召开一线职工代表座谈会。会议主要是让职工就参观金光农场甘蔗基地谈感受谈体会，并认真听取职工对农场甘蔗生产工作的意见和建议。

4月27日　李蔚任广西农垦国有西江农场场长。

4月30日　西江农场召开第十六届职工代表大会第一次会议，李震作工作报告，与会人员共109名参加。

4月　黄汉升荣获全国第九届残运会暨第六届特殊奥林匹克运动会男子反曲弓射击比赛第二名。

4月　西江农场鑫林绿化公司承建的西江农场首条"创森大道"正式开工。

5月25—27日　由西江农场主办，自治区农垦局离退休管理服务中心承办的广西农垦第十届暨"西江杯"老年人门球赛，在西江农场老年活动中心举行。

5月27日　广西农垦"双高"基地建设土地整治复核现场会在西江农场召开。农垦集团公司总经理助理陈峰云在会上强调了"双高"项目的重要性。农垦10个"双高"基地农场约70人参加会议。

5月29日　西江农场正式启动"三严三实"专题教育，西江农场党委书记李蔚授专题教育党课，全场管理人员及各单位党组织代表约170人参加了这次专题党课学习。

6月2日　武宣县常务副县长吴沧海、黔江农场场长杨桂明等一行到西江农场考察交流工作，西江农场场长李蔚重点介绍了地方对征收土地有关社保和留用地相关的政策。大家就这一问题做了深入交流与研讨。

6月18日　自治区农垦局金融资产处陈锡彤等一行3人到西江农场研究工作。

6月　西江农场职工梁颐婷荣获"2013—2014年广西农垦内部审计先进个人"。

7月9日　自治区水利厅水保处处长刘炀、贵港市水利局党组书记粟卓飞一行到西江农场十分场考察西江现代化生态农业基地水利、水土保持项目并对基地规划建设方案给予肯定。

7月23日　西江农场召开道德讲堂（第二讲），全场约200人参加了此次讲堂。

7月　广西农垦国有西江农场工会委员会荣获2015年"全区企业工会工作红旗单位"荣誉称号和2015年"全区模范职工之家"荣誉称号。

7月　广西农垦国有西江农场荣获2015年"广西五一劳动奖状"。

8月3日　广西农垦国有西江农场幼儿园荣获"贵港市示范幼儿园"。该园目前是贵港市占地规模最大的幼儿园。

8月12日　广西贵港农垦国际大厦在凯旋国际举行了隆重的开工仪式。

9月1日　自治区"双高"基地建设工作领导小组到西江农场就"双高"良种补贴项目进行区级验收。广西大学农学院教授陈超君率队进行实地察看，西江农场场长李蔚、副场长周启美等陪同。

9月15日　自治区财政厅核查组一行到西江农场对2014—2015年"双高"基地水利化项目、土地整治项目、良种补贴项目资金实施使用情况进行核查并通过。自治区农垦局计财处廖剑锋、西江农场场长助理黄健鹰等陪同核查。同日，自治区农垦局副局长金大刚到西江农场调研。

9月16日　广西农垦西江香榭里花园项目开工典礼仪式正式启动。

10月13日　西江农场、农垦房地产公司举办公文写作讲座培训班，区农垦局办公室副主任莫智剑作主讲，参加此次培训人员约200人。

10月16日　自治区农垦局局长刘刚就农垦改革农场社会职能问题到西江农场调研。

11月10日　西江农场、西江制糖公司召开2015/2016年甘蔗榨季动员大会。

11月20日　广西农垦工委书记、农垦局局长、农垦集团董事长刘刚带队到贵港，在贵港市政府第三会议室与贵港市政府相关领导就进一步加强垦地合作，理顺和解决农垦与贵港合作开发利用西江农场国有土地有关问题进行座谈交流，并共同签发《贵港市人民政府　广西壮族自治区农垦局关于进一步明确西江农场土地合作开发事项的意见》（贵政发〔2015〕18号）。自治区农垦局副局长甘羽翔，农垦局巡视员、农垦房地产开发公司董事长罗永魁，贵港市副市长黄星荣，市政府秘书长玉彤，农垦局相关处室、西江农场，贵港市港北区、港南区、覃塘区和相关部门负责同志参加座谈会。

12月9日 中国农垦经济研究会秘书长贾大明在自治区农垦局巡视员罗永魁的陪同下，深入西江农场考察调研。

12月12日 西江农场与贵港贵建房地产开发有限公司、贵港昌辉房地产开发有限公司共同合作的项目——中央花园首期盛大开盘。开盘当天，中央花园销售超200套。

12月14日 贵港市副市长宋震寰到西江农场十分场调研西江鑫林景观林业生态产业园项目。

● 2016年

1月11日 由自治区农垦局科技产业处、计财处，农垦糖业集团及4个"双高"基地农场代表组成的验收工作组一行11人，对西江农场2014年"双高"全程机械化项目进行核验，该项目通过自治区农垦局核验。

1月15日 自治区农垦局局长刘刚到西江片区企业调研。

1月16日 西江农场召开2016年安全生产专题会议。

1月18日 西江农场召开2015/2016年榨季甘蔗冬春植暨"双高"工作会议。

1月22日 投资约7万元，684平方米的西江绿城文化广场5人制足球场正式竣工投入使用。

1月25日 贵港市副市长黄星荣到西江农场考察。同日，西江农场召开2016年工作计划汇报会。场领导班子全体成员、19个公司、部室负责人以及副科以上人员约30人参加汇报会。

1月25—27日 西江农场领导班子分7个组走访慰问了61名困难职工，17名困难党员及8名离退休老同志，为他们送去慰问金，并致以新春祝福。

1月29日 贵港市总工会副主席廖凤超、市总工会劳工部部长刘中超组成的慰问组到西江农场开展2016年新春慰问活动。

1月 西江农场新展厅开始动工。

1月 由贵港市组织实施的西江农场十分场一期耕地"提质改造"工程（旱改水工程）项目顺利开工。项目区坐落在鑫林绿化公司十分场苗木基地内。项目规划总投资400万元，改造土地面积1800亩，新建4.5米宽的田间硬化道路3119米，新建灌溉渠道2577米。

1月 西江农场幼儿园园长韦勇文在广西农垦"身边好人"评比活动中荣

获"孝老爱亲好人"称号。

2月2日　西江农场召开离退休老同志代表迎春茶话会。西江农场领导班子成员及离退休老同志代表共30多人参加了会议。

2月5日　西江农场举办年会和管理人员气排球比赛喜迎新春佳节。

2月6日　西江农场在文化广场举办新春游园活动。

2月16日　广西农垦集团有限责任公司发文表彰2014年度财务会计决算和2015年快报工作先进单位，西江农场被评为一等奖。

2月18日　自治区农垦局（桂垦规建发〔2016〕3号）下文表彰规划建设法规宣传年先进单位和先进个人。西江农场被评为"2015年度广西农垦规划建设法规宣传年先进单位"。

2月27日　黑龙江农垦总局党委副书记、纪委书记刘君一行8人在广西农垦社保中心主任韦伟胜陪同下深入西江农场考察调研。

2月　西江农场被广西农垦集团有限责任公司评为2014年度财务会计决算和2015年快报工作先进单位一等奖。

2月　西江农场水电厂吕辉在广西农垦"身边好人"评比活动中荣获"敬业奉献好人"称号。

3月1日　贵港市市长农融到西江农场调研。自治区农垦局副局长、广西农垦集团公司总经理杨海空，自治区农垦局副局长甘羽翔一同调研。农融先后来到凯旋国际商住小区、园博园项目选址、西江糖厂、农场体艺馆和社区服务中心、西江文化广场、西江乳业公司进行实地调研。农融表示，市政府将认真贯彻落实中央、自治区关于推进农垦改革的部署精神，协调解决农场提出的困难和问题，全力支持农场的改革发展，让农场职工的生活越来越好。

3月8—9日　西江农场通过举办在职女工趣味游戏比赛、退休女职工游园活动以及各单位组织女工座谈等形式多样、丰富多彩的活动欢度妇女节。

3月　西江农场被自治区农垦局、农垦集团公司授予广西农垦2015年度土地资源管理工作贡献奖、广西农垦2015年规划建设法规宣传工作先进单位。

4月4日　西江农场2015/2016年榨季于2015年11月27日开始，至2016年4月4日圆满结束，历时130天圆满收官。全场进厂原料蔗总产量为 26.66 万吨，超额完成年初制定的 8000 亩"双高"良种良法推广任务，共计调运甘蔗新品种 10148.73 吨，主要以'桂柳 05/136''粤糖 00/236''福农 41 号''桂糖 31 号'等品种为主，农场和西江制糖公司自筹资金共补贴"双高"良种差价约 250 万元。

4 月 7—15 日　西江农场开展了 2016 年"送科技下分场"活动。

4 月 21 日　自治区农垦局原局长童玉川等一行人到西江农场参观指导工作。

4 月 22 日　西江农场召开第十六届职工代表大会第二次会议。出席会议的正式代表有 87 名，列席代表 18 名，特邀代表 6 名。同日，西江农场展厅揭牌并正式开放，成为西江农场企业文化建设别具特色的名片和企业形象宣传的窗口。

4 月 25 日—6 月 18 日　西江农场开展了一次以老带新的认识农场场界的踏界工作。农场与贵港市三区共 11 个乡镇接壤，涉及场界共 123.25 公里，其中以陆地为界 81.56 公里，以江河为界 41.69 公里。

4 月 26 日　西江农场召开"学党章党规、学系列讲话，做合格党员"的"两学一做"学习教育动员大会。

4 月 29 日　广西农垦企业集团理事会第十九次全体会在南宁召开。西江农场被自治区农垦局、农垦集团公司授予"广西农垦 2015 年度土地资源管理工作贡献奖"，被自治区农垦局、农垦集团公司授予"广西农垦 2015 年规划建设法规宣传工作先进单位"，被自治区农垦工委、农垦局授予"广西农垦 2015 年度新闻宣传与信息工作先进单位"。

4 月底　西江农场对社区管理委员会机构、人员设置和办公地点进行了调整。社区管理委员会下设行政管理科、房产市政管理科、武装保卫城管科 3 个科室。农场为社区管委会安排了新的办公地点，集中设在场部文化广场体艺馆一楼。

5 月 1 日　"西江绿城·香榭里花园"营销中心举行开放仪式。自治区农垦局巡视员、广西农垦房地产开发有限公司董事长罗永魁出席开放仪式，并为营销中心揭幕。

5 月 13 日　广西农垦糖业集团 2015/2016 年榨季总结会在南宁召开。在农垦糖业集团公司 2015/2016 年榨季基地农场甘蔗生产考评中，西江农场被评为第三名。

5月16日　西江农场组织全场管理人员到贵港市预防职务犯罪警示教育基地，开展警示教育活动。

5月31日　广西农垦"双高"基地建设交流促进会暨2016年甘蔗生产检查评比活动，走进第二站——西江农场。

6月6日　自治区农垦局副局长杨海空带领农垦政策法规处、企业管理处相关处室的人员到西江农场，主要就农场企业化改革以及社会职能剥离的问题进行专题调研。

6月7日　2016年农垦规划建设（贵港片区）培训班在西江农场开班。这是整个农垦规划建设培训班的第四站。西江农场、西江产业园区、东湖农场、良圻农场、大明山农场、黎氮厂6个单位共30人参加了培训。

6月7—8日　西江农场组织开展甘蔗检查评比活动。年中的甘蔗生产检查评比活动，是农场每年都要走的"固定动作"。

6月20日　西江农场召开贵港市港北区区、乡（镇）两级人大换届选举西江选区选举工作动员培训会。

6月21—22日　西江农场纪委书记吉文星带领下属分场、公司党支部书记，共计23人到东兰县接受革命传统教育。

6月30日　西江农场下属的西江置业公司开发的新华农贸市场举行开业庆典仪式。该市场位于贵港市仙依路与新华路交会处西南角，占地面积23亩，其中建筑面积5500平方米，总投资300万元。同日，西江农场召开庆祝建党95周年暨表彰先进大会。

6月　西江农场水电厂供水班副班长吕辉被评为"广西壮族自治区优秀共产党员"。

6月　西江农场党委荣获"广西农垦2014—2015年度先进基层党组织"荣誉称号。

6月　西江农场纪委荣获"广西农垦2014—2015年度纪检工作先进集体"荣誉称号。

6月　李蔚、甘静、吕辉被授予"广西农垦2014—2015年度优秀共产党员"称号，梁旭被授予"广西农垦2014—2015年度优秀党务工作者"称号，吉文星被授予"广西农垦纪检工作先进个人"称号。

7月1日　西江置业公司接管家和居（国际）建材家居广场。

7月5日　西江农场举办2016年西江农场首届五人制足球邀请赛。

7月6日　西江农场举办2016年新闻通讯员培训班，培训班邀请了广西农垦报社社长沈毅平为通讯员授课。

7月20日　港北区第五届人大代表法定选举日。当日，西江农场组织管区开展了投票选举活动，投票选举出席当年8月份召开的贵港市港北区人民代表大会的2名代表。同日，由明阳工业区管理委员会党委书记、主任何军，明阳农场场长李添文带队的考察学习团共计31人，到西江农场参观、学习。

7月　西江农场党委被贵港市国资委党委授予"贵港市国资系统2015年度先进基层党组织"称号；周伟庆、梁旭、甘静、吕辉、彭广宁、王忠共6名共产党员被贵港市国资委党委授予"市国资系统优秀共产党员"称号；李蔚、甘耀明被贵港市国资委党委授予"市国资系统优秀党务工作者"称号。

8月1日　由自治区"双高"基地办综合组成员卢业飞等3人组成的调研组，到西江农场开展"双高"糖料蔗基地调研工作。

8月9日　西江农场召开学习贯彻自治区农垦局年中党风廉政建设工作会议精神暨警示教育会。

9月13日　西江农场党委组织召开党员代表大会，经过选举，增补杨立军为西江农场党委委员。

9月29日　西江农场工程验收小组组织与合同工程有关的设计单位、施工单位、监理单位相关负责人对西江农场2014"双高"水利化项目工程建设进行完工验收。同日，贵港市旅游发展委员会确定在2016年自治区初级旅游发展专项资金中给予西江农场15万元，用于西江农垦文化生态园项目建设，资金使用方向为园区内道路扩建、游览步道、停车场基础设施建设等。

10月10—13日　西江农场分别在十分场、八分场、九分场、五分场进行"送文艺、送科技、送法律"下分场慰问演出。

10月17日　西江农场党委召开班子扩大会议，认真学习贯彻全国国有企业党的建设工作会议特别是习近平总书记重要讲话精神，党委书记、场长李蔚带领大家学习。

10月25日　西江农场举办2016年法律知识培训班，邀请曾荣获"广西壮族自治区优秀律师"称号的广西君望律师事务所律师陆如积为农场全体管理人员讲授法律知识。

10 月　西江农场水厂二期工程建设正式拉开帷幕。

11 月 11 日　贵港市委副书记李万春到西江农场调研。

11 月 15 日　西江农场、西江制糖有限公司联合召开了榨季砍运种管动员大会。

11 月 17 日　西江农场纪委组织机关全体管理人员、分场、分公司中层副职以上管理人员约 80 人召开党风廉政建设学习会。

11 月 23 日　2016 年区直机关"道德讲堂"示范课（第 2 期）在广西职业技术学院报告厅举行。

11 月 24 日　自治区总工会副巡视员陈元滚、自治区农林水利工会工作委员会主任罗尚谨到西江农场就西江工业园区职工之家建设进行调研。

12 月 2 日　贵港市港北区农普办工作人员为西江农场管区各单位农普工作人员约 20 人进行了第三次全国农业普查相关业务培训。

12 月 6—8 日　贵港市第十届"健康长寿杯"暨"西江农场杯"中老年人门球交流活动在西江农场举行。

12 月 20 日　西江农场召开 2016/2017 年榨季甘蔗冬春植工作会议。

12 月 22 日　自治区农垦局双高土地整治工程验收组对西江农场 2015 年双高项目土地整治工程进行完工验收。经审核，西江农场 2015 年"双高"项目土地整治工程顺利通过自治区农垦局双高土地整治工程验收组验收。

12 月 26 日　中央政研室、中央改革办农村局局长朱泽一行 3 人，在自治区党委改革办副主任李喜朝，自治区农垦工委副书记、巡视员杨海空，贵港市副市长黄星荣等领导的陪同下，就广西农垦改革发展情况赴西江农场调研督查。

12 月 29 日　贵港市人民政府向自治区人民政府行文《关于恳请将西江农场实行属地化管理的请求》（贵政报〔2016〕151 号），请求将西江农场属地化管理。

12 月 30 日　西江农场在西江绿城文化广场举办庆元旦、迎新春联欢晚会。

● **2017 年**　1 月 5 日　由广西林业厅生产处副处长侯水升、贵港市政府副秘书长何勇、贵港市林业局局长刘庆强等专家领导组成的考察组一行 10 多人，到西江农场考察鑫林公司十分场苗木基地。

1月10日　贵港市人大常委会副主任肖孟在贵港市总工会、西江农场党委及场工会领导的陪同下慰问西江农场88岁困难劳模陈少海。

1月17日　西江农场召开2017年第一季度暨岁末年初安全生产专题会议。

1月23—24日　西江农场领导班子分7个组走访慰问了76名困难职工及6名离退休老同志，为他们送去慰问金，并致以新春祝福。

1月24日　西江农场召开离退休干部、职工代表迎春茶话会。西江农场领导班子成员及离退休老同志代表30多人参加了会议。

1月25日　西江农场举办年会和管理人员集体趣味游戏比赛。

1月26日　西江农场在文化广场举办新春游园活动。

1月　贵港市首个水土保持监测点落户西江农场。该监测点位于西江农场下属鑫林绿化公司十分场苗木基地内（西江农场第十分场14号地）。

2月8日　自治区"双高"基地办专家组一行4人到西江农场开展甘蔗良种补贴检查及田间测产工作。

2月13日　西江农场职工近90人自发到广西农垦局，向农垦局相关领导表达西江农场不愿下放地方贵港市管理的诉求。

2月16日　贵港市水利局党组书记粟卓飞会同自治区水利厅水保总站专家领导一行10人，到西江农场鑫林公司位于十分场的苗木基地调研水土保持项目工作。

2月23日　西江农场召开会议，传达学习《中共广西壮族自治区委员会 广西壮族自治区人民政府 关于进一步推进广西农垦改革发展的实施意见》精神。场领导班子、场长助理、机关正科以上管理人员参加了会议。

3月3日　西江农场召开全场管理人员会议，传达学习2017年全区农垦工作会议、广西农垦党风廉政建设工作会议、广西农垦深化改革工作动员大会精神。

3月7日　西江农场开展2017年春季义务植树活动。

3月14日　中国农林水利气象工会农业工作部部长王秀生一行3人，在自治区农林水利工会主任罗尚谨、自治区农垦局社会事业处处长卢毅的陪同下，就农场在深化农垦改革中职工生产生活和工会组织建设情况赴西江农场进行调研。

3月21日　西江农场党委中心组召开会议，学习中共中央办公厅、国务院办公厅印发的《领导干部个人有关事项规定》和《领导干部个人有关事项报告查核结果处理办法》（以下简称两项法规），传达自治区农垦工委关于领导干部报告个人有关事项两项法规学习及填报工作布置会的会议精神，并对两项法规和《领导干部个人有关事项报告表》的填报进行了详细解读及辅导培训。

3月　贵港市落实西江农场第一宗留用地——新华农贸市场，面积23.74亩。

4月6日　西江农场召开2017年甘蔗生产管理工作会议。

4月6日　自治区林业厅副厅长邓建华一行到西江鑫林绿化公司位于十分场的苗木种植基地开展2017年林业"服务基层，服务发展"专项行动调研。

4月7日　西江农场党委召开党建暨党风廉政建设工作会议。会议总结回顾了农场党委2016年在党建和党风廉政建设工作方面所取得的成绩，就2017年开展"争当八桂先锋、争做合格党员"及"党员活动固定日"活动进行安排部署。党委书记李蔚与各党（总）支部书记签订了《西江农场党委2017年基层党建与党风廉政建设、精神文明与意识形态工作责任书》。

4月10日　西江农场2017年防汛抗旱工作会议召开。

4月14日　西江农场召开学习贯彻全区意识形态和宣传思想文化建设、高校思想政治工作会议精神会议，传达学习自治区党委书记彭清华在全区意识形态和宣传思想文化建设、高校思想政治工作会议上的重要讲话精神。

4月17日　西江农场党委召开贯彻落实中央八项规定精神"回头看"工作动员会。

4月21日　自治区农垦局发展计划处处长曾作旭率督查组到西江产业园区督查固定资产投资和招商引资进展情况。

4月26日　西江农场召开第十七届职工代表大会第一次会议。

4月28日　西江农场在文化广场举行庆五一拔河比赛，十分场、八分场分获男子组和女子组的第一名。

4月　西江农场水厂在西江制糖公司生活区280多户启动IC卡预付费水表系统试点。

4月　西江农场荣获"2016年度广西农垦新闻宣传单位信息工作先进单位"，梁旭、周永燕荣获"2016年度广西农垦新闻宣传单位信息工作先进个人"，苏海波荣获"广西农垦 2016 年度土地资源管理工作先进个人"。

5 月 4 日　广西农科院黄诚华博士、广西大学农学院陆国盈教授一行到西江农场，就甘蔗病虫害防治进行调研。

5 月 5 日　西江农场举办 2017 年甘蔗病虫害防治及高产栽培技术培训班。培训班邀请广西农科院黄诚华博士、广西大学农学院陆国盈教授前来授课。农场科技生产部、西江商业公司、西江制糖公司、分场管理人员及分场种植大户共计 150 人参加了本次培训。

5 月 17 日　自治区农业厅党组书记、厅长刘俊带队的自治区宣讲团到西江农场宣讲习近平总书记视察广西重要讲话精神。

5 月 24 日　自治区工商局副巡视员罗凤鸣在贵港市工商局局长张建民的陪同下，到广西农垦西江家和居建材广场检查该商场"诚信经营　放心消费"的情况。

5 月 26 日　西江农场在农场第一会议室举办西江农场 2017 年"双高"抽水泵站岗位安全操作培训班，为"安全生产月"一系列活动拉开了序幕。

5 月　西江农场荣获广西农垦糖业集团股份有限公司 2016/2017 年榨季甘蔗生产评比第三名。

5 月　西江农场苏海波被贵港市委、市政府评为"全区投资和项目建设工作会议承办工作先进个人"。

6 月 6 日　西江农场党委举办党风廉政建设专题党课，中央党校博士、广西区委党校党史党建教研部副主任廖胜平为全场管理人员及农垦驻西江片区企业代表共 170 多人上了一堂以"贯彻全面从严治党要求加强党风廉政建设"为主题的廉政专题党课。

6 月 9 日　西江农场党委组织党员干部召开警示教育暨集体廉政谈话会。

6 月 16 日　自治区国土资源厅年中土地整治项目督察组一行由自治区国土资源厅土地整理中心副主任陈周林带队到西江农场督查。

6 月 22 日　自治区农垦局巡视员刘刚到西江农场检查农垦改革工作落实情况。

6 月 23 日　西江农场召开 2017 年安全生产专题培训会，邀请贵港市安监局副局长庄光耀做安全生产专题宣讲。

6月25日　首届"西江农场杯"山地自行车比赛在西江农场举行。此次活动是由自治区农林水利工会、西江农场主办,广西自行车运动协会、西江农场工会承办,吸引了来自贵港、南宁、宾阳、柳州、顺德等广西壮族自治区内外各地的自行车运动员共220人参赛。

6月26日　自治区农垦局局长甘承会到西江农场调研,西江农场场长李蔚陪同。同日,广东农工商职业技术学院副院长张凯带领骨干教师一行18人,就甘蔗产业、土地开发等方面的情况到西江农场调研。

6月27—28日　西江农场党委组织部分基层党员干部赴灵川县"百年清官村"江头村、桂林七星区古莲文化街、孝道文化长廊、恭城周渭祠等廉政文化教育基地开展党风廉政警示教育活动。

6月30日　西江农场党委组织七个慰问小组,深入基层开展"送温暖"走访慰问困难党员、老党员活动。

6月　西江农场在本场蔗区组织科技生产部、13个农业分场主任、西江制糖农务部开展甘蔗生产检查评比活动,八分场、五分场、六分场、四分场蔗区分别获得第一、二、三、四等奖。

7月8日　《贵港市西江鑫林现代特色林业示范区建设规划》(以下简称《规划》)专家评审会在西江农场举行,与会的有自治区林业厅、广西大学、贵港市林业产业行业协会以及广西农垦国有良圻农场等单位专家及代表。会议一致同意《规划》通过评审。

7月13日　西江农场召开党委中心组学习会议,传达学习广西农垦推进"两学一做"学习教育常态化制度化工作座谈会精神。

7月中下旬　西江农场开展夏季甘蔗鼠害防治工作,共计向分场职工免费发放毒鼠谷7000余斤。

7月21日　西江农场召开2017年第三季度安全生产大检查动员会议,传达国务院、自治区人民政府、贵港市人民政府安全生产电视电话会议精神,并对安全生产大检查工作进行动员部署。

7月27日　贵港市国土资源局组织召开了"贵港市国土资源党建联盟"签约仪式,西江农场纪委书记吉文星代表西江农场出席签约仪式并签订了联盟协议。

7月31日　西江农场召开全场中层管理人员会议,学习贯彻农垦深化改革专项试点工作推进汇报会、农场办社会职能改革工作布置会精神。

7月　西江农场韦勇文被评为"第四届自治区道德模范"。

7月　西江家和居建材广场被贵港市工商管理局授予"2017第一批诚信经营示范商场"称号。

8月21日　广西大学林学院副院长梁炳钊到西江农场参加"广西大学林学院产学研基地"揭牌仪式，该基地位于十分场鑫林公司管理的苗木基地内。

8月30日　西江农场党委召开中心组学习扩大会，学习习近平在省部级主要领导干部"学习习近平总书记重要讲话精神，迎接党的十九大"专题研讨班开班式重要讲话精神。

8月　西江农场水厂二期供水扩建工程主体完成。

9月8日　西江农场党委召开"学文件精神 促改革发展"解放思想大讨论活动动员大会，拉开"学文件精神、促改革发展"解放思想大讨论活动序幕。

9月14日　西江农场在五分场开展无人机防治甘蔗螟虫试点工作。

9月20日　贵港市国资委党委委员、副主任刘英志到西江农场开展企业基层党建重点工作专项督查。

9月21日　自治区国土资源厅党组成员、副厅长郑杰忠带领自治区国土资源厅督察组一行7人，在自治区农垦工委委员、农垦局副局长甘羽翔的陪同下，到西江农场开展自治区农垦局土地整治历史项目收尾工作专项督查。

9月24日　西江农场组织合唱团代表自治区农垦工委参加自治区"迎十九大 感恩祖国"主题歌咏会演活动，荣获优秀奖。

9月25日　贵港玉林片区农场企业化改革发展研究小组讨论会在西江农场召开，自治区农垦局科技产业处处长彭飞荣主持会议。

9月28日　广西农业科学院生物所所长韦绍龙带领自治区现代特色农业示范区建设专家组一行4人，在场长李蔚的陪同下，到西江鑫林现代特色林业示范区指导工作。同日，西江农场在西江绿城文化广场举办"喜迎十九大·舞动西江"广场舞比赛。

9月29日　广西勤廉榜样先进事迹主题情景报告会《公仆》在自治区党委礼堂举行，西江农场水电厂供水班副班长吕辉作为勤廉榜样参加了此次报告会。报告会前，自治区党委书记彭清华会见了荣获表彰的勤廉榜样。

9月　西江农场水电厂供水班副班长吕辉荣获"广西勤廉榜样"称号。

10月18日　中国共产党第十九次全国代表大会在北京人民大会堂隆重召开，西江农场组织全场管理人员在场部第一会议室集中收看党的十九大开幕盛况。

10月26—27日　西江农场开展"螟黄赤眼蜂防治甘蔗螟虫"效果田间验收工作。

10月28日—11月6日　中国（贵港）—东盟首届金凤凰文化美食节暨商品嘉年华在西江农场文化广场举办。

10月31日　首届贵港市物业管理行业协会"中国移动杯"气排球比赛在西江农场体艺馆举行。同日，西江·良圻农场"建设新农垦 共筑中国梦"联欢晚会在西江绿城广场举办。

11月1日　贵港玉林片农场社会职能改革工作研讨会在西江农场召开，自治区农垦局社会事业处处长卢毅，局社保中心主任韦伟胜，局社会职能改革专题小组成员廖毅仁，西江农场、旺茂总场、五星总场、桂丰农场、大伦农场的主要领导及分管社会职能改革领导参加了会议。

11月10日　重庆农业投资集团有限公司党委书记、董事长何勇带领考察团一行11人，到西江农场考察农垦驻西江片区企业，自治区农垦工委副书记、巡视员、集团公司总经理杨海空陪同考察。同日，贵港市委常委、副市长石义斌率市工商局、市贸促会、市商务局等有关部门负责人到西江产业园区开展政府服务进企业活动。同日，西江农场党委组织全场管理人员召开学习宣传贯彻党的十九大精神会议，对学习宣传贯彻党的十九大精神做全面部署动员。

11月15日　西江农场、西江制糖公司召开2017/2018年榨季甘蔗砍运种管动员大会。

11月17日　由西江制糖公司和港北区农机安全监理等有关单位组成的验收组对西江农场各分场的大型运输拖拉机进行检查。

11月24日　贵港市2017年全市农机深松整地作业补助试点工作推进现场会在西江农场召开。

11月　由覃塘区水利局实施的位于鑫林公司十分场苗木基地内的水土保持项目开工。

12月1日　西江农场召开秸秆及生活垃圾禁烧管控工作专题会议。

12 月 13 日　自治区学习宣传贯彻党的十九大精神宣讲报告会在西江农场举办,自治区宣讲团成员、自治区党校副校长韦日平做了题为《坚决维护习近平总书记的核心地位——认真学习贯彻党的十九大精神》的宣讲报告,自治区农垦局社会事业处处长卢毅主持会议。

12 月 14 日　西江农场召开党委扩大会议,传达自治区农垦工委关于学习彭清华孙大伟重要指示批示精神。

12 月 15 日　西江农场组织全场管理人员参加贵港市国家安全局举办的"反渗透、反策反、反窃密"警示教育展览。

12 月 22 日　西江农场召开 2017/2018 年榨季冬春植蔗工作会议。

12 月　西江农场吕辉家庭被评为"第一届贵港市文明家庭"。

● **2018 年**　1 月 11 日　由上海光明食品集团原副总裁张汉强、上海交通大学新农村发展研究院教授徐浩组成的上海专家组一行 3 人,就广西农垦产业发展与农场企业化改革问题赴西江农场开展专题调研。

1 月 17 日　贵港市人民政府副秘书长、应急办主任苏干秋携相关部门负责人赴南宁拜访自治区农垦局,就进一步做好西江农场土地收储工作进行交流沟通,明确收储的范围、面积,收储的方式、价格,实施步骤等问题。

2 月 7—8 日　西江农场场领导、场长助理及相关部门责任人组成多个慰问小组,对困难职工和离退休老干部进行新春慰问。

2 月　西江农场党委办公室荣获贵港市妇联授予的"2017 年度贵港市巾帼文明岗"。

3 月 14 日　西江农场办社会职能改革工作推进会在贵港市港北区政府召开,贵港市港北区委副书记、区长黄英梅主持会议。西江农场党委书记、场长李蔚,纪委书记、工会主席吉文星,企管办负责人以及港北区政府相关 25 个职能部门、单位负责人参加会议。

3 月 19 日　广西农垦集团副总经理金大刚带领相关部室人员拜访贵港市相关领导,洽谈贵港市收储西江农场土地具体事宜。

3 月 20 日　自治区党委改革办、国土资源厅、财政厅等相关部门组成工作组,到贵港市召开城市周边涉及自治区农垦国有土地管理综合改革工作推进会。广西农垦集团相关部室、西江农场相关负责人参会。

3 月 26 日　西江农场一行 11 人,由场党委书记、场长李蔚带队,就企业化改革等问题赴山圩农场考察学习。

4月13日　西江农场召开传达学习全区农垦改革电视电话会议精神大会，传达学习全区农垦改革农场办社会职能移交和土地确权登记发证（简称"两个3年"）工作推进电视电话会议精神。

4月25日　自治区农垦局"两个3年"重点任务克难攻坚工作第六督导组一行4人，由农垦集团副总经理何军带队，到西江农场督导改革工作。

4月26日　西江农场召开"两个3年"重点任务工作推进会，传达自治区副主席方春明在全区农垦改革农场办社会职能移交和土地确权登记发证工作推进电视电话会议上的讲话精神。

4月27日　西江农场第十七届职工代表大会第二次会议召开。全场106名职工代表、列席代表及特邀代表出席，会议历时1天。

5月2日　贵港市港北区常务副区长杨燕忠一行3人，到西江农场召开农场办社会职能移交工作推进会，对社会职能移交协议书的签订时间、移交资产的认定方式、社区办公地址、社区名称、移交人员方式、成立社区党支部等方面问题达成初步意向。

5月9日　农业农村部农垦局副局长彭剑良，带领农业农村部农垦改革发展第三督导小组一行4人，在自治区农垦局副局长、农垦集团副总经理金大刚，党委书记、西江农场场长李蔚的陪同下，到西江农场督导农场办社会职能移交、国有土地确权登记发证及农场企业化改革和公司化改造工作。

5月11日　广西农垦西江国际大厦（原名广西贵港农垦国际大厦）举行封顶仪式，西江农场领导班子全体成员、广西合家福投资有限公司和农垦房地产公司负责人出席仪式。

5月21日　西江农场组织召开2018年贵港市国土资源党建联盟第二次联盟会议，通报贵港市国土资源党建联盟第二季度工作计划，商议拟定开展贵港市国土资源党建联盟"为民服务"活动的具体安排。

5月25日　西江农场党委组织机关党支部全体党员及贵港市国土资源局、贵港市气象局等其他12家贵港市国土资源党建联盟成员单位的代表人员共79人，深入西江农场五分场田间地头，开展帮助缺少劳动力职工家庭施甘蔗肥的为民服务活动。同日，自治区农垦局确定建设西江农场五星级酒店。

6月4—8日　西江农场考察团一行 11 人，由场党委书记、场长李蔚带队，就企业化改革、公司化改造等问题，赴云南农垦考察学习。

6月28日　西江农场牵头举办的"不忘初心跟党走　国土联盟颂党恩"贵港市国土资源党建联盟庆祝建党 97 周年歌咏会演在西江农场第一会议室举行。

6月　西江农场荣获广西农垦糖业集团股份有限公司 2017/2018 年榨季甘蔗生产评比第三名。

7月3日　自治区农垦局第五驻点工作组一行 3 人，由自治区农垦局监事工作部副部长吴彤带队，到西江农场督导土地确权登记发证工作。

7月10日　贵港市港北区贵城街道西江社区综合服务中心揭牌仪式在西江农场举行，标志着贵港市港北区贵城街道西江社区正式成立。仪式上，贵港市港北区人民政府与西江农场签订了《广西农垦国有西江农场办社会职能分离移交协议书》。广西农垦集团副总经理杨伟林出席仪式并讲话。贵港市港北区委副书记、区长黄英梅，西江农场党委书记、场长李蔚在仪式上致辞。

7月19—20日　西江农场与五星总场开展政治建设专项交叉检查。

7月20日　贵港市召开全市农垦国有土地使用权确权登记发证工作会议，传达全区农垦国有土地使用权确权登记发证工作电视电话会议精神并作工作部署。西江农场党委书记、场长李蔚在会上就推进农垦国有土地使用权确权登记发证工作发言。

7月21日　曾在西江农场六队工作过的老领导、知青 60 多人，重回西江农场省亲。

7月28日　广西农垦集团总经理谭良良到西江农场调研。

7月　西江农场职工吕辉入选"广西壮族自治区成立 60 周年八桂先进人物"。

7月　广西农垦国有西江农场荣获广西农垦报社授予的"2017 年度广西农垦新闻宣传工作先进单位"；侯莹莹被广西农垦报社评选为"2017 年度广西农垦十佳通讯员"。

8月20日　广西农垦集团战略发展部资深主管纪录率自治区农垦局农垦改革"两个 3 年"工作第六督导组一行 3 人，到西江农场督查农垦改革"两个 3 年"重点工作。

9月6日　南亚热带农业科学研究所党总支书记、副所长韦持章一行 4 人，就如何创新基层党建工作、道德讲堂工作、新时代文明实践中心、工会工作等方面问题到西江农场学习交流。

9月13—14日 由自治区农垦工委牵头组织，良圻农场、金光制糖公司、九曲湾农场、明阳工业园区等单位党建工作负责人一行6人，到西江农场考察党建工作，贵港市委组织部副部长甘小杰，西江农场党委书记、场长李蔚陪同考察。

9月17日 西江农场召开自治区农垦工委第一巡察组巡察西江农场党委动员大会。同日，自治区农垦工委第一巡察组对西江农场党委开展为期一个月的巡察。

9月26日 西江农场公司化改造后的新公司名称"广西农垦西江农场有限公司"经贵港市工商行政管理局核准通过。

9月28日 自治区"七五"普法中期督查考核第三组一行4人，由自治区政协社会和法制委办公室调研员王天宇带队，到西江农场督查"七五"普法工作。

9月30日 自治区林业厅副厅长黄政康率自治区农垦改革工作第六督察组一行6人，到贵港市开展农垦改革"两个3年"督查工作。贵港市政府及港北区、港南区、覃塘区政府，以及西江农场等相关单位负责人参加了会议。同日，贵港市港北区市政管理局党组成员、港北区环境卫生管理所所长甘珂与副所长陆长芬到西江农场召开农场办社会职能分离工作推进会，正式接收原农场社区管理的市政方面社会职能事务及相关从业人员。

10月10日 自治区党委宣传部宣教处科长何德智一行2人，到西江农场复核社会主义核心价值观示范点建设情况。

10月12日 西江农场第十七届职工代表大会第三次会议召开，审议通过《广西农垦国有西江农场公司制改制方案》。同日，由西江农场创建的广西农垦西江花卉产业示范区被自治区农垦局认定为"2018年第一批现代特色农业县级示范区"。

10月15日 西江农场将全场2326份离退休人员人事档案移交给贵港市港北区政府。

10月 西江农场向广西农垦集团上缴土地补偿款8500万元。

11月2日 广西农垦集团正式批复《广西农垦国有西江农场公司制改制方案》和《广西农垦西江农场有限公司章程》，西江农场开始进行公司化改制。

11月5日 广西农垦集团党群工作部部长廖文带领农垦改革党建试点工作

检查组一行3人，到西江农场开展党建试点检查总结和验收考评工作。

11月15日　西江农场党委承办"广西农垦党旗红"文艺晚会。

11月16日　广西农垦党建工作经验交流会在西江农场召开，广西农垦集团党群工作部部长廖文主持会议，广西农垦集团党委副书记翁科出席会议并讲话。

11月19日　西江农场、西江制糖公司2018/2019年榨季甘蔗砍运种管动员大会召开。同日，广西农垦集团副总经理、总会计师李东，就"两个3年"重点工作、公司化改制、目标任务完成、全面从严治党、维稳等方面问题到西江农场调研。

11月21日　西江农场召开第十七届职工代表大会第四次会议，选举邓德平和梁颐婷为广西农垦西江农场有限公司职工董事和职工监事。

11月23日　西江农场有限公司顺利完成工商注册登记工作并取得新颁发的营业执照，西江农场正式更名为"广西农垦西江农场有限公司"，公司印章自公司更名之日起正式启用，原"广西农垦国有西江农场"印章同时作废。

12月6日　西江农场五星级酒店项目地块取得不动产权证。

12月21日　广西农垦集团党委第一巡察组巡察西江农场党委情况反馈会在西江农场公司召开。

12月24日　广西农垦西江农场有限公司举行揭牌仪式。

12月26日　自治区农垦局与贵港市人民政府签订《贵港市规划利用广西农垦西江农场土地协议》。

12月27日　《贵港日报》第8269期第4版刊登了庆祝改革开放40周年·广西壮族自治区成立60周年贵港发展成就展示西江农场公司专版报道，标题为《深耕贵港六十载 党建引领促改革 西江农场改革路上谱新篇——广西农垦西江农场有限公司改革发展纪实》。

12月27日　西江农场公司向广西农垦集团预付土地款5亿元。

12月　广西农垦西江农场有限公司党委荣获广西壮族自治区农垦工委、广西农垦集团党委授予的"2018年垦区第一批党建工作示范点"。

2019年　1月7日　西江农场公司组织召开会议，传达学习自治区党委书记鹿心社书记对农垦改革发展批示指示精神，以及广西农垦工委书记、农垦集团党委书记、农垦集团董事长甘承会在农垦工委、农垦集团党委传达学习会上的讲话精神。

1月8日　西江农场公司、西江畜牧公司、格林饲料公司联合召开西江农场公司管区非洲猪瘟联防联控工作培训会。贵港市畜牧局副局长黄超超、港北区畜牧局副局长覃干亮出席会议。

1月9日　广西农垦集团纪检监察部部长陈显武一行2人，代表农垦工委、农垦集团党委，到西江农场公司征求对广西农垦工委、农垦集团党委领导班子意见。

1月11日　西江农场公司召开管理人员大会。会议宣读了《西江农场公司机关组织架构设置及下属单位优化重组方案》，公司全体管理人员任职的通知，西江农场公司党委关于成立17个党支部的通知，以及西江农场公司党委党内职务任职的通知等文件，标志着西江农场公司完成了机构改革工作，公司正式按照现代企业制度运营。

1月28—29日　西江农场公司领导班子成员分别带领6个慰问小组，深入各分场、下属公司开展新春"送温暖"慰问活动，为困难职工、困难党员和离退休老干部送上党委新春的祝福。

1月31日　西江农场公司召开2018年度党员领导干部民主生活会。广西农垦集团公司党群工作部部长廖文到会指导。

2月22日　贵港市委常委、副市长范治晖率调研组一行7人，到西江农场公司六分场调研甘蔗收割、甘蔗叶等废弃物产生和利用情况。

2月　西江农场公司党委组织各单位党支部退休党员和流动党员分批到西江社区党支部报到，并办理党组织关系移交。

2月　西江农场吕辉被中共中央宣传部评为第五批"全国岗位学雷锋标兵"。

2月　西江农场公司被评为"2018年贵港市城市发展跃升先进集体"。

2月　西江农场党委办荣获自治区妇女联合会授予的"广西三八红旗集体"称号。

2月　西江农场公司物业分公司管理的陶然花园、瑞安花园一区，在2018年贵港市评选园林式居住区活动中，荣获"园林式居住区（单位）"称号。

3月28日　西江农场公司党委召开"转观念 增活力 促发展"解放思想大讨论活动动员大会。

3月　西江农场公司荣获广西农垦集团授予的"2019年广西农垦改革'两个3年'重点工作特别贡献一等奖"；邓德平、吉文星、苏海波、梁辉、林云、邓兆鹏荣获农垦集团授予的"2018年度广西农垦改革'两个3年'重点工作先进个人"。

4月15日　广西农垦集团党委副书记、集团大讨论活动办公室主任翁科到西江农场公司，为"转观念、增活力、促发展"解放思想大讨论活动做专题辅导。

4月24日　广西农垦集团副总经理何军率队到西江农场公司，对园区移交工作进行督查指导。

4月26日　凯旋领域项目地块获得划拨转出让不动产权证。

4月29日　在广西农垦集团副总经理杨伟林的陪同下，自治区第三评估小组专家到西江农场公司开展优质高产高糖料蔗基地建设项目评估工作。

5月5日　西江农场公司举行2019年警示教育暨廉洁从业承诺宣誓仪式。

5月8日　西江农场公司与悦桂田园公司、农垦房地产公司举行贵港农垦大厦、园博园95亩地块项目合作协议签约仪式。

5月14日　贵港市港南区委书记杨亚俊率队一行8人，到西江农场公司协调推进市二医院城区分院、园博园及南湖整治项目拆迁安置区第二安置区、港南木业集中区等三个项目的土地和房屋征收工作。同日，广西农垦集团副总经理李东一行4人，到西江农场公司督导"解放思想、改革创新、扩大开放、担当实干，推动农垦集团高质量发展"和"转观念、增活力、促发展"解放思想大讨论活动。

5月15日　西江农场公司第一次党员代表大会召开。广西农垦集团公司副总经理李东到会指导并讲话。

5月21日　贵港市委常委、贵港军分区政治委员曾勇到西江农场公司调研民兵工作。

5月　西江农场公司荣获广西农垦报社授予的"2018年度广西农垦新闻宣传工作先进单位"；侯莹莹荣获广西农垦报社授予的"2018年度广西农垦十佳通讯员"。

5月　经西江农场公司董事会会议议定通过，为支持农垦房地产公司发展，西江农场公司与农垦房地产公司签订借款合同，借款资金2亿元给农垦房地产公司用于项目开发。

6月10日　广西农垦集团党群工作部副部长李贵银率集团公司三项主体

责任第六督查小组,到西江农场公司开展党建、党风廉政建设和意识形态三项工作专项督查。

6月11日 西江农场公司与贵港市港南区人民政府就进一步理顺双方在项目用地方面遇到的问题、共同协调推进土地相关工作举行座谈会。西江农场公司副总经理苏海波、港南区副区长梁民伟参加座谈。

6月13日 西江农场公司党委书记李蔚参加全区党委(党组)理论学习中心组学习经验交流会,并作为企业代表在会上交流发言。

6月28日 西江农场公司党委召开庆祝中国共产党成立98周年暨表彰先进大会。

6月 西江农场莫绍旺荣获贵港市创建文明城市工作领导小组办公室授予的"2018年创建文明城市工作先进个人"。

8月29日 贵港市委召开研究西江农场五星级酒店项目建设工作会议。市委、市政府领导以及市发改委、住建委、自然资源局、税务局、文旅局、商务局、西江农场等单位的主要负责人参加会议。

9月10日 广西农垦集团副总经理何军率集团综合第二督察组一行4人,到西江农场公司督查2019年第三季度重点工作。

9月29日 西江农场公司举办庆祝中华人民共和国成立70周年文艺晚会。

9月 吕辉家庭在自治区妇联、自治区文明办、自治区总工会、自治区教育厅联合在全区范围内开展的"2019寻找'最美家庭'活动"中,被评为广西"最美家庭"。

10月1日 广西农垦西江汽车销售服务有限公司贵港首家别克、雪佛兰双品牌4S店正式试业。

10月11日 广西农垦茶业集团公司党委副书记苏夏一行9人,到西江农场公司学习交流党建工作经验。

10月16—17日 自治区纪委监委驻国资委纪检监察组组长黄健,在广西农垦集团纪委书记、监察专员覃绍生的陪同下,到西江农场公司调研。

10月17—18日 西江农场公司党委、黔江农场公司党委开展2019年党组织书记服务发展主题交叉宣讲活动。

10月26日 西江农场公司员工吕辉作为火炬手参加庆祝新中国成立70周年广西第十四届运动会火炬传递暨2019奥园杯"奔跑吧广西"生态马

拉松系列赛（贵港站）火炬传递活动。

10月30日　西江农场公司工会第一次会员代表大会召开。广西农垦集团党群工作部副部长李贵银到会指导。

11月6日　西江农场公司、西江制糖公司2019/2020年榨季甘蔗砍运种管动员大会召开。

11月7—8日　西江农场公司党委书记、董事长李蔚率西江农场公司考察团一行8人，先后到金光农场公司、大明山农场公司、东风农场公司考察学习。

11月12日　自治区妇联宣传部副部长覃毅卉率自治区文明单位检查小组一行4人，到西江农场公司开展第十七批自治区文明单位申报核验工作。

11月28日　西江产业园区整体有偿移交给港北区政府。

11月29日　广西热作所党委委员、副所长梁声侃一行11人，到西江农场公司开展基层党建学习交流活动。

11月　水务分公司党支部被广西农垦工委、农垦集团党委评为"广西农垦首批标准化规范化建设示范点"。

12月9—13日　西江农场公司党委书记、董事长李蔚率公司考察小组一行11人，先后到广东农垦、海南农垦就城郊农场产业布局发展先进经验进行为期5天的考察学习。

12月25日　由广西农垦西江农场有限公司与贵港骏骁汽车销售服务有限公司共同出资成立的广西农垦西江汽车销售服务有限公司正式开业。

12月25日　西江农场公司与广西桂垦牧业公司签订股东出资协议，参股桂垦西江牧业公司（比例30％）。

2020年

1月16日　广西农垦集团党群工作部副部长黄群代表农垦工委、农垦局、农垦集团党委、农垦集团慰问西江农场公司道德荣誉获得者吕辉和韦勇文。

2月19日　贵港市港北区委书记玉彤率工作组到西江农场公司检查新冠疫情防控和秸秆禁烧工作。

2月　新冠疫情席卷全国，西江农场公司迅速组织，全体动员，开展新冠疫情防控工作。

3月5日　西江农场公司召开2020年土地承包、租赁规范治理工作动员会。

3月19日　桂垦牧业公司副总经理胡如海一行，到西江农场公司召开合作项目工作推进会，共同研讨推进西江农场公司和广西农垦永新畜牧集团合作共营猪场养殖项目相关事宜。

3月25日　悦桂田园公司总经理易先武一行，到西江农场公司召开合作项目座谈会，研讨协商西江新城范围内储备用地的利用、合作开发悦桂田园·福港城项目具体事宜等问题。

3月　西江农场公司被广西农垦报社评为"2019年度广西农垦新闻宣传工作先进单位"；侯莹莹被评为"2019年度广西农垦新闻宣传工作十佳通讯员"。

4月7日　广西农垦集团公司纪委书记覃绍生率集团公司重点工作督查组到西江农场公司，对农场公司及农垦西江片区企业2020年重点目标任务工作推进和落实情况开展督查。

4月14—15日　西江农场公司党委与黔江农场公司党委开展基层党组织标准化规范化建设工作交叉检查。

5月8日　广西农垦集团副总经理黄永华一行，就福港城等项目、土地利用情况等问题，到西江农场公司调研。

6月5日　广西农垦集团党群工作部部长龙天智率农垦集团督查第三小组一行3人，到西江农场公司开展基层党建、党风廉政建设和意识形态三项工作督查。

6月9日　西江农场公司党委书记、董事长李蔚率队一行10人，就如何围绕集团公司"一核三新"战略确定主导产业，如何"做大蛋糕"，如何开展三项制度改革，如何运作财务共享，如何加强党建的"两化"建设等方面问题到九曲湾农场公司学习交流。

6月15日　西江农场公司党委书记、董事长李蔚率队一行10人到通润发展公司学习交流。

6月23日　广西农垦工委副书记、农垦集团党委副书记、农垦集团总经理谭良良率队到西江农场公司召开广西农垦集团1—5月经济运行分析暨培育利润贡献企业现场会。集团副总经理杨伟林、黄永润、李东、吴卫南以及集团相关部室主要负责人、农垦集团各二级公司相关负责人、西江农场公司领导班子全体成员共100多人参加了现场会。

6月29日　贵港市自然资源局党组成员、总规划师黄俊霖以及贵港市土地储备中心主任梁春光一行 6 人，到西江农场公司召开土地工作协调会。

6 月　西江农场公司党委被自治区农垦工委、农垦集团党委授予"垦区2019—2020 年度先进基层党组织"荣誉称号；李蔚、周伟庆被授予"2019—2020 年度优秀党务工作者"荣誉称号；苏海波、陈汉祥被授予"2019—2020 年度优秀共产党员"荣誉称号。

6 月　西江农场公司党委被贵港市国资委党委授予"市国资系统先进基层党组织"荣誉称号；周伟庆、彭广宁、梁汉伟被授予"市国资系统优秀党支部书记"荣誉称号；钟星健、苏华、钟达观、史晓龙、谭宗平被授予"市国资系统优秀共产党员"荣誉称号；侯莹莹、王东波、周伟凤被授予"市国资系统优秀党务工作者"荣誉称号。

7 月 1 日　西江农场公司党委举办"颂歌献给党 唱响中国梦"庆祝建党99 周年唱红歌活动。

7 月 1 日　西江农场公司开展为期一个月的以"解放思想抓管理 敢做善成当龙头"为主题的解放思想大讨论活动。

7 月 2 日　西江农场公司召开第一届职工代表大会暨工会第一届会员代表大会第二次会议。91 名职工代表和 80 名工会会员代表通过不记名投票方式选举产生了西江农场公司出席广西农垦集团工会第一届会员代表大会代表 9 名和广西农垦集团第一届职工代表大会代表 9 名。

8 月 21 日　西江农场公司党委举行"西江先锋集结号"党建品牌创建活动启动仪式，公司全体党员参加了这一活动。

8 月 24 日　火光农场公司党委副书记、工会主席卢道辉率火光农场公司宣讲团，走进西江农场公司开展"最美奋斗者"交叉宣讲活动，向西江农场公司全体管理人员讲述火光农场公司"最美奋斗者"——党群部副部长黄永辉勤奋学习、踏实工作、勤勤恳恳、任劳任怨，在平凡的岗位上做出不平凡贡献的先进事迹。

8 月 25 日　贵港市国资系统召开党建特色品牌暨基层党组织标准化规范化建设推进会，市国资委相关领导率市国资系统各企业总部（集团）党务部门负责人及基层党支部书记约 100 人，到西江农场公司考察党建特色品牌及基层党组织标准化规范化建设经验做法。

8 月 27 日　西江农场公司党委书记、董事长李蔚率西江农场公司宣讲团，走进火光农场公司开展"最美奋斗者"交叉宣讲活动，讲述西江农场公司"最美奋斗者"西江农场幼儿园园长韦勇文以及水务分公司员工吕辉的先进事迹。

9月9日　广西农垦集团党委副书记翁科一行到西江农场公司调研项目建设、经营管理以及管党治党工作情况。同日，广西农垦资产管理公司党支部书记、董事、副总经理蔡伟青一行6人，到西江农场公司学习交流。

9月21日　剑麻集团党委副书记、总经理张小玲率考察团一行20人，到西江农场公司就经营管理、物业管理方面内容进行考察学习。

9月23日　自治区政府办公厅第四秘书处处长彭林魁率自治区政府调研组一行9人，到西江农场公司开展农垦国有土地资源高效利用专题调研。

9月28日　自治区台办组织的西南地区台湾商人招商引资洽谈会贵港分会场考察团一行23人，到西江农场公司进行考察。

9月　西江农场公司被中共贵港市委、市政府、贵港军分区授予"民兵工作先进单位"荣誉称号；王东波被授予"先进民兵"荣誉称号。

10月21日　广西农垦应急管理调研暨第三季度安全生产检查组到西江片区进行安全生产、环境保护、防汛防台风、森林防火、消防安全等应急管理体系工作开展调研和检查。

10月23日　广西农垦"最美奋斗者"汇报宣讲报告会在广西农垦大厦举办，西江农场公司党委"最美奋斗者"宣讲团参加了汇报宣讲。

11月3日　广西农垦集团党委书记、董事长甘承会，集团副总经理吴卫南一行5人，到西江农场公司调研农场公司、桂垦牧业公司年度重点工作落实情况。

11月5日　中共广西农垦西江农场有限公司第一届代表大会第二次会议召开，74名党员代表参加会议，在9名代表候选人预备人选中选出了7名出席中共广西农垦集团有限责任公司第一次代表大会的正式代表。

11月19日　广西农垦集团副总经理黄永华到西江农场公司调研。

11月23日　由农业农村部、财政部相关人员组成的联合调研组在农业农村部农垦局一级巡视员彭剑良的率领下，到西江农场公司开展国有农场办社会职能改革补助调研工作。自治区农垦局副局长、农垦集团副总经理杨伟林陪同调研。

12月6日　西江农场公司领导班子成员、各基层单位负责人、机关中层副职以上人员参加西江畜牧公司万鑫种猪场揭牌仪式。西江农场公司党委书记、董事长李蔚与西江畜牧公司董事长张宁为种猪场揭牌。

12月10日　广西农垦集团副总经理李东率队到西江农场公司开展2020年重点工作第四季度督查指导。

12月26日　贵港·农垦大厦招商正式启动暨招商签约仪式隆重举行。

12月　西江农场职工吕辉被中共广西壮族自治区委员会、自治区人民政府授予"2020年广西壮族自治区劳动模范"荣誉称号。

● **2021年**　1月19日　广西农垦集团副总经理张安明一行3人到西江农场公司对困难党员、困难职工进行春节慰问，并就项目投资建设进行实地调研。

1月20日　自治区农林水利气象工会副主席王尽亭一行4人到西江农场公司开展2021年春节"送温暖"慰问活动，为西江农场公司10名困难职工送上慰问金和慰问品。

1月　西江农场公司被广西农垦报社评为"2020年度广西农垦新闻宣传工作先进单位"；侯莹莹、邓兆鹏被评为"2020年度广西农垦新闻宣传工作十佳通讯员"。

2月3日　在2021年新春佳节来临之际，西江农场公司领导班子分成7个慰问组，到各基层单位开展春节走访慰问活动，为离退休老干部、全国岗位学雷锋标兵、历届道德模范获得者、困难党员、困难职工等55人送上慰问金和慰问品。

3月11日　贵港市国资委党委在西江农场公司组织开展2021年第一季贵港"国企先锋集结号"先锋大讲堂和先锋大会诊活动。公司党委书记、董事长李蔚主持开展活动。同日，贵港市国资委党委在西江农场公司组织召开贵港市国资系统党史学习教育动员会。会上，市国资委党委书记、主任李坚林做了动员讲话。

3月11日　贵港市国资委在西江农场公司组织召开的2020年第四季度贵港"国企先锋集结号"先锋评定会上，西江农场公司荣获2020年第四季度贵港"国企先锋集结号"企业先锋之星荣誉称号。同日，广西农垦集团外部董事黄文德到西江农场公司开展转型升级专题调研。

3月17日　良丰农场公司党委副书记陈星富一行6人到西江农场公司就党建工作进行学习交流。

3月19日　由贵港市精神文明建设委员会、新时代文明实践中心主办，贵港市国资委承办，西江农场公司、贵港市广播电视台、贵港市工投集团联合协办的2021年贵港市新时代文明实践道德讲堂总堂第1期活动在西江农场公司举行。

3月25日　西江农场公司第一届第二次职工代表大会暨工会第一届第三次会员代表大会召开，会期半天。

3月30日　西江农场公司组织召开规范土地经营管理专项行动动员部署会。

3月31日　西江农场公司牵头举办了2021年贵港市自然资源党建联盟"最美奋斗者"宣讲活动。

4月26日　西江农场公司成立商业分公司，主营范围为中高端商业综合体（贵港·农垦大厦）经营管理服务。

4月28日　广西农垦集团副总经理黄河率队到西江农场公司对第一季度工作运营情况进行调研。

4月　西江农场公司被广西农垦集团党委授予"2021年度创先争优示范党支部"荣誉称号。

4月　根据贵港市委组织部关于做好全市脱贫攻坚（乡村振兴）工作队轮换工作的要求，西江农场公司选派甘伟华、潘毅作为贵港市港北区根竹镇三民村驻村第一书记和工作队员，任期2年。

6月9日　来宾市国资委党工委副书记韦微芬率领考察学习组一行12人，就国有企业抓基层党建促进企业融合发展到西江农场公司进行考察学习。

6月17日　广西农垦集团副总经理黄永华到西江农场公司、广西农垦房地产有限公司等单位进行项目管理监督工作调研。

6月23日　广西农垦集团党委委员、副总经理黄河到西江农场公司上党史专题党课，并走访慰问生活困难党员和荣获地厅级以上党内功勋的优秀党员。

6月25日　贵城街道西江社区、西江农场公司联合举办"光荣在党50年"纪念章颁发仪式。

6月30日　西江农场公司党委召开 2019—2020 年度先进表彰大会，对公司党委 2019—2020 年度 5 个先进基层党组织、50 名优秀共产党员和农场公司 2019—2020 年度 8 个先进单位（集体）、64 名先进个人进行表彰。

6月　西江农场公司党委被自治区国资委党委授予"自治区国资委党委系统先进基层党组织"荣誉称号，被广西农垦集团党委授予"先进基层党组织"荣誉称号，被贵港市国资委党委授予"贵港市国资系统先进基层党组织"荣誉称号。甘静、谭宗平、马引兄、覃乔燕被广西农垦集团党委授予"优秀共产党员"荣誉称号，苏海波、吉文星、周伟庆被广西农垦集团党委授予"优秀党务工作者"荣誉称号。周伟庆被中共贵港市委员会授予"优秀党务工作者"荣誉称号。甘静、谭宗平被贵港市国资委党委授予"2020 年市国资系统优秀共产党员"荣誉称号，邓兆鹏被贵港市国资委党委授予"2020 年市国资系统优秀党务工作者"荣誉称号。

7月7日　西江农场公司召开全面治理土地经营管理乱象清退（或拆除）分场旧房工作动员大会，对各分场已经置换了宅基地但没有按照政策要求退出的旧房进行清退拆除工作动员部署。

7月28日　西江农场公司表演的《血色湘江》贵港市 2021 年"我邀明月颂中华"爱国诗词诵读大赛中获得一等奖。

8月24日　西江农场公司举行经理层成员任期制和契约化管理签约仪式。

9月15日　西江农场公司举行人民武装部调整命名暨揭牌仪式。贵港市港北区委常委、区人民武装部政委潘俞安宣读了关于西江农场公司人民武装部调整命名的相关文件和任职命令，并与西江农场公司党委书记、董事长李蔚共同为西江农场公司人民武装部揭牌。

10月18日　广西农垦集团党委优秀党建品牌推介评选会在南宁举行。西江农场公司党委选送的"西江先锋集结号"党建品牌在众多党建品牌以第一名的身份荣获广西农垦首批"十佳党建品牌"称号。

10月26日　广西农垦建垦 70 周年表彰大会在南宁市广西农垦大厦隆重举行。会议表彰了广西农垦建垦 70 周年 10 个先进单位、10 名建垦功臣和 10 名农垦工匠。其中，西江农场公司荣获"广西农垦建垦 70 周年先进单位"称号,西江农场公司吕辉荣获"广西农垦建垦 70 周年建垦功臣"称号。

10 月 在广西农垦建垦 70 周年之际,西江农场公司组织开展对农垦老领导、先进个人等进行走访慰问。

10 月 转变家和居建材广场业态,由自主经营转为整体租赁给贵港市人民医院作为第二门诊部。

11 月 9 日 自治区农林水利气象工会副主席王尽亭到西江农场公司西江花卉产业示范区调研。

11 月 10 日 广西农垦集团党委书记、董事长甘承会率队到西江片区企业调研。

11 月 15 日 贵港市总工会党组成员、副主席谭丕龙一行 3 人到西江农场公司看望慰问自治区农林水系统劳模陈少海。

11 月 16 日 第六届自治区道德模范表彰座谈会在南宁召开,西江农场公司员工吕辉在会上被授予"第六届自治区道德模范"荣誉称号。

11 月 17 日 广西农垦集团党委副书记翁科到西江农场公司开展政治监督和年度重点工作督查。

12 月 20 日 共青团广西农垦西江农场有限公司总支部第一次团员大会召开,49 名团员参加会议。

12 月 30 日 在由广西农垦集团工会举办的广西农垦"巾帼共奋进 永远跟党走"玫瑰书香女职工主题阅读成果展演活动中,西江农场公司选送的节目《血色湘江》荣获二等奖。

12 月 31 日 西江农场公司党委《吹响"西江先锋集结号"助推公司高质量发展》荣获自治区国资委党委 2021 年度企业党建品牌创建成果优秀案例表彰。

12 月 水务分公司工会被广西壮族自治区总工会授予"全区模范职工小家"荣誉称号。

● **2022 年** 1 月 4 日 外经公司党总支书记、董事长李耐谦率外经公司党总支一行 21 人,到西江农场公司与西江农场公司党委联合开展"党建共建、发挥合力、共赢未来"主题共建活动。

1 月 5 日 西江农场公司向贵港市港北区根竹镇三民村捐款 3.5 万元,用于该村下社岭屯乡村风貌提升工程建设。

1月19日　广西化工研究院有限公司副总经理、副院长方峰一行3人，到西江农场公司学习交流。

1月20日　西江农场公司与悦桂公司合作项目——悦桂田园·福港城项目举行开工典礼。

1月21日　农垦集团专职外部董事黄文德一行3人到西江农场公司，对公司2名困难党员、困难职工代表以及自治区道德模范吕辉进行春节前走访慰问。

1月21日　广西职业技术学院副院长黄云峰一行7人，就校企合作、社会服务、学生就业等方面内容到西江农场公司调研交流。

1月24—25日　西江农场公司开展2022年春节"送温暖"慰问活动。公司领导班子成员分别率七个慰问小组，对公司离休干部、退休场级老干部、公司历届道德荣誉获得者、公司困难党员和困难职工、公司驻派三民村驻村第一书记和工作队员等进行走访慰问。

1月26日　西江社区党支部书记、居委会主任农培铭，狮子岭派出所党支部书记、所长覃勇泉，分别率西江社区党支部党员和狮子岭派出所党支部党员，到西江农场公司与西江农场公司党委开展共建活动。

1月28日　西江农场公司党委书记、董事长李蔚将公司员工捐献的11436元的爱心款和公司党委捐助的价值1000元的爱心物品送到贵港市港北区根竹镇三民村中社岭屯特困家庭宋荣强老人手中。

2月8日晚　西江农场公司组织全体管理人员配合西江社区、西江产业园区管委会开展西江片区疫情排查工作。

2月11日　西江农场公司党委书记、董事长李蔚率考察团一行12人，赴平南县丹竹镇大玉余甘果农业产业园考察。

2月22日　广西大玉余甘果有限责任公司董事长黄丹红一行4人，到西江农场公司洽谈余甘果项目合作事宜。

2月28日　西江农场公司召开全体管理人员会议，传达学习广西农垦集团2022年工作会议、一届三次职代会暨打造现代一流食品企业动员大会，以及农垦集团党委2022年全面从严治党工作暨警示教育会议精神。

3月9日　西江农场公司党委书记、董事长李蔚一行5人，到良圻农场公司学习交流党建工作。

3月16日　杨立军同志任西江农场公司党委书记、董事、董事长。

4月11日 中国农林水利气象工会全国委员会下发《关于确认全国农林水利气象系统模范职工之家、模范职工小家的通知》，广西农垦西江农场有限公司工会被确认为"模范职工之家"。

4月14日 农垦集团党委副书记、总经理谭良良率调研组一行10人，到西江片区企业调研。

4月 农垦集团党委下发了《广西农垦集团党委关于2021年度创先争优示范党支部评选结果的通知》，西江农场公司机关党支部被评为"农垦集团党委2021年度创先争优示范党支部"。

5月6日 悦桂公司总经理陈周林一行8人，到西江农场公司就项目合作事宜进行座谈交流。

5月10日 庆祝中国共产主义青年团成立100周年大会在北京人民大会堂召开，西江农场公司团总支部组织全体团员集中收看庆祝大会。

5月11日 广西农垦绿色食品集团党委书记、董事长何忠一行6人到西江农场公司进行座谈交流。

5月12日 九洲基业股份有限公司副总裁李兴一行6人，就西江农场公司打造现代化食品农副产品基地合作事宜到农场公司进行座谈交流。

5月18日 农垦集团土地管理中心主任李耐谦一行5人到西江农场公司开展"清收土地补偿款及不动产登记历史遗留问题"专项调研。

5月23日 贵港市住建局党组书记、局长郭亮，港北区副区长谢广锋率市住建局、市自然资源局不动产中心、港北区统计局等单位相关领导及人员，到西江农场公司开展商品房不动产权证登记工作调研。

5月24日 广西化工研究院有限公司党委书记、董事长黄尚顺一行6人，到西江农场公司学习交流。

5月26日 农垦集团工会专职副主席廖文，集团党群工作部资深主管、集团工会副主席沈毅平一行4人，到西江农场公司开展党建工作登门走访活动。6月1日 西江农场公司党委组织公司全体管理人员开展以"促进民族团结进步，铸牢中华民族共同体意识"为主题的民族团结进步"五个一"主题活动。

6月5日 19时至22时，西江农场公司所在的贵港市港北区出现大到暴雨，局地大暴雨，累积雨量达220毫米，导致公司经营管理的贵港·农垦大厦地下负一和负二层出现积水倒灌，西江农场公司迅速组织公司民兵抢险队伍开展抢险工作。

6月8日　西江农场公司党委书记、董事长杨立军率队一行14人到广西化工院、明阳农场公司进行交流学习。

6月14日　农垦集团第二督查组副组长汪晓冬一行3人到西江农场公司督查一流食品企业建设工作。

6月5—14日　贵港市遭受两轮持续性大到暴雨甚至特大暴雨强降雨天气，两次强降雨量累计均在200毫米以上，给西江农场公司糖料蔗基地带来严重损失。经统计，甘蔗受灾被淹面积达2.5万亩，占总面积的63％，其中被淹没顶甘蔗约9200亩，被淹死亡甘蔗约1200亩。

6月22日　农垦集团专职外部董事黄文德到西江农场公司开展慰问困难党员和党内功勋荣誉表彰党员活动。

6月23日　农垦集团专职外部董事黄文德到西江农场公司，为公司全体管理人员党员上了题为《贯彻落实习近平总书记关于国企重要讲话精神，建立健全中国特色现代企业制度》的党课。

6月30日　贵港市自然资源局党组书记、局长张建文一行6人，到西江农场公司对解决不动产登记历史遗留问题推进情况进行调研。

6月30日　广西轻工院党委书记、董事长、院长程劲芝一行11人到西江农场公司学习交流。

7月1日　西江农场公司党委召开庆祝中国共产党成立101周年大会，公司党委书记、董事长杨立军做讲话，公司党委副书记、工会主席邓德平主持大会，公司全体党员190余人参加了大会。

7月1日　西江农场公司党委举行清廉文化品牌创建启动仪式，公司全体党员共190余人出席了活动。

7月1日　西江农场公司党委开展"七一"走访慰问活动，公司领导分别带队六个慰问小组，走访慰问了公司各党支部生活困难党员和获得地厅级以上党内功勋荣誉表彰的在职优秀共产党员、优秀党务工作者。

7月4日　广东农垦集团副总经理、农垦总局副局长吕林汉率队一行9人，到西江农场公司考察调研国有农场办社会职能改革工作。

7月5—6日　广西农垦集团党建品牌建设培训会在西江农场公司举办。

7月12日　西江农场公司党委副书记、总经理苏海波率机关党支部，与自治区审计厅机关第十六党支部、农垦集团法务风控部审计部党支部、西江乳业公司党支部共同开展支部共建活动。

7月12日　农垦集团党委"我是农垦宣讲员"宣讲大赛决赛在农垦集团举行，代表西江农场公司党委参赛的水务分公司员工李二虎获得三等奖，并被聘为农垦宣讲员。

7月18日　广西农垦西江农场有限公司党委副书记、总经理苏海波一行到港北区政府，与港北区委副书记、区长杨燕忠就贵港食品供应链及交易平台建设项目合作事宜进行交流洽谈。

7月25日　港北区委书记黄英梅率队一行7人到西江农场公司洽谈合作及项目供地事宜。

8月2日　西江农场公司党委副书记、总经理苏海波到广西农垦明阳农场有限公司交流学习，主要参观了桂垦良品嘉和城旗舰店。

8月5日　悦桂公司党委副书记、总经理廖永辉一行6人到西江农场公司洽谈福港城项目合作事宜。

8月18日　广西化工研究院有限公司党委书记、董事长、院长黄尚顺率队一行17人，到西江农场公司开展"喜迎二十大 研学促党建"学习交流。

8月　西江农场公司被遴选为第二届中国农垦国有农场联盟发起单位，是此次广西农垦7个入围单位之一。

8月　根据公司业务发展需要，撤销项目发展部，其职能并入企划发展部；撤销土地管理部，设立土地管理中心，作为二层机构归口经营管理部管理；设立后勤管理中心，作为二层机构归口办公室管理；设置人力资源部。

8月　西江农场公司荣获"2022年贵港市农业产业化重点龙头企业"称号。

8月　西江农场公司农业事业部部长甘静同志被贵港先锋微信公众号开设的"学习身边榜样"专栏评为月榜人物。

9月1日　西江农场公司西江商业服务中心项目开工。

9月1日　自治区自然资源厅权益处副处长吴国东一行4人到西江农场公司对国有土地出让收益管理情况进行调研。

9月1日　西江农场公司党委组织公司全体管理人员召开打造一流食品企业"提升'三力'，树立新形象"教育整顿活动动员大会。

9月26—29日　广西壮族自治区第十五届运动会群众体育活动门球比赛在西江农场公司职工之家门球馆举行。

10月14日　自治区副主席许显辉到贵港·农垦大厦调研高层建筑消防安全情况。

10月16日　西江农场公司在第一会议室组织集中观看中国共产党第二十次全国代表大会视频直播。

11月2日　自治区农业农村厅一级巡视员梁雄到西江农场公司调研。

11月中旬　桂垦良品贵港·农垦大厦店进行全新升级改造。

12月7日　贵港市港北区委副书记、区长杨燕忠率队一行10人到西江农场公司，就土地综合整治、清桉还蔗、秸秆禁烧等工作进行沟通、对接。

12月31日　西江农场公司党委《吹响"西江先锋集结号"助推公司高质量发展》荣获自治区国资委党委2021年度企业党建品牌创建成果优秀案例表彰。

第一章　建制沿革

第一节　建　　制

广西农垦国有西江农场，其前身是广西贵县（今贵港市城区）新生农场。1952年10月开始筹备，做建立贵县新生农场前期的工作。1953年1月1日，经中共广西省委批准，正式建立贵县新生农场，农场总部设立在贵县县城西部，距县城七公里处的狮子岭，隶属广西省公安厅领导。1953年11月3日，经中共广西省委批准，贵县新生农场和柳州机械农场筹备处合并，更名为"广西国营西江机械农场"，隶属广西省农业厅。1955年8月，经中共广西省委批准，广西国营西江机械农场更名为"广西国营西江农场"。1992年农场改制为"广西西江农工商总公司"（仍挂"广西国营西江农场"牌子，两块牌子一套人马）。2003年9月，根据自治区农垦局指示，更名为"广西农垦国有西江农场"。2018年9月26日，公司化改造后名称为"广西农垦西江农场有限公司"。

第二节　广西国营西江机械农场

1953年11月3日，经中共广西省委批准，贵县新生农场和柳州机械农场筹备处合并，更名为"广西国营西江机械农场"，隶属广西省农业厅。建场初期，人员比较繁杂，据1954年统计，系统劳改犯9647人，武装部队一个营444人，管理干部和职工577人，组成6个劳改大队，下设若干个中队进行开荒生产，直属单位有1个作业区，1个畜牧队，1所卫生所，1家商店。

1954年4月开始，从容县地区各县招收新工人465人来场，1955年春，从合浦县三合口农场调来工人189人，从平乐、横县、宾阳等县招收1463名工人来场，并把武装部队、劳改犯人调出场，同时有280名管理干部调动离场，有刑满释放人员共400多人转为农场新工人。

1954年1月，成立了总场，下设5个分场（每个分场设若干生产队），1个直属副业加工厂，1个修理队，1个畜牧队，1家商店，1所卫生所。农场管理体制实行三级管理。1957年12月，经广西省农业厅批准，撤销分场制，实行场队（厂）两级制管理。

第三节　广西国营西江农场

　　1955 年 8 月，经中共广西省委批准，广西国营西江机械农场易名为"广西国营西江农场"。1960 年，经上级批准，由贵县附城公社划出东山、旺华两个大队给西江农场管理。1963 年 4 月，中共中央、国务院发出《关于处理过去并入国营农场农业生产合作社问题的通知》。同年 6 月，中共中央、国务院又发出《关于处理过去并入国营农场农业生产合作社问题的补充通知》。1964 年 5 月，中共中央批转农垦部党组《关于进一步办好场社合并的国营农场的报告》。根据有关规定，并场社队要回归公社，1970 年 11 月，划进西江农场 10 年的东山、旺华大队，经上级批准又退回原所属公社。

　　1958 年开始，农场隶属关系变动，广西省农业厅将西江农场下放给玉林地区管理。1960 年 2 月，自治区农业厅所属农垦局升格为广西壮族自治区农垦局，直属广西壮族自治区人民委员会所辖，自治区农垦局决定收回原下放到地方的国营农场，西江农场又由自治区农垦局直接管理。1967 年，又下放给玉林地区管理，此次下放时间长达 11 年。1978 年，自治区农垦局又收回直接管理，自此之后隶属关系至今没有变动过。

　　党的十一届三中全会召开后，随着国家一系列改革措施的实施，1984 年，西江农场进行经济体制改革，实行联产计酬承包，兴办职工家庭农场和推行各种经济责任制，实施大农场套小农场的双层经营体制，场部成立农林、畜牧水产、工交三大公司，成为经济实体。1986 年，场部只保留畜牧水产公司，其他两个公司改为科室行政管理机构。1988 年重设农林、畜牧水产、工交三大经理部，成为经济实体，其他科室为行政管理机构，各生产队（厂、场、所）从属相关经理部管理，成为农场领导生产的基层单位。农场在编制和执行各个五年计划期间，虽然遇到诸多自然灾害造成的困难，但生产建设总体都在向前推进，从 2001 年起，农场一举扭亏为盈，生产建设和社会文化建设走上了新的台阶。

第四节　国家大型二档企业

　　西江农场在经济体制改革和企业管理进程中，取得了很大成效，在企业规模和规模化生产运作中逐步创新发展，企业的定位在全国得到比较高层次的认证。

　　1995 年，国家经济贸易委员会、国家计划委员会、国家统计局、财政局、劳动部、人事部以国经贸企〔1995〕851 号文件下达《关于公布 1994 年度全国大型工业企业名单的通知》，1994 年度全国大型工业企业的申报认证工作，经过各地区、各部门、解放军总后勤部划分企业类型领导小组的认真核实和审查，全国划分企业类型协调小组依据《大中小型企业划分标准》进行了严格审定，其中广西西江农场被认证为国家大型二档企业。

第五节　企业变动

根据自治区农垦局关于做大做强龙头企业的主体思想，西江农场畜牧业、糖业先后资产重组，从西江农场分离，成为独立的法人企业实体。

2000 年初，广西农垦集团有限公司下达垦企改字〔2000〕6 号文件，将西江农场畜牧业改制，成立广西农垦西江畜牧有限责任公司。关于改制议案，经 2000 年 3 月西江农场八届三次职代会审议，一致通过并形成了相应决议；2001 年 3 月农场工会制定并颁布了《广西农垦西江畜牧有限责任公司职工持股会章程》；2001 年 6 月 4 日，召开了广西农垦西江畜牧有限责任公司首届股东代表大会，会议经过讨论选举表决，通过了公司董事长、总经理等管理层人选，至此西江畜牧业改制从体制、组织、章程、人事等各方面都已完成。

根据广西农垦集团有限责任公司关于农垦糖业（集团）有限公司组建方案，将西江糖厂从广西国营西江农场剥离，实行资产重组，糖厂以确认的资产进行重新注册登记，成为广西农垦糖业（集团）有限公司子公司。2001 年 12 月 8 日，西江农场九届二次职代会在场部召开，大会讨论提交给大会的议案，即广西农垦糖业生产一体化经营的母子公司案由，经与会代表认真审议，同意西江糖厂为农垦糖业（集团）有限公司子公司。参加大会的正式代表 183 人，经表决全票通过，并形成了相应的决议，糖业分立全过程完成。

2003 年 1 月至 2004 年 5 月，根据自治区人民政府有关剥离企业社会职能的要求，以及自治区农垦局关于做好中小学、医院移交给地方政府管理的指示，西江农场先后将场属派出所、中小学、医院移交贵港市管理。

2013 年 9 月，为了加快农垦产业转型升级步伐，充分发挥农垦土地资源优势，不断做强做优做大农垦经济，广西农垦集团对西江农场公司控股的贵港市西江绿城房地产有限公司（以下简称西江地产）进行重组，广西农垦集团公司出资对西江地产进行控股，农垦集团公司股份占比 51%，西江农场占比 49%，原股东西江农工商总公司退出。农垦集团公司控股后，西江地产公司名称变更为"广西农垦房地产开发有限公司"，升格为农垦集团公司直属企业，按照直属企业管理的有关规定进行管理。

2015 年 11 月 27 日，《中共中央 国务院关于进一步推进农垦改革发展的意见》（中发〔2015〕33 号）印发并实施，用 3 年左右时间，将国有农场承担的社会管理和公共服务职能纳入地方政府统一管理、基本完成农垦国有土地使用权确权登记发证任务，这是中央对农垦改革有明确时间要求的两项硬任务（以下简称"两个3年"重点工作）。西江农场认真贯彻《中共中央　国务院关于进一步推进农垦改革发展的意见》《中共广西壮族自治区委员会　广西壮族自治区人民政府关于进一步推进广西农垦改革发展的实施意见》精神，在自治区农垦工委、农垦局、农垦集团党委、农垦集团公司的领导下，精心组织，落实举措，主动作为，积极推进，圆满完成农垦改革"两个3年"重点任务。

完成办社会职能移交工作。西江农场主动与地方政府对接，促成地方政府及时成立工作机构，多次与地方政府召开社会职能移交推进会，密切沟通，梳理筛选18项需移交的社会职能，加速地方政府印发接收农场办社会职能改革实施方案，不到2个月的时间，与地方政府签订农场办社会职能分离移交协议书，确定采取单独成立社区的模式接收农场办社会职能工作。2018年7月10日，贵港市港北区贵城街道西江社区综合服务中心正式挂牌成立（图1-1），同时社区成立两委（党支部委员会和居民委员会）。为防止国有资产流失，西江农场请示广西农垦集团委托第三方对农场移交的场部道路、园林绿化、路灯、道路排污、道路监控设备等资产进行价值评估并出具评估报告。当年10月底，农场原有18项社会职能如期移交地方政府，移交资产原值6307.17万元，净值3541.48万元；2635份离退休人员的档案全部移交。12月7日，农场与贵港市供电局签订《"三供一业"供电资产移交协议》，供电资产移交协议，采取了先移交后整改的方式。至此，西江农场办社会职能移交工作全面完成。

图1-1　2018年7月10日，西江社区综合服务中心正式挂牌成立

完成土地确权登记发证工作。西江农场联合贵港市国土局、市财政局制定出《广西农垦国有西江农场国有土地使用权确权登记发证工作方案》，明确目标任务、基本原则，细化了技术方法和工作步骤。农场土地部门制订详细的工作计划，明确土地确权登记发证时间表、路线图，明确任务分工和责任人，完善措施、倒排时间、挂图作战，全力推进土地确权登记发证工作。在实际办证过程中采取"先易后难，逐步突破"的方法，分3种情况逐步有序推进工作：一是优先办理村委配合签章部分的无异议的土地；二是依靠政策，采取公告发证的方式办理农场权属完善而村委又不配合签章的土地；三是依靠政府及国土部门，办理存在争议部分的土地。农场多次召开动员会和专题会，统一思想，凝聚共识，整合各方力量，优先支持发证工作。强调"两个务必"原则，即土地部门务必紧紧围绕土地发证中心工作，认真扎实推进；其他部门积极配合，提供协助，形成全场上下联动，内外联系，多方合力推进工作顺利开展的局面。2018年，西江农场完成土地确权登记发证面积11775.81亩，完成2018年自治区下达土地确权登记发证任务10778.61亩的109.25%。

截至2022年，西江农场辖区内另有广西农垦贵港西江开发投资有限公司、广西农垦糖业集团西江制糖有限公司、广西农垦永新畜牧集团西江有限公司、广西农垦西江乳业有限公司、广西农垦贵港市格林饲料公司、广西农垦房地产开发有限公司等六家广西农垦直属企业，还有广西大将房地产开发有限公司、广西田建水源制管有限公司、南宁胜利胶水有限公司等100多家民营企业，以及中小学和一家医院。

第六节　广西农垦国有西江农场

西江农场在实现了"五小工业"改制、对畜牧业实施股份制改造、进行糖业资产重组以及剥离了企业社会职能以后，由过去的纯国营逐步形成了"一企多制"的格局，农场的生产经营取得了实质性的进展，2001年一举扭亏为盈，从此西江农场实现了自治区确定的三年扭亏脱困目标。到2002年底，全场已经完成了工农业总产值1.15亿元，国民生产总值2600多万元，固定资产总额达1.9亿元。"九五""十五"期间，西江农场进一步巩固种植业地位，投资200万元对场域防洪堤加高加固，修筑防洪堤4000多米，兴修水利近万方，还争取得到贵港市政府的支持，投入4000多万元，对鲤鱼江南北堤的修建。西江农场抓住机遇，依托农场土地资源优势，根据农垦在新时期发展的工作总体思路和贵港市政府关于专业市场建设的指导思想，结合贵港市大力发展商贸流通业的战略部署，相继用土地作价与市工商局合作开发一个水果批发市场、西站批发市场、汽车摩托车城、天隆购物中心、西江竹木市场、七里桥瓷砖仓储、钢材市场等一批市场群。

2008年，西江农场紧紧围绕"稳定发展甘蔗产业，实践高新农业，做强房地产，拓展物流业"的经营方针，积极调整产业结构，转变开发合作模式，利用区位优势，蔗地房地齐发展，最大限度地盘活土地资源，"十一五"期间是农场经济发展最快时期。农场累计实现利润2503万元，比"十五"时期增长1568万元，特别是2010年完成利润1050万元，年均增26%，为2005年的3倍；"十一五"期末，农场资产总额43500万元，比2005年的23246万元，增长了0.9倍。2010年完成经营总收入29.2亿元，为2005年的2.8倍，年均增22.6%；完成生产总值12.2亿元，年均增21%，为2005年的2.6倍；从业人员2010年人均纯收入19230元，为"十五"末的2倍，年均增长14.5%。2010年，创下西江农场的五个第一：第一次实现利润突破1000万元；第一次被贵港市评为纳税大户；第一个拥有正规化市场运作的房地产楼盘；第一次实现银企合作，实行个人购房按揭；第一次"自编、自导、自演"承办自治区农垦工委"送文艺、送科技、送法律"下农场的大型活动。西江农场荣获广西农垦2010年度经营效益贡献奖，广西农垦2010年度企业管理优秀单位。

2011年，广西农垦国有西江农场又上了新台阶，农垦新城项目的落地是西江农场房地产开发史上一次质的飞跃，增强了西江农场可持续发展的后劲。项目占地175亩，建筑面积58万平方米，被列入贵港市"三百工程"项目建设大会战整体推进。全年完成经营总收入36.03亿元，生产总值15.13亿元，完成固定资产投资5.90亿元，进厂原料蔗22.38万吨，实现利润2600万元。

2012年，西江农场完成利润3000万元；完成经营总收入43.93亿元，同比增长21.9%；完成生产总值17.84亿元，同比增长17.9%；从业人员年人均纯收入25080元，同比增长14.7%；农场及产业园区，完成固定资产投资21.06亿元，同比增长40%，完成自治区农垦局工作目标的100.3%，其中农场完成固定资产投资11.06亿元，同比增长87.5%；招商引资完成13.84亿元，同比增长20.03%，完成自治区农垦局工作目标的108.2%，其中农场完成招商引资4.86亿元，同比增长55.3%。项目开拓高歌猛进，2012年，西江农场1000万元以上新开工项目有15个，竣工13个，其中凯旋国际项目（农垦新城）设计方案已通过贵港市政府的审核，售楼部已动工建设，还有城市花园办理了出让手续，成为农场第一个独立开发的手续完备的商住小区，为做强西江房地产迈出了坚实的一步。

2013年，西江农场完成经营总收入49.37亿元，同比增长12.4%，完成自治区农垦局下达全年目标任务100.3%；完成生产总值19.86亿元，同比增长11.3%，完成自治区农垦局下达全年目标任务的 100.5%；从业人员年人均纯收入 28560 元，同比增长 13.9%，完成自治区农垦局下达任务的 100.6%；完成利润 3100 万元，同比增长 3.3%，完成自治区农垦局下达全年目标任务的 101.6%；西江农场及西江产业园区完成固定资产投资 24.06 亿元，同比增长 14.3%，完成自治区农垦局工作目标的 100.3%；招商引资完成 16.5 亿元，同比增长 19.2%，完成自治区农垦局工作目标的 103%。其中，甘蔗种植面积 2.8 万亩，其中新植蔗 14128 亩，宿根蔗 13872 亩，地膜覆盖面积 9893.3 亩。全年新开项目 27 个，重点推进凯旋国际项目、西江花园项目、"西江绿城·香榭里花园"项目、西江汽车商贸城项目、四分场和五分场土地整治项目。

2014 年，西江农场完成经营总收入 55.93 亿元，同比增长 13.3%，完成自治区农垦局下达全年目标任务 55.65 亿元的 100.5%；完成生产总值 22.69 亿元，同比增长 14.3%，完成自治区农垦局下达全年目标任务 22.58 亿元的 100.5%；从业人员年人均纯收入 33850 元，同比增长 18.5%，完成自治区农垦局下达全年目标任务 32000 元的 105.8%；完成利润 400 万元，同比减少 88.5%（因房地产公司分开核算），完成自治区农垦局下达全年目标任务 400 万元的 100%；西江农场及西江产业园完成固定资产投资 25.56 亿元，同比增长 5.76%，完成自治区农垦局下达全年目标任务 25.2 亿元的 101.4%；招商引资完成 19.22 亿元，同比增长 7.8%，完成自治区农垦局下达全年目标任务 18 亿元的 106.8%。其中，全年甘蔗种植面积 2.98 万亩，2013/2014 年榨季进厂原料蔗 25.58 万吨，完成农垦糖业公司下达 22 万吨任务的 121.2%。

2015 年，西江农场完成经营总收入 58.03 亿元，同比增长 3.75%，完成自治区农垦局下达全年目标任务 58 亿元的 100.5%；完成生产总值 23.32 亿元，同比增长 2.86%，完成自治区农垦局下达全年目标任务 23.3 亿元的 100.09%；从业人员年人均纯收入 36635 元，同比增长 8.23%，完成自治区农垦局下达全年目标任务 36600 元的 100.1%；完成利润 446 万元，完成自治区农垦局下达全年目标任务 440 万元的 101.4%；西江农场及西江产业园区，完成固定资产投资 27.02 亿元，同比增长 5.7%，完成自治区农垦局工作目标 27 亿元的 100%；招商引资完成 24.7 亿元，同比增长 28.5%，完成自治区农垦局下达全年目标任务 21.5 亿元的 114.9%。

2016 年，西江农场完成管区全社会经营收入 62 亿元，同比增长 6.8%，完成自治区农垦局下达全年目标任务 62 亿元的 100%；完成生产总值 24.8 亿元，同比增长 6.3%，完成自治区农垦局下达的全年目标任务 24.8 亿元的 100%；从业人员年人均纯收入 40100 元，同比增长 9.5%，完成自治区农垦局下达全年目标任务 40100 元的 100%；完成利润 480 万元，完成自治区农垦局下达全年目标任务 480 万元的 100%；西江农场及西江产业园区完成固定资产投资 31 亿元，同比增长 14.8％，完成自治区农垦局下达全年目标任务 31 亿元的 100％；招商引资完成 25 亿元，完成自治区农垦局下达全年目标任务 25 亿元的 100％。

2017 年，西江农场经营总收入 64.8 亿元，同比增长 4.5％，完成自治区农垦局下达全年目标 64.8 亿元任务；完成生产总值 25.85 亿元，同比增长 4.2％，完成了自治区农垦局下达的 25.85 亿元任务；从业人员年人均纯收入 43500 元，同比增长 8.3％，完成了自治区农垦局下达的全年目标任务；实现利润 600 万元，完成自治区农垦局下达全年目标任务 560 万元的 107％，其中营业利润 465 万元；西江农场及西江产业园区完成固定资产投资 33 亿元，同比增长 6.45％，完成自治区农垦局下达的工作目标；招商引资完成 27 亿元，完成自治区农垦局下达全年工作目标 27 亿元的 100％。此外，在甘蔗种植面积因征地不断减少的情况下，2016/2017 年榨季全场进厂原料蔗总产量 26.67 万吨，比上一年的 25.61 万吨增产 1.06 万吨，增产 4.13％，甘蔗总产、单产均创历史新高。

2018 年 11 月 23 日，广西农垦西江农场有限公司获得工商注册登记证书。12 月 24 日，公司正式挂牌运作。2018 年，西江农场完成经营总收入 2.6 亿元，实现利润 1.5 亿元，均完成全年目标任务。

第七节　广西农垦西江农场有限公司

2018 年 12 月 24 日，广西农垦西江农场有限公司（简称西江农场公司）正式挂牌运作（图 1-2），标志着全民所有制的西江农场从此将以全新的公司制体制、机制进行运行。因此，公司制定了公司总部组织架构以及下属公司的优化重组方案，公司总部设置九部二室，二级机构为 5 家分公司、1 家子公司、10 个农业分场。

2019 年，西江农场公司围绕广西农垦集团公司"一核三新"（"一核"是蔗糖、畜牧、木薯淀粉、剑麻、果蔬等现代农业，"三新"是综合地产、商贸流通、金融服务）主导产业，以发展攻坚为中心工作，理清思路，深挖潜力，整合资源资产，坚持党建引领，凝聚发展合力，努力推进企业高质量发展。全年完成经营总收入 1.2 亿元，实现利润 6500 万元，均完成广西农垦集团公司下达的全年工作目标任务。

2020 年，西江农场公司围绕广西农垦集团公司"一核三新"主导产业，大力推进蔗糖业、健康文旅、物流业、现代农业、水务产业、汽车经营等六大经济板块，推动公司高质量发展。全年完成经营总收入 2.6 亿元，完成广西农垦集团公司下达的全年目标任务的 140.6％；实现利润总额 8553 万元；完成经营性利润 1500 万元；完成土地净收益 1588 万

图1-2 2018年12月24日，广西农垦西江农场有限公司揭牌仪式

元；实现经济增加值 3377.8 万元，完成集团公司下达的全年目标任务的 397.4%。

2021 年，西江农场公司完成营业收入 35005.4 万元，完成年度目标任务 30570 万元的 114.5%；完成利润总额 7925.46 万元，完成年度目标任务 7150 万元的 110.8%；完成经营性利润 2005.2 万元，完成年度目标任务 1750 万元的 114.6%；完成净利润 5551.6 万元，完成年度目标任务的 100.9%；完成国有土地回收 1195 亩，完成年度目标任务 900 亩的 132.78%。

2022 年，西江农场公司紧紧围绕广西农垦集团上下"一盘棋"打造现代一流食品企业的战略部署以及集团赋予西江"食品产业贵港片区龙头，贵港片区城乡服务协同型企业，食品农业带动型企业"的发展定位，立足城乡服务产业，利用优越的区位优势抢抓机遇、加快发展。全年完成营业收入 4.33 亿元，完成年度目标任务 4.026 亿元的 107.55%，同比增长 23.7%。完成利润总额 1.01 亿元，完成年度目标任务 8800 万元的 115%，同比增长 31.7%。完成净利润 8110 万元，完成年度目标任务 6100 万元的 132.9%，同比增长 51.6%。完成经营性利润 3867.6 万元，完成年度目标任务 1700 万元的 227.5%，同比增长 114%。全年收回国有承包、出租土地自主经营面积 210 亩，完成全年 160 亩目标任务的 131.25%。

第二章 自然环境

第一节 地理位置

西江农场地处北纬 22°58′45″—22°10′30″，东经 109°30′37″—109°44′15″，建场时位于贵县（今贵港城区）城郊，场部狮子岭距县城西部 7 公里，与附城、覃塘、根竹、贵城、旺岭、三里、石卡、新塘、八塘、大圩 10 个乡镇接壤。从东到西南，由大圩、南山、石卡、鲤鱼江南北岸 4 块不相连的土地组成，东西长约 40 公里，南北宽约 25 公里，铁路、水路、公路交通堪称便利。随着改革开放和经济的发展，贵港城区不断扩大，现在广西农垦西江农场有限公司位于贵港城区内。

第二节 土地资源

根据 1981 年 1 月《西江农场土壤普查报告书》《土壤普查累总表》以及 1983 年 6 月《中国地名词典》记载：广西农垦西江农场土地总面积 15 万亩，已利用面积 5.5 万亩，其中水田 1.5 万亩，旱地 4 万亩（包括甘蔗、剑麻、果园、花生、木薯、玉米、饲料、林木），可养殖水面 1318 亩，还有可利用的面积 5.49 万亩，其中宜农 1380 亩，宜林 1.8 万亩，宜牧 3.55 万亩。

关于西江农场土地资源的记述史料及土地资源的现状，各个时期的变动记载如下。

1956 年，广西省农业厅土地利用局测量，西江农场土地总面积 16.2 万亩，其中耕地面积 9.13 万亩（内有水田 1489 亩）。

1964 年 10 月 26 日，上报《农场建房设计任务书》，西江农场总面积（包括公社的东山、旺华两个并场大队）20.94 万亩，其中生产用地 11.54 万亩，实际农用耕地 7.36 万亩，减除两个并场队耕地 1.56 万亩，原农场实际农用耕地 5.8 万亩。

1981 年 6 月，自治区农垦局土壤普查队、农场土壤普查办公室统计，西江农场土地总面积 14.42 万亩，已利用面积 4.97 万亩（其中水田 1.52 万亩，其他为旱地的短期作物和果园、麻地、林地、休耕地等），外单位占用耕地 5998.9 亩。

根据贵港市土地调查登记及各年度统计，截至 2004 年 12 月底，西江农场土地面积为 12.83 万亩，构成情况：农用地 10.83 万亩（耕地 3.18 万亩）；建设用地 1.08 万亩；未利用地 9116.05 亩。其中包含附近农村村民侵占 6816.59 亩。

2005 年，西江农场减少土地 597.61 亩，其中：政府征地 585.43 亩，农场建设使用 12.18 亩。当年年底全场土地面积为 12.78 万亩，构成情况：农用地 10.79 万亩（耕地 31457.18 亩）；建设用地 1.08 万亩；未利用地 9050.38 亩。其中包含附近农村村民侵占 6816.59 亩。

2006 年，西江农场减少土地 19.39 亩，其中：政府征地 19.39 亩。当年底全场土地面积为 12.77 万亩，构成情况：农用地 10.78 万亩（耕地 31439.99 亩）；建设用地 1.08 万亩；未利用地 9050.38 亩。其中包含附近农村村民侵占 6816.59 亩。

2007 年，西江农场减少土地 702.32 亩，其中：政府征地 576.37 亩，农场建设使用 125.95 亩。当年底全场土地面积为 12.7 万亩，构成情况：农用地 10.73 万亩（耕地 3.11 万亩）；建设用地 1.06 万亩；未利用地 9040.64 亩。其中包含附近农村村民侵占 6816.59 亩。

2008 年，西江农场减少土地 979.71 亩，其中：政府征地 573.09 亩，农场建设使用 110.95 亩，西江产业园建设使用 295.67 亩。当年底全场土地面积为 12.6 万亩，构成情况：农用地 10.64 万亩（耕地 3.04 万亩）；建设用地 1.06 万亩；未利用地 9040.64 亩。其中包含附近农村村民侵占 6816.59 亩。

2009 年，西江农场减少土地 622.81 亩，其中：政府征地 304.70 亩，西江产业园建设使用 318.11 亩。当年底全场土地面积为 12.54 万亩，构成情况：农用地 105898.09 亩（耕地 3.12 万亩）；建设用地 1.05 万亩；未利用地 9030.17 亩。其中包含附近农村村民侵占 6816.59 亩。

2010 年，西江农场减少土地 308.95 亩，其中：政府征地 150.13 亩，西江产业园建设使用 158.82 亩。当年底全场土地面积为 12.51 万亩，构成情况：农用地 10.57 万亩（耕地 2.99 万亩）；建设用地 1.39 万亩；未利用地 9030.17 亩。其中包含附近农村村民侵占 6816.59 亩。

2011 年，西江农场减少土地 609.62 亩，其中：政府征地 223.53 亩，农场建设使用 386.09 亩。当年底全场土地面积为 12.47 万亩，构成情况：农用地 10.51 万亩（耕地 2.97 万亩）；建设用地 1.04 万亩；未利用地 9017.546 亩。其中包含附近农村村民侵占 6816.59 亩。

根据农场 2012 年 11 月公布的权威数据：西江农场至 2012 年共有土地面积 12.38 万

亩，构成情况：农用地 10.50 万亩，建设用地 1.01 万亩，未利用地 8965.16 亩。其中包含附近农村村民侵占 6816.59 亩。

截至 2016 年 7 月，西江农场剩余土地面积 10.41 万亩，构成情况：农用地 6.27 万亩，鱼塘水面 6909.35 亩，生活住宅区 3317.31 亩，营利性非农用土地 6745.53 亩，其他土地（如道路、荒地等）19539.64 亩，附近农村村民侵占 4910.26 亩。

截至 2020 年底，西江农场公司剩余土地面积 9.01 万亩，构成情况：生活住宅区 3184.6 亩，农耕地 6.45 万亩，营利性非农用土地 6579.55 亩，被侵占土地 5860.03 亩，其他土地 9946.97 亩（道路、荒地类）。

根据 2021 年广西农垦集团土地调查最新数据统计，截至 2021 年底，西江农场公司剩余土地面积 89356.46 亩，其中土地利用分类：耕地 49112.48 亩、种植园用地 2385.81 亩、林地 10805.32 亩、草地 6976.66 亩、商业服务用地 383.98 亩、工矿用地 986.96 亩、住宅用地 975.63 亩、公共管理与公共服务用地 219.78 亩、特殊用地 292.88 亩、交通运输用地 5599.36 亩、水域及水利设施用地 8481.86 亩、其他土地 3135.74 亩；经营情况分类：办公住宅用地 1687.16 亩、职工承包经营土地 47022.21 亩、对外租赁土地 15049.72 亩、自主二、三产业开发用地 382.81 亩、自主农业开发用地 4410.46 亩、对外合作项目用地 189.79 亩、闲置建设用地 141.36 亩、被侵占土地 6214.93 亩、其他土地 14258.02 亩。

第三节　水　资　源

西江农场管区内水源丰富，河流比较多，域内有龙潭河、鲤鱼江、三江、樟竹江、林桥江、石鼓江、牛皮河、渡冲河、断桥江、必竹江、停社江等 11 条大小河流，纵横分布，有长年抽不干的农用水井 4 个，还可利用就近的平龙、达开、九陵水库灌溉，水稻生产用水、人畜用水能基本解决。较大的鲤鱼江横贯农场中部注入郁江，社会上习惯以鲤鱼江为界，将农场土地分为江东片、江北片、江南片。诸多的水源，赋予西江农场的不完全是水利，有时可成为水害，汛期河流可能泛滥成灾。

西江农场域内可养殖的水面较多，2016 年统计鱼塘面积 6909.35 亩。建场初期至二十世纪八十年代末，曾利用来养殖鱼虾，平均亩产可达 270 多公斤。到九十年代，养殖水面缩小了不少。1959—1962 年，利用水面来饲养本地塘鸭和樱桃谷种鸭，每年养几千只，后来停止发展了。

西江农场公司养殖水面，分布在农场下属的十个分场范围内，其中有部分与周边农村交界接壤的争议土地，签订出租合同后起到了很大的确权作用。2021 年，西江农场公司农业分公司与 251 名养殖户签订鱼塘租赁合同,总发包面积约 5085 亩,其中养殖水域面积约 4790 亩,鱼塘周边场地约 295 亩。鱼塘周边场地用来养殖家禽,提高土地使用率,年出栏家禽约 600 万羽。西江农场公司的鱼塘出租给养殖户后,每年为贵港市提供了大量的水产品。

第四节　土壤植被

一、土壤性状

西江农场土类属贵县石灰岩系,是石炭纪至二叠纪所形成。石灰岩上部为白垩纪红色岩系,绝大部分是第四纪红土覆盖在石灰岩上,成为农场的主要成土母质,除石灰岩外,还有少量的砾岩和砂岩。水稻田耕层 20 厘米左右,旱地土层厚薄不一,常年有石灰岩露头。暗石分布很广,露头多,土层浅薄。

据 1981 年《西江农场土壤普查累总表》所记载,对全场 126200.4 亩土地进行普查,全场土种有 19 种:水稻田为淹育黄泥田、红泥田、淹育铁子田、铁子底田、石子底田、废水田、深水田白胶泥;旱地为红泥土、铁子土、黄泥土、石子土、多砾石子土、洪积沙泥土、红沙土、砾质红泥土、红壤土、铁砾红壤、水化红壤、砾石红壤。土种面积分布记述如下。

已利用的水田:淹育黄泥田 13542 亩、红泥田 987.6 亩、淹育铁子田 296 亩、铁子底田 236.5 亩、石子底田 25 亩、废水田 21.6 亩、深水白胶泥 53.2 亩,合计 15161.9 亩,淹育黄泥田面积占水田面积 89.3%。

已利用的旱地:红泥土 29179.2 亩、铁子土 6803.7 亩、黄泥土 831.4 亩、石子土 85 亩、多砾石土 1271.9 亩、洪积沙泥土 210 亩(外单位占)、红砂土 40 亩、砾质红泥土 96.2 亩、红壤 1296.1 亩、铁砾红壤 336.5 亩、砾石红壤 60 亩,合计 40210 亩,红泥土占旱地面积 72.57%。

尚可利用的旱地:红壤土 39178.9 亩、铁砾红壤 14146.6 亩、水化红壤 367 亩、砾石红壤 1249.2 亩,合计 54941.7 亩,红壤土占可利用地面积 71.31%。

肥力状况:本场土壤为石灰岩风化形成,有机质的含量 1.5%~2.5%,有效氮、磷、钾养分较缺乏,酸碱度 5.5~7,略偏酸性。全氮 0.1%~0.15%,碱解氮 90~150 毫克/千克,速效磷 2~2.5 毫克/千克,速效钾 35~40 毫克/千克。

二、植被

西江农场地势低洼,常受洪水淹没,据资料记载,没有发现大的木本植物及遗迹,多以草本植物为主。建场后，陆续植树造林，在一些队和作业区营造防护林带，据记载，至二十世纪八十年代末，全场有林地面积 1700 多亩，约占全场总面积的 10％。本场林木树种多为细叶桉、大叶桉、苦楝树、相思树等。林木是以防护林带为主，已经残缺不全，每有季风到来，不能屏蔽寒风入侵。荒地植被，高地植被多以禾本科杂草为主，低湿地以莎草科杂草为主。由于过去缺乏植被保护，林带常遭砍伐，又因曾经连年铲草积肥，植被受到破坏，水土流失严重。后来农场领导重视生态文明园林建设，现已成为绿色的屏障，美化了人居环境。

第五节　气　候

根据贵县气象站提供的 26 年（1955—1980 年）的气象记录资料，以及农场气象观测哨 8 年（1981—1988 年）的观测记录资料，西江农场的气温、日照、降雨量等气候条件很适宜喜温作物生长，尤其适宜糖料蔗的栽培。西江农场的糖料蔗产量比较高。

西江农场属南亚热带季风性气候，热量充足，雨量充沛。据贵县气象记载，年平均气温 21.4℃，极端最高温度 39.3℃（1957 年 8 月 15 日），极端最低温度－3.4℃（1955 年 1 月 12 日）。月平均最高温度是 7 月，为 28.6℃；月平均最低温度是 1 月，为 12℃。从 2 月起，气温逐渐上升，至 8 月开始下降（表 2-1）。有霜期平均为 3～6 天，最多 15 天。

年日照时数最多为 1963 年，共达 2027.7 小时，最少为 1961 年，仅为 1354.5 小时，26 年中平均年日照时数为 1702.8 小时。

平均年降水量 1453.5 毫米，最高为 1959 年，达到 2020.7 毫米；最低为 1978 年，仅为 1025.7 毫米。每年 4—9 月为雨季，多发生外洪内涝；10 月至翌年 3 月为旱季。年均蒸发量为 1695.3 毫米，大于年均降水量，常年旱象明显。

每年风的次数相当多，在 5—8 月为东南风及南风，西风甚少，最大风力为 8 级，平时则在 6 级以下。

为更科学地指导农场农业生产，提高农场突发性气象灾害的监测预警预报和服务能力，2013 年 1 月，西江农场决定建立自己的气象监测站。在物资投入方面，农场为气象监测站购买了空气温度雨量记录仪等仪器。空气温度雨量记录仪外接空气温度计和雨量传感计，再由数据线连到主机，主机数据又可以通过通信接口由计算机读取里面的数据。可按时间间隔定时采集记录空气中的温度、雨量参数。记录仪可以脱离计算机独立工作，全程跟踪记录；断电时数据自动保存。自动气象站的建成使用，为气象灾害预报预测、公共气象服务，尤其是对农业防灾减灾气象服务提供了强有力的科技支撑，为农业生产起到了保驾护航的作用。

表 2-1　西江农场年均各月气温、日照、降水量（1955—1980 年）

项目 ＼ 月份	1	2	3	4	5	6	7	8	9	10	11	12	合计
气温（℃）	12.0	13.4	17.4	21.7	25.8	27.4	28.6	28.1	27.1	23.4	18.4	14.4	—
日照（小时）	94.1	63.0	58.8	76.3	140.3	49.5	211.6	199.4	217.2	194.1	165.5	133.0	1702.8
降水量（毫米）	36.3	41.8	57.3	154.9	213.0	283.2	204.4	233.1	101.4	69.3	30.2	28.6	1453.5

第六节　水文水利

一、水文情况

西江农场地处郁江南北，地势平坦，相对较低（海拔高度一般在 43～45 米，郁江历年洪水位 44～46 米），鲤鱼江自西流入，横贯中部，向东注入郁江。流经场内的溪流、河流有 11 条之多，每年雨季因郁江、鲤鱼江涨水，遇上集雨地区连续降雨，雨水聚渍，引起外洪内涝；又因系处石灰岩地区，底层的石灰岩层中，分布着很多大小不同的岩隙洞穴，彼此相通，河水涨时，防洪堤外洪水可通过岩洞进入堤内冒出地面，增加内涝积水；河水枯竭时，又成为漏水的径道，形成干旱。天旱季节，可利用鲤鱼江河水及周围农用水井灌溉农田，但未普遍勘测发现地下水。

二、防洪工程

1953 年 1 月至 1954 年底，西江农场建筑鲤鱼江南北两岸防洪堤，全长 39 公里，堤顶标高 48.5 米，土方 227 万立方米，至 1955 年，建筑防洪闸，南堤 11 座、北堤 9 座，共用料石、片石 7500 立方米。完成这一工程，使农场 4.8 万亩土地及贵县西山、停社、江口三个村的 3.7 万亩土地免受外洪水的淹没，保障了农场的生产建设。

1956 年，兴建九队渡冲江防洪闸一座，用料石 39 立方米、片石 575 立方米、土方 1000 立方米，现贵玉公路通过涵顶。同年，建设十队林桥江防洪闸一座，用料石 49.2 立方米、片石 657 立方米、土方 1257 立方米，贵县石卡公路通过涵顶。

1958 年，建筑一队龙潭河防洪涵闸一座，用料石 58 立方米、片石 700 立方米、土方 2000 立方米，现黎贵公路通过涵顶。同年，建筑贵县东山村至旺华村峰子岭郁江北岸防洪堤，全长 27 公里，堤顶标高 47.8 米，用土方 120 万立方米，并建筑沿堤防洪涵闸 9 座，小江三孔防洪闸一座，用料石、片石共 357 立方米，土方 1100 立方米，砂江二孔防洪闸一座，用料石、片石 288 立方米，土方 1000 立方米，及庙冲、大钱冲、小冲、后冲、红泥冲、马尿冲、板塘冲等7座较小的防洪闸，共用片石约2000立方米。峰子岭防洪堤及涵闸总计土方120.21万立方米，料石、片石共2645立方米，建筑此防洪堤、涵闸，使农场七队、八队3.9万亩土地，及贵县旺华、东山、旺岭三个村8万多亩土地免受外洪淹没。

1974年7月，洪水高程达47.75米，鲤鱼江北岸防洪堤三队地段决堤，江水泛滥，三队、二队、园艺队、试验站、种猪场、十一队、奶牛场、林艺队等单位的土地被洪水淹没，洪水淹至场部西头山脚。洪水退后，农场即调动人力、物力、财力，对防洪南北堤加宽、加高、加固，堤顶达50米高，此工程至1978年完成，共新增土方105万立方米，结砌护堤片石7000立方米，从此可以防御郁江历史记录的水位最高的洪水（1913年49.32米）。

2002年3月，鲤鱼江防洪堤左堤建设项目开工（图2-1）。由自治区和地方共同投资，防洪堤按20年一遇防洪标准建设，在原堤基础上加宽加高加固，增设排灌泵站。工程项目总投资4333万元，建设堤长10.25公里。同年11月，鲤鱼江防洪堤右堤建设工程也开工，投资额550万元。

图2-1 防洪筑堤

三、灌溉抗旱工程

1. 修筑引水渠道 1958—1960年，西江农场修筑达开水库、平龙水库、九陵水库的西江农场支渠。修筑工程量：根竹支渠6.56公里，土方3.81万立方米；苏村支渠3.89公里，土方1.84万立方米，江口支渠10.08公里，土方15.67万立方米；同时期，又修筑六队至四队支渠，全长12.06公里，土方9.55万立方米。

1963年，修筑九陵支渠，全长900米，土方8655立方米。

1966年，修筑达开水库西干渠，此干渠有1条支渠和3条斗渠，全长23.86公里，土方38万立方米，灌溉面积4.2万亩（包括原农场十二队、十三队，即贵县旺华村、东山村），支渠由达开水库乐堂村通农场七队、八队水闸止，全长10公里，土方2.61万立方米，旺华、东山两村通农场八队的3条斗渠，全长13.82公里，土方11.92万立方米，此干渠附属工程有两座跨河渡槽，石方1304立方米，有5座小型渡槽及交通桥梁（涵）跌水、斗口中小型的建筑物60个，总共石方2253.51立方米，西干渠工程总共投资11.02万元。

1970年12月，农场六队300多个职工，开挖红旗江，至1971年冬完工，开挖工程总长700米，土石方4万立方米，受益面积6000亩。

2. 修筑贮水闸 1954—1956年，建十队石鼓江贮水闸1座，用料石、片石共456立方米，土方657立方米，安装抽水机1台，随后修筑水渠1公里，土方9250立方米，灌溉面积可达1200亩。

1954—1958年，建筑一队龙潭河水闸1座，用片石、料石约1200立方米，土方1656立方米，安装20型水轮泵1台，修筑水渠560米，土方4032立方米。工程可解决猪舍及农田用水。

1963年，建筑六队鲤鱼江拦河坝工程，用料石、片石共1250立方米，土方750立方米，安装60型水轮泵1台，修筑水渠900米，土方约2000立方米，灌溉面积1000亩，又在该坝北岸为前进队安装60型水轮泵1台，修水渠约1公里，土方约2500立方米，灌溉面积1000亩。

1976年，修筑七队泉水河贮水闸1座，用料石、片石共756立方米，土方960立方米，修筑水渠600米，土方约1500立方米，设电灌站，灌溉面积约1000亩。

3. 修筑抽水站水渠 1956年，修筑九队渡冲江抽水站水渠，全长1.06公里，土方约7240立方米。

1962年，在四队鲤鱼江桥头安装60型水轮泵1台，40型水轮泵1台，修筑水渠约1.2公里，土方、石方共约5320立方米，灌溉面积约2000亩，并能供人畜用水。

1963年，在二队鲤鱼江桥头安装60型水轮泵1台，40型水轮1台，修筑水渠1公里，土方、石方4500立方米，灌溉面积约1000亩，并供人畜用水。

1968年，在三队三江防洪闸处安装40型水轮泵1台，修水渠约700米，土方约3000立方米，灌溉面积1000亩。

1970年，修筑剑麻队乐堂抽水站水渠600米，土方约1000立方米，灌溉面积约1000亩。

1996 年秋，为抗击秋旱，农场组织人力和抽水物资全面出动，利用大型抽水机从河流中抽水到水渠，分场职工则利用小型抽水机将水灌溉到蔗地。另一方面组织职工修复清理排水沟，当年共清理了 14056 米，挖土方 8262 立方米。

2014—2016 年，实施 2014 年和 2015 年"双高"水利项目 2.8 万亩，其中 2014 年项目 2 万亩、2015 年项目 0.8 万亩。项目工程累计投资 5840.62 万元，其中政府财政补助资金 2710.4 万元，自治区农垦局配套整合资金 3000.02 万元，西江农场自筹资金 130.20 万元。"双高"水利项目累计新建设抽水泵房 15 座，新增抽水专用变压器 14 台，新建水肥一体化抽水机组 25 组，铺设灌溉管道（供水管道）179.12 公里。各分场投资建设情况如下。

二分场投资 286 万元，新建设抽水泵房 1 座，新增变压器 1 组，新建抽水机组 1 组，铺设灌溉管道（供水管道）9.67 公里，涉及灌溉面积 1800 亩。

三分场投资 466.02 万元，新建设抽水泵房 1 座，新增变压器 1 组，新建抽水机组 2 组，铺设灌溉管道（供水管道）18.46 公里，涉及灌溉面积 2700 亩。

四分场投资 842.32 万元，新建设抽水泵房 1 座，新建抽水机组 2 组，铺设灌溉管道（供水管道）22.53 公里，涉及灌溉面积 3650 亩。

五分场分场投资 850.41 万元，新建设抽水泵房 1 座，新增变压器 1 组，新建抽水机组 3 组，铺设灌溉管道（供水管道）24.71 公里，涉及灌溉面积 4500 亩。

六分场投资 650 万元，新建设抽水泵房 2 座，新增变压器 2 组，新建抽水机组 4 组，铺设灌溉管道（供水管道）20 公里，涉及灌溉面积 3200 亩。

七分场投资 657.8 万元，新建设抽水泵房 3 座，新增变压器 3 组，新建抽水机组 5 组，铺设灌溉管道（供水管道）17.49 公里，涉及灌溉面积 2400 亩。

八分场投资 830.5 万元，新建设抽水泵房 3 座，新增变压器 3 组，新建抽水机组 4 组，铺设灌溉管道（供水管道）25.21 公里，涉及灌溉面积 3600 亩。

十分场投资 534.66 万元，新建设抽水泵房 1 座，新增变压器 1 组，新建抽水机组 2 组，铺设灌溉管道（供水管道）20.38 公里，涉及灌溉面积 3350 亩。

清井分场投资 436.7 万元，新建设抽水泵房 1 座，新增变压器 1 组，新建抽水机组 1 组，铺设灌溉管道（供水管道）13 公里，涉及灌溉面积 2000 亩。

前进分场投资 286.21 万元，新建设抽水泵房 1 座，新增变压器 1 组，新建抽水机组 1 组，铺设灌溉管道（供水管道）7.63 公里，涉及灌溉面积 800 亩。

"双高"水利设施的建设将原来传统的三面光水渠灌溉模式改为地下埋设 PE 管道或 PVC 管道进行输水到地头灌溉的模式，大大降低了输水损失率，提高了灌溉效率。

2017 年至 2022 年底，因贵港市项目建设征地并报自治区"双高"办同意核减农场公司"双高"面积 4877 亩。截至 2021 年,西江农场"双高"基地面积核减至 23123 亩。2022 年,二分场被征收"双高"甘蔗面积 700.91 亩,但截至 2022 年 12 月,政府尚未下发核减"双高"基地面积相关文件。

4. 建电灌站 据有关资料综合统计,从 1963 年到 1991 年,西江农场先后建成电灌站 25 处,装机容量 1117 千瓦,其间,有多处已废弃,仅保留有 19 处,安装机 24 台,装机容量 886 千瓦。

上述工程的完成,形成了全场具有相当规模的防洪、抗旱、灌溉的水利网,但由于尚没有大型的排涝设施,致因外洪内涝夹攻时,仍无法解决内涝的危害。

第七节 自然灾害

洪涝灾害为西江农场的主要灾害。广西解放前,每年夏天洪水期(一般在 6—9 月发生,次数不定,有时每年一次,有时每年两三次,每次为期一般 6~10 天,水涨水退速度平均每小时 5 厘米左右),农场域内常受洪水淹没。1913 年最高水位达 49.324 米,受洪水侵害持续 42 天之久。

建场后,西江农场修筑了防洪堤(图 2-2),平整了土地,防洪能力有了很大提高,但外洪内涝的威胁仍为农场的主要灾害。建场以来,不同年份记载的洪水最高水位为:1954 年 45.12 米,1955 年 45.78 米,1958 年 47.30 米,1968 年 47.89 米,1971 年 47.19 米,1974 年 47.75 米,1985 年 47.47 米,1986 年 47.72 米,1994 年 48.56 米,2001 年 48.70 米。

图 2-2 筑洪堤,保家园

洪水给西江农场造成的灾害损失难以胜数。据资料记载：1974 年，洪堤三队地段被洪水冲垮，鲤鱼江北岸二队、三队、试验站、园艺队、种猪场、奶牛场等土地全部被淹没，洪水淹到场部西头山脚下，被淹作物 1.64 万亩。1985 年，郁江水位高，内涝不泄，洪水四次反复涨退，为期达 24 天，被淹作物 1.52 万亩。其他年份被淹作物的面积为：1954 年 7118 亩，1955 年 10883 亩，1958 年 5977 亩，1968 年 16139 亩，1971 年 31259 亩。1954—1985 年所经历的 17 年洪水危害中，被淹作物共达 192087.36 亩，平均受灾年被淹作物 11299.26 亩。据统计，1962—1979 年的 10 次水灾，折损失 3642930 元，1985 年因外洪内涝损失稻谷 223 万斤，损失金额 1547050 元，前后 11 次水灾损失共 5189980 元，平均受灾年损失金额 471816.36 元。

最为严重的是 1994 年 7 月的洪灾袭击。连续的大暴雨使贵港郁江水位高达 48.56 米，超出警戒线 5.56 米，超出危险线 3.56 米，致使鲤鱼江大堤四队 19 号地朱砂村防洪堤（农村管辖）于 7 月 22 日 15 时崩塌，全场大部分土地和农作物被洪水淹没，交通、通信几乎全部中断，西江农场一夜之间变成"泽国"，房舍倒塌，农作物悉遭冲毁，粮食颗粒无收。据统计，全场共 32 个单位、3539 户、1 万多人受灾，共有 15.5 万亩土地被淹，占全场土地的 95％；全场经济损失 1.67 亿元，其中农林业损失 3969.6 万元；畜牧水产业损失 957.3 万元；工业损失 6270 万元；其他损失 3367.8 万元；间接损失 2120 万元。

1998 年 6 月份，西江农场连降暴雨，总降水量高达 448.4 毫米。受连续降雨及桂平江口水位上涨的影响，贵港郁江水位 6 月 27 日上涨至 45 米，超出警戒线水位 2 米，三分场七涵洞出现塌方，由于这次洪水持续时间长，加上内洪的影响，造成堤内低洼地甘蔗、水稻严重受淹。据统计，全场共有 1.12 万亩甘蔗受淹，其中有 3511 亩被淹死，水稻有 243 亩被淹死。洪水期间，六分场、前进分场交通中断。

2001 年 7 月 2—8 日，连降 4 天暴雨，总降水量 335 毫米，由于西津排水量剧增，鲤鱼江水位上升，郁江水位达到 48.70 米，高水位持续时间达 6 小时。西江农场甘蔗受淹面积 2.58 万亩，房屋受损 371 间，水果、剑麻以及畜牧水产均遭灾害，损失不小，据有关资料统计，此次受灾经济损失达 2955 万元。

干旱也是西江农场生产的严重威胁，除冬季外，农场春、秋季均有干旱威胁，短则半个月，长则一个月以上。建场初期，由于水利设施未建立起来，1956 年因大旱，直接损失 122.93 万元，占涝、虫、病等灾害损失的 91.4％。1963 年，自入春开始，就一直干旱到 10 月，但此时水利设施较建场初期已有很大提高，加之组织领导抗旱工作安排得好，经济损失仅为 44.65 万元。1979 年 9 月份起连续干旱 4 个多月。1983 年春旱一个多月。1988 年秋旱严重，减产减收，2062 亩晚稻减产 41 万斤，甘蔗 5700 亩减产 2400 吨，柑果

870 亩减产 87 万斤，连抗旱费用，共计损失 110 万元。1996 年秋旱，持续了三个多月时间，全场农作物普遍遭受灾害。1999 年春旱过后，旱死冬植蔗 1350 亩。每次旱灾发生，皆给农场造成很大生产经营损失。

西江农场不时有台风经过，危害不算太大，但往往也造成一定损失。1954 年、1972 年、1973 年、1974 年、1978 年、1981 年、1983 年、1985 年和 2001 年，曾各有一次风灾。1972 年风力曾达 10 级，1973 年达到 12 级。1983 年 2 月 28 日晚上 10 时 20 分，西江农场遭一场罕见的龙卷风袭击，风力达 11 级以上，持续约 16 分钟，在刮龙卷风时，夹有冰雹，下大雨，降水量达 70 毫米，房屋、林木、通信设施、输电线路、产品等均受到不同程度的破坏，损失 6 万元左右，幸无人畜伤亡。2001 年因遭受 3 号、4 号台风袭击，而普降大暴雨，造成大水灾，损失很大。

西江农场曾发生了一次严重冻害。1999 年 12 月 21—27 日，受寒流南下影响，出现了历史上罕见的严重霜冻灾害，这次霜冻时间来得早，来势猛，范围广，持续时间长。据西江农场气象记录，农场 12 月 21 日、22 日出现轻霜，最低温度分别为 4.5℃、3.0℃，12 月 23—26 日出现霜害，日最低温度分别为 23 日、24 日 −4℃，25 日、26 日 −2.5℃，27 日轻霜，霜冻期间昼夜温差为 17.5～22.5℃。全场 31168 亩甘蔗、1471 亩剑麻均受到严重冻害。经有关部门测算：甘蔗受冻死面积 26035 亩，预计减少原料蔗 9.32 万吨，直接经济损失 1537.8 万元；甘蔗老蔸被冻死，需重新外调蔗种种植 2 万亩，蔗种、肥料、农药、机耕等费用共增加支出 1000 万元；剑麻被冻死 620 亩，直接损失 49.6 万元，恢复生产开支 49.6 万元；原料蔗减少 9.32 万吨，减少白砂糖产量及造成糖厂停榨直接经济损失 1200 万元。据不完全统计，冻害给西江农场造成直接和间接经济损失达 3837 万元。

2013 年 9 月 16—18 日，受超强台风"海鸥"影响，西江农场遭遇 6～8 级大风、阵风达 10 级，并伴随大到暴雨天气，2.3 万亩甘蔗受灾倒伏，其中轻度倒伏 9000 亩，中重度倒伏 1.4 万亩，直接经济损失约 880 多万元。

2014 年 7 月 18—21 日，受超强台风"威马逊"影响，西江农场遭遇 6～7 级大风、阵风达 8 级，并伴随大到暴雨，受灾人口 3000 多人，紧急转移危房户 30 户，共转移安置 70 人左右，无人员伤亡，无房屋受损、倒塌。13020 亩甘蔗受灾倒伏。22 日开始，由于郁江上游泄洪排水，郁江水位上涨，造成鲤鱼江河水倒流，农场 8000 亩低洼蔗地形成内涝，共计蔗地受灾面积 2 万亩，直接经济损失 440 多万元；折断树木 300 多棵，经济损失约 10 万元。共计经济损失共 450 多万元。

2015 年 5 月，受暴雨影响，西江农场甘蔗 1744 亩被淹死亡，10 月 4—5 日，受强台风"彩虹"影响，遭遇 7～8 级大风、阵风达 10 级，普降暴雨、局部大暴雨台风天气，农场 2.8 万亩甘蔗受灾倒伏，其中严重倒伏达 70%，甘蔗减产 2.8 万吨，直接经济损失约 1134 万元；4000 多株绿化树、假植的 2000 多株苗木也基本被吹倒、部分已经倒伏贴地，直接经济损失约 100 万元。

2016 年 5 月 25—29 日，受暴雨和大到暴雨天气影响，西江农场 1394 亩甘蔗被淹死亡；10 月 18—20 日，受"莎莉嘉"台风影响，全场甘蔗受灾倒伏 2.77 万亩。

2017 年 5 月，西江农场受暴雨天气影响，443 亩甘蔗被淹死亡。8 月 28 日，受"天鸽"台风影响，1588 亩甘蔗受灾倒伏。

2018 年 9 月 17 日，受"山竹"台风影响，西江农场 2.22 万亩甘蔗受灾倒伏。

2019 年 9 月 10 日，受 8 级以上瞬时大风影响，西江农场公司 4758 亩甘蔗受灾倒伏。2019 年 9 月 15 日至 2020 年 1 月底，农场区域近四个半月没有有效降雨，西江农场公司甘蔗受到不同程度的影响，其中土层较浅的石头地枯死面积约 1500 亩。

2020 年 5 月 20 日，受强对流天气影响，西江农场公司四分场和六分场（含清井片）出现冰雹，甘蔗受到不同程度损伤；10 月 14 日，受到"浪卡"台风影响，1.56 万亩甘蔗受灾倒伏；10 月下旬至 2021 年 2 月 8 日，近 4 个月没有降雨，特别是七、八、九分场近 5 个月没有有效降雨，全场甘蔗遭遇严重旱情，严重影响了甘蔗正常生长，同时对 2021 年甘蔗冬春整地、种植造成较大影响。

2021 年 4—6 月，暴雨使西江农场公司 330 亩甘蔗受灾死亡。7—8 月，因干旱天气甘蔗生产受不同程度影响，特别是七、八分场方向旱情更加严重。10 月 13 日，受"圆规"和"狮子山"双台风的影响，导致约 18795 亩甘蔗受灾倒伏。2021 年 11 月—2022 年 1 月，连续三个月没有有效降雨，甘蔗受到不同程度影响。2022 年 1 月下旬至 2 月中旬，连续低温阴雨天气，特别是 2 月份降水量超过 100 毫米，严重影响了甘蔗砍运和种植工作。

2022 年 6 月 5—7 日，贵港市出现大到暴雨，局部大暴雨天气，尤其是 5 日夜间 20 时至 6 日凌晨，贵港城区降雨量累计超过 170 毫米，出现严重内涝灾害，贵港市将防汛应急 IV 级响应提升至 II 级响应。由于城市排水问题致使迎宾大道严重积水深达约 1 米，晚上约 23 点贵港·农垦大厦车库入口雨水倒灌进入大厦负一、负二层，造成大厦负一二层积水，负二层积水深度达到 70 厘米，造成直接经济损失约 8 万元。受暴雨影响西江农场公司约有 5500 亩甘蔗地发生涝灾。6 月 11—13 日，贵港市连续 3 天出现持续大范围的大到大暴雨，14 日早上 8 时，公司辖区内主要河流郁江支流鲤鱼江水位（以二分场鲤鱼江桥边标尺计）42.61 米，超警戒水位 1.41 米，达到 10 年一遇洪水，辖区内小流域必竹江、七支河、黄洋江等小河遭受上游强降雨山洪影响，遭遇 20 年一遇较大内涝灾害。大面积甘蔗等作物和鱼塘被淹。截至 6 月 14 日，据不完全统计约 25460 亩甘蔗受淹，其中完全淹没生长点的约 9100 亩，甘蔗死亡面积约 1200 亩，甘蔗受淹时间长达 4～8 天，造成种植户经济损失约 420 万元；蔬菜受淹面积 410 亩，葡萄 87 亩，沃柑 55 亩，芭蕉 290 亩，预计造成种植户损失约 200 万。农场 7 月 20 日至 11 月 20 日出现严重的旱情，特别是七、八分场从 7 月起开始受旱，为保甘蔗正常生长，降低干旱影响，农场公司及时组织、动员督促蔗农进行抗旱救灾，同时及时维修灌溉水利设施等，累计灌溉面积达 12.488 万亩，投入抗旱灌溉电费约 55.60 万元，灌溉设备维修费用约 29.05 万元。2022 年，受内涝灾害和干旱天气双重影响，农场公司虽然采取了多项防灾减灾救灾措施，但甘蔗总产量仍然减产约 4 万吨。

据早年的资料记载，西江农场曾发生过严重的农作物病虫害。1954 年，水稻为螟害的枯心苗百分率最高为 80%，最低为 2%，平均为 20%；甘蔗主要是蔗螟为害，受害最严重的地块枯心率达 35%，一般是 18%～25%，到收获时有螟虫蛀孔的蔗茎达 40%，因螟害而引起的赤腐病率达 70%～80%，个别老根蔗螟虫严重的蔗地受害率达 80%，最低的 5%，一般为 20%～25%，新根蔗受害率达 2.5%。1955 年，蝗虫大面积发生，危害早稻及甘蔗，用药剂喷射蝗群 66000 群，每群达几千至十万多只，用人工捕杀成虫，亦达 1.5 万多斤，每斤达 240～260 只。当年因蝗虫为害损失稻谷 100 多万斤，折合 6.5 万元，1956 年吸取上年虫害教训，于 2 月开始，西江农场布置防治玉米、甘蔗螟虫，随又成立治蝗指挥部，分场、队成立侦察小组，专责侦察防治病虫害工作，共计投入防治病虫害约 11800 多人工，用药 20 万斤，曾一度消除了本场蝗虫、金龟子、甘蔗棉蚜虫、稻三化螟、玉米螟、稻瘟病等病虫害。温州蜜柑主要是青枯病、黄花病危害，由于治理无效，1974—1979 年，共砍伐了 290 多亩。害虫主要有天牛、蚧壳虫、红蜘蛛、锈蜘蛛、潜叶蛾等，危害较大。

自二十世纪八十年代末，西江农场调整农业产业结构，大面积栽培甘蔗，往往发生螟虫、蔗龟、天牛、穿心虫等虫害，农业生产技术部门能及时布控，布置灭杀，效果都很好。近年来，老鼠危害甚烈，这种天敌常常出来咬倒甘蔗，大面积原料蔗受到损失，经济损失亦大。农场每年都配制 3 万～4 万斤毒谷，全场统一时间布置投放，有计划地扑灭鼠患，保护甘蔗，取得了很大成效。

第三章　企业领导体制

第一节　中共西江农场委员会

一、党组织建设

1953 年 11 月，西江农场建立时，即成立临时党委会，受广西省委领导，建立两个党总支。1955 年有 12 个党支部。1956 年设 3 个党总支，11 个党支部。1957 年底，撤销分场一级组织，在场党委领导下，设党支部，不设党总支。1954 年和 1955 年、1957 年分别召开过 3 次党员代表会议；1956 年 5 月召开了首届党员代表大会。

1966 年 8 月，受"文化大革命"影响，西江农场党组织受冲击，各级党组织被迫停止活动。1968 年 12 月，报经玉林地区贵县整党建党领导小组批复，成立西江农场整党建党领导小组机构。1970 年 7 月，召开西江农场第十次党员代表大会，经中共玉林专区革命委员会核心领导小组批准，成立中国共产党贵县西江农场委员会，党组织的正常活动才恢复。

党的十一届三中全会后，西江农场党委按照党的路线方针政策，抓好党的思想建设和组织建设，开展整党，端正党风。进入二十世纪八十年代后党建工作按新时期方针有效地开展。

1. 十四届党委　在 1988 年 12 月至 1991 年 12 月任期的 3 年中，党建工作主要是抓党员的教育和学习，其间多次办农场业余党校。1990 年 5 月 18 日，第二期党校开班授课；1990 年 9 月 7 日，第四期党校开班授课；1990 年 9 月 17 日，第五期党校开班上课；1990 年 11 月 20 日，第八期党校开班授课。700 多名共产党员参加轮训学习，课程主要是建设有中国特色社会主义理论，建立社会主义市场经济是我国经济体制改革的目标以及按照社会主义市场经济要求加快发展西江农场经济等专题课程。本届党委会下设 41 个党支部，任期内全场共发展新党员 32 人。

2. 十五届党委　在 1991 年 12 月至 1997 年 5 月共 5 年多的任期中，党建工作主要是：学习党的十四大修改并通过的新《中国共产党章程》（简称新《党章》），场党委下发文件，要求全场党员认真学习，新《党章》提出了我们党新时期的奋斗纲领，大家通过学习，融会贯通；场党委下达文件，要求领导干部严格执行廉洁自律两个"五条规定"，遵纪守法，杜绝各种消极腐败现象，通过廉洁自律的教育学习，化消极现象为积极向上的升华；场党委在全场党员干部中，开展"三严四自"教育活动，明确提出各级党组织对领导干部要"三严"（严格要求、严格管理、严格监督），各级领导干部要"四自"（自重、自省、自警、自励），以此建设一支高素质的干部队伍；场党委下发文件，要求在场属各单位党员干部中，开展学习《中共中央关于加强社会主义精神文明建设若干重要问题的决议》，要使每个党员充分认识到精神文明建设的指导思想：以马克思列宁主义、毛泽东思想和邓小平建设有中国特色社会主义理论为指导，坚持党的基本路线和基本方针，加强思想道德建设，发展教育科学文化，以科学的理论武装人，以正确的舆论引导人，以高尚的精神塑造人，以优秀的作品鼓舞人，培育有理想、有道德、有文化、有纪律的社会主义公民，提高全民族的思想道德素质和科学文化素质，团结和动员各族人民把我国建设成为富强、民主、文明的社会主义现代化国家。本届党委会原先设立 41 个党支部，后期缩减为 36 个党支部，任期内共发展新党员 138 名。

3. 十六届党委　在 1997 年 5 月至 2000 年 9 月任期内的党建工作主要是：坚持开好党委、党支部党内民主生活会，要求各党支部设立、管理好"反腐倡廉举报箱"，并定期开箱，把材料上送场纪律检查委员会；办好农场业余党校，抓好党员教育，掌握正确舆论导向，举办中层领导培训，每年都超过 100 人次，由场长、书记、副书记进班授课，使管理干部深刻领会邓小平理论精神实质，联系实际带动农场"五小工业"改制；建立党支部管理目标责任状，内容有组织领导方面、经济建设方面以及党的建设方面，实行量化考核和管理。本届党委下属共设立 36 个党支部，任期内共发展新党员 32 名。

4. 十七届党委　在 2000 年 9 月至 2013 年 7 月任期内的党建工作主要是：进一步落实党建工作领导责任制，一级管一级，一级抓一级，一抓到底，坚持发挥党组织的核心作用；坚持党管干部的原则，深化干部人事制度改革，严格考评工作，对不胜任现职工作的要进行调整；在全场党员中，掀起贯彻学习"三个代表"的新高潮，以此为契机，加快推进农场二次创业的进程，为全面建设小康社会，再造一个新西江提供根本保证，从而更深刻理解中国共产党始终代表着中国先进生产力的发展要求，代表着中国先进文化的前进方向，代表着中国最广大人民的根本利益；创新党员思想政治工作的内容和形式，把思想扶志、工作扶技、生活扶困同党内关爱有机地结合起来，继续执行同职工建立关系户，以党内和谐促进社会和谐；加强科学发展观的学习实践活动，要求通过学习，深刻领会其精神实质、科学内涵和本质，把科学发展观的要求，转化为全场经济又好又快发展的正确思路和切实行动；以加强党的先进性建设和执政能力建设为主线，本着"提升党建水平，促进跨越式发展"的工作理念，大力推进学习型组织建设，深化创先争优活动，为推动西江农场跨越式发展提供有力的思想、政治、组织保障；场党委在组织建设中，以"组织创先进，党员争优秀、企业有发展、职工得实惠"为目标，广大党员用自己的行动彰显了中国共产党党员的先进性；加强民主管理、民主监督制度，建立健全民主生活会、述职、述廉、诚勉谈话等制度，提高预防腐败、惩治腐败和其他违纪问题的效能。

5. 十八届党委　在 2013 年 7 月至 2019 年 4 月任期内的党建工作主要是：组织党员认真学习党的十八大和十八届三中全会精神，建设学习型企业；积极开展深入基层"结对共建 先锋同行"的群众路线教育实践活动，开展教育实践活动"回头看"，抓整改抓帮扶，为职工办实事好事；深入开展"三严三实"专题教育，开展党支部"承诺践诺"活动，建设学习型党组织；深入开展"两学一做"学习教育，着力加强党建和党风廉政建设；推行党员星级量化管理，增强党员队伍生机活力；实行党支部"对表工程"建设，规范基层党组织工作内容和流程；开展"结对共建""书记工程""党建联盟""红色广场"系列品牌党建活动。荣获"广西农垦 2014—2015 年度先进基层党组织"称号。

6. 西江农场公司第一届党委　在 2019 年 4 月至 2022 年底的党建工作主要是：积极探索新形势下基层党建工作的新模式、新举措，全力推进管党治党，切实加强公司党的领导和党的建设，全面完成农垦改革党建专项试点任务；把加强党的领导和完善公司治理结构有机统一起来，把党对国有企业领导的要求、党建工作党委书记、董事长"一肩挑"，公司二级机构党组织书记与行政负责人"一肩挑"，把党的领导融入公司治理各个环节，建立健全党委议事决策制度，制定、印发了《广西农垦西江农场有限公司党委议事规则》《广西农垦西江农场有限公司"三重一大"决策制度实施细则（试行）》等规章制度；深入开展党史学习教育，把"我为职工办实事"作为检验党史学习教育成效的有力举措，制定实施了西江农场有限公司党委"感党恩·跟党走·强农垦·兴西江"主题"十个一"系列活动，广大党员干部职工在党史学习中做到了学史明理、学史增信、学史崇德、学史力行，党组织的号召力、凝聚力和战斗力得到了很大的提高；深入学习宣传贯彻党的二十大精神，采取多种形式开展党的二十大精神学习宣贯活动；扎实推进基层党组织标准化规范化建设，认真开展"五基三化"攻坚年行动，持续推进基层党建"提质聚力"，推动基层党建全面进步、全面过硬。创建"西江先锋集结号"党建品牌，激发广大党员干事创业和为职工群众办实事的热情，不断增强党组织的号召力、凝聚力和战斗力，以高质量党建引领企业高质量发展；创建"清廉守正，和美西江"清廉文化品牌，推进清廉西江建设。

表 3-1　西江农场（公司）历年党组织党员人数变化情况表

年份	党委届数	党委委员人数	纪委委员人数	党支部个数	党员总数	当年发展党员人数
1953		4		1	94	
1954				9	133	

（续）

年份	党委届数	党委委员人数	纪委委员人数	党支部个数	党员总数	当年发展党员人数
1955				12	146	19
1956	一	10	4	11	214	104
1957		10	4	18	332	
1958	二	9	5	14	321	61
1959	三	9	5	15	374	
1960	四	8	5	18	557	168
1961	五	8	5	20	700	195
1962	六	9	7	18	705	109
1963	七	9	7	18	648	
1964	八	9	5	18	595	
1965	九	8	5	19	714	164
1970	十	21		20	666	90
1974	十一	21		21		
1976				27	717	7
1978				27	798	
1979	十二	13	6	25	817	84
1982		13	6	28	793	
1983		13	6	28	793	
1984		13	6	32	775	
1985	十三	7	5	32	775	72
1986		7	5	36	738	14
1987		7	5	39	755	26
1988	十四	9	5	41	747	14
1989		9	5	41	752	10
1990		9	5	41	763	8
1991	十五	9	5	41	779	15
1992		9	5	41	805	46
1993		9	5	41	813	32
1994		9	5	41	818	16
1995		9	5	31	821	17
1996		9	5	36	830	12
1997	十六	9	5	36	839	16
1998		9	5	36	795	5
1999		9	5	36	785	11
2000	十七	9	5	36	779	8
2001				36	775	13
2002				36	793	20
2003				36	850	13
2004				36	840	9

（续）

年份	党委届数	党委委员人数	纪委委员人数	党支部个数	党员总数	当年发展党员人数
2005				34	834	10
2006				34	840	12
2007				34	834	12
2008				34	813	8
2009				34	822	11
2010				33	824	13
2011				33	822	11
2012				34	827	8
2013	十八	7	5	31	819	13
2014				33	819	12
2015				33	809	5
2016				32	791	4
2017				32	677	6
2018				28	666	18
2019	一	7	5	17	228	5
2020				17	214	7
2021				17	217	13
2022				17	216	5

二、党务工作

西江农场建场初期，宣传教育工作的任务主要是宣传党的过渡时期总路线及社会主义建设总路线，教育职工树立以场为家，艰苦创业，勤俭办场的思想，促进职工艰苦奋斗，建设社会主义农场，宣传教育配合开展立功创模运动，开展社会主义劳动竞赛，及结合发展党员，提拔干部等。1954 年 10 月，西江农场党委发出《开展"立功创模"的指示》，进一步推动劳动竞赛活动。1955 年 1 月，农场召开表彰大会，表彰涌现出来的劳模、功臣，有 6 名职工被评为省劳动模范，出席了广西省劳模代表大会。1956 年 3 月起，建立报告员制度，由农场党委书记洪华等 13 位同志担任报告员，给职工定期作时事政治或理论学习报告，在场部及各分场、队建立宣传组、通讯组。当年，分两批发展党员，一批 69 人，一批 35 人，共发展新党员 104 人，提拔干部 73 人。1958 年 4 月，党委制订出《"当统帅，当尖兵，双跃进"支部、党员评比条件》，6 月发出《立即开展声势浩大的学习八大二次会议文件，推进当前生产工作的指示》，7 月进行党支部、党员评比。

1964 年 6 月起，西江农场为加强思想教育工作，生产队（厂）设政治指导员（兼职），生产组（车间、小队）设政治组长（兼职）。1966 年 6 月起，开展学习毛泽东主席著作。1970年学毛泽东著作达到高潮：农场举办了各种类型的毛泽东思想学习班445期，共15946人次参加学习，选出活学活用毛泽东思想积极分子285人，评选出11名参加贵县活学活用毛泽东思想积极分子代表大会，第十连（即第十生产队）"家属班"被评为"贵县活学活用毛泽东思想先进集体"，林艺连（即林艺队）被评为"全场和玉林地区学习毛主席著作先进单位"。1975年，重点学习无产阶级专政理论，农场党委于2月印发《学习无产阶级专政理论计划》，于5月传达自治区召开的"学习理论心得交流会议"精神。

1976年10月，西江农场举办各类型学习班，场、队两级举办学习班88期，参加学习的达1852人次，学习内容大都为报上登载的文章材料。党委及基层单位支部进行整风，改选支委，撤政治指导员及政治组长。1979年12月，基层党支部进行改选工作。1977—1979年，加强发展党组织，共吸收新党员84名。

1980年，西江农场党务工作有了新的加强，注意党员素质的提高，表彰先进，发展党员，对干部按照"四化"要求进行培养，提拔及严肃各项纪律等。1980年3月，召开各党支部组织委员会议，贯彻学习十一届五中全会提出的加强和改善党的领导，提高党的战斗力的任务，以及在全党进行一次思想政治路线教育和贯彻玉林地委组织部召开的基层组织建设工作会议精神，制订措施，分四期轮训党员，每期7天，开展学习先进党组织和优秀党员活动。当年，评选第四生产队党支部、第二生产队党支部、园艺生产队党支部、修造厂党支部、场部学校党支部等5个党支部为西江农场1980年度先进党支部，全场共评选出优秀党员143名。

1983年3月，西江农场召开1982年度先进生产（工作）者代表大会，动员持续开展"五讲四美三热爱"活动。当年5月下旬至6月中旬，分三期轮训党员干部，学习"十二大"报告和新党章，每期10天，工人党员由党支部组织业余轮训。10月26日，农场党委发出《关于学习〈邓小平文选〉的通知和安排意见》，组织全场干部掀起学习《邓小平文选》的热潮，以推动各项工作的进展，同时发出学习资料书籍《党员必读本》供广大党员学习。

1984年2月，西江农场党委发出《关于学习整党文件安排的通知》，1985年9月，成立整党领导小组和整党办公室。整党期间，全场742名党员参加整党。1986年9月，整党工作结束。

1986年7月，西江农场召开思想政治工作会议，主要是贯彻区农垦政治思想工作会议精神，机械厂、第四生产队、奶牛场介绍了做思想政治工作的经验。7月上旬，机械厂党支部出席了地区先进党支部表彰大会。当年，机械厂、第四生产队、第四生产队机务班、第二种猪场被评为先进集体，1014人被评为先进个人，食品厂、剑麻制品厂、第四生产队、奶牛场被评为创文明建设先进单位。党员陈修文被评为自治区农垦系统劳动模范，党员龚学籍、刘加佑被评为农场区农垦系统先进个人，34 名党员受玉林地区直属机关党委的表彰，机械厂党支部被评为玉林地直机关端正党风先进单位。

1987 年 10 月 15 日，西江农场党委端正党风领导小组制定《党员必须坚持做到"十做到十不准"的规定》。11 月，组织学习、宣传党的"十三大"文件精神，贯彻党的社会主义初级阶段基本路线。1988 年 7 月 1 日，场部举行庆祝中国共产党成立 67 周年大会，会上表彰了近三年来全场 747 名共产党员中，有 287 名被评为先进党员和先进生产（工作）者。三年来共发展党员 54 人，其中知识分子党员 8 人，妇女党员 8 人。党委在加强党务工作中，始终坚持"三会一课"制度。三年来，按"四化"要求，提拔担任场级领导（副职）的年轻干部有 7 人。11 月，传达、贯彻自治区党委五届五次全会（扩大）会议精神："全面正确地领会党的十三届三中全会精神，治理经济环境，整顿经济秩序，全面深化改革，稳步发展环境，加强思想政治工作，艰苦奋斗，克服困难，共渡难关。"对全场产业结构重新做了调整，统一思想，农业以粮、蔗、麻、果的产业结构进行生产建设。

1988—1991 年，西江农场党委全力抓好全场党员、干部学习教育工作，组织大家深入学习中国特色社会主义基本观点，结合西江农场的实际，加速企业生产建设和经济建设的发展。制订方案，评选先进党支部、优秀共产党员和优秀党务工作者。其中评选先进党支部的条件 5 条，优秀共产党员的条件 4 条，优秀党务工作者的条件 5 条。形成了全场范围内争先进、赶先进、超先进的热潮。

1991—1997 年，西江农场党委加强制度建设，制定了《国营西江农场办事程序》和《国营西江农场议事规则》，实现办事议事的制度化和规范化。开展民主评议党员活动，通过评议，广大党员受到深刻的党性教育，增强广大党员履行党员义务的责任感，面对现实，居安思危，抓住机遇，奋发图强，做一个振兴西江农场经济的带头人。选举产生出席中共贵港市第一次党代会代表，1996 年 4 月 10 日，以西农党字〔1996〕第 04 号文件《关于召开西江农场党员代表大会选举出席贵港市第一次党代会代表的通知》做出了部署，完成了选举代表任务。农场党委布置安排在场属各单位党员干部中，开展学习《中共中央关于加强社会主义精神文明建设若干重要问题的决议》，坚持以马克思列宁主义、毛泽东思想和邓小平理论为指导，发展教育科学文化，提高全民族的思想道德素质和科学文化素质。

1997—2000 年，西江农场党务工作主要是严格干部管理考核工作，通过对全场 220 名管理干部民意测评考核，合格率达 98%，推进管理干部德能勤绩廉的提升；推进全场管理人员认真贯彻执行中共中央、国务院关于党政机关厉行节约、制止浪费的规定。

联系自身廉洁自律，带动清理公费移动电话，制止公款吃喝，严禁公车私用以及公款旅游等。

2000—2013 年，西江农场党务工作卓有成效开展。坚持中心组学习制度，每年有的放矢地进行党委民主生活会。自我检查存在的问题，探讨改正措施。这些在民主生活上反映出的问题，农场党委及相关同志认真进行了整改。开展"道德建设年"活动。2002年 4 月，农场党委根据中共中央《新时代公民道德建设实施纲要》精神，按西江农场的现状，决定在全场范围内开展"道德建设年"活动，"以德治国"是贯彻"三个代表"的重要方略，有利于农场职工增强道德观念、规范道德行为，有利于巩固农场两个文明建设的成果。开展民主评议党员，认真评出实效。评议的内容是评思想、评党性、评工作、评生活、评纪律、评团结；评议的步骤是学习教育、自我总结、民主评议、组织鉴定，按优秀、合格、基本合格、不合格 4 个档次，做出组织鉴定。开展保持共产党员先进性教育活动，整个活动体现企业自身的特点，主要是领导干部率先垂范，围绕大局，把先进性教育与各项工作结合起来，把党员在活动中焕发出来的政治热情和干劲引导到干事创业上来，同时制订相应规章制度，使各项工作走上制度化、正规化和科学化。开展继续解放思想大讨论活动。场党委中心组先后 7 次举行继续解放思想大讨论学习会，全场30 个党组织先后召集 800 多名党员、干部参加学习会，大家联系实际共撰写了学习心得300 多篇。选举出席中国共产党贵港市第二次代表大会代表，全场 36 个党支部共提出 10名代表候选人酝酿名单，于 2001 年 4 月 28 日召开党委会，确定了 2 名西江农场出席贵港市第二次党代会代表候选人。组织广大干部、群众和共产党员捐款、交纳"特殊党费"支援四川地震灾区重建工作，全场 5800 多人次共捐款 18.58 万多元，交纳"特殊党费"4.15 万元。

2013—2018 年，面对广西农垦改革专项试点工作、农垦改革"两个 3 年"重点工作，农场企业化改革和企业优化重组等多项艰巨任务，西江农场党务工作始终坚持以习近平新时代中国特色社会主义思想为指导，全面贯彻党的十八大和党的十九大精神，牢固树立全心全意为人民服务的思想，深入开展党的群众路线教育实践活动、"三严三实"专题教育，开展"两学一做"专题教育，通过举办培训班、邀请专家进行专题讲座、书记上党课、观看电教片、撰写心得体会、举办知识竞赛、开展红色教育活动等多种方式，提高党员干部思想政治水平。实施党支部建设"对表工程"，规范党组织生活，实行党员星级化管理，开展主题党日活动，压实主体责任，管好党员队伍。通过开展"书记工程""承诺践诺""结对共建 先锋同行""深入社区双报到""学雷锋志愿服务"等一系列党建活动，进一步密切党群关系，树立党员新形象。深入开展"不忘初心、牢记使命"主题教育，创建党建品牌，全面加强基层组织建设。

2019—2022年，西江农场有限公司党务工作以党建品牌为抓手，创建"西江先锋集结号"党建品牌，组织各党支部和全体党员开展"西江大学堂""书记工程""承诺践诺""结对共建"等系列先锋行动，进行先锋评定，强化党建引领，助推企业高质量发展。"西江先锋集结号"党建品牌入选了自治区国资委党建品牌创建成果优秀案例，获得了农垦集团党委"十佳党建品牌"称号，2021年7月，广西农垦集团党建品牌建设培训会在西江农场公司举办，为公司党建品牌提档升级注入了新的活力。抓好党员星级化管理，进一步完善党员教育管理和机制。扎实开展"不忘初心、牢记使命"主题教育和党史教育，采取室内专题学习和"打卡红色教育基地"相结合的形式，加强党员党性教育、理想信念教育、革命传统和警示教育。扎实推进基层党组织标准化规范化建设，认真开展"五基三化"攻坚年行动，持续推进基层党建"提质聚力"，推动基层党建全面进步、全面过硬。采取多种形式深入学习宣传贯彻党的二十大精神，实现公司范围内党的二十大精神宣讲全覆盖。完成了283名退休党员和流动党员组织关系移交西江社区管理，做到移交手续规范合理。落实党内激励关怀帮扶机制，建立困难党员、困难职工动态管理表，2019—2022年共慰问困难党员、老党员、困难职工240人次，发放慰问金15.83万元。

三、党员代表大会

1954年5月22—24日，西江农场召开党员代表会议，全场党员138人，出席会议的代表23人。场党委书记洪华作《全党动员起来，搞好生产，争取全面丰收，为建设社会主义国营农场打下长远的牢固的基础而奋斗》的报告，报告分为三部分：建场半年来的工作；通过认真学习四中全会的决议，检查农场党组织内存在的一些严重问题；农场的前途远景与我们应有的努力。大会决议：加强党的团结，进一步肃清歪风邪气；坚决执行计划，搞好生产；树立起长期的为机械化农业服务的事业心。

1955年7月12—15日，西江农场召开党员代表会议，全场党员146人，出席会议正式代表30人，列席代表8人。会议中心为贯彻省第四次党代表会议精神，及省国营农场会议精神，贯彻国家五年计划，作出整顿组织，搞好经营管理，重点实行定额核算，开展以增产节约为中心的劳动竞赛，加强党的建设，增强党的团结，加强政治工作。

从1956年5月召开首届党员代表大会至今，共已召开了西江农场十八届党代会和西江农场公司第一届党代会。各届党员代表大会情况如下。

1. 第一次党员代表大会 1956年5月16—17日召开，会期2天，出席会议正式代表53人，选举产生西江农场第一届党委及监委，马德良（场长）任农场党委书记，选举王自平（党委委员、监委、工会主席）出席省第一届委员代表大会代表。大会议题为党委的工作报告；选举出席省第一届党代表大会代表；选举农场第一届党委委员；选举农场第一届监委委员。马德良受农场党委委托，作《建场两年零七个月的工作总结》报告。大会决议：改善和加强政治思想工作，开展社会主义劳动竞赛，鼓励职工安心农场工作，坚持集体领导，不断扩大党的队伍，进一步贯彻计划管理，提高产量，降低成本。

2. 第二次党员代表大会　1958年1月24—26日召开，会期3天，出席大会代表67人，代表全场321名党员参加大会，选举产生西江农场第二届党委委员及监委委员，马德良任党委书记（兼场长），王俊杰任党委副书记兼监委书记。大会主要内容：总结1956年以来的工作，确定1958年的任务，掀起大生产高潮，选举产生第二届党委和监委。党委书记马德良作《全党动员，掀起大生产高潮，为实现1958年农牧业大丰收全面胜利而奋斗》的报告，总结首届党代表大会以来一年零八个月工作，提出1958年工作安排的意见。大会作出决议：必须继续不断地巩固党的团结，坚持党的民主集中制，开展批评与自我批评，加强学习马列主义，学习文化科学技术，深入开展增产节约运动，开展全场性的社会主义劳动竞赛先进生产者运动，掀起大生产高潮，为建设好社会主义国营农场，提早实现《农业发展纲要（修正草案）》而奋斗。

3. 第三次党员代表大会　1958年12月28—31日召开，会期4天，出席大会的代表86人，选举产生西江农场第三届党委委员和监委委员，马德良任党委书记，王俊杰任党委副书记兼监委书记。大会主要议程：学习贯彻中央八届六中全会精神，总结1958年西江农场大跃进、大丰收的经验，确定1959年继续跃进的方针和主要指标。马德良代表第二届党委向大会作《实干、苦干、巧干，为1959年更大的丰收而奋斗》的报告。大会决议：巩固党的组织，壮大党的队伍，提高党的战斗力，加强干部工作，在全场开展"五好"（政治挂帅好、生产工作好、爱护国家财产好、学习好、身体好）运动，做到"四破四立"（破个人主义、私有观念，立大公无私集体主义精神；破雇佣观念，立不计报酬、不怕困难的共产主义劳动态度；破资产阶级特权，立共产主义平等思想；破迷信、保守思想和虚夸作风，立敢想敢说敢做的共产主义风格和实事求是踏实的作风），要求工、农、牧业生产在1958年实产基础上翻一番，创利润100万元。

4. 第四次党员代表大会　1960年1月10—12日召开，会期3天，出席大会代表86人，选举产生西江农场第四届党委及监委，赵品三任党委书记，孟祝华任党委副书记兼监委书记。大会主要内容：听取第三届党委工作报告；总结1959年工作成就，讨论和决定1960年的生产工作任务；选举第四届党委委员及监委委员。王俊杰代表第三届党委作59年工作总结及60年任务的报告，赵品三传达徐麟村、谢东来部长在自治区农业厅国营农场会议上的报告精神。大会决议：继续深入对全场职工进行社会主义教育，加强党委和支部工作，发展党员，在职工中开展学、赶、帮，在干部中开展红、勤、巧的社会主义竞赛运动及制订当年农场的经营方针。

5. 第五次党员代表大会 1961年2月6—8日召开，会期3天，出席大会代表125人，选举产生西江农场第五届党委及监委，赵品三任党委书记，孟祝华任党委副书记兼监委书记。选举赵品三为出席自治区党代会代表。大会主要内容：学习、贯彻党中央八届九中全会决议和会议精神，听取第四届党委会的工作报告，总结1960年各项工作成绩；讨论和决定1961年以粮为纲的各项生产任务，动员全党大办农业，大办粮食；选举出席区党代会代表，选举第五届党委委员会委员和监察委员会委员。党委副书记孟祝华作《关于第四届党代会一年来的工作总结和1961年各项生产、政治任务》的报告。大会决议：加强党的建设，发展党员和培养提高干部，训练各种农业机械技术人员；贯彻实事求是，艰苦朴素的工作作风；办好职工食堂以及决定1961年农场经营方针。

6. 第六次党员代表大会 1962年1月28—30日召开，会期3天，全场党员705人，出席大会正式代表119人，列席代表6人，选举产生西江农场第六届党委及监委，赵品三任党委书记，孟祝华任党委副书记兼监委书记。大会主要内容：听取第五届党委会的工作报告，总结1961年各项工作成绩；讨论和决定1962年在确保粮油自给有余的前提下各项生产任务，动员全党大办农业，大办粮食；选举第六届党委委员会委员和监察委员会委员，孟祝华代表第五届党委作《1961年工作总结报告及1962年各项工作意见》的报告。大会决议：进一步发扬光荣传统和艰苦奋斗的精神，不骄不躁，集中力量加强农业生产战线，贯彻农业"八字宪法"（土、肥、水、种、密、保、管、工），确保大办农业、大办粮食的新胜利，并决定1962年的生产经营方针。

7. 第七次党员代表大会 1963年1月15—17日召开，会期3天，出席大会正式代表100人，列席代表7人，选举产生西江农场第七届党委及监委，赵品三任党委书记，陈美良任监委书记。大会主要内容：听取第六届党委会的工作报告，总结1962年各项工作成绩；讨论、确定1963年的经营方针和各项生产任务，动员全场党员继续大办农业、大办粮食，组织、促进以农业为中心的生产新高潮；选举第七届党委会委员和监委会的委员。赵品三作《1962年工作报告和我场1963年的任务——动员起来立即开展农业生产新高潮》的报告。大会决议：根据党的以农业为基础，以工业为主导的发展国民经济的总方针，对西江农场的各项生产进一步进行调整、巩固、充实、提高，所有部门、单位和个人，都必须把思想转移到以农业为基础的轨道上来，积极支援和促进农业生产，继续开展以阶级教育为中心的社会主义教育运动，贯彻因地因时制宜和轮作制度，贯彻"有多少粮，养多少猪"的原则，开展农业技术改革，进一步提高农业机械化水平和排灌电气化，落实 1963 年农场的经营方针。

8. 第八次党员代表大会　1964 年 2 月 1—3 日召开，会期 3 天，出席大会代表 118 人，列席代表 7 人，选举产生西江农场第八届党委及监委，赵品三任党委书记，陈美良任监委书记。大会主要内容：听取第七届党委会的工作报告，总结 1963 年各项工作，讨论和决定 1964 年的经营方针和生产任务，动员全场党员继续高举"三面"红旗，掀起全面丰收、高产、多盈利的新的生产高潮，选举第八届党委会委员和监委会委员。党委书记赵品三作《1963 年工作报告和 1964 年任务——动员起来立即开展农业全面高产丰收多盈利运动》的报告。大会决议：加强党的领导，发挥支部战斗堡垒作用，继续广泛深入开展社会主义教育运动，学习毛主席著作，学习解放军、学大庆、开展"五好单位"和"五好职工"竞赛活动及决定 1964 年农场的经营方针。

9. 第九次党员代表大会　1965 年 12 月 15—19 日召开，会期 5 天，出席大会代表 106 人，列席代表 18 人，选举产生西江农场第九届党委委员及监委委员，王俊杰任党委书记兼监委书记。大会主要内容：总结"四清"运动，检查第八届党代会后对党的方针政策执行情况；制订 1966 年的生产方针和生产任务；选举第九届党委会委员和监委会委员。王俊杰代表农垦"四清"工作团工委和西江农场第八届党委向大会做《"四清"运动总结与我场 1966 年的任务》的报告，自治区农垦局局长、党组书记郑绍文、自治区农垦局政治部主任韩炜到会作指示。大会决议：巩固和发展"四清"运动成果，以备战工作为动力，抓好"三大"革命，自力更生，搞好农田基本建设。

10. 第十次党员代表大会　1970 年 7 月 15—19 日召开，会期 5 天，出席大会代表 121 人，选举产生西江农场第十届党委（未设监委）。19 日，报经中共玉林地区革命委员会核心领导小组批准成立中国共产党贵县西江农场委员会，委员 21 人，其中干部 12 人，工人 9 人（其中女工 3 人），郝维春任党委书记，权正琨、任传多任党委副书记。大会主要任务：高举党的"九大"旗帜，活学活用毛主席关于无产阶级专政下继续革命理论，总结工作，提出任务；按照新党章的规定，选举农场新的党委会。任传多作《高举毛泽东思想伟大红旗，沿着"九大"指引的航向从胜利走向更大的胜利》的报告。大会决议：建立和健全中心组学习，活学活用毛泽东思想，学习解放军"四个第一"，开展"四好"运动，各生产队实行连、排的编制，走政治建场的道路，抓革命，促生产，开展增产节约运动。

11. 第十一次党员代表大会　1974 年 6 月 5—8 日召开，会期 4 天，出席大会的正式代表 135 人，列席代表 3 人，选举产生西江农场第十一届党委（未设监委），权正琨任党委书记，任传多任党委副书记。大会主要任务：学习马克思、列宁、毛泽东主席著作，坚持无产阶级政治挂帅，实行"两参一改三结合"，建立健全岗位责任制，狠抓农田基本建设和农业机械化工作。确定"以粮为纲，薯麻为主，农牧并举，多种经营，全面发展"的经营方针，同时制定1975年至1980年各项主要生产规划的指标。

12. 第十二次党员代表大会 1979年10月27—30日召开，会期4天，出席大会正式代表167人，列席代表2人，特邀代表1人，选举产生西江农场第十二届党委委员及纪委委员，经玉林地委批复，刘光汉、侯林任副书记，侯林兼任纪委书记。大会任务：总结西江农场第十一次党员代表大会以来的工作成绩、经验；贯彻执行调整国民经济的"八字方针"（调整、巩固、充实、提高），确定西江农场1980—1981年的生产发展计划；选举产生第十二届党委，场党委副书记刘光汉代表第十一届党委作工作报告。大会期间学习了叶剑英《在庆祝国庆三十周年大会上的讲话》《中共中央关于加快发展农业若干问题的决定》和《关于党内政治生活的若干准则》。大会决议：认真学习中共中央文件，解放思想，提高认识，坚定地把工作着重点转移到社会主义现代化建设上来，加快生产发展步伐，把农场办成工商联合企业，调整农场的经营方针为"以粮为纲，农牧并举，粮经并重，农工商结合，全面发展"，提出1980—1981年各项生产发展的主要指标。

13. 第十三次党员代表大会 1985年5月3—5日召开，会期3天，出席大会正式代表81人，列席代表7人，特邀代表2人，选举产生西江农场第十三届党委及纪委，梁振安任党委书记，冯根任党委副书记兼纪委书记。大会主要内容：学习党的十二届三中全会《关于经济体制改革的决定》，总结西江农场1980—1984年五年来的工作成绩、经验，提出今后的任务，选举产生第十三届党委和纪委，选举出席自治区党代会代表。党委书记梁振安代表第十二届党委作《树立雄心，继续搞好经济体制改革，努力开创我场生产建设新局面》的报告。大会决议：积极组织领导办好职工家庭农场，在保证粮食自给的基础上，发展剑麻、甘蔗生产，发展工业，搞活商业，有计划地对口培训人才，加强企业管理，抓好党的组织建设、思想建设，开展整党，端正党风。

14. 第十四次党员代表大会 1988年12月19—20日召开，会期2天，出席大会代表89人，列席代表13人，特邀代表2人，选举产生西江农场第十四届党委及纪委，梁振安任党委书记，侯桂军、袭普贵（兼）任党委副书记，陈伟贤任纪委书记。大会期间，玉林地委、贵县县委领导莅临大会指导，广西农垦玉林分公司送来贺信。党委书记梁振安作《认清形势，树立信心，艰苦奋斗，振兴西江》的报告，纪委书记陈伟贤作《增强党的观念，加强党的纪律，保证我场经济体制改革的顺利进行》的纪检工作报告。大会决议：坚决贯彻执行党的十三届三中全会精神，进一步完善各项生产承包责任制，大力发展农牧工商运建各业，大力发展商品生产，加强党的领导，加强思想政治工作。

15. 第十五次党员代表大会 1991 年 12 月 20—21 日在场部召开，出席代表 95 人，其中女代表 13 人，占全体代表的 13.7%。大会听取了梁振安作工作报告；陈伟贤作三年来纪检工作报告。梁书记在题为《以经济建设为中心，加强党的建设，为振兴我场经济而努力奋斗》的报告中，全面总结了三年来党委的工作：三年来党委始终牢牢地抓住根本，加强思想政治工作，加强党的建设，调整产业结构，开创性地组织青年队，培养革命事业接班人，成绩显著，生产经营有较大发展，进厂原料蔗比前三年翻了一番，上缴国家税金增长了 4 倍。梁书记关于党委今后的工作，提出了下列几个方面：坚定不移地贯彻执行党的十一届三中全会以来的路线、方针、政策，为实现西江农场十年规划和"八五"计划，全场上下同心努力奋斗；结合农场实际，围绕农业办工业，加快农场生产建设和经济建设步伐，提高企业经济成效；进一步加强党的建设，不断发展壮大党的队伍，提高党的战斗力，确保我们各项工作和预期目标的实现。大会通过民主程序选举产生了西江农场新一届党委会，党委委员由 9 人组成，选举梁振安为党委书记，侯桂军为副书记；通过民主程序选举产生了新一届纪委会，纪委委员由 5 人组成，民主选举陈伟贤为纪委书记。最后，大会通过了相应的决议。

16. 第十六次党员代表大会 1997 年 5 月 20—21 日在场部召开，会期 2 天，出席大会的代表共 98 人。大会听取了党委书记吉禹平报告工作，吉禹平在题为《为把西江农场物质文明和精神文明建设推上新台阶而努力奋斗》的工作报告中，全面总结了场党委五年多来的工作。西江农场十五次党代会以来的五年，是企业改革开放逐步深化进行的五年，是党的建设和两个文明建设不断加强的五年。五年来，农场以经济建设为中心，各行各业稳步发展，1992 年以来，共上缴税金 2952 万元，1996 年固定资产原值 1.26 亿元，比1991 年同期增加 5525 万元，增长 78%。蔡卓钢向大会作了纪检工作报告。大会民主选举产生了第十六届党的委员会委员，共由 9 名委员组成，通过民主程序选举吉禹平为党委书记，李蔚、蔡卓钢为副书记；民主选举产生了新一届纪委会组成人员，共由 5 名委员组成，通过民主程序选举蔡卓钢为纪委书记。会议由刘达人作了总结报告。最后，大会通过了相应的决议。

17. 第十七次党员代表大会 2000 年 9 月 12 日在场部召开，参加大会的代表 95 人，代表全场 779 名共产党员出席会议。大会听取了蔡卓钢题为《坚定信心，扎实工作，走出困境，以崭新的面貌跨入二十一世纪》的工作报告。他全面总结了场党委 3 年多来的工作：思想建设、组织建设、企廉建设取得新的成效，精神文明和物质文明建设获得了新成果，1997—2000 年，共上缴税金 1976 万元，支付利息 3444 万元，在农场经济形势仍十分严峻条件下，全面完成了自治区农垦局下达的各项经济任务指标。与会代表对蔡卓钢的工作报告予以充分肯定。大会按照党的章程选举产生了新的一届党委会。第十七届农场党的委员会由 9 人组成，通过民主程序选举蔡卓钢为党委书记，李蔚为党委副书记；大会按照党的章程，选举新的一届党的纪律检查委员会，由 5 人组成，通过民主程序，选举李蔚为纪检书记。最后，大会通过了相应的决议。

18. 第十八次党员代表大会　2013 年 7 月 22—23 日在场部召开，会期 2 天，应参加大会的代表 104 人，实际出席 101 人，代表全场 827 名共产党员参加会议。大会由李震主持，曾凡新致开幕词，周启美致闭幕词。大会听取了李蔚报告工作，在《抢抓机遇开拓创新，乘势而上，奋力开创西江跨越式发展新局面》的工作报告中，全面总结了党的第十七次党员代表大会以来西江农场的工作：经济运行持续高速增长，农场累计实现利润 9372 万元，企业呈现出职工增收，企业增收，社会知名度同步提高的良好态势；甘蔗生产稳步发展，原料蔗总产从 2004 年的 16.3 万吨提高到 2012 年的 26 万吨，平均亩产从 2004 年的 5.5 吨提高到 2012 年的 8 吨；房地产开发前景良好，2012 年完成各项收入 8076 万元，同比增长 5.14％；项目建设成效明显，近几年来 1000 万以上项目达 41 个，竣工投产 21 个，全部项目总投资金额 63.09 亿元，项目到位资金 28.37 亿元；第三产业有序发展，蔬菜基地初见成效，鑫林绿化公司工作有序开展，物业公司业务逐步拓展，2012 年重组泰垦水务建筑工程公司；民生工作得到较大改善，基础设施建设、危房改造和社会保障初见成效；党的建设得到全面加强，思想政治素养不断提高，"结对共建，先锋同行"活动不断深入，基层党组织建设不断加强，党风廉政建设不断深化。经审议，大会批准了李蔚的工作报告和吉文星的纪检工作报告（书面），并通过了相应决议。

大会按照党的章程选举产生了西江农场第十八届党委会和纪委会，党委会组成人员 7 名：李蔚、李震、曾凡新、周启美、钟伟政、吉文星、蒋诚；通过民主程序选举李蔚为党委书记，李震、曾凡新为党委副书记。纪委会组成人员 5 名：吉文星、林少明、苏海波、梁旭、张明烈；通过民主程序选举吉文星为纪委书记，林少明为纪委副书记。"两委"选举结果，经自治区农垦工委于 2013 年 8 月 12 日以桂垦工委发〔2013〕60 号文件批复下达。

19. 西江农场公司第一次党员代表大会　2019 年 5 月 15 日在西江农场公司第一会议室召开（图 3-1），会期半天，应出席大会正式代表 84 名，实际出席正式代表 81 名，代表公司 225 名党员出席会议。广西农垦集团公司副总经理李东出席大会并讲话。大会听取了李蔚题为《顺应新形势 抢抓新机遇 奋力开启西江农场公司发展新篇章》的工作报告，全面总结了西江农场第十八次党代会以来的工作。五年来，农场公司经历了新一轮的农垦改革发展，圆满完成广西农垦改革专项试点工作、农垦改革"两个3年"重点工作、农场企业化改革和企业优化重组等多项艰巨任务；公司利润从2014年的420.22万元增长到2018年的1.5亿元，2014至2018年累计实现利润1.7亿元，税收贡献9057.26万元；公司资产总额13.44亿元，比2013年的6.9676亿元增加了6.4724亿元，增长92.89%；经营总收入由2014年的1.66亿元，增长到2018年的2.6亿元，年均增长9.39%；从业人员人均收入由2014年的33850元到2018年的44577元，年均增长5.56%。公司呈现出企业增效、职工增收、知名度提高的良好态势。会议审议通过了公司党委和纪委的工作报告。

大会按照党的章程选举产生了中共广西农垦西江农场有限公司第一届委员会和中共广西农垦西江农场有限公司纪律检查委员会。西江农场公司第一届党委会由7名委员组成，通过民主程序选举李蔚为党委书记，杨立军、邓德平为党委副书记；公司第一届纪委会由5名委员组成，通过民主程序选举吉文星为纪委书记。

图3-1　2019年5月15日，中共广西农垦西江农场有限公司第一次党员代表大会

四、纪律检查工作

西江农场党委建立初期，党的纪律检查由同级党委设置监察委员会开展工作。1979年10月27日场第十二届党员代表大会召开，监察委员会改为纪律检查委员会。

1954年9月起，西江农场进行历时14个月的审干工作，对249名干部进行审查，到

1965 年又进行了系统"四清（清政治、清经济、清组织、清思想）"。

1985 年 9 月，西江农场成立整党领导小组和整党办公室，1986 年整党工作结束。在整党期间，对在"文革"中所犯错误的 21 名干部、24 名工人，及在经济领域严重违犯财经纪律的 5 名干部，作了调查报告和党纪、政纪的处分决定。

1988 年 12 月至 1991 年 12 月的西江农场第十四届党委 3 年任期中，党的纪律检查工作，围绕党的基本路线，结合西江农场实际卓有成效地开展。纪委要求全场共产党员和广大职工严守党的纪律，在政治上和中央保持一致，共同维护西江农场安定团结的政治局面。

1991 年 12 月至 1997 年 5 月的西江农场第十五届党委 5 年任期中，党的纪律检查工作，主要是认真贯彻学习中纪委党风廉政建设、反腐败斗争的各项方针，并逐步走上管理规范化、制度化的轨道。其间，场纪委根据群众提供信息，进行严密部署，共查处以权谋私、贪污盗窃、严重违纪案件 9 件，挽回经济损失 27725 元，受处分党员 7 人。

1997 年 5 月至 2000 年 9 月，党的纪律检查工作密切结合西江农场的实际，围绕经济建设这个中心，认真履行职责，共受理查处各种违纪案件 38 件，已审结 38 件，结案率 100%。在党纪处分上，给予开除党籍处分 4 人、党内警告处分 1 人；在政纪处分上，给予开除公职处分 6 人、开除留用察看 3 人、记大过 23 人、记过 1 人，涉及科级干部 3 人，挽回经济损失 25.39 万元。

2000 年 9 月至 2012 年，西江农场第十七届党委任期中，党的纪律检查工作主要是通过标本兼治，综合治理，开展党纪、政纪、国法教育，同时筑起牢固的思想道德防线，在制度建设上，从源头预防和治理腐败，监审、纪检部门无私无畏排除各种干扰，调查取证，查处了一分场原班子成员私设小金库、以权谋私、私分钱财的案件，追回款项 189428 元。农场党委 2009 年 1 月颁发的《中共广西农垦国有西江农场委员会关于贯彻落实"建立健全惩治和预防腐败体系 2008—2012 年工作规划"的实施方案》，是西江农场纪检工作的行动纲领，要求各单位从全局和战略的高度，进一步提高对推进惩治和预防腐败体系建设重大意义的认识，认真组织实施，科学分解任务，明确责任分工，强化责任考核，推动农场党风廉政建设的不断深入发展。纪检部门做了大量工作，建立健全惩治和预防腐败以及党风廉政建设的各项措施，并落实到行动上。

2013 年，西江农场的纪检工作是规范征地拆迁行为和对五分场管理人员贪污挪用公款问题进行调查。2014 年，西江农场深化改革推进党风廉政建设和反腐工作，进一步贯彻落实中央八项规定，严防"四风"反弹，强化工作纪律监督，落实一对一谈话制度，提高会议质量、加强活动管理，严格落实公务接待、公务用车审批制度，杜绝高档烟酒、菜看。2015年切实加强对权力运行的制约和监督，把权力关进制度的笼子里，完善纪检监察工作考核机制，制定责任追究制。2016年开展查处"四风"和腐败专项工作，对2013年以来各类信访举报进行排查梳理。同时对接受长兴生物有机肥销售单位安排旅游及有机肥推广经费等违纪问题进行自查，找到存在违纪问题的两位同志进行谈话，他们承认自己犯下的错误并深刻检讨，退回旅游费用4497元。2017年在全场范围内积极开展落实中央八项规定精神"回头看"，并按照农垦工委的部署和要求开展了交叉检查。同时从2017年开始，农场响应中共中央号召，开展了历时3年的"扫黑除恶"专项斗争，公司未发现涉黑涉恶的现象。2018年根据自治区农垦局的要求，开展场级领导干部承包经营农村土地问题专项治理工作，经自查自纠西江农场领导干部没有承包和经营管理农村土地的情况。2019年根据农垦集团党委部署，西江农场公司党委认真组织开展领导干部利用名贵特产特殊资源谋私谋利问题专项整治工作，经查西江农场所有干部职工均不存在利用名贵特产特殊资源谋私谋利的问题。2020年初新冠疫情突如其来，公司成立了由纪检监察部作为班底的疫情防控督察小组累计督察70多次，为疫情防控、公司的复工复产提供了坚强的政治保障。切实以增强"四个意识"落实"两个维护"的政治高度，把整治违规吃喝和违规发放津贴补贴的问题，作为实践"两个维护"的一次重大政治检验，作为当前和今后一段时期一项重要政治任务抓紧抓实。2021年，公司党委开展了规范土地经营管理专项行动、梳理重点领域重大风险隐患、工程建设领域腐败问题专项治理工作、违规经营投资责任追究报告工作、违规使用公务加油卡专项整治等针对工程投资领域腐败隐患的检查工作，杜绝贪污腐败问题滋生。2022年，公司党委大力打造"清廉守正 和美西江"清廉西江文化品牌，用"六廉"行动将品牌建设落到实处，并打造清廉文化长廊，让广大职工干部自觉接受党性党风党纪教育。

西江农场第十八次党代会以来，农场纪委坚持以习近平新时代中国特色社会主义思想为指导，在自治区农垦局纪工委、农垦集团纪委、贵港市纪委和农场党委的正确领导下，全面贯彻党的十八大、十九大、二十大精神，坚持党要管党，全面从严治党，坚持不懈抓好中央八项规定精神的落实，持之以恒纠正"四风"，大力推动党风廉政建设和反腐倡廉工作，为公司改革发展稳定提供了坚强的纪律和作风保障，公司修订完善了《西江农场公司领导班子和党风廉政建设岗位职责》《西江农场党风廉政建设领导小组工作职责》《党风廉政建设考核制度》等10多种规定制度。农场公司党委每年都和自治区农垦工委、下属各党支部签订《全面从严治党责任书》，形成了上下监督，齐抓共管的局面。

在加强法规学习，廉政教育方面，聘请了中央党校博士、广西壮族自治区党校党史党建教研部副主任廖胜平到农场公司讲授《贯彻全面从严治党要求，加强党风廉政建设》党课。几年来，公司全体党员干部参加党风廉政党课学习的人数1400多人（次），三次组织党员干部共960人（次）进行党纪党规知识考试及知识竞赛活动。

在警示教育方面，每个季度安排一次廉洁从业专题学习，党政主要负责同志每年至少给党员干部上1次廉政党课，出版党风廉政和反腐败板报2～3期。先后组织观看反腐倡廉电教片《永远在路上》《钟世范、梁振林、曾爱东严重违纪案件警示录》《广西三起县级扶贫办主任严重违纪案件》《谢大研严重违纪违法案件警示录》等专题警示教育片16部。共组织开展全公司管理人员警示教育会16次，参加教育学习人员近2000人（次），并先后组织党员干部400多人（次）到百色起义纪念馆、贵港市预防犯罪警示教育基地、东兰县革命传统教育基地、桂林市灵川县九屋镇江头村爱莲家祠廉政教育基地、桂林市"孝道文化长廊""古莲文化街"、恭城瑶族自治县周渭祠廉政教育基地、贵港市覃塘区三里镇中共广西省代表大会旧址（罗村会议）等警示教育基地开展廉政文化教育。同时先后组织公司党员干部91人（次）到贵港市监狱和西江监狱开展警示教育活动。

在监督执纪问责方面，自2013年至2022年，公司纪委协助港北区检察院查处2起刑事案件，对违纪管理人员进行党纪政纪处分，其中行政降职3人，党内严重警告处分1人，开除党籍4人。因工作决策失误和内部监管不力受到经济处罚2人。

五、维稳工作

2018年，西江农场公司成立后，高度重视维稳工作，坚持以习近平新时代中国特色社会主义思想为指导，以稳定为原则，构建和谐西江为目的，按农垦集团的要求，将信访维稳化解工作纳入党委的总体工作中，制定出台了《广西农垦西江农场有限公司维稳工作应急预案》，成立信访工作领导小组，并结合公司实际成立了公司信访矛盾问题排查化解工作专班，有效地积极推进信访问题及时就地解决，把信访问题的矛盾和纠纷化解在基层，并深入了解干部职工群众的思想动态，对职工群众来信来访举报等信息进行认真核查，在规定时间内进行答复处理，同时加大违法违纪案件的查处力度，始终保持对违纪违法行为、腐败分子高压打击态势，发现一件查处一件，营造企业风清气正的政治生态，维护公司社会稳定。

2019年，西江农场公司按照农垦集团的要求，积极开展创建"人民满意窗口"活动，创建活动以人民为中心，以服务群众为宗旨，以人民满意为目标，以业务规范化、接谈精准化、工作信息化、基础标准化的"四化"建设为抓手，采取一站式接待、一条龙服务、一揽子解决的"三个一"工作模式，努力把公司信访室打造成人民满意的"群众之家"。公司重新装修信访室，按要求制定了信访服务制度、督办制度、信访流程图、来访须知等上墙制度，配备信访专线电话、复印打印传真一体机、摄像头、身份证读卡仪、宣传栏、饮水机、候访桌椅、老花镜、书报栏以及专用文件柜，同时充分发挥公司大型 LED 显示屏的作用，滚动播放信访方面的知识和相关法律法规，给群众提供无线网等设施，进一步增强来访群众的归属感和温馨感。

2013—2022 年，西江农场公司一共受理各类信访案件 140 件（次），其中中央巡视组交办 12 件，自治区交办 8 件，自治区农垦局（集团）交办 34 件，贵港市转办 24 件，本级接访 62 件（次），接访上访人员共 531 人（次），信访案件办结率为 100%，同时开通了公司领导接访日以及信箱、电话等多种信访渠道，做好信访服务工作。

表 3-2 西江农场党委领导人

姓名	性别	职务	任职时间
洪华	男	党委书记	1953.11—1956.5
马德良	男	党委书记	1956.5—1959.7
王俊杰	男	党委副书记	1957.3—1960.1
赵品三	男	党委书记	1959.7—1965.12
孟祝华	男	党委副书记	1961.2—1962.7
王俊杰	男	党委书记	1965.9—1970.3
郝维春	男	党委书记	1970.7—1972.3
权正琨	男	党委副书记	1970.7—1972.3
任传多	男	党委副书记	1970.7—1979.6
权正琨	男	党委书记	1972.3—1976.11
邹林	男	党委副书记	1974.6—1976.11
邹林	男	党委书记	1976.11—1979.6
邓春芳	男	党委副书记	1976.11—1979.3
陈日宏	男	党委副书记	1976.9—1982
刘光汉	男	党委副书记	1979.10—1981.3
侯林	男	党委副书记	1979.10—1981.7
李润怀	男	党委书记	1981.3—1983.8
梁振安	男	党委书记	1984.5—1985.11
冯根	男	党委副书记	1984.5—1985.11
袭普贵	男	党委书记	1985.11—1988.2
梁振安	男	党委副书记	1985.11—1986.1
侯桂军	男	党委副书记	1987.3—1992.10
梁振安	男	党委书记	1989.2—1995.2
袭普贵	男	党委副书记	1988.12—1989.8
蔡卓钢	男	党委副书记	1992.10—2000.5
吉禹平	男	党委书记	1997.1—2000.5

（续）

姓名	性别	职务	任职时间
蔡卓钢	男	党委书记	2000.5—2003.4
李蔚	男	党委副书记	1997.2—2002.9
钟鑑浩	男	党委书记	2003.4—2008.6
陆均钊	男	党委副书记	2007.3—2010.8
李蔚	男	党委书记	2008.6—2019.5
钟鑑浩	男	调研员	2008.6—2010.12
曾凡新	男	党委副书记	2011.12—2013.10
甘耀明	男	党委副书记	2013.10—2018.12
李震	男	党委副书记	2013.7—2015.4
杨立军	男	党委副书记	2018.12—2019.5

表 3-3 西江农场公司党委领导人

姓名	性别	职务	任职时间
李蔚	男	党委书记	2019.5—2022.3
杨立军	男	党委副书记	2019.5—2020.5
杨立军	男	党委书记	2022.3—今
邓德平	男	党委副书记	2019.5—今
苏海波	男	党委副书记	2020.10—今

表 3-4 西江农场纪（监）委领导人

姓名	性别	职务	任职时间
王俊杰	男	监委会书记	1958.1—1960.1
孟祝华	男	监委会书记	1961.2—1962.7
陈美良	男	监委会书记	1962.7—1965.12
王俊杰	男	监委会书记	1965.9—1970.3
侯林	男	纪委会书记	1979.10—1981.7
冯根	男	纪委会书记	1985.5—1986.1
陈伟贤	男	纪委会书记	1989.1—1994.11
李耀春	男	纪委副书记	1989.1—1993.8
钟星南	男	纪委副书记	1986.10—1987.6
谢育贤	男	纪委副书记	1986.10—1987.8
李蔚	男	纪委书记	1997.2—2002.9
吉文星	男	纪委副书记	2000.10—2013.5
杨立军	男	纪委副书记	2009.12—2013.6
吉文星	男	纪委书记	2013.5—2019.5
林少明	女	纪委副书记	2013.5—2017.12

表3-5 西江农场公司纪（监）委领导人表

姓名	性别	职务	任职时间
吉文星	男	纪委书记	2019.5—2022.4
罗福光	男	纪委副书记	2019.5—今

第二节　农场行政机构

一、建场初期机构设置

西江农场建场初期，为适应当时农场管理需要，1954年场部行政机构设置为一室五科，即行政办公室、农业生产科、机务加工科、畜牧兽医科、供销科、基本建设科。除上述职能科室，政工部门设置有两室、两科、一会、一委，即党委办公室、监察室、人事保卫科、管教科、工会、团委。1959年，场部机构进行调整，设置有行政办公室、党委办公室、农牧科、财务计划科、机务加工科和供销科。1960年10月，为贯彻中央"大办农业、大办粮食"的指示，尽量裁减非生产人员充实农业生产第一线，场部精简机构，只设置行政办公室、党委办公室、农牧科、供销科和机务加工科。1964年6月，农场要加强政治工作，成立政治机构，场部设政治处，内设组织科、宣教科、保卫科（对外是公安派出所）、民运科（场群工作）4个科。上述机构设置一直持续到"四清"运动开展。

二、"文革"期间机构设置

1965年，西江农场确定为广西农垦战线开展系统"四清"运动的试点单位，根据驻场"四清"工作团指示，撤销原来场部设置的所有行政科室。1965年6月，场部行政机构设立生产办公室、后勤办公室、政治处二室一处。生产办公室职能为农业技术、畜牧业技术、机务、水利技术的管理及计划、统计业务。后勤办办公室职能为财务管理、供销采购、粮油、行政管理及收发文印业务。政治处职能为秘书、档案、收发、组织、人事、监察、宣传、青年的管理工作。"文化大革命"开展以后，原有的管理体系和办事程序打乱。1967年3月，成立了一个由13人组成"抓革命促生产指挥部"的机构，由主任委员1人、副主任委员4人，委员8人组成"抓革命促生产委员会"，委员会下设办公室，负责日常工作。1968年4月，成立"西江农场革命委员会"（简称革委会），当年6月，在场革命委员会统一领导下，设置办公室、政治部、生产指挥部的办事机构，全机构办事人员配置53人。1973年3月，奉上级指示，为加强党对经济工作的领导，西江农场革委会办事机构共设立 1 室、9 科、1 部、1 委、2 会，即革委会办公室、组织科、宣传科、保卫科、农林科、畜牧科、机务加工科、劳动工资科、计划财务科、供销科、武装部、共青团委、工代会、妇代会。

三、新时期机构设置

"文化大革命"结束后，奉上级指示，决定撤销农场革委会。1979 年 10 月，建立了党委集体领导下场长分工负责制，西江农场行政机构设立有行政办公室、组织科、宣传科、保卫科、农林科、畜牧科、机务科、劳资科、计财科、供销科；武装部、共青团、工会。1981 年 5 月，增设贵县公安局西江农场派出所。1984 年增设政工科。1984 年 4 月设立工商公司、农林公司、畜牧水产公司，11 月撤销工商公司，成立工业公司、商业贸易公司、机运电业公司。1985 年 12 月，撤销农林公司、工业公司、机电公司，设立农林科、工业科、水电科、供销科。1987 年 1 月，政工科改为党办室，8 月撤销农林科、工业科、水电科、供销科、机务科，设置工交电经理部、农林经理部、审计科、计划财务科。

1988 年 4 月，根据西江农场制订的《国营西江农场管理人员定额和岗位设置试行》方案，机构设置及人员编制如下：场长 1 人、党委书记 1 人、副场长 4 人、党委副书记 1 人、农林经理部 18 人、工贸经理部 12 人、畜牧水产经理部 12 人、计财科 9 人、劳资科 3 人、审计科 3 人、房产基建科 5 人、行政办公室 7 人、党委办公室 6 人、武装部、司法办 2 人、派出所（含治安）14 人、工会 6 人、共青团委 2 人、计生办 2 人、纪检会 5 人、教育科 3 人。当年 10 月，恢复水电科机构，其经济实行单独核算，自负盈亏；11 月 1 日，成立西江农场资源管理办公室；12 月 23 日，成立西江农场储运科。

随着企业改革深化进行，西江农场管理机构也进行改革。1992 年，成立广西西江农工商总公司，下设广西西江工贸公司、广西西江农贸公司、广西西江畜牧水产公司、广西西江奶品公司、广西西江商业公司、广西西江建筑公司和广西西江综合服务公司共七大公司，均为具有法人资格的经济实体，按照"产权清晰、权责明确、政企分开、科学管理"的现代企业制度要求，融入国家统一开放的市场体系。

1996 年，西江农场在贯彻落实《中共中央关于建立社会主义市场经济体制若干问题的决定》的基础上，结合西江农场的实际，组建新的管理机构，将原来的农贸公司、工贸公司改为职能科室，并成立审计科，加强监督机制。全场整编组建四大公司，即商贸公司、综合服务公司、畜牧水产公司和房地产公司，顺应了企业改革的要求。

1999 年，为适应劳动、人事、分配三项制度改革需要，西江农场管理机构按照精简、统一、效能设置，场部职能科室编制为四办、四科、一会、一中心。四办即行政办、党委办、企管办、司法办；四科即农林科、劳资科、房产科、监审科；一会即农场基层工会委员会；一中心即财务结算中心。

进入二十一世纪，西江农场的机构设置与 1999 年差别不大，基本稳定，小有变动。2012 年，根据新时期工作的需要，场部行政机构设置为四室四部，即综合管理办公室、企业管理办公室、效能监察审计室、编志办公室；财务部、土地管理部、科技生产部、规划建设部。场域内还设置有社区管理委员会，下设办公室、房产市政管理科、武装保卫城管科。此外，还设立有一个测土配方施肥中心站。

2013 年 1 月 25 日，成立广西贵港市泰垦水务建筑工程有限公司，与原有的水电厂一套人马、两套牌子。2 月 28 日，农场综合管理办公室内设行政办公室和党委办公室，其中行政办公室履行行政、劳资等职能，党委办公室履行党务、工会、共青团等职能。4 月 29 日，成立广西贵港市西江置业有限公司。公司职能是：负责各类专业市场，原来闲置的厂房、旧房、仓储、农场公共房产物业，可用于第三产业的经营性用地等国有资产的经营管理。5 月 10 日，成立广西贵港市西江置业有限公司党支部。9 月 10 日，成立老龄党支部。撤销老龄第一党支部，老龄第二党支部，老龄第三党支部。原老龄第一党支部、老龄第二党支部、老龄第三党支部的党员归并到老龄党支部统一管理。9 月 25 日，撤销广西贵港市西江绿城房地产开发有限责任公司董事会，同时免除董事会全体成员职务。10 月 17 日，经农场与场工会研究，决定成立本场劳动争议调解委员会。

2014 年 2 月 26 日，成立西江农场志愿者服务队。6 月 20 日，建立广西农垦西江产业园区党支部。7 月 12 日，建立广西贵港市西江鑫林绿化有限公司党支部。10 月 14 日，成立西江农场农机联合社，负责西江农场的农机管理和"双高"基地机械化工作实施。

2016 年 4 月 13 日，西江农场撤销清欠办公室。

2017 年 2 月 23 日，西江农场撤销综合管理办公室，分为党委办公室和行政办公室。2 月 25 日，将劳资科职能并入党委办公室。5 月 10 日，将效能监察审计室分设为纪检监察室和审计科，撤销危房改造办公室，所履行的职能归入规划建设部。6 月 12 日，将劳资工作职能移交到企业管理办公室承办。7 月 17 日，撤销广西农垦永新畜牧集团西江有限公司党总支部委员会。8 月 15 日，撤销中共广西农垦西江乳业公司支部委员会。

2018 年 3 月 2 日，西江农场成立项目发展部。11 月 23 日，农场改制为"广西农垦西江农场有限公司"，公司印章自公司更名之日起正式启用，原"广西农垦国有西江农场"印章同时作废。

2019 年 1 月 11 日，西江农场公司下发《西江农场公司机关组织架构设置及下属单位优化重组方案》《公司全体管理人员任职的通知》《西江农场公司党委关于成立 17 个党支部的通知》《西江农场公司党委党内职务任职的通知》等文件，标志着西江农场公司完成了机构改革工作，公司正式按照现代企业制度运营。公司总部设置九部二室（党委办、群工部、办公室、财务部、企业管理部、规划建设部、土地管理部、战略发展部、农业事业部、法务审计部、纪检监察部），二级机构为 5 家分公司（置业分公司、水务分公司、园林分公司、物业分公司、农业分公司）、1 家子公司（旭远现代农业公司）、10 个农业分场（二分场、三分场、四分场、五分场、六分场、七分场、八分场、九分场、十分场、十一分场）。4 月 12 日，撤销党委办公室、群众工作部、规划建设部、战略发展部、企业管理部，设立党群工作部、企划发展部、经营管理部。

2021 年 4 月 26 日，成立商业分公司。

2021 年 11 月 18 日，成立项目开发部。

2022 年 8 月 29 日，西江农场公司印发了《广西农垦西江农场有限公司机构职能编制调整方案》，根据公司业务发展需要，撤销项目开发部，其职能并入企划发展部；撤销土地管理部，设立土地管理中心，作为二层机构归口经营管理部管理；设置人力资源部。重新调整后公司总部设置 9 个内设机构，分别是办公室（党委办公室、董事会办公室、总经理办公室）、党群工作部（党委宣传部）、纪检监察部、人力资源部、企划发展部、财务部、经营管理部、农业事业部、法务审计部。

表 3-6 西江农场行政领导人表

姓名	性别	职务	任职时间
洪华	男	第一场长	1953.11—1956.5
殷延绪	男	第二场长	1954.5—1955.12
林子江	男	副场长	1954.3—1956.2
罗锦春	男	副场长	1956.2—1957.1
马德良	男	场长	1956.5—1958.1
孟祝华	男	副场长	1958.1—1962.9
赵品三	男	场长	1959.7—1962.9
区镇	男	副场长	1959.1—1961.10
刘景彬	男	副场长	1959.12—1961.12
廖原	男	副场长	1961.10—1968.11
孟祝华	男	场长	1962.9—1964.2
郝维春	男	场长	1964.9—1967.3
郝维春	男	抓促指挥部主任	1967.3—1968.4
郝维春	男	革委会第一副主任	1968.4—1972.3

（续）

姓名	性别	职务	任职时间
许顺龄	男	革委会副主任	1968.4—1970.7
任传多	男	革委会副主任	1968.4—1979.6
全江	男	革委会副主任	1968.4—1979.10
权正琨	男	革委会副主任	1970.4—1970.7
权正琨	男	革委会主任	1970.7—1976.11
侯林	男	革委会副主任	1973.1—1979.10
邹林	男	革委会副主任	1973.3—1976.11
邹林	男	革委会主任	1976.11—1979.6
邓春芳	男	革委会副主任	1976.11—1979.6
陈日宏	男	革委会副主任	1976.9—1982
刘光汉	男	革委会副主任	1978.2—1979.10
刘光汉	男	副场长	1979.10—1981.3
藏冬和	男	副场长	1979.10—1979.11
何光	男	副场长	1979.10—1984.5
全江	男	副场长	1979.10—1984.5
梁振安	男	副场长	1980.12—1984.5
苏国栋	男	副场长	1980.12—1983.7
刘光汉	男	场长	1981.6—1984.5
邓志宁	男	场长	1984.5—1986.1
韦德崇	男	副场长	1984.11—1989.8
梁振安	男	场长	1986.1—1988.2
冯根	男	副场长	1986.1—1988.2
龚学籍	男	副场长	1986.1—1987.10
欧荣宗	男	副场长	1984.5—1986.4
胡茂清	男	副场长	1984.5—1986.9
张明洞	男	副场长	1986.9—1987.9
刘光汉	男	副场长	1987.2—1988.2
袭普贵	男	场长	1988.2—1989.8
甘钦俭	男	副场长	1988.2—1990.9
覃福超	男	副场长	1988.2—2002.6
覃爱文	男	副场长	1988.5—1996.1
蔡卓钢	男	副场长	1988.11—1992.10
梁振安	男	副场长	1988.12—1989.3
何光	男	顾问	1984.5—1988.4
刘光汉	男	巡视员	1984.5—1988.8
冯根	男	巡视员	1988.2—1989.12

（续）

姓名	性别	职务	任职时间
韦德崇	男	场长	1989.8—1996.1
陈启章	男	副场长	1990.10—1992.10
陈启章	男	巡视员	1992.10—1993.4
刘达人	男	场长	1996.1—2000.5
周沾贵	男	副场长	1989.12—1996.1
李水生	男	副场长	1992.10—1998.10
梁胜林	男	副场长	1996.1—2004.3
甘增秀	男	副场长	1996.1—1999.1
林乃正	男	副场长	1996.2—1998.3
韦德崇	男	巡视员	1996.1—2000.11
黄能燮	男	副场长	2000.1—2008.6
唐绍雄	男	副场长	2000.1—2002.9
吉禹平	男	场长	2000.5—2002.9
蔡卓钢	男	场长	2002.9—2003.9
张聪	男	场长	2003.9—2008.6
钟伟政	男	副场长	2004.3—2017.9
周启美	男	副场长	2004.8—2017.9
覃斌	男	副场长	2008.3—2012.7
陆均钊	男	副场长	2007.3—2010.8
李震	男	场长	2008.6—2015.4
蔡卓钢	男	调研员	2014.12—2019.3
李蔚	男	场长	2015.4—2018.10
杨立军	男	副场长	2016.5—2018.10

表 3-7　西江农场公司行政领导人表

姓名	性别	职务	任职时间
李蔚	男	董事长	2018.10—2022.3
杨立军	男	总经理	2018.10—2020.5
杨立军	男	董事长	2022.3—今
严一飞	男	监事会主席	2018.10—2022.4
甘再兴	男	副总经理	2018.10—今
苏海波	男	副总经理	2018.10—2020.6
刘旭亮	男	副总经理	2019.9—2020.3
苏海波	男	常务副总经理	2020.6—2020.10
苏海波	男	总经理	2020.10—今
李坚	男	副总经理	2022.3—今
蒋诚	男	副总经理	2021.3—今

第三节　共青团组织

一、团组织建设

1953年12月，中国新民主主义青年团国营西江机械农场工作委员会成立，陈海云任团工委书记，时有青年团员119人。1954年5月30日，召开第一届团员代表大会，选举产生西江农场第一届团委会。1955年，农场劳改犯调出，新的农业工人大多由农村入场，团员增加到1097人，支部设立26个。1957年，遵照团第三次全国代表大会通过决议，及奉上级指示，农场"团工委"更名为"中国共产主义青年团国营西江农场委员会"。1959年有团员1049人，其中贵县农校团员304人，支部15个。1961年有团员1052人，其中农垦机校团员132人，支部10个。1969年8月，西江农场开办高中，团组织在全场青年工人和青年学生中发展。

"文化大革命"期间，西江农场团组织的正常活动被迫停止，青年中成立"红卫兵"组织。后来经过整顿，团组织恢复活动，1971年5月召开西江农场第十一届团员代表大会，时有共青团员426人。

西江农场新团员的发展工作，各届发展不大平衡，第一届发展63名，第二、第三届没有发展，第四届发展32名，第五届发展43名，第六届发展50名，第七届发展54名，第八届发展14名，第九届发展15名，第十届没有发展，第十一届发展301名，第十二届发展584名，第十三届发展302名，第十四届发展575名，第十五届发展234名。

团组织刚建立时，有团员119人，团员人数最多的是1955年和1958年，各达1097人，女团员人数最多的是1987年，达到583人，占全场团员总数962人的60.6%。从建团初期至学校剥离农场前，团组织带领广大团员青年争当突击手、开展技术革新、义务植树造林、学雷锋、发展企业文化、开展劳动竞赛、推进转换经营机制等，相当活跃。2003年，根据上级指示，剥离企业（农场）社会职能，中小学分离农场后，团员数量有所减少。

为加强西江农场公司团组织建设，2021年12月16日，广西农垦集团团委筹备组复函同意成立共青团广西农垦西江农场有限公司总支部委员会，共有团员45人，支部2个。

二、组织团员青年开展活动

西江农场团组织遵照各个时期团的章程规定，组织、引导、教育团员、青年提高马克思列宁主义、毛泽东思想的政治觉悟及现代科学文化知识水平，围绕党的中心工作，在农场党委领导下，和工会紧密配合，团员在生产工作岗位，以及学习岗位，对宣传、文艺、体育活动充分发挥作用。团组织作为党的助手和党联系青年的纽带和桥梁，为农场的经济发展做出了积极的贡献。1954年，有78名团员在生产建设中立功，其中甲等功7人，乙等功26人，丙等功45人，年内有43名团员加入了中国共产党。

从1956年至"文革"开始之前的10年中，西江农场团组织根据各个时期的特点，团结引导团员、青年，广泛开展活动。1956年，团总支、支部书记及支部委员50人，参加了党支书、支委及基层工会干部共128人的训练班，学习如何做思想政治工作，如何开展社会主义劳动竞赛和开展先进生产者活动。请革命前辈作报告，进行革命传统教育。到农村访问，增强增产节约、艰苦建场观念、组织青年监督岗、突击组、青年先进组，建立光荣簿，发动团员，青年参加生产竞赛。1957年，"五四"青年节、国庆节，开展"做一件好事"活动。团员、青年纷纷行动，修公路、筑水坝、修补猪舍、厕所等23处，中耕树木13000多株，积牛粪1000多斤。1958年，开展以消灭"四害"为中心的青年活动周，义务剥花生种9444.5斤，种竹24764株，种树51127株；年内，召开第四届团员代表大会，代表带锄头来开会，种植共青林1003株。全场1097个团员，99%评为"红旗"，42个青年炊事员，18人被评为积极分子，5人被评上功臣，团员、青年订各种报纸、杂志1500份，比1957年增加35%。所有的青年人都参加了红专学校，全场基本扫除文盲。厂、队设有创作组、演唱队，同工会组织的文艺宣传队排练8个节目，历时10天，下到各生产队巡回演出，宣传社会主义建设总路线，推动生产掀起竞赛高潮，在义务劳动中，除种竹种树，还种菜18亩，开展试验田23.1亩，兴修水利2800米，修路5里，积肥32.1万担。1959年，评出443名"六好"青年、红旗手、突击手，吸收43名优秀青年入团，加工厂二级电工申颂翰搞技术革新，五队农业工人团支书李敬述大搞青年试验田，招待所服务员欧惠贞工作积极负责，均被团玉林地委评为"开门红旗手"。1961年，积极参加春播前突击积肥，出现了每人日破8方肥的青年突击组27个。发展54名优秀青年入团，输送10名优秀团员入党，广大青年积极参加职工业余教育。1962年，开展学习革命先烈王若飞事迹，教育团员、青年安心农场工作，克服部分团员、青年怕艰苦、想回家思想。在十二队（东山）、十三队（旺华）开展反对搞风流和坚定走社会主义道路教育。每季度都召开团的工作会议，对团的组织进行整顿提高，开展"五好"（爱护集体好、宣传政策好、学习技术好、勤俭节约好、劳动生产好）评比，评出"五好"青年498名。1963—1965年继续开展"五好"青年活动，同时，广泛倡导雷锋精神，向雷锋学习。"文革"运动开展以后，团的活动停顿了很长一段时间。

1970年，西江农场进行"三史"（场史、队厂史、家史）教育，开展写"三史"活动，进行整团建团，吸收优秀青年115名入团。1971年广泛开展业余文艺宣传活动，创编并排练节目，参加专区文艺会演。

1972—1974年，根据上级部署，在运动中三队团支部组织团员、青年学习上山下乡知青朱克家、邢燕子、侯隽的先进事迹，开展"学先进、查斗志、比贡献"活动。在"农业学大寨"运动中，发挥青年战斗突击作用，三队团员甘长活日割水稻高达两亩多，二队青年岑妹妹春插水稻，连续几天日插都超过一亩面积。

1975—1980年，根据上级各阶段布置，西江农场团组织开展学习毛主席著作，学雷锋精神，全场建立、健全青年读书小组126个，180余名团员、青年通读了《毛泽东选集》一至五卷，500多人通读了第五卷。十队团支部书记李云珍，学马列、毛泽东著作，学雷锋成绩显著，通读《毛泽东选集》一至六卷，写下了20多万字的读书笔记，捐献100元支援唐山地震灾区，场团委组织李云珍到各单位作报告，在全场青少年中开展向李云珍学习的活动。团支部副书记李梅，1977年折算出勤396个劳动日，还利用休息时间积肥480担，割剑麻400株，烧肥240担。四队陈理几年来义务推土90个班次，推平扩大3150亩土地。前进队团员陈家鑫以雷锋为榜样，业余时间打扫环境卫生，为群众治病，1979年获自治区团委"新长征突击手"称号。五队、七队、试验站团支部被评为大寨式先进团支部。五年来坚持在"三大革命"中整顿团组织，坚持"三会一课"制度，请部队首长、老干部、老工人进行革命传统教育，组织团员、青年到北暮盐场、樟木煤矿、贵县钢铁厂等地参观，接受教育。五年内，西江农场有584名优秀青年入团，有96名优秀团员入党，有一批德才兼备优秀青年被提拔为干部。1980年，团组织的活动进入一个新时期，思想政治教育以"坚持四项基本原则"为主要内容。结合学习党的十一届三中全会文件和叶剑英在国庆三十周年大会上的讲话，开展人生观讨论，促进爱党爱国热情，激发建设农场的积极性，全场团员青年出勤率达95%以上，平均劳动日达319天。对团员进行"做一个合格共青团员"的教育，受教育的团员518名，7名不合格的团员作脱团处理。

1981年，开展"三热爱"活动，结合实际进行爱场教育。年初响应党委提出每个职工储蓄60元支援农场建设的号召，全场团员、青年共储蓄11.08万元，其中团员平均每人储蓄72元，试验站团员周成愈储蓄450元。在开展"五讲四美"活动中，全场26个团支部组织团员、青年清理污水沟90米，挑泥铺路280平方米，冲洗卫生间、冲凉房45间，新建图书室1间，修建花坛9个。年内共发展302名新团员，评出四、五、六队和修造厂四个单位团支部为先进团支部，优秀团员164名，评出吴丽君、李绍国、陈理、邹引祥、任延武为生产能手，受到玉林地区团委表彰奖励，并推荐吴丽君出席1982年自治区团委召开的青年能手代表大会。团组织自筹经费5000多元，组织团员、青年到贵县南山、桂平西山、南宁、桂林等地过团日，并举办电影晚会。1981年"六一"儿童节，向全场7个幼儿班，11所小学赠送图书、木马、乒乓球、羽毛球、小篮球等节日礼物。

1982—1988年，国家经济建设进入新的发展时期，团的活动也不断创新。西江农场开展"振兴中华"读书活动，掀起"学习热""成才热"，进业余电大、函大、刊大学习，或脱产上成人大学、自费上大学等蔚然成风。组织6个团支部200多名团员、青少年，对场部公共场所进行清洁卫生，免费为群众体检，打防疫针，供应感冒药。兴办职工家庭农场以后，开展"多种能手""高产能手""新长征突击手"活动。朱其芳、韦展风获得"高产能手"称号。1985年，团组织会同工会、政工科以"西江大有希望""阳光照耀西江农场""振兴西江"为题进行征文，共有95名团员、青年投稿，从中选出优秀的征文登墙报和演讲，抒发青年热爱农场的感情和表达安心建场的决心。1986年，麻厂团支部被评为地区新长征突击队，方大克、李其英、李继鹏被评为地区新长征突击手。1987年，《人民日报》《广西日报》一个时期内登载许多反对资产阶级自由化、坚持四项基本原则的文章，团组织及时跟进，带领大家学习有关理论观点，自觉抵制资产阶级自由化思潮的侵蚀。学习、宣传党的十三大文件精神，理解社会主义初级阶段的理论。积极组织一大批青年职工参加全国职工法律知识竞赛及玉林地区法律知识竞赛考试。麻厂第二班团员在"双增双节"（增产节约、增收节支）活动中，带领青年工人抓好降低原料消耗，提高产品质量，生产指标和质量指标总分均达全厂第一。第二猪场团支部义务为猪场装卸猪饲料、维修道路。医院团支部组织团员、青年上山采药，降低医疗费支出。高中团支部开展尊师重教活动，为鼓励青少年更勤勉学习，举行了一次"百科知识竞赛"。1988年，共青团全国第十二次代表大会召开，团组织适时组织大家学习大会文件，宣传团员证制度的意义、进行团的基本知识教育。团组织在落实企业生产经营责任制过程中，带领青年职工参与企业民主管理，食品厂支部提出了十多项合理化建议，试验站支部广为宣传西江农场建糖厂，大家要多多发展甘蔗生产，国庆节及元旦前夕，由团委牵头，举行霹雳舞大奖赛和青年歌手大奖赛。

进入二十世纪九十年代，团的工作逐步进入量化管理新阶段，1991—1993年，西江农场共有21个团支部制订了《支部目标管理考评办法》的工作方案。1992年全场12个团组织650多名团员参加了学雷锋为民服务活动，共为群众修理自行车60辆，修理家用电器80多件，给鸡打预防针1200多只，义务照相60人次，理发40人，为群众提供各类技术咨询 50 多次。1993 年，在毛泽东主席题词"向雷锋同志学习"30 周年之际，场团委发出了"学雷锋，树新风"的活动，在 40 多个团组织里成立了"雷锋活动小组"，组织 300 多名团员青年组成了"学雷锋为民服务一条街"，把方便带给人民群众形成常态化。

1994—1995 年，西江农场团组织带领广大团员、青年克服自然灾害，投身到恢复生产、重建家园工作中。农场团委开展了学习《邓小平文选》活动，全场以团员青年为骨干成立 50 个学习小组，并以《邓小平文选》为主要内容，开展全场性的智力测验和知识竞赛。

2003 年，中小学剥离农场后，团员数量有所减少，团组织活动也随之减少。

2021 年 12 月 16 日，共青团广西农垦西江农场有限公司总支部委员会成立。2022 年，西江农场公司团总支部以中国共青团成立 100 周年为契机，组织带领广大团员、青年开展了建团百年系列活动，集中聆听了习近平总书记在建团 100 周年青年庆祝大会的讲话，并以"主题团日"活动的形式全面学习了中国共青团建团百年历史。组织 40 多名团员、青年投身到公司改革发展建设中，发挥青年力量，为职工群众服务解难题，为公司发展作贡献。

三、团员代表大会

1. 第一届团员代表大会 1954 年 5 月 30 日至 6 月 1 日在西江农场场部召开，会期 3 天，出席会议的正式代表 35 人。大会听取、讨论、通过了《在党的领导下，发挥党的助手作用，积极搞好生产，为建设好社会主义国营农场而奋斗》的工作报告。报告对前一个时期团的工作作了全面的总结，指出团内存在的几个主要问题、今后应有的努力等。大会选举产生了农场第一届团的委员会。大会通过了相应的决议。

2. 第二届团员代表大会 1955 年 2 月 23—25 日召开，会期 3 天，出席大会的正式代表 51 人。大会听取农场党委书记洪华、党委委员张振山的报告，讨论通过 1954 年一年来团的工作总结和 1955 年的工作安排，选举产生第二届团委会，选举出席广西省团代会代表；响应团中央"关于动员全国团员青年积极参加反对使用原子武器签名运动"的号召，大家踊跃签名。大会通过了相应决议。

3. 第三届团员代表大会 1956 年 6 月 30 日至 7 月 1 日召开，会期 2 天，参加大会的正式代表 106 人。大会听取农场党委书记马德良《关于当前团的工作》的指示，听取团委半年来的工作总结和会议闭幕的总结报告，选举产生第三届团委会和选举出席广西省团代会代表。大会作出"严格团的组织生活，艰苦奋斗，实现场的增产计划"的决议。

4. 第四届团员代表大会 1958 年 2 月 4—6 日召开，会期 3 天，出席大会正式代表 80

人，列席代表 3 人。大会听取和讨论农场党委书记马德良对团工作的指示和党委副书记王俊杰代表场党委给大会作的报告，团委书记陈海云代表第三届团委作《在党的绝对领导下，发挥革命青年干劲，为五八年农牧业大丰收而艰苦奋斗》的工作报告，大会通过了陈海云的工作报告。大会作出"贯彻执行团三届二中全会提出的'政治加技术，干劲加钻劲'的方针作为行动指南，确保生产任务按时按质完成"的决议。

5. 第五届团员代表大会　1959 年 1 月 25—27 日召开，会期 3 天，出席大会的正式代表 111 人。会议贯彻了西江农场第三届党代会、自治区团委桂林会议精神，听取场党委书记马德良、副书记王俊杰的报告以及团委书记陈海云代表第四届团委作《动员全场青年为实现五九年更大、更全面的跃进而努力》的工作报告。大会通过了工作报告，选举产生第五届团委会，选出出席自治区团委第三届代表大会代表 2 人，候补代表 1 人。大会通过了相应决议。

6. 第六届团员代表大会　1960 年 1 月 20—22 日召开，会期 3 天，出席大会正式代表 62 人。会议传达了自治区团代会精神，听取党办室主任金福赞"总结 1959 年团的工作，布置 1960 年任务"的报告，表彰、奖励先进集体、先进个人，选举产生第六届团委会。大会作出"开展总路线红旗手活动，组织毛泽东著作学习小组，开好'七好'支部活动"的决议。

7. 第七届团员代表大会　1961 年 2 月 9—10 日召开，会期 2 天，出席大会的正式代表 70 人。大会听取农场团委书记金福赞关于一年来团的工作总结报告，讨论和确定本年度的工作任务，选举产生第七届团委会。大会作出"坚决响应党八届九中全会号召，做大办农业、大办粮食的红旗手、突击手，以出色的成绩实现我场一九六一年的生产计划"的决议。

8. 第八届团员代表大会　1962 年 1 月 31 日至 2 月 2 日召开，出席大会的正式代表 85 人。大会听取农场团委书记金福赞关于一年来团的工作总结报告，讨论确定今后的工作，要求全场团员青年鼓足干劲，战胜困难，继续高举三面红旗，更好地发挥团的作用。大会选举产生第八届团委会，并通过了相应决议。

9. 第九届团员代表大会　1963 年 1 月 20—21 日召开，会期 2 天，出席大会的正式代表 80 人，列席代表 6 人，农场团委书记金福赞向大会作《传达第七届党代会精神，1962年团的工作总结和 1963 年工作意见》的报告，与会代表听取并审议通过了工作报告，大会选举产生第九届团委会，选举出出席自治区团代会代表。大会作出"广泛开展五好青年、五好支部活动，继续开展以阶级教育为中心的社会主义教育运动"的决议。

10. 第十届团员代表大会　1964 年 2 月 5—6 日召开，会期 2 天，出席大会的正式代

表 60 人。大会听取并审议了农场团委书记金福赞题为《动员起来，为争取今年农业丰收而奋斗——关于一年来团的工作总结，1964 年的任务》的工作报告，经讨论一致通过。大会选举产生第十届团委会，并通过了相应决议。

11. 第十一届团员代表大会　1971 年 5 月 18—23 日召开，会期 6 天，出席大会的正式代表 90 人。大会学习了毛主席有关青年工作的论述和指示，学习自治区第三次党代会和地区第一次党代会精神，听取农场党委副书记权正琨作报告，听取、讨论曾威夷代表农场党委整团建团领导小组作题为《高举毛泽东思想伟大红旗，沿着毛主席的革命路线胜利前进》的工作报告。大会选举产生了第十一届团委会，并通过了相应决议。

12. 第十二届团员代表大会　1974 年 6 月 21—24 日在场部召开，会期 4 天，出席大会正式代表 101 人，列席代表 8 人，特邀代表 6 人。大会听取革命烈士黄彰战友董长林讲述烈士生前事迹，听取农场党委书记权正琨《如何当好无产阶级革命接班人》的讲话，听取邓春芳代表第十一届团委作《沿着毛主席指引的金光大道阔步前进》的工作报告。大会学习党中央、毛主席有关指示，总结第十一届团的工作和分析当前团的组织建设问题，提出今后任务。大会通过了相应决议。

13. 第十三届团员代表大会　1979 年 11 月 15—17 日召开，会期 3 天，出席大会正式代表 156 人，列席代表 10 人，特邀代表 1 人。大会贯彻党的十一届三中全会精神，围绕党的中心工作转移。听取并审议甘增秀代表第十二届团委作的工作报告，讨论贯彻落实第十二届党代会提出的 1980—1981 年的生产发展计划，动员全场团员、青年争当新长征突击手，为尽快把西江农场办成农工商联合企业贡献出力量。大会选举产生第十三届团委会。最后，大会作出"贯彻《团中央关于在全国青年中开展争当新长征突击手活动的决定》，继续开展学雷锋，树新风的活动，进一步加强团的思想建设和组织建设"的决议。

14. 第十四届团员代表大会　1982 年 5 月 24—26 日召开，会期 3 天，出席大会的正式代表 129 人，列席代表 27 人，特邀代表 2 人。会议主要内容：传达、贯彻党的十一届六中全会精神和共青团中央十届三中全会精神，听取离休干部、原场党委副书记侯林传统教育报告和农场党委副书记、场长刘光汉的指示，听取先进团支部、青年生产能手和优秀团员的经验介绍，听取、审议、通过甘增秀代表第十三届团委作的工作报告。大会选举产生第十四届团委会。大会向全场青年发出"继续深入开展'五讲四美'活动；自觉维护社会治安，促进安定团结，做遵纪守法的模范；开展丰富多彩的文体活动"的倡议书。

15. 第十五届团员代表大会　1986 年 6 月 25—27 日召开，会期 3 天，参加大会的正式代表 96 人。会议主要内容：听取农场党委书记袭普贵题为《在困难的时候要看到光明》的讲话，听取、讨论全家健代表第十四届团委作题为《团结一心，建功立业，为农场尽快翻身献青春》的工作报告，听取机械厂、场部中学团支部及一种猪场、场高中团员代表经验介绍。大会选举产生第十五届团委会，评选出 1985 年度优秀团员、团干。大会向全场青年发出倡议书："立足本职工作，提高政治、文化、科学、技术水平，投身改革，争当改革标兵，积极参加义务劳动和文体活动，自觉维护社会公德、社会治安，做学习法律，遵纪守法的模范。"

16. 西江农场公司团总支第一次团员代表大会　2021 年 12 月 20 日召开，会期半天。出席大会的正式代表 49 人。大会按照民主程序选举出邓兆鹏等 5 人组成第一届团总支部委员会，选举邓兆鹏为团总支部书记，朱芝芝为副书记，选举出席广西农垦集团第一次团代会代表。

表 3-8　西江农场团委领导

姓名	性别	职务	任职时间
陈海云	男	青年团工委书记	1953—1956
陈海云	男	共青团书记	1957—1959
金福赞	男	书记	1960—1965
邓春芳	男	书记	1971—1974
周正广	男	书记	1975—1979
甘增秀	男	书记	1980—1981
汤汉金	男	书记	1982—1983
蔡卓钢	男	书记	1984—1985
全家健	男	书记	1986—1986
张秉新	男	书记	1987—1991
杨立军	男	书记	1994—2008
徐杰荣	男	副书记	1994—2002
刘显煌	男	副书记	1994—2002
邓兆鹏	男	共青团总支部书记	2021—今
朱芝芝	女	共青团总支部副书记	2021—今

第四节　工会组织

一、工会的建立和发展

西江农场建立初期，有工会会员 80 人。1954 年 3 月，委任李守德为工会主席，当年 8 月成立了场工会及下属 9 个基层委员会，新发展会员 310 人，会员总数达 390 人，占全场职工总数 600 人的 65%。

1955 年 8 月，西江农场工会委员会由原来 2 名专干增加到 4 名，工会小组长有 421 人，全场工会会员增至 1633 人，占全场职工总数 3440 人的 47.5%。

1956 年 6 月，西江农场工会属下建立 7 个分会，11 个支会，120 个小组，全场有工会会员 2743 人，占全场职工总数 3060 人的 89.64%，有工会积极分子 215 人，并于 11 月份，按照上级工会布置换发新会员证。1958 年至"文革"前夕，工会的基层组织及会员人数，基本保持稳定状态。

1966 年初，召开了西江农场第十届工会会员代表大会，成立了"工代会"，由徐受英任"工代会"主任。在"文革"开始以后，工会的正常活动受冲击。1968 年 6 月成立"场工会常设委员会"代行工会工作。1970 年 7 月，第十届党员代表大会召开，重新成立中共西江农场委员会。1972 年开始对工会进行整建工作，对原来的老会员进行登记，计有 2703 人，新发展会员 817 人，全场工会会员共达 3520 人。1973 年 6 月召开第十一届工会会员代表大会，重新成立农场工会委员会，下属设立 20 个基层工会，全场工会会员人数占全场职工总数 3986 人的 88.3%。

1986 年，西江农场 5000 多职工中，有工会会员 4500 多，会员人数达到职工总数 90%。当年，有 9 个基层被评为先进工会，有 232 名会员被评为工会积极分子。

自 1993 年 12 月召开第十五届工会会员代表大会以后，至 2013 年未召开过会员代表大会。其间，2009 年 3 月，补选蒋建英任场工会副主席，负责工会常务工作。

2014 年 7 月 15 日，召开西江农场第十六届工会会员代表大会，通过依法民主选举产生新一届工会委员会，选举吉文星为工会主席，周伟庆为工会副主席；选举产生 3 名经费审查委员会委员，选举林少明为经审主任；选举产生 3 名女工委委员会委员，选举周伟庆为女工委主任。

2019 年 10 月 30 日，根据贵港市总工会《关于广西农垦西江农场有限公司工会第一届委员会、经费审查委员会和女职工委员会候选人的批复》（贵工组〔2019〕162 号）要求，西江农场公司工会召开会员（代表）大会（图 3-2），应到会 81 人，实到会 81 人，其中女会员 21 人。这是公司改制后召开的第一次工会会员代表大会，根据大会选举办法，工会委员会实行差额选举，委员差额 1 人，经费审查委员会和女职工委员会实行等额选举。经大会不记名投票，选举王东波、邓兆鹏、邓德平、韦勇教、何国永、李锦锋、杨丹、杨梓明、周伟庆、周汝辉、周展华、钟庆凤、莫光宁、梁港、詹西宁等 15 人为广西农垦西江农场有限公司工会第一届委员会委员；选举邓兆鹏、钟庆凤、梁颐婷 3 人为广西农垦西江农场有限公司工会第一届经费审查委员会委员；2019 年 10 月 30 日召开女会员（代表）大会，应到会 21 人，实到会 21 人，经大会不记名投票，选举杨丹、陆贞贞、周伟庆 3 人为广西农垦西江农场有限公司工会第一届女职工委员会委员。

图 3-2　2019 年 10 月 30 日，广西农垦西江农场有限公司工会第一次会员代表大会

2019 年 10 月 30 日召开广西农垦西江农场有限公司工会第一届委员会第一次全体会议，应到委员 15 人，实到委员 15 人，经大会不记名投票，选举邓德平为工会委员会主席，选举周伟庆为工会委员会副主席。

2019 年 10 月 30 日召开广西农垦西江农场有限公司工会第一届经费审查委员会第一次全体会议，应到委员 3 人，实到委员 3 人，经大会不记名投票，选举梁颐婷为经费审查委员会主任。

2019 年 10 月 30 日召开广西农垦西江农场有限公司工会第一届女职工委员会第一次全体会议，应到委员 3 人，实到委员 3 人，经大会不记名投票，选举周伟庆为女职工委员会主任。

2020 年西江农场公司员工有 1013 人，3 月成立工会分会组织 16 个，有会员 1009 人，入会率达 99.6％。

2021 年西江农场公司员工有 939 人，会员 936 人，入会率达 99.7％。

2022 年西江农场公司员工有 885 人，会员 882 人，入会率达 99.7％。

二、广泛开展工会活动

西江农场工会遵照全国总工会制定的工作方针，加强职工思想教育，围绕各个时期党政工作中心，和团组织互相配合，发动职工积极投入生产，开展社会主义劳动竞赛和先进生产者运动，为职工谋福利等，取得较好成效。

1954—1956 年，西江农场工会协助农场相关部门，兴建职工宿舍、卫生所、小学、幼儿园、合作社、图书室、设立成人业余学校，配备专职教员 6 人，参加学习的有初小 21 个班 754 人，高小 14 个班 724 人，初中 4 个班 249 人，在全场职工中提高文化水准。元旦、五一劳动节开职工运动会，选拔和组织篮球队参加广西省运动会。工会过细做群众工作，建立互助储金会，组织家属开展生产。工会小组里由党小组长、行政小组长、工会小组长、团小组长、小组记录员建立小组核心领导，开展小组或个人劳动竞赛，提高农场生产效率。从总场到各基层工会组织，都建立合理化建议委员会或小组，带领职工改进工具，减轻劳动强度，提高工作效率。

1960 年，西江农场工会为职工解除后忧之虑，为下属基层单位办托儿所。发动会员和广大职工义务积农家肥、种树，共积肥料 13720 立方米，种植各种树 94341 株。1961 年春播前，发动全体职工突击积肥，奋战 5 天时间，积肥 52400 多立方米，实现了党委提出的"日积万方肥"的号召，涌现出 947 个日破 10 立方米的积肥突击手。当年，全场总人口（包括东山、旺华）12209 人，在工会的努力下，开办业余扫盲班 10 个班，高小班 27 个班，初中班 10 个班。

1962 年，根据自治区总工会召开的"组工会议"精神，西江农场基层工会委员会设生产、宣传、组织、生活福利、女工、家属、财务等委员，并制订有各委员的工作条例及工会小组长的工作条例。结合当前实际，向青年女工进行"三关"（恋爱、结婚、生小孩）教育及和睦团结家庭教育、晚婚和节育教育，对家属进行勤俭建国、勤俭持家教育，并协助行政做好女工四期保护工作。当年，青壮年职工参加业余文化学习的有初小 2 个班 67 人，高小 8 个班 215 人，初中 2 个班 55 人，业余文化学员共达 337 人，占职工总数 10.2%。

1963 年，西江农场工会贯彻上级工会指示，落实"生产、生活、教育"三位一体的工作方针，加强职工思想教育。在农场党委的统一领导下，战胜八十年一遇的大旱灾，取得农业丰收，平均每人生产谷物粮食 2102 斤（按农业工人人口计算则为 3632 斤）。至 1964 年，深入开展学雷锋活动，学习区内活雷锋韦江歌"栽树不乘凉"的精神，以及树立学习本场四队拖拉机手杨芳林的先进事迹，让大家学有榜样。

1972 年，西江农场着手对农场工会进行整顿，使工会组织增强党的观念，自觉接受党的领导，进一步明确工会的工作性质、任务、方向。

1973—1978 年，西江农场工会工作进入一个新阶段。1973 年 6 月，召开第十一届工会会员代表大会，成立了新的一届工会委员会。新一届场工会按当时要求，组织职工学马列主义、毛泽东思想，学习文化科学知识，开展技术革新，提高工作效率。1978 年全场开展先进评比活动，1033 名职工被评为先进生产（工作）者，其中有 11 人事迹突出被树为标兵。从 1973 年场基层工会委员会成立以后，多年来协助党、政做思想教育工作，提高思想觉悟，至 1978 年有 262 名工人加入中国共产党，677 名青年工人加入共青团，253 名工人被提为干部。

1979 年 1 月 19 日，西江农场召开 1978 年度先进集体、先进个人代表大会暨职工代表大会，贯彻党的十一届三中全会精神和全国国营农场工作会议精神，把工作转移到以生产为中心，以管理为重点的方针上来。还组织工会干部学习邓小平在全国总工会"九大"的致词，遵循"九大"制定的工会在新时期的基本方针，为实现新时期总任务积极开展工作。

1980—1985 年，西江农场工会工作均按照全总"九大"制定的路线方针开展活动。1980 年 2 月 27 日召开 1979 年度先进集体、先进生产（工作）者表彰暨职工代表大会，传达中共中央副主席邓小平的重要讲话及自治区农垦局 1979 年度先代会精神。为了充分发挥工人阶级在社会主义物质文明和精神文明建设中的主力军作用，加强企业中工人阶级的主人翁地位，12 月 2 日正式建立党委领导下的职工代表大会制度，12 月 24 日召开农场首届职工代表大会，通过了《西江农场职工代表大会制度（试行草案）》。1983 年，农场实行大包干经济责任制，进一步又兴办职工家庭农场，工会工作随着农场的经济体制改革，遵循全国总工会第十次代表大会制定的工作方针"以四化建设为中心，为职工说话办事，维护职工合法权益，加强对职工的思想政治教育和文化技术教育，建设一支有理想、有道德、有文化、守纪律的职工队伍，充分发挥工人阶级在社会主义物质文明和精神文明建设中主力军作用"，鼓励广大职工劳动致富。1984 年，开展"勤劳守法致富"劳动竞赛，工会给勤劳守法致富户送对联、戴红花。当年，用工会经费建成工人文化宫一座，修建灯光球场和兴建一座农贸市场，建立福利站，在工会关怀下，安排残疾青年林小燕参加工作。1985 年开展粮食高产能手竞赛，亩产一造超 700 斤的能手有 7 人。工会提议队干和科技人员在技术上扶助职工致富，建立扶贫致富联系户，有 6 名干部、科技人员实施成绩显著获奖。当年，选送 48 名职工到有关院校培训，输送 14 人次炊事员参加县、地区培训，输送 10 人次幼师到县、地区和自治区参加短训。为进一步完善农场职工民主管理制度，制订了《职工代表大会实施方案》，建立、健全了民主管理机构。

1986 年，西江农场工会组织开展创文明建设先进单位及精神文明建设清洁户活动，共评选出 7 个创文明建设先进单位，74 户精神文明建设清洁户。

1987 年，西江农场工会抓紧"建家"工作，努力把工会办成职工之家。评选出工会积极分子 82 名，工会并举行"提建议征文竞赛"以及开展柑果、剑麻、水稻上交产品劳动竞赛，工会的活动渗透到农场的生产、生活、工作的各个领域。为进一步明确企业党政工三者之间关系，在改革开放新形势下搞好工会工作，组织了91人参加"三个条例"学习班，理解和明确了党组织、企业厂长、工会、职代会各自的职责权限。当年，为响应政府提出的殡葬改革号召，发动职工落实殡葬措施，被评为贵县殡葬改革先进单位。农场工会被玉林地区工会评为"先进职工之家"，有39名工会积极分子获地区工会办事处奖励。

1988年，西江农场为进一步丰富职工文化生活，年初购买了一台录像机、一台摄像机。为进一步把农贸市场建设得更好、更方便群众，修建了市场公路旁边排水沟，又铺设好办公大楼直往文化宫的水泥路。工会还关心下一代小学生的安全，着重解决边远生产队小学生上"联小"念书交通困难，购买一部职工生活福利车。

据统计，1986年10月至1988年10月的两年内，到文化宫参加活动的西江农场职工有12.4万人次，举办篮球赛250多场，舞会30多场。为适应场部召开各种较大型会议，以及业余教学、职工培训等需要，于年底投资5万元（其中自治区总工会资助5000元）建成一间360平方米的文化室。

西江农场工会根据《工会法》和《工会章程》有关规定，切实履行"参与、维护、建设、教育"的职能，充分发挥党政联系职工群众桥梁和纽带作用，为企业分忧，为群众解愁。1989年12月，农场工会投资24.9万元，开办"西江农场福利纸类制品厂"，采用以订待销的经营方式，为残疾人谋福利。全厂定员70人，其中管理人员8人，后勤人员4人，生产工人58人，其中安排有劳动能力的残疾人21人，占生产人员36.2%，工会积极开展活动惠及残疾人的福利。

1991年，西江农场工会了解到农场医院留医部设施不足，影响职工病人留医治病，及时用工会经费购买了100床蚊帐、100张草席送到医院，使留医的病人条件得到改善。同时工会还会同场领导——查访全场体弱病残的职工，20多名弱病人员从当年起享受到了病休待遇。同年9月，在工会大力参与支持下，农场增设了幼儿日托服务项目，解除职工后顾之忧。1991年12月，当时液化炉货源缺乏，职工生活带来不便，场工会急职工之所急，多次外出到广东省茂名交涉，为全场21个单位的260户职工购买了260台液化炉，免费为群众进货及办理入户手续。最后，工会又申办了一个供气站，把方便带给职工，为职工服务。

1992年，西江农场工会在不断加强自身建设同时，进一步增强为职工服务的自觉性和主动性。积极发展第三产业，场工会利用农场区位优势，先后办起了粮油店、小商品房出租，还鼓励工会下属单位搞创收，既便利职工生活，又增加工会收入，全年共创收30多万元，增加了工会活力。为职工办好事、实事，年内投入4万多元，帮助三队、四队等

6个单位安装闭路电视接收站，提高职工文化生活质量。由工会牵头投入1万元，开办一个以舞会、茶座为主的娱乐场地，丰富职工文化生活。鉴于西江农场工会开展活动很有创意，1993年9月，自治区农垦工会在西江农场召开了现场经验交流会，西江农场工会模式得到大家肯定，并作为全国农林工会工作会议的典型材料推广。

1993年，西江农场工会加大发展职工加入工会力度，当年共发展工会新会员135人，至此，全场职工入会率已达95％，场工会被大家认可为"职工之家"。

1994年，西江农场工会在特大洪灾袭来之际，积极配合党政开展工作，工会干部坚持和场领导一起，带领职工奋战在防洪、抢险、救灾第一线上，工会拍摄的抗洪救灾图片，鼓舞人们斗志，有12幅被贵港市采用为典型展览和画册用稿。至1995年，场工会围绕农场"振奋精神，恢复生产，重建家园"的工作重心，积极参与灾后重建工作，深入生产第一线发动职工生产自救，加大甘蔗种植力度，还根据灾后的实际困难，帮助91户困难职工解决生活问题。

1996—2000年，西江农场工会突出维护职能，积极参政议政，配合场领导，动员全体职工，与企业签订劳动合同，建立劳动关系。1996年全场与企业签订劳动合同的员工共3097人，按劳动法规实施了全员劳动合同制，实现了劳动用工的双向选择。在全场范围内建立困难户档案，开展一对一扶贫帮困活动，同时多方调查了解下岗职工的现状，如实向党政领导反映情况，并积极推动安置下岗人员再就业。工会为开好职代会，在职工中广泛征集议案提案，规范提案的处理程序；积极参与企业民主决策，推进场务公开落到实处做了大量实事。关心女职工身体健康，几年来协同医院对场属36个单位进行妇女疾病普查，受检妇女1200多人，查出不同类型的妇科病273人，患病女工得到了及时治疗。

2001—2008年，西江农场工会的工作重点是实施"送温暖工程"，强化职工最低生活保障落到实处。2001年，给特困职工家庭100多户补助2万多元，资助孤儿上学2800元；2002年，根据政府实行城市居民低保有关规定，工会对全场困难人群认真核实调查，年底进入低保的职工、家属3180人，补助资金16.2万元；2003年获享受低保人数1980人，补助金额25.2万元；此后每年进入低保人数约在2000人左右，年均获补助金额28万多元。发动职工"献爱心"体贴困难人群，每年因病住院的职工，工会都去"送温暖"，把关怀送到病床前，送慰问品和慰问金。2006年，发动职工捐款，向遭受洪涝灾害严重的兄弟单位捐款6500元，给考上大学的困难户职工子女送助学金6000元。围绕农场的经济发展目标，场工会一班人有针对性地下分场，发动职工多种蔗，创高产，为农场增效、职工增收做贡献。

自 2009 年开始，西江农场工会按照新时期的工会工作方针，开创工会工作的新局面，让农场每一位职工都找到归属感。推动和谐企业建设，深化人文关怀：2010 年春节，农场工会会同党委、行政给职工"送温暖"，慰问困难职工 72 户，发放慰问金 2.16 万元；补助特困职工 12 人，支付救济金 3900 元；慰问留医住院职工 45 人，发放慰问金 8500 元；争取地方政府支持，加强社会保障力度，年内进入低保的职工、家属 2538 人次，享受低保金 83.58 万元；坚持不懈为职工办理医疗保险服务，职工参保份额共达 1473 份，职工医疗保障覆盖面几乎惠及全员职工；做好对外捐款献爱心，组织职工群众向青海玉树灾区人民捐款，参加人数 2753 人，捐款 37256 元；发动职工为见义勇为捐款，全场 951 参加，共捐款 19437 元。凝心聚力丰富职工文化生活：工会通过开展丰富多彩的文体活动，使广大职工在紧张工作之余得到精神上的享受。每年春节期间，场里都拿出近万元资金举办各种文娱活动，有迎春游园、知识竞答、套活鸡活鸭、套啤酒饮料、摸实物奖励等。工会还组织老年人和妇女的专项活动，开展地掷球、门球比赛和趣味性游戏，让老年人老有所乐；欢庆"三八"国际妇女节，开展女职工专项竞技活动，参加比赛的妇女达 500 多人；"五一"国际劳动节，农场拨款 6000 元，举办气排球、乒乓球、羽毛球比赛，250 多名职工报名参加角逐。2011 年国庆节期间，农场拨出资金 10 万元，工会组织了篮球、钓鱼比赛，举办了文艺晚会，全场实施送文艺、送科技、送法律下基层，到分场慰问演出。服务大局开展劳动竞赛：场工会围绕农场制订的经营管理方案、经济发展目标以及全场的甘蔗产量任务，开展"甘蔗种植良种化"和"地膜杯"劳动竞赛，全场 1800 多个承包岗中，盖膜的甘蔗地面积将近 1 万亩，有 103 个岗分别评上一、二、三等奖。通过劳动竞赛活动，进一步促进科学种蔗的广泛开展，为甘蔗高产打下基础。贯彻落实《妇女权益保障法》，做好妇女工作：场工会继续抓好宣传贯彻《劳动法》《婚姻法》《妇女权益保障法》等有关维护女职工权益的法律、法规，落实女职工劳动保护的有关规定，关爱女职工的健康。2010 年 6 月，在贵港市计生委的支持帮助下，对西江农场所属单位 3000 多名妇女进行免费体检和妇科病普查，对有疾病妇女及时治疗，为农场聚精会神发展经济创造和谐的社会环境。

2014 年上半年，健全了四分场、七分场、八分场的幸福家园的设施配套和书籍的投入。向自治区计卫委、港北区计生局申请，增加五分场、旭远公司两个点，建立"幸福家园人口计生服务室""新家庭文化书屋"。帮助 61 对育龄夫妇办理了《计划生育服务手册》，为 41 名低保户的独生子女免费进行爱心续保。有一户独生子女的父亲死亡，获得了贵港市计生委和自治区计生委拨付的 3 万元保费，为失去父爱的独生子女家庭解决了一部分的困难。上半年为全场 475 名 1~18 岁的独生子女发放了"六一"补贴资金 21960 元。

图 3-3 妇女健康知识讲座

2015 年 4 月，西江农场组织召开职代会，听取和审议通过场长工作报告，财务决算预算报告，2015 年经营管理实施方案，签订 2015 年目标责任书；在职代会上企业与职工集体协商，签订两份集体合同及女工权益保护专项协议（一份是集体劳动合同、一份是企业工资集体协商合同），合同期限为 1~3 年。组织职工代表对场领导班子以及班子成员进行年度考核和民主测评。在第 52 个"学雷锋纪念日"和第 16 个"中国青年志愿者服务日"，场工会与社区卫生服务中心共同举办"生命有爱、健康同行"为主题的学雷锋实践活动，组织 70 多名志愿者开展志愿清扫活动。在西江社区，志愿者联合西江社区卫生服务中心给广大职工群众量血压、免费提供医疗卫生知识手册。从爱心基金中拨出 2000 元，群众自发组织捐款共计 9430 元，帮助身患重大疾病的七分场职工周伟红。1658 户职工参与"地膜杯"劳动竞赛活动，在"七一"表彰会上分别对盖膜最多的单位以及个人竞赛的前十名共 33 人进行表彰。当年获自治区良种双高推广补贴 20 万元，农机深松整地作业补贴 43 万元，这些补贴直补到承包户手中。在"三八"妇女节、五一劳动节、"七一"建党日、国庆节等，组织干部群众开展一系列的庆祝比赛活动。举办"爱岗敬业无私奉献"为主题的道德讲堂活动，参加人数 200 多人。主要是讲述吕辉三十年如一日地在平凡的岗位上做出不平凡贡献的感人故事。参与"美丽广西、生态农垦"活动，截至 11 月，全场共组织开展"三清洁"活动 153 次，累计出动人数 5200 多人次，清扫道路 4 万多米，清洁家园 45000 平方米，清运垃圾约 5400 吨，制作大型户外广告牌 3 块，悬挂宣传横幅 21 条。13 个分场争取到财政资金 156 万，共种植苗木 1943 株，乔木 4532 株，灌木 6981 株，绿化面积 65.3 亩。7 月，西江农场工会获得广西壮族自治区总工会颁发的"广西五一劳动奖状""全区企业工会红旗单位""全区模范职工之家"等荣誉称号。

2016年3月8日，西江农场工会邀请贵港市妇幼保健院保健部医务人员来农场进行讲课，指导青年夫妇如何开展优生优育、妇科病的防治与保健等科普知识。联合西江分院在农场文化广场举办一场大型健康知识宣传会，现场有500多人积极参与健康知识咨询。协助妇幼保健院社区服务中心每月定期到各个分场进行巡回义诊，把卫生服务送到老、弱、病、残职工家属手中。2月份工会组织管理人员分别举办两场迎新春卡拉OK联欢会。全场170多名管理人员参加。举办一场迎新春年会和气排球比赛活动。元宵节举办一场"美丽西江、和谐绿城"广场舞演出。妇女节举办齐心协力向前走、夹乒乓球接力赛、踢毽子入圈接力赛。协助老龄办举办"三八"妇女节游园活动。五一劳动节场工会举办乒乓球、羽毛球、钓鱼比赛。参加贵港市"中国梦、荷城颂、巾帼风"广场舞大赛暨《反家庭暴力法》宣传月启动仪式，参赛节目《多嘎多耶》荣获三等奖。组织农场社区各文艺爱好者组队参加贵港市成人组交谊舞大赛获第一名。参与由港北区文体局举办的"两学一做铸党魂、同心共筑中国梦""文艺进万家、共筑中国梦"等四场文艺进社区演出。国庆节期间举办庆祝新中国成立67周年文艺晚会和送文艺、送科技、送法律下分场活动。

2017年春节期间，西江农场工会举办了庆新春游园活动、还举办管理人员迎新春竞技比赛。妇女节举办趣味游园活动，开展集体跳绳、齐心协力向前走、夹乒乓球接力赛。五一劳动节举办拔河比赛，十八个分场的工会会员参加，男、女队员比赛选手达300多人。联合社区卫生服务中心免费为广大育龄夫妇体检。10月，举办"喜迎十九大，舞动西江"广场舞大赛，有21个队参与。10月份与兄弟垦区单位良垌农场联合举办"建设新农垦 共筑中国梦"联欢晚会，演员达200人。9月代表农垦工委参加自治区"喜迎十九大 感恩祖国"歌咏比赛，荣获三等奖。参加贵港市委宣传部组织的"我邀明月颂中华"——喜迎十九大诗词朗读比赛，荣获三等奖。组织社区文艺爱好者参与贵港市送文艺下基层周周演活动，在贵港市几大社区、民族公园共举办了四场义演。5月份对全场工会会员发放生活用品。开展学雷锋志愿者服务活动，帮助60岁以上的老年人加入12349为老服务平台。开展"巾帼文明岗""孝老爱亲"道德模范、"五一劳动奖章"的创评活动，在推荐自治区第四届"孝老爱亲"道德模范候选人、贵港市开展的"巾帼文明岗""五一劳动奖章"的创评活动中，推荐机关党委办、场部幼儿园园长韦勇文、水电厂班长吕辉，申报"巾帼文明岗""孝老爱亲"道德模范、"五一劳动奖章"等。吕辉荣获自治区"勤廉榜样"称号，韦勇文荣获"孝老爱亲"道德模范称号。参与自治区党委宣传部、贵港市文明办组织的"图说我们的价值观"公益广告作品参评工作，有4幅作品参评。开展"我们的节日"活动,在清明节、端午节下发有关文件,引导工会会员传承传统文化和爱国主义精神,营造崇尚文明和谐向善的良好社会氛围。组织女工会会员 10 人参加贵港市荷美女性大讲堂活动。

2018 年,西江农场工会为 2 名失独家庭、2 名独生子女重度残疾家庭办理有关国家特别扶助补贴,提高对困难家庭的扶助能力和幸福指数。落实企业职工独生子女父母退休计生奖励政策,为 170 名 1~18 岁独生子女发放保健费 16620 元。春节期间举办庆新春游园活动、管理人员迎新春竞技比赛。"三八"妇女节举办集体跳绳、齐心协力向前走、背靠背夹气排球接力赛趣味游园活动。五一劳动节举办拔河比赛,全场 19 个单位职工参加,男女队员比赛选手达 300 多人。联合社区卫生服务中心免费为育龄夫妇和 60 岁以上的老年人免费体检,建立家庭医生签约制。9 月 28 日,举办"不忘初心跟党走,凝心聚力谱新章"国庆文艺晚会。在农场召开的党建工作经验交流会期间举办一场以"广西农垦党旗"为主题的文艺晚会。9 月,代表农垦工委参加自治区"我邀明月送中华"爱国诗词朗诵比赛,荣获三等奖。参加市国资委举办的《唱红歌颂党恩》歌咏比赛,荣获二等奖。参加贵港市委宣传部组织的"我邀明月颂中华"——喜迎十九大诗词朗读比赛,荣获二等奖。组织工会会员参加市总工会举办的拔河比赛。组织社区文艺爱好者参与贵港市送文艺下基层周周演活动,在贵港市几大社区、民族公园共举办 9 场义演。组织职工参加广西职工医疗互助保障,2018 年参保人员达 632 人。有 45 人次获得患大病住院医疗共计 146633.73 元的赔付资金,为患病职工减轻医疗费用的支出负担。为全场 46 户(960 人次)低收入家庭申请低保救济金,共获政府补贴资金 335040 元。为 6 名低保户家庭的独生子女免费购买爱心保险,争取为 2 户失独家庭的父母及 2 户独生子女重度二级以上无劳动能力的父母每人年 11020 元的国家扶助资金,共计 77140 元。在元旦春节期间上门慰问离退休干部 2 人,退休场级干部 6 人、困难职工 79 人,共计资金 52000 元。救助特困职工 13 人,发放救济金 5300 元。与贵港市总工会工作人员慰问年老患病的劳模岑少英。周启美、陈少海、岑少英三位劳模各获得市国资委 2000 元,陈少海、岑少英各获得市总工会的 10000 元困难慰问金。开展职工书法、摄影比赛活动,职工积极参与投稿,农场工会还把获得优秀奖的作品经过装裱后在农场的文化体艺馆展出。

2019 年 10 月 30 日,西江农场有限公司召开首届会员代表大会。会议选举产生公司第一届工会委员会、经费审查委员会和女职工委员会。公司第一届工会委员会一次会议选举产生了公司第一届工会委员会主席、副主席,切实健全组织机构,加强组织领导。对工会组织进行调整,将原有 30 个分工会缩减至 16 个分工会。做好会员吸收工作,截至 2019 年底,会员总数达到 1096 人,入会率达到 100%。公司工会慰问困难职工、党员 86 人次,发放慰问金 51600 元，慰问因病住院会员 3 人次，送上慰问金 3000 元。组织发放会员物品合计金额 30 余万元。选派公司"全国岗位学雷锋标兵"吕辉参加市总工会组织的疗养活动，赴湖南灰汤温泉疗养院进行疗养。共有 642 人参加 2020 年职工医疗互助保障。2019 年公司工会共为 54 人次办理互助医疗报销工作，累计报销医疗费用 130585.86 元。在元旦春节期间组织开展迎春书画展和送春联下分场活动，在国际劳动妇女节、五一国际劳动节和国庆节组织开展气排球比赛、拔河比赛以及其他各种趣味竞赛活动，在中秋节和"七一"建党纪念日，组织参加贵港市举办的诗词朗诵比赛和文艺汇演活动。7 月 1 日，以协助公司党委开展"不忘初心、牢记使命"主题教育为契机，在农场红色广场组织开展"七一"唱响主旋律快闪活动，庆祝建党 98 周年。9 月 29 日，开展庆祝中华人民共和国成立 70 周年组织的文艺晚会。

2020 年 3 月 4 日，西江农场公司召开 2020 年工会委员会第一次专题工作会议，组织学习《中华人民共和国工会法》《中国工会章程》，审议《西江农场公司工会 2020 年工会经费收支预算》；7 月 2 日，召开公司第一届职工代表大会暨第一届第二次会员代表大会，传达农垦集团党委《关于选举广西农垦集团工会第一届会员代表大会暨第一届职工代表大会代表的通知》精神，选举出席广西农垦集团公司工会第一届代表大会暨第一届职工代表大会代表，开展基层工会职工之家和工会干部评议活动。建立和完善工会分会，共有 16 个分工会，各分工会选举分工会主席和分工会委员；依法办理工会法人资格证书，明确工会的组织法律地位；鼓励职工入会，2020 年公司有职工 1013 人，加入工会组织 1009 人，入会率达 99.6%，收取会费 58050 元，会费收取率 100%；组织工会组织和工会会员实名制信息采集工作，完善工会组织和会员信息。开展职称评定，共有 5 人参加并通过职称评审工作，其中高级和副高职称各 1 人。开展捐助慰问，219 名职工党员向抗击新冠肺炎疫情一线工作人员捐款 19048 元；9 月，发动职工党员捐款 1840 元援助覃塘区三里镇隆兴村石牛屯的分散供养户（原称五保户）李冠金建设房子。春节和"七一"期间，慰问离退休场级领导干部和困难党员、困难职工 51 人次，发放慰问金 34700 元；慰问因病住院员工 2 人，送上慰问金 2000 元；用爱心基金给 1 户因病致困职工家庭送上慰问金 1000 元。为会员发放节日慰问品 471634.4 元，其中五一国际劳动节前夕，为会员购买发放保温饭盒，共 196755 元；在中秋国庆双节前夕，组织购买扶贫产品 274879.4 元。组织一线员工 4 批次 6 人次赴防城港、桂林、桂平等地进行疗休养；发动会员参加职工医疗互助保障，2020 年共发动会员参加职工医疗互助保障 642 人，截至当年 11 月 11 日，有 42 人次办理职工医疗互助保障报销手续，共报销医疗费 98284.65 元。定期走访了解劳模尤其是困难劳模家庭情况和身体健康状况，组织劳模参加体格健康检查；深入全国在档困难职工张子世家庭进行走访调查，详细了解其当前的生活状况和收入情况，对照解困脱困有关标准要求，进行政策讲解和思想开导，最终将张子世列入 2020 年解困对象；邀请广西农垦保险代理有限公司到公司举办讲座，传授健康保健知识，增强职工保健意识和保险意识，购买医疗保险、意外保险等，提高职工人身保障和抗风险能力。春节前夕，组织开展送春联下分场活动、游园活动、迎春座谈会、迎春气排球比赛和其他趣味竞赛活动，国庆节前组织"迎中秋·庆国庆"气排球比赛。10 月 23 日，组织宣讲团参加农垦集团举办的"最美奋斗者"汇报宣讲报告会，分别讲述"爱岗敬业"模范吕辉和"孝老爱亲"模范韦勇文的先进感人事迹。新冠疫情防控期间，公司工会向职工宣传抗疫知识，发放宣传单 10000 余份；组织职工 500 余人次在各个主要路口设置检查哨，对进出车辆和人员进行消毒和测试体温；协同西江社区工作人员入户排查 1000 余人次；对公共场所和办公室区域消毒 10 余万平方米。组织员工参加全国"安康杯"安全健康意识与应急技能知识普及竞赛活动，开展"安全生产月"和"安全生产西江行"活动，定期开展安全生产检查。探索新形势下开展职工技能培训的模式、方法和路子，创新技能培训模式。依托党建品牌建设平台，创办"特色农校"，组织有农业技术专长的人员组成专家组，采取"室内＋室外""理论＋实践""自授＋外授"等模式对蔗农在良种良法、技术指导、生物防治、机械化耕作、肥料的使用等方面进行指导帮扶，实现了甘蔗稳产高产、农业稳固、分场稳定"三稳"的目标。宣扬先进典型吕辉，他先后荣获"全国岗位学雷锋标兵"（2019 年广西壮族自治区唯一获得此殊荣的个人）、广西壮族自治区优秀共产党员、广西勤廉先进个人、八桂先进人物等荣誉称号，其家庭被评为 2019 年度广西"最美家庭"。10 月 23 日，农场公司"最美奋斗者"宣讲汇报团在广西农垦集团总部对吕辉的先进事迹进行汇报宣讲，在垦区广大干部职工中引起强烈反响。

2021 年，西江农场公司工会倾力打造"六个家"，提升职工的政治感、获得感、幸福感、归属感、主人翁感和荣誉感。

倾力打造"红色之家"，职工政治感明显增强。加强红色阵地建设，投入近 100 万元把原农场红色广场进行升级改造，在西江故事、党建、廉政文化、孝道文化、社会主义核心价值观等五个板块的基础上，增设中国精神、中共党史等板块。在 17 个下属单位建设集"党员政治生活活动室"和"职工书屋"为一体的统一设计标准的红色党群活动室，配备必要的学习、活动设施设备，为职工学习娱乐提供了良好的环境。

倾力打造"富裕之家"，职工获得感明显提升。公司工会积极带领全体职工参与经济建设，完成营业收入 35005.43 万元，完成年度目标任务 30570 万元的 114.5%；完成利润总额 7925.46 万元，完成年度目标任务 7150 万元的 110.8%；完成经营性利润 2005.2 万

图 3-4 西江农场公司"最美奋斗者"宣讲团在广西农垦集团总部进行汇报宣讲

元,完成年度目标任务 1750 万元的 114.6%。全面超额完成农垦集团下达的各项年度重点工作任务和各项经济任务指标。

倾力打造"民生之家",职工幸福感明显提升。加大民生投入,改善民生福祉,让职工充分享受企业发展红利,提升职工的幸福感。①加大甘蔗产业扶持力度,确保蔗农稳产增收。推广甘蔗良种良法应用。良种良法覆盖率达 99% 以上。推广甘蔗秸秆还田综合利用。农场公司和西江制糖公司共投入 134.33 万元,综合利用率 97%。推广甘蔗螟黄赤眼蜂生物防治技术。完成放蜂防治面积 3.5 万亩,总投入资金 297.5 万元。推广机械化生产应用。甘蔗生产综合机械化率约 75%。2020/2021 年榨季原料蔗总产 24.39 万吨,甘蔗单产创历史新高。2021 年,原料蔗种植面积约 3.92 万亩,2021/2022 年榨季原料蔗总产 26.35 万吨,甘蔗单产 6.77 吨/亩,再创历史新高。②完善基础设施,方便职工生产生活。新修建十一分场办公楼,面积约 400 平方米,硬化该分场生活区道路 1155 米,安装雨水管 294 米和污水管 394 米,预埋路灯线管 200 米;维修分场生活区路灯 79 盏,投资 4 万元用于西江竹木市场道路平整 2025 平方米、清理排水沟 700 米、修建集水池 3 个,完成七分场甘蔗生产肥水灌溉管道铺设 1400 米,更新铺设职工群众生活生产水源水过江管道 100 多米。③开展慰问活动,传递组织温暖。2021 年春节和"七一"前夕,农场公司对 66 名困难党员、困难职工、离退休场级老干部和历届道德荣誉获得者进行了慰问,送上慰问金慰问品共计 4.5 万元;年内慰问因病住院职工 4 名,送上慰问金 4000 元。10 月下旬,对农垦老领导、先进个人等 8 名同志进行慰问,每人慰问金 500 元。11 月上旬,协调贵港市总工会慰问困难劳模陈少海 2.5 万元。12 月,对年内退休的 70 名员工进行了慰问，每人发放一个价值约 200 元的保温水壶。9 月下旬，为公司工会会员购买发放中秋节日慰问品共计 19 万余元。协调贵港市妇联和商业保险公司为 3 名女职工购买了女性健康保险。④多措并举，保障职工身心健康。组织 160 名职工和 2 名劳模参加贵港市总工会组织的体格健康检查；派出 2 名职工参加贵港市总工会组织的疗休养；开展医疗互助保障。2021 年公司共有职工 939 人，有 815 人参加了职工医疗互助保障，参保率达 86.8%。截至 2021 年 12 月 31 日，共有 64 人申报了医保报销手续，共计报销 90811.27 元，单笔最大金额为 13893.64 元。

倾力打造"文化之家"，职工归属感明显提高。6 月底，公司工会编排的情景剧《光"辉"岁月》和诗朗诵《壮美农垦》参加中国共产党成立 100 周年暨建垦 70 周年"唱支山歌给党听"文艺汇演获得好评；7 月和 12 月，公司选派的诗朗诵《血色湘江》分别荣获贵港市"我邀明月颂中华"爱国诗词朗诵大赛一等奖和农垦集团"巾帼共奋进 永远跟党走"玫瑰书香女职工主题阅读成果展演二等奖。9 月下旬，以庆祝中国共产党成立 100 周年和广西农垦建垦 70 周年为契机，组织公司员工开展系列运动比赛，包括五人制足球、气排球、篮球、拔河和趣味竞技比赛等。

倾力打造"和谐之家"，职工主人翁感显著提升。按时召开职工代表大会和工会会员代表大会，确保职工参与企业重大决策、监督管理及评议考核公司领导班子、班子成员以及公司工会班子和成员。工会与公司签订了集体劳动合同，依法维护职工合法权益。7 月底，各支部以开展党史学习教育专题组织生活会为契机，广泛开展谈心谈话和征求意见建议活动，共收到合理化意见建议 381 条。通过以上措施，使职工多渠道、多层次、多方位地参与到企业经营管理中，发挥监督企业经营管理的作用，保障了职工民主权利，职工主人翁感明显增强，干群关系更加融洽。

倾力打造"先进之家"，职工的荣誉感明显增强。2021 年，公司工会通过组织职工开展党史学习教育，参加学习培训和宣扬先进典型等措施，倾力打造"先进之家"，职工的能力素质得到进一步提升，集体荣誉感明显增强。①开展党史学习教育。5 月份，组织职工参加"常学力行守信念，八桂职工跟党走"——百万职工学党史网络学习实践活动；8 月上旬，召开工会委员会工作会议，学习习近平总书记在庆祝中国共产党成立 100 周年大会上的讲话精神；11 月 25 日，组织传达学习党的十九届六中全会精神，深入领会和理解中国共产党建党一百年来的历史经验和历史意义，深化拓展党史学习教育，引导职工增强政治自觉，坚定历史自信，做到学党史、悟思想、办实事、开新局。②开展学习交流和培训。3 月份，参加市总工会组织的职工医疗互助保障业务培训；8 月中旬，公司工会组织机关分会和水务分公司分会相关人员到贵港市南方电网公司工会学习劳模工作室创建经验；6月和11月，分别派人参加在南宁和桂林组织的工会综合业务培训。③选树和宣扬先进典型。2021年，公司员工吕辉荣获自治区第六届"道德模范"称号和农垦成立70周年"建垦功臣"称号，公司员工谭宗平家庭被贵港市评为"最美家庭"，水务分公司被评为全区"模范职工小家"。3月份，贵港市新时代实践道德讲堂总堂第1期和贵港市自然资源党建联盟"最美奋斗者"宣讲会在农场公司召开，讲述吕辉的先进事迹。通过选树和宣扬身边的先进典型，用实践行动践行和落实《新时代公民道德建设实施纲要》，引导员工向先进学习，不断提高员工思想觉悟、道德水准和文明素养，营造积极健康向上的良好氛围。

2022年，西江农场公司工会充分发挥联系职工群众的桥梁纽带作用，团结动员广大职工群众勇担使命、善作善成，助推农场公司打造现代一流食品企业。

加强思想教育，提高政治站位。2022年是党的二十大召开之年，也是全面贯彻落实自治区第十二次党代会精神的第一年，西江农场公司以深入推进党史学习教育和学习贯彻党的二十大精神为抓手，引导广大职工群众坚定不移听党话、感党恩、跟党走，积极参加"常学力行守信念，八桂职工跟党走—喜迎二十大建功新时代"网络学习实践活动，坚决捍卫"两个确立"，深刻认识"两个确立"对新时代党和国家事业发展、对推进中华民族伟大复兴历史进程具有的决定性意义，不断把"两个确立"转化为"两个维护"的自觉行动，始终在思想上、政治上、行动上同以习近平同志为核心的党中央保持高度一致。

加强民主管理，共建和谐企业。①召开职代会工代会。2022年4月27日，召开广西农垦西江农场有限公司第一届第三次职工代表大会暨工会第一届第四次会员代表大会，总结2021年工作，部署2022年工作；审议西江农场公司2022年经营管理工作报告、土地经营管理办法实施细则、员工违纪违规行为处理办法、工会2022年工作报告、工会2021年经费审查报告。②广泛听取意见建议。公司工会以公司党委开展"提升'三力'，树立新形象"教育整顿活动为契机，广泛征求职工意见建议，倾听职工心声，共收集合理化意见建议99条，金点子10条。③认真开展"两评议"活动。按照市总工会的有关要求，认真开展"两评议"活动，17名工会干部全部为"优秀"等级，工会职工之家建设评议结果为"满意"。

开展帮扶慰问，传递组织温暖。①开展"送温暖"活动。2022年春节前夕和七一期间，开展"送温暖"活动，共对56名困难员工、困难党员进行慰问，送上慰问金额2.83万元。看望慰问因病住院特困员工3人，每人送上慰问金1000元，把组织的温暖送到员工的心坎上。②开展节日慰问活动。2022年春节前和中秋节前后，为公司全体员工购买发放节日慰问品，营造喜庆、欢乐、祥和的节日气氛。③开展慰问退休员工活动。慰问

2022 年度退休员工 72 人，增强员工的归属感和认同感。④开展"送清凉"活动。9 月初，各分会开展"送清凉"活动，给田间地头的一线员工送去各种冷饮，价值共计 8000 余元。

关心关爱员工，保障员工权益。①参加职工医疗互助保障。大力宣传发动员工参加"城乡职工医疗互助保障"，共有 664 名员工参加 2023 年"城乡职工医疗互助保障"，参保率达 75%，营造和发扬了同舟共济、互相助力、关爱健康、弘扬公益的精神。②踊跃捐款，奉献爱心。9 月份，发动引导员工积极参加"春蕾计划""母亲邮包"捐助活动，150 余名员工踊跃捐款共 6000 余元；帮助 1 名困难家属申请"母亲邮包"活动。③组织体检和疗休养。9 月，组织 150 余名员工进行身体健康检查；10 月，派出 4 名员工参加市总工会组织的疗休养，促进员工身心健康，以良好的身体状态和旺盛的精力积极投入工作。④开展困难职工排查。在公司范围内进行困难职工摸底排查并向市总工会申报，共为 13 名不在档困难职工申请困难补助，为 5 名特困职工申请为建档困难职工。

加强教育培训，提升员工素质。2022 年共有 8 名员工参加当年度职称评定，有 6 名通过审核。派出 4 人次参加上级工会组织的各种业务培训，不断提升工会干部的能力素质。

丰富精神生活，增强企业文化。①三八妇女节组织女员工户外拓展活动。2022 年三八妇女节，组织公司女员工到万古茶园开展户外拓展活动，增强女性员工的集体荣誉感、归属感和认同感。②开展共建活动。2022 年春节前夕，西江农场公司和狮子岭派出所、西江社区开展共建活动；西江农场公司机关党支部和贵港市土地储备中心党支部、中石化广西贵港分公司机关销售党支部、贵港市惠港自然测绘有限公司党支部每季度开展一次共建活动，不断提高党员意识和党性觉悟，支部凝聚力和战斗力得到不断加强。实现工作互动、资源共享、优势互补，促进党建和工作业务交流交融。③开展文体活动。2022 年 9 月底，开展 2022 年"庆祝国庆 喜迎二十大"气排球、篮球和乒乓球比赛，不断丰富员工的文体活动，增强员工的凝聚力和战斗力。

三、工会会员代表大会

1. 第一届工会会员代表大会　1955 年 8 月 8—11 日举行，会期 4 天，参加大会的正式代表 105 人，列席代表 5 人。大会主要内容：传达省第二届工人代表大会精神，听取工会一年半来的工作总结报告，讨论场党委书记洪华《关于我场今后的工作任务方针，全面推行计划管理，逐步实行定额核算，开展增产节约运动的报告》。大会选举成立场工会委员会和工会经费审查委员会。最后大会作出"全面推行计划管理，逐步实行定额核算，开展以增产节约为中心的劳动竞赛"的决议。

2. 第二届工会会员代表大会　1956 年 6 月 6—8 日召开，会期 3 天，参加大会的正式代表 61 人，列席代表 6 人。大会主要内容：听取并审议第一届委员会的工作报告，选举产生第二届工会委员会和经审委员会，选举出席省农业水利工会首届代表大会代表。最后大会作出"在反贪污、反浪费、反官僚主义、反偷工减料基础上，把社会主义劳动竞赛更深入推进，搞好职工政治、文化、技术学习"的决议。

3. 第三届工会会员代表大会　1958 年 2 月 12—14 日召开，会期 3 天，参加大会的正式代表 117 人，列席代表 4 人。大会主要内容：听取省农林水利工会董副主席工作指示和王俊杰代表农场第二届工会委员会作题为《明确工作方向，鼓起革命干劲，掀起社会主义劳动竞赛高潮，为五八年大丰收而奋斗》的工作报告，听取中国工会第八次全国代表大会、全国农林水利工会首届代表大会、省劳模大会的传达报告。选举产生第三届工会委员会。最后大会作出"积极参加整风和社会主义教育运动，掀起以增产节约反浪费为中心的社会主义劳动竞赛高潮"的决议。

4. 第四届工会会员代表大会　1959 年 1 月 30 日至 2 月 2 日召开，会期 4 天，参加大会的正式代表 103 人。大会主要内容：听取上一届工会工作报告，报告题为《坚决响应党的号召，继续苦干、实干、巧干，积极投入各个运动，为实现五九年更大、更好、更全面的跃进而奋斗》，经审议予以通过。大会选举产生第四届工会委员会。最后，作出了"进一步动员全体职工，继续苦干、实干、巧干，为实现五九年更大跃进而奋斗"的决议。

5. 第五届工会会员代表大会　1960 年 1 月 20—22 日召开，会期 3 天，参加大会的正式代表 63 人。主席孟祝华向大会作《在党的领导下，高举总路线红旗，大战关键年，为各项工作继续跃进，实现全年满堂红而奋斗》的工作报告。报告全面总结了 1959 年工会工作，布置下一年工作任务。大会选举产生了第五届工会委员会。大会作出了"开展总路线红旗手活动，组织毛泽东著作学习小组；开展以工具改革为中心的劳动红旗手活动；搞好职工的文化学习和文体活动"的决议。

6. 第六届工会会员代表大会　1961 年 2 月 9—10 日召开，会期 2 天，参加大会的正式代表 127 人。会议主要内容是：听取上一届的工作报告，讨论 1961 年的主要任务，审议通过工作报告，选举产生第六届工会委员会。大会作出"坚决响应党八届九中全会号召，做大办农业、大办粮食的红旗手，突击手，以出色的成绩实现我场 1961 年的生产计划"的决议。

7. 第七届工会会员代表大会　1962 年 1 月 31 日至 2 月 2 日召开，会期 3 天，参加大会的正式代表 87 人。大会主要内容：听取 1961 年的工作总结报告，讨论和确定 1962 年工作任务，审议和通过上届工作报告，选举产生第七届工会委员会。大会并通过了相应的决议。

8. 第八届工会会员代表大会 1963 年 1 月 18—19 日召开，会期 2 天，参加大会的正式代表 90 人，列席代表 3 人。会议主要内容：听取场党委书记赵品三讲话，听取并审议李秀昌代表第七届工会委员会作《加强团结，艰苦奋斗，争取新的胜利》的工作报告，听取并审查陈业坤所作工会财务工作报告。大会选举产生第八届工会委员会。最后大会作出"坚决贯彻场第七届党代会决议，落实 1963 年经营方针，努力完成 1963 年的生产任务和各项工作任务"的决议。

9. 第九届工会会员代表大会 1964 年 2 月 5—7 日召开，会期 3 天，参加大会的正式代表 70 人。大会主要内容：听取和审议《动员起来，为争取今年农业丰收而奋斗》的工作报告。报告总结了一年来工会工作，布置 1964 年工作任务，大会讨论通过了工作报告。选举产生了第八届工会委员会。大会并通过了相应决议。

10. 第十届工会会员代表大会 1966 年 1 月 4—7 日召开，会期 4 天，参加大会正式代表 226 人，列席代表 6 人。大会主要内容：听取王俊杰代表农垦"四清"工作团工委和西江农场党委作《高举毛泽东思想伟大旗帜，巩固"四清"运动胜利成果，为夺取 1966 年大丰收而奋斗》的报告。大会选举产生第十届工会委员会。最后大会作出"掀起学习毛主席著作热潮，深入开展以'五好'为目标的'比学赶帮超'运动，组织职工学习潮汕经验，发扬职工当家做主精神，监督干部，监督企业工作"的决议。

11. 第十一届工会会员代表大会 1973 年 6 月 24—25 日召开，会期 2 天，出席大会的正式代表 175 人，列席代表 4 人，特邀代表 4 人。大会主要内容：重新成立场工会。场党委书记权正琨作《关于当前形势与我场任务》的讲话，徐受英代表场工会整建领导小组作《以毛主席的工运路线为指针，把工会办成共产主义的大学校》的报告。经中共玉林地委批复，选举产生由 25 名委员组成的场第十一届工会委员会，侯林任主任，刘碧坤（女）、徐受英任副主任。8 月 12 日召开第二次全体委员（扩大）会议。会议作出"贯彻执行'抓革命，促生产，促工作，促战备'的方针，办好职工食堂，抓好卫生工作，做好女工和家属工作，做好计划生育工作，开展文体活动，自觉接受党的领导"的决议。

12. 第十二届工会会员代表大会 1979 年 2 月 26—28 日召开，会期 3 天，出席大会的正式代表 217 人，特邀代表 3 人。大会主要内容：学习党的十一届三中全会和中国工会"九大"有关文件；听取场革委副主任、工会主席侯林作题为《紧跟党的工作中心转移，为办好社会主义国营农场而奋斗》的工作报告，大会同时进行表彰先进，总结交流先进经验。大会选举产生第十二届工会委员会。最后大会作出"认真学习，热情宣传十一届三中全会精神，恢复和发展职工业余学校，抓好稳产、高产，降低成本，增加盈利，安全生产为中心的社会主义劳动竞赛，加强工会建设"的决议。

13. 第十三届工会会员代表大会 1986 年 10 月 29—30 日召开，出席大会的正式代表 132 人，列席代表 28 人，特邀代表 15 人。大会主要内容：学习十二届六中全会精神，听取场党委书记袭普贵、贵县总工会主席孙富平讲话，听取并讨论陈伟贤作《发扬主人翁精神，站在全面改革前列，为推进两个文明建设而奋斗》的工作报告。大会选举产生第十三届工会委员会。最后大会作出"认真学习十二届八中全会精神，加强我场的精神文明建设，投身改革，做好'建家'工作，把工会办成'职工之家'"的决议。

14. 第十四届工会会员代表大会 1988 年 10 月 29 日召开，会期 1 天，出席大会的正式代表 109 人，特邀代表 2 人。大会主要内容：听取并通过周新代表场十三届工会委员会作《贯彻十三大精神，加强我场精神文明建设，以改革统揽全局，在代表职工群众方面发挥更大作用》的工作报告。大会选举产生第十四届场工会委员会和经费审查小组。

15. 第十五届工会会员代表大会 1993 年 12 月 18—19 日在场部召开，到会正式代表 113 人。大会的主要任务是审议通过上一届工会委员会五年来的工作和提出今后的工作任务，选举新一届工会委员会，组建工会经费审查小组。黄能燮受第十四届工会委员会委托，向大会作了题为《团结动员广大职工，发挥主力军作用，为我场两个文明建设迈上新台阶而努力奋斗》的工作报告。工作报告全面总结了五年来的工会工作：发挥参与职能，积极参政议政，坚持农场职工代表大会制度，推进企业民主管理进程；发挥桥梁和纽带作用，配合党政做好扶持广大职工发展生产，种好甘蔗，提高经济效益；维护职工合法权益，为广大群众排忧解难，真正帮助特困职工解决生产、生活上的问题；团结教育广大职工要兼顾整体利益和自身利益，对于企业出现的矛盾，工会全力配合党政做好思想工作，把矛盾化解在萌芽状态；加强工会自身建设，建立健全工会各级组织，努力发展会员，促进工会会员队伍日益壮大。代表们在审议中肯定了过去 5 年的工作，认为是实事求是的，关于今后的工作目标，认为是切实可行的，大会一致通过了工作报告。大会民主选举产生了新一届工会委员会，由李蔚、覃爱文、蒋建英等 13 人组成，通过民主程序选举李蔚为工会主席。

农场工会十五次工代会召开以来，由于企业的改制和企业改革进程的迅速推进，人事变动较大，换届选举一直推迟。2005 年 12 月，补选肖承良为农场工会副主席；2009 年 3 月补选蒋建英为农场工会副主席，实际负责场工会常务工作。

16. 第十六届工会会员代表大会 2014 年 7 月 15 日召开，应到会员（会员代表）93 人，实到 93 人，因事请假 0 人，通过依法民主选举，产生了新一届工会委员会，委员名单如下：韦勇教、吉文星、伏军、杨丹、陈卓恒、周伟庆、詹西宁。吉文星当选为工会主席，周伟庆当选为工会副主席。林少明当选为经审主任，林少明、张明烈、梁旭为经费审查委员会委员。周伟庆当选为女工委主任，女工委委员会委员为杨丹、周伟庆、钟庆凤。

17. 西江农场公司第一次工会会员代表大会　根据贵港市总工会《关于广西农垦西江农场有限公司工会第一届委员会、经费审查委员会和女职工委员会候选人的批复》（贵工组〔2019〕162号）要求，2019年10月30日，西江农场公司工会召开第一次会员（代表）大会，应到会81人，实到会81人，其中女会员21人。根据大会选举办法，工会委员会实行差额选举，委员差额1人，经费审查委员会和女职工委员会实行等额选举。经大会无记名投票，选举王东波、邓兆鹏、邓德平、韦勇教、何国永、李锦锋、杨丹、杨梓明、周伟庆、周汝辉、周展华、钟庆凤、莫光宁、梁港、詹西宁等15人为广西农垦西江农场有限公司工会第一届委员会委员；选举邓兆鹏、钟庆凤、梁颐婷3人为广西农垦西江农场有限公司工会第一届经费审查委员会委员；2019年10月30日召开女会员（代表）大会，应到会21人，实到会21人，经大会不记名投票，选举杨丹、陆贞贞、周伟庆3人为广西农垦西江农场有限公司工会第一届女职工委员会委员。

2019年10月30日召开广西农垦西江农场有限公司工会第一届委员会第一次全体会议，应到委员15人，实到委员15人，经大会不记名投票，选举邓德平为工会委员会主席，选举周伟庆为工会委员会副主席。同日，召开第一届经费审查委员会第一次全体会议，应到委员3人，实到委员3人，经大会不记名投票，选举梁颐婷为经费审查委员会主任。同日召开第一届女职工委员会第一次全体会议，应到委员3人，实到委员3人，经大会不记名投票，选举周伟庆为女职工委员会主任。

广西农垦西江农场有限公司第一届职工代表大会暨工会第一届会员代表大会第二次会议于2020年7月2日在农场公司第一会议室召开，会议议程：邓德平传达中共广西农垦集团有限责任公司委员会《关于选举广西农垦集团工会第一届会员代表大会暨第一届职工代表大会代表的通知》精神；选举出席广西农垦集团工会第一届会员代表大会暨第一届职工代表大会代表。

西江农场公司第一届第二次职工代表大会暨工会第一届第三次会员代表大会于2021年3月25日在农场公司第一会议室召开，会期半天。会议听取、审议并通过了公司党委书记、董事长李蔚所作的题为《展现新作为 实现新突破 奋力实现西江"十四五"良好开局》的职代会工作报告，公司党委副书记、工会主席邓德平所作的题为《全力打造满意职工之家 为农场公司高质量发展保驾护航》的工会工作报告，以及公司2021年度经营计划、2021年度预算方案、工会经费审查报告；补选产生了新的职工监事、工会经费审查委员会委员、主任；公司董事长回应了代表提出的意见建议；签订了西江农场公司《集体合同》和《经营目标责任书》。

西江农场公司第一届第三次职工代表大会暨工会第一届第四次会员代表大会于 2022 年 4 月 27 日在农场公司第一会议室召开，会期半天。会议听取、审议并通过了公司党委书记、董事长杨立军所作的题为《找准新定位 融入新格局 为打造现代一流食品企业闯出西江路子》的工作报告，以及《西江农场公司 2022 年经营管理工作报告》《西江农场公司员工违纪违规行为处理办法（试行）》《西江农场公司土地经营管理办法实施细则（试行）》《西江农场公司工会 2022 年工作报告》《西江农场公司工会 2021 年经费审查报告》；公司董事长回应了代表提出的意见建议；签订了西江农场公司《经营目标责任书》。

表 3-9　西江农场工会领导人

姓名	性别	职务	任职时间
李守德	男	工会主席	1954.3—1955.8
王自平	男	工会主席	1956.6—1958.2
梁振山	男	工会主席	1955.8—1956.6
王俊杰	男	工会主席	1958.2—1958.5
李富荣	男	工会主席	1958.5—1959.11
孟祝华	男	工会主席	1960.1—1961.2
刘景彬	男	工会主席	1961.2—1962.1
陈美良	男	工会主席	1962.1—1962.7
李秀昌	男	工会主席	1962.7—1964.12
徐受英	男	工代会主任	1966.1—1973.6
侯林	男	工会主任	1973.6—1979.11
陈美良	男	工会主席	1979.11—1984.2
陈伟贤	男	工会主席	1984.5—1986.3
周新	女	工会主席	1986.3—1989.1
黄能燮	男	工会主席	1988.12—1993.12
李蔚	男	工会主席	1994.1—2002.9
肖承良	男	工会副主席	2005.12—2008.11
蒋建英	女	工会副主席	2009.3—2015.7
吉文星	男	工会主席	2014.7—2019.10
周伟庆	女	工会副主席	2014.7—2019.10

表 3-10　西江农场公司工会领导人

姓名	性别	职务	任职时间
邓德平	男	工会主席	2019.10—今
周伟庆	女	工会副主席	2019.10—2022.11

第五节　职工代表大会

一、企业民主管理的权力机构

西江农场职工代表大会是农场实行企业民主管理的基本形式，是农场职工行使民主管理权利的机构，开好每一次职工代表大会，是农场基层工会必须履行的职能。按全国总工会文件规定，职工代表身份是常任制，在企业内部调动工作，其代表身份不变，任届期满代表任期结束，调离场外或辞职以及离退休的，其资格自行终止；因违纪、违法受惩处的人员不宜再任代表，由原单位撤销其代表资格，另行补选。

职代会的职工代表，具有广泛的代表性。代表中有工人、技术人员、管理人员、领导干部以及其他方面的职工。按有关规定，通常是工人代表占45％；科技人员占5％；管理人员占25％；领导干部占6％；青年代表占14％；女职工代表占5％。职代会的提案，须在会前征集，主要由场工会负责。提案立案后，经企业领导签署意见，然后交由职能部门主办、承办。

西江农场职代会，早期不太规范，往往和先代会或工代会一起开。1980年，农场制订了《西江农场职工代表大会制度（试行草案）》。1980年12月2日，建立党委领导下的职工代表大会制度。1985年又出台了《西江农场职工代表大会实施方案》，建立、健全了西江农场职代会召开程序及议事规则，从此进入规范化、制度化。

二、历届职工代表大会

1. 第一届职工代表大会　1980年12月24—29日召开，会期6天。大会通过《西江农场职工代表大会制度（试行草案）》并讨论通过农场1981年度各项生产任务指标。

2. 第二届职工代表大会第一次会议　1982年1月16—18日在场部召开，会期3天。出席会议的正式代表288人，特邀代表1人，列席代表26人。大会听取并讨论了场长刘光汉作《振奋精神，改进作风，认真落实责任制，为全面完成1982年任务而奋斗》的工作报告，通过《西江农场场纪场规试行草案》及《西江农场职工代表大会暂行条例》。

3. 第二届职工代表大会第二次会议　1983年12月27—30日在场部召开，会期4天。出席会议的正式代表251人，列席代表13人。会议提出了1984年的各项生产任务指标，实行"大包干"经济责任制。

4. 第三届职工代表大会第一次会议　1984年11月14—16日在场部召开，会期3天。出席大会的正式代表268人，列席代表29人，特邀代表4人。会议的主要议程：听取并审议场长邓志宁 1984 年的工作报告；审议通过《1985 年西江农场兴办家庭农场经济责任制实施办法》；审议通过西江农场机构改革及管理办法。

5. 第三届职工代表大会第二次会议 1985 年 12 月 25—29 日在场部召开，会期 5 天。出席大会的正式代表 240 人，列席代表 53 人，特邀代表 4 人。大会总结了 1985 年工作，在 1984 年农业实行"大包干"经济责任制的基础上，提出 1986 年的工作任务，继续完善经济责任制和办好职工家庭农场；大会审议通过《1986 年西江农场职工家庭农场经济责任制实施办法》，审议《关于清理家庭农场债务》的说明，审议《关于加强财务管理》的规定，开展民主评议干部，调整了农业产业结构，压缩水稻种植面。

6. 第四届职工代表大会第一次会议 1988 年 2 月 7 日在场部召开，会期 1 天。出席大会的正式代表 201 人。大会讨论通过《国营西江农场 1988 年经济承包责任制实施办法》。

7. 第四届职工代表大会第二次会议 1988 年 5 月 24—26 日在场部召开，会期 3 天。出席大会的正式代表 200 人。此次会议，场长袭普贵传达了自治区农垦工作会议精神，讨论并通过了西江农场 1988 年至 1990 年场长任期目标责任制的具体规划，选举产生了西江农场第一届管理委员会。

8. 第四届职工代表大会第三次会议 1990 年 1 月 14—15 日召开，会期两天。大会听取了场长韦德崇的工作报告，韦德崇在题为《总结经验，振奋精神，艰苦奋斗，振兴西江》的工作报告中，全面总结了上一年度农场的各项工作，并对今后的工作任务提出了意见。与会代表对韦德崇的报告认真审议，认为工作报告对过去的工作总结是客观全面的，符合实际的，提出今后的工作任务是切实可行的，大会一致通过了场长韦德崇的工作报告。周沾贵向大会宣读了《国营西江农场 1990 年经济责任制实施办法》，与会代表对方案文本认真讨论，大会原则通过了此实施办法。最后，大会通过了"场兴我荣，场衰我耻，全面提高农场的经济效益，振奋精神，艰苦奋斗，振兴西江"的决议。

9. 第五届职工代表大会第二次会议 1992 年 2 月 27—29 日在场部召开，会期 3 天。到会正式代表 233 人，列席代表 45 人，特邀代表 3 人，大会议程主要有 3 项：听取并审议场长韦德崇的工作报告，讨论通过西江农场经济责任制实施办法，听取并通过财务工作及糖厂工作汇报。韦场长在题为《深化改革，转变观念，为加速农场经济发展而奋斗》的工作报告中，深刻地总结了 1991 年西江农场的各项工作，并对 1992 年的工作任务做了部署，经与会代表认真审议，一致通过了场长韦德崇的工作报告。大会听取了褟本光宣读关于《西江农场 1992 年经济责任制实施办法》，代表们对实施办法文本认真讨论，并对某些条文作补充修订意见，大会原则通过本实施办法。大会听取了陈玉祥作关于 1991 年度财务工作汇报；梁秀梅作关于西江农场糖厂工作汇报，与会代表队上述工作汇报分别进行审议，原则同意财务工作汇报和糖厂工作汇报。最后，大会通过了"以主人翁的态度关心农场、建设农场、与农场共担风险，上下一心，为完成 1992 年的各项任务和实现经济发展目标而努力奋斗"的决议。

10. 第五届职工代表大会第三次会议 1993 年 1 月 18—20 日召开，会期 3 天，出席会议正式代表 217 人，列席代表 42 人，特邀代表 4 人。大会的主要议程：听取并审议场长韦德崇的工作报告，讨论通过禤本光提交大会的经济责任制方案，讨论通过陈玉祥关于财务工作汇报和梁秀梅关于西江农场糖厂榨季工作汇报，审议通过设立西江农工商总公司及下设七个经济实体公司的方案。场长韦德崇向大会作题为《转变机制，走向市场，把我场经济建设推向新台阶》的工作报告，韦德崇在报告中全面总结了一年来的工作实绩，提出存在不足和差距，并对今后的工作提出意见，经与会代表认真审议，一致通过了场长韦德崇的工作报告。出席大会的代表对禤本光提交给大会的《西江农场 1993 年经济责任制实施办法》认真讨论，对其中的条文反复审定，大会原则通过机关及责任制实施办法。大会听取了陈玉祥关于财务工作执行情况的汇报和梁秀梅关于西江农场糖厂 1991/1992 年榨季工作汇报后，经代表们讨论，一致通过陈玉祥的财务工作汇报和梁秀梅的榨季工作汇报。大会认为，成立西江农工商总公司和设立下属七个实体公司，是形势的要求，是深化改革的需要，经审议一致批准成立农工商总公司和设立下属七个实体公司，要求各经济实体必须努力完成各项生产经营任务。最后大会作出"我们必须认清形势，转换机制，走向市场，团结一致，把我场经济建设推上一个新台阶"的决议。

11. 第六届职工代表大会第一次会议 1994 年 1 月 26—28 日在场部召开，会期 3 天。出席大会正式代表 219 人，列席代表 5 人，特邀代表 4 人。大会议程共四项：听取并审议场长工作报告，讨论通过农场经营管理方案，审议通过财务工作报告，选举农场管理委员会组成人员。场长韦德崇在题为《加大改革力度，迎接市场经济挑战，开创我场新局面》的工作报告，代表们认真讨论，认为去年西江农场各项工作成绩喜人，特别是工业线成绩显著，工作报告既肯定了成绩，也指出了不足之处，总结是全面的、客观的，大会一致通过韦德崇的工作报告。代表们对禤本光宣讲并提交给大会的《西江农场 1994 年经济承包责任制实施办法》进行了充分讨论，认为方案中"包死基数，确保上交，超利全留，亏损自补"的办法，有利于调动职工积极性，是切实可行的，大会原则批准本实施方案。大会对陈玉祥关于 1995 年财务计划执行情况的报告，认真进行审议，认为报告是实事求是的，原则同意陈玉祥的财务工作报告。大会选举产生了第六届农场管理委员会组成人员：韦德崇、梁振安、周沾贵、蔡卓钢、李水生、覃福超、陈伟贤、覃爱文、李蔚、刘达人、梁秀梅、黄英华、甘增秀、禤本光、陈玉祥、周启美、岑书忠、梁胜林、黎奇君、李秋莲、唐建明、陆凤生、何正验、韦德强、甘力之、陈军、岑中兴共 27 人。最后，大会通过了"以主人翁的工作热情与态度，进一步解放思想，更新观念，扎实工作，为开创我场经济建设新局面而努力奋斗"的决议。

12. 第六届职工代表大会第二次会议　1995 年 3 月 15—17 日在场部召开，会期 3 天。出席会议的正式代表 226 人，列席代表 21 人，特邀代表 5 人。场长韦德崇向大会作了题为《坚定信心，振奋精神，努力拼搏，再作贡献》的工作报告，韦德崇在报告中阐述，西江农场 1994 年遭受历史罕见的洪灾，损失惨重，场党政工组织全场职工顽强抗洪，以高昂的气概与灾害作斗争，使受灾损失减少到最低程度；在灾后恢复生产过程中，又制订了一系列的优惠措施，调动了广大职工的积极性，迅速发展了生产。代表们表示满意，大会一致通过场长韦德崇的工作报告。与会代表讨论了褟本光提交给大会的经济管理方案文本：《1995 年国营西江农场经济责任制实施办法》，经过对各条文讨论补充，大会原则批准本实施办法。财务部门领导受大会委托向代表们报告 1994 年度财务决算情况，经审议一致通过了财务工作报告。最后，大会通过了"团结协作，努力拼搏，全面实现我场经济发展目标共同奋斗"的决议。

13. 第六届职工代表大会第三次会议　1996 年 3 月 21—23 日召开，会期 3 天。出席会议的正式代表 226 人，列席代表 15 人，特邀代表 9 人。根据议程安排，场长刘达人首先向大会报告工作，刘场长在题为《坚定信心，立足发展，为振兴我场的经济建设而努力奋斗》的报告中，全面地总结了 1995 年的各项工作，既肯定了实绩，同时也指出了存在的问题，并对今后工作相应做了部署。代表们对工作报告进行了充分讨论，认为报告比较客观、全面，大会一致通过刘场长的工作报告。褟本光向大会宣读并提交给大会讨论的经营管理方案文本《西江农场 1996 年经济责任制实施办法》，代表们对照条文本充分讨论，认为方案总体是符合农场实际的，大会原则批准本实施办法。大会听取了李蔚关于《广西国营西江农场全员劳动合同制实施方案》和《广西国营西江农场行政管理规定》的说明，代表们对这两份文件进行了讨论，认为全员劳动合同制，充分体现了用人单位和劳动者之间通过合同形式确定劳动关系，完全符合我国有关劳动法律、法规，一致同意劳动合同制实施方案；关于行政管理规定，代表们在讨论中认为，随着市场经济发展，改革的深化进行，农场依法行政很有必要，大会一致通过《西江农场行政管理规定》。大会听取了陈玉祥作的关于《1995 年财务计划执行情况》的报告，代表们认为，财务决算是农场经营管理重要的环节，经审议，一致同意通过财务工作报告。最后大会通过了"坚定信心，立足发展，扎实工作，为振兴我场的经济建设而努力奋斗"的决议。

14. 第七届职工代表大会第一次会议　1997 年 3 月 3—5 日在场部召开，会期 3 天。

出席会议的正式代表 195 人，列席代表 12 人，特邀代表 7 人。大会议程有 4 项：审议场长的工作报告、讨论 97 年度农场经营管理方案、审议财务计划执行情况和基本建设完成情况、选举第七届农场管理委员会组成人员。场长刘达人向大会作了题为《深化改革，稳步发展，为农场尽快扭亏为盈而共同努力奋斗》的工作报告。代表们在审议中认为，工作报告全面地阐述了过去一年的各项工作，肯定了工作的成绩，也找出了差距，还让大家明确了今后的工作目标，制订了一系列的新措施、新策略。大会一致通过了刘达人的工作报告。陈玉祥向大会宣读了《广西国营西江农场 1997 年经营管理实施方案》，代表们对提交的实施方案文本进行讨论，认为实施办法基本符合西江农场当前的实际，适应职工的承受能力，大会原则同意经营管理实施方案颁布施行。与会代表听取了甘权英关于 1996 年财务工作情况的说明以及梁天明关于 1996 年基本建设情况的说明，经大会审议，一致通过了关于 1996 年财务工作报告，并一致通过了关于 1996 年基本建设情况的报告。大会选举产生了第七届农场管理委员会组成人员：刘达人、吉禹平、蔡卓钢、林乃正、李水生、梁胜林、覃福超、黄能燮、甘增秀、李蔚、甘权英、陈玉祥、胡茂清、杨立军、徐杰荣、陆德旺、甘健之、唐建明、陆凤生、韦国汉、吴永德、梁天明、陈伟光等 23 人。最后，大会通过了"以饱满的热情扎实工作，为农场逐步走上振兴之路而努力奋斗"的决议。

15. 第七届职工代表大会第三次会议 1998 年 3 月 29—31 召开，会期 3 天。出席大会正式代表 187 人，列席代表 13 人，特邀代表 4 人。大会听取并审议了场长刘达人题为《完善新机制，突出抓支柱，开创西江农场经济建设新局面》的工作报告。代表们在讨论中认为，工作报告总结 1997 年的工作是比较全面的，既肯定了成绩，又找出了存在问题，分析了困难，对今后的工作任务提出了确切的措施，代表们认为满意，一致通过了刘场长的工作报告。大会听取了陈玉祥宣读了《广西国营西江农场 1998 年经营管理实施方案》，代表们对照方案条文进行讨论，认为方案充分落实了"大稳定、小调整"的方针，提出的各项任务目标是符合实际的，大会原则批准了本年度的经营管理实施方案。大会分别听取了甘权英关于《1997 年财务执行情况》的说明、梁天明关于《1997 年基本建设投资情况》的说明，经认真审议，财务执行情况的报告及基建投资情况的报告分别获得大会通过。最后，大会一致通过"同心同德，努力工作，全面完成 1998 年各项任务，为开创西江农场经济建设新局面而努力奋斗"的决议。

16. 第八届职工代表大会第一次会议 1999 年 3 月 23—25 日召开，会期 3 天。出席大会的正式代表 186 人，列席代表 3 人，特邀代表 4 人。场长刘达人向大会报告工作，刘达人在题为《正视困难，明确任务，加大整顿改革工作力度，为扭亏增盈而努力奋斗》的工作报告。报告中肯定了 1998 年在严峻的经济形势下取得的成绩，指出面临的困难，提出了 1999 年的奋斗目标。与会代表在审议中认为，工作报告是比较全面的，符合客观事实的，大会一致通过场长的工作报告。陈玉祥就关于《广西国营西江农场 1999 年经营管理实施方案》向大会做了说明，与会代表对方案条文进行审议，认为本年度的经营管理方案任务明确，制定目标符合实际，原则同意本实施方案。李蔚向大会作了关于《广西国营西江农场三项制度改革总体方案》的说明，与会代表就总体方案文本广泛深入地进行审议，认为深化劳动、人事、分配制度改革，是企业经营管理必然措施，是社会主义市场经济的需要，围绕总体方案内容，大家表示满意，大会原则通过三项制度改革总体方案。大会还听取了甘权英《关于 1998 年财务执行情况》的报告，梁天明《关于 1998 年基本建设情况》的报告，经与会代表认真审议，一致通过该两项报告。大会选举产生了第八届农场管理委员会组成人员，共 11 人：韦周汉、甘权英、陈军、陈玉祥、李秀柱、苏建兴、陆凤莲、陆德旺、吴永德、唐绍雄、唐建明。最后大会通过了"振奋精神，同心同德，努力工作，全面完成 1999 年的各项任务，以更好的成绩迎接新中国成立五十周年"的决议。

17. 第八届职工代表大会第三次会议　2000 年 3 月 29—31 日召开，会期 3 天。出席大会正式代表 184 人，列席代表 9 人，特邀代表 3 人。大会议程有 4 项：听取并审议场长工作报告；讨论通过农场经营管理方案；审议财务计划执行情况；审议基本建设情况及房改方案。场长吉禹平在题为《振奋精神，扎实工作，确保我场三年改革与脱困任务的全面完成》的工作报告中，客观地总结了 1999 年的各项工作，既肯定了成绩，又找出差距，并对 2000 年的工作提出了意见，经审议，代表们表示满意，大会一致通过了吉场长的工作报告。甘权英就西江农场 2000 年的经营管理方案向大会做了说明，代表们对方案条文深入讨论，认为管理方案经营明确，经济发展目标切合实际，但是改革的深度不够，宜应修订补充，进一步完善后颁布施行。大会原则通过《广西国营西江农场 2000 年经营管理实施方案（草案）》。大会听取了钟伟政关于《1999 年财务计划执行情况》的说明，代表们对财务工作认真审议，认为过去的一年财务计划的执行是良好的，大会原则通过财务执行情况的报告。梁天明在会上作了关于 1999 年基本建设情况和房改方案的报告，与会代表分别审查和讨论，原则通过关于基本建设情况和房改方案。最后，大会作出"为实现今年的经济目标，确保我场三年改革与脱困任务的全面完成，做出优异成绩，迎接新世纪"的决议。

18. 第九届职工代表大会第一次会议　2001 年 4 月 28—30 日召开，会期 3 天。参加会议的正式代表 183 人，列席代表 7 人，特邀代表 4 人。场长吉禹平在大会上报告工作，他在题为《把握机遇，突出重点，努力把我场两个文明建设推向新阶段》的工作报告中，对 2000 年的工作，肯定了成绩，指出了存在的问题，对今后工作作了周密安排。代表们在审议中认为，关于过去一年的工作评价是符合事实的，关于 2001 年的任务是切实可行的，大会一致通过吉场长的工作报告。李祖坚向大会宣读了《广西国营西江农场 2001 年经营管理实施方案（草案）》，代表队条文内容分别进行审议，认为生产经营总体目标是可能实现的，大会原则同意本管理实施方案。大会还分别听取钟伟政关于《2000 年财务计划执行情况》的报告和梁天明关于《2000 年基本建设情况》的报告，经代表们讨论审议，大会通过了该两项报告。大会选举产生了第九届农场管理委员会委员，组成人员 5 人：侯桂军、钟伟政、李祖坚、甘权英、李秋莲。最后大会通过了相应的决议。

19. **第九届职工代表大会第二次会议**　2001 年 12 月 8 日召开，参加会议的正式代表 183 人。本次职代会专项审议通过糖厂资产重组，组建广西农垦糖业集团，垦区糖业生产一体化经营的母子公司体制议案。案由：同意垦区金光制糖化工厂、柳兴糖厂、昌菱糖厂、良圻糖厂、黔江糖厂、红河糖厂、西江糖厂、星星糖厂等 8 家糖厂通过资产重组方式，组建广西农垦糖业集团；同意广西金光制糖化工厂更名为广西农垦糖业集团有限公司，并以其作为广西农垦糖业集团母公司，以柳兴糖厂有限公司、昌菱糖厂有限公司、良圻糖厂有限公司、黔江糖厂有限公司、红河糖厂有限公司、西江糖厂有限公司、星星糖厂有限公司等 7 家公司为子公司，形成垦区糖业生产一体化经营的母子公司体制。经大会表决，以 183 票全票通过本议案。

20. **第九届职工代表大会第三次会议**　2002 年 5 月 9—10 日召开，会期 2 天。出席大会的正式代表 176 人，列席代表 8 人，特邀代表 4 人。大会听取了场长吉禹平题为《以"三个代表"重要思想为指导，实施农垦五大发展行动计划，为全面完成今年的目标而努力奋斗》的工作报告。代表们在审议中认为，报告比较全面反映去年的各项工作，特别是 2001 年严重灾害情况下，实现了扭亏为盈，成绩显著，存在不足的地方也在报告中总结到了，同时提出 2002 年的工作任务，要实现 190 万元盈利目标，大家必须同心同德，努力奋斗，力争达到预期的成效。大会一致通过吉禹平的工作报告。大会听取了李祖坚宣读的《广西国营西江农场 2002 年经营管理实施方案（草案）》，代表对照方案条文进行讨论，认为方案有所创新，提出科学种植，引进高新品种，制订具体，措施得力，大会一致通过本实施方案。会议听取了钟伟政作的关于《西江农场 2001 年财务决算及 2002 年财务预算的报告》和梁天明作的关于《西江农场基建工程情况的报告》，代表们认真审议，分别通过了钟伟政关于财务预决算的报告和梁天明关于基建工程的报告。最后，大会作出了相应的决议。

21. **第十届职工代表大会第一次会议**　2003 年 5 月 21—22 日召开，会期 2 天。出席大会的正式代表 131 人，列席代表 6 人，特邀代表 8 人。大会议程共 4 项，同时选举农场管理委员会委员。场长蔡卓钢作题为《与时俱进，开拓创新，为促进农场全面发展而努力奋斗》的工作报告，实事求是地总结了去年的工作，肯定了成绩，指出了差距。代表们在审议中认为，2002年实现利润229.25万元，生产原料蔗19.15万吨，创历史新高；对提出的2003年的生产经营任务，代表们认为是比较切实可行的，大会一致通过蔡场长的工作报告。李祖坚向大会宣读了农场2003年经营管理实施方案，代表们对方案条文认真讨论，认为可操作性强，制度严密，奖罚分明，大会原则同意《广西国营西江农场2003年经营管理实施方案》。林少明在大会上作了《关于2002年财务决算及2003年财务计划的报告》，梁天明向大会作了《关于2002年农场基建工程情况的报告》经大会审议，一致通过林少明的财务工作报告，一致通过梁天明的基建工程项目报告。大会选举产生了第十届农场管理委员会组成人员，蔡卓钢任主任，成员有钟鑑浩、黄能燮、梁胜林、侯桂军、钟伟政、李祖坚、韦德强、甘权英、张程。最后，大会作出了相应的决议。

22. 第十届职工代表大会第二次会议 2004年3月30日召开，会期1天。出席大会的正式代表128人，列席代表6人，特邀代表5人，大会组成主席团主持会议。场长张聪在题为《解放思想、求真务实，为实现西江发展新跨越而努力奋斗》的工作报告中，全面阐述过去一年的工作。代表们在审议中认为，2003年在"非典"和旱灾不利因素影响下，西江农场仍然全面完成自治区农垦局下达的各项生产经营任务，大家表示满意，对2004年的任务目标"实现利润250万元，生产糖料蔗18万吨"表示力争完成或超额完成。大会一致通过张场长的工作报告。李祖坚就2004年农场经营管理方案的制订，向大会做了说明，代表们对方案的内容认真讨论，认为订立的制度比较完善，措施有力，整体是可行的，大会原则通过《广西农垦国有西江农场2004年经营管理实施方案》。林少明向大会作《关于2003年财务决算及2004年财务计划安排》的报告，与会代表进行了审议，大会一致通过林少明关于财务工作的报告。最后通过了相应的决议。

23. 第十一届职工代表大会第一次会议 2005年4月13日召开，会期1天。出席大会的正式代表107人，列席代表6人，特邀代表3人。本次大会主要议程：听取并审议场长的工作报告，讨论通过年度经营管理方案，审议通过财务决算、预算报告。此外，大会还选举产生农场管理委员会组成人员。场长张聪在题为《真抓实干，再接再厉，努力实现西江各项事业新突破》的工作报告中，全面总结了过去一年的工作，工农业总产值、国民生产总值、社会营业总收入、利润总额等超额完成自治区农垦局下达的任务；对于张场长提出2005年经济发展目标，代表们经审议认为，这是有科学依据和切实可行的，大会全体通过了年度的经营管理方案，代表们对有关条文认真讨论，认为方案总体精神是符合实际的，大会原则通过《广西农垦国有西江农场2005年经营管理实施方案》。大会听取了林少明作《关于 2004 年财务决算和 2005 年财务计划安排》的报告，与会代表认真审议，认为是符合实际的，大会一致通过了财务工作报告。大会选举产生了第十一届农场管理委员会组成人员：张聪、钟鑑浩、周启美、黄能燮、钟伟政、侯桂军、韦德强、甘静、苏建兴、林少明、谢奇，共 11 人。最后，大会通过了相应的决议。

24. 第十一届职工代表大会第二次会议　2006 年 4 月 18 日召开，会期 1 天。出席大会的正式代表 104 人，列席代表 25 人，特邀代表 3 人。大会听取并审议了场长张聪作的《强化管理谋发展，落实责任提高效益，为实现社会主义新西江而努力奋斗》工作报告。代表们在审议中认为，关于过去一年的工作，总结是客观和实事求是的，提出 2006 年的奋斗目标是有开拓性有科学依据的，大会一致通过了场长的工作报告。代表们对提交大会的《广西农垦国有西江农场 2006 年经营管理实施方案》，对照各条文认真审议，认为方案目标明确，措施有力，贯彻落实是可行的，大会原则通过本实施方案。大会认真审议了《关于 2005 年财务决算及 2006 年财务工作计划安排》的报告，经代表们讨论，一致通过了财务工作报告。最后大会通过了相应的决议。

25. 第十二届职工代表大会第一次会议　2007 年 4 月 24 日召开，会期 1 天。出席大会的正式代表 105 人，列席代表 2 人，特邀代表 3 人。大会听取了场长张聪作的题为《认清形势、明确任务、开拓创新、加快发展，努力建设富裕文明和谐新西江》的工作报告，代表们在审议中认为，报告的内容充实，关于 2006 年的各项工作总结是客观全面的，提出 2007 年的主要任务指标和措施时切实可行的，大会一致通过了张场长的工作报告。代表们对在大会宣读的年度经营管理方案，经韦德强提交大会讨论后，按有关条文逐一审议，认为方案的制订，责任目标比较明确，结构严谨，某些条文进一步完善后，方案即可颁布施行。大会原则通过《广西农垦国有西江农场 2007 年经营管理实施方案》。代表们对财务部门《关于 2006 年财务决算及 2007 年财务工作计划》的报告，经审议，认为关于去年的财务决算及本年度的财务计划安排是符合农场实际的，大会一致通过了财务工作报告。大会选举产生了第十二届农场管理委员会组成人员：张聪、钟鑑浩、周启美、黄能燮、钟伟政、侯桂军、韦德强、苏建兴、林少明、李远强、岑中兴 11 人。最后，大会通过了相应的决议。

26. 第十二届职工代表大会第三次会议　2008 年 4 月 28 日召开，会期 1 天。出席会议的正式代表 101 人，列席代表 3 人，特邀代表 3 人。大会听取了场长张聪题为《凝心聚力，开拓进取，努力实现全场经济社会又好又快发展》的工作报告。代表们在审议中认为，工作报告客观地总结了 2007 年的各项工作，提出关于 2008 年的工作计划，任务目标是有远见和开拓性的，大会一致通过张聪的工作报告。韦德强向大会宣读了《广西农垦国有西江农场 2008 年经营管理实施方案》，与会代表对方案的内容认真讨论，认为经营管理方针正确，措施得当，实施是可行的，大会原则通过本实施方案。财务部门负责人向大会作关于《2007 年财务决算及 2008 年财务工作计划》的报告，代表们进行了讨论，经审议，一致通过本财务工作报告。最后，大会通过了相应的决议。

27. 第十三届职工代表大会第一次会议 2009 年 4 月 8 日在场部召开，会期 1 天。本次职代会设主席团主持大会，出席会议的正式代表 87 人，列席代表 5 人，特邀代表 3 人。场长李震向大会作题为《审时度势，科学发展，全力构建富裕文明和谐新西江》的工作报告。与会代表在审议中认为，2008 年农场面临恶劣自然灾害和金融危机的重创，西江农场克服困难，去年完成经营总收入 210360 万元；管区生产总值 87758 万元；应收家庭农场当年费用 1048 万元，从业人员人均年收入 13456 元；完成利润 362 万元；进厂原料蔗 21 万吨，成绩十分显著。提出关于 2009 年的主要任务：确保经营收入 231396 万元，确保生产总值 96533 万元；从业人员人均年收入确保 14800 元；确保利润 380 万元；甘蔗总产 21 万吨。代表们在讨论中表示，必须全场上下一心，争取完成或超额完成既定目标。大会认为工作报告是客观的，实事求是的，提出今后的任务和为完成任务新采取的措施是切实可行的，大会一致通过了李场长的工作报告。林少明受大会委托，向代表们作关于《2008 年财务决算及 2009 年财务工作计划》的报告，经审议，既肯定了财务工作成绩，也提出了要加强财务监管机制的意见，大会原则通过财务工作报告。梁辉就本年度农场经营管理方案向大会作说明，代表们对提交大会的《广西农垦国有西江农场 2009 年经营管理实施方案》文本进行讨论，认为方案体现了强化"三化一中心"的要求，是切实可行的，代表们还以主人翁的态度，对方案提出一些补充修改意见，认为进一步完善后颁布施行，大会原则通过本实施方案。侯桂军向大会作关于《农场收回土地经营权地上附着物的补偿办法》的说明，代表们对补偿办法条文认真审议，大会原则通过本补偿办法。大会选举产生了第十三届农场管理委员会组成人员，共 15 名：李震、李蔚、周启美、钟伟政、陆均钊、覃斌、侯桂军、张程、吉文星、林少明、梁辉、邓夏炎、蒋建英、黄健鹰、谢奇。最后，大会就各项议程通过了相应的决议。

28. 第十三届职工代表大会第二次会议 2010 年 4 月 20 日在场部召开，会期 1 天。出席大会的正式代表 87 人，列席代表 8 人，特邀代表 10 人，大会成立主席团主持会议。与会代表听取并审议了场长李震题为《借势而上，顺势而谋，蓄势而发，努力开创西江科学发展和谐发展跨越发展新局面》的工作报告。代表们在讨论中认为，去年全场干部职工在"稳定发展甘蔗产业，实践高新农业，做强房地产，拓展物流业"的发展主题下，全面完成了自治区农垦局下达的各项目标任务，其中多项指标创历史新高。工作报告全面总结了西江农场 2009 年的工作成果和经验，认真查找了生产经营的不足，实事求是地分析了新一年面临的困难和有利因素，提出了 2010 年农场发展的方针和措施。大会认为，李震的工作报告是西江农场生产经营和各项工作的指导性文件，一致通过场长工作报告。大会听取了林少明《关于 2009 年财务决算及 2010 年财务计划的报告》，代表们认为，报告是客观全面的，财务决算是符合实际的，财务计划是切实可行的，大会一致通过了财务工作报告。梁辉就《西江农场 2010 年经营管理实施方案（草案）》向大会做了说明，代表们对实施方案内容进行讨论，认为方案条文可操作性强，目标明确，符合企业实际，大会一致通过了本实施方案。本次职代会接受了场领导班子及成员的书面述职述廉，并由大会对领导班子及成员进行民主测评。最后，大会通过了相应的决议。

29. 第十四届职工代表大会第一次会议　2011 年 4 月 26 日在场部召开，会期 1 天。出席大会的正式代表 86 人，列席代表 8 人，特邀代表 12 人。本次大会设立主席团主持会议。农场党委书记李蔚向大会致开幕词，场长李震向大会报告工作。李震在题为《发挥优势，挖掘潜力，争创高效，努力推动农场经济跨越式发展》的工作报告中，全面深刻地总结了 2010 年的各项工作，并对 2011 年的工作任务做了总体安排，大会在听取并审议了场长工作报告后，作出了如下决议：李震的工作报告是实事求是，全面客观、思路清晰，符合农场实际的。符合深刻分析农场发展的外部环境、机遇和挑战，前瞻性地提出了 2011 年工作思路，确定了 2011 年目标和重点工作，代表们认为，场长的工作报告符合实际，内容具体务实，可操作性强，一致通过本工作报告。与会代表在审议了林少明向大会作的《关于 2010 年财务决算及 2011 年财务工作计划的报告》后，作出了如下决议：提交大会的财务预决算报告，真实准确反映出农场的财务状况，有效地保证了国有资产的保值和增值，提出的 2011 年财务预算草案是切实可行的，大会批准了关于财务执行情况及财务预算的报告。梁辉在大会上宣读并提交代表们讨论的《西江农场 2011 年经营管理实施方案（草案）》，经审议，大会作出如下决议：经营管理实施方案目标明确，措施得当，经过努力奋斗，今年各项生产经营指标是可以完成的。大会通过了本实施方案。大会选举产生了第十四届农场管理委员会委员：李震、李蔚、覃斌、周启美、钟伟政、侯桂军、张程、邓夏炎、吉文星、蒋建英、林少明、杨立军、黄健鹰、梁辉、甘静，共 15 人。本次大会接受了 2010 年度西江农场领导班子及成员述职述廉的书面报告，并通过民主测评。大会由副场长周启美宣读表彰"2010 年度地膜覆盖先进单位、个人以及甘蔗创高产劳动竞赛、经济效益贡献特别奖"并进行颁奖。

30. 第十四届职工代表大会第二次会议　2011 年 9 月 27 日在场部召开，参加大会的职工代表应到 88 人，实到 85 人，大会由场党委书记李蔚主持。本次职代会议程是危房改造为主要内容：场长李震作危房改造工作报告，场长助理张程作《西江农场分场危房改造实施方案（草案）》说明，场长助理侯桂军作《西江农场场部片区单位危房改造实施方案（草案）》说明。场长李震在危房改造工作报告中，全面阐述了危改工程基本情况：农场辖区内有危房3186户，面积221796平方米，居住人口8529人，其中2011年危改任务1863户，占改造总户数58.5%，到目前已完成280户，在改1583户。李震在大会上对危改工作提出要求：以发展的眼光看待危改工作，加强对危改工作的组织领导，明确目标任务，尊重职工意见，强化宣传和正面引导，狠抓建设质量，严厉打击趁危改工作占土地的行为，补助资金的发放和管理公开透明。李震最后表示：要努力把好事办实，实事办好，全力营造天蓝、地绿、街净、路畅的现代化新型农场，让职工住上好房子，过上好日子。大会一致同意李震的危房改造工作报告。与会代表对《西江农场分场危房改造实施方案》《西江农场场部片区单位危房改造实施方案》进行讨论，分别审议，一致通过了分场危房改造实施方案，原则通过了场部片区单位危房改造方案。大会作出了相应的决议。

31. 第十四届职工代表大会第三次会议 2012年5月18日在场部召开，会期1天。出席大会正式代表88人，列席代表16人，特邀代表8人。大会由场党委书记李蔚致开幕词，副场长钟伟政致闭幕词。场长李震向大会报告工作，他在题为《凝心聚力，开拓进取，携手共建和谐新西江》的工作报告中，全面总结了上一年的工作：完成经营总收入36.03亿元，同比增长23.1%；完成生产总值15.127亿元，同比增长24.4%；完成固定资产投资5.90亿元，实现自治区农垦局目标任务104.2%；从业人员年均纯收入21872元，同比增长13.5%；完成进厂原料蔗22.38万吨，总产值1.12亿元；实现利润2600万元，同比增长1.48倍，其他各项工作如房地产开发、社会文化建设、民生工程等也大大向前发展了，成效非常显著。报告中提出关于2012年的工作任务，总体要求是全年实现利润2600万元；管区生产总值18.13亿元，从业人员年均纯收入24000元；甘蔗目标产量24万吨。代表们在审议中认为，工作报告关于上年的总结是客观、全面的，符合农场实际的，提出今后的任务指标，既含有先进性，而经过大家努力又是可以完成的，大会一致通过李场长的工作报告。大会听取了林少明作关于财务工作报告，经审议，认为关于农场财务决算、预算是符合企业财务运行实际的，大会完全同意《关于2011年财务决算及2012年财务计划的报告》。梁辉就《西江农场2012年经营管理实施方案》向大会做了说明，代表们对方案条文深入讨论和提出了一些补充意见，认为进一步完善后即可颁布施行，大会原则通过本实施方案。大会收到了农场领导班子及成员关于2011年度的书面述职述廉报告，代表们以主人翁的责任感进行了民主测评。副场长周启美在会上宣读西江农场关于先进表彰的决定，公布先进集体、先进个人名单并进行颁奖。本次职代会最后一项议程是签订集体合同，由工会代表全体职工，场长代表企业，双方在会上签集体合同，按有关国家劳动法规，进一步规范双方劳动关系。

32. 第十五届职工代表大会第一次会议　2013 年 5 月 28 日在场部召开。会期一天，出席这次职工代表大会的正式代表共有 82 名，列席代表 12 名，特邀代表 3 名。代表们以主人翁的高度负责精神，认真履行职工代表的审议权，认真听取并审议了场长李震做的工作报告，听取和审议了《2012 年财务决算及 2013 年财务计划报告》，听取并审议通过了《西江农场 2013 年经营管理实施方案（草案）》。代表们认为，2012 年是农场发展中至关重要的一年。全场干部职工发扬艰苦奋斗、勇于开拓的精神，凝聚力量、攻坚克难、真抓实干，全面完成了自治区农垦局下达的各项目标任务，多项指标创历史新高，促进了农场的快速发展。这些成绩来之不易，是全体职工齐心协力、共同奋斗的结果。会议认为李震作的工作报告主题突出，客观全面实事求是，思路清晰，方向明确，措施有力，符合农场实际。报告深刻分析了农场发展的内外部环境、机遇和挑战，前瞻性地提出了 2013 年工作思路，工作思路既立足于农场当前发展的迫切需求，又着眼于农场长远目标，具有很强的操作性，体现了农场站在新的发展平台上，谋求创新工作和快速发展的决心。代表们一致认为，场长李震的工作报告目标明确、内容具体务实，振奋人心，为全体职工认清形势，统一思想，坚定信心，提高认识，团结一致，圆满完成 2013 年各项工作任务，奠定了坚实的基础。大会批准通过《西江农场 2012 年财务决算及 2013 年财务工作计划报告》和《西江农场 2013 年经营管理实施方案（草案）》。

33. 第十五届职工代表大会第二次会议　2014 年 5 月 16 日在场部召开。会期半天，出席这次职工代表大会的正式代表共有 76 名，列席代表 20 名，特邀代表 6 名。代表们听取并审议了场长李震关于《真抓实干 攻坚克难 全力开创西江发展新篇章》的工作报告，听取和审议了《2013 年财务决算及 2014 年财务计划报告》，听取并审议通过了《西江农场 2014 年经营管理实施方案（草案）》。

代表们认为，2013 年是农场发展中至关重要的一年。全场干部职工在"建设现代甘蔗园，发展特色农业，做强房地产，拓宽物流业"的经营方针，充分发扬"责任、创新、实干、效能"的企业精神，同心同力、不畏艰难，全面完成了自治区农垦局下达的各项目标任务，多项指标创历史新高，促进了农场的快速发展，充分展示了西江勃勃的生机与活力。这些成绩来之不易，是全体职工齐心协力、共同奋斗的结果。会议认为李震作的工作报告实事求是，全面客观，思路清晰，符合农场实际。报告深刻分析了农场发展的内外部环境、机遇和挑战，前瞻性地提出了 2014 年工作思路，确定了 2014 年目标和重点工作。这一系列总结、分析和安排，符合企业实际，具有很强的操作性。代表们一致认为，李震的工作报告目标明确、内容具体务实，振奋人心，为我们全体职工认清形势，统一思想，提高认识，团结一致，圆满完成 2014 年各项工作任务，奠定了坚实的基础。大会批准通过《西江农场 2013 年财务决算及 2014 年财务工作计划报告》和《西江农场 2014 年经营管理实施方案（草案）》。

34. 第十六届职工代表大会第一次会议　2015 年 4 月 30 日召开，出席本次大会应到的正式代表共 84 名，因事（病）请假 0 名，实际到会 84 名。这次会议，代表们认真听取并审议通过了场长李震作的《适应新常态落实新举措为建设生态魅力和谐新西江而努力奋斗》工作报告。大家一致认为，场长李震工作报告以科学发展观为指导，认真贯彻全区农垦工作会议精神，客观地总结 2014 年的工作成绩和经验，报告总揽全局，立意高远，思路清晰，目标明确，措施具体，为农场的工作指明了方向。会上与会代表紧紧围绕会议主题，结合单位实际，畅所欲言，提出了许多宝贵意见和建议，表现出了强烈的主人翁精神和高度的责任感。会议集中了全场干部职工的智慧与汗水，统一了思想认识，形成了共同奋斗目标。会议的成功召开，对于我们全面落实科学发展观，加强企业管理，实现企业与职工的和谐发展，具有十分重要的里程碑意义，对农场的改革、发展和稳定产生积极而深远的影响。听取并审议通过了西江农场《2015 年经营管理实施方案》《2014 年财务决算及 2015 年财务计划报告》，场长李震与各有关单位负责人签订了 2015 年度甘蔗生产责任状，民主评议了场领导班子及成员，顺利完成了各项议程。

35. 第十六届职工代表大会第二次会议　2016 年 4 月 22 日召开，出席本次大会应到的正式代表共 87 名，因事（病）请假 0 名，实际到会 87 名。列席代表 18 人，到会 17 人，请假 1 人；特邀代表 6 人，到会 5 人，请假 1 人。这次会议，代表们认真听取并审议了场长李蔚关于《改革创新 实干推动 全力开启西江农场"十三五"发展新篇章》的工作报告，听取和审议了《2015 年财务决算及 2016 年财务预算工作报告》，听取并审议通过了《西江农场 2016 年经营管理实施方案（草案）》。代表们认为，2015 年是西江发展进程中不平凡的一年。面对复杂多变的经济环境和台风等自然灾害，场党委坚持以科学发展观为指导，以转变发展方式为主线，以注重和改善民生为核心，抓项目、调结构、强基础、惠民生、保稳定，农场经济社会发展取得了新业绩，全面完成了自治区农垦局下达的各项目标任务，开创了西江农场改革发展的新局面。这些成绩来之不易，是全体职工齐心协力、共同奋斗的结果。会议认为李蔚作的工作报告实事求是，全面客观，思路清晰，符合农场实际。报告回顾了"十二五"规划取得成绩，总结了 2015 年工作，分析了存在的问题困难和发展机遇，科学提出了 2016 年工作思路。这一系列总结、分析和安排，符合企业实际，具有很强的针对性和操作性。代表们一致认为，李蔚的工作报告主题鲜明、内容翔实、鼓舞士气、振奋人心，为我们全场职工认清形势，统一思想，提高认识，圆满完成2016年各项工作任务，明确了思路，指明了方向。大会批准通过《西江农场2015年财务决算及2016年财务预算工作报告》和《西江农场2016年经营管理实施方案（草案）》。

36. 第十七届职工代表大会第一次会议　2017年4月26日召开，应出席会议的正式代表83名，实际到会83名。这次会议，代表们认真听取并审议通过了场长李蔚作的《抓住改革新机遇吹响发展新号角　为全面建设新西江而努力奋斗》工作报告，听取并审议通过了西江农场《2017年经营管理实施方案》《2016年财务决算及2017年财务计划报告》，民主选举了第十七届企业管理委员会成员，场长李蔚与各有关单位负责人签订了2017年度甘蔗生产责任状，民主评议了场领导班子及成员，顺利完成了各项议程。代表们认为，场长的报告客观全面地总结了农场所取得的成绩，也实事求是地指出存在的问题，对今年的工作计划和工作目标，提出了任务和要求，报告鼓舞人心，催人奋进。本次大会收集了很多具有建设性的意见建议，这些意见、建议内容涉及甘蔗生产、危房改造、征地拆迁等范围，反映了职工代表关心农场发展和关心职工的工作责任感和使命感。会议决定会后将及时召集各职能科室对这些意见、建议进行研究、整改和落实。

37. 第十七届职工代表大会第二次会议　2018年4月27日召开，应出席会议的正式代表83名，因事（病）请假1名，实际到会82名。列席代表18人，特邀代表6人。这次会议，代表们认真听取并审议通过了场长李蔚作的《贯彻十九大精神推进公司化改革为建设充满活力魅力新西江而努力奋斗》工作报告，听取并审议通过了西江农场《2018年经营管理实施方案》《2017年财务决算及2018年财务计划报告》，场长李蔚与各有关单位负责人签订了2018年度甘蔗生产责任状，民主评议了场领导班子及成员，顺利完成了各项议程。代表们认为，场长的报告，客观全面地总结了农场所取得的成绩，也实事求是地指出存在的问题，对今年的工作计划和工作目标，提出了任务和要求，报告鼓舞人心，催人奋进。本次大会收集了很多具有建设性的意见建议，这些意见、建议内容涉及甘蔗生产、危房改造、征地拆迁、民生建设等范围，反映了职工代表关心农场发展和关心职工的工作责任感和使命感。会后将及时召集各职能部门对这些意见、建议进行研究、整改和落实。

38. 第十七届职工代表大会第三次会议　2018年10月12日在场部召开。会期半天，出席这次职工代表大会的正式代表有80名，列席代表2名。代表们听取并审议通过《广西农垦国有西江农场公司制改制方案》。会议认为，改制方案符合中共中央、国务院关于深化国有企业改革的方向，也符合西江农场改革与发展实际，方案可行性和必要性论证充分，改制目标及原则定义明确，改制方式及出资方案科学合理，新公司发展战略准确清晰，顺应行业发展趋势，符合企业及职工根本利益，经大会审议予以通过。改制方案的通过，体现了广大职工对农场发展的信心和改制的决心。大会要求，各单位、部门要从推动企业改革发展的战略全局出发，切实做好各项相关工作，强化内部管理，加强风险防控；做强优势产业，加大转型力度；切实加强党建，为改革提供强有力的组织保障。以优异的成绩向改革开放 40 周年、自治区成立 60 周年献礼。

39. 第十七届职工代表大会第四次会议　2018 年 11 月 21 日召开，应出席职工代表 83 人，请假 6 人，实到会 77 人。会议选举邓德平为广西农垦西江农场有限公司职工董事，选举梁颐婷为广西农垦西江农场有限公司职工监事。

40. 西江农场公司第一届职工代表大会暨工会第一届会员代表大会第二次会议　2020 年 7 月 2 日在农场公司第一会议室召开，91 名职工代表和 80 名工会会员出席会议。会议选举产生了西江农场公司出席广西农垦集团工会第一届会员代表大会代表 9 名和广西农垦集团第一届职工代表大会代表 9 名。

41. 西江农场公司第一届第二次职工代表大会暨工会第一届会员代表第三次会议　2021 年 3 月 25 日在农场公司第一会议室召开，会期半天。会议听取、审议并通过了公司党委书记、董事长李蔚所作的题为《展现新作为　实现新突破　奋力实现西江"十四五"良好开局》的职代会工作报告，公司党委副书记、工会主席邓德平所作的题为《全力打造满意职工之家 为农场公司高质量发展保驾护航》的工会工作报告，以及公司 2021 年度经营计划、2021 年度预算方案、工会经费审查报告；补选产生了新的职工监事、工会经费审查委员会委员、主任；公司董事长回应了代表提出的意见建议；签订了西江农场公司《集体合同》和《经营目标责任书》。

42. 西江农场公司第一届第三次职工代表大会暨工会第一届会员代表第四次会议　本次大会于 2022 年 4 月 27 日在农场公司第一会议室召开，会期半天。会议听取、审议并通过了公司党委书记、董事长杨立军所作的题为《找准新定位 融入新格局 为打造现代一流食品企业闯出西江路子》的工作报告，以及《西江农场公司 2022 年经营管理工作报告》《西江农场公司员工违纪违规行为处理办法（试行）》《西江农场公司土地经营管理办法实施细则（试行）》《西江农场公司工会 2022 年工作报告》《西江农场公司工会 2021 年经费审查报告》；公司董事长回应了代表提出的意见建议；签订了西江农场公司《经营目标责任书》。

第四章 经济建设

第一节 农 业

一、种植业结构

西江农场地处贵港郊区，属亚热带气候，地势较平坦，全场大部属缓坡丘陵，坡度1～3度，海拔44～48米，年均气温21.4℃，极端最低气温－3.4℃，常年有霜3～6天，最多15天，年日照1309小时，年降水量1480毫米，年蒸发量1555.6毫米，相对湿度79%，干湿交替明显，每年4—8月为雨季，9月至翌年3月为旱季。气候对农业生产有利，地势也便于机械作业，多数海拔高程在44～45米，但由于地势较低，每遇夏季洪水暴涨，大片土地被洪水淹没；不少土地多藏暗石，土层浅薄，易受干旱。广西解放前，此处荆棘遍地，杂草丛生，荒无人烟。农场的农业生产就是在这片荒凉的土地上建立起来的。

建场初期，西江农场农业生产单位设5个分场。截至2022年底，全场共有土地面积8.8万亩，其中耕地4.67万亩。从事农业生产的单位，共10个农业分场。种植业的布局，随着生产条件和企业经营方针的改变，不断进行调整。

1954—1955年，西江农场以谷物为主，粮食生产为重中之重；1956年以甘蔗为主；1958年和1959年则以薯类为主。这个时期全场的主要农作物有旱稻、玉米、花生、木薯、红薯，其他作物有高粱、水稻、黄粟、十丈谷、黄豆、富贵豆、小麦、三角麦、芋头、洋芋、红麻、苎麻、芝麻、香茅、水果等20多种。种植面积最多的作物曾达到3万亩。1958年起，西江农场陆续新建8个日产淀粉5吨的淀粉厂。1961年起，西江农场由原来吃国家商品粮改为粮、油、肉、菜自给。因此，从1961年开始，农业生产布局进行了调整，在保证粮食自给有余的前提下，以薯类为主，实行多种经营，水稻、玉米、木薯、花生、红麻是主要作物，水稻种植面积年均达到17241亩，玉米种植面积年均9117亩，木薯种植面积年均15530亩，花生种植面积年均2173亩，红麻种植面积年均4826亩。除甘蔗、高粱、水果保持一定的种植面积外，其他作物基本不种，改变了20世纪50年代种植品种繁多的生产布局。

20世纪70年代，以粮为主，多种经营的种植业格局一直延伸下来，粮食作物以水稻和玉米为大头，水稻每年种植面积在2万～2.7万亩，玉米面积在4000～6000亩，花生面积在 2000～2500 亩，木薯面积在 7000～8000 亩。以柑橘为首的水果种植面积逐步发展到 1500 亩左右，甘蔗、红麻保持有一定的种植面积，其他作物基本不种，农作物的种植品种又进一步减少。1970 年，开始种植剑麻，到 1979 年，种植面积达 5711 亩，为后来兴建的剑麻制品厂提供纤维原料。

到了 20 世纪 80 年代，西江农场虽然仍是以种粮食作物为主，基本生产结构没多大改变，但到 1985 年后，水稻种植面积调低了下来，保持在 1.4 万～1.6 万亩，仅保证粮食自给，玉米面积在 4000～6000 亩，剑麻面积在 5000～6400 亩，花生面积长期保持在 2000 亩左右，柑橘种植面积发展到 2200～2600 亩，1984 年以后，木薯种植很少或者不种了。为了给农场兴建糖厂做准备工作，1988 年甘蔗种植面积已达到 9179 亩。随后农场确定种植业的结构为粮、蔗、麻、果的生产布局，为以后实施农业产业结构全面调整打下了基础。

从 1990 年起，为了满足糖厂生产对糖料蔗的需求，农场逐步扩大甘蔗种植面积，粮、麻、果由于政策、市场、洪涝灾害等原因逐步停止种植，甘蔗成为农场最主要的种植业。2009 年，农场领导班子为农场制定了"稳定发展甘蔗产业，实践高新农业，做强房地产，拓展物流业"的发展思路，并一直延续至 2021 年。

2022 年，西江农场公司紧紧围绕农垦集团公司打造现代一流食品企业部署要求和赋予西江农场公司的发展定位，聚焦糖料蔗产业，上下"一盘棋"，战略协同广糖集团发展蔗糖食品产业。农场公司作为广糖集团西江制糖公司原料蔗生产供应基地，通过大力推广甘蔗优良品种种植和大马力拖拉机犁耙整地、地膜覆盖、蔗叶还田、赤眼蜂生物防治蔗螟、尾半茎留种种植等良种良法和督促落实早种早管、积极排涝抗旱等管理措施，确保甘蔗正常生长，从而促进农场公司糖料蔗产业稳定发展。

二、农业机械

西江农场的农业机械发展进程，有久远的历史，是从建场初期的 1953 年 11 月在柳州机械农场筹备处的基础上逐步发展的，在广西农垦的农场中最先拥有谷物收割机。当年筹备处并入美式小型拖拉机 32 台（其中：哈利斯 13 台、福特 9 台、法尔毛 10 台），美式 20 行条播种机 5 台，中耕器 19 台，哈利斯 21 型自动联合收割机 2 台，以及犁耙等农具。1954 年 2 月，又从华南垦殖局调拨拖拉机：斯大林 80 号 5 台，德特 54 型 10 台，1 至 5 铧犁共 19 台、各种耙具 19 台组。上述进口的农业机械，均属半新旧产品，到场后分别安排固定到 5 个农业生产队使用，各生产队成立机耕队来管理这些农机。同期，西江农场创办的修配厂是广西农场中最早建立的一个修理厂。

1959 年和 1960 年西江农场又分别购进 10 台福克森 35 型，6 台优特兹 45 型，2 台莫特兹 45 型等农业机械。

从 1961 年起，根据国家工业发展，西江农场开始使用国产机械设备，购进了国产东方红 54 型、东方红 75 型、铁牛 55 型、丰收 37 型、丰收 35 型、上海 50 型、工农 12 型（手扶）等类型拖拉机和各种农机具。同时，西江农场开展群众性的技术革新和技术革命运动，改造和创制新的农具（图 4-1、4-2），试制成功橡胶动力控穴机等。1962 年建立了一个机械化生产队。

1964 年，为了解决水稻脱粒机械化，自治区农垦局从广东省湛江农垦局引入一批大型动力脱谷机，分配给西江农场、金光农场等。

图 4-1　早期农工自制农具——风车

图 4-2　早期农工自制农具——花生脱壳机

1968年3月，西江农场与广西农业机械研究所合作，研制成功全喂入悬挂式水稻联合收割机，与丰收37型拖拉机配套，一次完成收割、脱粒、精选、包装等作业。至1971年共生产25台，推广到星星农场、东风农场等使用。

1974年，西江农场再次与广西农业机械研究所等有关单位协作，创制了稻麦两用全喂入联合收割机。到1975年，全广西农垦有21个农场使用全喂入悬挂式水稻联合收割机，共拥有70台，收割早稻18974亩，水稻收割机械化程度达22%，同时，西江农场还在松花江脱粒机基础上改制，工效比原机提高一倍，操作人员减少三分之一。到1977年，农场水稻收割基本实现机械化。

1981年，由西江农场大修厂研制成功的低温谷物烘干机，经明阳农场试用，比人工摊晒降低费用20%以上，还不受天气制约。该机获1983年广西科技成果三等奖。到1984年，共推广12套，基本满足农场主要水稻生产需要。

1985年，农场经济体制改革，兴办职工家庭农场，农业机械转换新的管理机制，适应新形势的需要。西江农场把相当部分各种类型拖拉机折价转让给职工个人，由于管理制度跟不上，出现指挥不灵，机车利用率比转让前低、作业质量下降等现象。根据出现的问题，农场在1986年收回部分机车，购进一部分新机车，在农机管理制度上制订了有效措施，如为农场生产服务的机车供应优惠价的油料，农忙时必须由队统一安排使用等，从而情况改善。

在发展家庭农场生产经营进程中，农场为减轻种植业职工劳动强度，不误农时，提高机械作业效率，种植规划布局实行"五个统一"，即统一机耕，统一地号种植品种，统一排灌管理，统一作业质量验收标准，统一收费标准。

到了1988年，公有拖拉机混合台67台，折价转让职工的有49台，合共116台。

1990年，西江农场拥有公有机车22台，其中"铁牛55型"12台，"铁牛654"1台，"清江50"3台，"上海50型"4台，"俄罗斯75推土机"2台。到了1998年，所有的公车及机具全部折价转让给私人，至此农场经营公有机车已不复存在，农机的更新购置全由职工个人解决。国家从2005年开始实施农机购置补贴的支农惠农政策，职工个人直接向农机部门申请购买大功率拖拉机。2007—2011年，西江农场职工共购买拖拉机178台，合计923.6万元，其中国家补贴252.3万元。西江农场各分场职工个人拥有的农业机械，基本能满足生产发展需要，全面完成各个年度的机械作业任务，赶上农时季节。

2016年，西江农场利用三级良繁基地建设财政资金购进2台东方红1304型大功率拖拉机和甘蔗一体化种植机、旋耕耙等农具。2018年，利用蔗糖产业示范区建设资金购进2台东方红1804型大功率拖拉机2台，植保无人机8台，北斗自动驾驶系统2台及犁耙等农具。从此西江农场又拥有了农场自有农机具。

2012—2022 年，西江农场公司及职工家属购置拖拉机累计 400 台，其中 210 马力[1]拖拉机 1 台、180 马力拖拉机 2 台、90～150 马力拖拉机 50 台、30～85 马力拖拉机 348 台。截至 2022 年底，农场公司及职工家属拥有四轮拖拉机累计 612 台、手扶微耕机累计 180 台、运输车累计 47 辆、装蔗爪机累计 54 台、甘蔗种植机累计 5 台、蔗叶粉碎机累计 187 台、植保无人机累计 8 台。2012—2022 年获得国家农机具（包括拖拉机、农机具）购置补贴累计 1242.012 万元，其中中央财政补贴 1118.641 万元，自治区级财政补贴 123.371 万元。

根据《广西农垦统计历史资料》一书记载，西江农场 1978—1998 年，主要农业机械拥有量情况见表 4-1。

表 4-1　西江农场主要农业机械情况表

年度	农业机械总动力（千瓦）	耕作机械						运输机械			动力机械	
		动力合计（千瓦）	大中型用拖拉机		小型及手扶拖拉机		大中型拖拉机引农具	动力合计（千瓦）	农用载重汽车		台	动力合计（千瓦）
			台	动力（千瓦）	台	动力（千瓦）	台		辆	功率（千瓦）		
1978	8224	1930	53	1727	23	203	214	1058	17	1058	292	3505
1979	8286	2072	57	1843	26	229	219	1091	17	1091	485	4078
1980	7919	2122	59	1901	25	221	231	1242	19	1242	235	2790
1981	7398	2246	68	2008	27	238	185	1033	15	1033	281	3008
1982	6824	2384	72	2181	23	203	200	1147	17	1147	182	2349
1983	6832	2503	76	2300	23	203	202	1136	17	1136	179	1991
1984	7635	2851	88	2639	24	212		1882	28	1882	179	1991
1985	7812	3093	96	2855	27	238	231	1683	26	1683	185	2069
1986	11130	4109	125	3774	38	335		1716	23	1716	413	3462
1987	10423	3220	92	2894	37	326		1077	15	1077	433	3622
1988	12459	3614	101	3296	36	318	113	1661	18	1661	425	3603
1989	12637	3947	108	3585	41	362	120	1411	11	1411	455	3760
1990	13138	4120	109	3635	55	485	158	1147	11	1147	520	4426
1991	12121	4335	102	3539	100	796	174	1246	12	1246	646	4738
1992	12116	4872	109	3999	104	873	135	1319	14	1319	601	4317
1993	11236	5001	103	4023	115	978	174	1426	15	1426	567	4287
1994	11883	5646	114	4634	119	1012	169	1426	15	1426	567	4287
1995	13403	5800	109	4831	114	969	122	2762	24	2653	567	4287
1996	11194	6248	106	4996	135	1252	61	525	4	294	284	2589
1997	11795	6326	113	4732	166	1594	57	972	5	526	276	2398
1998	13282	6552	112	5147	156	1405	61	866	6	629	283	2360

① 马力为非法定计量单位，1 马力≈0.735 千瓦。——编者注

西江农场农业机械，在历年的生产过程中，发挥重要作用。犁地、耙地、开行、播种、中耕、培土、收货、运输等繁重的作业任务，大部分是机械作业完成，特别是从1960年农场实行粮食自给以后，水稻种植面积扩大到2万多亩（两造），在劳力少、季节紧、任务重的情况下，农业机械作业尤显重要了。根据农场历年种植的几种主要作物分述如下。

1. 水稻 水稻是早年农场投入劳力最多，农活最重，农时季节最紧的一项任务。1964年前，机械作业只有犁田和肥料、产品运输两项主要作业。从1964年开始，在犁、耙田、脱粒、运输方面逐步实现机械作业。晚造插田从1964年至1983年，基本是用插秧机，产品的风净是半机械作业。1973年联合研制成功水稻收割机后，1974年实行大面积机器收割（图4-3），直至1988年早晚两造都尽量实行机收。

图4-3 西江农场水稻收割机在作业

2. 玉米 玉米的犁地、耙地、开行（或播种）、中耕培土、肥料、产品运输，基本是机械作业，产品脱粒、风净是半机械化。

3. 木薯 从1958年开始大面积种植木薯后，犁地、耙地、起畦开行、中耕培土，收货时刮松基本是机械作业。

4. 甘蔗 从1954年开始种植，甘蔗的犁地、耙地、开行、中耕培土，肥料、产品运输，老根蔗的破垄松蔸，基本是机械作业。

5. 剑麻 剑麻从1972年开始种植，犁地、耙地、开行、中耕、肥料、产品运输，基本是机械作业，打麻是半机械作业。

6. 花生 花生的犁地、耙地、开行播种、中耕培土、肥料、产品运输，基本是机械作业。从二十世纪七十年代开始，全场3000多亩旱地的平整，2000多亩水田由小块并大块，39 公里长的防洪堤，加宽、加高的填方、挖方大多是机械作业，由拖拉机挂铲运机或推土机进行作业。

三、调整农业产业结构

西江农场建场初期，生产条件差，办场经验不足，经营方针处于探索时期，二十世纪五十年代，农业产业以谷物为主，稍后又以木薯、黄麻为主，到七十年代，仍是以粮为纲，粮牧并举，其间虽然也实施多种经营的方略，但在种植多达 20 多个作物品种之中，始终以种植水稻为大头，年均种植面积 1.6 万亩以上。直到八十年代末，西江农场要兴建糖厂，才确定种植结构为粮、蔗、麻（剑麻）、果四类作物，其他作物不种了。

蔗糖业建立起来以后，西江农场坚持工业以制糖为龙头，种植业以甘蔗生产为主的经营方针，把扩大甘蔗种植面积为第一要务。农业的产业结构虽经过调整，以甘蔗种植为主，但在那特定的历史时期，还要保证粮食自给，必须保证合理安排蔗粮生产。从 1990 年起，农场在原有耕地面积基础上，增加淘汰病老果树园 1000 亩，职工多余菜地及零星开荒地 1000 多亩，全部用于种植甘蔗。当时有些地处偏远、多年丢荒、灌溉排涝条件差的土地，尚未有人承包种植作物，场里动员场部机关和糖厂干部去承包种甘蔗，从而带动了全场职工种蔗积极性。甘蔗种植面积由 1989 年的 19241 亩，扩大到 1990 年的 24307 亩。1991 年农场建立 3 个青年队，组织 142 名青年专负责种植甘蔗，当年就种上了 2072 亩，农场在短短几年内，很快把甘蔗种植面积扩大了起来。到 1992 年，农场进厂原料蔗超过 15 万吨，基本实现糖厂的预期目标，这是农业产业结构调整的成果。

1993 年，由于计划商品经济向市场经济接轨，国家统配的粮食价格全面放开，粮食可以在市场议价交易，西江农场停止执行粮油统筹供给的办法，此后不再安排规模种植水稻了，原水稻专业承包的水田，改作旱地种上了甘蔗。只保留每户 1～2 亩的口粮田。2005 年全部取消口粮田，实行水改旱工程，农场能种植甘蔗的土地全部种上甘蔗。

2009 年，西江农场领导班子为农场制定了"稳定发展甘蔗产业，实践高新农业，做强房地产，拓展物流业"的发展思路，为农场公司甘蔗产业指明了方向。在贵港市因城市发展需要不断征收农场土地导致农场甘蔗种植面积由 2012 年的 5.14 万亩减少至 2021 年的 3.94 万亩的情况下，农场公司通过科学种管，甘蔗总产量仍稳定在 22 万吨以上。2022 年，因政府城市发展征用农场公司土地，甘蔗种植面积减少 700 多亩，截至 2022 年底，甘蔗合同面积约 3.87 万亩，因受涝灾、旱灾以及征地因素影响，2022 年甘蔗总产约 19.6 万吨。

四、甘蔗高产栽培

西江农场自 1954 年开始小规模种植甘蔗，在二十世纪九十年代前，产量都很低，生产的原料蔗交给附近国营糖厂。二十世纪五十年代，甘蔗平均亩产是2.07吨；六十年代平均亩产1.69吨；七十年代平均亩产1.09吨；八十年代平均亩产2.19吨；九十年代平均亩产4.31吨；2000—2011年的12年间，甘蔗平均产量有较大突进，平均亩产达到5.3吨；2012—2022年，平均亩产达到5.65吨。西江农场的甘蔗亩产从低到高产丰收，主要是通过一系列高产栽培措施。

1. 优化品种结构 西江农场建立良种繁育示范基地，曾经试用9个甘蔗品种对比，根据测出各品种的分蘖率、成茎率、有效茎、抗逆性、病虫害情况、蔗糖分及产量等相关数据，选定新台糖28号、粤糖85/177、粤糖94/128为2007—2015年的主栽品种。自实施"双高"良种良法项目以来，特别是2015/2016榨季农场首次大规模引进"双高"良种进行推广种植，2016年当年共引进粤糖00236、桂柳05136等"双高"优良品种10149吨，且每年引进新的优良品种进行大田试种推广适应性筛选，不断调整和优化农场公司原料蔗基地甘蔗品种种植结构。

2. 坚持"三早四大"的田间管理制度 西江农场通过多年甘蔗生产实践，甘蔗旱地大面积栽培，坚持"三早四大"的田间管理规程，是高产因素之一，"三早"即早种、早管、早施肥，"四大"即大功率机车深耕深松犁耙整地、大茎良种种植、大行距宽行密植、大肥水投入，这些措施推广实施和良种引进改良对提高甘蔗产量和糖分含量起到了关键作用。同时推行化学除草，以代替过去的人工除草，节省人力和减轻农工劳动强度。采用芽前除草和芽后除草等科学的除草方式能有效地抑制杂草尤其是恶性杂草的蔓生，是田间管理的一项关键措施。

3. 推行地膜覆盖 西江农场长期推行新植冬蔗地膜覆盖，为激励广大种蔗户采取地膜覆盖措施，农场组织了开展"地膜杯"劳动竞赛，制定地膜覆盖补贴政策推广甘蔗地膜覆盖技术。地膜覆盖技术推广实施以来，有效减少甘蔗出苗时间，促进甘蔗早出苗、齐出苗、出壮苗，大幅度提高甘蔗出苗率和壮苗数量，从而提高甘蔗产量。

4. 防治病虫害及灭鼠 西江农场甘蔗害虫主要有螟虫、蔗龟、天牛、黏虫、蓟马、红蜘蛛等，虫害影响了甘蔗正常生长，造成较为严重损失，农场农业事业部（即原科技生产部）通过设立螟虫性诱监测点进行虫害预测预报，并根据测报结果发布虫害统防统治通知，全场进行虫害统防统治。此外，鼠害也是造成甘蔗减产的重要因素之一，特别是甘蔗倒伏后，鼠害发生更加严重。农场根据实际情况在7月份或10月份选用敌鼠钠盐、溴鼠灵等老鼠药统一配制老鼠谷，发放给种植户进行统一灭鼠，有效减少甘蔗鼠害发生。

5. 实行测土配方施肥 2009—2017年，西江农场成立测土配方施肥中心，实施广西农垦玉林贵港百色片区农场国家测土配方施肥项目，完成项目片区 9 个农场 426 个片区土样的抽样化验与调查工作，并于 2016 年编著出版广西县域耕地地力评价丛书《广西农垦玉林贵港百色片区农场耕地地力评价》一书，为片区农场农业生产提供科学配方施肥参考依据。通过实施测土配方施肥，以最优的方案进行氮、磷、钾合理配施，减少肥料用量，降低成本，提高种蔗经济效益。2017 年，测土配方施肥中心撤销。

6. 推广蔗叶还田技术 从 2016 年开始，针对农场土地板结严重，土壤肥力下降，肥料利用率降低以及政府加大对焚烧蔗叶污染大气环境的管理，农场出台补贴扶持考核奖罚等各项政策，推广实施蔗叶还田技术。土壤有机质明显增加，土壤结构得到了改善，土地地力得到了较大提高，土地板结现象也得到了缓解，同时有效减少了秸秆焚烧现象。

图 4-4 甘蔗收割机现场演示

五、农业各产业发展历程

1. 水稻 西江农场建场时就已开始种植水稻（表 4-2），1954 年种植面积为 4735 亩，当时生产条件差，单位面积产量极低，亩产仅 49.7 公斤。由于初时人工作业，产量又低，1955 年后逐步减少种植面积。1961 年起，农场实行粮食自给，水稻生产因而得到迅速发展，1963 年种植面积达历史最高，共有 32728 亩。二十世纪六十年代平均种植面积为 17242 亩，平均亩产 126.7 公斤，比五十年代亩产提高 71.8 公斤。七十年代年平均种植面积 2 万亩以上，亩产 182.7 公斤。从七十年代中期起，农场引进杂优品种来种植，亩产比常规水稻高产50～100公斤。八十年代初至中期，年均种植面积仍然保持在2万亩以上。1989年，西江农场开始兴建糖厂，需要发展糖料蔗供应糖厂，甘蔗种植面积增加，从1989年起，水稻种植面积逐年减少，仅保留口粮田。后来粮食自由市场开放，为保证甘蔗生产稳定发展，2006年末，取消了口粮田，从此以后，西江农场再没有规模化的水稻种植了。

表4-2　西江农场1954—2006年水稻生产情况表

年度	种植面积（亩）	亩产（公斤）	总产（公斤）	年度	种植面积（亩）	亩产（公斤）	总产（公斤）
1954	4735	49.7	235208	1981	24670	153.0	3775000
1955	734	72.4	53176	1982	25124	194.2	4879400
1956	1605	54.1	86838	1983	25525	193.6	4941550
1957	57	142.3	8112	1984	24533	139.6	3424850
1958	0	0	0	1985	15984	148.4	2372350
1959	35	66.7	2334	1986	15117	225.4	3407000
1960	484	48.6	23510	1987	15484	253.8	3930600
1961	1448	116.7	168960	1988	14429	240.2	3465400
1962	8455	120.5	1018673	1989	6905	310.0	2140550
1963	32728	85.4	2794374	1990	5313	315.0	1673595
1964	15496	187.9	2911375	1991	5354	328.0	1756117
1965	26439	161.1	4260296	1992	2651	367.0	972917
1966	24661	123.2	3039006	1993	2686	350.0	940100
1967	21375	147.2	3146691	1994	2666	305.0	813130
1968	19298	89.8	1733671	1995	2631	380.0	999780
1969	22036	124.9	2751375	1996	2631	378.0	994518
1970	22341	135.4	3024264	1997	2631	399.0	1049769
1971	22479	130.4	2930224	1998	2618	411.0	1075998
1972	21765	186.4	4057481	1999	2320	418.0	969760
1973	21028	202.6	4259365	2000	2036	405.0	824580
1974	21244	200.5	4258770	2001	2032	400.0	812800
1975	22622	220.3	4982800	2002	2006	420.0	842520
1976	23715	203.6	4827350	2003	2006	417.0	836502
1977	25581	217.3	5557950	2004	1926	410.0	789660
1978	26763	211.8	5668000	2005	1883	405.0	762615
1979	27332	188.1	5142350	2006	600	400.0	240000
1980	27055	210.5	5695800				

2. 剑麻　西江农场从 1970 年开始引种剑麻（表 4-3），品种是 11648，当年还是试种阶段，只在试验地种植 5 亩面积，从 1972 年起，逐年扩大种植面积。至 1981 年，种植面积达到历史最高水平，种植面积共 6436 亩。

剑麻种植由于投入不高，管理粗放，剑麻纤维产量一直处于比较低水平，亩产纤维常维持在几十公斤到一百多公斤幅度。进入二十世纪九十年代后，由于种植科技上的进步，管理水平的提高，产量有了很大提高，1990 年亩产纤维突破 300 公斤。科技上的进步主要表现在：提高整地质量，实施深耕深松；增施有机肥及钙肥、钾肥；实行化学除草代替人工除草；麻渣还田结合行间小培土；取消行间种植高秆绿肥，避免与剑麻争肥、争空间，阻碍剑麻生长。

1994 年 7 月，西江农场遭受特大洪涝灾害，农作物受摧毁，剑麻被淹死 3118 亩，造成直接经济损失 900 多万元，从此剑麻生产的势头一直没有恢复起来，种植面积锐减，多年来维持在 1000 多亩，随后逐年减少，截至 2022 年，西江农场公司剑麻种植合同面积已减少至 104 亩。

在经营管理上，1998 年前，西江农场剑麻生产的经营模式统一由农场投资经营，职工实行联产计酬的承包责任制形式。随着农场经济体制改革的深化和经营管理体制的改革，从 1999 年起，剑麻全部作价转让给职工个人，由职工自主经营，自负盈亏，农场向经营者收取土地使用费并向他们提供技术服务。

图 4-5　西江农场剑麻地

表 4-3　西江农场 1970—2006 年剑麻生产情况表

年度	种植面积（亩）	收割面积（亩）	亩产（公斤）	总产（公斤）
1970	5			
1972	527			
1973	2740			
1974	2474			
1975	2797	659	109.3	72020
1976	3106	2034	89.9	182780
1977	3254	2887	95.7	276190
1978	4949	3013	83.5	251660
1979	5711	2837	67.8	192260
1980	6183	4132	59.5	245970
1981	6436	3762	76.2	286750
1982	6382	4226	61.9	261600
1983	6056	3837	126.1	483940
1984	6056	5131	87.5	448750
1985	5410	5410	83.2	450000
1986	5082	5082	123.2	626210
1987	4607	4589	124.2	570000
1988	5279	4542	110.6	502400
1989	5346	4179	156.5	654000
1990	5102	3217	211.3	679700
1991	5490	4221	220.8	931810
1992	5619	4462	242.0	1080000
1993	5539	4477	304.1	1361453
1994	2507	2416	354.0	855264
1995	2079	1740	361.5	628967
1996	2035	1617	346.2	559840
1997	1893	1419	274.1	389000
1998	1435	1170	298.3	349000
2000	1381	1281	299.8	384000
2001	1458	1158	295.2	341841
2002	1193	1095	288.5	315907
2003	1966	987	277.1	273498
2004	1384	987	268.2	264713
2005	1384	950	280.3	266285
2006	1386	1072		

3. 水果 西江农场水果业生产始于建场初期（表4-4）。1953年，西江农场种植果树182.15亩，其中沙田柚133.33亩，柑、橙48.22亩。1954年，水果种植面积701亩，品种有柑橘、菠萝、芭蕉以及沙田柚等，其中柑橘种植面积105亩。1959年，水果种植面积共达1551亩，其中柑橘面积稍多，种了475亩，荔枝59.6亩。农场为了更好发展水果生产，先后建立了两个果树专业队，1962年成立园艺队，1966年又成立林艺队，专门从事发展水果的专业生产。

二十世纪六十年代，西江农场继续发展以柑橘为主的水果业生产。1963年，柑橘种植面积达到1182亩。1971年起，因柑橘发生青枯病，从1976年起淘汰青枯病果园面积累计150.8亩。到了1978年，又因柑橘陆续发生黄龙病，至1979年淘汰黄龙病果园面积145亩。鉴于上述情况，1979—1981年，到湖南省购进抗病苗木12万株，栽培了柑橘1100亩。到1982年，全场柑橘种植面积达到历史最高峰，共种下了2790亩。

水果收获，1987年柑橘产量创历史最高水平，总产量达到213.9万公斤，平均亩产1122.8公斤，其中最高亩产4565公斤。三年之后，即1990年由于农场生产经营方针的改变，农业产业结构调整，为了发展糖业，保证西江糖厂原料蔗，全场以糖料蔗种植为主，柑橘强制进行淘汰，水果生产仅剩下400多亩龙眼。1999年12月，由于遭受自然灾害，在重霜袭击下，龙眼也基本淘汰了。

表4-4 西江农场1954—1991年水果生产情况表

年度	种植面积（亩）	收获面积（亩）	亩产（公斤）	总产（公斤）	年度	种植面积（亩）	收获面积（亩）	亩产（公斤）	总产（公斤）
1954	701				1968	319	204	363.0	74058
1955	791				1969	620	139	483.9	67262
1956	829				1970	878	163	617.6	100662
1957	935				1971	895	250	872.5	218132
1958	1042				1972	955	588	499.1	293492
1959	1551	115	131.9	15174	1973	890	603	528.0	318384
1960	2216	202	78.8	15923	1974	1098	507	819.0	415244
1961	1844	758	22.7	17185	1975	1235	555	514.1	285350
1962	1670	151	100.7	15213	1976	1407	559	745.4	416700
1963	1426	161	68.5	11029	1977	1445	560	1028.4	575900
1964	1174	108	181.3	19584	1978	1494	852	698.8	595400
1965	850	240	213.9	51336	1979	1009	687	391.0	268600
1966	795	157	205.6	32285	1980	2204	745	596.8	444600
1967	418	197	316.7	62396	1981	2580	702	432.5	303650

(续)

年度	种植面积（亩）	收获面积（亩）	亩产（公斤）	总产（公斤）	年度	种植面积（亩）	收获面积（亩）	亩产（公斤）	总产（公斤）
1982	2799	870	528.2	459550	1987	2067	1905	1122.8	2138934
1983	2633	852	229.3	195400	1988	2297	1768	528.1	933600
1984	2426	1248	458.3	572000	1989	1774	1576	782.0	1232432
1985	2442	1214	701.0	851000	1990	878	666	771.0	513486
1986	1996	1770	819.2	1450000	1991	551			

4. 木薯 1954 年西江农场开始种植木薯（表 4-5），当年种植 5526 亩，因无种植技术及自然灾害，几乎失收。1954—1957 年种植木地青皮种，累计面积 12349 亩，总产 308562 公斤，平均亩产 24.99 公斤。1958 年换种南洋紫皮种，产量大幅增加，亩产达 876.2 公斤。1961 年全场种木薯面积达到历史最高水平，种植面积 27560 亩。二十世纪七十年代每年种植面积都在 5000～10000 亩。到了 1982 年，种植面积迅速下降。1985 年之后，农场基本不再种植木薯了。

在木薯的栽培技术上，二十世纪五十年代采用大畦双行种植，亩种 1200 株，不利于机械作业。1959 年逐步改为小畦单行种植，亩种植 951 株，改小畦单行种植以后，可用机械起畦、松土、除草、中耕培土和收获均能够机械操作，大大降低劳动强度，并大幅度提高工作效率，有利于扩大规模化经营。

表 4-5　西江农场 1954—1982 年木薯生产情况表

年度	种植面积（亩）	亩产（公斤）	总产（公斤）	年度	种植面积（亩）	亩产（公斤）	总产（公斤）
1954	5526	2.5	13815	1969	14278	429.7	6135885
1955	891	9.0	8040	1970	13926	150.1	2090259
1956	1529	57.0	87125	1971	10817	128.5	1390073
1957	4403	45.3	199582	1972	5747	629.2	3615952
1958	5970	876.2	5231061	1973	8416	427.1	3594544
1959	16067	725.6	11658740	1974	8906	190.7	1698414
1960	25358	731.2	18542403	1975	7804	444.3	3467300
1961	27560	319.9	8815750	1976	5660	576.1	3260642
1962	15159	333.2	5051382	1977	4970	267.0	1326863
1963	10506	517.3	5434883	1978	8658	436.9	3783009
1964	10940	439.3	4806412	1979	8544	247.1	2111329
1965	13178	644.9	8498760	1980	7430	581.5	4320545
1967	10101	417.5	4217197	1981	5948	531.0	3158388
1968	9407	179.4	1687593	1982	1243	539.6	670680

5. 甘蔗　从 1953 年建场至今，西江农场甘蔗生产经历了三起两落的历程（表 4-6）。1954—1959 年，年均种植面积 9604.83 亩，其中 1956 年达到 29786 亩。1960—1965 年，年均种植面积 57.5 亩，是西江农场甘蔗种植面积的最低点。1966—1977 年又逐步回升，年均种植面积 4426.5 亩。1978—1984 年，年均种植面积又降到 611.6 亩的低度。从 1985 年开始，甘蔗种植面积随着农场生产经营机制的改变而逐年提高，1992 年种植面积达到 32440 亩，以后面积逐年增加，直至农场能种植甘蔗的土地全部种上甘蔗，总面积最高约 5.5 万亩，不但种植规模提升了，单位面积产量和总产量都有较大的增长。后来由于贵港市城市发展建设不断征用农场土地，西江农场甘蔗面积开始不断减少，至 2022 年甘蔗合同面积约为 3.87 万亩。

二十世纪五十年代，为适应机耕，种植行距 1.4 米，六十年代行距改为 1.2 米，1985—1993 年，行距缩小到 0.9～1.0 米，从 1994 年至今，种植行距大体保持在 1.05～1.2 米。西江农场发展甘蔗种植业，通过长期实践，至二十世纪九十年代已形成一套较为成熟的综合技术，即选用良种，早种早管，地膜冬植，配比施肥，深耕深松，化学除草，蔗叶还田，抗旱及排涝及时防治病虫鼠害等。农场土壤大多为黏质土，因长期使用化肥农药，致使土地板结情况逐年加重，为改善农场土壤性质，农场大力推广蔗叶还田技术。2016—2021 年，农场开展蔗叶还田面积大幅度增加，还田面积分别为 2016 年 132 亩、2017 年 1892 亩、2018 年 23473 亩、2019 年 28916 亩、2020 年 30690 亩、2021 年 37316 亩，2021 年甘蔗秸秆还田利用率达到了 93％以上。2017 年开始引进推广甘蔗赤眼蜂生物防治技术，2017—2022 年分别放蜂面积为 1 万亩、1.5 万亩、2.8 万亩、3.5 万亩、3.5 万亩和 3.5 万亩，取得较好的防治效果。

1954—1957 年，西江农场甘蔗种植以 2878、2725 品种为主，该品种为抗逆性差，受旱后空心严重。1958—1984 年，以台糖 134 为主。1985—1999 年的这一阶段，以选三为主，兼种桂糖 11、粤糖 63/237 等品种。2000—2005 年以新台糖 16 为主，约占全部种植面积 70％以上。2006 年以种植新台糖 25 为主，兼种新台糖 22，推广新台糖 28 等良种，2007—2015 年以新台糖 28、粤糖 85177、粤糖 94128 为主。根据自治区农垦局的要求，为优化甘蔗种植品种结构，实现多系品种布局，提高良种覆盖率，提高甘蔗糖分及出糖率，提高职工种植综合效益。2012 年 1 月，农场成立良种甘蔗繁育示范基地，2012 年 3 月引进甘蔗新良种 4 个，开展甘蔗新良种示范种植 350 亩：其中台糖 05/3031 示范种植 103 亩，柳城 05/136 示范种植 71 亩，台糖 88/138 示范种植 33 亩，新台糖 22 号组培三代苗示范种植 4 亩，同时还种有目前的当家品种新台糖 89/1626 示范种植 139 亩。2013 年，引进粤糖 133（51.26 吨）、粤糖 94128（41.52 吨）、柳城 03/1137（29.62 吨）、福农 39（62.58 吨）、柳糖 03/1403（63.03 吨）进行品种适应性筛选。2014 年，主推的优质高产高糖品种为新台糖 28、粤糖 133、桂南亚 08/186、柳城 05/136、福农 39。并继续观察试种柳城 03/1137、桂糖 32、桂糖 31、福农 38、柳糖 07/95、桂糖 31 等甘蔗新品种。2015 年，仍以新台糖 28（89/1626）、粤糖 94/128 品种为主，占全场甘蔗种植面积的 70％左右，2014 年引进柳糖 2、桂糖 32、桂南亚 08/186 正在试种推广，并从北海等地引进的桂糖 42、桂糖 43 等品种在西江农场各个分场及良繁基地进行试验示范种植，面积达 600 亩左右。2016 年，为落实"双高"基地建设要求，推广良种良法化种植。2015/2016 年榨季农场大量引进粤糖 00236、柳城 05/136、福农 41、桂糖 46 等自治区审定的"双高"甘蔗良种 10149 吨进行种植。以大面积替换之前新台糖 28（89/1626）、粤糖 94/128、粤糖 0432 等低糖品种，当年"双高"良种蔗推广种植面积达到 50％以上。2017 年，新引进桂糖 46，主栽品种粤糖 00236、柳城 05136、福农 41、桂糖 42、桂糖 46 等品种，"双高"良种覆盖率 80％。普通品种原料蔗收购价为 500 元/吨，"双高"良种蔗收购价 530 元/吨。2018 年，新引进 506 吨桂糖 49，28 吨桂糖 51，分别示范种植 720 亩和 40 亩。主栽品种为粤糖 00/236、柳城 05/136、桂糖 46、桂糖 42、福农 41 等品种，"双高"良种覆盖率 95％。其他桂糖 49、桂糖 51、粤糖 85/177 等。普通品种原料蔗收购价为 500 元/吨，"双高"良种蔗收购价 530 元/吨，淘汰品种 390 元/吨。2019 年，新引进 206 吨桂糖 50，367 吨桂糖 55，分别示范种植 280 亩和 500 亩。主栽品种为柳城 05/136、桂糖 46、粤糖 00/236、桂糖 42、桂糖 49 等品种，"双高"良种覆盖率 98％以上，其他桂糖 50、桂糖 55、粤糖 85/177 等。普通品种原料蔗收购价为 490 元/吨，"双高"良种蔗收购价 520 元/吨，淘汰品种 390 元/吨。2020 年，新引进桂糖 57，蔗种 240 吨，示范种植约 300 亩。主栽品种为桂糖 46、柳城 05/136、粤糖 00/236、桂糖 42 等品种，覆盖率 100％。其他桂糖 49、桂糖 50、桂糖 55、桂糖 57 等。普通品种原料蔗收购价为 490 元/吨，"双高"良种蔗收购价 520 元/吨，淘汰品种 390 元/吨。2021 年，主栽品种为桂糖 46（39.4％）、柳城 05/136（32.9％）、粤糖 00/236（9.9％）、桂糖 55（6.7％）等品种，其他桂糖 49、桂糖 50、桂糖 57、桂糖 58 等。普通品种原料蔗收购价为 490 元/吨，"双高"良种蔗收购价 520 元/吨，淘汰品种 390 元/吨。

2015—2017 年，西江农场投入资金 1255.68 万元（其中财政资金 753.41 万元，农垦配套补贴资金 502.27 万元）进行"双高"良种良法种植推广补贴。每亩补贴 500 元，完成验收补贴面积 25113.53 亩。2016—2021 年，西江农场公司甘蔗主栽品种为桂柳 05/136、桂糖 46、粤糖 00236 等，其他如桂糖 42、福农 41 等品种根据品种适应性逐步退出农场甘蔗种植行列，同时农场公司继续试种桂糖 49、桂糖 50、桂糖 55、桂糖 57 等品种进行种植筛选。2022 年，农场公司甘蔗主栽品种为柳城 05/136、桂糖 46、桂糖

55、粤糖 00236 和桂糖 44，合计约占总面积 91.4％，其中柳城 05/136 和桂糖 46 分别
为 34％和 33％。

为做好原料蔗基地工作，西江农场与西江制糖有限公司（简称西糖）的领导高度重
视，立即成立了以西江农场场长和西糖董事长为组长的甘蔗健康良种繁育基地建设领导小
组，明确相关人员的职责。农场和西糖还共同出台了《2012 年甘蔗健康种苗良繁基地建
设工作方案》，明确了良繁基地建设的指导思想、目标任务、工作内容以及管理细则等。
根据基地建设规划，糖厂先后投资了 10.2 万元进行基地道路建设，投资 40 万元进行水利
建设，其中三面光工程 12 万，节水管道灌溉工程 28 万，现已基本能保障基地的生产灌溉
用水。2015 年投入 500 万元（其中财政补助资金 250 万元）在八分场、五分场、六分场、
清井分场建设 1500 亩广西甘蔗良种繁育推广三级基地，为农场公司良种引进、试验筛选、
扩繁、推广起到了重要作用。2014—2017 年，西江农场实施 2014 年和 2015 年糖料蔗高
产高糖基地建设项目（简称"双高"基地），项目实施面积 2.8 万亩，其中 2014 年项目 2
万亩，2015 年项目 0.8 万亩，该项目的实施对田间道路进行硬化或铺设泥结石路，并将
原来三面光水利灌溉方式改为管道铺设至地头灌溉方式，极大地改善了农场公司甘蔗生产
基础设施，为农场甘蔗的稳定发展提供了强有力的保障。2018 年，在"双高"基地建设
的基础上，根据自治区农垦局创建现代特色农业示范区文件要求争取财政资金 500 万元，
创建了"广西农垦西江蔗糖产业示范区"（图 4-6）。

图 4-6　广西农垦西江蔗糖产业示范区

1990 年以前，西江农场甘蔗亩产基本上都在 4 吨以下（其间 1958 年亩产 5 吨多；1959 年 4 吨多）。1991 年后，甘蔗产量得到逐步稳定提高（表 4-6），2002 年全场总产原料蔗 19.15 万吨，第一次接近 20 万吨；2006 年总产原料蔗 22.4 万吨，首次突破 20 万吨，并从此一直保持原料蔗总产超 20 万吨以上。以后甘蔗产量实现稳步上升，2016 年原料蔗总产创历史新高，达到 26.67 万吨。产量得到较快提高的原因除上述较成熟技术措施外，很大程度上得益于农场重视蔗区水利排灌设施建设投入、出台诸多扶农政策、新品种的引进与推广等。

在 1994 年至 2001 年的 8 年时间里，西江农场遭受三次重大的自然灾害。1994 年 7 月和 2001 年 7 月发生特大洪灾，造成 1994 年甘蔗绝收面积 13000 多亩，余下的也严重减产，甘蔗损失 2200 万元。2001 年绝收面积 5000 多亩，造成损失 600 多万元。1999 年 12 月连续 7 天日最低温在 -4～2℃，全场甘蔗遭受严重霜冻袭击，全场甘蔗除少许高坡地冻害较轻外，其余 85% 以上甘蔗全部冻死干枯，连种茎也没留下，需要重新种植，经济损失达 500 万元以上。由于自然灾害频繁发生，加上种植条件恶劣（低洼水浸地多、石头多），以致造成料蔗价格经常波动（如 2000—2005 年，蔗价每吨最高 300 元，最低 153 元）。2013—2020 年，甘蔗受暴雨影响，累计 3894 亩甘蔗被淹死亡，受较大台风至甘蔗大面积倒伏（倒伏比例 70% 以上）有 3 次，分别为 2013 年、2015 年和 2016 年。2020 年 5 月 20 日六分场、四分场约 1300 亩甘蔗遭受强对流冰雹灾害。2019 年 9 月 15 日至 2020 年 1 月底和 2020 年 10 月中旬至 2021 年 2 月 8 日，连续两年出现 4 个月以上无有效降雨的严重干旱天气，造成甘蔗不同程度减产，每亩减产 0.5～1.5 吨。2021 年 7—8 月和 11 月出现旱情，对甘蔗生产造成严重影响，但总产还有 26.35 万吨。2022 年，受 6 月内涝灾害和 7—11 月严重干旱天气影响，甘蔗总量减产约 4 万吨，总产量为 19.62 万吨。

表 4-6　西江农场甘蔗生产历年产量表

年度	种植面积（亩）	亩产（吨）	总产（吨）	年度	种植面积（亩）	亩产（吨）	总产（吨）
1954	6061	0.95	5765	1964	60	3.43	206
1955	16126	1.14	18309	1965	86	2.13	183
1956	29786	0.5	14846	1966	8405	1.33	11195
1957	2153	0.23	496	1967	7639	1.49	11409
1958	2633	5.35	14082	1968	2326	0.94	2193
1959	870	4.28	3723	1969	1695	1.43	2423
1960	55	1.89	104	1970	2422	1.60	3865
1961	32	1.41	45	1971	5533	1.03	5691
1962	51	1.51	77	1972	6179	1.26	7788
1963	61	1.25	76	1973	3956	1.36	5374

（续）

年度	种植面积（亩）	亩产（吨）	总产（吨）	年度	种植面积（亩）	亩产（吨）	总产（吨）
1974	2267	0.48	1093	1999	29065	5.15	149819
1975	5014	1.14	5735	2000	25413	4.97	126291
1976	5788	1.14	6573	2001	27000	4.67	126036
1977	1894	0.60	1143	2002	29813	6.42	191532
1978	231	0.37	85	2003	29246	5.52	161391
1979	28	2.11	59	2004	29550	5.55	164000
1980	117	3.03	355	2005	28000	5.37	150351
1981	1252	1.76	2205	2006	29000	7.74	224452
1982	1135	1.59	1802	2007	29000	8.31	240903
1983	856	1.42	1212	2008	29000	7.27	210850
1984	662	1.98	1312	2009	29000	8.34	241780
1985	1216	1.35	1640	2010	28000	8.70	243686
1986	1425	2.41	3430	2011	28000	8.62	241329
1987	1966	3.64	7151	2012	51379	5.06	260093
1988	9179	2.46	22615	2013	49703	5.15	255843
1989	18926	2.09	39499	2014	46960	5.20	244034
1990	24307	3.28	79846	2015	46518	5.51	256123
1991	26284	5.36	140943	2016	46087	5.79	266713
1992	32440	4.36	141428	2017	45235	5.80	262456
1993	31027	3.87	119948	2018	43057	6.02	259405
1994	27064	1.41	38080	2019	39379	5.70	224469
1995	26103	3.54	92479	2020	39379	6.19	243937
1996	28949	5.33	154400	2021	38892	6.77	263480
1997	30318	5.60	169740	2022	38700	5.07	196249
1998	29065	5.11	148450				

注：2012 年以前，由于没有对种植甘蔗的土地进行全面信息化测量和规范化管理，大量的开荒地没有统计进甘蔗种植和收费面积。2011 年开始，根据自治区农垦局的部署要求，购进 RTK 等测量设备，对全场土地面积进行了全面的测量，甘蔗实际种植面积为 5 万多亩，因此 1991—2011 年的种植面积和亩产量不准确，因资料不全，本次编写的场志无法对 2011 年以前的甘蔗面积和亩单产进行修正，只能根据查找到的相关数据资料对 2011 年以来甘蔗面积、总产以及亩单产进行修正。2012 年以后甘蔗种植面积相对准确。2020—2022 年甘蔗种植面积按合同面积计算。

六、高新农业

1. 现代农业蔬菜基地　西江农场在五分场建立了国家级蔬菜标准园示范基地，创建了"广西贵港市西江嚼绿行现代农业有限公司"，经自治区农垦局、贵港市发改委批准，于 2011 年 12 月依法注册，总投资 1432 万元。该基地占地 1000 亩，其中附属设施占地 30 亩，种植面积 970 亩，基地配套建设加工大棚、育苗大棚、水塔、喷灌系统、道路设施及水利设施等，形成了种植无公害蔬菜瓜果、批发零售和储藏初级农副产品等为主的蔬菜示范基地。

该蔬菜标准园基地是广州嚼绿行农业集团与西江农场双方合作建设，由西江旭远现代农业有限公司（2013年6月，广西贵港市西江嚼绿行现代农业有限公司更名为"广西贵港西江旭远现代农业有限公司"）经营管理，是一家集蔬菜种植标准园、农业管理咨询、蔬菜良种繁育、蔬菜加工及配送、物流、农资用品生产等相关产业于一体，并率先在国内形成全程零污染、全程标准化、全程可追溯的三大标杆体系的蔬菜企业。主要经营范围：蔬菜种植、批发与零售；农副产品初级加工、销售；初级农副产品（不含鲜活、冷却牛羊、家禽肉品）批发、销售及储存；培育植物；旅游观光农业投资。销售方面，已实施"南菜北运"及"北菜南运"的双向销售模式，产品主要销往贵港城乡、南宁、广州、深圳、港澳、新加坡及我国北方部分大城市。国家级蔬菜标准园示范基地的建成，成为西江农场新的经济增长点。

2011年12月28日，该项目成功被贵港市菜篮子办列入"菜篮子"基地。2013年8月，该项目被农业部列为国家级蔬菜标准园，同时通过贵港市商务局申报了试点性项目"南菜北运"项目。2014年1月，被自治区农业厅认定为"无公害蔬菜生产示范基地"。2014年10月，旭远公司被评为第十批贵港市农业产业化重点龙头企业。此外，还成功申请了"西江旭远"品牌商标的注册。

尽管获得各项荣誉及各级财政的部分支持，但由于蔬菜基地本身土质较差、人工价格上扬、蔬菜市场不稳定等诸多因素影响，造成蔬菜产量上不来、种植成本居高不下、蔬菜销售价格低于直接成本价格，广州嚼绿行农业集团在2013年未能完成当初合作时承诺的年利润200万元的目标。2013年底，农场召开班子会议，决定收回广州嚼绿行农业集团的经营运行权，终止了与其的合作。

2014年，西江农场从内部抽调人员组建新的团队入驻旭远公司，开始了农场自己管理的历程。农场在延续旧模式运行了4个月后发现，标准高档蔬菜成本太高，盈利几乎不可能。针对这种局面，新团队做出了三个方面决策：如实向农场报告并于同年5月底全面停止了标准高档蔬菜种植；放缓二期建设速度并修改建设方案，把原来的微喷灌设施改成管道灌溉，减少了设施投资200万以上；继续完成2013年申报的"南菜北运"项目。接下来旭远公司做了两项工作：尝试种植本地菜心；继续寻找新的合作伙伴。

2014年8月，西江农场与广西恒久现代农业有限公司合作，由双方共同成立合作公司以租赁旭远公司蔬菜基地形式进行合作，双方以现金形式入股，共同成立广西贵港市恒旭现代农业有限公司。公司注册成立后，恒久公司未按约定向恒旭公司注资，且未正常经营，合作搁浅。旭远公司与恒久公司的合作就此终止，之后恒旭公司注销。

2015 年 10 月，以每亩 900 元/年的价格将公司管理的 1000 亩蔬菜基地全部出租给贵港市绿满乐现代农业公司经营，用于蔬菜种植。绿满乐现代农业公司在经营一年多时间，于 2016 年底撤出。此时，恰逢贵港市职教园建设准备征用农场四分场土地，考虑到四分场一直有蔬菜种植的历史和经验，采取化整为零的方式引进 80 多户蔬菜种植户，按照每个岗位 5 亩的标准（后面部分岗位扩至 10 亩），让其自主经营、自负盈亏。2017 年和 2018 年共租赁了 409 亩给职工（家属）种植蔬菜。2018 年初，农场进一步整合资源，将蔬菜基地委托给下属公司广西贵港市西江鑫林绿化有限公司（简称鑫林公司）管理，对该基地进行了重新规划，将一期划分为蔬菜种植区，二期划分为水果种植区。以租赁的形式进行招商引资。引进了沃柑、葡萄、香蕉、苦瓜及时令蔬菜等种植能手进入经营。蔬菜基地作为农场探索高新农业的试验田，解决了部分失地职工（家属）的再就业问题（一亩地蔬菜种植利润在 1 万元左右），同时提高了农场的土地价值（租金收入均价 800 元/亩以上，比甘蔗种植 400 多元/亩高出约一倍）。

2019 年 1 月，农场进行公司化改革，农场的机关组织架构设置及下属单位优化重组，新公司保留西江旭远现代农业有限公司作为广西农垦西江农场有限公司全资子公司，其业务由新成立的广西农垦西江农场有限公司园林分公司经营管理。

2. 特色农业绿化公司 2012 年 11 月设立的广西贵港市西江鑫林绿化有限公司，其业务原系西江农场社区市政房产管理科的一项业务。为加强生态文明建设，推进城镇化建设进程，2012 年 9 月，场领导班子决定筹建绿化公司，2012 年 11 月，依法注册成立广西贵港市西江鑫林绿化有限公司，属西江农场一个下属子公司，注册资金 200 万元，主要经营范围包括：园林绿化工程，城乡绿化苗木生产、销售，市政设施维护，休闲观光农业，花卉、盆景、奇石销售，以及园林植物病虫害防治和绿化技术咨询等。

鑫林公司成立后，建设的绿化工程有东二区、三区，西江产业园西三路绿化工程项目，共完成工程量 280 万元。建成乔木假植区一个，苗木种植基地一个，各占地面积 30 亩，主要种植美丽异木棉、小叶榄仁两大品种。公司在十分场建有 500 亩的苗木基地，主攻苗木生产销售和休闲观光农业，为科技兴场、生态强场、产业富场，打造西江绿城新形象迈出可喜的一步。

2013—2014 年，农场先后在十分场从职工及村民占种地收回 2479 亩土地交付西江鑫林绿化有限公司管理，采取自主经营及招商引资经营方式，引进了 8 家绿化企业及个人从事苗木、果树种植、培育花卉、发展休闲观光农业等。2017 年，该基地被自治区农垦局列入广西特色农业示范基地（县级）建设序列，示范区定名为广西农垦西江花卉产业示范区，于 2018 年 9 月通过广西现代特色农业示范区工作厅际联席会议办公室组织的核验。根据《自治区农垦局关于认定 2018 年第一批现代特色农业县级示范区的通知》（桂垦发〔2018〕25 号）精神，该示范区被授予"广西农垦现代特色农业县级示范区"称号。

2019 年，西江农场公司化改制后，西江鑫林绿化有限公司变更为西江农场公司园林分公司。

第二节　畜　牧　业

一、概况

1953 年冬建场伊始，西江农场开始规划畜牧业，要饲养生猪万头，耕牛千头。1954 年成立总场，下设 5 个分场，在各个分场设点养猪养牛，场部设一个直属畜牧队，饲养种畜。初时比较单一，仅养一些本地品种的猪种和耕牛，以后逐渐在区内外引进宁乡猪、东山猪、约克猪、朝鲜平壤猪、苏联大白猪和杜洛克、汉普夏、丹麦猪、荷兰牛、娟姗牛、爱莎牛、短角牛、海福特，也养印度山羊、瑞士山羊以及新汉鸡、莱航鸡、澳洲黑、芦花鸡、广东阳江鹅、北京鸭等，与本地禽畜杂交改良。1956 年设立畜牧兽医科，作为职能部门领导全场畜牧生产。1980 年设立"广西农垦畜牧研究所"，担负广西农垦畜牧研究及畜种工作。

畜牧科技人员不断充实扩大。1953 年和 1954 年，由广西省农业厅调来陈修文、陆秀峰等 16 人组成西江农场畜牧技术骨干队伍，在以后的畜牧发展中发挥重要作用，二十世纪六十年代以后，由农业院校陆续分配毕业生充实力量。1976 年本场自办"五·七"大学，设立两年制畜牧兽医专业，培养技术人员 19 名。1982 年畜牧兽医科开办一年制畜牧兽医训练班，培养学员 21 名，这两批人员大都成为生产第一线畜牧兽医技术骨干。

西江农场畜牧业的发展，大体经历了如下阶段，二十世纪五十年代至六十年代，为基础准备期；七十年代为发展阶段，杂交改良取得较大的成绩，培养成适应南方饲养的黑白花奶牛群，并领先广西白猪育种工作。1984 年兴办职工家庭农场，将猪折价给家庭农场经营，后来这一措施出现失误，1986 年改为联产计酬责任制，养猪业逐步恢复生产，广西白猪育成并通过省级验收，更新原有的脂肪型杂交猪，引进瘦肉型种猪，发展成为瘦肉型商品猪出口的生产基地。从二十世纪八十年代后期至畜牧业改制的十多年中，实行集约化养猪比较成功，每年出栏几万头育肥猪。在以养猪为主的畜牧业生产运营中，实现了优良品种的繁育、推广、疫病防治、饲料管理和畜牧科研为一体的养殖体系。

企业进入深层次改革后，西江农场畜牧业率先进行改制。根据自治区农垦局、自治区农垦集团有限责任公司的战略决策，西江农场畜牧水产公司改为股份制企业，成为独立的法人实体，2000 年 3 月，在农场召开的第八届第三次职工代表大会上，改制议案经大会审议获通过，并形成了相应的决议。为进一步完善股份制企业制度，2001 年 3 月，制订并颁布了《职工持股会章程》，同时以其原有资产 2955.67 万元，职工 296 人，土地 778 亩一起划转到股份制企业，西江农场持有该企业 25% 股份，形成整体合力，互利双赢。

二、猪

（一）品种繁育与推广

1953 年冬建场后，西江农场就把养猪生产作为农场主要生产项目之一，建立 1 个直属畜牧队专业饲养猪牛种畜。1954 年春，按照建场定下的养猪万头的规划，5 个分场均开始大群饲养育肥猪。各分场开始选点，建成简易茅草猪舍 13 幢，共 4782 平方米，到贵县覃塘、桥圩、宾阳芦圩，玉林福绵，陆川等圩镇购回本地猪 1500 多头，放在各分场饲养，并从其中选留 500 头作为繁殖群，又从广西省畜牧试验站购进外国种公猪约克夏、盘克夏共 5 头放在畜牧队饲养，作为与本地母猪"杂交改良"的父本。1954 年底，西江农场养猪 5514 头。

向市场采购猪苗，远不能满足农场大群养猪的需要，而且往往带来疫病，猪瘟、猪丹毒时有发生，对农场养猪业造成威胁，因此西江农场采取自繁自养的方针，将 500 头繁殖母猪，分散在各分场饲养，但对疫病技术与管理带来诸多困难，因而又采取"集中繁殖，分散育肥"的办法。1956—1957 年，在场直属畜牧队选择地点，建成砖瓦结构猪舍 20 幢和若干附属设施，占地 100 多亩，建筑面积 10000 多平方米，可养母猪 800 头的大型种猪场，这在当时中南地区还是第一个。1957 年，广西省农垦厅将西江农场的经营方针改为以畜牧为主，年底全场生猪存栏达 1.08 万头，占广西农垦系统生猪存栏 2.98 万头的三分之一，并逐步走上集约经营的道路。

种猪场建成后，开始从各分场挑选和到陆川县购进 200 头陆川母猪放进猪场饲养。因为该品种具有皮薄肉嫩，味道鲜美，早熟易肥，耐粗饲，适应南方亚热带高温潮湿气候，母猪繁殖力较强的优点。但体型矮小，背凹腹大拖地，瘦肉含量低，为脂肪型猪种，把它作为基本母猪群，必须进行改良，利用外来公猪约克夏、盘克夏的体型高大，生长发育快，饲料报酬高，瘦肉含量多的优点，与之杂交，应用杂交优势生产商品猪。科技人员在常规饲养条件下，测试结果，杂交一代与纯种陆川猪比较，繁殖性能有了提高，育成率大有提升，育肥的经济效益显著，杂交一代比陆川猪增重提高 14%～21%，饲料节省 10%～

18％。1959 年第二生产队养的一头盘克杂，饲养 1 年零 11 个月，体重达到 423.5 公斤，被送往南宁作为国庆十周年成就展览。

西江农场早在 1955 年开始，就在畜牧业方面用先进的人工授精术，当时由畜牧技师陈修文传授，技术员农东湖、梁家权、梁翘楚等参加。1958 年在十一队成立了猪、牛人工授精站，养有国内外良种公猪 9 头，种公牛 5 头，指定专人饲养，专人采精，专人配种，使猪的人工授精技术不断提高。同年 4 月，中央农垦部召集各省有关人员 50 余人到西江农场举办人工授精技术培训班，把猪的人工授精先进技术推广到全国农垦。

从二十世纪六十年代开始，西江农场在广西率先开始杂交选育工作和推广人工授精技术。通过本地良种母猪（陆川猪）和外来猪（约克夏、盘克夏）杂交繁育的一代杂种，在繁殖性能、育成率和育肥效果等方面比本地纯种猪均有了较明显的提高。1963 年全国农垦系统在西江农场现场推广。

1967—1975 年，西江农场分别从湖南引入宁乡猪及广西全州的东山猪，湖北省"五三"农场的中约克夏、广东湛江麻章种猪场的朝鲜平壤猪，以及自治区畜牧所引入苏联大白猪等，进行 2 个品种以上的杂交，对其后代进行饲养观察对比，使农场猪的杂交品种多样化。杂交品种猪比较好的是 2 品种杂交和 3 品种杂交，前者性能稳定，见效快，后者则要求饲料条件高一些，但增长幅度大，适宜国家出口需要。自建场以来为国家提供了商品猪约 15 万头以上，还向场外推广良种猪 1500 多头，尤其是玉林地区较多，过去许多群众不愿饲养杂交白猪，通过西江农场的示范，普遍喜欢养了，从而提高了社会养猪生产力。

1972 年起，西江农场又进行"广西白猪"的新品种猪培育工作，在高级畜牧师陈修文的倡导下，于当年 11 月在南宁成立了"广西白猪育种协作组"，以西江农场为主，协作单位有广西农学院、良丰农场、金光农场和红河农场。20 世纪 70 年代后期还引进美国杜洛克、汉普克等新猪种作杂交的终端父本。1980 年广西农垦畜牧研究所成立，由所长陈修文主持任组长，广西农学院的李琼华教授任副组长，共同协作攻关。经过杂交阶段，横交固定阶段，新品种形成阶段，历时十余载，终于育成本地的瘦肉型新猪种"广西白猪"。1985 年 12 月，由自治区科委组织有关专家鉴定验收，获广西壮族自治区科学技术进步奖。

从 1984 年开始，为了适应市场需要，农场更新了原有脂肪型种猪，大量引进瘦肉型种猪，使全部种猪良种化，取得较好经济效益，被自治区外贸部门定为瘦肉型商品猪出口基地，并不断向社会提供瘦肉型种猪，发展社会养猪业。1988 年、1989 年，西江农场瘦肉型猪综合畜产技术推广项目荣获国家农业部丰收三等奖。

图 4-7　西江农场四队养的肥猪

（二）　饲养管理

西江农场大群养猪从 1954 年开始，5 个分场和 1 个作业区各养 300 头左右，是在设备简陋、饲养匮乏，缺乏猪的大群饲养经验条件下进行的。猪舍是茅房，饲料主要是农场自产的红薯、芋头和南瓜等，全部煮熟稀喂，一个松木板食槽重一百多斤，要拉起来极费力，用水全靠肩挑，当时养猪是一项繁重的体力劳动，因此饲养员都是强壮的劳动力，每个饲养员只能养母猪 6 头，育肥猪 18 头。在这样艰苦条件下，职工们不但把猪养了起来，而且逐步有了发展，至 1956 年，年末存栏达到 7040 头，当年出栏肥育猪 3664 头。这年 10 月，畜牧队河南养猪小组、四队畜牧组、十队养猪组被评为农场先进养猪组，组长黄延明、黄贵海、刘月琴等分别代表本组出席了省农业厅在南宁召开的国营农场、垦殖场先进生产（工作）者代表大会。

1957 年，西江农场实行以畜牧业为主的经营方针，茅房猪舍开始改为瓦房，种玉米 1.5 万多亩做饲料，并在猪舍附近划出几十亩的土地面积专种猪的青饲料。养猪业总结了建场头 3 年的经验，采取了公母分栏，大小分群，青料生喂，精料煮熟的办法，增加饲养员的养猪头数，育肥猪每人定额 70 头，饲养以青料为主，精料每头每年定量 60 公斤玉米。第四生产队在猪舍附近低洼处开辟 10 亩水塘种水浮莲，堤上种木瓜，利用猪粪水自流灌溉，使青饲料单季亩产超过万斤，四季常青，供应不断，饲养员则采取先青后精，少放勤添，头头喂饱。猪群生长均匀，每头月增重十公斤以上，为大群养猪创出一条路来。

1958 年 7 月，广西僮族自治区农村工作部长徐麟村带领各县副县长到四队开现场会，指示各县要发展养猪业，要参照西江农场的办法。不久，广西僮族自治区党委书记处书记李友九又到四队视察养猪业，认为这个典型值得推广。

1960—1970 年，西江农场养猪徘徊在 6000 头至 8000 头左右，还遇到不少困难，首先是饲料，这样大的猪群，每天耗用青粗精料 3 万公斤以上，实行"细水长流"，不能满足猪群生长营养的需要，因而形成饲养期长，猪群周转慢，淘汰率高，经济效益差的现象。其次是疫病，其中 1958 年种猪场暴发的气喘病损失尤为严重。以后又有布氏病的传染，影响了母猪的生产能力，直到 1970 年才将传染病扑灭，猪群才转入健康发展阶段。

从 1971 年起，除了农场本身大力发展粮食生产外，每个生产队划出 100 多亩土地给畜牧做饲料基地，除种上高产肉草等青料外，还种上部分水稻、玉米、木薯等以补充青料的不足。其次是利用大量农副产品作粗料，各队配上饲料粉碎机，把秕谷、玉米秆、花生、黄豆藤、木薯头等粉碎作饲料。再者各队都派出采购人员，到各地去采购统糠、麦糠、麸饼等回来养猪。二十世纪六十年代以前，以青饲料为主，七十年代以粗料为主，这一转变出现了问题，大量的粗料，猪不爱吃，营养价值又低。畜牧技师陈修文领导兽医院科技人员研究制成"西江活性酵母粉"，配合精粗饲料，经过发酵，纤维软化了，甜酸适口，并有香味，猪吃后皮毛光亮，肤色红润。二十世纪七十年代起，饲料全部发酵生喂，基本做到饲料不用煮的"无烟猪场"，同时各队都建起了简易水塔，猪栏用上了自来水，每个饲养员可养生产母猪 20～21 头，育肥猪则由过去一人饲养几十头提高到 200 多头，使养猪业得到较大发展，年年养猪超万头，1978 年末存栏高达 18176 头的高纪录，而且从 1972 年起扭转了养猪亏损的局面，连年盈利。二十世纪七十年代，西江农场的杂交猪、酵母粉、玉草，曾蜚声一时，来参观、考察、实习者络绎不绝，广西农学院、广西农业学校、华南农学院、仲恺农工学校、化州农校、浙江农业大学等都曾派师生来场实习畜牧兽医，特别是广西农学院定农场为实习基地，来场实习畜牧的师生达 2500 多人次之多。

1986 年起，西江农场恢复了集约化养猪，实行产、供、销一条龙服务。畜牧公司大力解决饲料，派出专人采购，又从山西省大同市农牧机械厂购买一套（单班）设计生产能力为 2400 吨的饲料加工机组，利用现有仓库作厂房，于同年 11 月改建安装完成正式投产，按照不同猪群的不同营养需要，科学配合，统一加工，统一供应，至此农场开始用混合饲料喂猪，对青料可少喂或不喂，告别了过去靠青饲料养猪的历史。其次是在第二种猪场建立丹系长白猪的核心猪群专门培养选育，以防品种退化，并广泛开展品种间的杂交，生产出经济效益高的商品猪。再就是改进饲养方法，按现有的猪舍条件，做适当调整，进行母猪生产流水线作业，提高了猪舍利用率和母猪生产能力，由年产 1.71 窝提高到 2 窝。

图 4-8　西江农场大型养猪场

在制度上，西江农场强化了管理，各级管理人员订立岗位责任制，收入与经济效益挂钩，饲养员则实行联产计酬承包责任制，重订了养猪技术操作规程和严格兽医防疫制度，3 个种猪场都砌起了围墙，大门设立消毒更衣室，场内铺设水泥通道等。

自二十世纪九十年代起，西江农场重视饲养员队伍的培训，饲养员里面 80％ 都是年轻人，每月用业余时间上两次技术课定期考核。农场改变传统的养猪模式，推行科学养猪，注重猪的良种繁育。1991 年，建立了大长母猪繁育群。1992 年，扩大工厂化养猪生产线，增加饲养了良种母猪 300 头。1994 年，组建原种猪场，严格种猪选留标准，订立规格化要求，将种质已退化的种猪淘汰，引进丹麦长白猪和大约克猪 100 头、匈系杜洛克猪 30 头进行饲养，建立了大约克、长白核心猪群以及杜洛克繁殖群。这一阶段主要是驯化、保种、纯繁与扩群，其后，在纯繁基础上挑选一批特优公、母猪建立繁育群，在核心群内开展品系繁育，进一步提高种猪质量。同时，逐步对种猪场产房进行改造，采用国际上先进的高床定位猪舍，提高自动化程度，进而进入集约化养猪，实现规模化生产。

西江农场长达几十年养猪历史，与疫病做斗争是其中重要的一环，疫病的发生与传播，既有外因，也有内因，危害较大的疫病曾多次发生。

1954—1956 年，常发生猪瘟、猪丹毒病。由于猪源在市场购进，防疫不够严格，因而断断续续引起该病。因此，1957 年提出和推行坚持自繁自养的指导方针和措施。

1957—1958 年，在种猪场发生了猪气喘病，发病 964 头，死亡 452 头，虽采取了隔离、消毒和多种治疗措施，均未奏效，种猪生产处于瘫痪状态。在这种情况下，坚持将种猪场 2000 多头大小猪全部淘汰，空出猪舍严格消毒，重新建立健康猪群。经过努力，至

1958 年底，才将该病扑灭。

1953 年冬，从桂林某畜牧试验场引入约克夏种猪数头，未经布氏检疫就与原猪群饲养及杂交配种，1954 年发现约克夏母猪四头中的二头流产，54 头本地母猪中的 25 头流产、后肢麻痹、死胎等现象，同年 6 月用试管凝集检验呈阳性反应，证明系布氏病，但由于对该病重视不够，仍以患病的公母猪配种繁殖，并将其后代调各生产队作种猪用，致使该病扩散全场，1956 年检疫亦属阳性。1957 年冬因发生猪气喘病，集中力量对付气喘病，致而把布氏病搁下。1960 年自治区在西江农场召开扑灭布氏病会议，场领导决定将该病扑灭，至 1970 年经过 10 年的努力在有关单位大力协助下，终于将该病扑灭，建立起健康猪群。

1960 年 8 月至 11 月，全场 13 个养猪队有 5 个发生钩端螺旋体病，共发病 1598 头。由于当时对该病缺乏认识，请玉林专区有关人员会诊前后 3 个月，死猪 1042 头，以后 10 年陆续还有发生，由于有了实践经验，死亡率逐年下降。

自二十世纪九十年代初以后，各地不时有疫病发生，西江农场畜牧业疫情比较紧张，猪的疫病防治进入一个非常时期，农场采取了有力措施。1991 年，贵港市大范围发生猪口蹄疫（俗称"五号病"），全市有 21 个乡镇普遍传播疫病，农场养猪业处于疫病包围之中。场领导果断决定，成立农场"防五"指挥部，每有疫情报告，即带领技术人员赶到疫点现场，指挥有关人员扑杀深埋处理。当时并在农场各路口设卡防范，严格执行进入防区的消毒防疫制度，猪场管理人员、饲养员都搬入猪舍吃住，群策群力把"五号病"拒于场外。1994 年，农场猪群发生非典型性猪瘟，情况危急，立即邀请广西农业大学的教授、专家到场来会诊，进行隔离消毒，实施全群免疫注射，最终没有发生传染性疫病的蔓延。养猪场的猪舍，每年都进行常态消毒，出栏的肥育猪皆用专车运输，入栏要用消毒药品消毒，常年按照免疫程序进行预防接种。通过严格防治，农场畜牧业避免了流行性传染疫病发生。

混合饲料主要有粉料和颗料。制造的原料主要有豆粕、玉米和鱼粉，配合麸皮、豆油、蛋氨酸和赖氨酸等原料及一些添加剂，全部用电脑配方，按电脑技术设计、控制配方的饲料生产线，生产流程均采用电脑控制，1995 年以来，每年电脑优化饲料配方 40 个以上，其生产的饲料品质、营养含量，满足各类猪群、仔猪和奶牛的需要。1996 年，由于市场上制造饲料的主要原料豆粕价高，且供货缺乏，经过研制，采用棉仁饼替代，其营养含量可达到原标准，还相应降低了成本。

自二十世纪九十年代以来，平均年产混合饲料均达万吨以上。饲料生产从对本场养殖业的自给，辐射到城乡居民用户，满足养殖户的需求，西江农场饲料生产逐步形成完整的生产体系。

三、奶牛耕牛

1. 奶牛 西江农场 1953 年冬，从桂林良丰广西畜牧试验场引入荷兰、杰西、短角爱莎等 5 头奶公牛。1954 年建立牛场，1955 年开始利用外来奶公牛和本地黄母牛杂交改良，以获得适应本地饲养的奶牛群。当年从贵县、宾阳、百色等市场选购 100 多头本地黄母牛集中于十一队饲养，用上述奶公牛人工配种，当年下半年就繁殖出 10 多头一代杂犊牛。西江农场在广西农垦系统率先建起了奶牛场，但仅有奶牛 21 头。

1956 年，于五分场（七队）专设一个黄牛杂交繁殖场，有黄母牛 200 头，配备奶公牛 3 头，以加快杂交改良步伐，次年即繁殖出 10 头一代杂交母牛、集中于十一队建立一个奶牛场（即现在的奶牛场）饲养。

1960 年，贵县附城公社东山、旺华两个大队并入西江农场，将其所有的 430 头黄母牛集中于旺华大队副业场饲养，用短角爱莎种公牛进行人工配种繁育改良作耕牛用，从中选出一些较优良的一代杂母牛作为奶牛。利用一代杂交黄母牛，经过 20 多年、8 个世代以上的级进杂交培育而成的西江农场奶牛群，具有花色好（黑白花）、生长快、体形高大、乳房发达、产奶高、泌乳期长、适应性广的优点。农场奶牛的发展，到二十世纪八十年代末期，已达到 390 头，其中成年奶牛 238 头，后备奶牛 152 头，建有奶牛舍 8 栋 2800 平方米和若干附属设施。二十世纪六十年代至七十年代，农场先后向广西各县市的奶牛场及区外的广东、河南、浙江、江苏、北京等奶牛场提供了黑白花奶牛近 1000 头。

西江农场奶制品生产有较长的历史，1955 年有一代杂奶牛 21 头，日产鲜奶 15 公斤，供应场部附近职工食用，1956 年开始供应贵县部分单位，1958 年日产鲜奶达到 150 公斤，当地群众还没有吃鲜奶的习惯，于是开始土法加工甜炼乳，因陋就简在十一队伙房后面 3 间小屋用提桶、面盘试炼，后改用船型星铁锅手工煮炼成功。1965 年日产鲜奶达到 300 多公斤，原煮炼设备已不能适应，便于当年底搬至场部商店，归商店经营，先是扩大炼奶室，后是建立奶制品厂，使用蒸汽锅炉、真空浓缩锅、消毒缸、固定装瓶器等较为先进的设备，日可加工鲜奶 2500 公斤，经国家食品卫生质量检验完全合格，并登记注册。"西江牌炼乳"畅销两广城乡，深受用户欢迎。经过几年来更新设备，实施技术改造，扩建厂房，除生产炼乳外，还生产麦乳精，固体鲜牛奶等多品种供应市场。

到了二十世纪九十年代，西江农场的奶牛养殖、奶产量以及奶制品，依然长盛不衰。1991 年牛奶产量 108.25 吨，1992 年产奶 117.13 吨，1995—2000 年每年产奶均保持在 85～95 吨，并产出具有西江风味的奶品系列乳酸奶、甜炼奶、消毒奶等。奶牛存栏量每年保持在 260 多头左右。

图 4-9　机械化挤奶

2. 耕牛　1954 年，西江农场已有水牛 964 头，黄牛 369 头，全部从市场购买进来。

1961 年，西江农场引进印度么拉水牛种牛 5 头（2 公 3 母），与本地母水牛杂交，至 1980 年共繁殖"么拉杂"80 多头，比本地水牛体力强，可拉 600 公斤至 800 公斤重的车，但在役用时不大听调教。

1962 年，引入隆林、秦川种公牛数头；1968 年引进一对新地红牛，与本地母黄牛杂交作役用牛，共繁殖 30 多头，体形比本地黄牛高大一倍，力大，行走速度快，抗热性好，后因农场的耕牛作役用变化而停止繁殖。

1969 年，西江农场经过多年来自繁自养，牛群已发展到 3635 头（其中水牛 2175 头，黄牛 1478 头），以后基本保持此数，没有再增长。1970—1983 年，每年向社会提供出卖耕牛 300 头左右，据不完全统计，卖出耕牛总数约有 3926 头，价值 128.2 万元，1983 年末存栏 2291 头（其中水牛 1943 头，黄牛 348 头）。

1984 年，西江农场经济体制改革，兴办职工家庭农场，把耕牛折价转给家庭农场饲养使用，只保留了二队、七队、八队和清井队的繁殖牛群 195 头，至 1988 年，所有公养的牛群都先后拍卖完毕。1988 年底，全场耕牛存栏 1705 头，其中水牛 1628 头，黄牛 77 头，全部是职工家庭农场所饲养。

耕牛的役用，在西江农场很有特点。1954—1957 年，农场的耕作主要依靠拖拉机作业，只有水田（时面积890亩）、饲料地、零星小块地和一些不适宜机耕的项目（如甘蔗二次大培土）是使耕牛的，用牛不多，因此繁殖母牛基本不用，之后成了农场人的习惯。

1958年，随着"大跃进"而兴起的机械化，牛车是其中之一，以后逐年发展，至1960年，西江农场已有牛车近100辆，各生产队少则6架7架，多则20多架，有的还套双辕，每队组成一个牛车班，负责本队的田间产品和肥料运输任务。直至1984年才把牛车折价给家庭农场使用。

1960年，西江农场实行粮食自给，大量旱地改水田，至1965年全场已有水田13219亩，这些水田很大一部分是靠人和牛造出来的。当初，拖拉机不能下水田作业，犁耙整田还得靠牛工完成；在夏收夏种大忙时节，全场投入牛工最多日达300余头，每天劳役6小时，前后一个半月时间，还往往因整田而误了季节。农业的根本出路在于机械化，经逐年摸索，至1964年才初步解决拖拉机下水田的问题，缓解了牛力和紧张状况。

表4-7 西江农场畜牧业生产情况表

年度	生猪年末存栏头数（头）	基本母猪（头）	全年出栏肥猪		猪出栏率（%）	大牲畜存栏数			牛奶产量（公斤）
			头数（头）	数量（吨）		年末存栏头数（头）	从事农事劳役（头）	奶牛（头）	
1978	18485	1016	10805	1188	70	2357	625	378	463395
1979	16970	1091	12633	1229	68	2245	583	416	476700
1980	14075	1194	14508	1516	85	1967	499	349	526650
1981	16360	1727	13976	1440	99	1973	527	367	605100
1982	24158	2569	14796	1633	90	1991	315	383	579700
1983	63623	1925	18608	1861	77	1830	324	334	645650
1984	12544	873	15375	1496	65	1553	688	340	885500
1985	11283	928	6738	667	54	1893	1485	370	666450
1986	14807	1059	10354	724	92	2033	1287	386	766311
1987	14721	1019	15119	1074	102	1895	1191	392	856877
1988	17945	1492	17001	1185	115	2132	885	427	936103
1989	20104	1712	22543	1591	126	2051	1015	352	1006188
1990	18226	1610	27406	1846	136	2065	1065	319	1038334
1991	17614	1623	31496	1932	172	2184	835	316	1082500
1992	17955	1924	32009	2030	182	2293	1234	317	1171300
1993	16189	1855	31511	2039	175	1843		332	994100
1994	14684	1943	23685	1593	146	1852	832	292	838700
1995	21675	1937	20220	2138	138	1981	1141	265	873400
1996	20394	1959	38269	2659	177	1606	975	264	948367
1997	21600	2000	39800	2805	195	1665	928	263	956690

（续）

年度	生猪年末存栏头数（头）	基本母猪（头）	全年出栏肥猪		猪出栏率（%）	大牲畜存栏数			牛奶产量（公斤）
			头数（头）	数量（吨）		年末存栏头数（头）	从事农事劳役（头）	奶牛（头）	
1998	24088	2199	43759	3048	203	1585	894	268	861540
1999	18650	1710	43688	3112	181.37	1214	790	268	932000
2000	16400	1900	33500	2262	179.62	1200	780	268	940000
2001	21323	2659	35800	2435	218.29	1183	800	254	1014000
2002	25770	3262	36788	3310		1050	588	271	1058500

第三节　工　业

一、发展历程

西江农场办工业，主要是随着农业的发展需要，围绕农业办工业，后来由单纯为本场农牧业生产服务型，向商品化生产逐步发展起来。1953年，西江农场的前身——新生农场就着手筹建一个菱粉厂，1954年建成投产。当时加工设备简陋，用小型柴油机作动力，主要靠人手工操作，原料多为农场自产的木薯、红薯、芭蕉、芋、马蹄等，以木薯为主。日产菱粉2吨，产品主要销往附近城乡各地供食用或作糨糊原料。办场初期，1954—1957年办有简陋的修配厂，修理场内的机农具；一个副业的加工厂，加工自产的木薯、花生、稻谷；一个奶品室，加工自产的牛奶。1957年，西江农场率先将原来日产2吨的菱粉厂扩建成日产10吨的淀粉厂，当年生产淀粉110吨。1958—1978年，随着农牧业生产的发展和农业结构的改变，相应建设日产5吨的淀粉厂8座，在原加工厂增建葡萄糖车间、酿酒车间，新建日产20吨石灰窑一座，奶制品厂一座，修配厂发展成为修造厂，不但能修而且能造。党的十一届三中全会召开后，在改革开放搞活方针指引下，1979—1988年，西江农场工业又有进一步发展，原来综合加工厂由日产淀粉10吨扩大到日产淀粉15吨，加建了罐头车间、糖果车间，新建剑麻制品厂一座，石灰厂一座，红砖厂二座，发电厂一座，十年工业产值共计8346.9万元，平均年产值325.7万元，是建场初期46.9万元的6.9倍，占工农业总产值61.26%；十年总利润656.5万元，平均年利润65.65万元。1987年，西江农场淀粉厂生产的木薯淀粉在全自治区淀粉行业中质量评比名列第三，并被评为农垦系统1988年优质产品。到了1988年底，全场工业生产具有一定规模，大修厂具有甲类汽车、拖拉机维修专用设备和制造机械专用设备，能承接场内外汽车、拖拉机大修业务，可制造包括水稻联合收割机、谷物低温干燥机、淀粉厂成套生产设备以及矿山、建材部分机械设备等。1988 年兴建年产 2000 吨的造纸厂一座，1989 年 5 月立项建设日榨甘蔗 1000 吨的糖厂一座，并于 1989/1990 榨季建成投产。工业各项目建设进程如下。

1953 年 11 月建场时，只创办规模小设备简陋的修配厂，设钳工组、焊工组、锻工组、车工组，车工组只有一台旧车床，全厂包括管理干部才 35 人。1987 年改名为西江农场机械厂，有 4 个车间共 183 人。1997 年改制，实行实物抵押承包经营。

1954 年西江农场建成场副业加工厂后，只有淀粉、榨油、酿酒等车间，1958 年增建葡萄糖车间，1973 年扩建酿酒车间，1980 年建成糖果车间，1985 年建成罐头车间，1986 年扩建淀粉车间，日产淀粉 10 吨，1987 年改名为西江农场食品厂。1997 年 11 月，食品厂改制为股份合作制企业。

图 4-10 旧淀粉厂

1958—1959 年，先后在各生产队建成日产淀粉 5 吨的淀粉厂 8 座。后在食品厂建制内于 1997 年实行改制。

1966 年在场部合作社建成炼奶室，1986 年改名为西江农场奶制品厂。改制后隶属广西农垦西江乳业公司。

1979 年建成发电厂一座，装机容量 680 千瓦，2003 年在农网整改过程中，将电力资产移交给贵港供电有限公司。

1980 年建成年产 100 吨剑麻制品厂一座，加工自产剑麻纤维，1988 年理麻车间安装微电脑调控生产装置，1998 年撤销建制，改制经营。

1986 年建成轧延厂，1988 年改为农机修理厂，在农场"五小企业"改制过程中改制。

1987 年 5 月建成 42 孔红砖厂一座，即后来的二砖厂；1988 年 6 月份在九队建成 32 孔红砖厂一座，即后来的三砖厂；1988 年 10 月迁建红砖厂一座，即后来的一砖厂。1994

年农场第一家股份制企业第三砖厂股份制分厂成立，开始了场办工业的改制进程，1997年一砖厂和二砖厂相继改制。

1988年兴建年产2000吨造纸厂一座，1997年租赁给外商经营，更换了法人。

1989年建成日榨1000吨的糖厂一座，当年（1989/1990榨季）共榨料蔗32044吨。2001年实行资产重组，后从农场分立。

二、工业结构

西江农场开办的工业项目，因条件限制，没有重工业，均属轻型工业，根据性质，其行业结构属食品工业、建材工业、造纸工业、轻化工业和修造业等。食品工业主要产品有淀粉、粮油、奶品、罐头、白糖；建材工业主要产品有红砖、石灰；造纸工业主要产品有箱板纸、纸张、纸箱；轻化工业主要产品有酒精；修造业主要经营工农业机具制造以及汽车大修和拖拉机大修。此外，农场还生产有供民用的小麻绳和其他行业用的剑麻干纤维制品。上述各生产项目，构成了西江农场工业体系。

三、机械厂

该厂的建立至改制前，已有45年的历史，是随着发展生产的需要，逐步发展扩大起来的。至1989年，已发展为具有一定规模的厂家。全厂干部工人共183人，其中工程师、助理工程师、技术人员共7名，农经师、助理会计师和其他获得技术职称的人员共8人。工厂除管理、技术等机构设置外，设修理、机加、翻砂、制造等四个生产车间。主要机械设备有：车床21台、铣床3台、钻床6台、磨床4台、刨床3台、冲压机7台、剪切机2台、修理专用设备10台等，全厂占地14009平方米，其中生产用房7897平方米，拥有固定资产原值1228700元，按当时的机械设备和技术力量，不仅能完全承担汽车、拖拉机的大修作业，而且可以制造包括水稻联合收割机、谷物低温干燥机、淀粉生产的全套设备，矿山、建材部分机械设备，以及各种小型工农机具。

该厂建成以来，经历了规模由小变大，生产由修到造，经营由内到外，效益由低到高，从服务型到经营型的发展历程，最后在农场转换经营机制的历史时期，走上企业改制的前列。

机械厂的前身是原新生农场的修理队，规模小、设备简陋，干部工人只有10多人，加上一部分经改造后的新人，设备仅有手拉风箱2个、铁钻3台、老虎钳3个、打铁锤6把，从事着检修、制造小农具、小工具工作，用以保证当时垦殖和基建工作的顺利进行。

1953年正式建制，从华南垦殖场、柳州沙塘农场调人和设备，仍称修理队，干部工人有20多人，劳改犯人全部撤出。设备有苏式皮带车床、牛头刨、镗缸机、直流交流风电焊机等，开始负担起农机局修理业务。1955年，经初步调整充实，干部、工人增至30多人，设备增加车床一台，修理更名为"西江机械农场修配厂"，全面担负起"三机"和小农机具的修理任务，并试制抽水机。1956—1957年，全厂增加到40多人，除修理任务外，开始试制玉米脱粒机。

1958年以后，修配厂规模迅速扩大，设备相应增加，技术力量有所增强。干部、工人由40多人增至120多人，技术人员由1人配备至3人，1959年干部、工人曾达200多人。分设修理、机加、钳工、铁工、翻砂等生产车间，主要设备已有：车床7台、冲压机4台、250公斤空气锤1台、铸铁炉1座、修理专用设备5台。这一时期，除完成修理任务外，还开展工农机具制造业，1959年为本场制造8套淀粉生产全套设备，15台5千瓦发电机，并制造120千瓦发电机给玉林小平山水电站。1960年获自治区人民委员会授予农业机械制造先进单位称号。到了1964年，开始减员，至1966年，全厂人员减至84人。

1967年，规模重新调整扩大，厂名更改为"广西农垦西江农机大修厂"。干部工人由84人增加至122人，技术人员配备到4人，确定了"修理和制造、对内和对外相结合"的经营方针，从而积极开展对外经营、自制设备充实装配自己，增设修复业务（即将旧件加工配用），开始试制水稻联合收割机，到1968年即试制两台样机。这是继1959年后又一重要转折点。但因"文革"影响，生产停滞了数年。到了1970年、1971年与有关部门联合，才分别制成水稻联合收割机5台、11台。1973年经过省级鉴定，符合规定标准。1974—1977年进行批量生产共295台，供应区内外使用。该厂在1970—1978年，均年年盈利（1970年后才实行盈亏核算），9年共盈利146.42万元，年均盈利16.27万元。1982年在场组织指导下，制造谷物循环干燥机，1983年通过有关部门鉴定，获广西科技进步奖。

1979年，党的十一届三中全会后，随着中心任务的转移，农场经济体制改革的深化，落实了以承包为中心内容的经济责任制，大大地调动了全厂干部工人的积极性，几年来连续同百色地区矿山机械厂、桂林地区建材设备供应站等单位，承接制造矿山、建材机械配件以及各地的淀粉生产设备，经济效益明显提高。1979年、1986年获自治区农垦系统先进单位奖，1987年、1988年分别获得自治区经委授予的经济效益先进单位和自治区农垦系统先进单位奖。

图 4-11　西江农场机械厂工人正在作业

据不完全统计，西江农场机械厂前后制造产出全套的淀粉生产设备 29 套、水稻联合收割机 315 台、饲料粉碎机 43 台、5HD-5OY 谷物低温循环干燥机 13 套，以及水稻脱粒机、玉米脱粒机、农用多能播种机、打麻机、一二号制绳机、两用切蔓机、起肥机、装载机、铲运机、运输拖卡和生产水泥的圆盘给料机、胶带输送机、螺运机、吸尘器等。同时也制造了诸多设备装配自身。随着市场经济的初步建立，该厂率先在经营状况恶化情况下，于 1997 年 1 月进行了改制，承包给个人经营，承包经营形式：承包抵押经营，包死基数，确保上交，超利自留，欠收自补。

四、食品厂

该厂的前身是一个三位一体的综合性工厂，经过几十年的变革，发展成具有一定规模的机械化生产的食品厂，而后在经济体制改革深化时，进行市场改制了。

1954 年，原新生农场基建队、七里桥砖瓦厂以及当年建成投产的菱粉厂，组合成立"广西国营西江机械农场副业加工厂"，当时设备简陋，技术落后，依靠人力操作（动力设备只有一台 60 马力的柴油机，生产工人只有 30 多人，400 余人是劳改释放留用的新职工），日产菱粉 2 吨。

1955 年，增设榨油、碾米、木工制作生产车间。为便于管理，分为农产品加工车间、砖瓦车间、基建队 3 个管理体系，农产品加工车间管理菱粉、榨油、碾米，基建队兼管木工车间，成立三位一体的综合性工厂，更名为"国营西江农场加工厂"。

1958 年，为适应农场以种植木薯为主的经营方针，场里决定对原菱粉厂进行扩建改造，由日产 2 吨菱粉扩建到日产 10 吨淀粉，工艺设备靠自身技术力量进行更新改造，改人工操作为半机械化生产，特别是改厢房固定式粉托干燥为洞道铁轨流动卡集装托机械抽风干燥，减轻了工人劳动强度，且工效提高了 3 倍，缩短了湿淀粉在干燥室停留的时间，提高了产品质量。

1959 年，为加强工业企业管理，玉林地区财政局将农场淀粉厂定为"两参一改三结合"（干部参加劳动，工人参加管理，改革不合理的规章制度，干部、技术人员、工人三结合）的试点工厂，通过试点改革，工厂管理条例化，提高了产品质量，当年生产出符合出口标准的淀粉。当年是该厂迈出可喜的第一步的头一年，淀粉设备逐年改进，生产工艺技术不断提高，淀粉质量保持出口标准一级粉，连续 5 年（1959—1963 年）通过梧州口岸出口香港。

1960 年，试制葡糖糖浆成功，1961 年正式建成日产 3 吨的葡萄糖浆车间，当年投产，质量达到中国药典规定标准。

1962 年，七里桥农业生产班并入七里桥砖瓦厂为七里桥生产队，归加工厂管理。1966 年 4 月，劳释留用职工全部调出。1966 年、1968 年，基建队、七里桥生产队先后分出，加工厂只留原来工业生产车间（碾米车间早由场大仓库设车间经营，木工制作车间归基建队），该厂才是真正名副其实的工厂。

1967 年，吸取外地淀粉加工先进技术，对淀粉干燥工艺进行重点改造，把原来洞道铁轨流动卡干燥法改为离心机脱水、漂风式气流干燥，这一改进，每年可以节省做干燥卡、粉托的木材 10 立方米、白布（粉托布）3000 米，及劳动力 18 个。离心脱水从进粉到出粉、成品包装，只需 5 分钟（过去要 4～6 个小时）大大降低了生产成本。

1973 年，为综合利用淀粉副产品——木薯渣及槽尾粉，当年投资 30 万元新建成日产 3 吨白酒（混合酒）的车间一座，酿酒车间的建成投产，既减少了环境污染，又增加了企业效益及社会效益。

1978—1988 年，对淀粉厂投资 100 万元进行了全面更新改造，由一条生产线扩建为两条压榨生产线，更新锅炉，由 2 吨增加到 6 吨，干燥车间由干燥炉热风气流干燥改为蒸汽散热器气流干燥。通过几年的更新改造，由过去日产 10 吨淀粉，提高到日产 15 吨到 18 吨，产品质量始终保持出口一级粉标准。1987 年淀粉厂生产的淀粉在全区淀粉行业质量评比中名列第三，被评为自治区农垦优质产品。

1980 年新建糖果车间，1985 年新建罐头车间，1987 年更名为"广西国营西江农场食品厂"。该厂从手工操作到机械化生产，从工艺单一产品到工艺多品种产品，从农产品粗加工到综合利用生产符合出口标准淀粉产品，发展到具有一定规模的机械化生产的食品厂，占有土地面积 17665 平方米，建筑面积 10561 平方米，机械设备 29 台（套），能年产淀粉 4000 吨、白酒 300 吨、葡萄糖浆 1000 吨、罐头 1000 吨，有 4 个生产车间及 1 个化验室，一个机械维修班，全厂职工 159 人，其中管理人员 18 人，技术人员 4 人，服务人员 8 人，直接生产的工人 129 人。

由于该厂在 1993 年进行更新改造后，开工一直不正常，最后被迫停产，1997 年 11 月改制。

五、剑麻制品厂

1979 年建厂，1980 年 10 月投产，原称"广西国营西江农场麻绳厂"，1987 年更名为"广西国营西江农场剑麻制品厂"。到 1988 年全厂职工共有 126 人，其中管理人员 11 人（内领导干部 5 人，获技术职务的 3 人）、工艺检验员 4 人，直接生产工人 96 人，机修人员 7 人，其他电工、发电、配油、站岗、后勤服务共 8 人。工厂除管理机构外，下设理麻、纺纱、制绳等 3 个车间（图 4-12），一个试验检验室，一个电子控制室。主要加工设备，有 1～3 号梭麻机各一台，配电动机 5 台，4～5 号拼麻机各一台（各配电动机一台），两锭纺纱机 23 台（各配电动机一台），八锭纺纱机一台（配电动机二台），两锭倒纱机四台（各配电动机二台），4 号制绳机两套（各配电动机三台），6 号制绳机一套（配电动机三台），9 号制绳机三套（各配电动机三台）。并安装 75 千瓦发电组一台，250 千伏安变压器一台，配电装置两套。试验检测设备有万能材料强力试验机、缕纱强力试验机、条干不匀率试验机、缕纱长度试验机、摇黑板测试机、缕纱扭度测试机等各一台，油脂含量测试设备一套，干燥箱一只，电子控制设备有 280 微电脑一套，其中麻条、质控、质检机各一部，全厂用地 6578 平方米，厂房占 3341 平方米，拥有固定资产原值 79.91 万元。

图 4-12　西江农场麻绳厂制绳车间

从 1980 年 10 月投产开始，生产基本保持稳定增长，最高年产剑麻制品达 900 多吨，最高年利润达到 27 万元。

随着改革深化进行，该厂生产经营越来越困难，1998 年建制撤销，实施企业改制。

六、奶制品厂

该厂原为第十一生产队（即畜牧队）"炼奶室"，于 1957 年建立投产，当时设备相当简陋，以简单的乳锅，手工操作进行生产，请华南农学院派人来作指导，以生产消毒奶为主，仅产少量炼奶，并做雪条。1958 年，西江农场奶牛群扩大，日产鲜奶 150 公斤。当时因经济收入不多，能喝上鲜奶的人不多，除供应农场职工家属和贵县（今贵港市城区）部分单位外，仍有剩余。1961 年以前，仍用手工操作，年产炼奶在 6～24 吨。1962 年以后，安装小马达代替人工操作。到了 1965 年，年产炼奶 20～28 吨。

西江农场畜牧奶牛业发展起来后，产生奶逐渐增多。1965 年炼奶室搬到场部，与场部商店合并，归商店经营。此时炼奶室增加了设备，由单灶单锅改为两灶八锅，继续用小马达推炼。并扩大冰室，由一机增二机，生产工人由 8 人增至 12 人，建成小型乳制品厂，产品是玻璃瓶装甜炼乳。到了 1970 年，年产炼奶已由 1966 年的 33 吨增加到 100 吨；1973 年新建炼奶室投产，由两灶八锅改为四灶十六锅，用动力生产，从此产量稳步上升，年产量在 100 多吨，炼奶工人也相应增加。

1978 年，炼奶室生产的甜炼乳经国家食品卫生质量检验合格，并正式以"西江牌炼乳"商标登记注册。

1979 年，炼奶室进行技术改进，改用真空浓缩锅全套炼乳设备（包括新增消毒缸、固定装瓶器等设备），日加工鲜奶 2.5 吨，年产炼乳 200～300 吨。随着农场奶牛业的发展，炼奶生产有较大增长。1979—1988 年，共生产炼乳 2920 吨，年均生产 292 吨，1987 年和 1988 年为生产炼乳最多的两年，分别年产炼乳 419.5 吨和 424 吨。

1984 年，麦乳精车间建成，1985 年试产成功，符合国家标准，并初步打开了销路。1986 年试制调剂炼乳成功，并投入生产，为本年度增加利润 3 万多元。同年 11 月，研制成功固体鲜牛奶产品，具有远销保鲜作用等优点。

1986 年，建成一间化验室，装配有先进的检验设备，配化验员 2 人，对产品的理化、卫生指标进行自检，发现问题及时解决，对保证产品质量起到重要作用。同年，经技术人员研究，改进制定新工艺，解决了多年来暮春初夏季节瓶装炼乳容易大意爆炸的问题。1987 年，采用乳酸蒸熏炼乳装瓶室，大大提高了瓶装炼乳的保藏性，基本解决了保存期的霉变现象。

图 4-13　西江乳业公司生产车间

炼奶室 1986 年与商店经营分开，单独核算，并更名为"广西国营西江农场奶制品厂"，规模扩大，人员增多，设备更新（购置真空浓缩锅一座，一吨锅炉一台及其他设施）。到 20 世纪 80 年代末，厂内有干部、工人共 54 人，其中管理干部 5 人，技术人员 1 人，直接生产工人 48 人。全厂用地面积 5500 平方米，生产用房 1000 平方米。全厂设炼乳、麦乳精两个车间，一个化验室，经营一间冷饮室和在贵港市设一间奶品店，并兴建了一座用地 600 平方米、两层楼的冷饮车间。炼奶主要加工设备有：真空浓缩锅、消毒缸、冷却塔、煮糖锅、冷藏库、大冰霜等。麦乳精主要加工设备有：真空浓缩锅、真空泵、真空烘干霜、粉碎机等。按其现有的生产能力，年产炼乳、麦乳精可达到 1095 吨以上。

2000 年，奶制品厂作为西江畜牧公司的组成部分，随西江畜牧公司与西江农场分离。

七、糖业生产

1988 年 2 月，西江农场为调整产业结构，走农工商综合经营之路，向贵县人民政府报送《关于西江农场新建 1000 吨/日白糖厂项目建议书的函》的呈文，贵县人民政府批复，如能实现下列四项要求，贵县人民政府不反对农场建糖厂：原料蔗依靠自身种植；建厂所需资金和投产所需流动资金不得占用贵县的指标；投产时各个时期用电不列入县的供电指标；"三废"处理要符合国家标准不得污染环境。

经过自治区农垦局多方开展推动立项的前期工作，当年6月，自治区计委会同区建委、区农委、区糖业公司、玉林地区及贵县等有关单位58名代表和专家，对西江农场新建糖厂的可行性报告进行评审论证，认为西江农场利用本身的土地、人力和设备发展甘蔗，兴建糖厂是合情合理的，建厂方案是可取和可行的，当地政府提出的四项要求是可达到的。8月4日，自治区计委规划处批复了区综合设计院编制的可行性研究报告。10月28日，当贵县收到区计委桂基字〔1988〕第429号《关于同意横向联合引资新建西江糖厂的批复》文后，11月19日，贵县以贵请字〔1988〕第78号文《关于西江农场不宜新建糖厂的再次请示》上报自治区人民政府。认为西江农场不具备新建糖厂的条件。12月19日，自治区计委主持召开的贵县与西江农场关于西江农场糖厂是否兴建的协调会上，西江农场场长龚普贵说明了西江农场建糖厂的可行性，强调建糖厂的迫切性、重要性。1989年5月31日，自治区重点工程建设领导小组以桂重办字〔1989〕2号下发《关于下达1989年自治区重点建设项目计划的通知》文件，将西江农场糖厂列入自治区重点建设项目计划，要求1000吨/日糖厂土建安装施工，定在1989/1990年榨季投产，名称为"广西国营西江农场糖厂"（图4-14）。

图4-14　早期的广西国营西江农场糖厂

西江糖厂设计建筑规模日榨甘蔗1000吨，日产酒精12000升，生产区占地面积5.28公顷，选用直径710×1370压榨机五座、25T/h锅炉两台。生产定员：总定员540人，其中固定工344人，季节工196人。建筑总面积核定为26613平方米，其中生产性建筑面积为18655平方米，生活福利设施建筑面积为7958平方米。糖厂建设所需三材原则由自治区农垦局组织供应。生产工艺：实施亚硫酸法工艺生产。总投资：预算核定为 3080 万元。

1989 年 5 月，西江糖厂经多方论证，批准立项建设后，立即抓紧土建安装施工，总投资为 3080 万元，当年年底一次试机成功，顺利投入榨季生产。头一个榨季（1989/1990 年榨季）共榨原料蔗 32043.97 吨，产机制糖 3008.09 吨；第二个榨季（1990/1991 年榨季），榨蔗量提高到 69085.58 吨，产机制糖 6807.55 吨，产酒精 199 吨；第三个榨季榨蔗量很快就突破 10 万吨以上，达到 125109.35 吨，产机制糖 12238.30 吨，产酒精 295 吨。从 1989/1990 年榨季至糖厂资产重组（2001/2002 年榨季）的 13 个榨期内，累计榨原料蔗 1551467.15 吨，平均每榨季榨蔗量 119343.6 吨；产机制糖累计 172145.83 吨，平均每榨季产机制糖 12934.3 吨；13 个榨季产糖率平均达到 11.2%。

1993 年 5 月，自治区农垦局同意"广西国营西江农场糖厂"更名为"广西西江糖厂"。6 月，为了综合利用蔗渣，开拓市场领域，西江糖厂与外企合作兴办了模压制品车间。

1995 年 5 月，经国家商标局审定，确定广西西江糖厂的产品注册商标为"秋菊"牌商标。7 月，自治区农垦局同意"广西国营西江农场糖厂"更名为"广西西江农工商总公司糖厂"。由于市场和技术等客观原因，决定关停模压制品车间。12 月，西江糖厂被广西社会经济评价中心专家评估委员会评为"广西工业综合经济效益百强企业"。

2000 年 11 月，"广西西江农工商总公司糖厂"更名为"广西西江糖厂"。糖厂在组织各个榨季生产中，掌握、积累了一套制糖工作经验，逐步引入先进的管理模式，提高产品质量和推进经济高效运行，并且通过对全员职工技术培训，使大家对 ISO 9002 质量保证体系有深入的认知，在 2000/2001 年榨季，实现了 ISO 9002 标准质量体系贯标认证。

表 4-8　西江糖厂各榨季生产情况表

榨季	总榨蔗量（吨）	机制糖产量（吨）
1989/1990	32043.97	3008.09
1990/1991	69085.58	6807.55
1991/1992	125109.35	12238.30
1992/1993	150094.10	16984.40
1993/1994	145095.00	16947.66
1994/1995	43961.61	3588.50
1995/1996	92472.35	10596.97
1996/1997	154393.84	17514.90

（续）

榨季	总榨蔗量（吨）	机制糖产量（吨）
1997/1998	169589.70	17983.57
1998/1999	148449.74	18167.00
1999/2000	148739.69	15766.09
2000/2001	126291.48	15030.80
2001/2002	146140.74	17512.00
合计	1551467.15	172145.83

　　根据自治区农垦局、广西农垦集团有限责任公司文件指示，制糖业实施资产重组，西江农场糖厂从农场分立。2001年9月，成立广西农垦糖业集团西江制糖有限公司。关于企业分立的议案，提交给场职代会讨论，经2001年12月8日农场第九届第二次职工代表大会审议，表决以183票全票通过，并形成了相应决议。西江农场糖厂原有资产6201万元，职工287人以及土地222.8亩，一起划转到广西农垦糖业集团西江制糖有限公司，2002年西江制糖有限公司以确认的资产重新注册登记，正式与西江农场分离，分立为独立的企业法人实体。

八、场办工业改制

　　西江农场开办的工业各厂，1989年以前经济效益比较好，均取得盈利。"五小工业"走上市场后，工业各厂生产经营亏损比较大，仅在1991—1997年，全场工业经营累计亏损达2534万元，年均亏损362万元，直接造成农场经济重大影响，已达到非改制不可的地步。

　　"五小工业"改制过程，实行分类治理，分别实施对外租赁、不动产抵押承包、工厂内部职工股份合作制以及内部转让产权等形式。

　　西江农场原有小工厂8家，其中造纸厂、剑麻制品厂、机械厂、纸箱厂、食品厂各1家，红砖厂3家，生产工人最多时曾达到1600多人，最早建厂的已有40多年历史，大部分工厂曾有过辉煌业绩，对农场生产建设和社会效益都有很大贡献。但随着深化改革和市场经济的初步建立，这些小工厂产品科技含量低、设备落后、成本高、负担重等问题逐渐暴露出来，经营状况逐渐恶化，亏损面逐年加大，亏损额逐年增加。8家工厂1995年盈亏相抵后，仍亏损213万元，1996年亏损增加到624万元。其中造纸厂建厂以来就未赚过钱。食品厂1993年投资400多万元建酒精车间后，开工一直不正常，最后被迫停产，给食品厂背上沉重包袱。"五小企业"改制已迫在眉睫，1994年第一家股份制企业第三砖厂股份制分厂成立，拉开了场办工业改制的序幕，接着1997年机械厂、一砖厂、二砖厂实行实物抵押承包经营；11月，食品厂改制为股份制合作企业，由食品厂职工认股购买；

12月，造纸厂租赁给外商经营，更换了法人主体。1998年1月，纸类制品厂、剑麻制品厂建制撤销，改为股份合作制建制；纸箱厂采用拍卖办法，卖给职工生产经营；3月，三砖厂向社会竞标承包，最后，农场职工竞标成功，获得该厂经营权。至此，"五小企业"改制整体完成。

表4-9　西江农场工业企业基本情况表

年度	工业企业个数（个）	年末职工			年末固定资产原值（万元）	产品销售收入（万元）
		总人数（人）	生产工人（人）	工程技术人员（人）		
1978	10	440	420			
1979	15	845	783			
1980	9	688	613			
1981	11	806	739	6	310.03	
1982	15	969	816	7	421.70	
1983	15	950	871	4	446.00	
1984	15	646	567	3	448.70	
1985	15	621	539	3	459.71	
1986	10	732	613	5	554.74	
1987	14	956	818	6	717.77	1321.72
1988	14	1028	883	11	723.06	1551.88
1989	12	994	827	8	865.63	1904.44
1990	12	1864	1560	11	4127.66	3260.63
1991	12	1739	1484	12	4195.56	4382.76
1992	12	1872	1690	12	4750.64	6260.30
1993	12	1739	1563	17	5018.96	10216.49
1994	11	1671	1121	41	5410.97	8953.57
1995	11	1659	1112	41	6204.00	8421.98
1996	11	1295	1080	30	7262.63	10176.95
1997	11	1271	1048	25	7739.98	10082.39
1998	11	1033	889	19	7258.56	10360.74

第四节　商　　业

西江农场商业经营活动，开始是由两条渠道分别经营的，一是生产资料供应和产品销售，归农场供销职能部门或经理部以及某些产品生产的单位经营；二是为职工日常生活服务的生活必需用品及缝纫、理发等，归场商店组织经营。1984 年，农场成立商业公司，扩大了经营范围。农场商业经营活动和发展情况大致分为四个时期。全农场商业网点最多时曾达到 100 多个，从业人员最多时曾达 565 人，营业额最高的一年达到 985 万元，2010 年商业总资产 571 万元。各时期的商业活动情况分述如下。

第一个时期（1953—1959 年）：1953 年 6 月，新生农场在场部办了一个职工消费合作社，这是农场商业经营最早的雏形。有经营人员 3 名，由场部拨给资金 2000 元，私人集资 300 元（1955 年归还），共 2300 元，经营杂货、百货商品共 80 多种，当时进货渠道是从贵县采购商品回来经销，基本是现买现卖。另兼办服务业，理发、缝纫各占一间房（茅草房），经业人员理发 1 人，缝衣服 4 人。1954 年农场开始招工，至 1956 年职工人数增多，商业随之扩大，经营场地和经营项目有很大发展。1955 年场部职工消费合作社增设一间仓库，4 个分场部，即后来的二、五、七、九队，也设分销店；至 1956 年，增设三、四、六、八、十队分销店。到了 1959 年，全场所有商店和分销店全部改建为砖瓦结构的瓦房，商业职工共达 22 人。这一时期经营活动主要是以方便职工、服务职工为主旨。

第二个时期（1960—1985 年）：1960 年，贵县农村东山、旺华大队并入农场，各设一间商店。1962 年，场部商店搬迁至场部小学的原址。1963 年，场部商店在贵县设立一间商品批发部。1965 年，原十一队炼奶室搬至场部，归场部商店经营，并扩大冰室，生产雪条，同年，一队、试验站设代销点。1970 年前进队、1971 年清井队各设代销店一间。1971 年，东山、旺华两个大队回归贵县，该两个队的商店也划归贵县管理。场部商店于 1978 年增设衣车修理（包括自行车修理）业务。当年 5 月停设理发室。1981 年增设冷饮室，至 1983 年增设饮食店，并在贵县开设奶品店，同时，在原商店的店址新建一栋三层楼房，占地面积 786.5 平方米的商业楼，商店也更名为"广西国营西江农场百货商店"。1985 年，全场的炼奶生产统归场部商店经营。至当年底，全场共建立商业网点 24 个，从业人员 87 人，商业流动资金为 20 万元。

第三个时期（1986—1989 年）：1986 年，炼奶室进行单独核算，和场部商店分开为两个单位，并扩大为奶制品厂。1987 年，各生产队商店折价转给职工个人经营，职工身份留职停薪，每年按规定交场部一定金额。场部商店实行承包责任制。全场商店职工 97 人，其中场部商店 35 人（包括管理干部 4 人和贵县批发部经业人员 3 人）。场部商店经营日用百货、针织、五金交电、文体用品等商品 1000 多种。

新时期的商业活动（1990 年以后）：西江农场设置了专门机构即商业经理部，扩大了商业活动范围，除采购供应计划内配给的生产资料、基本建设的三材六料和销售农场的产品以外，逐步在流通领域开展一系列的经营活动。全农场商业网点最多时达到 105

个（未包括个体商业网点），商业从业人员曾达565人（未包括个体的商业从业人员），从1990—2005年，商业从业人员平均每年有112人。农场随着新时期商业理念的认知，在商业经营活动上采取了一系列的举措。在管理层次上和体制上，商业经理部一级法人机构撤销，商业运作由有关职能部门负责，其后，农场国有商业的商店各门市部、各分销店全部推行承包制，由职工承包经营。在实施改制的同时，另一个重要举措是代理一些厂商代销商品，每年代销商品获得的利润，占全年商业总利润的10%左右。

在二十世纪九十年代以前，西江农场商业总产值比较低，1990年商业总产值仅有23.03万元，一直到二十世纪末，每年的商业总产值也不超过100万元。到了二十一世纪初，商业总产值有较大的提高，2004年，一年之内商业总产值就达到了5806万元，1990—2004年的15年内，累计商业总产值6632.53万元，平均每年为442万元；累计销售总额及营业收入10956万元，平均每年为730.4万元；累计商业纳税总额840.5万元，平均每年为56万元；实现利润总额153.65万元，营销亏损总额33.05万元，盈亏相抵，商业净利润807.45万元。

餐饮业在西江农场的整个商业活动中，所占比重较轻微，在商业体制改革前的1990—2004年，平均每年有餐饮从业人员26人，分布营业网点14人，平均每年销售总额及营业收入41.34万元，平均每年交纳税金1.14万元。

西江农场商贸工作的另一个重要业务是组织调运各种商品化肥和农药，供应全场农业生产所需。每年购进供应各农业生产单位的氮、磷、钾肥，数量很大，品种很多；氮肥主要有尿素、碳酸铵等；磷肥主要有过磷酸钙、钙镁磷肥等；钾肥主要有氯化钾、硝酸钾等。农药主要有甲胺磷（已禁用）等。自1999年以来，商业公司根据市场的变化，改变以往经营方式，坐等客户上门错失良机的被动做法，而是主动派员长驻各分场生资销售点，了解用户的需求，及时调运肥料供应，服务生产，方便职工，价格随行就市，减少库压，降低成本。多年来，职工在农场商业销售点购买的肥料，质量有保证。

自1996年确定西江农场农贸由商业部门营销以来，至今共已购进并销售的各种商品肥（表4-10、4-11），共计购进尿素22724.79吨，销售22599.97吨；购进碳铵2771.1吨，全部销售完毕；购进钾肥9026.78吨，销售8844.13吨；购进复合肥38260.63吨，销售38167.04吨；购进普钙11366.75吨，销售11651.85吨。

商业公司在艰难的条件下，实现"二次创业"。2012年，在商贸活动中，推出许多新举措：在服务态度上，不再像以前坐等客户来看货求购，而是主动上门推介各款肥料和农药，农忙时节商业员工还送肥料到田间地头；根据农场测土配方施肥站检测的土壤酸碱度，向用户推荐适用的高效肥料，减少用户投资成本，使商品销路更广更畅；加强内部管理，进一步调动商业第一线人员的积极性，推行绩效考核，从销售额 3‰～6‰ 提成给予从业人员作奖励，上不封顶，多劳多得，促进农贸营销的大幅提升。尤其是商业部门争取到西江制糖有限公司对销售肥料农药给予扶农补贴优惠待遇，以及充分利用国家出台扶农免税政策，组织商业部门全体从业人员积极营销，至 2012 年末，商业销售总收入达 1200 万元，比 2011 年增长了 21%；经营成效由 2010 年的亏损 34 万元到 2012 年的盈利 60 万元，利润增幅有很大提升。商业工作者在经营、利润得到增长的同时，也为农场的甘蔗增产做出了贡献，2012 年全场甘蔗总产突破 26 万吨，其中就有商业工作者的奉献，商业与农业实现了互利双赢。

2013—2018 年，商业公司从业人数由 17 人减到 10 人，营业网点仍然每年都保持在 15 个以上，累计销售总额及营业收入 7856 万元，平均每年 1300 万元；实现营业利润总额 316.04 万元，净利润 482.67 万元，其中：2018 年房改的需要，清理了一门市部的资产 19.26 万元，获取 300 多万的赔偿，缴税 93.77 万元。2013—2018 年累计缴税 609.55 万元。

2019 年 1 月，西江农场公司完成机关组织架构设置及下属公司优化重组，成立广西农垦西江农场有限公司农业分公司（简称农业分公司），扩大经营规模，在把商业公司的农资业务转到农业分公司的基础上，增加土地、鱼塘、机械的业务管理。2020 年 12 月份注销商业公司，25.64 万元的固定资产合并到农场公司。农业分公司现有固定资产 34.36 万元，资产 1915.3 万元，从业人数 15 人。至 2022 年底，累计营业收入 6890.75 万元，共交税 66.73 万元，累计营业利润 1101.71 万元。

表 4-10　西江农场商业公司给农户购销化肥情况（1996—2019 年）

年度	尿素（吨）		钾肥（吨）		碳铵（吨）		普钙（吨）		复合肥（吨）	
	购进	销售	购进	销售	购进	销售	购进	销售	购进	销售
1996	1111.62	1111.62	627.80	625.60	583.80	583.80	123.00	123.00	2161.00	2161.00
1997	1088.85	1088.85	667.63	667.63	194.00	194.00	24.00	24.00	4.00	4.00
1998	1524.50	1524.50	1356.00	1356.00	237.60	237.60	2332.00	2332.00	1477.90	1477.90
1999	1191.47	1191.47	1189.90	1184.60	624.00	624.00	2046.70	2046.70	386.50	351.50
2000	1712.70	1620.90	603.40	319.20	541.30	524.60	1188.80	1185.40	5.00	5.00
2001	1012.80	1012.80	479.50	446.50	315.50	332.20	1733.60	1751.70	1418.80	1459.90
2002	1117.00	1117.00	822.00	814.00			1493.00	1483.00	1396.00	1396.00
2003	641.00	634.80	641.10	531.30	244.25	244.25	841.50	832.90	873.15	860.00
2004	165.00	165.00	251.00	241.00			280.00	279.00	408.00	400.00
2005	402.50	394.90	230.20	229.80			289.20	284.00	20.60	15.00

（续）

年度	尿素（吨）		钾肥（吨）		碳铵（吨）		普钙（吨）		复合肥（吨）	
	购进	销售	购进	销售	购进	销售	购进	销售	购进	销售
2006	420.00	310.00	312.00	312.00			310.00	310.00	1000.00	1010.00
2007	772.10	809.80	463.10	464.80			254.40	399.20	1170.40	1382.80
2008	690.00	600.00	32.00	32.00			400.00	322.00	1463.00	1463.00
2009	462.10	436.30	5.00	5.00			15.90	89.10	1467.40	1114.00
2010	487.70	375.90	115.90	46.00			4.00	15.85	1244.20	881.00
2011	981.60	979.90							1017.00	1017.00
2012	1022.30	995.80		69.00					1211.00	1211.00
2013	1306.58	1374.30	120.70	388.75	18.15		18.15	112.90	101.90	3448.28
2014	1105.10	1090.86	215.55	220.80	8.00		8.00	33.60	44.60	2768.18
2015	1026.60	1279.75	351.75	207.90	1.50		1.50	3.50	3.50	3289.10
2016	1196.10	1220.02	58.95	207.75	3.00		3.00	0.50	0.50	2576.21
2017	1022.95	1013.62	111.85	111.45				15.00	15.00	2916.09
2018	726.77	711.72	140.75	127.90				8.50	5.10	2957.07
2019	115.25	130.30	20.00	32.85					2.40	745.62（9月份转农业公司做账）

本表数据部分年份数据统计不全。

表 4-11　西江农场公司农业分公司给农户购销化肥情况（2019—2022 年）

年度	尿素（吨）		钾肥（吨）		碳铵（吨）		普钙（吨）		复合肥（吨）	
	购进	销售	购进	销售	购进	销售	购进	销售	购进	销售
2019	494.44	488.94	58.20	55.70					1309.53	1296.50
2020	533.91	499.82	76.15	73.30					1526.61	1529.16
2021	393.85	421.10	76.35	73.30					1065.53	1075.63
2022	548.60	456.55	29.10	23.75					2227.67	2181.86

表 4-12　西江农场商业基本情况表

年度	年末营业单位个数（个）	网点个数（个）	年末固定资产原值（万元）	年末营业用房面积（平方米）	年末从业人数（人）	从业人员劳动报酬（万元）	销售总额及营业收入（万元）	备注
1980	1	1			53		242.90	
1981	11	11		2284	53		357.50	
1982	16	16		2829	98		313.57	
1983	17	17		2829	100		133.89	
1984	13	13		2829	84		100.53	
1985	24	24		3479	87		108.18	

（续）

年度	年末营业单位个数（个）	网点个数（个）	年末固定资产原值（万元）	年末营业用房面积（平方米）	年末从业人数（人）	从业人员劳动报酬（万元）	销售总额及营业收入（万元）	备注
1986	14	14	21.80	3599	50	6.20	128.10	
1987	17		13.37	3639	72	6.15	181.53	
1988	3		15.72	660	61	5.92	186.00	
1989	3	3	609.25	660	42	5.01	204.23	
1990	1	1	9.25	500	29	4.50	161.64	
1991	2	2	27.25	1447	54	11.02	195.52	
1992	1	1	11.25	550	29	5.09	129.16	
1993	2	2	34.26	930	32	6.18	143.86	
1994	2	2	143.26	4985	79	14.65	134.86	
2013	1	14	44.90	2500	17	60.85	1292.00	
2014	1	14	44.90	2500	15	51.21	1373.00	
2015	1	14	44.90	2500	14	88.67	1577.00	
2016	1	14	44.90	2500	15	81.19	1109.00	
2017	1	14	44.90	2500	10	119.84	1299.00	
2018	1	14	25.64	2000	9	108.20	1205.75	
2019	1	10	25.64	1900		72.86	369.12	9月份转农业公司做账
2020	1	1					6.60	12月份注销合并到农场公司

表 4-13　西江农场公司农业分公司基本情况表

年度	年末营业单位个数（个）	网点个数（个）	年末固定资产原值（万元）	年末营业用房面积（平方米）	年末从业人数（人）	从业人员劳动报酬（万元）	销售总额及营业收入（万元）	备注
2019			34.36		20	68.61	915.43	
2020	1		34.36	1900	17	73.79	1195.65	
2021	1		34.36	2000	13	113.04	1057.18	
2022	1		34.36	2000	15	128.86	3722.49	

第五节　交通运输

建场前，西江农场所处的地区是一片荒无人烟的地带，茅草比人高，根本没有机动车道路，建场后随着生产建设的需要和发展民生的要求，修公路、建桥梁、购置交通工具，农场的交通运输业逐步发展。

一、公路、桥梁建设

（一）筑路

1953 年建场初期，西江农场即很重视交通道路的修筑，由基建工程师张兵做技术指导，全场组织力量斩荆棘、填水坑、铲杂草、修公路，维持了建场之初的交通，以后随着生产建设的需要，公路修筑的速度逐步加快。当年，共修筑场部通往一、二、三、七、九队，加工厂，畜牧所及黎贵公路口的公路计 17 公里。

1954 年，继续实施修路进程，筑成场部通四、五、十队，林艺、园艺队及第六村路口的公路共 18 公里。

1959 年，修五队至六队及奶牛场的公路共 7 公里。

1970 年，修园艺队通石灰厂及接通五队至六队公路，当年共修成公路 45 公里。从建场开始至 1970 年，全场已基本形成了公路网，但二十世纪五十年代由于技术、物资、主要材料等方面限制，农场建设的公路质量还比较低，路面通车能力差，不能发挥车辆的有效行驶速度，特别是逢雨季通车常出现车轮打滑、行车困难的情况。1956 年大兴公路砂石化，桥梁永久化，公路逐年铺上砂石路面共达 40 多公里。

1986 年修通第二砖厂公路 2 公里，至此场内公路共 47 公里，全场通车公路 84.5 公里（含黎贵、贵桂、贵横公路，以及国家小段公路在内）。由于农牧业及工业发展需要，进行修田间道路网，以通汽车及拖拉机。建场以来修筑田间道路约 40 公里。

西江农场的交通建设事业，紧跟着场部小城镇的规划建设进程进一步发展。从二十世纪九十年代起，为改善农场小城镇居民的居住环境和交通环境，强化了街区街道及交通要道的修筑、铺设和硬化、美化。1995 年，农场下达《关于我场"西江一条街"的规划及建房方案》的文件，进一步规范了房建和地产开发过程，加快交通道路建设，使农场的交通建设获得了更大发展。

1997 年，西江农场共投资 245 万元，完成混凝土道路 24178 平方米，碎石渣路面 8242 平方米；建成宽 30 米、长 1 公里的街道工程。

1998 年，西江农场投资 216 万元，完成西江街街道水泥路面工程。

1999 年，西江农场投资 122 万元，建成小区街道水泥路 15664 平方米。

2000 年，建造畜牧所的交通附属道路工程 1.08 公里。

2001 年，年初计划建设水泥道路 23650 平方米，当年实际完成 19960 平方米，完成计划任务的 84.4%。

2002 年，铺设完成街道水泥路 5085 平方米。

2003 年，建设西江一条街"三角小区"的混凝土街道，完成 4836 平方米。

2004 年，完成铺设交通道路工程 2010 平方米。

2006 年，铺设农贸市场住宅区水泥道路工程 6404 平方米；当年同时修筑铺设狮子岭路到林艺分场的交通道路，完成 3731 米，全长 0.72 公里；修建农场西环路口至宏名中学的交通要道，完成工程量 0.8 公里。

2007 年，动工修筑场部至二分场主干道工程，以及实施东二、东三区道路和江北大道农场路段工程，全面修建、拓宽、硬化，于当年竣工。

2008 年，投入资金 116 万元，完成西江糖厂至四分场的水泥路铺设工程。

1989—2002 年，共修筑交通要道以及依托小城镇建设铺设的街道 115308 平方米。

2012 年，投入财政资金 197 万元，自筹资金 83 万元，完成第六村—四小队道路工程和五分场—清井分场道路工程，完成道路硬化 5.2 公里，共 17801 平方米。

2013 年，投入财政资金 367 万元，自筹资金 275 万元，完成 2013 年广西农林场（五星、大伦、西江、白平）农场通水泥路项目 II 标段广西农垦国有西江农场，完成道路硬化 11.20 公里，共 55378 平方米。

2014 年，投入财政资金 283.55 万元，自筹资金 232.34 万元，完成广西农垦国有西江农场 2014 年农林场分场通沥青（水泥）路项目，完成道路硬化 9.01 公里，共 41509.54 平方米。投入 1634 万元，完成 2014 年双高一优土地整治工程，完成混凝土道路 38.47 公里，泥结石道路 47.29 公里。

2015 年，投入财政资金 251 万元，自筹资金 209.26 万元，完成 2015 年广西通农林场（西江农场）沥青（水泥）路项目，完成道路硬化 7.28 公里，共 29434.7 平方米。投入 875 万，完成 2015 年"双高一优"土地整治工程，完成混凝土道路 22.6 公里，泥结石道路 19.06 公里。投入 22.7 万元，完成四分场城乡风貌工程，完成硬化 9189 米，42241 平方米，碎拼花岗岩 886.8 平方米。

2016 年，投入 217 万元，完成西江商业公司肥料销售点至锦华检车站段道路工程、五分场蔬菜基地至大清井水源点道路及纸厂入口道路硬化工程，硬化 9438 米，44337 平方米。

2017 年，投入 291.6 万元，完成西江产业至三分场生活区段道路工程、西江产业园至三分场泥石路修缮工程、场部片区至五分场主干道修缮工程、西江农垦文化生态园项目道路、西江农场道路新建工程（十分场道路新建工程）、西江农场十分场小区新建道路工程、西江农场十一分场 8 号地道路硬化工程，硬化 4951 米，23425 平方米。投入 1327.3 万元，完成"双高一优"土地整治工程，完成田间主道硬化 36154 米，144617 平方米。

2018 年，投入 162.2 万元，完成文化广场道路拓宽知识楼道路硬化、园区接三分场、西江农场道路项目（九分场生活区新建道路工程）、十分场万丈塘石拱桥及路面拓宽工程，硬化 1596 米，共 6510 平方米，灯 13 套，预埋涵管 30 米。

2019 年，投入 67 万元，完成场部片区机关生活区基础设施项目（道路工程），硬化 4800 平方米。

2021 年，投入 160 万元，完成四分场生活区及蔗区道路维修和甘蔗灌溉设施维修工程、十一分场东区（原试验站小区）基础设施工程（道路硬化、排水排污管道等）、2021 年秸秆综合利用项目三分场机耕路硬化道路 2590 米，共 11790 平方米，预埋涵管 723 米。

在西江农场稳定发展甘蔗产业经营方针确定以来，为方便原料蔗运输，在推进交通道路建设的同时，锐意加强田间道路的开辟、修筑，此间，共修建了田间运输道路 316.16 公里，主干道路 134.81 公里。自 1953 年建场以来，共修筑田间道路 389.57 多公里，主干道 278.22 公里，形成了四通八达的农场交通运输网。有两条循环公路，场属单位均有公路通车。

（二）建桥

西江农场的桥梁建设，基本上与道路的修筑同步进行。1953 年，建场部通三队的牛皮河桥梁 1 座，涵洞 3 个。同年，建设通二队的牛皮河桥梁 1 座，涵洞 1 个。

1954 年，建九队渡冲江桥梁 1 座，涵洞 1 个。同年建成龙潭河桥梁 1 座，涵洞 1 个。

1955 年，建十队石鼓江桥梁 1 座，涵洞 2 个。

1956 年，建成九队渡冲江桥梁 1 座，现贵玉公路车通过桥顶。同年，建十队林桥江桥梁 1 座，现贵港通石卡的公路经过桥顶。

1958 年，建龙潭河桥梁 1 座，现黎贵公路通过桥顶。同年建乐堂河桥梁 1 座，通剑麻队。

1961 年，建旺华乡小江比较大型桥梁 1 座，并安装 40 型水轮泵 2 台。

1962 年，建设规模较大的鲤鱼江桥梁 1 座。

1963 年，建成六队停社江桥梁 1 座。

1972 年，建成三队三江桥梁 1 座。

1981 年，园艺队在牛皮河建设桥梁 1 座，次年，畜牧所建牛皮河桥梁 1 座，通猪舍。

1988 年，在九队渡冲江建成桥梁 1 座。至此，共建成永久性桥梁 16 座。

2000 年，投入 44 万元，建设畜牧所永久性桥梁 1 座及其附属交通工程。

二、运输工具

（一）汽车

1953 年建场初，西江农场没有机动车，全靠 21 台马车及手推木板车作为运输主要工具。当年 11 月，场部机务科和汽车队相继成立。

1954 年 2 月，购进东德柴油汽车 5 辆，小吉普车 1 辆。同年 3 月，购进美造小道奇汽车 3 辆。

1958 年，购进美造道奇汽车 2 辆。

1959 年，购进国产解放牌汽车 2 辆。

1960 年，购进吉 335 汽车 1 辆。

1963 年，购进解放牌汽车 4 辆，柳江牌汽车 1 辆。

1964 年，购进解放牌汽车 2 辆，跃进牌汽车 1 辆。

1977 年，购进解放牌汽车 1 辆。

1978 年，购进日本制造载重汽车 1 辆。

1980 年 2 月，购进日本造小汽车 1 辆，北京牌小汽车 1 辆。

1988 年，购进日造汽车 3 辆，解放牌汽车 6 辆。

1990 年，载重汽车拥有量 11 辆，挂车 5 辆。

1991 年，载重汽车拥有量 12 辆，挂车 5 辆。

1992 年，载重汽车拥有量 11 辆，挂车 6 辆。

1993 年，载重汽车拥有量 7 辆，挂车 6 辆。

1994 年，载重汽车拥有量 7 辆，挂车 6 辆。

1995 年，载重汽车拥有量 7 辆，挂车 6 辆。

随着我国社会主义市场经济的逐步建立和改革的深化，社会运输力量日益增强发展，西江农场运输力量的优势逐步减弱和消失。汽车队和机务队建制相继撤销以后，从 1996 年起，汽车和拖拉机分别折价卖给职工。

西江农场拥有运输工具最多、运载力最强的是 1988 年和 1989 年，全场有汽车 28 辆，82.5 吨位。

图 4-15　西江农场汽车运输车队

（二）拖拉机

从 1953 年建场时候起，西江农场各个年代购置有各类型拖拉机，既为农业生产服务，又是农产品的主要运输力量。1985 年，农场经济体制改革，兴办职工家庭农场时，相当部分拖拉机折价转让给职工个人，但仍然担当农场内的生产和运输任务。到 1988 年，公有拖拉机混合台 67 台，折价转让给职工个人 49 台。

至 1998 年，所有的公车及机具全部转让给私人，西江农场不再经营公有机车。（详情参看第四章第一节有关"农业机械"的记述）

表 4-14　西江农场历年汽车台数及吨位统计表

年度	辆数	吨位	年度	辆数	吨位
1954	8	24	1964	19	64.5
1955	10	30	1965	20	68.5
1956	10	30	1966	20	68.5
1957	10	30	1967	22	76
1958	10	30	1968	20	70
1959	14	46	1969	18	64
1960	15	48.5	1970	13	49
1961	15	48.5	1971	13	49
1962	15	48.5	1972	13	49
1963	19	64.5	1973	15	55

（续）

年度	辆数	吨位	年度	辆数	吨位
1974	15	55	1985	18	70
1975	15	55	1986	20	78
1976	15	55	1987	20	78
1977	15	55	1988	28	82.5
1978	15	55	1989	28	82.5
1979	17	66	1990	11	55
1980	17	66	1991	11	55
1981	18	70	1992	11	55
1982	18	70	1993	7	35
1983	18	70	1994	7	35
1984	18	70	1995	7	35

表 4-15　西江农场运输基本情况表

年度	年末运输单位数（个）	年末从业人员（人）	从业人员劳动者报酬（万元）	年末固定资产原值（万元）	年末拥有载重汽车	
					辆	吨位
1986	1	29	2	32	10	38
1987	1	41	5	32	9	38
1988	1	38	3	41	10	51
1989	1	37	3	49	11	55
1990	1	32	4	49	11	55
1991	1	22	5	60	12	60
1992	1	33	6	60	11	55
1993	1	23	8	60	7	35
1994	1	17	6	60	7	59
1995	1	13	5	40	7	35

注：本资料来源于《广西农垦统计历史资料》（下册）一书。

第六节　电业　水务

一、电力建设

（一）电力发展历程

自 1953 年建场直至 1955 年，西江农场水电建设还是一片空白。从 1955 年下半年起，西江农场购买了第一台 6000 瓦交直流发电机，建成了广西农垦系统第一个柴油机火电站，白天作加工动力，晚上供招待所、场部办公室照明。当时只能够供原加工厂基建队、场部招待所晚上照明，其余单位都还不能供电。随后由于加工厂生产需要，当年底又购进了一台40千瓦发电机（高压机），由于是高压发电机，不能直接使用，后经过加工厂职工自力更生，通过改装成50千瓦电机供本厂生产用电。

1956年，为解决场部生活照明，西江农场又购置了一台30千瓦的发电机安装在基建队，白天供队里生产用电，晚上供场部照明，场部附近的单位照明用电基本得到解决。

1958年，场里动员大家敢想敢干，组织机械厂（其前身是修理队）全体职工开展革新，挖掘生产潜力，自行设计，自己制造，生产了15台5000瓦发电机，每个生产队分配1台，照明用电基本得到解决。同年，机械厂还发挥自己的优势，支援地方小水电建设，制造了一台120千瓦发电机给玉林小平山水电站。

随着经济建设和生产的发展，场里又购进了100千瓦、320千瓦发电机组，场部附近单位生产、生活用电得到了更充分的保证。

1962—1964年，西江农场种植业结构进行调整，由原来种植旱稻改为大面积种植水稻，迫切需要解决灌溉用电，得到自治区水电厅大力支持，批准在农场鲤鱼江两岸，兴建第一条10千伏配电线路22.6公里，电灌站16座，装机容量726千瓦。全场除了七、八、九、十等4个生产队外，都用上了西津电。

1976年，经自治区农垦局批准，筹集资金，又着手兴建八、九、十队高压线路12.1公里，电灌站4座，装机容量228千瓦。

1981年，自治区农垦局又批准建设西江农场第七生产队高压线路7.6公里，电灌站5座，装机容量213千瓦，进一步解决全场生产、生活用电。

1987—1988年，西江农场又新建35千伏输电线路4.6公里，10千伏线路4.2公里。至此，自建场以来全场已有高压线路51.1公里，低压线路48.9公里，原建电灌站25座，装机容量1117千瓦，除有7座装机352千瓦电灌站由于原配套不合理及其他原因，经上级有关部门批准同意撤销后，至二十世纪末，还有18座，装机825千瓦，电力变压器42台，4680千伏安，发电设备7台，2245千瓦，全场用电设备总装机容量8003千瓦。

随着工农业生产发展，西江农场调整产业结构，经自治区农垦局批准立项兴建年产2000吨纸厂1座；经自治区计委批准立项兴建日榨1000吨糖厂1座。随着用电量大增，为解决用电供需矛盾问题，1988年8月西江农场投资70万元，新增加两台500千瓦柴油发电机，并相应增建了高压输电线路和变电站，西江农场总发电能力扩大至5000千瓦，是广西农垦系统最大的火电站。其中一台于当年12月已投产并网发电，另一台于1989年6月发电，基本可维持农场工农业生产用电。

（二）节电措施

电力是我国国民经济的重要能源，节约能源是社会主义建设的长远方针。由于西江农场过去用电无计划，考核无指标，浪费能源的情况屡有发生，用电到处吃"大锅饭"，造成水电核算上连年亏损。为了加强用电管理，搞好计划用电，安全用电，1981年，投入7万多元资金，开展节电工作，以节电保增产，主要采取如下措施。

取消包灯制，大力压缩非生产用电。办电初期，场内收费过去是按户按灯头瓦数计收电费，造成"用多用少一个样，迟用早用一个样"，实质上是吃"大锅饭"。1980年，一年之内全场照明一项，就亏损了11万多元。1981年，场里拿出一项资金，狠抓整改，线路整改好以后，堵塞了诸多的漏洞，对所有用户都安上电表，按表收费，这样对节电很多成效，粗略计算节约了63％。

提高变压器功力利用率。从1984年起，对全场各单位用电进行普查，凡使用变压器用电负荷达不到40％的单位的变压器，统统进行调整，通过整顿，大大提高了设备利用率，减少了机电设备的无功损耗。同时，推广应用无功补偿电容柜，提高功率因数，改善电压质量，减少线损。先后在加工厂、五队抽水站、第三红砖厂、第十生产队等单位安装无功补偿电容柜，节电效果好，通过几年运行，节约用电成效显著。

（三）电力资产移交地方

根据自治区人民政府有关规定，国有农场参加地方农网改造，将电力资产产权移交地方。西江农场2003年7月8日，以西农字〔2003〕25号文《关于西江农场要求进入当地农网整改的请示》，呈文给自治区农垦局。

2003年8月19日，广西农垦集团有限责任公司以垦国资办〔2003〕56号文《广西农垦集团有限责任公司关于同意西江农场移交电力资产产权进行农网整改的批复》称："一、根据区政府有关文件精神，同意你场将现有电力资产产权无偿移交给贵港供电有限公司管理，以便进行农网改造。二、移交资产原值5176780.23元，已提折旧3555315.73元，净值1621464.50元。三、资产移交后，不作账务处理，延用原管理办法，继续提折旧，提完为止。"照文件要求，西江农场于2003年办理了电力资产移交地方程序。

二、水务发展历程

西江农场一直有自己的水电发展体系，自从电业移交贵港市地方供电部门后，只剩下场部及周边的供水业务。

西江农场创建初期，水电基础设施一片空白，农场自行建设六分场拦河坝水电工程，拉设场内的10千伏高压线路；建设场部700千瓦捷克和500千瓦广柴等自备发电机组；

建设 35 千伏/7500 千伏安自有变电站，农场有 35 千伏、10 千伏及自备发电机组，三路电源，供电的可靠性较高，供水由原来的肩挑人扛到自来水进户，供水设施及卫生条件不断改善提升。

从建场初期至 1997 年，西江农场的水电供应都是服务性的，系职工福利的一部分，不讲求经济成效。水电部门职工拿固定工资，跟管理水平、经济效益没有关联，电网损耗多和供水流失严重浪费长期得不到纠正，每年都亏损 20 多万元。1997 年水电体系开始实行经营体制和分配机制改革，经济责任和员工收益挂钩，当年一举扭亏为盈，实现利润 2.7 万元，1998 年实现利润 40 多万元，2004 年一年就盈利 70 多万元，8 年累计盈利 350 万元左右，职工收入也有所提高。电业移交地方后，从 2005 年起至 2012 年，虽然单靠供水一项业务，但每年都获得 20 多万元的利润额。

2012 年，西江农场按照优化产业结构，融合资源优势的思路，把农场经营建设的部分功能并入水电体系，于 12 月 5 日成立广西贵港泰垦水务建设工程有限公司。泰垦公司建立后，立足贵港，面向广西，围绕建筑与安装工程和水务等两大板块开展业务。先后参与农场的危旧房改造、建筑工程、硬化道路建设、甘蔗喷灌管道和抗旱设施安装；承接西江产业园区道路及供水工程安装；水厂投入运行后，加强管理，多次到规范和先进的水厂进行学习交流，迅速缩短与同行管理和技术上的差距。泰垦公司成立以来，经济效益逐年攀升。

2019 年 1 月 31 日，由于西江农场公司对下属单位进行优化重组，泰垦公司完成了自己的历史使命，农场公司决定解散泰垦公司。2019 年 4 月，成立广西农垦西江农场有限公司水务分公司，主营供水业务。公司成立后，以党建引领推动公司高质量发展，打造农垦党建和经济双标杆。经济效益一年一个新台阶，2019 年，实现利润 200 多万元；2020 年，实现利润 330 多万元；2021 年，实现利润 349 万元；2022 年，实现利润 420 多万元。

西江农场水厂建设过程：2011 年 11 月，由国家财政资金和西江农场投资兴建西江农场水厂。水厂位于西江产业园区西七路与西二路交会处，设计供水规模 4000 吨/天，共投入资金 10007860.84 元。其中农村饮水安全国家财政资金拨款 5513445.03 元，西江农场投入资金 4494415.81 元。供水区域为西江产业园区，场部及周边地区。水厂水源水取自西江农场大清井，经广西疾控中心及广西水利厅水环境专家到现场考察评估，一致认为大清井是不可多得的优质地下水资源。大清井的水用 4000 米公称直径 400 毫米聚乙烯管道输送至水厂，经过絮凝沉淀、过滤、消毒等传统制水工艺流程后，通过水厂二级泵房加压输送到各供水用户。2014 年 4 月，西江农场水厂竣工，经过一年多时间完善供水主管网，2015 年 5 月，西江农场水厂正式对外供水。从此，水厂供水区域的供水用户用上了符合国家饮用水卫生标准的自来水。

随着西江农场场部周边及西江产业园区经济的持续发展，生产和生活用水量快速攀升，原有西江农场水厂的产能已不能满足发展的需求。为此，2016年1月，农场在水厂原规模的基础上又启动二期扩建工程的建设，共投资400多万元新建絮凝沉淀池、虹吸过滤池、清水池、药品投加设备、扩建泵房、配套管网、电控及恒压供水设施、备用发电机组等，提升供水能力10000吨/天。2018年2月，西江农场水厂二期工程正式投入使用。

水厂投产以来，每天检测水源水和出厂水的各项常规指标；根据水源水的实际情况，精确加注除浊剂及消毒药品；每季度贵港市卫生监督所和贵港市疾控中心对水务分公司水源水和出厂水质进行检验。经检验，2015年5月至今，水厂供水水质，全部符合国家饮用水卫生标准；参照国家自来水相关技术标准，主要供水小区和重要供水用户接入口全天保存0.26兆～0.28兆帕供水压力。通过主要供水区域远传压力表，调整水厂机组投入和供水压力，保证供水系统管网的压力稳定；做到停电不停水，每年供水正常率99.8%以上。

表4-16　西江农场电灌站建设情况表

队别	电灌站名称	扬程（米）	电动机		配套水泵		建设年份	备注
			型号	台/千瓦	型号	台		
一队	七里桥	8	J02-71-4	1/28	10	1	1964	
一队	九号地	8	J02-62-4	1/15	6BA-2	1	1988	
二队	大桥头	8	J02-71-4	1/40	12	1	1964	
二队	六涵洞	8	J02-71-4	1/40	12	1	1964	
三队	大湾	8	J02-71-4	1/40	12	1	1964	
三队	三江	8	J02-72-4	1/20	10B-19Q	1	1964	已拆除
四队	大桥头	8	J02-71-4	1/55	12-19	1	1964	
四队	二涵洞	8	J02-71-4	1/55	12-19	1	1964	已拆除
五队	清井	12	J02-91-6	2/80	丰产60型18寸	2	1964	
六队	拦河坝	8	J02-71-4	1/55	12-19	1	1964	
七队	水井	10	J02-71-4	2/77	8B18	2	1981	已拆除
七队	水闸	12	J02-71-4 J02-71-4	2/77	8B18 12-19	2	1981	
八队	清井	18	J02-71-4 J02-71-4	2/85	8B18 12-19	2	1977	
九队	渡冲江	10	J02-71-4	1/55	10-19	1	1964	
九队	南江站	30	J02-71-4	1/55	12	2	1964	已拆除
九队	马草坡	8	J02-71-4	2/44	8B18	2	1964	

（续）

队别	电灌站名称	扬程（米）	电动机		配套水泵		建设年份	备注
			型号	台/千瓦	型号	台		
十队	14 号地	10	J02-71-4 J02-71-4	1/22 1/55	8B18 12-19	2	1976	
十队	顶国岭	12	J02-71-4	1/22	8B18	1	1976	
清井队	停社江	8	J02-91-6	1/40	丰产 60 型 18 寸	1	1964	
前进队	拦河坝	8	J02-71-4	1/40	12	1	1964	已拆除
试验队	九号地	8	J02-71-4	1/20	10-19	1	1964	
林艺队	大塘边	5	J02-71-4	1/28	10-19	1	1964	被盗
林艺队	西人塘	5	J02-71-4	1/22	10-19	1	1981	被盗
园艺队	牛鼻河	8	J02-71-4	1/20	10-19	1	1964	
奶牛场	牛鼻河	8	J02-71-4	1/22	8B18	1	1981	

第七节　物　　业

西江农场物业服务管理行业的产生，是农场生产建设进入新时期以后，逐步摆脱以农为主经营模式，充分利用城区地缘优势和区位优势进行的经济转型发展起来的。2006 年 11 月正式成立了贵港市农垦物业服务有限责任公司（简称物业公司），隶属广西贵港西江投资有限公司，时为三级资质企业。从 2010 年 12 月起，经广西农垦集团有限责任公司批准，物业公司划归广西农垦国有西江农场管理，是广西农垦国有西江农场投资的全资子公司，注册资金 300 万元。2011 年 8 月，经自治区住建厅和贵港市房产局等相关部门审核同意，由三级资质企业升级为二级资质企业，是贵港市本土第一家物业管理二级资质企业，系贵港市物业协会副会长级的单位。2019 年 1 月，西江农场公司对下属单位进行优化重组，成立广西农垦西江农场有限公司物业分公司（简称物业分公司），贵港市农垦物业服务有限责任公司的业务转到物业分公司。

至 2022 年，物业分公司共有员工 71 人，内部设置管理人员、秩序维护人员、保洁员和电工等岗位，先后管理的住宅物业、专业市场、产业园区面积共 11 个，为时代新城、欧景蓝湾、陶然花园、瑞安花园、西江红色文化广场、西江产业园区、金泽工业园区、通达物流市场、西江木材市场、西站旧货市场、西江钢材市场。其中管理的陶然花园小区2011 年获得"全区城市物业管理优秀住宅小区"称号，2014 年获得"广西森林单位园区"称号；2018 年，陶然花园、瑞安花园一区在贵港市评选园林式居住区活动中荣获"园林式居住区（单位）"称号。

近年来，物业分公司在农场公司稳定发展及失地人员安置方面承担重要责任，共接收失地人员 80 余人次。在 2020 年至 2022 年的三年新冠疫情防控工作期间，物业分公司全体人员根据西江农场公司统一部署，按照政府相关部门统筹安排，实行联防联控机制积极参与到疫情布防的全面工作中，共投入人力 480 人次；在做好协防基础上各管理小区成立临时党支部，分公司管理人员发挥党员模范作用到一线蹲点指挥，在开展疫情防控的同时做好小区群众情绪的疏导，争取业主的理解和支持，确保疫情防控工作顺利全面落实，西江农场公司社会协防工作得到肯定。

物业分公司自成立以来，坚持"务实、求精、创新"的管理方针，不断加强物业服务队伍建设，造就了一批物业服务管理骨干，营业收入及员工薪酬福利不断得到提高。2022 年物业分公司实现营业收入 670 万元，其中租金营收 405 万元，物业费营收 153 万元；在疫情期间稳商同时寻找新的经济突破点，实现利润 136 万，扭转分公司亏损的局面。

表 4-17　物业分公司历年营业收入及员工薪酬统计表

项目	2013 年	2014 年	2015 年	2016 年	2017 年	2018 年	2019 年	2020 年	2021 年	2022 年
营业收入（万元）	340	274	464	409	562	545	546	510	604	670
人均薪酬（元）	26688	30976	34956	35716	39588	42622	45100	47594	48023	53064

第八节　房屋建设

建场初期，西江农场只有极少的砖木结构的公房，绝大多数是由干部率领劳改人员因地制宜，就地取材，割茅草、平地基搭起简陋的茅草房，据不完全统计，当时共有茅草房屋 35562 平方米。这些房屋选价低，建得快，但不安全，使用年限短，居住条件差，房顶常漏水。1954 年 8 月，台风过境，全场崩塌茅屋 43 幢，干部、工人生产生活受到严重影响。

1954 年 9 月，上级批准农场建设砖、木、瓦面结构的房屋 1 万平方米，当时场领导根据农场畜牧业发展，号召全场职工艰苦奋斗，自己动手，住宅因陋就简，建泥巴墙瓦面宿舍，在场部领导下，由土木工程师做技术指导，全场盖成泥巴墙瓦面的宿舍及猪舍 1.2 万平方米。

从 1957 年起，开始改造茅草茅房和泥巴墙房，二十世纪六十年代即把茅草房全部改造完，并逐步改造泥巴墙的职工宿舍及猪舍，直至 1970 年基本改造完成这一类的房屋。

从 1979 年起，随着国家改革开放步伐加快，西江农场实行农工商一条龙经营，促进了经济发展，农场经济效益逐年上升。而后又经过职工住房改革，职工收入的增加，住房条件得到了很大改善。根据中央文件规定关于国营农场职工住房改革办法，西江农场实行住房制度改革，1988 年开始实施，实行谁住谁买，谁买谁有，并鼓励职工自建住宅楼房。自房改以来至 2022 年，折价卖给职工的住房及职工自建楼房共达 4337 户，面积 175.96 万平方米。另职工集资建房 2050 套，建筑面积 36.48 万平方米，职工拥有的住宅面积共已达到 212.44 万平方米。

随着工农业生产和社会建设事业的发展以及职工人数的增加，西江农场的房建面积不断增长，从建场初期至职工住房改革前，据不完全统计，各类房屋面积如下。

1. 非生产性用房面积 全场职工住宅 76476.12 平方米，职工小伙房 31610.64 平方米，各队（厂）办公室 4864.5 平方米，场部办公楼 1426.3 平方米，各队（厂）商店 1228.3 平方米，场部商业公司百货楼 1573.1 平方米，消毒房 46.5 平方米，场部医院门诊室 321.7 平方米，留医病房 968.1 平方米，透视室 155.7 平方米，各队（厂）小学包括联小学校在内 5978.1 平方米，场部高中教学楼 3536.4 平方米，实验室 321.9 平方米，场部中小学教室 1162.1 平方米，各队（厂）浴室 1475.9 平方米，各队（厂）会议室 1173.9 平方米，场部旧会议室 297.6 平方米，各队（厂）及场部幼儿园共 1395.6 平方米，各队（厂）招待所 167.3 平方米，场部招待所 597.6 平方米，各单位文化室 166.7 平方米，场部工人文化活动中心 687.3 平方米，各单位职工食堂、场部大食堂、招待所食堂 5679.7 平方米，场部地磅、石灰厂地磅 235.9 平方米，各单位及场部厕所 2742.2 平方米。场部医院在黎贵公路旁建设商店 88.2 平方米，门诊房 40.3 平方米，机械厂在黎贵公路旁建设修理机车房 35.6 平方米。

2. 生产性用房面积 全场建设淀粉厂房 9 间，共 18965.7 平方米，各单位仓库及场部大仓库（包括粮仓、产品仓、物资仓）共 39686.9 平方米，建成猪舍 69243.2 平方米，牛舍 15943.2 平方米，鸡鸭舍 1045.9 平方米，拖拉机房 3774.1 平方米，场部汽车房 459.2 平方米，罐头车间及糖果车间共 556.2 平方米，贮料房 561.6 平方米，炼奶室 348.1 平方米，麦乳精车间 142.6 平方米，食品厂及八队酿酒坊 948.1 平方米，全场铁木工房 557.6 平方米，剑麻制品厂房 3058.7 平方米，电脑房 21 平方米，第二红砖厂 42 门轮窑 2391.3 平方米，第三红砖厂 32 门轮窑 1979.7 平方米，饲料房 1419.6 平方米，汽油柴油库 463.6 平方米，碾米机房 1215.7 平方米，打麻房 1858.1 平方米，工具房 253.5 平方米，兽医房 33.7 平方米，医院制药片房 227.5 平方米，制中药房 138.7 平方米，机械厂制造车间 2552.3 平方米，设计室 209.7 平方米，电工房 143.9 平方米，机加车间房

1143.6 平方米，修理车间房 1188.2 平方米，翻砂车间房 631.3 平方米，焦炭房 196.7 平方米，氧气房 53.2 平方米，场部发电厂房 344.5 平方米。全场建有水塔 20 座，容积水965 立方米。1989 年建成投产的糖厂厂房 18655 平方米。

3. 危房改造 2011 年 5 月 31 日开始，西江农场成功启动广西农垦最大的危房改造工程，对全场 3672 户房子进行改造。改造方式分为拆旧建新和原地加固，每个危改户享受国家补助资金 1.5 万元，农场另外投入 1541.41 万元建设危房改造配套基础设施工程。至2014 年底，3672 户危房改造工作全面完成。

表 4-18 西江农场 1978—1998 年人口及房屋建筑面积

年度	当年出生人口数（人）	当年死亡人口数（人）	全年平均人口数（人）	人口自然增长率（‰）	年末房屋建筑面积					年末实有户数（户）
					合计（平方米）	生产用房（平方米）	非生产用房			
							合计（平方米）	其中住宅（平方米）	内私有住宅（平方米）	
1978	109	24	10759	7.9	177172	95918	81254	51751		
1979	176	14	10519	15.4	197951	108043	89908	59478		
1980	94	27	10262	6.5	202800	108487	94313	63681		
1981	85	17	10272	6.6	224147	125744	98403	64415		2078
1982	95	15	10205	7.8	244918	136959	107959	71492		2098
1983	86	23	10052	6.3	259503	142442	117061	74303		2392
1984	94	18	9834	7.7	262922	143222	119700	76143		2421
1985	72	16	9689	5.8	267989	144573	123456	76903		2438
1986	103	17	9732	8.8	273907	148398	125509	78774		2442
1987	177	21	9784	15.9	279633	152646	126987	80131		3444
1988	142	27	10353	11.1	279378	152389	126989	80553		3153
1989	78	21	10453	5.5	303085	161044	142041	93337	81211	2909
1990	62	20	10555	4.0	331575	181575	150000	100027	83501	2934
1991	33	31	10777	0.2	333466	180631	152835	120660	86090	2945
1992	27	24	11133	0.3	340454	184087	156367	105219	86640	3388
1993	97	15	11566	7.1	349541	188764	160777	108221	88080	3539
1994	104	11	11859	7.8	361154	190479	170675	113221	9308	3584
1995	112	10	11846	8.6	366172	192957	173215	115588	11675	3737
1996	103	22	11794	6.9	370285	193946	176339	115588	11675	3739
1997	113	58	11820	4.7	385010	197155	187855	123874	123874	3881
1998	29	17	11959	1.0	441985	199315	242670	178369	178369	3875

第九节　汽车经营

2019年，为实现多元化经济发展，西江农场公司以"走出去"为主要思想，积极探索发展新路径，以探索混合所有制改革作为转型升级的突破口、切入点，于2019年8月5日与贵港骏骁汽车销售服务有限公司共同出资组建成立广西农垦西江汽车销售服务有限公司（简称西江汽车公司），注册资金为2900万元，其中，广西农垦西江农场有限公司股权占比为60%，贵港骏骁汽车销售服务有限公司股权占比为40%。

西江汽车公司于2019年10月1日正式试业，2019年12月25日正式开业。主要经营上汽通用授权的别克、雪佛兰品牌系列，是集汽车整车销售、配件供应、维修服务和信息反馈于一体的4S销售服务中心，是贵港市首家双品牌别克、雪佛兰的4S专卖店。公司位于贵港市迎宾大道891号，占地面积：6000平方米，总建筑面积4584平方米，其中销售展厅面积为1152平方米，接待办公区及配件仓库面面积1632平方米，修理车间及辅房1800平方米。截至2022年，公司在职职工共有74人，其中管理人员6人，员工56人，劳务派遣12人。

自2019年成立以来至2022年，西江汽车公司每年分别实现营业收入743.24万元、12303.16万元、13633.99万元、9410.19万元，营收贡献突出。公司先后荣获2020年度别克品牌三星级授权销售服务中心、2020年度上汽通用汽车金融最佳新店奖、2021年度别克品牌优秀销售总监奖、2021年度别克品牌三星级特约售后服务中心、2021年度别克品牌四星级授权销售服务中心、2022年度别克品牌优秀DCC经理奖、2022年度别克品牌三星级授权销售服务中心、2022年度别克品牌四星级特约售后服务中心等荣誉。

第十节　打造现代一流食品企业

2021年12月27日，《广西壮族自治区人民政府办公厅关于支持广西农垦集团打造现代一流食品企业的实施意见》印发，拉开了广西农垦集团转型打造现代一流食品企业的序幕。2022年，西江农场公司按照农垦集团上下"一盘棋"打造现代一流食品企业的战略部署以及集团赋予西江"食品产业贵港片区龙头，贵港片区城乡服务协同型企业，食品农业带动型企业"的发展定位，利用优越的区位优势，立足城乡服务产业，探索城乡服务业与一流食品企业的融合，推进食品产业建设，开创一流食品企业新局面。

1. 桂垦良品　2022年，西江农场公司严格按照农垦集团《桂垦良品形象店建设指导意见》的相关要求，执行店面选址、店面选型及设计装修方案等，结合当地市场经济导向，于3月投资52万元在贵港·农垦大厦开设桂垦良品贵港·农垦大厦店；于10月开始运营桂垦良品社区店；于11月对桂垦良品贵港·农垦大厦店进行全新升级改造，店面使用智能设备和云端值守，购物指引、结账、货物计量等从人工管理转变为智能化管理，实现数字化、智能化、数据化的管理运作，开启了店面智能管理新模式。

桂垦良品店主要经营范围：农垦农产品、特色产品、扶贫产品及日常快消品等产品。同时，西江农场公司以经营桂垦良品店为切入点，探索食品配送业务，充分利用公司现有的4700亩鱼塘、1000亩果蔬基地等积极探索发展蔬菜、水果、鱼类、蛋类，以及本地东津细米等食品批发零售业务，同步推进农垦畜牧猪肉、柑橘、茶叶等优选产品进商户、企业、机关、学校及社区。通过配送西江牛奶，实现配送业务零的突破，目前已占领港北区、覃塘区大部分学校的用奶配送。2022年，西江农场公司新增食品板块业务实现营业收入5888万元。

2. 项目建设　2022年，西江农场公司助力农垦集团与贵港市政府签订战略合作框架协议，开启了垦地战略合作新历程。农场公司主动与贵港市政府对接，积极争取产业、财税、用地等方面的支持，《贵港市农产品销售体系建设方案》（贵政办通〔2022〕10号），明确支持农场公司建设农产品集运中心等项目；《贵港市统筹推进农村物流高质量发展行动方案（2022—2025）》，将西江农场公司列入产地保鲜仓和移动冷库等项目配合单位。

西江农场公司抓"项目为王"，探索城乡服务业与一流食品企业的融合，建设、谋划一批项目。

西江商业服务中心：该项目总投资估算3958.35万元。一期工程建设四周的商业商铺和东北面的酒店及商场，包括6栋商业楼和1栋酒店及裙楼商场，总建筑面积13351.45平方米，其中酒店6008.50平方米，商场2511平方米，配套商业4831.95平方米，同时配套建设商业配套用房180平方米，地面停车位200个，以及配套的绿化、给排水、配电、广场等配套设施。该项目于2022年8月31日开工，2022年完成项目投资1767万元。

农垦文创小镇项目：该项目地块位于贵港市仙衣路与新华路交会处西南角（现新华农贸市场）。文创小镇商业区占地面积15816.252平方米（约23.724亩），总建筑面积17244.45平方米，计容建筑面积17244.05平方米。主要建设以下项目。①新建一栋地上8层商业综合体，占地面积约1487.8平方米，总面积8456.05平方米。②拆除旧钢棚8000平方米。③新建商业商铺（含商铺、酒吧），总占地面积4360.97平方米，计容总建筑面积8788.4平方米。生态休闲区占地面积16461.13平方米（约24.69亩）；新建一座具备露营、休憩、娱乐等多功能生态城市露营基地，包括露营区、儿童游乐区、公厕等。

配套建设道路、给排水、供电、消防、绿化等配套设施。该项目已向农垦集团报审，截至2022年底，未获得审批。

广西农垦西江农场五分场大棚种植蔬菜项目：该项目总用地面积1200亩，大棚蔬菜种植区1100亩，其中一期占地面积100亩，二期占地面积500亩，三期占地面积500亩，共建设轻钢结构温室大棚约458栋，单栋跨度为8米×40米，连栋大棚跨度为40米×40米，柱高4.7米。其他100亩主要用于建设道路、排水沟渠、翻新加工区综合用房、蓄水池等。配套建设道路工程、给排水工程、供配电工程等设施。截至2022年底，该项目处于编制项目建议书阶段。

广西农垦·西江食品仓储物流园项目：该项目位于贵港市港南区南环路与同济大道交汇处东北角，项目用地面积262亩，建筑面积约96000平方米，总投资约3.6亿元（含土地费用1亿元）。该物流园项目规划以物流、分拨、冷链、配送、仓储等功能为基本功能，以管理、信息、咨询、商务、商业、展示为辅助功能，集中发挥集聚效益、规模效应。除物流外，规划增加三种不同业态，分别为风情商业街、酒店、办公；沿主要街道打造岭南风情特色商业街，提升片区活力、聚集人气；同时规划一定比例的酒店、办公等业态作为补充为片区提升助力。截至2022年底，该项目处于编制概念性设计阶段。

第五章　企业管理

第一节　人事劳动管理

一、管理体制

西江农场建场初期，遵循农垦的管理体制，实行场长负责制。从 1957 年起，实行党委集体领导下的场长分工负责制。1966 年"文化大革命"开始后原有的企业领导体制被迫中断。"文化大革命"结束后，1979 年恢复党委领导下的场长分工负责制的管理体制。1986 年，根据自治区农垦局指示，农场全面推行场长负责制。从 1988 年起，进而执行场长任期目标责任制，每一届任期 3 年。第一轮任期 1990 年结束后，1991 年接着实施第二轮场长任期目标责任制，至 1993 年结束，就不再推行这一体制了。随着市场经济体制的逐步发展和改革的深化，农场推行的企业管理体制，进一步适应了经营管理的需要，在企业制度建设上得到了进一步的充实完善。

2008 年，西江农场集结印行的《广西农垦国有西江农场制度建设》汇编，在深层次上对农场的管理机制从六个方面进行规范：决策层的制度职责；人力资源的管理办法和职责；财务管理的制度和审计制度；生产管理制度和土地承包管理；行政管理制度；其他方面管理制度。

①决策层方面共订立五项制度规定。场级领导岗位职责；会议制度；议事规则；场级领导工作制度；场级领导考核制度和绩效奖惩制度以及各制度工作流程和工作表格制度。

②人力资源方面共订立十项规定。各部门、分场工作职责及各岗位职责；干部目标管理考核办法；管理人员薪酬奖惩制度；专业技术人员聘用管理办法；员工招聘管理办法；员工解聘与辞职管理办法；员工学习培训管理办法；员工劳动合同管理办法；员工福利管理办法；干部请假制度。

③财务管理方面共订立十四项规定。财务内部管理办法；投资管理办法；现金收支管理办法；固定资产管理办法；资产处置管理办法；资金预算管理制度；成本核算管理制度；借款和各项费用开支标准及审批制度；内部审计工作制度；会计管理制度；财务分析报告制度；银行存款管理办法；备用金管理办法；票据及印签管理办法。

④生产管理方面共订立九项规定。安全生产管理制度；作物生产管理制度；作物病虫鼠草害防治管理制度；生产物资供应管理制度；农业技术服务管理制度；甘蔗砍运管理制度；农工承包管理制度；农工收费管理制度；土地承包合同管理制度。

⑤行政管理方面共订立十四项规定。行政办公规范管理制度；办公室设备管理制度；办公设备及用品采购管理制度；会议管理制度；档案管理制度；重要文件保管处理制度；收发文件管理制度；印章使用管理制度；行政办公费用管理制度；接待及接待费用管理制度；清洁卫生管理办法；小车使用管理制度；管理人员出差及旅差费报销管理办法；住房管理办法。

⑥其他管理方面共订立五项规定。土地资源管理制度；产品销售管理制度；场部小城镇规划建设管理办法；农场二、三产业管理制度；招商引资及项目管理制度。

2019年，西江农场公司集结印行的《广西农垦西江农场有限公司2019年管理文件》汇编，在深化改革的管理机制从五个方面进行规范：决策类的议事规则；综合类的实施办法和管理制度；生产经营的管理办法和安全生产管理制度；人力资源的考核制度；财务管理的制度和审计制度。

①决策类方面共订立四项规定。党委会议事规则；董事会议事规则；"三重一大"决策制度实施细则（试行）；纪委会议事规则。

②综合类方面共订立四项规定。西江农场公司机关组织架构设置及下属单位优化重组方案；全面预算管理实施办法（试行）；管理文件管理制度；综合计划管理制度（试行）。

③生产经营管理方面共订立四项规定。项目投资管理办法（试行）；合同签订流程及管理办法；安全生产隐患排查治理工作制度；安全生产管理制度。

④人力资源管理方面共订立一项规定。绩效考核办法（试行）。

⑤财务管理方面共订立九项规定。财务管理制度（试行）；财务印章和票据管理办法（试行）；差旅费管理办法（修订试行）；会计档案管理办法（试行）；网上银行管理办法（试行）；财务内部牵制管理办法（试行）；公务借款管理办法（试行）；财务检查制度；内部审计制度。

2020年，西江农场公司继续补充完善各项规章制度，出台的管理文件合计10项，从两个方面进行规范：一是修订人力资源绩效考核制度；二是完善生产经营管理类制度。

①人力资源管理方面共订立一项规定。绩效考核办法（2020年修订版）。

②生产经营管理方面共订立九项规定。物业管理系统收费管理办法（试行）；土地管理办法（试行）；固定资产管理办法（试行）；内部控制监督检查管理办法；企业风险管理办法；合同管理办法（试行）；房屋管理办法（试行）；招标管理办法（试行）；工程建设管理办法（试行）。

2021 年，为了落实广西农垦集团国企改革三年行动，西江农场公司在决策类、党建纪检类、人力资源管理类、财务管理类、生产经营管理类五方面继续出台了一批管理制度。

①决策类方面共订立十项规定。党委会前置研究重大经营管理事项清单；党委会议事规则（试行）；党委会议事决策事项清单（试行）；董事会议事规则；董事会提名委员会议事规则（试行）；董事会薪酬与考核委员会董事会议事规则（试行）；董事会审计与风险委员会董事会提名委员会议事规则（试行）；战略规划与投资委员会议事规则（试行）；总经理办公会议事规则（试行）；董事会向经理层授权决策议事清单（试行）。

②党建、纪检方面共订立三项规定。网络意识形态工作责任制实施办法；整改事项挂号督办管理办法（试行）；新媒体平台管理办法。

③人力资源管理方面共订立一项规定。绩效考核办法（2021 年修订版）。

④财务管理方面共订立二项规定。差旅费管理办法（试行）；业务接待管理办法（试行）。

⑤生产经营管理方面共订立四项规定。混合所有制企业股权代表管理暂行办法；混合所有制企业首席国有股权代表报告制度；信息公开管理办法；建设项目土地征收安置及奖励办法。

2022 年，西江农场公司不断修订和完善规章制度，在公司治理类、纪检类、人力资源管理类、生产经营管理类共四方面出台管理文件合计 17 项。

①公司治理类方面共订立二项规定。董事会向经理层授权工作管理办法（试行）；监管提示工作规则（试行）。

②纪检类方面共订立二项规定。监管约谈和通报工作规则（试行）；员工违纪违规行为处理办法（试行）。

③人力资源管理类方面共订立五项规定。中层管理人员选拔任用管理办法（试行）；员工劳动合同管理制度；员工招聘管理办法（试行）；员工请假报告制度（试行）；薪酬管理办法（试行）。

④生产经营管理类方面共订立十一项规定。试运行安全生产标准化体系管理制度；经营管理工作制度（试行）；固定资产管理办法（2022 年修订版）；安全生产重大隐患治理"双报告"制度（试行）；土地经营管理办法实施细则（试行）；2022—2023 年甘蔗榨季管理办法；食品安全管理制度（试行）；食品安全监督检查管理制度（试行）；委托生产食品安全管理制度（试行）；突发食品安全事件应急预案（试行）；投资管理办法及投资负面清单（2022 年修订版）。

二、职工管理

西江农场的职工管理工作，主要由党委办公室负责干部的管理和各项人事工作；由劳资科负责工农业生产工人的管理和为职工定薪酬。农场企业改革以前，还要由职能部门制定劳动定额和编制长、短期生产计划等 。深化企业改革以后 ，农场的职工管理工作，形成了制度化和规范化，制订了干部目标管理考核办法、专业技术人员聘用管理办法、员工招聘管理办法、员工解聘与辞职管理办法、员工学习培训管理办法、员工劳动合同管理办法等一系列的职工管理制度和实施办法。

2019 年 1 月，西江农场完成公司化改制后，由党群工作部负责管理人员的管理和各项人事工作，由经营管理部负责工人的管理、制定员工薪酬及签订劳动合同。2022 年 8 月，根据公司机构职能编制调整方案，设置人力资源部，负责干部选拔任用、干部监督和干部教育培训工作；负责公司人力资源规划、员工招聘与培训、绩效考核、薪酬管理、劳动合同管理、五险二金、职称评定、退休管理等相关人力资源管理工作；负责公司企业法人治理管理系列工作。制定了《广西农垦西江农场有限公司 2021 年管理人员竞争上岗工作实施方案》《广西农垦西江农场有限公司员工劳动合同管理制度》《广西农垦西江农场有限公司中层管理人员选拔任用管理办法（试行)》《广西农垦西江农场有限公司员工招聘管理办法（试行)》《广西农垦西江农场有限公司员工请假报告制度（试行)》《广西农垦西江农场有限公司薪酬管理办法（2022 年修订版)》《广西农垦西江农场有限公司员工违纪违规行为处理办法（试行)》等管理制度和实施办法，保障公司人力资源工作制度化、规范化开展。

三、劳动就业管理

1. 劳动力安排   建场初期至 20 世纪 80 年代末，西江农场劳动就业主要来源有 4 个方面：一是从广西各地招收进场的工人，累计 4708 人；二是从广西农垦系统调入的职工，共计 256 人；三是自然增长劳动力安排在农场就业的，合计 3935 人；四是并场社队调入职工队伍的劳动力，共 461 人。其间，从西江农场调出到广西农垦系统各场各单位的职工，累计 1957 人。

西江农场管理体制和经济体制的改革以及经营机制的变革，尤其兴办职工家庭农场以后，劳动就业多元化，已不存在自然增长现象。自 1989 年以来，按规定各用人单位需要增加劳动力的，必须报计划给劳资部门，通过招工、招聘来解决。根据各单位用人计划已办理了手续的，历年招工情况如下。

1989 年，场属单位招工 304 人；当年农场造纸厂落成，又招收新工人 70 人，全年共招工 374 人。

1990 年，全场共招收新工人 108 人。

1992 年，场属单位招工 167 人；当年农场新建复合肥厂落成又招收新工人 140 人，全年共招工 307 人。

1993 年，全场招收新工人 111 人。

1994 年，全场招收新工人 36 人。

1996 年，全场招收新工人 44 人。

2000—2011 年，场属各单位招收合同制员工共 126 人。

2012 年，全场招收新员工 66 人。

2013 年，全场招收新员工 65 人。

2014 年，全场招收新员工 121 人。

2015 年，全场招收新员工 31 人。

2016 年，全场招收新员工 25 人。

2017 年，全场招收新员工 10 人。

2018 年，全场招收新员工 11 人。

2019 年，西江农场公司招收新员工 11 人。

2020 年，西江农场公司招收新员工 7 人。

2021 年，西江农场公司招收新员工 12 人。

2022 年，西江农场公司招收新员工 7 人。

至此，西江农场从 1989 年到 2022 年的 34 年间，招工总额 1472 人，平均每年新增各类员工 43 人。

2. 就业管理　西江农场兴办职工家庭农场、经营机制进行改革后，劳动就业形成了多渠道、多层面的格局。为适应新时期劳动就业的需要，西江农场制订一系列的劳动管理制度和实施办法。这些管理制度和实施办法包括《专业技术人员聘用管理办法》《员工招聘管理办法》《员工解聘与辞职管理办法》《员工学习培训管理办法》《员工劳动合同管理办法》等，形成了西江农场就业管理的完整体系。在农场多年劳动就业管理实际工作中，这些规章制度得到了贯彻落实。

根据劳动就业管理方案有关规定，西江农场从 1996 年 6 月开始实行劳动合同制，在职职工与农场签订劳动合同，本着双方平等自愿、协商一致的原则，明确双方的权利和义务。当年，与农场签订劳动合同的在职职工 3171 人，双方确定了劳动关系。

为使劳动管理进入规范化、条理化，西江农场在做好职工思想品德、职业道德、遵纪守法和安全生产教育的同时，切实做好定编、定员、定岗管理工作，做到择优上岗，优化组合，实现劳动力资源的优化配置。

西江农场根据《劳动法》规定，场属各用人单位和劳动者依法履行参加社会保险，照章缴纳社会保险费。

劳动就业管理密切配合企业改制和各种改革措施，做好场办小工厂改制下岗职工就业安置工作。1998年2月，西江农场成立安置工作领导小组，制定下岗职工到分场承包的优惠方案：发放4个月生活费，每月200元；预借半年生活费；垫支一部分生产费用。1998年及1999年农场安置到分场承包岗位的下岗职工197人。

2006年5月，西江农场在加强劳动就业管理过程中，进一步明确了非职工身份人员耕种农场土地的劳动关系，以规范西江农场土地管理工作，对非职工身份的人员耕种农场的土地，实行签订土地租赁经营合同措施，当年签订此项合同的人员786人，涉及种植土地面积1.5万亩。

劳动管理随着经济体制改革的深入发展，就业管理又开辟了新途径。2001年，西江农场与一部分在"五小工业"改制中下岗的职工，签订了"自谋职业"协议书，进一步放开和疏通劳动就业渠道。

2010年5月，农场与失地职工订立了《西江农场关于建设项目用地涉及青苗等补偿及失地职工家属安置试行办法》，根据文件规定精神，农场安排失地人员到环卫、绿化、保安、蔬菜种植等岗位就业。对失地男性职工年满55周岁、女性职工年满45周岁的，每月发放生活费500元，直至退休。截至2013年6月，全场有17人按月享受领取生活费的待遇。

2013年8月，农场重新修订了《项目用地青苗补偿试行办法》《失地人员安置试行办法》，根据文件规定精神，西江农场失地职工愿意异地承包土地的，农场可尽量安排其在相邻的分场承包；对失地自谋职业的职工，男性职工年满55周岁、女性职工年满45周岁，每月发放生活费800元，直至退休，全场共有105人按月享受领取生活费的待遇。

农场订立的《失地人员安置试行办法》对征地工作起到一定的促进作用，但在其实施过程中发现存在一些问题，已不适应当前形势的发展，西江农场于2015年7月8日废止《失地人员安置试行办法》。

3. 工资管理　西江农场从建场初期实行薪金制（一部分人实行供给制），至1956年实行等级工资制。1957年推行计件工资，1958年又恢复等级工资，至1978年实行等级工资加奖励的工资制度。1984年，农场种植业与养殖业的单位，实行大包干，专业承包到户、到人的计酬办法。1986 年，兴办职工家庭农场后，农牧业、工副业单位职工的收入，根据其生产经营的经济效益而定。

1989—1998 年，根据上级文件规定，西江农场按职工的工资等级，共进行 9 次工资升级、调整和套改。

根据桂工改〔1988〕12 号文件指示精神，西江农场 1989 年 1 月实行职工工资升级，升级人数 4302 人，人均月增资 6.5 元。

根据桂工改字〔1990〕2 号文件规定，西江农场 1990 年 10 月全面调整职工工资，调整人数 4177 人，经调整后，人均每月增加工资 6.5 元。

1990 年，根据桂工改〔1990〕75 号文件规定，西江农场 1990 年 11 月调整一部分职工工资，调整人数 1278 人，人均月增资 7.8 元。

根据垦劳字〔1992〕41 号文件规定，1992 年 6 月，西江农场实施职工效益工资调整升级，调整人数 3977 人，人均月增资 8.2 元。

1992 年末，根据桂劳薪字〔1992〕4 号文规定，办理职工延伸工资标准，1992 年 12 月，西江农场由六类工资区四序号，延伸为六类工资区六序号。

根据浮动工资转固定工资实施办法规定精神，西江农场于 1993 年 5 月实行职工浮动工资转固定工资调整，调整人数 3109 人，经调整后，人均月增资 15.5 元。

根据桂政办〔1994〕83 号文规定，西江农场职工从 1994 年 1 月起进行工资套改，参加套改人数 3304 人，套改后人均月增资 68 元。

根据 1994 年 9 月 23 日农垦工资会议要求，西江农场从 1994 年 1 月起，进行职工工资调整升级，升级人数 3304 人，人均月增资 7.2 元。

1998 年，根据自治区农垦局有关通知，西江农场从 1998 年 8 月起，实施职工效益工资升级，升级人数 2983 人，人均月增资 16.8 元。

1999 年以后，国家不再统一布置调整工资，分配制度交由企业根据国家有关规定自定。西江农场遵照场职工代表大会通过的经营管理方案规定精神，全场实行联产工资、计件工资、岗位工资 3 种分配形式。联产工资和计件工资，企业完全保证其劳动所得，岗位工资由基础工资、年工资、岗位技能工资和效益工资构成。

2019 年西江农场公司化改制后，公司工资实行基础工资、岗位工资、年工龄补贴、职称补贴和绩效工资制度。2020 年调整为基本年薪、工龄工资、绩效年薪和贡献奖励。

四、安全生产管理

西江农场把安全生产工作放在经济工作的突出位置，坚持执行"安全第一，预防为主"

的方针，在生产管理层面上，订立了安全生产管理的多项措施，在全场范围内贯彻落实。

西江农场制订的《西江农场安全生产管理制度》，旨在加强职工在生产建设过程的安全保障，管理制度订立了九项规定：将安全生产纳入企业管理目标，建立、健全安全生产责任制和各项规章制度及防范预案；建立组织机构，落实领导责任，各单位一把手是对安全生产工作负全面领导责任的责任人；经常组织安全生产大检查，按制度和预案要求查找安全生产中的漏洞和薄弱环节，及时消除事故隐患；提高全员安全生产法律意识，教育广大干部职工增强自我保护意识和能力，形成大家关心安全、大家抓安全的良好局面；各大重点场所配备各种安全装置、防护器具、消防器材等，对过期或损坏的应及时进行更换；机动车辆司机要认真学习交通法规，遵守交通规则，严禁酒后开车，确保行车安全；保安员责任重大，工作要严肃认真，工作时间不得擅自离岗；做好每年汛期防洪堤及涵闸安全检查，确保安全度汛；实行养殖户动态管理，严格疫情防治制度，做好禽畜重大疫情防控工作；安全生产常抓不懈，抓好防台风、防火、防雷击、防中毒、防交通事故和防危房倒塌等重大事故工作，确保人民群众生命财产安全。

2019年，西江农场公司修订的《广西农垦西江农场有限公司安全生产管理制度》，旨在加强职工在生产建设过程的安全保障，制度的主要内容包括以下几项。①总则。安全生产工作应当以人为本，坚持安全发展，坚持安全第一、预防为主、综合治理的方针，强化和落实企业主体责任。二级公司、农业分场（以下简称各单位）和机关各部室主要负责人对本单位、部室的安全生产工作全面负责。②机构与职责。公司成立安全生产委员会，组长由公司总经理担任，副组长由分管安全生产的公司副职领导担任，成员由公司其他领导、机关各部室负责人组成，总体组织领导全公司的安全生产管理工作；下设安全生产委员会办公室，负责公司安全生产的日常管理事务，下属各单位相应成立本单位安全生产工作领导小组。③安全生产隐患排查治理。公司采用安委会（或安委办）抽查、督查，各单位自查自纠的方式，定期或不定期开展安全生产隐患排查治理工作，实行自查自纠自报和排查、登记、治理、监督、评估、销号等隐患排查治理全过程闭环管理。④教育与培训。公司各单位要充分利用板报、横幅、广播、微信短信等方式开展安全生产宣传教育工作，加强消防用电、食品安全、疾病预防等安全知识和逃生自救常识的宣传，提高广大职工安全防范意识和事故应急处置能力；根据相关部署要求积极开展消防、防汛、防震、防群体性事故等应急演练，不断提高事故应急处置能力。⑤值班值守和事故报告。强化安全生产责任落实，加强安全生产值班值守和应急管理，严格执行领导干部到岗带班、关键岗位24小时值班制度和事故信息报告制度，确保一旦发生事故或紧急情况能立即启动应急响应，及时采取有效措施妥善应对和处置。

安全生产问题已日益引起西江农场领导及各单位各部门重视，经常督促检查《西江农场安全生产管理制度》各项规定的落实情况，每次发生事故，都坚持按照"三不放过"的原则，要求大家引以为戒。2010年后，事故逐步减少，基本没有发生过重大安全生产事故。

近年来，西江农场公司以"党政同责、一岗双责"和"三管三必须"为工作原则，围绕"五落实，五到位"有关要求，严格落实国务院安全生产十五条硬措施和自治区20条细化措施，切实把安全责任落实到生产经营全过程。每年以各单位安全生产重点工作为检查内容，除了每季度组织开展一次安全生产大检查外，还结合工作实际开展防汛备汛专项检查、集团安全生产交叉检查等，每年6月围绕"安全生产月"主题，加大安全生产宣传力度，组织开展安全培训学习、消防应急安全演练等各类活动，提高公司全员安全意识。

第二节　土地资源管理

一、依法管理国有土地

西江农场建场初期，1956年根据广西省农业厅土地利用局测量，农场土地总面积161955亩，后来由于国家建设需要，征用一部分土地，农场自身开发利用一部分土地，同时农场转让一部分土地，几十年来的变迁，至2022年，全场共有土地88035.02亩。

建场以来，西江农场几代人在这片土地上开发生产，春种秋收，休养生息。历届的农场党政领导都十分珍惜这里的每一寸土地，尽心尽力管护好这片土地。2004年8月，场部成立土地管理科，2008年10月成立土地管理保卫部，代替原来的土地管理科，旨在加强土地资源的管理。2019年1月，西江农场公司化改制，设立土地管理部。2022年8月，根据西江农场公司本部机构职能编制调整方案，撤销原土地管理部，设立土地管理中心，作为二层机构归口经营管理部管理，独立开展业务，负责农场公司土地资源管理工作。

西江农场坚定不移依照国家土地法律、法规管理国有土地，贯彻执行广西农垦局颁布的土地管理办法、规定、监管制度。广西农垦局、广西农垦集团公司对农场土地资源的管理办法，主要有如下制度和规定：《广西农垦集团有限责任公司土地经营管理办法》《关于完善土地承包经营责任制的若干意见》《广西农垦集团有限责任公司建设用地管理暂行办法（草案）》《广西农垦集团有限责任公司行政划拨土地使用权抵押管理暂行规定（试行）》《广西农垦局、广西农垦集团有限责任公司国有土地使用权处置管理办法》《广西农垦集团有限责任公司国有土地监管办法（草案）》《广西农垦集团有限责任公司国有土地经营管理办法（试行）》。西江农场为使土地管理的各项规定充分落实，在各年度编制的经营管理实施办法中，都载明土地的监管制度，每年的经营管理方案经职代会审议通过后得到认真执行。2010 年 5 月，农场颁布了《西江农场关于建设项目用地涉及青苗等补偿及失地职工家属安置试行办法》。2020 年 10 月，西江农场公司颁布了《广西农垦西江农场有限公司土地管理办法（试行）》。2022 年 10 月，西江农场公司颁布了《广西农垦西江农场有限公司土地经营管理办法实施细则（试行）》。

二、国家征用土地

国家在发展经济建设、民生以及交通、教育、卫生事业过程中，曾在西江农场征用一部分国有土地（表 5-1）。据调查统计，从 1987 年 12 月至 2022 年 12 月国家相关建设项目和政府有关部门等分别在西江农场的一、二、三、四、六、七、八、九、十、十一分场以及林艺分场、前进分场、场部 13 个单位征用了土地，建设的项目有铁路、公路、政府机关、学校、卫生部门、垃圾场、车站、廉租房、商住小区等共 312 个项目，共征用土地面积 37220.55 亩。

表 5-1 西江农场被征用土地一览表

序号	时间	地点	项目名称	面积（亩）
1	1987. 12	一分场	市龙床井水厂	20.697
2	1992. 8	七分场	南梧公路贵港收费站	50
3	1994	四分场	贵糖水泥厂	696.55
4	1994. 12	一分场	马草江以东政府用地	304.023
5	1995.1	一分场	三八路延长线用地	36.53
6	1995. 12	一分场	贵港市土地监察大队	42.47
7	1996. 3	一分场	贵港市微波站	31.77
8	1998. 3	二、九分场	市西环南环路	570
9	1998.9	一分场	市客运西站用地	33.055
10	1998. 12	四分场	龙床井水厂扩建	106.3
11	2000. 12	二分场	友谊泵站	27
12	2001	二分场	高速路贵港联线	244.896
13	2002	七分场	市垃圾场（一期）	206.2
14	2002. 12	七分场	市垃圾场（二期）	179.615
15	2002. 12	九分场	市看守所	206.867
16	2003. 7. 1	一分场	市公安局狮子岭派出所	8
17	2003.8	一分场	中大市场用地	42.532
18	2003. 8. 18	一分场	2001 年第三批次贵港市信用联社、贵城信用社	37.88
19	2003. 8. 18	一分场	2002 年第二批次市供水公司、港宁花园	52.208
20	2003. 8. 26	一分场	2002 年第三批次市农贸市场	42.532

（续）

序号	时间	地点	项目名称	面积（亩）
21	2003.9.8	八分场	市鸿星机电公司	30
22	2003.11.7	一分场	2002年第三批次贵建房地产公司	11.378
23	2003	八分场	市北环路	258.162
24	2003.11.7	一分场	2003年第一批次市质量技术监督局	10
25	2003	一、八分场	市垃圾场道路、2003年第三批次国旺房地产	96.939
26	2004	一分场	2003年第八批次市药品监督局	11.172
27	2004	一分场	2003年第九批次港北行政中心	359.582
28	2004.2	七分场	垃圾场进场道路、国旺公司用地	96.939
29	2004.4	一分场	民生学校用地	80.392
30	2004.9.29	十一分场	市达开高中	20.94
31	2004.11	林艺、二、四分场	市城西大道用地	556.935
32	2004.12.16	一分场	2003年第五批次市金港大道扩建	18.015
33	2005.6.30	林艺分场	贵港市兴利达饲料有限公司	12.18
34	2005.7.18	一分场	市荷城建设投资公司	28.496
35	2006	一分场	2005年第七批次港北武装部	19.389
36	2006	一分场	2006年第一批次马草江公园商住小区	128.258
37	2007	林艺分场	贵港市仙衣路拓宽工程（市迎宾大道）	556.935
38	2007	一分场	2006年第三批次港北水利局	11.947
39	2007	一分场	2006年第三批次天隆宾馆	52.85
40	2007	一分场	2006年第七批次东一区职工安置	73.096
41	2007	一分场	2006年第二批次港北土地分局	11.152
42	2007	一分场	2006年第二批次港北建设局	29
43	2007.3	一分场	市港北区国土局、建设局项目用地	40.152
44	2008	一分场	2007年第二批次马草江公园	392.14
45	2008	林艺分场	2007年第二批次市血站	37.779
46	2008	一分场	2007年第三批次港北行政中心南	135.582
47	2008	林艺分场	2007年第十一批次西林宛	53.405
48	2008	林艺分场	2007年第十批次西江农副产品批发市场	110.95
49	2008	一分场	2008年第二批次东港地块（原西江家具城）	79.095
50	2008	一分场	2008年第二批次马草江垃圾中转站	7.332
51	2008	一分场	2008年第二批次港北区林业局	8.549
52	2008	九分场	2007年第四批次天骄标准厂房	255.593
53	2008	七分场	2007年第二批次景泰物流	295.674
54	2009	场部、七分场	南广高速铁路（线内）	186.468
55	2009	七、八分场	南广高速铁路（通信基站、紧急疏散通道、电杆改移）	18.217
56	2009	七、八分场	南广高速铁路（占种）	28.858

（续）

序号	时间	地点	项目名称	面积（亩）
57	2009	十一分场	贵港市廉租住房	72.685
58	2009	一分场	2009年第一批次供水公司	34.031
59	2009	一分场	中心城区新区三路	8.321
60	2009	一分场	2009年第三批次市中心城区城二路	7.253
61	2009	林艺分场	2009年第四批次迎宾路新力、建设加油站	12.6
62	2009	一分场	建设路西延段（仙衣路至迎宾大道）	10.716
63	2009	十一分场	2009年第二批次鲤鱼江标准厂房（泰盛一期、旭源、天福茶叶、雄达米业）	318.114
64	2010	八分场	贵梧高速公路	227.562
65	2010	八分场	贵梧高速公路（漏计）	2.766
66	2010	八分场	贵梧高速公路（占种）	2.595
67	2010	十一分场	市经济适用房（一种）	149.128
68	2010	一分场	2009年第十五批次郁江医院	0.904
69	2010	九分场	2009年第三批次市江南污水处理厂	2.706
70	2010	十一分场	2009年第十批次丰收肥业、太阳能电池、鸿丰精米厂	158.82
71	2011	林艺分场	2010年第二批次市卫生学校	105.33
72	2011	一分场	2011年第四批次广西贵港农垦新城	175.73
73	2011	林艺分场	2011年第四批次贵港市西江机动车辆专业市场	210.359
74	2011	十一分场	2010年第十六批次市丰收厂加油站	10.308
75	2011	七分场	市殡仪馆新馆	66.682
76	2011	一分场	2011年第五批次市福田小区	23.738
77	2011	七分场	2011年第三批次镇必竹桥加油站	8.916
78	2012	八分场	2011年第七批次乡村城东液化气储配站	27.242
79	2012	一分场	2011年第十一批次贵港市绿都小区	14.685
80	2012	一分场	2011年第十八批次钓鱼台皇家花园商住小区	4.49
81	2012	场部	2011年第二十三批次西江农场东五区仓储	33.21
82	2012	十一分场	2011年第十六批次（16-1地块）皮革环保工业城一期基础设施	230.517
83	2012	十一分场	2011年第十六批次（16-2地块）史丹利二期	81.443
84	2012	九分场	2012年第二批次羽绒加工区基础设施	115.186
85	2012	七分场	2011年第十九批次新大洲线缆	78.496
86	2012	十一分场	2011年第二十二批次（22-1地块）贝龙儿	59.976
87	2012	十一分场	2011年第二十二批次（22-2地块）泰盛二期	74.9
88	2012	十一分场	2012年第三批次港北区公租房	30.656
89	2012.06	九分场	贵港市江南工业园项目	311.9595
90	2013	八分场	贵钢年产200万吨钢材综合配套生产能力技改扩建	373.881
91	2013	一分场	2012年第五批次欣欣幼儿园	2.713
92	2013	十一分场	2012年第六批次西江农场危房改造	91.892

（续）

序号	时间	地点	项目名称	面积（亩）
93	2013	林艺分场	2012 年第二十批次桃花源水岸商住小区	150.933
94	2013	十一分场	2012 年第二十批次西江产业园区商住小区	137.238
95	2013	二分场	2012 年第二十一批次碧桂园商住小区	591.404
96	2013	林艺分场	2012 年第二十八批次桂地花园商住小区	218.702
97	2013	二分场	2012 年第二十八批次桂地绿景商住小区	222.987
98	2013	十一分场	2012 年第二十五批次（25-1 地块）漓源饲料	57.72
99	2013	九分场	2012 年第二十五批次（25-2 地块）享利来羽绒厂	20.906
100	2013	十一分场	2012 年第十批批次茂荣针织	246.374
101	2013	十一分场	2012 年第十一批批次 20 万标房	160.089
102	2013	十一分场	2012 年第三十批次（30-1 地块）金港不锈钢	12.337
103	2013	十一分场	2012 年第三十批次（30-2 地块）八达建材	12.338
104	2013	二分场	2012 年第三十三批次光亮铜杆	253.071
105	2013	十一分场	2012 年第二十三批次（23-1 地块）峡山制药	38.186
106	2013	十一分场	2012 年第二十三批次（23-2 地块）桂玉齿轮	11.957
107	2013	十一分场	2012 年第二十三批次（23-3 地块）长隆五金	12.195
108	2013	十一分场	2012 年第二十三批次（23-4 地块）东森电子	135.527
109	2013	十一分场	2012 年第二十三批次（23-5 地块）顺通机械	109.368
110	2013	一分场	贵港市达开路	21.764
111	2013	十一分场	西气东输二线贵港—玉林支线工程（港北段）	1.898
112	2013	九分场	2013 年第十批次年产炭黑、基础料 8 万吨再生能源	84.221
113	2013	九分场	2013 年第二十一批次（21-1 地块）港龙明珠标房	113.883
114	2013	九分场	2013 年第二十一批次（21-2 地块）顶一标房	61.403
115	2013	九分场	2013 年第二十一批次（21-3 地块）恒科标房	34.715
116	2013	九分场	2013 年第二十一批次（21-4 地块）裕成标房	62.882
117	2013	九分场	2012 年第三十六批次（36-1 地块）汇海羽绒	15.378
118	2013	九分场	2012 年第三十六批次（36-2 地块）一片药业	71.621
119	2013	九分场	2013 年第三十三批次（33-1 地块）鸿翔针织	40.017
120	2013	九分场	2013 年第三十三批次（33-2 地块）飞业建材	58.371
121	2013	九分场	2013 年第三十三批次（33-3 地块）德佳中天	100.268
122	2013	九分场	2013 年第十一批次（11-1 地块）德佳商住小区	63.759
123	2013	九分场	2013 年第十一批次（11-2 地块）德佳标准厂房	103.31
124	2013	九分场	2013 年第十六批次（16-1 地块）港龙裕成皮革	30.014
125	2013	九分场	2013 年第十六批次（16-2 地块）港龙源亿皮革	47.163
126	2013	九分场	2013 年第十三批次昌辉木业	154.806
127	2013	九分场	2013 年第三十二批次（32-1 地块）港龙裕成皮革二期	28.39
128	2013	九分场	2013 年第三十二批次（32-2 地块）港龙源亿皮革二期	29.849

（续）

序号	时间	地点	项目名称	面积（亩）
129	2013	九分场	2013年第九批次禽畜屠宰深加工	122.556
130	2013	九分场	2013年第十六批次（16-3地块）强盛羽绒一期	22.519
131	2013	七分场	贵港市动保药生产基地	13.251
132	2013	十一分场	2012年第二十四批次（24-1地块）森美浪皮具	28.474
133	2013	十一分场	2012年第二十四批次（24-2地块）林达木业	67.515
134	2013	十一分场	2012年第二十四批次（24-3地块）复合菱钱板	6.36
135	2013	十一分场	2012年第二十四批次（24-4地块）超强建材	49.566
136	2013	十一分场	2012年第二十四批次（24-5地块）华源投资5万标房	35.787
137	2013	十一分场	2012年第二十四批次（24-6地块）鸿海投资6万标房	38.021
138	2013	十一分场	2012年第七批次（7-1地块）神农药业	72.863
139	2013	十一分场	2012年第七批次（7-2地块）冠峰制药	151.05
140	2013	十一分场	2012年第七批次（7-3地块）国泰印刷	43.724
141	2013	十一分场	2012年第七批次（7-4地块）群星电缆	59.808
142	2013	十一分场	2013年第四十二批次通达物流	73.286
143	2013	七分场	贵港市中级人民法院法警训练基地	7.824
144	2013	九分场	2015年第十一批次（11-1地块）皮革城二期基础设施	221.494
145	2013	九分场	2015年第十批次港南区粮食储备中心库	26.343
146	2013	九分场	2015年第七批次（7-6地块）年产5000台（套）塑料机械设备（新蓝天机械）	79.836
147	2013	十一分场	2014年第一批次港北区小微企业一期	112.062
148	2013	十一分场	2015年第三批次森林木制品	28.502
149	2013	二分场	2015年第七批次（7-1地块）安南建材	30
150	2013	二分场	2015年第七批次（7-2地块）利和钢结构	30.977
151	2013	二分场	2015年第七批次（7-3地块）凯吉机械	24.032
152	2013	十一分场	2015年第七批次（7-4地块）荣华农机	28.147
153	2013	十一分场	2015年第七批次（7-5地块）辉煌皮具	28.474
154	2013	十一分场	2014年第三十一批次港北区小微企业二期	229.476
155	2013	十一分场	2015年第九批次西江农场人畜饮水工程	27.237
156	2013	十一分场	2015年第八批次（8-1地块）西一路东段工程	56.673
157	2013	九分场	2015年第一批次（1-1地块）年产1.8万套真皮家具（太平洋皮具二期）	72.168
158	2013	九分场	2015年第十五批次（15-2地块）中心城区江南工业园加油站	7.034
159	2013	九分场	2016年第三批次（3-1地块）年产20万套板式家具（鸿港木业）	50.616
160	2013	九分场	2016年第三批次（3-2、3-3、3-4地块）	43.421
161	2013	九分场	2016年第三批次（3-5、3-6地块）年加工水洗羽绒（毛片）3000吨及15万床羽绒被寝具（新东海羽绒）	31.518
162	2013	九分场	2016年第三批次（3-7地块）年产1470吨水洗羽绒、9800吨水洗毛片、	40.777
163	2013	九分场	2016年第三批次（3-8地块）农民工活动中心	14.768
164	2013	九分场	2013年第二十五批次（25-1地块）年产15万套板式家具（业成家具）	4.119

（续）

序号	时间	地点	项目名称	面积（亩）
165	2013	九分场	贵港市西江污水处理厂一期工程	15.285
166	2013	十一分场	2015 年第五批次（5-1 地块）桂南电力	59.074
167	2013	十一分场	2015 年第五批次（5-2 地块）桂南电力设备专业市场	71.901
168	2013	十一分场	2015 年第五批次（5-3 地块）广开电气	38.532
169	2013	十一分场	2015 年第五批次（5-4 地块）谊宾泰祥	56.966
170	2013	十一分场	2015 年第五批次（5-5 地块）汇雾汽配	83.637
171	2013	十一分场	2015 年第十四批次大将宏名中学	314.283
172	2013	二、十一分场	西江产业园（西区）一期基础设施工程（西七路）	138.683
173	2013	十一分场	2015 第十七批次（17-2 地块）19 万标房	98.402
174	2013	十一分场	2015 第十七批次（17-3 地块）炫美涂料	143.971
175	2013	十一分场	2015 第十七批次（17-4 地块）盛世玻璃钢系列制品	65.726
176	2013	九分场	2016 年第十批次（10-4 地块）浙商标准厂房	58.038
177	2013	九分场	2017 年第三批次（3-1 地块）年产 3.7 亿只电子产品（嘉龙海杰二期）	10.944
178	2013	九分场	2017 年第十批次（10-1 地块）年产 46 万套板式家具（思扬木业）	199.5
179	2013	九分场	2017 年第十批次（10-2 地块）年产 24 万	50
180	2013	九分场	2017 年第十批次（10-3 地块）年产 13 万立方米木地板基材（再生铅）	50
181	2013	九分场	2017 年第十七批次（17-3、4 地块）年产 17 万立方米多层实木	126.482
182	2013	九分场	2017 年第五批次（5-1 地块）年产 10 万套家具（伟创木业）	27.945
183	2013	九分场	2016 年第十批次（10-2 地块）年加工原料羽毛 2770 吨、年产 20 万床羽绒被寝具（强盛羽绒二期）	27.953
184	2013	三分场	2016 年第八批次（8-3 地块）凯兴电动车	40.024
185	2013	十一分场	2016 年第八批次（8-4 地块）宏兴汽车检测站	47.246
186	2013	十一分场	2016 年第八批次（8-8 地块）新华书店	33.619
187	2013	十一分场	2016 年第八批次（8-9 地块）桂南新源农机	26.188
188	2013	十一分场	2016 年第八批次（8-11 地块）中小企业总部基地 B 区	60.9
189	2013	十一分场	2016 年第八批次（8-12 地块）中小企业总部基地 C 区	57.947
190	2013	十一分场	2017 年第二批次（2-1 地块）桂升电力	26.633
191	2013	三分场	2017 年第二批次（2-5 地块）三雄机械	44.197
192	2013	三分场	2017 年第二批次（2-6 地块）西江机械	48.365
193	2013	二分场	2017 年第九批次（9-1 地块）安南建材二期	38.861
194	2013	九分场	2017 年第十八批次（18-1、2 地块）年产 18 万立方米梭木地板	348.894
195	2013	九分场	2017 年第十八批次（18-8 地块）年产 3000 吨蚕绒加工基地（东环置换地）	10.695
196	2013	九分场	2017 年第十八批次（18-9）年产 15 万套板式家具（兴泰木业）	11.168
197	2013	九分场	2018 年第四批次（4-3 地块）年产 19 万立方米多层家具板（海鸿木业）	47.94
198	2013	九分场	2017 年第二十批次（20-3 地块）年产 3 万平方米	0.401
199	2013	九分场	2017 年第十八批次（18-3 地块）年产 5 万平方米多层实木复合地板（豪邦木业）	68.489
200	2013	九分场	2017 年第十八批次（18-4 地块）年屠宰 8 万头生猪、2000 万只鸭及配套深加工（盈康食品）	37.487

（续）

序号	时间	地点	项目名称	面积（亩）
201	2013	九分场	2017 年第十八批次（18-5 地块）年产 10 万立方米家具胶合板（林和木业）	54.855
202	2013	九分场	2017 年第十八批次（18-6 地块）年产 12 万立方米三聚氧胶板（金瑞木业）	51.356
203	2013	九分场	2017 年第十八批次（18-7 地块）年产 80 万平方米多层实木复合地板（盛港木业）	56.132
204	2013	九分场	2017 年第二十批次（20-1 地块）年产 5 万立方米三聚氧胶板（中桥木业）	0.09
205	2013	九分场	2017 年第二十批次（20-6 地块）港南区液化石油储备站	4.257
206	2013	十一分场	2017 年第十四批次（14-2 地块）石药集团	145.838
207	2013	三分场	2018 年第二批次（2-1 地块）华盖公司	73.715
208	2013	三分场	2018 年第二批次（2-2 地块）泰亿诺公司	36.637
209	2013	十一分场	2018 年第三批次（3-3 地块）西六路（狮岭西路至西七路段）	12.077
210	2013	十一分场	2018 年第三批次（3-10 地块）年产 28 万件五金塑胶（佳利五金）	17.888
211	2013	九分场	2018 年第五批次（5-2、3、4 地块）贵港市产业园区新农村（一期）江南工业园区基础设施项目（城东大道、城南大道）	101.419
212	2013	十一分场	2018 年第十二批次（12-2 地块）110 千伏银河送变电工程项目（市供电局）	9.753
213	2013	九分场	年产 24 万立方米多层实木贴面生态板（康华木业、加大饲料）	79.116
214	2013	九分场	年产 17 万立方米多层实木复合地板（玖富木业、东达机械、蓝胜木业、领航木业）二期	164.747
215	2013	九分场	年产 46 万套板式家具（卓敏骏马木业二期）	58.121
216	2013	九分场	年产 45 万套板式家具 A、B 区（业炬木业、恒盛木业、宇帆木业）	176.008
217	2013	九分场	年产 19 万立方米多层家具板 A、B 区（宇帆木业、汇森木业、丰华饲料、欣美瑞纸业）	385.115
218	2013	二、三、十一分场	西江产业园预征地	1244.821
219	2013	九分场	江南工业园预征地	1196.638
220	2016	十一分场	2015 年第十二批次港北区小微企业创业基地标准厂房三期含贝丰国际（三期）	223
221	2016	二分场	2017 年第一批次城市广西园林园艺博览会园区（贵港）	932.598
222	2016	二分场	2017 年第十四批次城市江南大道	61.5
223	2017	七分场	农产品加工冷链一体化	80.442
224	2017	十一分场	2018 年第一批次年产 350 万樘防火门、智能门（和乐门业）	262.32
225	2017	十一分场	2017 年第二批次（2-2 地块）年产 15000 吨环保塑料软包装（汇源软包装）	50.028
226	2017	二分场	2017 年第十一批次中国—东盟新能源电动车基地	498.111
227	2017	十一分场	2016 年第八批次（8-10 地块）年产 6 万立方米复合菱钱板及 6000 吨环保涂料项目（二期）	24.405
228	2017	九分场	2016 年第十批次（10-3 地块）年产 25 万套板式家具（德林木业、中电国际）	105
229	2017	九分场	2017 年第五批次（5-2 地块）年产 3.7 亿只电子产品（嘉龙海杰一期）	26.862
230	2017	九分场	2017 年第十七批次（17-1、2 地块）年产 24 万立方米多层实木贴面生态板（康华木业、和谐羽绒）	114.215
231	2017	九分场	2017 年第十七批次（17-5 地块）年产 46 万套板式家具（卓敏骏马木业）	77.952
232	2017	四分场	贵港市西江职业教育园区建设项目（一期、二期）	5286.18

（续）

序号	时间	地点	项目名称	面积（亩）
233	2017	九分场、	南山片区水环境综合整治工程	218.145
234	2017	二、四、十分场	贵港城区至兴六高速贵港出入口一级连线	500
235	2017	二分场	2012 年第二十二批次桂东南汽车博览中心	452.55
236	2017	林艺分场	2016 年第七批次贵港市城西商住小区 C 区	51.078
237	2017	十一分场	2016 年第七批次丽景园	40.89
238	2017	十一分场	2016 年第八批次（8-5 地块）手机充电器生产 A 区	55.317
239	2017	十一分场	2016 年第八批次（8-6 地块）手机充电器生产 B 区	17.975
240	2017	十一分场	2016 年第八批次（8-7 地块）手机充电器生产 C 区	1.436
241	2018	七分场	2018 年第二批次（2-1 地块）（2-2 地块）肉联厂及冷链物流配送	252.092
242	2018	十一分场	2018 年第十批次、2018 年第三批次西江乳业公司 200 吨/日乳制品产品易地搬迁项目（一期）	38.772
243	2018	二分场	2017 年第十四批次（14-1 地块）年产 30 万吨 JCDE 大口径直缝焊管生产线（中基油气管道）	200.11
244	2018	二分场	2016 年第八批次（8-1 地块）年产 50 万辆电动自行车（柳钢大菱）	58.896
245	2018	二分场	2016 年第八批次（8-2 地块）年产 15 万吨钢结构（虹桥钢结构）	30.017
246	2018	十一分场	2017 年第二批次（2-4 地块）年产 3500 千米聚氯乙燎电线电力电缆（名桂电缆）	44.561
247	2018	十一分场	2018 年第十批次（10-2 地块）（年产 3500 千米聚氯乙燎电线电缆）（名桂电缆）二期	5.414
248	2018	十一分场	2017 年第二批次（2-3 地块）年产 1 万台新型固体绝缘环网开关柜生产线（华超电气）	63.568
249	2018	二分场	2017 年第十九批次（19-2 地块）西二路（南延 A 段）	21.478
250	2018	二分场	2017 年第十九批次（19-1 地块）西江二路南延段	23.557
251	2018	九分场	2018 年第四批次（4-1 地块）年产 50 条食品包装机械自动化生产线工程（日菱实业机械	68.382
252	2018	九分场	2018 年第六批次（6-5 地块）年产 2 万个充电桩（嘉龙海杰三期）	16.986
253	2018	九分场	2018 年第九批次（9-5 地块）年产 2 万个充电桩（嘉龙海杰四期）	6.662
254	2018	九分场	2018 年第十六批次广西（国际）木材仓储物流交易中心	450
255	2018	九分场	2019 年第三十一批次（31-1 地块）贵港市港南区人民医院城区分院	213
256	2018	十分场	一级公路，实际名称为：章塘城区至贵港（台湾）产业园（港口）城区道路	212.085
257	2018	八分场	2016 年第一批次贵港市反恐警务实战综合训练基地	191.013
258	2018	林艺分场	2013 年第二十三批次西江水岸国际商住小区	217.806
259	2018	十分场	市产业园沿江四路	48.479
260	2018	林艺分场、十一分场	园博园周边即碧桂园项目北面（Y21-1、Y21-2、Y22-1、Y22-2）地块牛皮河公园	441.894
261	2018	十一分场	2018 年第三批次（3-6、3-7 地块）西六路（南延段）	9.265
262	2018	二分场	2018 年第三批次（3-1 地块）西江二路（南延 A 段）	21.945
263	2018	二分场	2018 年第三批次（3-2 地块）西江四路（西二路至西江二路段）	41.991
264	2018	十一分场	2018 年第三批次（3-4、3-5 地块）西八路（北延段）	23.578

（续）

序号	时间	地点	项目名称	面积（亩）
265	2019	十一分场	2018 年第十批次 、2018 年第三批次西江乳业公司 200 吨/日乳制品产品易地搬迁项目（二期）	19.985
266	2019	十一分场	2017 年第九批次（9-2 地块）年产 100 套混凝土 预搅拌站成套设备（顺达昌隆机械）	41.157
267	2019	三分场	2018 年第十二批次（12-4 地块）新型环保建材制造基地	95.948
268	2019	三分场	2018 年第十二批次（12-3 地块）环保设备制造基地	47.712
269	2019	十一分场	2018 年第十二批次（12-1 地块）中小企业总部 A 区	100.236
270	2019	三分场	2018 年第十二批次（12-5 地块）年产 6300 台（套）节能环保变充电设备生产线	67.995
271	2019	二分场	2018 年第十七批次（17-3 地块）年产 200 万平方米轻质节能复合墙体 材料生产线和年产 30 万立方米混凝土搅拌站（中德汛）	119.463
272	2019	十一分场	2018 年第十七批次（17-2 地块）LED 光源封装及智能路灯产品制造（LED）	71.556
273	2019	十一分场	2019 年第一批次（1-4 地块）LED 光源封装及智能路灯产品制造（LED）	28.494
274	2019	十一分场	2018 年第十七批次（17-1 地块）中国—东盟新能源电动车生产基地 （二期）A 地块中车 3C 控制铝外罩和其他铝配件制造	59.99
275	2019	十一分场	2018 年第十七批次（17-1 地块）中国—东盟新能源 电动车生产基地（二期）A 地块奥柏尔科技	39.208
276	2019	二分场	2019 年第三批次（3-1 地块）（3-2 地块）中国—东盟新能源电动车生产基地 （二期）B 地块延龙新能源汽车生产基地	197.57
277	2019	二分场	2019 年第三批次（3-3 地块）中国—东盟新能源电动车 生产基地（二期）（三期 B）地块	327
278	2019	十一分场	2019 年第一批次（1-5 地块）5 万平方米标准厂房 及配套设施含 10 万平方米标准厂房项目（华九家居）	30
279	2019	三分场	市西外环高速公路 PPP 项目	202.69
280	2019	十一分场	2019 年第十批次城市年产 200 万件休闲服装生产线（拜沃电商 、新宇电器）	54.368
281	2019	九分场	2016 年第九批次同济大道	130
282	2019	九分场	2013 年第十五批次（15-2 地块）贵港市园博园及南湖整治项目 拆迁安置区（第二安置区）贵港市同济大道配套	172.28
283	2019	九分场	工业一路（城东大道—工业北一路）	25
284	2019	九分场	2019 年第十六批次（16-4 地块）年产 20 万套板式家具（双华木业）	15.297
285	2019	九分场	2019 年第十六批次（16-4 地块）年产 4 万立方米厚芯多层家具板（国恒木业）	30.17
286	2019	九分场	2019 年第十六批次（16-4 地块）年产 12.5 万套板式家具（金锋木业）	30.758
287	2019	九分场	2019 年第十六批次（16-4 地块）年产 6 万立方米多层 实木家具板及 4 万套板式家具（易思木业）	1.179
288	2019	九分场	贵港市 2019 年第九批次城市建设用地（9-5 地块） 年产 30 万立方米多层实木家具板（桂和木业）	29.11
289	2019	四分场	2012 年第二十八批次桂地仙景	84.804
290	2019	七分场	贵港市病死禽畜无害化处理中心	19.983
291	2019	一分场	贵港市达开路（金港大道—荷城路）工程	7.47
292	2019	七分场	贵港市公安局法医解剖中心	4.983

（续）

序号	时间	地点	项目名称	面积（亩）
293	2019	八分场	贵港市港北区 2019 年第一批次乡镇贵港市港北区第六初级中学（一期）	5.395
294	2019	七分场	贵港市 2019 年第十批次乡镇贵港市餐厨废弃物资源化与无害化处理工程	27.56
295	2020	十一分场	2019 年第十四批次（14-1 地块）城市年产 35 万台（套）电动车配件生产线宏泰医药药物配送中心及药品生产	29.339
296	2020	三分场	2019 年第十一批次（11-1 地块）城市医疗新材料生产配套公寓	60.885
297	2020	九分场	2019 年第五批次乡镇（5-1 地块）年产 18 万套实木家具	77.482
298	2020	九分场	2019 年第五批次乡镇（5-1 地块）年产 18 万套实木家具边角地	13.301
299	2020	九分场	2019 年第五批次乡镇（5-2 地块）年产 20 万套实木家具	22.052
300	2020	九分场	2019 年第二十六批次（26-1 地块）年产 20 万立方米梭木地板及基材产品	15.0675
301	2020	九分场	2019 年第二十六批次（26-3、4 地块）北区一路（江一路至北区二路）	5.3535
302	2020	九分场	2019 年第二十六批次（26-5 地块）北区二路（纬一路-江南大道）	8.883
303	2020	九分场	2019 年第二十二批次（22-1 地块）年产 18 万立方米梭木地板及基材产品（贵港市思美木业有限公司年产 50 万立方高端刨花板生产线）	269.244
304	2020	一分场	2019 年第二十八批次城市（28-7 地块）贵港市新华路西延段（迎宾大道至金港大道）	15.664
305	2021	八分场	贵港市 G358 贵港至贵隆高速公路庆丰出口一级公路（贵港城区段改造）工程项目	32.4
306	2021	三分场	西外环补充征地	32
307	2021	林艺分场	2017 年第十三批次城市建设用地（13-1 地块）贵港市暨阳商住小区 B 区项目	87.869
308	2021	林艺分场	2017 年第十三批次城市建设用地（13-2 地块）贵港市暨阳商住小区 C 区项目	24.304
309	2021	九分场	贵港市产业园（江南园）南六路（南环路-江南大道）	50.96
310	2021	九分场	贵港市北区四路（城东大道-北区二路）	5.06
311	2021	八分场	广西贵港综合物流园项目（一期）	423
312	2022	十一分场	西九路下穿西环路延伸工程	24.734
313	2022	六分场	贵港市高传风力发电项目	0.57
合计				37220.5515

三、农场的土地开发利用

丰富的土地资源，不仅给西江农场发展种植业提供雄厚的资源，随着经济建设的发展，农场利用自身的土地资源优势，不断推进城镇化建设、发展市场开发建设和职工住房建设等。据统计，西江农场自身土地开发利用面积共 1186.43 亩，各项目情况如下。

1995 年 2 月，经广西壮族自治区土地管理局批复同意划拨 138 亩土地，给西江农场开发建设七里桥职工住宅小区。

1997年9月，与贵港市工商管理局合作，共同开发建设贵港市果品蔬菜批发市场，占地面积77.8亩。

2001年1月，开发建设贵港汽车西站市场及住宅区，该市场及住宅区占地面积40亩。

2002年7月，开发钓鱼岛一期住宅小区，该小区占地面积16.35亩。

2003年12月，开发建设西江汽车摩托车市场，该市场占地172亩面积。

2005年8月，开发建设场部A区、B区，该两区占地面积40亩。

2006年12月，开发建设场部瑞安花园一区（原西江东一区），占地面积57.92亩。

2007年9月，开发建设场部瑞安花园二区、三区（原西江东二区、东三区），该两区占地面积89亩。

1996—2012年，先后在场部旧街范围及新区开发建设职工住宅，占地面积200亩。

2008年6月，开发建设西江钢材市场，该项目占地面积120.9亩。

2008年8月，开发建设马草江公园拆迁安置小区1～3号楼，该小区占地面积49.161亩。

2009年8月，开发建设新西江木材市场，该市场占地面积152亩。

2010年7月，开发建设马草江公园拆迁安置小区4～12号楼（陶然花园小区），该小区占地面积31.25亩。

2015年8月，与广西合家福投资有限公司合作开发建设贵港·农垦大厦，该项目占地面积10亩。

2016年11月，开发建设西江商住综合楼，该项目占地面积2.85亩。

2019年12月，开发建设合作经营的贵港首家别克、雪佛兰4S店，该项目占地面积10亩。

四、农场转让土地

根据地方建设需要和实现互利双赢原则，西江农场从1996年2月至2021年12月，转让31个项目土地给相关单位、部门，转让土地面积共1245.3亩（表5-2）。

表5-2　西江农场转让土地统计表

序号	时间	地点	项目	面积（亩）	补偿费用（元）
1	1996.2.26	一分场	东港房地产实业有限公司	45	4461282.00
2	1992.5.18	十分场	石卡电管站	2.47	25218.70
3	1993.2.9	一分场	贵港变电站	12.573	207443.50
4	1995.5.25	八分场	大圩镇政府	24.3	138500.00

（续）

序号	时间	地点	项目	面积（亩）	补偿费用（元）
5	1995.10.8	一分场	贵港市石油储存公司	95.718	2871540.00
6	1996.2.16	八分场	贵港市港城镇政府	64	778912.00
7	1996.7.18	一分场	贵港市卫生局	15	600000.00
8	1996.12.20	一分场	贵港市裕源服务有限公司	12	852000.00
9	1996.12.26	一分场	贵港市房地产综合开发公司	10.02	711420.00
10	1997.10.21	场部	农行西江农场营业所	0.648	227573.93
11	1998.3.18	一分场	贵港市港北区交通局	15	390000.00
12	1998.7.18	一分场	贵港市汽车运输公司	22.305	553164.00
13	1999.8.31	林艺分场	贵港市奋飞纺织制线厂	5	210000.00
14	1999.10.18	林艺分场	贵港市龙立制衣厂	5	210000.00
15	2001.2.8	一分场	贵港市国际经济技术合作有限公司	59	81000.00
16	2003.7.1	场部	贵港市公安局（狮子岭派出所）	8	92071.87
17	2003.9.8	八分场	贵港市鸿星机电设备销售有限公司	30	780000.00
18	2004.8.2	二分场	农垦糖业集团西江制糖有限公司	190.4	226570.36
19	2004.9.29	场部	贵港市达开高级中学	20.94	628200.00
20	2005.6.30	场部	贵港市兴利达饲料有限公司	12.18	350000.00
21	2005.7.18	场部	贵港市荷城建设投资咨询服务有限公司	28.496	2279680.00
22	2005.11.15	一分场	贵港市基兴物资经营部	26.06	2084800.00
23	2005.4.25	一分场	贵港市房产管理局（贵港市房地产培训中心）	30	4900000.00
24	2005.3.28	一分场	贵港市房产管理局（贵港市第一期经济适用房）	70	2400000.00
25		一分场	汽车城C区	38	
26		一分场	中央公园	16	
27		林艺分场	东四区（香榭里花园）	106	
28	2004.5.14	林艺分场	妇幼医院	82	
29	2004.9.29	林艺分场	达开小学	56	
30		一分场	陶然花园	49	
31	2021.12	林艺分场	凯旋领域A区	94.19	

五、收复被侵占土地

西江农场为维护国有土地的完整，依法管护农场的土地资源，相应启动有关程序，依法收回被侵占的土地面积2910亩（表5-3）。

表 5-3　西江农场收复被侵占土地统计表

顺序	日期	所属分场	面积（亩）
1	1996.1	六分场	
2	1996.1	九分场	400
3	1996.1	清井分场	
4	1997.1	一分场	10
5	1997.2	九分场老分场部	320
6	1998.2	一分场	
7	1998.2	六分场	450
8	1998.2	九分场	
9	2000.1	一分场	210
10	2001.5	前进分场	20
11	2001.10	四分场	
12	2001.10	五分场	
13	2001.10	八分场	900
14	2001.10	九分场	
15	2001.10	清井分场	
16	2007.5	六分场	600
合计	—	—	2910

六、土地争议、调处、诉讼

（一）土地争议、调处

1989 年 3 月 30 日，贵县人民政府对新塘乡山边村公所与国营西江农场九队西北部场区的场界以贵政裁字〔1989〕第 5 号《关于西江农场九队西北部场区与新塘乡山边村公所边界问题的处理决定》作出裁决。

1989 年 3 月 30 日，贵县人民政府对西江农场一队西北部场区与附城乡跃进村公所的场界以贵政裁字〔1989〕第 6 号《关于西江农场一队西北部场区与附城乡跃进村公所边界问题的处理决定》作出裁决。

1990 年 5 月 24 日，贵港市（县级）人民政府重新确认了市林业局八塘护林站在原西江农场版图内的林地使用权属，以贵政法字〔1990〕第 14 号《关于确定国营西江农场第九生产队 24、25、26、27 号地土地使用权属的通知》确认了西江农场该片土地权属。

1990 年 10 月 15 日，在贵港市（县级）调处办主持下，西江农场第九生产队与新塘乡山边村公所对红泥堆的三角地带 30 亩土地达成协议，以贵调处字〔1990〕第 21 号文形成了协议书。

1991 年 12 月 16 日，在贵港市（县级）调处办主持下，西江农场第九生产队与贵城镇南江村公所对土地相邻界线达成补充协议,以贵调字〔1991〕第31号文形成了补充协议书。

1997年11月22日,西江农场与港北区三合村双方对南梧公路以北、马草江以东南的场界达成了协议。

1998年3月20日,在贵港市调处办主持下,西江农场第九分场与贵城镇涩村对西江农场第九分场21号地(涩村人叫下岭,又叫鲤鱼窝)土地面积150亩达成协议,以贵调字〔1998〕第01号文形成了协议书。

1998年3月31日,西江农场与港北区港城镇六八村现场踏界,双方达成调整定界协议。

2001年4月,西江农场与港北区贵城镇政府将位于大汶塘出水口天然小水沟东面一块约5亩的土地,双方同意进行调换使用。

2001年5月23日,西江农场与港北区贵城镇三合村委对南梧公路以南、马草江以东即龙床井片的土地边界线双方达成了共识,最终达成协议。

2002年3月26日,西江农场与港南区新塘乡西村九队对西江农场九队场区南面的场界,双方取得共识,最终达成协议。

2002年6月7日,西江农场与港南区横岭乡新陆村对横酒路南面(贵港市公安局看守所征地范围内)的土地双方取得共识,达成协议,议定40亩归新陆村民集体所有,206.867亩归属国营西江农场。

2002年7月12日,西江农场与港北区大圩镇大圩村沙井第四生产队对位于大圩高中南面、七支河东南面、大岭顶的北面村民耕种的土地3.905亩权属达成协议。

2003年5月27日,西江农场八分场与港北区旺岭村对位于八分场入城东变电站机耕路的东面土地界线,双方取得共识,达成协议。

2004年6月15日,西江农场与覃塘区石卡镇樟竹村第十三生产队对林桥江南面、贵石公路以西、贵石公路通往农场十分场以北、富宏砖厂以东土地权属双方取得共识,达成协议。

(二)土地权属诉讼

2000年,一分场的"独岛""龙床井"外贸鸡场、四分场水厂用地,由于附近村民提出土地权属问题发生诉讼,西江农场充分利用场间规划图、协议书、裁定书和判决书进行辩护,维护了国有土地不受侵犯和农场的合法权益。

2001年,对273地质队借用农场土地的遗留问题,西江农场向法院起诉273地质队,经过法院一审、二审,西江农场依法将借用的土地收回。

2001—2003 年，西江农场与覃塘区石卡镇樟竹十三队发生土地权属争执议案，在石卡镇樟竹 13 队提出申请后，农场对地方政府作出的处理决定不服，依法提起行政复议。在复议维持该处理决定后，西江农场向法院提起行政诉讼，一审法院判决撤销该决定，由政府重新做出处理决定。一审法院判决后，石卡镇樟竹十三队提出上诉，二审法院维持一审判决，西江农场胜诉，维护了国有土地不受侵犯，农场的土地资源不致流失。

2004—2006 年，市北环路项目用地上发生西江农场与港城镇石寨村六队的土地权属争议，贵港市政府作出了确认争议地归村民所有的处理决定，西江农场申请行政复议。在复议维持原决定后，西江农场及时提起行政诉讼，法院一审判决撤销市政府的处理决定，市政府重新做出决定仍确认争议地属村民所有。西江农场又申请行政复议，第二次复议又维持了市政府的处理决定。西江农场向法院提起诉讼，一审法院作出判决维持市政府重新作出的处理决定，二审法院判决撤销一审法院的判决和市政府重新作出的处理决定，否定了争议地属石寨村六队，维护了国有土地不受侵占和农场的土地使用权。

2006—2007 年，西江农场与兰田村十八、十九队和二十一、二十二、二十三队发生土地争议，经过市政府二次处理决定，确认争议地属西江农场所有，维护了农场的土地权属。

2022 年 6 月，法院二审判决四分场梁甲东退出占用西江农场公司约 34 亩土地，该土地现由农场公司收回种植。

七、土地测量、评估、办证

（一）土地测量

1998 年 6 月，对场部片的部分土地测绘 1∶500 地形图 46 幅，涉及土地面积 4300 亩。

1998 年 7 月，对八分场的部分土地测绘 1∶500 地形图 12 幅，涉及土地面积 1100 亩。

1998 年 8 月，对九分场片的部分土地测绘 1∶500 地形图 25 幅，涉及土地面积 2300 亩。

1998 年 8 月，对四分场的部分土地测绘 1∶500 地形图 9 幅，涉及土地面积 843 亩。

1998 年 8 月，对糖厂、纸厂、奶牛场片的部分土地测绘 1∶500 地形图 24 幅，涉及土地面积 2250 亩。

2005 年 12 月，对四分场、五分场、清井分场、六分场的部分土地测绘 1∶1000 地形图 81 幅，涉及土地面积 30000 亩。

2011 年 12 月，对十分场的部分土地测绘 1∶1000 地形图 52 幅，涉及土地面积 19500 亩。

（二）土地评估

1998 年对西江农场奶品厂土地 25.87 亩（贵国用〔1998〕1937 号）进行评估，评估价值 2241835 元。1998 年对畜牧所猪场土地 55.7 亩（贵国用〔1998〕1935 号）进行评估，评估价值 4064864 元。1998 年对饲料厂土地 41.39 亩（贵国用〔1998〕1867 号）进行评估，评估价值 3622424 元。1998 年对第一种猪场土地 204.93 亩（贵国用〔1998〕1871 号）进行评估，评估价值 16171486 元。1998 年对商业公司土地 20.14 亩（贵国用〔1998〕1936 号）进行评估，评估价值 4819388 元。1998 年对综合公司 37.06 亩（贵国用〔1998〕1866 号）进行评估，评估价值 3338726 元。1998 年对奶牛场土地 218.76 亩（贵国用〔1998〕1869 号）进行评估，评估价值 13742596 元。1998 年对糖厂土地 222.8 亩（贵国用〔1998〕1673 号）进行评估，评估价值 19037744 元。1998 年对机械厂土地 111.16 亩（贵国用〔1998〕1872 号）进行评估，评估价值 9267875 元。1998 年对食品厂土地 151.88 亩（贵国用〔1998〕1933 号）进行评估，评估价值 12646611 元。1998 年对电厂土地 18.53 亩（贵国用〔1998〕1873 号）进行评估，评估价值 1270818 元。1998 年对畜牧所土地 138.18 亩（贵国用〔1998〕2019 号）进行评估，评估价值 12867591 元。1998 年对二分场土地 163.28 亩（贵国用〔1998〕2188 号）进行评估，评估价值 14769942 元。1998 年对林艺分场土地 108.45 亩（贵国用〔1998〕2268 号）进行评估，评估价值 10589322 元。1998 年对畜牧公司土地 62.4 亩（贵国用〔1998〕2021 号）进行评估，评估价值 5325279 元。1998 年对四分场 345.29 亩（贵国用〔1998〕2020 号）进行评估，评估价值 30133486 元。

1999 年对林艺机耕队土地 164.25 亩（贵国用〔1998〕2268 号）进行评估，评估价值 20069986 元。1999 年对场部招待所土地 23.19 亩（贵国用〔1999〕0136 号）进行评估，评估价值 3306168 元。1999 年对场部机关土地 18.97 亩（贵国用〔1999〕0137 号）进行评估，评估价值 2687525 元。

（三）土地办证

1998 年，贵港市棉新街 62 号奶品店土地 135.1 平方米办理登记领证，证号为：贵国用〔1998〕3882 号。1998 年，糖厂土地 222.8 亩办理登记领证，证号为：贵国用〔1998〕1673 号。1998 年，综合公司土地 37.06 亩办理登记领证，证号为：贵国用〔1998〕1866 号。1998 年，饲料厂土地 41.39 亩办理登记领证，证号为：贵国用〔1998〕1867 号。1998 年，农场高中土地 263.62 亩办理登记领证，证号为：贵国用〔1998〕1868 号。1998 年，奶牛场土地 218.76 亩办理登记领证，证号为：贵国用〔1998〕1869 号。1998 年，农场医院土地 81.82 亩办理登记领证，证号为：贵国用〔1998〕1870 号。1998 年，第一种猪场土地 204.93 亩办理登记领证，证号为：贵国用〔1998〕1871 号。1998 年，机械厂土地 111.16 亩办理登记领证，证号为：贵国用〔1998〕1872 号。1998 年，电厂土地 18.53 亩办理登记领证，证号为：贵国用〔1998〕1873 号。1998 年，食品厂土地 151.88 亩办理登记领证，证号为：贵国用〔1998〕1933 号。1998 年，小学土地 56.26 亩办理登记领证，证号为：贵国用〔1998〕1934 号。1998 年，畜牧所猪场土地 55.7 亩办理登记领证，证号为：贵国用〔1998〕1935 号。1998 年，商业公司土地 20.14 亩办理登记领证，证号为：贵国用〔1998〕1936 号。1998 年，奶制品厂土地 25.87 办理登记领证，证号为：贵国用〔1998〕1937 号。1998 年，二分场土地 163.28 亩办理登记领证，证号为：贵国用〔1998〕2188 号。1998 年，畜牧公司土地 62.4 亩办理登记领证，证号为：贵国用〔1998〕2021 号。1998 年，畜牧所土地 138.18 亩办理登记领证，证号为：贵国用〔1998〕2019 号。1998 年，四分场土地 345.29 亩办理登记领证，证号为：贵国用〔1998〕2020 号。1998 年，林艺分场土地 108.45 亩办理登记领证，证号为：贵国用〔1998〕2268 号。1998 年，林艺队机耕队土地 164.25 亩办理登记领证，证号为：贵国用〔1998〕3082 号。

1999 年，场部招待所土地 23.19 亩办理登记领证，证号为：贵国用〔1999〕0136 号。1999 年，场部机关土地 18.97 亩办理登记领证，证号：贵国用〔1999〕0137 号。

2000 年，九分场新点土地 191.72 亩办理登记领证，证号为：贵国用〔2000〕0277 号。2000 年，场部旧市场土地 28.13 亩办理登记领证，证号为：贵国用〔2000〕0288 号。

2000—2022 年，全场无争议但未发证土地办理登记领证，面积合计 96721.21 亩，统计如下（表 5-4）。

表 5-4　西江农场 2001—2021 年土地办理登记领证统计表

序号	发证时间	证号	权利人	使用权面积（亩）
1	2000 年 3 月 7 日	贵国用〔2000〕第 0277 号	广西国营西江农场（九分场新点）	191.72
2	2003 年 12 月 10 日	贵国用〔2003〕第 3008 号	广西农垦国有西江农场（畜牧研究所猪场）	55.7
3	2003 年 12 月 10 日	贵国用〔2003〕第 3009 号	广西农垦国有西江农场（林艺分场）	108.46
4	2003 年 12 月 10 日	贵国用〔2003〕第 3011 号	广西农垦国有西江农场（机械厂）	111.16
5	2004 年 8 月 5 日	贵国用〔2004〕第 0808 号	广西农垦国有西江农场（林艺分场机耕队）	164.25
6	2013 年 2 月 25 日	贵国用〔2012〕第 2190 号	广西农垦国有西江农场	107.34
7	2013 年 2 月 25 日	贵国用〔2012〕第 2192 号	广西农垦国有西江农场	33.02
8	2013 年 2 月 25 日	贵国用〔2012〕第 2256 号	广西农垦国有西江农场	1914.5
9	2013 年 2 月 25 日	贵国用〔2012〕第 2258 号	广西农垦国有西江农场	182.66
10	2013 年 2 月 25 日	贵国用〔2012〕第 2259 号	广西农垦国有西江农场	430.28
11	2013 年 2 月 25 日	贵国用〔2012〕第 2260 号	广西农垦国有西江农场	1128.28
12	2013 年 2 月 25 日	贵国用〔2012〕第 2263 号	广西农垦国有西江农场	153.24

（续）

序号	发证时间	证号	权利人	使用权面积（亩）
13	2013年2月25日	贵国用〔2012〕第2280号	广西农垦国有西江农场	2810.68
14	2013年2月25日	贵国用〔2012〕第2285号	广西农垦国有西江农场	157.85
15	2013年2月25日	贵国用〔2012〕第2288号	广西农垦国有西江农场	500.72
16	2013年2月25日	贵国用〔2012〕第2289号	广西农垦国有西江农场	2528.86
17	2013年2月25日	贵国用〔2012〕第2290号	广西农垦国有西江农场	1617.93
18	2013年2月25日	贵国用〔2012〕第2291号	广西农垦国有西江农场	277.45
19	2013年2月25日	贵国用〔2012〕第2292号	广西农垦国有西江农场	577.29
20	2013年2月25日	贵国用〔2012〕第2294号	广西农垦国有西江农场	1121.53
21	2013年2月25日	贵国用〔2012〕第2302号	广西农垦国有西江农场	2312.13
22	2013年2月25日	贵国用〔2012〕第2303号	广西农垦国有西江农场	1426.6
23	2013年2月25日	贵国用〔2012〕第2304号	广西农垦国有西江农场	946.81
24	2013年2月25日	贵国用〔2012〕第2311号	广西农垦国有西江农场	415.93
25	2013年2月25日	贵国用〔2012〕第2312号	广西农垦国有西江农场	144.14
26	2013年2月25日	贵国用〔2012〕第2313号	广西农垦国有西江农场	72.52
27	2013年2月25日	贵国用〔2012〕第2314号	广西农垦国有西江农场	2007.08
28	2013年2月25日	贵国用〔2012〕第2425号	广西农垦国有西江农场	509.65
29	2013年2月25日	贵国用〔2012〕第2426号	广西农垦国有西江农场	2570.56
30	2013年2月25日	贵国用〔2012〕第2428号	广西农垦国有西江农场	96.21
31	2013年3月20日	贵国用〔2013〕第0233号	广西农垦国有西江农场	16.1
32	2013年6月3日	贵国用〔2013〕第0764号	广西农垦国有西江农场	45.42
33	2017年3月9日	桂〔2017〕贵港市不动产权第0002900号	广西农垦国有西江农场	23.74
34	2017年12月25日	桂〔2017〕贵港市不动产权第0017707号	广西农垦国有西江农场	1491.04
35	2017年12月28日	桂〔2017〕贵港市不动产权第0017976号	广西农垦国有西江农场	607.86
36	2018年6月22日	桂〔2018〕贵港市不动产权第0010587号	广西农垦国有西江农场	156.75
37	2018年6月26日	桂〔2018〕贵港市不动产权第0010768号	广西农垦国有西江农场	1336.4
38	2018年9月19日	桂〔2018〕贵港市不动产权第0019343号	广西农垦国有西江农场	241.38
39	2018年9月28日	桂〔2018〕贵港市不动产权第0020194号	广西农垦国有西江农场	239.77
40	2018年10月16日	桂〔2018〕贵港市不动产权第0020910号	广西农垦国有西江农场	48.48
41	2018年10月30日	桂〔2018〕贵港市不动产权第0021663号	广西农垦国有西江农场	959.64
42	2018年10月30日	桂〔2018〕贵港市不动产权第0021664号	广西农垦国有西江农场	51.3
43	2018年10月30日	桂〔2018〕贵港市不动产权第0021665号	广西农垦国有西江农场	154.18
44	2018年10月30日	桂〔2018〕贵港市不动产权第0021666号	广西农垦国有西江农场	149.17
45	2018年10月30日	桂〔2018〕贵港市不动产权第0021668号	广西农垦国有西江农场	61.46
46	2018年12月6日	桂〔2018〕贵港市不动产权第0024165号	广西农垦国有西江农场	80.18
47	2019年4月24日	桂〔2019〕贵港市不动产权第0008424号	广西农垦西江农场有限公司	95.6
48	2020年1月14日	桂〔2020〕贵港市不动产权第0000782号	广西农垦集团有限责任公司	371.98

（续）

序号	发证时间	证号	权利人	使用权面积（亩）
49	2020 年 1 月 20 日	桂〔2020〕贵港市不动产权第 0001081 号	广西农垦集团有限责任公司	587.51
50	2020 年 1 月 20 日	桂〔2020〕贵港市不动产权第 0001083 号	广西农垦集团有限责任公司	329.94
51	2020 年 1 月 20 日	桂〔2020〕贵港市不动产权第 0001087 号	广西农垦集团有限责任公司	2648.03
52	2020 年 1 月 20 日	桂〔2020〕贵港市不动产权第 0001093 号	广西农垦集团有限责任公司	1301.31
53	2020 年 4 月 16 日	桂〔2020〕贵港市不动产权第 0005181 号	广西农垦集团有限责任公司	33.31
54	2020 年 4 月 16 日	桂〔2020〕贵港市不动产权第 0005198 号	广西农垦集团有限责任公司	33.9
55	2020 年 4 月 17 日	桂〔2020〕贵港市不动产权第 0005236 号	广西农垦集团有限责任公司	18.86
56	2020 年 4 月 17 日	桂〔2020〕贵港市不动产权第 0005240 号	广西农垦集团有限责任公司	36.02
57	2020 年 4 月 17 日	桂〔2020〕贵港市不动产权第 0005267 号	广西农垦集团有限责任公司	89.57
58	2020 年 4 月 17 日	桂〔2020〕贵港市不动产权第 0005269 号	广西农垦集团有限责任公司	8.71
59	2020 年 4 月 17 日	桂〔2020〕贵港市不动产权第 0005271 号	广西农垦集团有限责任公司	95.64
60	2020 年 4 月 17 日	桂〔2020〕贵港市不动产权第 0005272 号	广西农垦集团有限责任公司	68.67
61	2020 年 4 月 20 日	桂〔2020〕贵港市不动产权第 0005371 号	广西农垦集团有限责任公司	7.14
62	2020 年 4 月 20 日	桂〔2020〕贵港市不动产权第 0005372 号	广西农垦集团有限责任公司	8.34
63	2020 年 4 月 20 日	桂〔2020〕贵港市不动产权第 0005373 号	广西农垦集团有限责任公司	91.09
64	2020 年 4 月 20 日	桂〔2020〕贵港市不动产权第 0005375 号	广西农垦集团有限责任公司	1.83
65	2020 年 4 月 20 日	桂〔2020〕贵港市不动产权第 0005376 号	广西农垦集团有限责任公司	5.08
66	2020 年 4 月 21 日	桂〔2020〕贵港市不动产权第 0005424 号	广西农垦集团有限责任公司	34.73
67	2020 年 4 月 21 日	桂〔2020〕贵港市不动产权第 0005427 号	广西农垦集团有限责任公司	20.24
68	2020 年 4 月 21 日	桂〔2020〕贵港市不动产权第 0005429 号	广西农垦集团有限责任公司	11.35
69	2020 年 4 月 21 日	桂〔2020〕贵港市不动产权第 0005432 号	广西农垦集团有限责任公司	11.28
70	2020 年 4 月 21 日	桂〔2020〕贵港市不动产权第 0005434 号	广西农垦集团有限责任公司	8.73
71	2020 年 4 月 21 日	桂〔2020〕贵港市不动产权第 0005436 号	广西农垦集团有限责任公司	4.02
72	2020 年 4 月 21 日	桂〔2020〕贵港市不动产权第 0005438 号	广西农垦集团有限责任公司	9.68
73	2020 年 4 月 21 日	桂〔2020〕贵港市不动产权第 0005440 号	广西农垦集团有限责任公司	25.05
74	2020 年 4 月 21 日	桂〔2020〕贵港市不动产权第 0005441 号	广西农垦集团有限责任公司	15.02
75	2020 年 4 月 21 日	桂〔2020〕贵港市不动产权第 0005449 号	广西农垦集团有限责任公司	1.15
76	2020 年 4 月 22 日	桂〔2020〕贵港市不动产权第 0005505 号	广西农垦集团有限责任公司	147.11
77	2020 年 4 月 22 日	桂〔2020〕贵港市不动产权第 0005509 号	广西农垦集团有限责任公司	32.57
78	2020 年 4 月 22 日	桂〔2020〕贵港市不动产权第 0005519 号	广西农垦集团有限责任公司	22.03
79	2020 年 4 月 22 日	桂〔2020〕贵港市不动产权第 0005522 号	广西农垦集团有限责任公司	1.51
80	2020 年 4 月 22 日	桂〔2020〕贵港市不动产权第 0005523 号	广西农垦集团有限责任公司	1.43
81	2020 年 4 月 22 日	桂〔2020〕贵港市不动产权第 0005524 号	广西农垦集团有限责任公司	0.97
82	2020 年 4 月 22 日	桂〔2020〕贵港市不动产权第 0005525 号	广西农垦集团有限责任公司	28.86
83	2020 年 4 月 22 日	桂〔2020〕贵港市不动产权第 0005527 号	广西农垦集团有限责任公司	24.56
84	2020 年 4 月 22 日	桂〔2020〕贵港市不动产权第 0005532 号	广西农垦集团有限责任公司	1.25

（续）

序号	发证时间	证号	权利人	使用权面积（亩）
85	2020 年 4 月 22 日	桂〔2020〕贵港市不动产权第 0005539 号	广西农垦集团有限责任公司	72.64
86	2020 年 4 月 22 日	桂〔2020〕贵港市不动产权第 0005542 号	广西农垦集团有限责任公司	2.68
87	2020 年 4 月 22 日	桂〔2020〕贵港市不动产权第 0005544 号	广西农垦集团有限责任公司	3.64
88	2020 年 4 月 22 日	桂〔2020〕贵港市不动产权第 0005545 号	广西农垦集团有限责任公司	0.97
89	2020 年 4 月 22 日	桂〔2020〕贵港市不动产权第 0005555 号	广西农垦集团有限责任公司	6.04
90	2020 年 4 月 22 日	桂〔2020〕贵港市不动产权第 0005559 号	广西农垦集团有限责任公司	1.73
91	2020 年 4 月 22 日	桂〔2020〕贵港市不动产权第 0005567 号	广西农垦集团有限责任公司	74.9
92	2020 年 4 月 22 日	桂〔2020〕贵港市不动产权第 0005571 号	广西农垦集团有限责任公司	187.61
93	2020 年 4 月 22 日	桂〔2020〕贵港市不动产权第 0005573 号	广西农垦集团有限责任公司	54.27
94	2020 年 4 月 22 日	桂〔2020〕贵港市不动产权第 0005575 号	广西农垦集团有限责任公司	65.15
95	2020 年 4 月 22 日	桂〔2020〕贵港市不动产权第 0005576 号	广西农垦集团有限责任公司	41.85
96	2020 年 4 月 22 日	桂〔2020〕贵港市不动产权第 0005580 号	广西农垦集团有限责任公司	1.77
97	2020 年 4 月 22 日	桂〔2020〕贵港市不动产权第 0005585 号	广西农垦集团有限责任公司	55.96
98	2020 年 4 月 22 日	桂〔2020〕贵港市不动产权第 0005599 号	广西农垦集团有限责任公司	1.21
99	2020 年 4 月 22 日	桂〔2020〕贵港市不动产权第 0005601 号	广西农垦集团有限责任公司	90.99
100	2020 年 4 月 22 日	桂〔2020〕贵港市不动产权第 0005603 号	广西农垦集团有限责任公司	20.85
101	2020 年 4 月 22 日	桂〔2020〕贵港市不动产权第 0005605 号	广西农垦集团有限责任公司	3.16
102	2020 年 4 月 22 日	桂〔2020〕贵港市不动产权第 0005606 号	广西农垦集团有限责任公司	1.17
103	2020 年 4 月 22 日	桂〔2020〕贵港市不动产权第 0005607 号	广西农垦集团有限责任公司	24.77
104	2020 年 4 月 22 日	桂〔2020〕贵港市不动产权第 0005608 号	广西农垦集团有限责任公司	179.87
105	2020 年 4 月 22 日	桂〔2020〕贵港市不动产权第 0005610 号	广西农垦集团有限责任公司	49.91
106	2020 年 4 月 22 日	桂〔2020〕贵港市不动产权第 0005612 号	广西农垦集团有限责任公司	145.88
107	2020 年 4 月 22 日	桂〔2020〕贵港市不动产权第 0005631 号	广西农垦集团有限责任公司	112.39
108	2020 年 4 月 23 日	桂〔2020〕贵港市不动产权第 0005634 号	广西农垦集团有限责任公司	7.91
109	2020 年 4 月 23 日	桂〔2020〕贵港市不动产权第 0005641 号	广西农垦集团有限责任公司	20.48
110	2020 年 4 月 29 日	桂〔2020〕贵港市不动产权第 0006065 号	广西农垦集团有限责任公司	14.47
111	2020 年 4 月 29 日	桂〔2020〕贵港市不动产权第 0006071 号	广西农垦集团有限责任公司	10.31
112	2020 年 4 月 29 日	桂〔2020〕贵港市不动产权第 0006079 号	广西农垦集团有限责任公司	1.58
113	2020 年 4 月 29 日	桂〔2020〕贵港市不动产权第 0006083 号	广西农垦集团有限责任公司	6.79
114	2020 年 4 月 29 日	桂〔2020〕贵港市不动产权第 0006084 号	广西农垦集团有限责任公司	2.01
115	2020 年 4 月 29 日	桂〔2020〕贵港市不动产权第 0006089 号	广西农垦集团有限责任公司	1.21
116	2020 年 4 月 29 日	桂〔2020〕贵港市不动产权第 0006092 号	广西农垦集团有限责任公司	1.9
117	2020 年 4 月 29 日	桂〔2020〕贵港市不动产权第 0006095 号	广西农垦集团有限责任公司	3.32
118	2020 年 4 月 29 日	桂〔2020〕贵港市不动产权第 0006098 号	广西农垦集团有限责任公司	18.82
119	2020 年 4 月 29 日	桂〔2020〕贵港市不动产权第 0006103 号	广西农垦集团有限责任公司	4.52
120	2020 年 4 月 29 日	桂〔2020〕贵港市不动产权第 0006107 号	广西农垦集团有限责任公司	2.24

（续）

序号	发证时间	证号	权利人	使用权面积（亩）
121	2020 年 4 月 29 日	桂〔2020〕贵港市不动产权第 0006108 号	广西农垦集团有限责任公司	96.44
122	2020 年 4 月 30 日	桂〔2020〕贵港市不动产权第 0006129 号	广西农垦集团有限责任公司	13.76
123	2020 年 4 月 30 日	桂〔2020〕贵港市不动产权第 0006131 号	广西农垦集团有限责任公司	80.54
124	2020 年 4 月 30 日	桂〔2020〕贵港市不动产权第 0006135 号	广西农垦集团有限责任公司	1.64
125	2020 年 4 月 30 日	桂〔2020〕贵港市不动产权第 0006136 号	广西农垦集团有限责任公司	13.53
126	2020 年 4 月 30 日	桂〔2020〕贵港市不动产权第 0006138 号	广西农垦集团有限责任公司	4.76
127	2020 年 4 月 30 日	桂〔2020〕贵港市不动产权第 0006139 号	广西农垦集团有限责任公司	1.15
128	2020 年 4 月 30 日	桂〔2020〕贵港市不动产权第 0006142 号	广西农垦集团有限责任公司	2.48
129	2020 年 4 月 30 日	桂〔2020〕贵港市不动产权第 0006144 号	广西农垦集团有限责任公司	520.66
130	2020 年 5 月 6 日	桂〔2020〕贵港市不动产权第 0006239 号	广西农垦集团有限责任公司	2.25
131	2020 年 5 月 6 日	桂〔2020〕贵港市不动产权第 0006245 号	广西农垦集团有限责任公司	4.71
132	2020 年 5 月 6 日	桂〔2020〕贵港市不动产权第 0006248 号	广西农垦集团有限责任公司	44.67
133	2020 年 5 月 6 日	桂〔2020〕贵港市不动产权第 0006252 号	广西农垦集团有限责任公司	5.93
134	2020 年 5 月 6 日	桂〔2020〕贵港市不动产权第 0006254 号	广西农垦集团有限责任公司	1.26
135	2020 年 5 月 6 日	桂〔2020〕贵港市不动产权第 0006255 号	广西农垦集团有限责任公司	2.69
136	2020 年 5 月 6 日	桂〔2020〕贵港市不动产权第 0006271 号	广西农垦集团有限责任公司	2.91
137	2020 年 5 月 6 日	桂〔2020〕贵港市不动产权第 0006275 号	广西农垦集团有限责任公司	10.93
138	2020 年 5 月 6 日	桂〔2020〕贵港市不动产权第 0006276 号	广西农垦集团有限责任公司	8.82
139	2020 年 5 月 7 日	桂〔2020〕贵港市不动产权第 0006304 号	广西农垦集团有限责任公司	90.26
140	2020 年 5 月 7 日	桂〔2020〕贵港市不动产权第 0006311 号	广西农垦集团有限责任公司	4040.58
141	2020 年 5 月 22 日	桂〔2020〕贵港市不动产权第 0007981 号	广西农垦集团有限责任公司	4278.05
142	2020 年 5 月 22 日	桂〔2020〕贵港市不动产权第 0007983 号	广西农垦集团有限责任公司	4474.95
143	2020 年 5 月 22 日	桂〔2020〕贵港市不动产权第 0007988 号	广西农垦集团有限责任公司	4580.93
144	2020 年 5 月 22 日	桂〔2020〕贵港市不动产权第 0007990 号	广西农垦集团有限责任公司	1280.45
145	2020 年 5 月 22 日	桂〔2020〕贵港市不动产权第 0007992 号	广西农垦集团有限责任公司	579.98
146	2020 年 5 月 25 日	桂〔2020〕贵港市不动产权第 0008075 号	广西农垦集团有限责任公司	219.86
147	2020 年 5 月 25 日	桂〔2020〕贵港市不动产权第 0008079 号	广西农垦集团有限责任公司	1708.48
148	2020 年 5 月 25 日	桂〔2020〕贵港市不动产权第 0008085 号	广西农垦集团有限责任公司	786.76
149	2020 年 5 月 26 日	桂〔2020〕贵港市不动产权第 0008121 号	广西农垦集团有限责任公司	1578.3
150	2020 年 5 月 26 日	桂〔2020〕贵港市不动产权第 0008142 号	广西农垦集团有限责任公司	26.97
151	2020 年 5 月 26 日	桂〔2020〕贵港市不动产权第 0008145 号	广西农垦集团有限责任公司	2594.23
152	2020 年 5 月 26 日	桂〔2020〕贵港市不动产权第 0008148 号	广西农垦集团有限责任公司	542.96
153	2020 年 5 月 26 日	桂〔2020〕贵港市不动产权第 0008152 号	广西农垦集团有限责任公司	1724.09
154	2020 年 5 月 26 日	桂〔2020〕贵港市不动产权第 0008154 号	广西农垦集团有限责任公司	527.02
155	2020 年 5 月 26 日	桂〔2020〕贵港市不动产权第 0008155 号	广西农垦集团有限责任公司	1168.78
156	2020 年 6 月 1 日	桂〔2020〕贵港市不动产权第 0008646 号	广西农垦集团有限责任公司	2023.18

（续）

序号	发证时间	证号	权利人	使用权面积（亩）
157	2020 年 6 月 1 日	桂〔2020〕贵港市不动产权第 0008761 号	广西农垦集团有限责任公司	757.58
158	2020 年 6 月 1 日	桂〔2020〕贵港市不动产权第 0008762 号	广西农垦集团有限责任公司	1081.73
159	2020 年 6 月 2 日	桂〔2020〕贵港市不动产权第 0008817 号	广西农垦集团有限责任公司	1230.71
160	2020 年 6 月 2 日	桂〔2020〕贵港市不动产权第 0008818 号	广西农垦集团有限责任公司	2493.38
161	2020 年 7 月 13 日	桂〔2020〕贵港市不动产权第 0012685 号	广西农垦集团有限责任公司	28.14
162	2020 年 7 月 13 日	桂〔2020〕贵港市不动产权第 0012687 号	广西农垦集团有限责任公司	18.97
163	2020 年 7 月 13 日	桂〔2020〕贵港市不动产权第 0012706 号	广西农垦集团有限责任公司	23.19
164	2020 年 7 月 14 日	桂〔2020〕贵港市不动产权第 0012756 号	广西农垦集团有限责任公司	37.06
165	2020 年 7 月 14 日	桂〔2020〕贵港市不动产权第 0012758 号	广西农垦集团有限责任公司	62.41
166	2020 年 7 月 21 日	桂〔2020〕贵港市不动产权第 0013145 号	广西农垦集团有限责任公司	0.5
167	2020 年 7 月 21 日	桂〔2020〕贵港市不动产权第 0013171 号	广西农垦集团有限责任公司	1.6
168	2020 年 7 月 21 日	桂〔2020〕贵港市不动产权第 0013174 号	广西农垦集团有限责任公司	0.74
169	2020 年 7 月 21 日	桂〔2020〕贵港市不动产权第 0013176 号	广西农垦集团有限责任公司	3.79
170	2020 年 7 月 21 日	桂〔2020〕贵港市不动产权第 0013178 号	广西农垦集团有限责任公司	0.69
171	2020 年 7 月 21 日	桂〔2020〕贵港市不动产权第 0013179 号	广西农垦集团有限责任公司	1.02
172	2020 年 7 月 27 日	桂〔2020〕贵港市不动产权第 0013603 号	广西农垦集团有限责任公司	2.23
173	2020 年 7 月 27 日	桂〔2020〕贵港市不动产权第 0013604 号	广西农垦集团有限责任公司	0.51
174	2020 年 7 月 27 日	桂〔2020〕贵港市不动产权第 0013605 号	广西农垦集团有限责任公司	1.41
175	2020 年 7 月 27 日	桂〔2020〕贵港市不动产权第 0013607 号	广西农垦集团有限责任公司	17.2
176	2020 年 7 月 27 日	桂〔2020〕贵港市不动产权第 0013616 号	广西农垦集团有限责任公司	4.29
177	2020 年 7 月 28 日	桂〔2020〕贵港市不动产权第 0013626 号	广西农垦集团有限责任公司	2.02
178	2020 年 7 月 28 日	桂〔2020〕贵港市不动产权第 0013628 号	广西农垦集团有限责任公司	9.98
179	2020 年 7 月 28 日	桂〔2020〕贵港市不动产权第 0013629 号	广西农垦集团有限责任公司	5.57
180	2020 年 7 月 28 日	桂〔2020〕贵港市不动产权第 0013630 号	广西农垦集团有限责任公司	3.74
181	2020 年 7 月 28 日	桂〔2020〕贵港市不动产权第 0013634 号	广西农垦集团有限责任公司	0.42
182	2020 年 7 月 28 日	桂〔2020〕贵港市不动产权第 0013668 号	广西农垦集团有限责任公司	0.69
183	2020 年 7 月 28 日	桂〔2020〕贵港市不动产权第 0013693 号	广西农垦集团有限责任公司	348.13
184	2020 年 7 月 29 日	桂〔2020〕贵港市不动产权第 0013725 号	广西农垦集团有限责任公司	17.52
185	2020 年 7 月 29 日	桂〔2020〕贵港市不动产权第 0013738 号	广西农垦集团有限责任公司	10.17
186	2020 年 7 月 29 日	桂〔2020〕贵港市不动产权第 0013739 号	广西农垦集团有限责任公司	21.5
187	2020 年 7 月 29 日	桂〔2020〕贵港市不动产权第 0013740 号	广西农垦集团有限责任公司	0.85
188	2020 年 7 月 29 日	桂〔2020〕贵港市不动产权第 0013742 号	广西农垦集团有限责任公司	4.36
189	2020 年 7 月 29 日	桂〔2020〕贵港市不动产权第 0013743 号	广西农垦集团有限责任公司	0.35
190	2020 年 7 月 29 日	桂〔2020〕贵港市不动产权第 0013744 号	广西农垦集团有限责任公司	84.73
191	2020 年 7 月 29 日	桂〔2020〕贵港市不动产权第 0013747 号	广西农垦集团有限责任公司	127.16
192	2020 年 7 月 30 日	桂〔2020〕贵港市不动产权第 0013812 号	广西农垦集团有限责任公司	11.38

（续）

序号	发证时间	证号	权利人	使用权面积（亩）
193	2020 年 7 月 30 日	桂〔2020〕贵港市不动产权第 0013816 号	广西农垦集团有限责任公司	5.18
194	2020 年 7 月 30 日	桂〔2020〕贵港市不动产权第 0013817 号	广西农垦集团有限责任公司	1.55
195	2020 年 7 月 30 日	桂〔2020〕贵港市不动产权第 0013827 号	广西农垦集团有限责任公司	18.42
196	2020 年 7 月 31 日	桂〔2020〕贵港市不动产权第 0013851 号	广西农垦集团有限责任公司	5.81
197	2020 年 7 月 31 日	桂〔2020〕贵港市不动产权第 0013858 号	广西农垦集团有限责任公司	11.34
198	2020 年 7 月 31 日	桂〔2020〕贵港市不动产权第 0013859 号	广西农垦集团有限责任公司	0.41
199	2020 年 7 月 31 日	桂〔2020〕贵港市不动产权第 0013861 号	广西农垦集团有限责任公司	1.98
200	2020 年 7 月 31 日	桂〔2020〕贵港市不动产权第 0013866 号	广西农垦集团有限责任公司	1.64
201	2020 年 7 月 31 日	桂〔2020〕贵港市不动产权第 0013868 号	广西农垦集团有限责任公司	46.86
202	2020 年 7 月 31 日	桂〔2020〕贵港市不动产权第 0013869 号	广西农垦集团有限责任公司	1.14
203	2020 年 7 月 31 日	桂〔2020〕贵港市不动产权第 0013870 号	广西农垦集团有限责任公司	3.29
204	2020 年 7 月 31 日	桂〔2020〕贵港市不动产权第 0013872 号	广西农垦集团有限责任公司	3.79
205	2020 年 7 月 31 日	桂〔2020〕贵港市不动产权第 0013873 号	广西农垦集团有限责任公司	1.27
206	2020 年 7 月 31 日	桂〔2020〕贵港市不动产权第 0013874 号	广西农垦集团有限责任公司	1.11
207	2020 年 7 月 31 日	桂〔2020〕贵港市不动产权第 0013875 号	广西农垦集团有限责任公司	2.63
208	2020 年 7 月 31 日	桂〔2020〕贵港市不动产权第 0013877 号	广西农垦集团有限责任公司	9.21
209	2020 年 7 月 31 日	桂〔2020〕贵港市不动产权第 0013878 号	广西农垦集团有限责任公司	0.64
210	2020 年 7 月 31 日	桂〔2020〕贵港市不动产权第 0013880 号	广西农垦集团有限责任公司	18.69
211	2020 年 7 月 31 日	桂〔2020〕贵港市不动产权第 0013882 号	广西农垦集团有限责任公司	1.73
212	2020 年 7 月 31 日	桂〔2020〕贵港市不动产权第 0013883 号	广西农垦集团有限责任公司	3.61
213	2020 年 7 月 31 日	桂〔2020〕贵港市不动产权第 0013884 号	广西农垦集团有限责任公司	4.83
214	2020 年 8 月 3 日	桂〔2020〕贵港市不动产权第 0013965 号	广西农垦集团有限责任公司	2.43
215	2020 年 8 月 3 日	桂〔2020〕贵港市不动产权第 0013966 号	广西农垦集团有限责任公司	4.02
216	2020 年 8 月 3 日	桂〔2020〕贵港市不动产权第 0013967 号	广西农垦集团有限责任公司	17.53
217	2020 年 8 月 3 日	桂〔2020〕贵港市不动产权第 0013970 号	广西农垦集团有限责任公司	1.29
218	2020 年 8 月 3 日	桂〔2020〕贵港市不动产权第 0013972 号	广西农垦集团有限责任公司	19.17
219	2020 年 8 月 3 日	桂〔2020〕贵港市不动产权第 0013973 号	广西农垦集团有限责任公司	3.6
220	2020 年 8 月 3 日	桂〔2020〕贵港市不动产权第 0013974 号	广西农垦集团有限责任公司	13
221	2020 年 8 月 3 日	桂〔2020〕贵港市不动产权第 0013978 号	广西农垦集团有限责任公司	3.63
222	2020 年 8 月 3 日	桂〔2020〕贵港市不动产权第 0013980 号	广西农垦集团有限责任公司	4.36
223	2020 年 8 月 3 日	桂〔2020〕贵港市不动产权第 0013981 号	广西农垦集团有限责任公司	15.53
224	2020 年 8 月 3 日	桂〔2020〕贵港市不动产权第 0013982 号	广西农垦集团有限责任公司	8.11
225	2020 年 8 月 4 日	桂〔2020〕贵港市不动产权第 0014050 号	广西农垦集团有限责任公司	1.47
226	2020 年 8 月 4 日	桂〔2020〕贵港市不动产权第 0014051 号	广西农垦集团有限责任公司	0.3
227	2020 年 8 月 4 日	桂〔2020〕贵港市不动产权第 0014053 号	广西农垦集团有限责任公司	0.61
228	2020 年 8 月 4 日	桂〔2020〕贵港市不动产权第 0014055 号	广西农垦集团有限责任公司	3.42

（续）

序号	发证时间	证号	权利人	使用权面积（亩）
229	2020 年 8 月 4 日	桂〔2020〕贵港市不动产权第 0014166 号	广西农垦集团有限责任公司	1.81
230	2020 年 8 月 25 日	桂〔2020〕贵港市不动产权第 0015536 号	广西农垦集团有限责任公司	181.48
231	2020 年 8 月 25 日	桂〔2020〕贵港市不动产权第 0015537 号	广西农垦集团有限责任公司	124.22
232	2020 年 8 月 25 日	桂〔2020〕贵港市不动产权第 0015543 号	广西农垦集团有限责任公司	151.86
233	2020 年 8 月 25 日	桂〔2020〕贵港市不动产权第 0015571 号	广西农垦集团有限责任公司	163.29
234	2020 年 8 月 25 日	桂〔2020〕贵港市不动产权第 0015585 号	广西农垦集团有限责任公司	138.01
235	2020 年 8 月 26 日	桂〔2020〕贵港市不动产权第 0015612 号	广西农垦集团有限责任公司	40.98
236	2020 年 8 月 26 日	桂〔2020〕贵港市不动产权第 0015617 号	广西农垦集团有限责任公司	218.76
237	2020 年 9 月 14 日	桂〔2020〕贵港市不动产权第 0016964 号	广西农垦集团有限责任公司	67.13
238	2020 年 10 月 26 日	桂〔2020〕贵港市不动产权第 0020506 号	广西农垦集团有限责任公司	144.42
239	2020 年 12 月 2 日	桂〔2020〕贵港市不动产权第 0023413 号	广西农垦集团有限责任公司	46.4
240	2020 年 12 月 3 日	桂〔2020〕贵港市不动产权第 0023451 号	广西农垦集团有限责任公司	2680.95
241	2020 年 12 月 3 日	桂〔2020〕贵港市不动产权第 0023528 号	广西农垦集团有限责任公司	84.54
242	2020 年 12 月 7 日	桂〔2020〕贵港市不动产权第 0023680 号	广西农垦集团有限责任公司	240
243	2020 年 12 月 11 日	桂〔2020〕贵港市不动产权第 0024019 号	广西农垦集团有限责任公司	758.08
244	2020 年 12 月 10 日	桂〔2020〕贵港市不动产权第 0024036 号	广西农垦集团有限责任公司	1246.43
245	2020 年 12 月 10 日	桂〔2020〕贵港市不动产权第 0024037 号	广西农垦集团有限责任公司	1194.79
246	2020 年 12 月 15 日	桂〔2020〕贵港市不动产权第 0024284 号	广西农垦集团有限责任公司	9.99
247	2020 年 12 月 15 日	桂〔2020〕贵港市不动产权第 0024304 号	广西农垦集团有限责任公司	191.24
248	2020 年 12 月 15 日	桂〔2020〕贵港市不动产权第 0024312 号	广西农垦集团有限责任公司	676.23
249	2020 年 12 月 15 日	桂〔2020〕贵港市不动产权第 0024314 号	广西农垦集团有限责任公司	340.96
250	2020 年 12 月 15 日	桂〔2020〕贵港市不动产权第 0024320 号	广西农垦集团有限责任公司	962.82
251	2020 年 12 月 21 日	桂〔2020〕贵港市不动产权第 0024507 号	广西农垦集团有限责任公司	593.4
252	2020 年 12 月 21 日	桂〔2020〕贵港市不动产权第 0024521 号	广西农垦集团有限责任公司	306.36
253	2020 年 12 月 21 日	桂〔2020〕贵港市不动产权第 0024523 号	广西农垦集团有限责任公司	356.3
254	2020 年 12 月 22 日	桂〔2020〕贵港市不动产权第 0024581 号	广西农垦集团有限责任公司	9.77
255	2020 年 12 月 28 日	桂〔2020〕贵港市不动产权第 0025284 号	广西农垦集团有限责任公司	591.39
256	2021 年 1 月 4 日	桂〔2021〕贵港市不动产权第 0000021 号	广西农垦集团有限责任公司	16.86
257	2021 年 1 月 4 日	桂〔2021〕贵港市不动产权第 0000025 号	广西农垦集团有限责任公司	770.88
258	2021 年 1 月 7 日	桂〔2021〕贵港市不动产权第 0000666 号	广西农垦集团有限责任公司	4.71
259	2021 年 1 月 18 日	桂〔2021〕贵港市不动产权第 0001625 号	广西农垦集团有限责任公司	140.91
260	2021 年 1 月 18 日	桂〔2021〕贵港市不动产权第 0001666 号	广西农垦集团有限责任公司	1794.23
261	2021 年 1 月 18 日	桂〔2021〕贵港市不动产权第 0001719 号	广西农垦集团有限责任公司	83
262	2021 年 1 月 18 日	桂〔2021〕贵港市不动产权第 0001727 号	广西农垦集团有限责任公司	675.55
263	2021 年 1 月 20 日	桂〔2021〕贵港市不动产权第 0001881 号	广西农垦集团有限责任公司	1475.26
264	2021 年 1 月 20 日	桂〔2021〕贵港市不动产权第 0001888 号	广西农垦集团有限责任公司	144.41

（续）

序号	发证时间	证号	权利人	使用权面积（亩）
265	2021年1月22日	桂〔2021〕贵港市不动产权第0002288号	广西农垦集团有限责任公司	54.34
266	2021年1月22日	桂〔2021〕贵港市不动产权第0002296号	广西农垦集团有限责任公司	9.86
267	2021年1月22日	桂〔2021〕贵港市不动产权第0002313号	广西农垦集团有限责任公司	27.14
268	2021年1月22日	桂〔2021〕贵港市不动产权第0002321号	广西农垦集团有限责任公司	25.76
269	2021年1月26日	桂〔2021〕贵港市不动产权第0002848号	广西农垦集团有限责任公司	2211.34
270	2021年1月26日	桂〔2021〕贵港市不动产权第0002849号	广西农垦集团有限责任公司	174.27
271	2021年1月27日	桂〔2021〕贵港市不动产权第0003100号	广西农垦集团有限责任公司	14.48
272	2021年1月28日	桂〔2021〕贵港市不动产权第0003196号	广西农垦集团有限责任公司	5.86
合计				96721.21

八、全场基本农田概况

2012年，西江农场基本农田分布在17个分场、单位，合计面积3876.5公顷，折合58147.5亩，统计如下（表5-5）。

表5-5　西江农场基本农田面积统计表（2012年统计）

序号	分场名称	面积（公顷）	面积（亩）
1	二分场	212.11	3181.65
2	三分场	322.02	4830.30
3	四分场	286.23	4293.45
4	五分场	454.70	6820.50
5	六分场	309.34	4640.10
6	七分场	338.89	5083.35
7	八分场	433.23	6498.45
8	九分场	351.09	5266.35
9	十分场	545.14	8177.10
10	十一分场	171.33	2569.95
11	清井分场	143.33	2149.95
12	前进分场	104.05	1560.75
13	林艺分场	78.65	1179.75
14	一种	18.34	275.10
15	二种	41.11	616.65
16	三种	25.67	385.05
17	奶牛场	41.27	619.05
合计		3876.50	58147.50

截至 2022 年 12 月，西江农场公司基本农田分布在 8 个分场，合计面积 3235 公顷，折合 48540 亩，统计见表 5-6。

表 5-6　西江农场公司基本农田面积统计表（2021 年 12 月统计）

序号	分场名称	面积（公顷）	面积（亩）
1	二分场	24	360
2	三分场	688	10320
3	四分场	94	1410
4	五分场	623	9340
5	六分场	663	9950
6	七分场	130	1960
7	八分场	399	5990
8	十分场	614	9210
合计		3235	48540

第三节　财务管理

一、固定资产投资管理

（一）固定资产管理

为规范西江农场公司固定资产的日常管理，防止国有资产流失，明确固定资产管理及使用的权责关系，2020 年 12 月 30 日，西江农场公司制定了《广西农垦西江农场有限公司固定资产管理办法（试行）》。

公司固定资产实行统一管理、分级负责与归口管理相结合的管理体制，财务账、管理部门台账、使用部门台账相统一，做到谁使用、谁维护、谁保管。固定资产管理的主要任务是：建立健全固定资产管理制度，及时掌握各类固定资产的质量和使用情况，保障固定资产的安全、完整。

固定资产是指公司及其下属单位所有购入、自行建造、融资租入、投资转入、无偿调入、接受捐赠、盘盈等单位价值在 3000 元以上，使用期限超过 1 年并在使用过程中长期保持原有物质形态的有形资产。符合以上条件但不构成独立登记对象的，一般应作为固定资产的附属设备，与固定资产构成同一登记对象。公司固定资产按经济用途分为生产经营性固定资产和非生产经营性固定资产两大类。主要包括房屋及建筑物、机器设备、运输工具、电子仪器设备、办公设备、家具、工具器具、社会性资产及其他等固定资产。投资性房地产中的房屋及建筑物在持有期间，应视同固定资产管理与维护。

固定资产管理内容包括：①管理职能分工。经营管理部是公司固定资产的管理部门，负责统筹固定资产实物管理工作；公司财务部及各子公司财务部是公司固定资产的核算部门，负责固定资产的价值管理工作；公司下属的分（子）公司、分场是本单位固定资产的使用单位。②购置和验收。各单位应按照"预算控制、按需采购"的原则，编制本单位的年度固定资产购置计划，按照内部管理制度规定履行相应决策程序后，逐级上报公司审批后纳入年度预算。③使用及保管。固定资产由使用单位和部门负责保管，使用单位和部门对固定资产的安全完整负直接责任。④清查盘点。经营管理部与财务部应定期对公司固定资产进行全面或局部的清查盘点，每年年末应当进行一次全面清查，保证固定资产账、卡、物三者相符。⑤处置。固定资产处置主要包括固定资产报废、转让、作价投资、对外捐赠等，具体规定按照《广西农垦集团有限责任公司国有资产处置管理办法（试行）》（桂垦发〔2019〕121号）执行。⑥监督与责任。公司财务部、经营管理部按照职责对所属单位固定资产管理情况进行监督检查。公司审计部门对固定资产的使用和处置进行审计。

2022年，西江农场公司对固定资产管理办法进行了修订，主要对入固定资产单位价值由原来的3000元以上修改为2000元以上，对固定资产日常管理进行细化，明确各级管理责任；增加固定资产维修及出租管理；细化了固定资产处置流程，账面价值低于3万元的，公司内部决策处置，高于3万元的，内部决策后报集团批复处置。

（二）项目投资管理办法

为了规范西江农场公司及下属分公司、控股子公司的投资行为，明确投资决策权限与投资管理责任，强化投资项目的事前、事中、事后控制，提高投资质量，防范投资风险，提升投资效益，实现企业战略目标，2019年12月18日，西江农场制定《广西农垦西江农场有限公司项目投资管理办法（试行）》。

本办法所称的投资，是指西江农场公司各部门和各分公司、控股子公司通过投入货币、实物、有价证券或无形资产等，获得相应所有权、经营管理权及其他相关权益的活动。主要包括以下几类：固定资产投资，包括基本建设投资、更新（技术）改造投资、购置不动产等；股权投资，包括出资设立全资或控股、参股各子公司，合资合作，对各子公司增资、股权收购、兼并等；其他类型投资，包括土地使用权、矿权、商标权、专利权等无形资产投资。

项目投资管理办法内容包括：项目的初选与年度投资计划。依据投资负面清单、企业发展战略和规划，从投资方向、投资规模、投资结构、投资回报和投资能力等方面，对各部门、各分、子公司年度投资计划进行汇总审核，将符合条件的项目列入公司年度投资计划，经过公司总经理办公会审议通过、报董事会审议通过，公司的所有投资项目都应坚持

"先计划、后投资"的原则，各单位、各部门应以公司的战略方针和长远规划为依据，综合考虑产业的主导方向及产业间的结构平衡，提前选择投资项目，谋划下一年度的项目投资计划、项目的立项与审批。纳入年度计划的投资项目实施前，必须经过项目的审批和立项、投资项目实施。

（1）对投资额在 50 万元（不含）以下项目，填报《西江农场有限公司投资项目建设审批表》办理项目预算送审。（由公司分管副总经理、总经理提出意见后报董事长审批）。

（2）对投资额在 50 万元（含）以上，200 万元（不含）以下项目，需提交建设项目简要分析，请示内容需包含：项目名称、项目地点、项目用地情况、项目投资概算、收益分析、可行性简要分析等基本情况。按"部门会审—总办会审批—董事会—行文批复"流程进行审批。

（3）对投资额在 200 万元（含）以上 1000 万元（不含）以下项目，需提交《项目建议书》（附件 3. 项目建议书编制指引）。按"部门会审—专题会研究—总办会审批—董事会—行文批复"流程进行审批。

（4）对投资额在 1000 万元（含）以上项目，需提交《项目建议书》《可行性研究报告》。按"部门会审—专题会研究—总办会审批—（党委会前置研究）董事会—行文批复"流程进行审批。

（5）对投资额在 2000 万元（含）以上项目，需提交《项目建议书》《可行性研究报告》。按"部门会审—专题会研究—战投委审议—（党委会前置研究）董事会—行文批复"流程进行审批。

200 万元（含）以上项目投资需经公司董事会通过后，按集团要求上报集团公司审批通过后方可实施。

20 万元以上（含）的投资项目应按《关于印发广西农垦集团有限责任公司招标管理办法（试行）的通知》（桂垦发〔2019〕78 号）执行办理、投资项目后评价管理。投资项目后评价参照《广西壮族自治区国有资产管理委员会监管企业投资项目后评价工作指引》（桂国资发〔2010〕11 号），结合公司实际执行、责任追究。结合公司实际，严格依照《中华人民共和国企业国有资产法》和《广西国有企业违规经营投资责任追究暂行办法》（桂垦法审发〔2018〕14 号）等规定开展国有企业违规经营投资责任追究相关工作。根据西江农场公司投资管理办法及投资负面清单（2022 年修订版），公司投资遵循价值和市场化理念，坚持效益优先，围绕农垦集团公司核定的主导产业进行整体的优化配置，提升各个板块业务能力，规范项目投资行为，着力提高投资回报水平，促进价值最大化。

事前：严格按照集团的投资管理办法执行申报项目审批流程。投委审议会议，涉及审议公司战略规划，投资项目立项预审、评审等事项的投资类议案，对投资建设的必要性及可行性充分讨论。项目申报部门提交项目的请示，公司董事会同意立项后，提交请示上报集团。获得集团预审批复，编制项目可行性研究报告及专家评审意见，附上董事会决议。获得集团项目批复再实施。

事中：公司加强对投资项目实施过程的管理，严格依法依规组织项目实施，出现的问题及时协调处置。公司定期对实施、运营中的项目进行跟踪分析，针对外部环境和项目本身情况变化，及时进行决策。如出现投资项目实现重大变化时，应当研究，重新报集团公司审批。预计投资额超过计划投资额度的 20% 的，重新申报集团批复同意。按集团要求，于每月 25 日将投资项目进度表上报集团战略发展部。公司加强投资事项的实施过程管理、项目质量管理、加强资金管理；确保如期、安全、高效地完成预定投资目标，确保项目质量达到规定要求，保证资金来源，建立风险管理机制，防范和控制投资风险；加强廉政建设，建立防腐体系。

事后：公司建立健全投资管理、经营管理、风控管理、三重一大、董事会下设专业委员会议事规则等相关制度。由企划发展部、财务部、法务审计部、经营管理部等组成联合小组，开展不定期专项检查，就授权范围内的投资项目及经营业务开展联合检查，实现风险控制及管理提升。

二、财政专项资金管理

西江农场在各个时期编制的经营管理方案或经济责任制实施办法等文本中，都有关于专项资金的使用和管理规定，并作为常态的财务管理制度坚持落实。

1. 专用资金管理办法　机器设备由各单位按规定计提并由各单位使用；固定资产折旧由各单位按规定计提，由场部安排使用；所有自筹资金（折旧留成、利润留成等）必须缴纳 15% 的能源交通税；固定资产更新改造基金必须缴纳 15% 劳动保护措施经费（由场安委会统一使用）；自筹基本建设基金必须按规定认购 15% 的重点企业债券，且一律存入建设银行，并按规定实行先存后批，先批后用，存足半年再用。严禁各单位挤占流动资金转固定资产投资或技术改造，杜绝自筹基本建设或技术改造超计划占用流动资金，凡有违犯者，除按银行规定加罚利息 50% 计入成本，将取消有关决策者及财务人员上浮工资一年。

后来，按中央规定，取消企业上缴国家能源交通资金和预算调节基金后，1995 年编制出台的《国营西江农场经济责任制实施办法》，关于专用基金的管理作出如下规定：专用基金提取使用，按生产和非生产性固定资产提取折旧基金，依照贷款投资项目评估报告已明确用利润、折旧还贷的，所提取折旧全留公司（或经营单位）用作归还贷款，其余折旧基金70％用现金或银行转账上缴财务科作农场集中使用，30％留公司，由公司安排使用，生产单位按规定提取大修理基金，由本单位掌握使用。农业机车计提大修理基金，由农贸公司统筹掌握使用。职工福利基金除按规定计提外，本单位属福利性经营所得收入，都要列入专用基金管理，对巧立名目，用变相手法来增加集体福利或不通过专用基金进行核算的做法，坚决制止并予纠正。用福利基金发给职工个人钱、物，一律按增加职工收入来统计。

2. 道路维修费的使用管理　西江农场内主要运输公路，田间道路维修费，按进厂原料蔗数量由西江糖厂按每吨1.00元计提。其中各分场按进厂料蔗数量每吨蔗0.80元做好田间道路维修计划，报批后按计划开支，超支不补。主要公路由行政办采取承包办法实施，2018年末西江农场公司化改制，主要公路移交至贵港市港北区政府管理。

3. 改制企业养老金医疗保险费管理　西江农场在深化改革进程中，实施场办工业改制后，先后有8家场办小工厂实现了改制。根据经济体制改革的新情况，农场制订了改制企业养老金保险费、工伤保险费、医疗保险费的管理办法：主要是规定，在改制企业的养老、工伤、医疗保险费未能单独向社保、医保机构缴纳之前，暂由农场代其办理缴费手续。各单位应缴的养老保险费以社保机构当年核定收入为标准，按28％缴养老保险费；工伤保险费按社保机构核定标准缴纳；应缴医疗保险费以贵港市医疗保险机构当年核定医保费，按全场在职职工人均数上缴。两项保险费用，改制企业应在每月25—30日到农场劳资部门和财务部门办理交费事宜，对拖欠缴费的按欠费总额每日3‰收取滞纳金。

三、税费改革资金管理

1. 规范税费改革运作　西江农场根据国务院办公厅国办发〔2006〕125号文件和自治区人民政府桂政发〔2006〕46号文的规定及自治区农垦局的指示精神，于2006年6月中旬成立了农场税费改革领导小组及办公室。经调查研究，根据西江农场的实际情况，2007年初制订了《广西农垦国有西江农场深化税费改革实施方案》文件，于2007年7月20日场第十二届二次职工代表大会审议通过，并报请自治区农垦局审批，自治区农垦局以垦企管发〔2007〕37号文批复同意执行。西江农场颁布施行的税改实施办法，主要从下列十一个方面进行规范：税费改革的指导思想与基本原则、农场税费改革内容、税改前农工负担基本情况、税费改革农工减负情况、税改后的收费项目及标准、落实农工减负办法、规范税费改革财政补贴资金支出、改革的配套措施、建立健全审核及监督制度、操作步骤、税费改革组织机构及协调工作。

2. 农场税改的重要内容　全面落实取消农业税。从 2006 年算起，全部免除农工承担的类似农村乡镇"五项统筹"（包括九年义务教育、计划生育、优抚、民兵训练和农场道路建设）的收费，2006 年已向农工收取的"五项统筹"费用，要全额予以退还。

农场因免除农工"五项统筹"收费而减少的收入，由国家财政下拨税费改革补助金给予适当补助。补助金按规定用于"五项统筹"的项目费用开支，并要做到专款专用，专户核算。

税改后，面向有劳动合同关系的农工收费项目统一为四项：社保福利费、生产经营费、农场管理费、社政管理费。四项收费除农工自身受益的社保福利费外，其他三项收费的总体水平以 2005 年的收费标准减除农工"五项统筹"收费的收费上限，实行限额控制。

与农场不存在劳动合同关系的其他农业从业人员，按市场运作或通过竞标的办法，收取土地租赁费。

3. 税改前农工负担基本情况　税改前与西江农场有劳动合同关系的农工 861 人，收费方式为每亩上交 0.85 吨甘蔗（甘蔗岗、剑麻岗收费一样），农场应向农工收费总额是 568.8 万元。在应收费总额中，"五项统筹"收费数额 246 万元，人均负担 2857 元。税改前甘蔗承包岗位平均每岗 15 亩地，按平均亩产 6.5 吨计，人均负担 6607 元，平均每亩负担 440.47 元（甘蔗岗与剑麻岗人均负担、亩均负担都相同）。

4. 税改减负实施办法　从 2006 年起，西江农场按照农工承担"五项统筹"费用水平，通过免除部分收费项目，调整收费标准和补贴等办法，减轻农工负担。

甘蔗：全部免除"五项统筹"费每人 2048 元，全场减负总额 173.9 万元；对进厂原料蔗给予补贴，按 2006/2007 年榨季甘蔗给予适应补贴，每吨给予补贴 8.3 元，补贴总额 68.7 万元，平均每人补贴 809 元；甘蔗承包岗位减负总的情况是：2006 年甘蔗固定承包岗位 849 人，平均每岗位定额 15 亩，全场甘蔗固定承包岗位减负总额 242.6 万元，平均每人减负 2857 元，减负幅度为 42.1%。

剑麻：全部免除"五项统筹"费每人 2048 元，此项全场减负总额 2.46 万元；剑麻承包岗上交剑麻片每亩 6.5 吨，每吨给予补贴 8.3 元，补贴总额 9708 元，平均每人补贴 809 元；剑麻承包岗减负总的情况是：2006 年剑麻固定承包岗位 12 人，平均每岗位定额 15 亩，全场剑麻固定承包岗位减负总额 3.4 万元，平均每人减负 2857 元，减负幅度为 42.1%。

5. 建立农工减负的长效机制　为了真正能够保障税费改革实施后，农工的减负落到实处，负担不再反弹，西江农场从税改的体制上建立和加强监督保障机制：

成立农场税改办事机构，制订了《广西农垦国有西江农场深化税费改革实施办法》，经西江农场第十二届二次职工代表大会审议通过，并呈报自治区农垦局批准在案，成为农场税费改革的纲领性章程。

实行公示制度，每年的应收费项目、收费标准都在场务公开专栏张贴，接受社会和广大群众监督。

给农工发放《农工负担手册》，农工应负担的项目、数额皆在手册内载明，增加透明度，杜绝"暗箱操作"，同时申明，凡是手册以外的收费，农工可以拒付。

表 5-7　西江农场 2007—2020 年税费改革相关数据表

年度	税改前人均负担（元）	人数	免除"五项统筹"总额（万元）	"五项统筹"人均免除（元）	甘蔗、剑麻补贴总额（万元）	甘蔗、剑麻人均补贴（元）	平均每人减负（元）	减负幅度
2007	6607	858	238.09	2775	64.70	754	3529	53％
2008	6607	822	228.91	2785	62.20	757	3542	54％
2009	6607	758	237.54	3134	56.99	752	3886	59％
2010	6607	706	217.67	3083	52.22	740	3823	58％
2011	6607	671	143.12	2133	50.32	750	2883	44％
2012	6607	617	140.83	2282	46.16	748	3030	46％
2013	6607	554	173.35	3129	41.60	751	3880	59％
2014	6607	501	156.19	3118	37.47	748	3866	59％
2015	6607	457	142.12	3110	34.10	746	3856	58％
2016	6607	423	131.36	3105	31.50	745	3850	58％
2017	6607	392	122.18	3117	29.30	748	3865	58％
2018	6607	349	109.22	3130	26.20	751	3881	59％
2019	6607	328	102.33	3120	24.50	748	3868	59％
2020	6607	326	0	0	24.50	752	752	11％

注：西江农场公司于 2018 年底将社会职能移交贵港市港北区政府，因 2019 年处于过渡期仍有免除"五项统筹"项数据，2020 年开始无免除"五项统筹"项数据。

四、财务制度建设

（一）公司化改制前的财务制度

西江农场根据财政部颁布施行的《企业会计制度》和《农业企业会计核算办法》规定的原则精神，从农场的实际出发，历年来制订了一系列财务规章制度，从而加强了农场财务管理和经济核算，规范所属各单位和财务人员的行为。

根据西江农场印行的《财务管理制度汇编》，系历年来农场在财务制度建设方面的集成，共编制了 13 部（件）财务规章制度文本，形成了严谨的财务管理体系：《西江农场财务管理办法》《西江农场会计工作管理体系》《西江农场会计账务处理程序》《西江农场会计牵制制度》《西江农场财务会计稽核制度》《西江农场原始记录管理制度》《西江农场定额管理制度》《西江农场计量验收制度》《西江农场财产清查制度》《西江农场财务收支审批制度》《西江农场成本核算制度》《西江农场财务会计分析制度》《西江农场财务人员职业道德规范》。

1.《西江农场财务管理办法》 本管理办法共九章四十九条款。对农场流动资金、固定资产、成本与费用、营业收入利润及分配、家庭农场财务、财务报告与财务评价、财务检查与监督等项作出全面规范，是农场财务制度的纲领性文件。

2.《西江农场会计工作管理体系》 本体系主要明确会计核算和会计监督职责，明确企业领导对会计工作的主要责任，明确会计核算的组织形式，共由 10 个部分组成：场长、财务副场长的领导职责，会计机构负责人职责及权限，主办会计的职责和权限，会计核算的组织形式，会计工作交接制度，会计人员回避及轮换制度，会计档案管理制度，会计工作岗位考核办法，现金管理制度，银行存款收支结算管理制度。

3.《西江农场会计账务处理程序》 账务处理程序共有 6 项规定。①全场统一使用《农业企业会计制度》设置的会计科目。②统一使用农场按照财务制度要求印刷的《西江农场记账凭证》。③根据《西江农场财务管理办法》的要求，办理会计核算，统一使用借贷记账法登记账簿。④会计账簿设总分类账、明细分类账和日记账，编制报表，农业分场编制季报和年报，季报须在 5 天内报出。⑤工副业单位编制月报和年报，月报在月末 5 日内报出，年报统一在年末 15 日内报出。⑥财务评价指标的设置，执行《农业企业会计制度》设置的财务评价指标。

4.《西江农场财务会计牵制制度》 本制度订立有 6 款条文。①对会计人员的任职、聘用，要严格执行《会计人员任用回避和轮换制度》。②会计人员必须持证上岗，尚未获得有效会计资格证书的人员不得担任会计工作。③出纳员按规定办理现金收支业务，把好收支的第一道关口。④会计要严格审核付款凭证，首先审核凭证来源的真实性和开支的合法性，其次根据农场财务管理有关规定和制度审核其开支范围和金额大小。⑤发票管理员要认真负责保管发票、收据以及其他有效票证。⑥收入现金要及时开具发票或收据，及时进行账务处理。

5.《西江农场财务会计稽核制度》 本制度从下列三个方面进行规范。①会计稽核工作的组织和分工：稽核工作由场财务核算中心负责实施，财务核算中心主任负责并指定专人兼职稽核工作。②会计稽核工作的职责和权限：稽核人员负责农场的财务收支、会计核算、会计报表等会计业务的合法化、规范化进行审核，督促会计岗位工作人员严格遵守财税法规，执行农场实施方案和各项规定。③会计稽核工作的要求和方法：稽核工作人员要熟悉《会计法》和有关的财税法规，了解农场生产经营方案和各项管理制度，严格审核日常会计业务，会计凭证、会证账簿、会计报表和其他会计资料的内容是否合法、真实、准备、完整、手续是否齐全。

6.《西江农场原始记录管理制度》　农场为了规范直接反映生产经营活动的最初记录，特订立了原始记录管理制度。本制度共有 4 项规定。①原始记录的内容和填制方法：原始记录包括过磅单、验收单、领料单、调拨单、收发登记簿、物资（产品）盘点表、物资（产品）收发月报表，还包括工时消耗费用开支、质量检验等。②原始记录的格式：主要有业务发生日期、填单序号、收发料单位名称、材料类别、品名、规格、计量单位、数量、单价、金额、相应的业务主管人签字、经手人签字等。③原始记录的审核：原始记录传递的各个环节负有审核的责任和权利，财务会计在收到原始记录单后，应审核原始记录内容是否符合规定，数量单位金额计算是否正确。④原始记录签署、传递、汇集要求：原始记录填制后，经业务主管审核准确无误，签字给予办理，根据项目、类别进行汇集，编制汇总表，分别传送有关部门。

7.《西江农场定额管理制度》　本制度根据《会计法》和国家统一财务制度的规定，结合农场实际，做出如下要求。①定额管理的范围：包括劳动定额、物耗定额、成本费用定额、人员定额、工时定额、旅差补助定额等。②定额制订的依据、方法、程序：制订定额指标必须依照国家和自治区有关部门颁布统一定额标准，参照同行业先进的管理水平，结合农场连续三年的定额指标执行情况，制订出先进合理的定额指标。定额指标颁布实施后，控制各种材料的领用和各项费用的开支，由经费、财务部门会同有关方面，对各单位的定额指标执行情况进行考核。

8.《西江农场计量验收制度》　本制度的制订，对保护农场财产物资的安全、完整有着重要作用。①计量检测手段和方法：场生产技术部门负责全面计量工作，负责定期调试、检测、维护各种衡器、量具和监控计量仪表，保证器具的公证、合法、准确。②计量验收管理要求：物资的收发过程要执行国家标准计量制度，使用统一的计量单位，认真核对发票账单与实物规格、数量、质量是否相符后，才能填制验收入库。计量验收工作人员必须按照有关计量和财务制度进行计量验收，做好物资保管工作，对不严格按照规定进行计量验收，造成账物不符合经济损失的，要查明原因承担责任。

9.《西江农场财产清查制度》　本制度共订立 11 项规定。①通过对实物、现金的实地盘点和对银行存款、往来款项进行核对，确定各项财产物资、货币资金和债权债务的实有额。②企业要定期与不定期对单位的财产物资、货币资金和债权债务进行全面清查和局部清查。③每年至少要在年末进行一次财产全面清查或根据特定的需要不定期进行全面清查。④财产清查前成立清查组，明确职责，合理安排。清产过程中要进行监督、检查、指导，清查结束后，提出处理意见和建议。⑤清查准备工作：各部门记录依据，财产保管部门将各种手续办理齐全，实物整理齐全，准备有关横器具和所需的登记表。⑥清查财产物资时，物资保管员或出纳员应在场，并登记盘点表。银行存款日记账应与银行对账单核对。清查债权债务，可通过询证、函证核实，并登记"结算款项核对登记表"。⑦财产清查后，对于出现的差异要查明原因和责任，及时调整账面记录。⑧查明各项财产物资的储备和利用情况。⑨查明财产物资有无挪用、贪污、盗窃以及毁损、变质和浪费情况。⑩查明各种往来款项的结算是否正常，避免发生长期拖欠债权、债务和坏账损失的发生。⑪查明财产物资的验收、保留、调拨、报废以及现金出纳账款结算等手续制度的贯彻和落实情况，提高管理水平。

10.《西江农场财务收支审批制度》 财务收支审批制度共有9项。①建立健全财务收支审批制度章程，把握财务工作的关键环节。②财务收支审批范围，为企业生产经营过程中所有涉及款项收付的业务工作。③明确单位负责人、分管财务工作的单位领导人和财务机构负责人为财务收支审批的审批人。④明确审批人的审批权范围和审批的最高限额。⑤一般付款业务，先由具体经办人报批，填写"付款审批表"，经办人签字，经有关部门有关人员进行审核签字，报请审批人付款。⑥物资采购应取得合法原始凭证后，应办理入库手续，采购经办人、物资保管员及采购部门负责人分别签字，报财务部门审批无误后，报请审批付款。⑦一般开支在取得合法原始凭证后，经办人填清事由，验收人进行验收，财务部门审核，报请审批付款。⑧特殊情况如相关审批人不在，可经单位负责人授权，由其他领导临时代理审批手续。⑨严格依照程序办理业务，防止程序混淆，各环节相关人员要把好关，堵塞漏洞，防止不法事件发生。

11.《西江农场成本核算制度》 本制度做出下列规定。①实行成本核算的单位，应当以产品生产的生产费用作为核算对象，设置成本会计，建立成本核算制度。②应根据生产的特点和管理体制的要求来确定成本计算方法。③成本核算部门应定期进行成本分析和考核，及时反馈，实现"算管结合，算为管用"。④正确划分生产性和非生产性费用；正确划分各个期间费用界线；正确划分各种产品间的费用界线；正确划分完工产品和在产品的费用界线。⑤正确确定财产物资的计价和价值结转的方法。⑥制订和修订产品消耗定额，编制成本计划；建立健全材料、物资的计量收发、领退和盘点制度；做好原始记录的登记、传递、审核和保管工作，形成制度化。⑦定期编制成本报表，进行成本分析，考核成本、费用计划的执行情况。

12.《西江农场财务会计分析制度》　本制度共有 7 项规定。①通过对财务会计报表有关数据资料对本企业的经济过程和结果进行分析，促进企业内部管理加强，为企业外部投资者提供决策依据。②财务分析的主要内容包括对资本结构进行分析，对资金运用进行分析，对获得能力进行分析，对偿债能力进行分析，对发展能力进行分析。③财务分析要因地制宜、因事制宜，定期与不定期对企业经济活动进行分析。④依据会计报表资料，日常核算资料，核算外资料进行财务分析。⑤进行财务分析时应拟定分析的内容及所包含的详细项目。⑥注意收集积累各个时期的各种资料，根据分析的需要进行整理归类加工。⑦对企业业绩进行分析评估作为财务分析的关键，在分析、研究、评估的基础上，对企业经济活动的结构给予评价。

13.《西江农场财会职业道德规范》　关于财会人员的职业道德规范，农场制订有 14 条[①]规定。①建立财会职业道德，强化道德约束，防止和杜绝财会人员在工作中出现不道德行为。②顾全大局，不能为了局部利益或个人私利损害全局利益。③讲究信用，维护社会利益和消费者的正当权益。④要正确处理国家、集体和个人三者的利益关系。⑤财会人员要真正为企业当家理财，千方百计开动脑筋增加收入，想办法为企业生财和提高经济效益服务。⑥精打细算，勤俭理财，对各项开支要严格把关，尽量避免可能造成的各种损失和浪费。⑦实事求是，如实反映经济活动，做到数据准确，资料完备，账目清楚，账实、账证、账账、账表相符。⑧坚持原则，反对和纠正乱挤成本，截留收入，乱发钱物，损害农场和集体利益等违背社会主义公德的现象。⑨财会人员要努力学习并熟悉《会计法》和相关的法律法规、政策、规定，争取领导和群众的理解和支持。⑩坚持财会制度，维护财务纪律，坚决按照国家的财经方针和政策和统一的财务规章制度办事。⑪不徇私情，不谋私利。⑫热爱财会工作，刻苦钻研业务。⑬树立高度的责任感和使命感，不断开拓财会工作新局面。

（二）公司化改制后的财务制度

西江农场公司化改制后，于 2019 年出台了一系列财务管理文件，根据西江农场公司 2019 年管理文件汇编新增（修订）财务管理文件的有 8 部（件）：《财务管理制度（试行）》《财务印章和票据管理办法（试行）》《差旅费管理办法（修订试行）》《会计档案管理办法（试行）》《网上银行管理办法（试行）》《财务内部牵制管理办法（试行）》《公务借款管理办法（试行）》《财务检查制度》。

---

①　第 14 条规定具体内容已不可考。

1.《财务管理制度（试行）》 为规范农场公司的经济行为，强化内部财务管理，明确公司与所属子分公司的财务责任和义务，充分调动各方面的积极性，根据相关法律法规及集团公司的相关制度制定本制度，共十四章六十七条款。对农场财务管理机构和人员、会计核算、内部牵制、会计稽核、全面预算管理、资金管理、存货管理、投融资管理、固定资产管理、会计档案管理、会计信息保密等项作出全面规范，是农场公司财务制度新的规范性文件。

2.《财务印章和票据管理办法（试行）》 为规范财务印章的使用和管理，确保公司资金安全，制定本办法，共五章九条款，对财务印章的管理、银行票据的管理、增值税发票和收款收据的管理、责任追究这四个方面的工作进行规范。财务印章管理遵循"专职专管、监督使用、妥善保管"的原则，对财务印章的分类、制作、保管、使用等进行规定；银行票据管理分为纸质票据和电子票据，对其购入、开具、使用、保管等进行规定；增值税发票的领购、领用、开具、保管、缴销需严格遵守相关规定，公司收款收据的印制、购买、领用、填写等进行规定；公司财务部为各单位财务印章和票据管理的督导部门，不定期检查各单位财务印章和票据管理使用情况，对不规范的业务行为提出处理意见，根据责任大小追究相关责任部门和经办人员责任。

3.《差旅费管理办法（修订试行）》 本办法根据自治区财政厅《关于调整自治区本级党政机关差旅住宿费标准等有关事项的通知》（桂财行〔2015〕123号）修订，为适应公司发展需要，结合公司实际，对工作人员临时到常驻地以外地区公务出差所发生的城市间交通费、住宿费、伙食补助费和市内交通费等进行修订，共八章三十一条款。城市间交通费：出差人员乘坐交通工具费用的规定；住宿费：出差人员入住宾馆等房租费用的规定；伙食补助费：出差人员出差期间给予伙食补助费用的规定；市内交通费：出差人员出差期间发生市内交通费用的规定；报销管理：出差人员严格按规定开支差旅费，财务部门对出差人员的差旅费严格审核的规定；监督问责：加强对本单位出差人员出差活动和经费报销的内控管理，相关领导、财务人员等对差旅费报销进行审核把关，法务审计部会同有关部门对各单位差旅费管理和使用情况进行监督检查，有违反本办法行为的由纪检监察部会同有关部门进行处理。

4.《会计档案管理办法（试行）》 为加强会计档案管理，保证会计档案的安全和完整，根据《会计法》《会计档案管理办法》等法律和要求制定本办法，共十七条款。主要内容是：会计档案分为纸质会计档案和电子会计档案，明确应当归档的种类、范围、整理、保管、期限、查阅、移交、交接、销毁等规定，确保其准确、完整及安全；规定档案管理机构管理会计档案的工作职责；企业之间交接会计档案，交接双方按照规定办理交接手续的内容与流程等。

5.《网上银行管理办法（试行）》　为保证公司资金安全，加强公司银行账户网络支付业务的管理，规范公司网银业务操作，根据《中国人民银行支付结算办法》等相关规定，结合公司实际，实行集中管理、分级负责、确保安全、讲求效益的基本原则，本办法共七章十四条款。主要内容是：网银的开通与使用管理；网银的日常操作流程；网银业务重复操作的审批管理权限；网银工作交接需办理交接手续；公司财务部定期或不定期对所有网银账户进行检查，如发现未按规定的情况，按责任大小由直接负责人赔偿经济损失。

6.《财务内部牵制管理办法（试行）》　为加强财务管理、减少差错、防止舞弊，保护公司财产的安全和会计信息的真实，同时遵循机构分离、职务分离、钱账分离、账务分离的原则，对实物牵制、人员牵制、程序牵制制定了本办法，共五章十八条款。主要内容是：涉及货币资金业务的有关银行票据、发票、收据等财务票据及印章应分别由不同的会计人员管理；网银的制单及复核操作 KEY 由不同会计人员保管，网银支付建立二级以上复核机制；实物资产遵守定期盘点清查制度，保证账实相符；对于一项经济业务，要求由不同的人员共同分工负责，明确以岗定责、职责分明、相互牵制、定期轮岗；要求所有的业务活动要建立切实可行的流程，每项业务的处理必须经过授权、批准、执行、记录和检查五个步骤。

7.《公务借款管理办法（试行）》　为规范农场公司公务借款程序，加强公务借款的管理，提高资金使用效益，减少资金占用，对因办理公务事宜借支的临时性借款作出明确规定，本办法共五章十八条款。主要内容是：公务借款包括差旅费借款、零星采购及支付劳务费用借款、备用金借款、其他临时性借款；明确每种公务借款的程序；借款后续的销账处理时限及程序要求；借款必须在前款结清之后方可再借，确因业务需要的须向财务部书面说明原因，经审批同意后方可办理；对逾期未还且不办理销账手续或还款手续的借款人，根据责任大小进行相应处理。

8.《财务检查制度》　为规范财务管理和会计核算，加强财务会计工作的监督和检查，确保财务管理和会计核算工作合法、合规、合理，促进财务管理水平不断提升，依据相关法律法规制定本制度，共五章二十五条款。主要内容是：明确财务检查的内容，包括会计基础工作检查、货币资金检查、销售与收款业务检查、采购与付款业务检查、存货业务检查、固定资产检查、对外投资业务检查、成本费用核算情况检查、筹资业务检查、专项资金检查、内控制度的执行情况检查、税费缴纳情况检查、工程建设项目检查、法务监督检查、整改落实情况检查；检查方式包括定期检查和不定期检查；检查工作的程序要求，制定检查计划后实施检查，做好检查记录，检查完后形成书面检查报告，作出客观、公正评价，对存在的问题提出处理意见。

五、财务预算与决算

（一）公司化改制前的财务预算与决算

1. 预算管理　资金预算管理是单位管理工作的核心内容，西江农场在加强制度建设中，专项制订了《资金预算管理制度》实施方案，规范经营活动和财务活动未来情况进行预期并控制的管理行为安排。本管理制度订立有七项规定。

①目的及依据：为提高本单位经营绩效及配合财务中心统筹和灵活运用资金，各单位除应按年编制年度资金预算外，并应逐月编制资金预算表。

②资金范围：本制度所称资金系指库存现金、银行存款及随时可变现的有价证券。

③业务预算：业务预算是反映预算期内可能形成现金收付的生产经营活动的预算，包括：销售或营业预算、生产预算、制造费用预算、产品成本预算、营业成本预算、采购预算、期间费用预算。

④资本预算：资本预算系单位在预算期内进行资本性投资活动的预算。单位如有国家基本建设投资、国家财政生产性拨款，应当根据国家有关部门批准的文件、产业结构调整政策、单位技改方案等资料单独编制预算。

⑤筹资预算：筹资预算系单位在预算期内需要新借入的长短期借款的预算，主要根据单位有关资金需求资料、期初借款余额及利率等编制。

⑥财务预算：财务预算主要以现金预算、预计资产负债表和预计损益表形式反映。现金预算是按现金流量表主要项目内容编制，反映预算执行单位预算期内一切现金收支及结构的预算；预计资产负债表是按照资产负债表的内容和格式编制，综合反映预算执行单位期末财务状况的预算报表；预计损益表是按照损益表和格式编制反映预算执行单位在预算期内利润目标的预算报表。财务指标预算：财务指标有简单指标，如净利润、管理费用等，有些指标时复合指标，把这类指标也列入预算，能较全面地了解和掌握预算执行单位的财务状况和获利能力。

⑦资金调度：各单位经营资金由农场最高主管筹划，并由财务部协助筹措调度；将有关银行贷款额度、可动用资金、定期存款余额等资料编列"企业资金收支报表""企业资金预算报表"呈场长核阅，作决策的参考。

2. 财务决算　财务决算是财务计划和企业财务预算的执行结果。组织实施财务决算工作，是西江农场经营管理的一项重要制度，现已形成常态化和规范化财务决算。财务决算的主要内容是根据当年经济运行情况进行的，大体有如下几个项目。

①生产经营情况：农业生产经营情况、工业生产经营情况、商业经营情况、房地产开发运作情况、其他方面经营情况。

②经营效益情况：主营业收入、利润实现情况、费用开支情况、其他方面收支情况。

③税金缴纳情况：该年度实际缴交各项税金总额，其中营业税、城建税、教育费附加等分别罗列。

④专用拨款使用情况：全年共得到各种财政拨款总额，其中拨款的项目、各项目分别拨款多少以及专款使用情况等罗列清楚。

⑤财务状况分析：主要是讲当年的各种财务动态，如"三项资金"占用、存货余额、长期投资额、年末固定资产、短期借款余额等的变化情况，加以表述分析。

⑥所有者权益变动情况：主要是所有者权益净增加额或减少额，例如资本公积增加额、实现净利润增加所有者权益额或因亏损减少所有者权益等的变动情况。

⑦完成自治区农垦局下达任务指标情况：在企业管理、生产经营管理过程，场长任期目标责任执行期间，自治区农垦局下达的工农业生产指标、利润（或减亏）指标和资产负债率等指标完成情况，是财务决算表述的一项重要内容。

（二）公司化改制后的财务预算与决算

1. 全面预算管理　根据国家相关法律法规和《企业内部控制基本规范》以及农垦集团全面预算的规定，结合公司实际情况，2019 年西江农场公司出台了《全面预算管理实施办法》。全面预算是指公司对一定期间的经营活动、投资活动、财务活动等作出的预算安排。包括经营预算、投资预算、资金预算和财务预算四大类。

①经营预算：经营预算是日常经营活动方面的预算，主要包括收入 预算、成本预算、费用预算等。

②投资预算：投资预算是指在未来一定时期内投资活动的详细计划，主要包括固定资产的购建、对外股权债权投资、基建项目投资，无形资产投资、固定资产大修与改良以及预计取得的投资收益（损失 ）等。

③资金预算：资金预算是在未来一定时期内一系列经营、投资、融等经济活动产生的财务现金收付的详细计划，是根据经营预算，和投资预算基础上编制。资金预算主要包括现金收入预算、现金支付预算、筹资措施预算等。资金预算中的现金包含库存现金银行存款、可随时变现的有价证券等。

④财务预算：财务预算是全面预算的总预算，是在未来一定时期内，预计的财务状况、经营成果及现金收支情况等价值指标的综合说明，包括预计资产负债表、预计利润

表、预计现金流量表。

2. 财务决算　财务决算是对会计年度内公司的经营成果及财务状态进行综合总结。根据自治区国资委公开招标确定的集团公司年度财务决算审计服务商，委托会计师事务所开展决算审计并出具报告。财务决算报告主要包括财务决算审计报告、财务决算专项说明审计报告、企业负责人薪酬管理专项审计报告、工资总额预算管理专项审计报告、管理建议书。

第四节　审计监督

一、审计机构及队伍

西江农场为加强内部审计工作，对农场资金财产的完整和财务收支计划及经济效益进行有效监督，于1987年8月开始设置审计机构。审计科成立时，配备有3名干部，专责开展审计业务。从1987年8月至2008年8月，先后担任审计科科长的有赖均铎、徐勇彬、林少明、李祖坚4人；先后担任审计科副科长的有刘仲贤、吴德隆、李祖坚、谢奇、邱敏5人。

2008年9月，遵照自治区农垦局的指示，农场进行机构大改革，自治区农垦局下文，成立西江农场效能监察审计室，由吉文星兼任效能监察审计室副主任。根据新时期审计工作的要求，企业单位要建立效能监察审计工作责任体系。西江农场效能监察审计室按照农垦工委提出的"分片设立，综合履行职能；双重领导，以委局直管为主；人事关系不变，工资福利参照驻点单位，考核奖励单列落实"实施办法，具体负责开展有关单位的效能监察审计工作，形成工委统一领导、农场直接领导、党政齐抓共管、纪检组织协调、职能部门配合、职工群众参与的工作机制。

2008年10月31日，经自治区农垦局批示，任命杨立军担任西江农场效能监察审计室副主任至2013年6月。

2013年6月至2017年5月，吉文星兼任西江农场效能监察室主任，林少明担任效能监察审计室副主任。

2017年5月，将效能监察审计室分设为纪检监察室和审计科。

2017年5月至2017年12月，林少明担任纪检监察室主任兼审计科主任。

2017年5月至2018年3月，罗福光担任纪检监察室副主任，2018年3月至今担任纪检监察室主任。

2018年3月至2019年1月，梁颐婷担任西江农场审计科副科长。

2019年1月，因农场公司化改制，撤销审计科，设立法务审计部，梁辉担任法务审计部部长至2022年8月。

2022年8月，伏军担任法务审计部部长至今。

二、审计制度

西江农场在建立健全审计工作机构以后，制订了《内部审计工作制度》的纲领性文件，确立了农场审计工作宗旨，规范效能监察审计机构基本任务、职责与权限，为本企业内审工作的准则。该工作制度共有八项规定：①以《中华人民共和国审计法》《审计署关于内容审计工作规定》以及《内部审计基本准则》等来规范农场审计行为；②审计人员要坚持"强化监督、服务企业"的宗旨，推动审计工作的开展；③审计人员必须忠于职守、坚持原则、客观公正、实事求是、廉洁奉公、保守秘密、遵守审计准则；④对本单位及所属单位的财务收支及有关经济活动进行审计；密切配合上级审计机关对本单位及所属单位的审计工作；⑤有权制止正在进行的严重违反财经法规和相关管理制度行为，并对负有责任的单位、部门和个人给予通报批评或提出追究建议，向本单位负责人报告；⑥对违反国家法律法规和本部门、本单位规章制度的行为，视情节轻重依法处罚；⑦审计部和审计人员违反本单位规章制度由本单位给予行政处分；⑧违反有关法律法规的，按法律法规的规定执行。

2019年农场公司化改制后，西江农场公司印发了《内部审计制度》，确立了农场公司审计工作总则、审计机构和人员的职责和权限，审计的类型和方式、实施程序、档案管理、附则共七章内容，为公司内部审计工作的准则。该工作制度做了如下规定：对内部审计的含义进行了解释，明确了接受内部监督的范围；公司设立法务审计部，为公司的内部审计机构，并配备专职审计人员；规定了审计部门的九项职责和六项权限；审计的类型包括内部控制制度审计、财务收支审计、基建工程审计及其他专项审计；审计方式有报送（送达）审计和就地审计；审计程序包括制定审计工作方案、成立审计小组、实施审计、出审计报告；要求编制年度审计目录、建立审计档案；本制度从2019年10月30日起执行。

三、业绩考核及效益审计

西江农场审计机构根据自身基本任务与职责界限，坚定地贯彻执行上级部署和场领导的指示，开展业绩考核及效益审计工作。西江农场效能监察审计室根据"三化一中心"的管理要求，全面落实"以制度管人，以制度管事"的理念，制定了农场《管理人员月工作目标及绩效考核办法》，从 2010 年开始，逐月对场属各单位、场部机关各部室进行绩效考核，推动了各单位、各部室的工作成效。根据农场总体目标层层分解到各单位（部门），对全场管理人员进行月绩效工作目标考核，阶段性工作目标考核和年度"双文明"目标责任考核，按照考核工作流程，每月的工作目标由绩效小组听取汇报后分别到各岗位检查落实当月工作目标执行完成情况，作出自评与考评打分，分值与当月的岗位工资挂钩。2011 年，共有 30 个单位（部室）149 人次受到绩效考核扣分和核扣岗位工资，提高了全场管理人员的执行力和工作效能。

2019 年 1 月，西江农场完成公司化改制后，业绩考核职能设在经营管理部。西江农场公司为进一步加强公司员工日常管理，全面落实岗位职责，激发员工的责任心和工作积极性，对员工的工作行为及取得的工作业绩进行评估，并帮助员工不断改进、不断提高岗位履职能力，促进公司和员工的共同进步，公司制定了《广西农垦西江农场有限公司绩效考核管理办法》。

考核对象为：机关各部室、各分公司及农业分场管理人员。

考核方式为：机关各部室分月绩效考核和年度绩效考核，各分公司及农业分场只进行年度绩效考核。

考核内容：①月绩效考核（机关）。包括党建工作、日常工作和重点工作三项内容。②年度绩效考核。机关年度绩效考核以完成农垦集团下达任务指标为依据进行考核；下属各单位年度绩效考核根据当年各单位与公司签订的年度资产经营责任书中的绩效考核指标完成情况进行考核。

考核程序：①月度绩效考核。每月月初各部室提交经分管领导审核的月度工作计划至公司绩效办，月底按照工作计划完成情况进行核发工资。②年度绩效考核。机关年度绩效考核，在年底按与农垦集团签订的年度资产经营管理责任书考核得分为依据进行考核；下属各单位年度绩效考核，在年底根据与公司签订的年度资产经营管理责任书，由绩效办召集机关各部室负责人对下属各单位每月的绩效考核记录内容扣分进行评定，最后将绩效考核得分结果进行核发。

开展常态化的财务审计工作：长期对下属基层单位财务收支及年终经济效益进行审计，以财务收支为工作重点，着重检查基层单位资产、负债、损益的真实性，有效地加强内部监控，规范会计行为，保证会计资料的准确真实。

对工资发放专项督查：西江农场审计部门以务实态度，对各单位各年年终效益工资提取方案进行了监督检查；对各单位管理人员各年度月工资，是否真正按各人现任职务档次发放，进行专项监督检查。

以效益为中心，加大项目建设审计工作力度：做好项目前期审计工作，直接参与项目建设书的拟定、立项评估、项目可行性研究和项目投资预算；参与工程项目的考察、招标和施工合同的签订；参与施工图纸的会审和工程项目的投资预算审核；认真履行职责，抓好项目建设其中审计工作；审计工作善始善终，抓好项目审计后期的审计工作。

四、法务审计

2019 年，西江农场公司化改制后设立了法务审计部。部门紧紧围绕公司总体经营思路和发展大局，充分调动、发挥内部工作人员与外聘法律顾问两方面的积极性，加强合同管理，切实保障公司交易安全、合法、合规，并就涉及的法律问题提出了法律意见，有效制止了不符合法律法规及公司规定的合同行为，切实履行合同管理、法律风险预防、法律监督等各项职能。法务审计部的主要职责：对公司和全资、控股、参股公司的财务专项审计工作；负责公司审计制度及相关法治建设，并监督实施；研究公司相关的法律、法规、政策，对公司重要决策事项进行合规性审查，为公司事务提供法律意见；对拟签订的合同（协议书）进行审核，并提出审查意见，制定合同范本，负责合同的跟踪管理，对合同的执行情况进行定期检查；负责法律纠纷管理，采取有效措施预防和减少与外界经济纠纷，当纠纷发生时，组织人力、物力妥善处理；负责公司全面风险管理工作，梳理公司风险情况，制定风控制度；对项目风险进行识别、评估、提出风控建议及措施；负责公司内部审计、内控评价工作，审计相关材料、信息准备及报送。

2019 年制定了《项目投资管理办法（试行）》《合同签订流程及管理办法》；2020 年制定了《内部控制监督检查管理办法》《企业风险管理办法》《合同管理办法（试行）》，各项工作走上了依法治企的轨道；2021 年制定了《混合所有制企业股权代表管理暂行办法》《混合所有制企业首席国有股权代表报告制定》。

第五节　全员劳动合同制

西江农场按照新时期的企业管理工作，全面加强劳动管理，根据《中华人民共和国劳动法》规定的原则精神和规范的内容，以及自治区农垦局颁发的《广西农垦全面实行劳动合同制度实施办法》的要求，1996 年制订了《全员劳动合同制实施方案（草案）》。1996年 3 月 21—23 日，在农场召开的西江农场第六届职工代表大会第三次会议上，场工会主席李蔚向大会作了关于《广西国营西江农场全员劳动合同制实施方案》的说明，并将实施方案文本提交大会审议。经与会代表充分讨论和审核，一致通过了实施方案。

实施方案的主要内容：农场实行全员劳动合同制度，在职职工（包括长期临时工）与农场以书面形式订立劳动合同，明确双方权利和义务，按期交纳职工基本养老基金，用人单位与劳动者实行双向选择，以及设定了违约责任等。

1996年6月，农场正式全面实施劳动合同制度，按照国家新规定的劳动合同签订的程序，进行规范运作，当年与农场签订劳动合同的农场在职职工3171人，双方确定了劳动关系。2012年5月18日，在农场召开的第十四届职工代表大会第三次会议上，进行集体合同签订仪式，场长李震代表企业，工会负责人代表全体职工，签订了集体合同。集体合同和全员劳动合同对于劳动保障，稳定劳动关系均具有法律效力，是农场劳动管理的进一步深化。2017年，农场企业负责人分别与工会负责人签订了集体合同。2019年10月，自治区人力资源社会保障厅新修订了劳动合同示范文本，根据相关文件精神，凡是新签订的劳动合同都使用该范本。2021年8月，根据广西农垦集团有限责任公司《关于印发广西农垦集团规范员工劳动合同管理工作方案的通知》（桂垦人发〔2021〕140号）精神，西江农场公司对已到期员工及新进员工的劳动合同按集团新版本签订。截至2022年底，与农场公司签订劳动合同的在职职工884人。

第六章　经营管理

第一节　经营管理体制的变革

西江农场经营管理的运作，按照经济体制和管理机制，在不同的历史时期，有不同的经营管理内容。从建场初始至二十世纪八十年代兴办职工家庭农场之前，是全民所有制统一经营体制，按照集中、统一的管理模式运行，企业吃国家的"大锅饭"，职工吃企业的"大锅饭"，不负盈亏责任。农场经营管理方案的制订，是首先得到主管部门（自治区农垦局）下达年度生产计划任务后，场部再组织财务、农牧、计划、供销等职能部门编制生产财务计划，将上面下达的任务分解到下面场属各单位，由分场、工副业各厂再安排到下面队、车间。当时制订的生产经营方案，由于采用官办的经营管理模式，缺乏调查研究，缺少群众基础，执行起来往往与实际相脱节，计划任务与责、权、利也脱节，可操作性甚微。

党的十一届三中全会以后，按照会议精神制订的路线、方针、政策，国营农场开始实行经济体制改革。随着改革的深化，西江农场逐步实施联产承包经营责任制，1984年开始兴办职工家庭农场，突破了几十年来的经营管理体制，从此打破了吃"大锅饭"的生产经营模式。

根据上级指示，1988年西江农场开始实行第一届场长任期目标责任制，每届任期3年。任期内，场长对国家主管部门（自治区农垦局）下达的生产财务计划目标负责，分场领导、厂长对场部下达的生产财务计划目标负责，负盈也负亏。农场的经营管理方案，围绕着场长任期任务目标来制订，内容包括农业、工副业、劳动人事管理、财务管理、物资管理、产品销售管理和分配、奖罚等方面。1991年实行第二届场长任期目标责任，至1993年任期目标责任终结，之后未再实施这一责任制。

随着企业改革的深化和生产建设的不断发展，农场的经营体制和经营方针有着重大演变。进入二十一世纪后，首先是畜牧业实行股份合作制改组，糖业实施资产重组，继而从农场分立。农场自身在调整产业结构进程中，经济建设实现了前所未有的进步，制订了"稳定发展甘蔗产业，实践高新农业，做强房地产，拓展物流业"的经营方针。2019年，农场公司化改制后，西江农场公司确定了蔗糖业、健康文旅产业、物流业、现代农业、水务产业、汽车经营等六大经济板块。同时，对公司机构进行改革，机关设置9个部室；对下属单位开展"同类项整合"，设置了10个农业分场，农业、置业、水务、园林、物业、商业6个分公司，西江旭远现代农业公司、西江开发投资公司、西江汽车销售公司3个子公司，注销广西西江农工商总公司，实现了平稳过渡。从此，西江农场结束了实行了65年的全民所有制，开始以全新的公司制体制、机制运行。

第二节　全民所有制的管理模式

西江农场成立伊始，时值我国国民经济开始执行第一个五年计划，作为全民所有制的国营农场，经济体制实行的是单一的全民所有统一经营体制，生产建设和经济发展计划由国家经主管部门统一下达，物资供应（主要是生产资料和生活资料）由主管部门按计划、牌价逐级分配统一调拨，产品按国家政策、计划、牌价统一销售。职工按国家计划由主管部门统一招收调配，干部按管理权限任命。劳动管理实行国家统一规定的8小时工作制和休假制度，统一时间出工，统一时间收工，以打钟或吹哨为号。在1958年、1959年、1965年和1966年，农场工作实行"大礼拜"制，即每两星期休假1天。

西江农场职工的劳动报酬，按国家统一的工资制度和等级标准发给，按月发放。1960—1964年，按国家规定实行综合奖制度，即月工资以外的一种补充形式，同期实行超产奖励制度。财务实行统收统支，利润经由主管部门上交国家财政，亏损经主管部门由国家财政弥补。总的来说是吃"大锅饭"，既不奖勤，也不罚懒，做好做坏一个样。1960年，曾经并入农场的附近人民公社的东山、旺华两个大队，人员2525人，土地24314亩，他们与原农场职工区别不大，也是基本实行全民所有集中统一经营的经济体制，只是工资略低一些，并在经营管理上实行定、包、奖责任制。1971年，按中央有关规定，他们退出全民所有制，回归原来社队集体所有制。

第三节　联产计酬及家庭农场

党的十一届三中全会后，我国实行改革、开放、搞活的路线方针政策，全国城乡先后进行了经济体制改革。西江农场从1983年起逐步进行了经济体制改革，推行联产承包责任制，这种联产承包责任制，坚持生产资料全民所有，遵循按劳分配、多劳多得的原则，把经济责任和经济利益联系起来，兼顾国家、企业、个人三者之间的利益。这种联产计酬的经营管理办法，尽管体制还不很完善，但对于长期坚持执行的集中统一的经济体制，无疑是重大突破。其基本做法是如下。

种养业单位由农场包产到队，队包产到户到劳，实行联产计酬。即以本人基本工资与产量挂钩联产计酬，农场主要生产项目实行"三定"专业或综合承包到劳（户），年终结算，包产内按完成任务比例发工资，超产部分按规定的统一单价付酬，当年没有产量的项目，按完成各项考核指标付酬，在生产过程中完成工作任务好的预借本人工资100%，不完成工作任务的可以少借或不借，年终结算，多退少补。职工收入同其劳动成果挂钩。

工副业单位由场定利润指标包到厂，厂包到班组，有些项目也包到劳，完成计划利润指标按单位职工年人均提取 40 元作为奖金，原工资照发，超额完成计划利润的，超额部分实行分成计奖。修造厂计划利润 10 万元，超利留成 26%，上交场部 74%；麻绳厂计划利润 7 万元，超利留成 12%，上交场部 88%；服务社计划利润 13 万元，超利留成 12%，上交场部 88%；汽车队计划利润 3 万元，超利留成 12%，上交场部 88%；加工厂和各队淀粉厂实行超定额计件工资，每超产 1 吨淀粉发给 19 元，如歉产按歉产比例减发工资，计件工资增长水平按厂职工人数年均不超过 3 个月的标准工资，即 120 元。

非生产单位职工均制订岗位责任制，以责任制作为考核标准，完成各项考核标准的发基本工资，其奖金参照生产单位职工平均奖金数提取，场部及生产队管理干部的奖金水平参照其所管辖的联产职工平均奖金数提取，若是联产工人工资下降，亦按平均下降数减发管理干部的工资。

兴办职工家庭农场。1984 年初，西江农场各农牧生产队把土地划分到户到劳，耕牛农具则折价转让给职工，折价款可在 3 年内交清；猪群折价转给养猪户，由养猪户负责归还价款；拖拉机由原来统一核算改为机务班单独核算，实行单机包干上交，任务到车，代耕代运，单机核算自负盈亏。编外机车每年每台上交 7 项费用，合计 4200 元，其余收入归机务人员。这是最初兴办的各种类型的家庭农场，是西江农场在普遍承包到户的基础上，农场生产分工分业发展的结果。

1985 年，农垦部颁布了《国营农场职工家庭农场章程》，西江农场据此全面兴办职工家庭农场，进一步完善大农场套小农场的双层经营体制。职工家庭农场成为在大农场的指导下，以户为单位，实行家庭经营，单独核算，定额上缴产品和费用，自负盈亏的经济实体，大农场与小农场在行政上是隶属关系，在经济上是合同关系。职工家庭农场的成员，属国家职工的身份不变，原工资级别保留，退休和调动工作时有效，但不再由国营农场按等级工资发给报酬，个人收入多少，富裕程度，全凭个人经营好坏来决定。职工家庭农场在国家计划指导下和国营农场签订生产合同的制约下，是相对独立的商品生产者，产品按有关规定单价卖给企业，包干上缴，余下归己。职工家庭农场的兴办和发展，促进了国营农场管理体制全面改善，由过去主要依靠行政手段来管理，变为主要依靠经济手段来管理，做好产前、产中、产后服务。职工家庭农场享有下列权利：在国营农场统一计划下，自主确定生产经营项目和采取增产措施；按生产经营需要申请和选购生产物资，包括原材料、燃料、大中型农机具，汽车等；确定生产过程中的劳动分工，自行安排农活和劳动时间，决定内部分配；自销、加工合同外的多余农副产品；可请少量帮工和对外实行劳力、资金联合。职工家庭农场承担下列义务：严格遵守国家政策、法令，坚决执行农场的规章制度；合理利用自然资源，科学种地养育土地，积极保护生态平衡；认真实施国营农场的统一规划、区划和计划；严格按合同规定上交产品、税金、利润和各项费用；保证完成国家和农场组织的劳动积累和义务工任务。

图 6-1　四分场职工承包的猪场

　　1985 年西江农场共办有各种类型的职工家庭农场 1406 个，共有职工 2533 人，占农牧工人总数 95.1%。其中：按户数分，独户的有 1318 个，养猪、养牛户 168 个，联户的有 88 个；按工种分，种植业的有 1090 个，水产养殖业的有 27 个，并办果园的有 249 个。1986 年后，大农场经营的奶牛和养猪养鱼的家庭农场恢复为联产计酬形式，家庭农场经营的养猪养鱼则完全放开，自主经营，自负盈亏，大农场只对养鱼收适当塘租。自 1987 年以来，种植业家庭农场经营体制一直相对稳定，管理形式比较成熟。

第四节　场长任期目标责任制

1986 年，西江农场实行场长负责制，至 1988 年，根据自治区农垦局指示，农垦企业推行场长（厂长）任期目标责任制，每届任期 3 年。任期内，场长对国家主管部门（自治区农垦局）下达的生产、财务计划目标负责，分场长或厂长对场部下达的任务目标负责。场长是企业法人代表，对本场的生产指挥和经营管理工作统一领导，全面负责。实行场长任期目标责任制，还需组织一个参谋班子即农场管理委员会（简称场管会），就企业经营管理中的重大问题，协助场长决策。场管会由场长、副场长、总工程师、总农艺师、财务科长、党委书记、工会主席、团委书记和不少于管理委员会全体成员三分之一的职工代表（含工会主席）组成。西江农场自第一届场长任期目标责任制施行以后，就组建了农场管理委员会，后来场长任期目标体制不施行了，按"三个条例"规定，农场继续延用这一"参谋班子"，第十四届农场管理委员会于 2011 年 4 月 26 日第十四届职工代表大会第一次会议上选举产生，共由 15 人组成，组成人员如下：李震、李蔚、覃斌、周启美、钟伟政、侯桂军、张程、邓夏炎、吉文星、蒋建英、林少明、杨立军、黄健鹰、梁辉、甘静。

西江农场根据自治区农垦局布置，第一届场长任期目标责任从 1988 年开始，任期 3 年，自治区农垦局给西江农场下达了农业、畜牧业、工副业三年的各项发展指标，任期目标如下。

1. 农业指标　1988 年，水稻 7500 亩，总产 4000 吨；甘蔗 15000 亩，总产 20000 吨；剑麻 5000 亩，总产 700 吨；柑橘 2000 亩，总产 2000 吨。全年农业总产值 930 万元。

1989 年，水稻 7500 亩，总产 4200 吨；甘蔗 28000 亩，总产 60000 吨；剑麻 5000 亩，总产 750 吨；柑橘 2000 亩，总产 2337 吨。全年农业总产值 1730 万元。

1990 年，水稻 7500 亩，总产 4400 吨；甘蔗 40000 亩，总产 98000 吨；剑麻 5000 亩，总产 800 吨；柑橘 2000 亩，总产 2337 吨。全年农业总产值 2000 万元。

2. 畜牧业指标　1988 年，出栏生猪 16000 头，年末存栏 16000 头；奶牛存栏 392 头，产鲜奶 850 吨。全年畜牧总产值 650 万元。

1989 年，出栏生猪 20000 头，年末存栏 20000 头；奶牛存栏 450 头，产鲜奶 1081 吨，全年畜牧总产值 880 万元。

1990 年，出栏生猪 25000 头，年末存栏 25000 头；奶牛存栏 500 头，产鲜奶 1312 吨，全年畜牧总产值 1100 万元。

3. 工业指标　1988 年，建成年产 5000 万块红砖的砖厂 3 座；建成年产 2000 吨的纸厂 1 座；建成年产 8.8 万吨水泥厂 1 座；1989—1990 年，建成日榨 1000 吨糖厂 1 座。

1988 年到 1990 年工业总产值要达到 5665 万元，要实现工业利润 566.5 万元。

4. 产品产值指标　1988 年，产淀粉 4000 吨，产值 460 万元；产红砖 2000 万块，产值 200 万元；产剑麻绳 1000 吨，产值 300 万元；产炼奶 420 吨，产值 168 万元；产白酒 500 吨，产值 50 万元；机械产值 210 万元。

1989 年，产淀粉 4500 吨，产值 517 万元；产红砖 3500 万块，产值 350 万元；产剑麻绳 1000 吨，产值 300 万元；产炼奶 450 吨，产值 180 万元；产白酒 600 吨，产值 60 万元；产卫生纸 1200 吨，产值 300 万元；产水泥 30000 吨，产值 540 万元；机械产值 250 万元。

1990 年，产淀粉 5000 吨，产值 575 万元；产红砖 4000 万块，产值 400 万元；产剑麻绳 1000 吨，产值 300 万元；产炼奶 500 吨，产值 200 万元；产白酒 700 吨，产值 70 万元；产卫生纸 1500 吨，产值 300 万元；产白砂糖 1000 吨，产值 2000 万元；产水泥 80000 吨，产值 1200 万元；机械产值 300 万元。

1990 年第一届场长任期目标责任制执行结束，1991 年开始实施第二届（1991—1993 年）场长任期目标。自治区农垦局下达的各项发展目标任务，经 1991 年 3 月西江农场第五届职工代表大会审议通过，并付诸实施。各项主要指标和执行结果如下。

1991 年，计划目标工农业总产值 3642.22 万元，实际完成 7565 万元，完成计划任务的 207.7％；原料蔗总产 90054 吨，实际完成 110000 吨，完成计划任务的 122.1％；出栏肉猪 24800 头，实际完成 31496 头，完成计划任务的 127％。当年实现缴纳国家税金 433 万元，全年亏损 163.07 万元。

1992 年，计划目标工农业总产值 10558.47 万元，实际完成 10486 万元，完成计划任务的 99.31％；原料蔗总产 11276.9 吨，实际完成 13200 吨，完成计划任务的 117.05％；出栏肉猪 18500 头，实际完成 32009 头，完成计划任务的 173.02％。当年实现缴纳国家税金 627.71 万元，全年亏损 772.39 万元。

1993 年，计划目标工农业总产值 10757 万元，实际完成 12235 万元，完成计划任务的 113.74％；原料蔗总产 147000 吨，实际完成 148000 吨，完成计划任务的 100.68％；出栏肉猪 27560 头，实际完成 31511 头，完成计划任务的 114.34％；当年实现缴纳国家税金 683 万元，全年亏损 141.03 万元。

场部根据场长任期目标任务逐一分解承包经营责任至场属企业，实行企业承包经营责任制，按农业线、工业线、畜牧线核定生产经营任务目标下达。承包的原则是：包死基数，确保上交，超利（或减亏）全留，亏损（或债务）自补的方针。

第二届场长任期目标责任制实施的企业承包经营责任，执行情况如下。

1991 年，场部核定农业线：原料蔗总产 96000 吨，实际完成 110000 吨，完成任务指标的 114.58%；剑麻总产 596 吨，实际完成 720 吨，完成任务指标的 122.8%。核定工业线：全年总产值 5017 万元，实际完成 4509 万元，完成任务指标的 89.87%；利润 105 万元，实际全年亏损 16.03 万元。核定畜牧线：全年出栏肥猪 21900 头，实际完成 27560 头，完成任务指标的 125.8%；产鲜奶 950 吨，实际完成 1171.3 吨，完成任务指标的 123.29%；利润指标 80 万元，实际完成 129 万元，完成任务指标的 161.25%。

1992 年，场部核定农业线：原料蔗总产 112769 吨，实际完成 147000 吨，完成任务指标的 130.35%；剑麻总产 760 吨，实际完成 1026 吨，完成任务指标的 135%。核定工业线：全年总产值 3590 万元，实际完成 6270 万元，完成任务指标的 174%。核定畜牧线：全年出栏肥猪 24800 头，实际完成 32009 头，完成任务指标的 129%；总产值 974 万元，实际完成 1842.6 万元，完成计划任务的 189.18%；产鲜奶 1000 吨，实际完成 948.36 吨，完成任务指标的 94.84%；利润指标 70 万元，实际完成 124.5 万元，完成任务指标的 177.86%。

1993 年，场部核定农业线：原料蔗总产 150000 吨，实际完成 160000 吨，完成任务指标的 106.67%；剑麻总产 900 吨，实际完成 1080 吨，完成任务指标的 120%。核定工业线：全年总产值 6919 万元，实际完成 8471 万元，完成任务指标的 122.43%。核定畜牧线：全年出栏肥猪 30000 头，实际完成 27202 头，完成任务指标的 90.67%；产鲜奶 1000 吨，实际完成 994.1 吨，完成任务指标的 99.41%；总产值 1244 万元，实际完成 1842.6 万元，完成任务指标的 148.12%。

根据自治区农垦局指示，至 1993 年末第二届场长任期目标责任制执行结束后，就不再实施这一管理体制了。

第五节　经济效益

一、"五年计划"执行情况

1. "八五"（1991—1995 年）**规划执行情况**　1990 年，我国完成了第七个五年（1986—1990 年）计划，从 1991 年起开始执行"八五"计划。根据自治区农垦局指示精神，西江农场与国家同步，编制了西江农场"八五"计划目标方案，执行期间，于 1994 年 7 月，农场遭受了前所未有的特大洪水灾害，大部分土地和农作物被淹没，交通、电力、通讯几乎全部中断，全场经济损失共达 16685 万元，生产经营陷入极为困难的境地。其间，工农业总产值累计完成 57059 万元，生产经营累计亏损 2812.54 万元，缴纳国家税金累计 2587.43 万元，实现工农业生产总值累计 13770 万元。

2. "九五"（1996—2000年）**计划执行情况** 西江农场在执行"九五"计划期间，组织职工战胜困难，重建家园，不断恢复，提高工农业生产水平。其间，工农业总产值累计完成87562万元，生产经营累计亏损3050.34万元，缴纳国家税金累计2338.3万元，实现生产总值累计13770万元。

3. "十五"（2001—2005年）**计划执行情况** 西江农场在执行"十五"计划目标期间，经营管理体制进行重大改革，全场工业体系全面改制，畜牧业、制糖业等相继从农场分立。其间，生产经营、经济效益都有重大突破，从2001年起一举扭亏为盈，至2005年执行结束时，西江农场工农业总产值累计完成34778万元，生产经营累计盈利1205.7万元，缴纳国家税金累计1497.17万元，实现生产总值累计13766万元。

4. "十一五"（2006—2010年）**规划执行情况** 西江农场工农业总产值累计完成37664万元，生产经营累计盈利2559.16万元，缴纳国家税金累计2324.17万元，实现生产总值累计38669万元。

5. "十二五"（2011—2015年）**规划执行情况** "十二五"规划目标期间，西江农场发挥郊区农场优势，经济发展突飞猛进。其间，生产经营累计盈利9986.09万元，缴纳国家税金累计4836.31万元，实现生产总值累计988000万元。

6. "十三五"（2016—2020年）**规划执行情况** "十三五"规划期间，西江农场盈利水平较高，经济效益显著。2016—2020年，生产经营累计盈利34010.81万元，缴纳国家税金累计10489.59万元，实现生产总值累计1102935万元。

2021年，是"十四五"规划执行的第一年，西江农场公司生产经营取得良好的开局，完成营业收入34964.29万元，实现利润总额7698.25万元，缴纳税金3377.25万元。

2022年是西江农场公司生产经营业绩最好的一年，全年完成营业收入43276.25万元，实现利润总额10141.86万元，实现经营性利润3867.6万元。

二、经营效益

西江农场从1954年至2022年共69年生产经营活动中，共有34年盈利，35年亏损，盈亏相抵净盈42032.26万元。其中盈利最多的是2018年，利润15017.8万元；亏损最严重的是1998年，亏损额达1202万元；缴纳税金最多的是2019年，共上缴税金6930.36万元；全员劳动生产率最高的是2010年，人均产值7.66万元；从业人员收益最高的是2022年，人均纯收入59975元。

有关西江农场经济发展的各项指标，可参看下列西江农场历年经济效益表（表6-1、表6-2）。

表 6-1 西江农场历年经济效益表（1954—2012 年）

年度	工农业总产值（万元）	农业（万元）	工业（万元）	经营盈亏（万元）	全员劳动生产率（元/人）
1954	89.81	85.36	4.45	−38.32	1154
1955	145.13	115.23	29.90	−75.78	
1956	138.28	102.99	35.29	−183.80	
1957	122.63	77.63	45.00	−15.81	795
1958	269.94	211.88	58.06	0.65	
1959	516.68	276.59	240.09	20.61	3048
1960	458.02	248.68	209.34	83.27	
1961	544.35	237.68	306.67	58.98	
1962	389.06	140.80	248.26	−19.20	
1963	446.94	226.02	220.92	−86.96	
1964	485.58	270.21	215.37	−64.64	1232
1965	503.22	298.74	204.48	0.33	1449
1966	381.87	236.28	145.59	−123.59	
1967	340.93	236.38	104.55	−93.94	
1968	254.96	159.65	95.31	−117.59	
1969	201.30	114.30	87.00	−117.59	
1970	266.46	153.60	112.86	−69.12	
1971	224.98	139.00	85.98	−90.95	
1972	508.96	303.64	205.32	−11.28	
1973	686.78	324.35	362.43	−21.99	
1974	623.25	301.12	322.13	−76.00	
1975	744.13	448.06	296.07	−26.22	1823
1976	858.50	451.41	407.09	1.6	2047
1977	948.28	489.72	458.56	3.01	
1978	904.26	515.01	389.25	0.12	
1979	1208.53	510.25	698.28	33.85	
1980	939.09	485.32	453.77	47.36	
1981	1159.52	488.52	671.10	38.03	
1982	1623.77	522.06	1101.71	49.07	3041
1983	1544.29	576.32	967.97	−85.55	
1984	1103.24	514.78	588.46	−9.97	
1985	944.18	309.97	634.21	−132.03	
1986	1319.97	639.44	680.53	−47.50	
1987	1612.97	664.49	948.48	−73.29	3576
1988	1938.01	774.24	1163.77	−50.38	4368
1989	3836	2143	1693	−24.4	7796
1990	6151	2604	3547	−367.3	16264
1991	7565	3056	4509	−162.1	20878

（续）

年度	工农业总产值（万元）	农业（万元）	工业（万元）	经营盈亏（万元）	全员劳动生产率（元/人）
1992	10486	4216	6270	−772.4	27680
1993	12235	3764	8471	−141	30340
1994	12331	2508	9823	−900.2	25802
1995	14442	6183	8259	−837	24458
1996	19081	9209	9872	−613	32960
1997	20979	10538	10441	−310	38817
1998	19097	8505	10592	−1202	41602
1999	15254	6684	8570	−845.5	52120
2000	13151	6380	6771	−80.2	46465
2001	13070	5750	7320	180	47552
2002	8708	6092	2616	182.56	34776
2003	3224	3224		213.6	20461
2004	4322	4322		318	24840
2005	5454	5454		320	33488
2006	6577	6577		307	39056
2007	7260	7260		351	42326
2008	9263	9263		362.5	46760
2009	9974	9974		483.9	48040
2010	14617	14617		1050	76620
2011	14338	14338		2604	
2012	17836	17836		3000	

说明：以上数据含畜牧、糖业、房地产未分立前数据，不含分立后数据。

2013 年以后的统计方式不再用工农总产值，故换成新的统计方式，详见表 6-2。

表 6-2　西江农场历年经济效益表（2013—2022 年）

年度	营业总收入（万元）	利润（万元）	从业人员人均纯收入（元）
2013	25941.04	3500.23	28566
2014	16654.77	420.22	33850
2015	16609.46	460.49	36637
2016	18494.55	5623.95	40164
2017	21854.12	604.8	43519
2018	1135.87	15017.8	44577
2019	12985.3	8665.88	45541
2020	26430.29	7211.96	55286
2021	34964.29	7698.26	56932
2022	43276.25	10141.86	59975

第六节　企业改革

一、调整管理机构

二十世纪八十年代末，根据当时生产经营需要，西江农场将场属生产部门的管理机构改为经理部体制，全场设立农林、工交、畜牧水产三大经理部。经理部是经济实体，是核算单位，对下是主管、服务部门，拥有产、供、销、分配等方面权力。在当时，实行经理部体制可以方便管理，利于生产、销售和调动各方面的积极性。

经理部体制实施一段时间后，随着我国市场经济逐步深化运行，这一管理体制很快显现出诸多不利因素，给宏观管理带来困难。首先，年初下达经济指标时，各经理部为部门利益不顾整体利益，和场部讨价还价，任务迟迟难以下达，其次，给农场财务管理、资金统筹安排使用造成困难。三大经理部各有一本账，各在银行立户头，能独立调配使用资金，各行其是，致使资金分散，农场不能集中统筹使用，无法偿还利息，逾期还贷款，财务部门被架空，法人主体没有实际财权。再次，财务管理相当混乱，人为造成分配上的不公，同是机关工作人员，不同的经理部，分配差距悬殊，造成部门之间、工作人员之间的矛盾，挫伤积极性。鉴于经理部体制已不适应农场经营管理的需要。二十世纪九十年代初，西江农场撤销了三大经理部，进行管理机构调整，改建立为职能科室，将原三大经理部业务统归于农林科、工交科和畜牧水产科，全场实行财务、物资供应、产品销售统一管理，克服财力分散，管理混乱现象。

1992 年，西江农场在贯彻落实《中华人民共和国全民所有制工业企业法》和国务院《全民所有制工业企业转换经营机制条例》过程中，从实际出发，端正生产经营理念，调整管理机构，成立广西西江农工商总公司，下设广西西江工贸公司、广西西江农贸公司、广西西江畜牧水产公司、广西西江奶品公司、广西西江商业公司、广西西江建筑公司和广西西江综合服务公司。

1992 年 7 月，广西西江农工商总公司成立分支机构商业分公司，商业分公司主要负责经营化肥、农药等农资销售。

1996 年，西江农场在深入贯彻执行《中共中央关于建立社会主义市场经济体制若干问题的决定》的基础上，结合西江农场的实际，组建农场新的管理机构，加强对基础的服务指导。将原来的农贸公司、工贸公司改为职能科室，并成立审计科，加强监督机制。全场经整编组建四大公司，即商贸公司、畜牧水产公司、综合服务公司和房地产公司，新机构的运行，理顺了农场的生产经营管理，顺应了企业改革要求。

1999 年，为适应劳动、人事、分配制度改革需要，西江农场管理机构按照精简、统一、效能的原则设置。机构改革后，场部编制共"四办、四科、一会、一中心"。即行政办、党委办、企管办、司法办，农林科、劳资科、房产科、监审科，农场基层工会，财务核算中心。

2019 年 1 月，西江农场完成公司化改制，公司总部设置九部二室：党委办公室、群众工作部、办公室、财务部、企业管理部、规划建设部、土地管理部、战略发展部、农业事业部、法务审计部、纪检监察部。2019 年 4 月，撤销党委办公室、群众工作部、规划建设部、战略发展部、企业管理部；设立党群工作部、企划发展部、经营管理部。2021年 11 月，成立项目开发部。2022 年 8 月，根据公司机构职能编制调整方案，公司总部重新设置 9 个内设机构，分别是办公室（党委办公室、董事会办公室、总经理办公室）、党群工作部（党委宣传部）、纪检监察部、人力资源部、企划发展部、财务部、经营管理部、农业事业部、法务审计部。撤销项目发展部，其职能并入企划发展部；撤销土地管理部，设立土地管理中心，作为二层机构归口经营管理部管理；设立后勤管理中心，作为二层机构归口办公室管理。

二、"两费自理"及产权改革

兴办职工家庭农场是农垦的一项重大改革。1984 年，西江农场兴办职工家庭农场，实行大农场套小农场的双层经营体制以后，调动了职工及家庭各方面生产主动性和积极性。家庭农场生产经营是以种植业为主，家庭副业为辅的方式，农场对职工家庭农场实行"两费自理"，即生产费和生活费由承包职工或家庭自理。做到土地承包到户、核算到户，盈亏到户，风险到户。完全改变农业职工的工资制度和分配形式，真正成为生产投入，利益和风险的承包经营主体。大农场对小农场实行主业承包、定额上交、费用自理、自负盈亏的承包办法。在体制改革初期，家庭农场"两费自理"还未完全到位，一部分职工还依靠农场预借生活费，垫支生产资料（种子、肥料、农药、机耕等等）费用，职工承担这部分费用利息。随着生产的发展，承包职工种植管理规范，作物的产量不断提高，收入的增加，增强了"两费自理"的能力。到了 1993 年，家庭农场"两费自理"率达到 70%，其中生活费自理达到 100%。1994 年洪灾后，次年，"两费自理"率曾经下降到 25%。之后生产恢复，种植业发展，完全实现了家庭农场的"两费自理"。

1995 年初，西江农场进行长期作物经营权转让工作，将三队龙眼树果园（原有 155亩，1994 年洪灾后实有 81 亩）1620 棵龙眼在农场内部实行公开招标，标底为 13 万元。经报名参加的四组人员竞标，结果综合服务公司一位职工以 18.5 万元夺标。竞标成功者当即与农场签订经营权转让合同，在一个月内向农场付清转让款项。付清款后该职工拥有果树的产权和经营权，农场实现了长期作物经营权的产权改革。

三、场办工业改革

西江农场办工业是建场的次年 1954 年开始，从无到有逐步发展壮大，均属于轻工业。以食品、建材、造纸、民用制品、制造业等开展生产经营活动。直至 1997 年，在农场发展的四十多年中，工业项目曾经支撑着农场大块经济收入，一部分工厂有过辉煌的历史。场办小厂有 8 家，其中造纸厂、麻绳厂、机械厂、食品各 1 家，红砖厂 3 家，共有职工800 多人。随着我国社会主义市场经济逐步建立，场办小厂全面走向市场化的经营生产，受到市场因素的影响，生产经营不景气，尤其受到设备、技术、资金、管理等方面制约，在竞争中暴露出诸多弊端，经营状况逐渐恶化，亏损面逐年加大，亏损额逐年增加。8 家厂 1995 年盈亏相抵后，净亏 213 万元，1996 年亏损额增加到 624 万元。其中造纸厂自建厂以来就未赚过钱，连年亏损。食品厂 1993 年投资 400 多万元建酒精车间后，由于技术和市场的原因，开工一直不正常，最后被迫停产，给食品厂背上沉重包袱。从 1991 年到1997 年，场办工业累计亏损 2534 万元，严重影响农场经济发展，场办工业若不改革就要被淘汰，改革才会有出路。

1997 年，西江农场工业改革开始有序地进行。1 月 9—16 日，农场党委前后组织召开了 3 个有关的会议，首先是领导班子集中学习中央 15 号文件和自治区党委《关于加快小型企业转机建制若干问题的规定》（桂发〔1996〕16 号）文件精神，更新观念，统一认识，坚定改革决心和加快改革步伐；其次是召开工业单位党支书、厂长会议，学习自治区党委 16 号文件和垦政研字〔1996〕4 号文件精神，在思想上认识工业改革的必要性；再次是召开工业单位各级领导会议，汇报学习体会，联系实际谈本厂改革的设想和选择改制的形式。通过学习、宣传、讨论，工业体系的改革、改组、改造、改制成为全场上下议论的话题，广大职工极为关注。在此基础上，农场组织若干工作小组，深入工业单位调查掌握实际情况，回来后共同研究制订改革方案，讨论修正完善然后付诸实施。

西江农场改革有序地向前推进，对场办小型工业各厂实施分类整治，一企一策，分别对待，采取了对外租赁、不动产抵押承包、工厂内部职工股份合作制、内部转让产权等四种改革形式。

西江农场对一砖厂、二砖厂、机械厂、麻绳厂作抵押承包改制，抵押物为不动产或有价证券，金额在 10 万～30 万元。一砖厂、二砖厂、机械厂抵押承包期为 3 年，麻绳厂承包期为 1 年。3 年交农场承包金：一砖厂分别为 30 万元、40 万元和 43 万元，合计 113 万元；二砖厂分别为 15 万元、30 万元和 30 万元，合计 75 万元；机械厂分别为 30 万元、35 万元和 45 万元，合计 105 万元；麻绳厂共 33 万元；三砖厂在 1997 年 12 月中旬进行招标抵押承包，共有五个小组参加投标，年承包金标底为 65 万元，承包期为 3 年，通过竞标，其原厂承包经营者以 94 万元中标，用自建楼房（五层）作价 40 万元抵押。

以上五家工厂这一承包形式，与以往推行的集体承包方案相比，是重大的改革，辐射出很强的工业改革能量，表现在经营者承担完全风险，确保上交费用和承包金，克服了过去承包中"盈多盈少、亏多亏少是企业的，与从业人员关系不大"的思想观念，让承包者关心生产，关心企业经济效益。

1. 对外租赁　1997 年 9 月，西江农场将停产的造纸厂租赁给贵港市顺盈造纸有限公司，该公司为港资企业，租期为 5 年，年租金分别为 40 万元、50 万元、55 万元、60 万元和 65 万元。公司投入 100 万元对纸厂进行改造，并安置了原纸厂职工 40 多人继续留厂就业。

2. 股份合作制　1997 年 10 月，西江农场将食品厂一分为二，把酒车间和淀粉车间分立，淀粉车间作价 200 万元由全厂职工认股购买。全厂 151 名职工，有 107 人报名入股，每人股金 500 元。参股者既是股东、又是经营者、劳动者，把当家做主和生产者的身份结合起来，调动了他们的积极性、主动性和创造性。

3. 内部职工产权转让　1998 年初，西江农场对纸箱厂、麻绳厂实行内部职工产权转让。纸箱厂 3 名职工以 91.57 万元买下了该厂，分两年交清款项。麻绳厂一位职工以 49.88 万元的价格，一次性交清买下了麻绳厂。

出售转让和改制为股份合作制的 3 家工厂都更改了名称，原食品厂改名为广西贵港市西江淀粉厂，原纸箱厂改名为广西贵港市鑫包股份合作厂，原麻绳厂改名为广西贵港市白龙剑麻厂。

在 1997 年至 1998 年初的一年多时间里，西江农场先后对场属 8 家工厂实行改制、改组、租赁、拍卖，改革的成效相当明显：调动了职工的积极性，激发了经营者的主人翁责任感。食品厂改制之前，日榨生薯 250 吨，改制后日榨量提到高 350 吨，出粉率由 21.5% 提高到 24%，同时也拓展了经营思路。由于经营者承担完全风险，为使企业在市场竞争中胜出，必须加强成本管理，增收节支，进行市场调查，提高产品竞争力。同时，经营者的决策权得到落实，可根据市场变化，果断决定，简化了经营活动过程中请示、汇报环节，避免坐失良机，提高效率，大幅度减少亏损，上交费用有保障。改革的前一年即 1996 年，8 家工厂亏损总额 624.3 万元，工业改革实施后，当年农场仅负担折旧、利息等费用 200 万元，减少亏损 400 多万元，改革后工业单位职工收入有所提高。企业改革以后，劳动者利益与企业利益紧密结合起来，大家爱厂敬业，使工厂的产量、产品质量得到保证，经营看好，各厂职工收入提高 25％以上。职工收入提升最高的是食品厂，该厂职工工资收入由原月均 500 多元提高到 800 元，增长了 60％。改革使企业焕发生机，职工享受到改革的成果。

西江农场在场办工业改革进入实质性阶段后，根据国家法规和政策，与当事者作出如下约定。①明确土地问题。转让出去的工厂，卖厂不卖土地，土地属国有土地，使用年限为 30 年，在此期间国家对土地所要征收的一切费用，由土地使用方负责，用地方在前五年免交农场收益金，从第六年起，以每年每亩 300 元为基准，按每年递增 10％计交农场土地收益金。②明确改制工厂的行政管理和职工身份问题。改制后的工厂单位属集体性质，具有独立法人资格，实行自主经营、自负盈亏，独立承担民事责任，行政仍属西江农场管辖。改制后单位按所录用的职工人数，依照农场规定金额上交费用，保持原职工身份不变，享受农场有关规定的待遇。③明确转让和股份制的工厂所占用农场流动资产的问题。实行有偿占用和限期回收，麻绳厂一年内交清，纸箱厂二年内交清，食品厂四年内交清。④明确下岗职工分流安置问题。农场成立下岗职工安置领导小组，下岗职工向农业分场分流，用收回退休人员、外包人员和种植大户的部分土地重新划分进行安置。

随着国有企业改革不断深入，西江农场对场办工业改革加大力度。2000 年 3 月 29 日，西江农场八届三次职代会审议通过关于工业改革问题的议案，同时报自治区农垦局审批，经自治区农垦局同意农场工业实施转制。这次改革涉及根本问题，即产权问题。由原来抵押承包改为"还本租赁"，这是工业小厂的第二次改制。根据自治区党委办公厅、自治区人民政府办公厅〔1998〕31 号文件《加快小型企业改革的补充规定》规定，还本租赁"如承租者在约定期限内，分期被租赁资产的本金及租金，租赁期满后被租赁资产的所有权即转移给承租者，承租期限一般为 5～10 年"。第一次改革所采取的"抵押承包、拍卖转让、租赁"等形式最终都没有触及产权，是不彻底且较低层次的改革，要彻底解决经营者投入少，拼设备的短期行为，就要用触动产权的办法进行第二次改制。

2000 年 5 月中旬，西江农场在自治区农垦局的帮助指导下，开始对二家砖厂、机械厂全面展开"还本租赁"工作，委托自治区农垦局审计室、聘请广西祥浩会计师事务所对各厂的固定资产进行评估工作。评估结果为：二砖厂固定资产总额 800957 元，其中房屋类 592918 元，机器设备类 208039 元；三砖厂固定资产总额 1896065 元，其中房屋类 1270274 元，机器设备类 625791 元；机械厂固定资产总额 1832060 元，其中房屋类 1226136 元（包括新钳工车间 634780 元，南梧公路修理车间 317234 元，其他厂房及仓库

274122 元）机器设备类 605924 元。农场根据评估报告书评估结果，经农场与经营者协商，最后成交定位价：二砖厂 68 万元，三砖厂 160 万元，机械厂 75 万元（剔除新车间及南梧公路修理车间单独承包）。评估价与成交价对比，二砖厂优惠 15.1%，三砖厂优惠 15.61%，机械厂优惠 14.77%。

实施"还本租赁"转制经营后，西江农场获得诸多的好处。资金由经营者自行解决，盈亏自负；"还本租赁"转制经营的方式直接触动产权，按规定的期限交清国家资产款项以后，权属归经营者，在租赁期间经营者对资产的管理和投入可通盘考虑，能够放心大胆地去投资；确保国有农场固定资产的保值、增值，不致流失；职工队伍步调一致，统一思想，能与经营者利益共享，风险共担；还本租赁期满以后，产权归属经营者，农场还可以继续收职工上交费用以及资源费，并能长期安置职工就业，职工的工作、生活有保障。

从 1997 年初推进的农场工业项目改革，至 2000 年底基本结束。

四、"三项制度"改革

（一）公司化改制前的"三项制度"改革

西江农场在深化企业改革过程中，同时深化了劳动、人事、分配制度的改革。根据自治区党委、自治区人民政府关于企业改革整顿的总体方案以及自治区农垦局关于农垦"三项制度"改革的指示，西江农场党政领导班子经过认真学习领会，决定要全面实现改革和整顿的新突破，1999 年组织了改革方案制订小组，经认真考量，结合西江农场实际，先后制订了《国营西江农场三项制度改革总体方案》及三个配套方案：《西江农场劳动制度改革方案》《西江农场人事制度改革方案》《西江农场分配制度改革方案》。总体方案及 3 个配套方案经 1999 年 3 月 25 日西江农场第八届职工代表大会审议通过，并付诸实施。

1. 改革的重点和目的 根据党的十五大精神和自治区改革整顿总体方案的指导思想，西江农场改革的重点以抓好分配制度为核心，以人事制度改革为切入点，开展企业内部劳动、人事、分配三项制度改革，适应市场经济规律，推动农场改革和建设的新发展。其目的在于通过对人事制度改革，打破干部工人身份界限，实行聘用制，体现公平竞争、任人唯贤，形成科学的管理体系；通过对劳动制度的改革，达到公平竞争，择优录用，企业用工自主，劳动者择业自由，实现现代劳动管理用工制度；通过对分配制度的改革，体现多劳多得，使做出的贡献与取得的报酬相适应。

2. 劳动制度改革主要内容 劳动力的管理：企业用人自主，劳动者择业自由，遵循"公平竞争，择优录用，平等自愿和协商一致"原则，签订书面劳动合同，规范进行管理。

劳动纪律管理：对西江农场现有职工人数全面清理核实，对不在岗位工作、停薪留职不按规定上交费用的，下岗后不服从安排工作的，以及违反劳动合同和劳动纪律的人员，将根据《劳动法》和《企业职工奖惩条例》的规定酌处。加强对临时工使用的管理：西江农场属各单位现在使用的临时工，凡未经场劳资部门批准的，一律清退，优先安置农场下岗职工。加强职工培训教育，坚持先培训后上岗原则，并有计划地开展职工岗位培训，提高职工素质；加强职工思想品德、职业道德、遵纪守法教育，增强企业和职工凝聚力。

3. 人事制度改革主要内容　西江农场人事改革的要点是从根本上打破干部、工人的身份界限，干部、技术员、工人统称为企业员工，根据工作岗位和性质，划分为管理人员、技术人员和工人三大类，建立起企业内能进能出、能上能下、公开平等，择优录用的岗位竞争机制，提高管理人员的整体素质。选拔和聘用坚持德才兼备、任人唯贤、群众公认、注重实绩、择优录用的原则。副场级以上的领导干部由自治区农垦局任命，科长的产生由个人申请，党委综合推荐，组织部门考核，场长聘用；副科长的产生，由个人申请，科长和党委推荐，组织部门考核，场长聘用；科员的产生，由个人申请，科长考核，党委监督，场长聘用。各职能部门要实行责任制，各岗位要具体明确岗位职责，并公布上墙，年初编制工作计划，年终要有总结。管理人员的工作，由党办按德、能、勤、绩四个方面每年考核一次，考核结果分为优秀、称职、基本称职、不称职四个档次，作今后续聘、奖励、晋升、诫勉或解聘依据。管理人员应接受党内监督和民主监督。管理人员根据工作需要，应服从组织决定实行交流任职。

4. 分配制度改革主要内容　分配实施办法是全场实行联产工资、计件工资、岗位工资等分配形式。农业工人、畜牧业工人、工业单位工人实行联产工资和计件工资，机关、公司、各单位管理人员实行岗位工资。岗位工资的构成和岗位技能标准，岗位工资的构成包含四方面收入：基础工资、年功工资、岗位技能工资、效益工资。基础工资每个管理人员每月 250 元；年功工资每年 2 元。岗位技能工资等级分配：场长、书记 700 元；副场长、副书记、纪委书记、工会主席、总工程师 600 元；科长、公司经理、厂长、分场场长、支部书记、团委书记、女工主任 490 元；副科长、副经理、副厂长、支部副书记、计生主任、高级职称 390 元；中级职称 360 元；助师级职称 310 元；员级职称 260 元；科员、无职称会统人员、干警、小车司机、供销员 250 元；管理工人（包括勤杂人员、治安员、打字员）180 元。岗位工资发放的挂钩办法：农业分场的管理人员的岗位技能工资与进厂料蔗任务、推广良种任务、进厂原料蔗质量挂钩。奖惩办法按当年经营管理实施方案执行。公司、糖厂的岗位技能工资按当年实施的经营管理方案下达的目标挂钩。机关科室人员的岗位技能工资结合岗位责任制的职责任务进行全面考核评定。领取岗位技能工资人员，按岗位技能工资年总额 40％上交风险抵押金，待年终考核结算时，视完成任务情况按比例返还或扣除。

（二）公司化改制后的"三项制度"改革

2018 年，为深入贯彻中央、自治区关于国有企业改革系列决策部署，广西农垦集团印发了《关于印发深化三项制度改革专项行动实施方案的通知》（桂垦发〔2021〕12 号），在方案中再次明确，劳动、人事、分配三项制度改革是国企改革三年行动的重要内容，也是发力攻坚的关键环节，其核心内容就是"管理人员能上能下、员工能进能出、收入能增能减"。西江农场公司通过实施三项制度改革，建立了"三重一大"决策机制，党委会、董事会议事制度，董事会授权总经理办公会决策清单，董事会提名委员会，审计与风险委员会，薪酬与考核委员会，战略规划与投资委员会等系列管理体系，加强制度建设，以制度"立改废"为抓手，出台与三项制度改革相关的制度，内容涵盖了中层管理人员选拔任用、职业经理人、招聘管理、培训管理、劳动关系管理、干部交流、绩效考核、年度考核、工资总额管理、薪酬管理、中长期激励等各方面，基本建立起较为完备和规范的选人用人、劳动用工、收入分配体制，让管理人员能上能下、员工能进能出、收入能增能减的合理机制及用工结构更加优化，人员配置更加高效，激励约束机制更加健全，收入分配更加规范合理，为打造现代一流食品企业提供强有力的支撑保障。

1. 管理人员能上能下方面　制定了《广西农垦西江农场有限公司机构职能编制调整方案》《广西农垦西江农场有限公司中层管理人员选拔任用管理办法（试行）》。完善管理人员选拔任用培养机制，积极开展管理人员竞争上岗工作，推动管理人员"能者上、庸者下"的用人理念，打开年轻干部队伍的大舞台，让更多想干事、能干事的干部发挥自身优势，亮出"闪光点"。完善管理人员的综合考核评价体系。将考核评价结果与职务升降、薪酬调整紧密挂钩，进一步激发管理人员工作积极性和主动性。开展经理层任期制和契约化管理工作。完成了全部经理层成员岗位聘任书、年度经营业绩责任书和任期经营业绩责任书（三书）的签订工作。中层以下管理人员根据"三定"方案、岗位性质、现有管理人员情况，内部采取个人报名、竞争择优、组织研究决定的方式竞聘上岗（根据工作需要和岗位性质，公司总经理助理、纪委副书记、工会副主席、党群工作部部长、纪检监察部部长岗位不实施竞争上岗）。

2. 员工能进能出方面　畅通人员退出通道，细化出台员工行为规范、劳动纪律和奖惩标准，先后出台了《广西农垦西江农场有限公司员工招聘管理办法（试行）》《广西农垦西江农场公司员工劳动合同管理制度》《广西农垦西江农场公司员工违纪违规行为处理办法（试行）》，建立公开招聘制度，通过公开招聘流程和程序，将市场化选人用人与党管干部有机结合起来。充实公司的人才管理队伍能力。实施员工劳动合同管理。规范实施公司及下属子公司员工劳动合同管理工作，明确"进"与"出"的标准，落实了员工常态化"能进能出"。

3. 收入能增能减方面 制定了《广西农垦西江农场有限公司薪酬管理办法》《广西农垦西江农场有限公司绩效考核管理办法》，加强工资总额管理，提高工资总额预算的科学化和规范化，健全业绩决定薪酬分配机制。与各子分公司签订经营责任书，运用"绩效工资核定、工资效益联动、多元化创效激励、内部市场化"等措施，落实员工收入能增能减要求，形成了过程管理与结果导向融合的激励机制，引导员工聚焦专业和提升业绩。遵循"业绩升、薪酬升、业绩降、薪酬降"的理念，将薪酬分配向贡献大的单位倾斜，拉开重要增长点、重要潜力点单位与其他单位的收入差距，让干得好的多领薪酬，实现收入与贡献相匹配。用好绩效考核"指挥棒"，不断健全差异化薪酬分配机制。坚持以岗定薪、岗变薪变，完善为"岗位、绩效、能力"付薪的全面薪酬体系，实现薪酬水平差异化。建立健全对单位分类核算体系和全员业绩考核体系，实行业绩薪酬双对标，提高与绩效挂钩的浮动薪酬比重。牢固树立"挣工资"理念，打破工资"大锅饭"和分配"平均主义"，将员工薪酬绩效与绩效考核结果紧密挂钩，"效益增工资增，效益降工资降"，激发组织活力和员工价值创造动力。

五、畜牧、糖厂、房地产分离

1. 畜牧业改制 企业改革进入深层次的改革以后，农场的经济体制和经营机制相继发生较大变革。根据广西农垦集团有限责任公司指示，要成立广西西江畜牧有限责任公司，西江农场畜牧水产公司从西江农场分立，改制为股份合作制企业，成为独立的法人实体。西江农场畜牧水产公司原有的资产2955.67万元，职工296人，土地778亩一起划转到广西西江畜牧有限责任公司。关于农场畜牧水产公司改制的事由，作为议案于2000年3月经农场八届三次职代会审议通过。2001年3月，颁布了该公司《职工持股会章程》。后来广西西江畜牧有限责任公司加入广西农垦永新畜牧集团。

2. 糖厂分立 2001年9月，根据自治区农垦局、广西农垦集团有限责任公司指示，农场制糖业实施资产重组，强强联合，西江农场制糖公司从西江农场分立，成立广西农垦糖业（集团）有限公司西江制糖有限责任公司，成为独立的法人实体。西江农场制糖公司原有的资产6201万元，职工287人，土地222.8亩一起划转到西江制糖有限责任公司，糖厂以确认的资产重新注册登记。关于农场制糖公司分立事由，作为议案经2001年12月8日西江农场九届二次职代会审议，与会职工代表183人，以全票通过，并形成了相应决议。

3. 房地产分立 2013 年 9 月，为了加快农垦产业转型升级步伐，充分发挥农垦土地资源优势，不断做强做优做大农垦经济，广西农垦集团对西江农场控股的贵港市西江绿城房地产有限公司（以下简称西江地产）进行重组，广西农垦集团公司出资对西江地产进行控股，广西农垦集团公司股份占比 51%，西江农场占比 49%，原股东西江农工商总公司退出。广西农垦集团公司控股后，西江地产公司名称变更为"广西农垦房地产开发有限公司"，升格为广西农垦集团公司直属企业，按照直属企业管理的有关规定进行管理。

第七节　房地产开发

一、开发项目

西江农场最早开发的房地产是 1993 年 8 月开发的位于金港大道南侧的西江家私城项目。在畜牧业、制糖业相继从农场分离后，做强房地产业是农场经营管理重要的一环，开发的项目逐年增多，规模越来越大。

1994 年，贵港市天隆小区（原西江农场职工住宅七里桥小区）开工建设该项目位于贵港市金港大道中段北侧，东与港北区交通局相邻，西与贵港市公路局住宅区相邻。项目占地面积为 129512.86 平方米（折合 194.3 亩），宅基地 392 套（共 35040 平方米）。

1999 年 7 月，贵港市龙床井小区开工建设。该项目位于贵港市仙衣路中段西侧，西邻贵港市卫生局，北邻贵港市检察院，南邻贵港市汽车西站。项目占地面积为 69815.9 平方米（折合 104.7 亩），设计的宅基地共 206 套，宅基地基础及配套设施等土建造价约 510 万元。

2001 年 1 月 1 日，贵港市西站市场开工建设。该项目位于贵港市龙床井小区内，于 2002 年 4 月 23 日竣工，由贵港市水利电力建筑安装公司中标承建，工程用地面积 3895.5 平方米（折合 5.85 亩），建筑面积 8157.2 平方米，建筑安装工程造价为 433.96 万元。

2001 年 8 月 28 日，三八路（现仙衣路）扩建工程开工建设。该工程北至金港大道，南至江北大道，是在原有 11 米宽的水泥道路的基础上向两边进行拓宽。除了扩大机动车道路面外，还增加了非机动车道、人行道、排水、绿化等工程。机动车道路面扩建范围为 KO＋060～K1＋236.6，宽度 60 米。排水工程包括污水管道和雨水管道。工程于 2002 年 8 月 20 日竣工，总造价为 856.54 万元（其中路面及土方工程为 324.08 万元，排水及绿化工程为 532.46 万元）。

2002 年 7 月，钓鱼岛别墅区开工建设（基础工程）。该项目位于金港大道南侧，贵港市工商局果菜批发市场西南侧，土地监察大队南侧，东邻贵港市马草江公园，工程用地面积 10903 平方米（折合 16.35 亩），共有 25 套别墅用地。建筑面积 8746 平方米，容积率 1.3，建筑占地率 35.3%。

2003 年 12 月，西江汽车、摩托车城开工建设。该项目系自治区、贵港市重点建设项目，位于金港大道南侧，迎宾大道西侧，马草江公园拆迁安置小区北侧，项目总用地面积 114716.2 平方米（折合 172.07 亩）。建筑总面积 41964 平方米，其中汽车城建筑面积 17311 平方米，摩托车城建筑面积 24653 平方米。项目于 2006 年 1 月竣工，总投资 2419.77 万元，其中汽车城投资 530.7 万元，摩托车城投资 1889.07 万元。

2004 年 3 月，天隆购物中心开工建设。该项目占地面积 21.6 亩，位于贵港市金港大道中段北侧，东与港北区交通局相邻，西与贵港市公路局住宅区相邻。项目实际用地面积 9776.67 平方米（折合 14.67 亩），建筑总面积 19318 平方米。工程主体于 2005 年 5 月竣工，主体工程造价为 960.49 万元。

2005 年 8 月，西江小区 A、B 区开工建设。项目占地 16.35 亩，建商品房 180 套，面积 25843.7 平方米。该工程位于西江农场场部内，江北西路南侧，2007 年 4 月竣工。建筑面积共约 25897.48 平方米，建设总投资约 1200 万元。

2005 年 10 月，江北大道商住楼开工建设。该项目位于江北大道农场段两侧，总建筑面积为 57756 平方米，共建设 15 栋 4 层排连式商住楼，分为 139 套单间和 29 套双间，每单间商住楼长 16 米×宽 4.5 米，每栋建筑面积共 276.5 平方米。该项目建设工程投资估算每平方米 840 元，建设总投资估算为 4851.5 万元。

2005 年 12 月，奶牛场东面宅基地开工建设。该项目位于往西江糖厂方向牛皮河旁，西江农场奶牛场东侧，占地面积 4000 平方米，单间宅基地长 12 米×宽 4.5 米，共 74 套，建设总投资大约 120 万元。

2006 年 3 月，农场食品厂段至加油站南侧宅基地开工建设。该项目位于西江农场淀粉厂北侧，桃李路南侧，占地面积共 3078 平方米，建筑面积 16159.5 平方米，共 68 间宅基地，每间宅基地长 12 米×宽 4.5 米，楼房层高四层半，由住户按设计图纸自行建设。

2006 年 8 月，西江汽车、摩托车城 C 区商住楼开工建设。该项目位于迎宾大道和金港大道交会处东南侧，汽车、摩托车城东侧。用地面积 25442.9 平方米（折合 38.16 亩），设计建筑面积 39840 平方米，土建工程完成投资为 800 万元（因贵港市调整建设项目用地，工程暂于 2008 年 8 月停工）。

2006 年 12 月，瑞安花园一区（原西江东一区）开工建设。该项目工程位于西江农场，东邻迎宾大道，南邻市妇幼医院西江分院，工程总用地面积 38916.76 平方米（折合 57.92 亩），建筑占地面积 6186.79 平方米，总建筑面积 46185 平方米，容积率 1.19，绿地率 35%，约 13620 平方米。项目于 2010 年 4 月竣工，工程造价为 2001.844 万元。

2007 年 3 月，西江农场农贸市场小区开工建设，该项目位于西江农场场部内的农贸市场西侧，实际用地面积 5269 平方米（折合 7.9 亩），建筑占地面积 1484.66 平方米，总建筑面积 12918.5 平方米，建筑占地率 28.2%，容积率 2.45，绿地率 30%，约 1580 平方米。项目于 2008 年 5 月竣工，建筑安装工程造价约为 660 万元。西江小区 C 区开工建设，该项目位于西江农场幼儿园东侧，实际用地面积 3825 平方米（折合 5.74 亩），建筑占地面积 894.66 平方米，总建筑面积 8408.3 平方米，建筑占地率 23.4%，容积率 2.22，绿地率 31%，约 1186 平方米。项目于 2008 年 12 月竣工，建筑安装工程造价为 420 万元。

2007 年 9 月，瑞安花园二区（原西江东二区）开工建设。该工程位于西江农场东区，东邻迎宾大道，南邻江北大道，总用地面积 21890 平方米（折合 32.83 亩），建筑占地面积 9702 平方米，建筑总面积 54873 平方米，建筑占地率 29.3%，容积率 2.5。总投资约为 3768.32 万元。

2007 年 10 月，瑞安花园三区（原西江东三区）开工建设，该工程位于西江农场东区，东二区西侧，永新路西侧，江北大道北侧，总用地面积 37760 平方米（折合 56.64 亩），建筑占地面积 14839 平方米，总建筑面积 83746 平方米，容积率 2.22。项目概算工程单方造价 1074.76 元/平方米，总投资为 3502.52 万元。

西江小区东六区（现东四区）宅基地位于江北大道南侧，西江小区 A 区东侧，用地面积 24910.5 平方米（折合 37.37 亩），建筑面积 8687 平方米，容积率 2.22。现已完成宅基地 26 套（每间宅基地长 13.5 米×宽 4.5 米），楼房层高五层半，由住户按图纸自行建设。

2008 年 6 月，西江钢材市场开工建设。该工程项目位于贵港市迎宾大道西侧，实际用地面积 80607.7 平方米（折合 120.9 亩），钢棚建筑面积约 32051.5 平方米。项目于 2010 年 6 月竣工，建设工程投资 2298.5 万元。

2008 年 8 月，马草江公园拆迁安置小区 1～3 号楼开工建设。项目坐落于迎宾大道西侧，东与房产局相邻，南与蚕丝厂相邻，西与第六地质队白沟井宿舍相邻，北面与摩托车汽车城相邻。实际用地面积 32774.167 平方米（折合 49.161 亩），建筑占地面积为 10901.23 平方米，项目由 12 栋 6+1 层多层住宅（底层杂物房，上为 6 层住宅）组成，总建筑面积为 63763.14 平方米，容积率 1.95，绿地率 25.3%。该项目概算单方造价 1498 元/平方米，总投资为 9551.7 万元，1～3 号楼已于 2009 年 9 月竣工。

2009 年 8 月，新西江木材市场开工建设。该项目位于西江糖厂南侧，西江农场二分场北侧，场地出租面积约 101333.84 平方米（折合 152 亩）。项目于 2010 年 5 月竣工，建设总投资约 210 万元。

2010 年 7 月，马草江公园拆迁安置小区 4～12 号楼（陶然花园小区）开工建设。该工程（4～12 号楼）于 2011 年 12 月竣工。

图 6-2　陶然花园营销中心揭牌仪式

2016 年 11 月，西江商住综合楼开工建设。项目位于西江农场原招待所餐厅，新建一栋 11 层商住综合楼，项目总建筑面积 10691 平方米，项目规划占地面积 2.85 亩。该项目于 2016 年 5 月获自治区农垦局立项批复，10 月公开招投标，2018 年 2 月竣工验收，建设总投资为 2928 万元。

2018 年 9 月，西江绿城瑞安花园三区 18 号楼开工建设。该项目位于西江农场瑞安花园三区，为二类高层住宅，局部地下一层为设备用房，一层为住宅入户大堂、物业用房及架空，二层至十三层为住宅，住宅部分分 A、B 座共 2 个单位。项目建筑占地面积 3833.3 平方米，总建筑面积 16902.33 平方米。该项目于 2018 年 6 月获自治区农垦局同意建设项目备案批复，2020 年 7 月竣工验收，建设总投资 4072 万元。

二、物业租赁

西江农场的物业租赁，自 1995 年开始由房地产公司开展招租业务，至 2013 年 6 月 25 日，西江置业公司挂牌成立，房地产公司的物业租赁业务转由西江置业公司负责。2017 年，西江农场将置业公司的部分物业租赁业务分给物业公司负责。2019 年，西江农场公司化改制后，物业租赁业务分别由置业分公司、物业分公司负责。2021 年，成立广西农垦西江农场有限公司商业分公司，主要业务范围为中高端商业综合体（贵港·农垦大厦）经营管理服务。

各时期的物业租赁业务开展情况如下。1995年初，西江家私城开始招租。1996年，木材市场（西江家私城）出租面积88889平方米，全年租金收入16万元，营业额5000万元，就业人数200人。1997年，木材市场出租面积12778平方米，全年租金收入23万元，营业额8000万元，就业人数1000人。1998年，木材市场出租面积15000平方米，全年租金收入27万元，营业额1亿元，就业人数1200人。1999年，木材市场出租面积15000平方米，全年租金收入27万元，营业额1亿元，就业人数1200人。2000年，木材市场出租面积15000平方米，全年租金收入27万元，营业额1亿元，就业人数1200人。2001年，木材市场出租面积14445平方米，全年租金收入26万元，营业额1亿元，就业人数1200人。2002年，木材市场出租面积13888平方米，全年租金收入25万元，营业额1亿元，就业人数1200人。2003年，木材市场出租面积18889平方米，全年租金收入34万元，营业额1.4亿元，就业人数1200人。2004年，木材市场出租面积15000平方米，全年租金收入27万元，营业额1.3亿元，就业人数1200人。2005年，木材市场出租面积20000平方米，全年租金收入36万元，营业额1.5亿元，就业人数13000人。2006年，全年出租物业26405平方米，租金收入151.9万元，其中：木材市场出租面积25000平方米，全年租金收入45万元，营业额2亿元，就业人数1400人；西站旧货市场出租面积575平方米，租金收入6.9万元，营业额500万元，就业人数50人；汽车、摩托车市场出租面积8300平方米，全年租金收入100万元，营业额1亿元，就业人数80人。2007年，全年出租物业49288平方米，租金收入257万元，其中：木材市场出租面积32788平方米，全年租金收入59万元，营业额2.4亿元，就业人数1500人；西站旧货市场出租面积1583平方米，租金收入19万元，营业额1000万元，就业人数80人；汽车、摩托车市场出租面积14917平方米，全年租金收入179万元，营业额1.8亿元，就业人数100人。

2008年，全年出租物业58939平方米，租金收入368.4万元，其中：木材市场出租面积33222平方米，全年租金收入59.8万元，营业额2.5亿元，就业人数1500人；西站旧货市场出租面积2917平方米，租金收入35万元，营业额1800万元，就业人数450人；汽车摩托车市场出租面积22800平方米，全年租金收入273.6万元，营业额3亿元，就业人数150人。

2009年，全年出租物业73192平方米，租金收入453.1万元，其中：木材市场出租面积33110平方米，全年资金收入59.6万元，营业额2.5亿元，就业人数1500人；西站旧货市场出租面积5006平方米，租金收入62.5万元，营业额3000万元，就业人数800

人；汽车摩托车市场出租面积 35076 平方米，全年租金收入 331 万元，营业额 3.3 亿元，就业人数 170 人。

2010 年，全年出租物业 121536 平方米，租金收入 868.2 万元，其中：木材市场出租面积 42778 平方米（占地 101384 平方米）。全年资金收入 77 万元，营业额 3 亿元，就业人数 1500 人；西站旧货市场出租面积 9358 平方米，全年资金收入 72.2 万元，营业额 3400 万元，就业人数 800 人；汽车摩托车市场出租面积 47800 平方米，全年租金收入 369 万元，营业额 3.5 亿元，就业人数 180 人；钢材市场出租面积 21600 平方米，全年租金收入 350 万元，营业额 3 亿元，就业人数 2000 人。

2011 年，全年出租物业 207817 平方米，租金收入 778 万元，其中：木材市场出租面积 78826 平方米（占地 101384 平方米）。全年资金收入 90 万元，营业额 3.2 亿元，就业人数 1500 人；西站旧货市场出租面积 9901 平方米，全年资金收入 70 万元，营业额 3500 万元，就业人数 800 人；汽车摩托车市场出租面积 47800 平方米，全年租金收入 89 万元，营业额 3 亿元，就业人数 180 人；钢材市场出租面积 28328 平方米，全年租金收入 419 万元，营业额 3.2 亿元，就业人数 2000 人；七里桥仓库出租面积 6008 平方米，全年租金收入 54 万元；安置小区、东一区铺面，46 间铺面，全年租金收入 24 万元；其他（鱼塘、旧房屋、空地）全年租金收入 32 万元。

2012 年，全年出租物业 213523 平方米，租金收入 846.7 万元，其中：木材市场出租面积 78826 平方米（占地 101384 平方米）。全年资金收入 88 万元，营业额 3 亿元，就业人数 1500 人；西站旧货市场出租面积 9901 平方米，全年资金收入 89 万元，营业额 3500 万元，就业人数 800 人；汽车摩托车市场出租面积 47800 平方米，全年租金收入 33.8 万元，营业额 1.5 亿元，就业人数 180 人；钢材市场出租面积 29418 平方米，全年租金收入 499 万元，营业额 3.5 亿元，就业人数 2000 人；七里桥仓库出租面积 6008 平方米，全年租金收入 63.1 万元；安置小区、东一区铺面，全年租金收入 40.8 万元；其他（鱼塘、旧房屋、空地）全年租金收入 33 万元。

2013 年，全年出租物业 237248 平方米，租金收入 1068 万元，其中：木材市场出租面积 78826 平方米（占地 101384 平方米）。全年资金收入 97.6 万元，营业额 3.5 亿元，就业人数 1500 人；西站旧货市场出租面积 9901 平方米，全年资金收入 87.9 万元，营业额 3400 万元，就业人数 800 人；钢材市场出租面积 39526 平方米，全年租金收入 530 万元，营业额 3 亿元，就业人数 2000 人；七里桥仓库出租面积 3008 平方米，全年租金收入 21.5 万元；安置小区、东一区、东二区等铺面，全年租金收入 96 万元；天隆购物中心，建筑面积 2 万平方米，全年租金收入 200 万元；其他（鱼塘、旧房屋、空地）全年租金收入 35 万元。

2014年，租金收入1115万元，其中：木材市场出租面积81026平方米（占地101384平方米）。全年资金收入152.4万元，营业额3.6亿元，就业人数1500人；西站旧货市场出租面积9901平方米，全年资金收入121.8万元，营业额3500万元，就业人数800人；钢材市场出租面积42328平方米，全年租金收入544.1万元，营业额3亿元，就业人数2000人；西江汽车商贸城，全年投资收入90.1万元；场部片区内铺面，全年租金收入155.1万元；其他（鱼塘、旧房屋、空地）全年租金收入51.5万元。

2015年，租金收入1254.7万元，其中：木材市场出租面积78017平方米（占地101384平方米）。全年资金收入124.2万元，营业额3.4亿元，就业人数1500人；西站旧货市场出租面积9901平方米，全年资金收入88.6万元，营业额3300万元，就业人数800人；钢材市场出租面积43386平方米，全年租金收入584.5万元，营业额3亿元，就业人数2000人；西江汽车商贸城，全年投资收入112.3万元；场部片区内铺面，全年租金收入170.9万元；其他（鱼塘、旧房屋、空地）全年租金收入50.3万元；西江商贸城，全年租金收入5.2万元；市场管理费转收入118.7万元。

2016年，租金收入1452.5万元，其中：木材市场出租面积78017平方米（占地101384平方米）。全年资金收入129.9万元，营业额3.4亿元，就业人数1500人；西站旧货市场出租面积9901平方米，全年资金收入129.9万元，营业额3500万元，就业人数800人；钢材市场出租面积44386平方米，全年租金收入667.7万元，营业额3亿元，就业人数2000人；港江建材市场，全年投资收入89.3万元；场部片区内铺面，全年租金收入194.5万元；其他（鱼塘、旧房屋、空地）全年租金收入76.8万元；西江商贸城，全年租金收入47.4万元；家和居建材广场，全年收入117万元。

2017年，置业公司租金收入1755.6万元，其中：木材市场出租面积76387平方米（占地101384平方米）。全年资金收入105.3万元，营业额3.1亿元，就业人数1500人；西站旧货市场出租面积9901平方米，全年资金收入112.4万元，营业额3400万元，就业人数800人；钢材市场出租面积45836平方米，全年租金收入709.4万元，营业额3.3亿元，就业人数2000人；港江建材市场，全年投资收入90.4万元；场部片区内铺面，全年租金收入128.2万元；其他（鱼塘、旧房屋、空地）全年租金收入77万元；西江商贸城，全年租金收入174.9万元；家和居建材广场，全年收入358万元。物业公司管理瑞安花园、陶然花园商铺，全年租金收入124万元。

2018年，置业公司租金收入1758.4万元，其中：木材市场出租面积77173平方米（占地101384平方米）。全年资金收入116.8万元，营业额3.1亿元，就业人数1500人；西站旧货市场出租面积9901平方米，全年资金收入110.5万元，营业额3400万元，就业人数 800 人；钢材市场出租面积 46368 平方米，全年租金收入 666 万元，营业额 3.3 亿元，就业人数 2000 人；港江建材市场，全年投资收入 129.3 万元；场部片区内铺面，全年租金收入 188.1 万元；其他（旧房屋、空地）全年租金收入 18.8 万元；西江商贸城，全年租金收入 192.5 万元；家和居建材广场，全年收入 287.6 万元；新华农贸市场，全年租金收入 15.5 万元；绿城建材市场，全年租金收入 33.3 万元。物业公司管理瑞安花园、陶然花园商铺，全年租金收入 143 万元。

2019 年，置业分公司租金收入 1993 万元，其中：木材市场出租面积 77173 平方米（占地 101384 平方米）。全年资金收入 95 万元，营业额 3.1 亿元，就业人数 1500 人；西站旧货市场出租面积 9901 平方米，全年资金收入 109 万元，营业额 3500 万元，就业人数 800 人；钢材市场出租面积 47836 平方米，全年租金收入 767.6 万元，营业额 3.3 亿元，就业人数 2000 人；场部片区内铺面，全年租金收入 233 万元；经营管理部下拨片区，全年租金收入 550.4 万元；家和居建材广场，全年收入 238 万元。物业分公司管理瑞安花园、陶然花园商铺、农场场部部分资产，全年租金收入 156 万元。

2020 年，置业分公司租金收入 2298.5 万元，其中：木材市场出租面积 77173 平方米（占地 101384 平方米）。全年资金收入 227.3 万元，营业额 3.1 亿元，就业人数 1500 人，西站旧货市场出租面积 9901 平方米，全年资金收入 135.5 万元，营业额 3400 万元，就业人数 800 人；钢材市场出租面积 50368 平方米，全年租金收入 893.7 万元，营业额 3.5 亿元，就业人数 2000 人；经营管理部下拨片区，全年租金收入 289.3 万元；场部片区内铺面，全年租金收入 158 万元；西江商贸城，全年租金收入 259 万元；家和居建材广场，全年收入 335.7 万元。物业分公司管理瑞安花园、陶然花园商铺、农场场部部分资产，全年租金收入 261 万元。

2021 年，置业分公司租金收入 2099.1 万元，其中：木材市场出租面积 77173 平方米（占地 101384 平方米）。全年资金收入 181.8 万元，营业额 3.1 亿元，就业人数 1500 人；西站旧货市场出租面积 9901 平方米，全年资金收入 131.4 万元，营业额 3500 万元，就业人数 800 人；钢材市场出租面积 51283 平方米，全年租金收入 863.1 万元，营业额 3.5 亿元，就业人数 2000 人；经营管理部下拨片区，全年租金收入 365 万元；场部片区内铺面，全年租金收入 432.3 万元；新华农贸市场，全年租金收入 118.5 万元；家和居建材广场，全年收入 7 万元。物业分公司管理瑞安花园、陶然花园商铺、农场场部部分资产，全年租金收入 346 万元。

2022 年，置业分公司租金收入 2577.3 万元，其中：木材市场出租面积 77173 平方米（占地 101384 平方米），全年租金收入 177.6 万元，营业额 3.5 亿元，就业人数 1500 人；西站旧货市场出租面积 9901 平方米，全年租金收入 123.7 万元，营业额 3300 万元，就业人数 800 人；钢材市场出租面积 52827 平方米，全年租金收入 849.6 万元，营业额 3.8 亿元，就业人数 2000 人；经营管理部下拨片区，全年租金收入 456.6 万元；场部片区内场地铺面，全年租金收入 538 万元；新华农贸市场，全年租金收入 155.3 万元；家和居建材广场（2022 年由自主经营建材家居转为整体出租，现在是贵港市人民医院二门诊），年租金 276.3 万元。物业分公司管理陶然花园、瑞安花园、西江红色广场商铺，出租面积 15519 平方米，全年租金收入 405 万元。

贵港·农垦大厦项目是西江农场公司主导产业重点项目之一，位于贵港市两条主干道金港大道与迎宾大道交汇处，交通便利，地属商业黄金地段。楼层总高 150 米，地面 32 层，地下两层，总建筑面积 6.42 万平方米，其中 1～5 层为商业层，6～22 层为写字楼，23～32 层为酒店。项目总体定位为高端综合写字楼，集智能化写字楼、高端商务酒店、大型商业配套、教育培训等多种商务功能于一体，是贵港的标志性建筑。

2010 年 5 月 26 日，西江农场与广西贵港市西江房地产开发有限公司（现更名为广西农垦房地产开发有限公司）、广西大将房地产开发有限公司签订《合作开发协议书》，合作开发原西江摩托汽车城地块土地，项目取名"贵港·凯旋国际"，由农垦房地产公司、大将房地产公司共同成立广西合家福投资有限公司负责该项目开发建设。2017 年 11 月 16 日，相关各方共同签订项目《协议书》，明确凯旋国际项目分配给西江农场及农垦房地产公司 90115 平方米，其中贵港·农垦大厦约 5.6 万平方米，住宅约 3.4 万平方米，由合家福公司在项目开发中分期交付。2020 年 11 月，贵港·农垦大厦竣工验收并交付西江农场公司管理使用，随后农场公司立即对大厦投入装修并提前介入招商。2021 年前期招商工作以主力商家洽谈为主要推进方向，完成招商面积 25169 平方米。2022 年，农垦大厦签约商户 26 家，完成招商面积 32726.58 平方米，实现租金收入 500.6 万元。

三、楼盘销售

西江房地产公司的楼盘销售，自 1993 年 8 月开发第一个工程项目，到 2010 年 7 月为止，累计销售商品房 1716 套，面积 231170.246 平方米，宅基地 938 套，共 66401.335 平方米，销售总金额 3.4 亿元。以下是各时期的商品房销售情况。

1994—1998 年，销售七里桥小区宅基地 392 套，共 35040 平方米。

1999—2002 年，销售龙井床小区宅基地 206 套，共 10197 平方米。

2001—2003 年，销售钓鱼岛别墅（一期）宅基地 25 套，共 2976.75 平方米。

2005 年，销售西江小区 A、B 区商品房 180 套，共 25843.70 平方米，销售总金额 1812.69 万元。

2006年，销售宅基地68套，面积3672平方米；销售楼商品房249套，面积3万平方米，销售总金额2309.73万元。

2007年，销售宅基地125套，面积7349.25平方米；销售楼商品房164套，每套111平方米，面积共18220.81平方米，销售总金额3053.81万元。

2008年，销售宅基地11套，面积618.75平方米；销售楼商品房302套，面积55986.74平方米，销售总金额11232.14万元。

2009年，销售宅基地59套，面积3630.95平方米；销售商品房286套，面积42503.181平方米，销售总金额6383.45万元。

2010年，销售宅基地52套，面积2916.64平方米；销售楼商品房327套，面积41134.25平方米，销售总金额9233.54万元。

2011年，销售房屋333套/栋，面积4.54万平方米，全年收回房款12480万元。

2017年，销售西江商住楼商品房60套，面积10614.04平方米，销售总金额2518.35万元。

2019年，销售瑞安花园三区18号楼A、B座小区商品房90套，面积12638.87平方米，全年收回房款4882.03万元，已售车位57个，结转收入292.75万元。

四、实现各项指标

西江房地产公司成立以来至2010年12月为止，累计完成各项收入29283.24万元，完成各项投资27302.25万元，盈利5841.09万元，缴纳税费2538.936万元，公司的资产总额从公司成立时的大约20万元，发展至2010年12月底的25911.1万元。下列是各时期的经营指标完成情况。

1993年，全年经营总收入468.5万元，利润24.76万元，缴纳税金3.29万元，完成投资63.39万元，资产总额392.82万元。

1994年，全年经营总收入95.5万元，利润－15.08万元，缴纳税金0.056万元，完成投资130.97万元，资产总额275.18万元。

1995年，全年经营总收入100.78万元，利润0.2万元，缴纳税金0元，完成投资465万元，资产总额875.87万元（资产增加原因是因电厂划入）。

1996年，全年经营总收入120.6万元，利润51.39万元，缴纳税金2.65万元，完成投资1096.15万元，资产总额388.45万元（资产减少原因是因电厂划出）。

1997年，全年经营总收入192.65万元，利润30.7万元，缴纳是税金4.39万元，完成投资152.08万元，资产总额442.32万元。

1998年，全年经营收入940.35万元，利润28.56万元，缴纳税金4.2万元，完成投资244.57万元，资产总额649.21万元。

1999年，全年经营总收入317.5万元，利润－10.5万元，缴纳税金5.14万元，完成投资246万元，资产总额838.52万元。

2000年，全年经营总收入530.28万元，利润39.9万元，缴纳税金38.67万元，完成投资286.31万元，资产总额1190.38万元。

2001年，全年经营总收入401万元，利润116.61万元，缴纳税金20.89万元，完成投资789.64万元，资产总额1784.35万元。

2002年，全年经营总收入984.06万元，利润375.05万元，缴纳税金38.63万元，完成投资914.28万元，资产总额2596.08万元。

2003年，全年经营总收入1312.06万元，利润254.3万元，缴纳税金106.6万元，完成投资1660.8万元，资产总额3646.73万元。

2004年，全年经营总收入1394万元，利润508.6万元，缴纳税金101.8万元，完成投资1985.27万元，资产总额5563.1万元。

2005年，全年经营总收入2377万元，利润518.56万元，缴纳税金174万元，完成投资1141万元，资产总额6624万元。

2006年，全年经营总收入2130.87万元，利润533.96万元，缴纳税金178.5万元，完成投资1404.5万元，资产总额7596.68万元。

2007年，全年经营总收入4112.72万元，利润596.17万元，缴纳税金376.81万元，完成投资1877.31万元，投资总额9899.8万元。

2008年，全年经营收入4314.17万元，利润312.91万元，缴纳税金400.54万元，完成投资3718.32万元，资产总额13244.15万元。

2009年，全年经营总收入3635.3万元，利润528.4万元，缴纳税金356.27万元，完成投资6774.29万元，资产总额18215.8万元。

2010年，全年经营总收入6303.4万元，利润1946.6万元，缴纳税金726.5万元，完成投资4352.37万元，资产总额25911.1万元。

五、专项工程

西江房地产公司自2005年2月动工建设了西江农场江北大道（西江农场段）道路工程，道路总长度1650米，宽52米，用地面积85800平方米（折合128.7亩），其中路面硬化74710平方米，道路两边安装给排水管6511米，路灯安装110盏，道路绿化种植黄金榕 5820 平方米，树 660 棵，煤气管道 1650 米，安装若电线路 1650 米。建设工程项目总投资（包括建筑安装工程费用、土地使用费三部分）1722.88 万元。

第八节　养老保险及医疗保险制度改革

一、养老保险制度改革

西江农场职工按国家规定享有退休的待遇。从二十世纪七十年代起，农场开始办理职工退休手续，由企业养老，让职工安度晚年。1978 年，西江农场根据国发〔1978〕104 号文《国务院关于工人退休、退职的暂行办法》的规定，凡男职工年满 60 周岁，女干部年满 55 周岁，女工人年满 50 周岁，可给予办理退休，农场负责发放退休金。此后，职工年龄符合上述规定的，劳资部门给予办理离退休，形成了制度化、常态化。

1995 年 7 月，自治区劳动厅以桂政劳险字〔1995〕5 号《区劳动厅对农垦直属企业职工基本养老保险基金实行系统统筹问题的批复》下文，按文件规定，广西农垦所属企业职工的基本养老保险参加农垦系统统筹。当年，西江农场有职工 3304 人参保，离退休人员有 1864 人参保，自治区农垦局社保处将退休人员养老金按月拨付给农场，由农场按月发放养老退休金给离退休人员。

2000 年 7 月，广西壮族自治区人民政府下文，从当年 6 月 1 日起，将农垦、林业、煤炭、华侨 4 系统的企业职工养老保险纳入全区统筹，进一步完善了农垦职工的养老保险制度。西江农场自文件下达后，遵照执行参加了全区养老保险统筹，离退休职工退休金实行社会化发放，企业不再承担按月发放退休金，至今均照此运作。

2020 年 11 月起社会保险缴费划转税务部门征收；2021 年 1 月 1 日起农垦社保业务经办职能移交由自治区社会保险事业管理中心管理，1—6 月份业务由派驻农垦的自治区社保中心工作小组办理，6 月底派驻工作小组搬回自治区社保中心，以后所有社保业务都是到自治区社保中心办理。

农场职工参加基本养老保险统筹后，参保职工从 1991 年 11 月起补缴个人部分的养老保险费。养老保险个人缴费比例：1991 年 11 月至 1996 年 6 月按本人工资的 2％缴纳，1996 年 7 月至 1996 年 12 月按 3％，1997 年 1 月至 1997 年 12 月按 3.5％，1998 年 1 月至 1998 年 12 月按 4.5％，1999 年 1 月至 1999 年 12 月按 5％，2000 年 1 月至 2000 年 12 月按 5.5％，2001 年 1 月至 2001 年 12 月按 6％，2002 年 1 月至 2002 年 12 月按 6.5％，2003 年 1 月至 2003 年 12 月按 7％，2004 年 1 月至今按 8％；养老保险单位缴费比例：1991 年 11 月至 1998 年 6 月按职工工资总额的 18％，1998 年 7 月至 2016 年 4 月按 20％，2016 年

5月至2017年12月按19％，2018年1月至2018年4月按14％，2018年5月至2019年4月按19％，2019年5月至2022年12月按16％（2020年2月至12月因新冠疫情，减免单位部分养老保险费）。工伤保险：2018年1月至2018年4月按工资总额的0.9％缴纳，2018年5月至2022年12月按0.45％。失业保险：西江农场公司2019年8月开始购买失业保险，2019年8月至2022年12月个人缴费按0.5％，单位按0.5％。

2009年，西江农场开始为职工家属（灵活就业人员）办理个人基本养老保险，2009—2021年，西江农场职工家属（灵活就业人员）参加个体基本养老保险的共有346人，其中至2021年末，已有189人享受按月领取基本养老金待遇。根据《广西壮族自治区人力资源和社会保障厅关于完善企业职工基本养老保险女性参保人员基本养老金核定有关政策的通知》（桂人社发〔2021〕39号）规定，以无雇工个体工商户、未在用人单位参加基本养老保险的非全日制从业人员或其他灵活就业人员身份参保的女性参保人员，申领基本养老金年龄统一调整为55周岁。该政策自2022年1月1日起执行。过去规定与本通知规定不符的，统一按本通知规定执行。今后国家和自治区如有新规定，从其新规定。

二、医疗保险制度改革

西江农场建场初期，就开始建立卫生所，为职工看病治伤，职工享有公费医疗的福利待遇。1961年建成了农场综合性医院，进一步完善职工门诊和留医治病条件，危重病则转院，到大医院治疗。

2000年，根据贵港市人民政府下达的贵政〔2000〕17号文件规定，西江农场全面进入医疗保险制度改革范畴。全场在职职工2903人，离退休人员2164人，从2001年1月1日至2013年12月31日，参加贵港市城镇职工医疗保险，根据与贵港市社保局协商金额进行缴费，农场每年缴医疗保险费155万元，在职职工和退休人员留医治病，可享受按规定比例核报医疗费的待遇，离休人员的医疗费，按国家有关规定可据实报销。

2014年1月1日起，西江农场按单建统筹方式进行医疗保险缴费（不包含生育保险）。在职员工基本医疗保险单位缴纳4.2％，大病救助0.7％；退休人员大病救助按本人实际退休金0.7％进行申报缴费。个人账户金额每人每月50元由单位支付汇入社保中心账户，再由社保中心统一发放到每个员工的个人账户中。2019年，经与贵港市社保局多次协商达成协议，从2019年8月起，西江农场公司在职及退休人员全部按统账结合方式进行缴费，在职员工基本医疗单位按6％，个人按2％，生育按0.5％进行缴纳（2020年1月起生育医疗合并到基本医疗，按6.5％缴纳）。退休员工大额医疗按本人实际工资0.7％进行申报缴费，个人账户费用统一由医保统筹基金支付，不再由公司承担。

国家推行医疗保险制度改革后，在农场职工享有医疗保险待遇的同时，农场居民获得参加新型农村合作医疗（简称新农合）医保的优惠。2007年，自治区人民政府办公厅以桂政发〔2007〕92号《关于农垦等系统的居民参加新型农村合作医疗有关问题的通知》下文，根据文件规定精神，西江农场居民从2008年1月起参加新型农村合作医疗。当年参加新农合共2693户，参保人数5799人，参保者每年缴费20元；2009年改为每人年缴费30元；到2011年，每人年缴费增至50元。参加新型农村合作医疗的居民，到医院留医治病，其医疗费用视情况可报销65%～75%，共享医改成果。随后几年，随着国家社会保障事业的发展，医保报销幅度进一步提高，农场职工和居民参加新农合医疗享受到更好的待遇。到2018年，西江农场参加新农合共2722户，参保人数5987人，参保者每年缴费150元。从2019年开始，随着农场办社会职能移交西江社区，西江农场居民参加新农合医保的工作由西江社区负责。

第七章　科技发展

第一节　科技队伍

西江农场建场以来，经过广大科技工作者和干部、工人的共同努力与积极参与，科学技术有很大进步，对农场各个时期工农业生产的发展和各项管理工作的提升，发挥至关重要作用。

一、西江农场公司化改制前的科技队伍

西江农场科技队伍，随着生产建设的发展逐步建立壮大。建场初期的1954年，全场仅有农业、畜牧业和机械3个系列的工程技术人员26人，此后农场科技人员逐年增加，至二十世纪八十年代末，全场共有农业、畜牧业、工业科技人员73人，其中农业科技31人，畜牧业科技13人，工业科技29人。从二十世纪九十年代初至2002年畜牧业、制糖业分立前以及2003年教育单位和2004年卫生单位剥离农场前，全场登记取得经济、政工、会计、统计、农艺、畜牧、工程、教育、卫生各系列专业技术资格的人员共432人，其中高级职称23人，中级职称151人。

高级职称专业技术人员：陈修文、胡茂清、龙自光、陆秀峰、龚学籍、甘隆英、何际雄、张明敏、吴坚、韦德崇、周沾贵、蒋以壮、梁振安、潘锡锦、覃福超、韦榜文、谢世华、杨金燕、韦随春、邱玉贞、黎民政、岑玉泉、韦周汉。

中级职称专业技术人员：苏蕴远、覃荣刚、吴飞、黄东平、梁天明、李新、李日华、岑书忠、赖群昌、徐杰荣、谢兴、文月红、黄志新、刘仲贤、叶德林、池昭礼、陈玉祥、甘权英、欧雁、唐绍雄、吴德隆、林少明、李文顺、甘永明、宋正幸、蒙庆宁、梁新、张程、张始绪、陈光威、雷瑞洪、梁胜林、周启美、陆德旺、黄忠民、黄进远、赖钧铎、陈仲延、贾永忠、陆可俭、吴新旦、莫绍旺、林依坤、伍金岚、钟德兰、农锐群、林巧贞、农炎群、王小玲、杨延坤、韦小琳、莫雪凤、甘水兰、覃海翔、陆升萍、莫莉花、姜秀银、甘宏礼、梁绍辉、申西玲、余新荣、苏如戒、王厘昌、卢宗林、李殷恕、李绍国、林帮领、张洁英、甘穆娇、张耀斌、甘聘枝、史群珍、郭丽珍、苏家金、黄金莲、黄翠莲、

岑志坚、苏佑佳、岑旭东、梁夏生、梁霜、宁军理、韦治成、曾毅、苏家春、梁翘楚、谢世华、韦榜文、刘达文、梁家权、凌方海、韦明清、黎支、韦秀芳、吴永德、姚若存、覃月兰、李志华、吉文星、陈启拔、杨立军、谢君霞、蔡卓钢、蒋建英、陈卓恒、方家新、谈志勇、柳庭月、黄超乾、莫文杰、叶君玉、胡庆宁、李容娟、李冬菊、卢璐、王朝勇、杨丽君、滕芳、伍抑杨、梁国贡、邱丽新、梁成芳、黄锦乾、黄锦轩、黄能燮、曾辉、覃水祥、方礼枢、黄仁康、钟水健、甘增水、陶土然、谢文平、林依土、李惠统、周少琳、邓慕莲、李显球、刘振生、杨昌寿、黄钻三、谢彪、谢雪颜、刘显煌、吉文康、蒙联运、梁群、唐建明、陆贵生、宁春生。

西江农场在畜牧业改制、糖厂分立以及教育、卫生单位剥离后，逐步对专业技术人员实施规范化管理，2009年下发的西农办字〔2009〕55号文件《关于印发〈西江农场关于完善专业技术人员聘任与管理的有关规定〉的通知》，全面贯彻了专业技术岗位评聘分开原则，对取得专业技术资格人员实行聘任制，截至2012年12月，西江农场聘任的专业技术人员高、中、初级职称共130人，其中政工系列39人、经济系列26人、会计系列28人、统计系列2人、农艺系列17人、工程系列13人、其他5人。各系列职称人员名单如下。

1. 政工系列

高级政工师：李震、李蔚、吉文星、曾凡新、王金文

政工师：叶君威、吕书、伏家荣、邱敏、蒋建英、郑燕康、张秉新、陈卓恒、杨立军、吉文康、蒋宇才、邓夏炎、王忠

助理政工师：李宝忠、谢联均、李远强、谭兴华、莫香玉、刘桂忠、罗福光、余潮、钟达观、李其伟、梁汉伟、甘静、杨立明、蒋铁林、李坚、梁旭、周永燕、黄秀谱、盛美华

政工员：黄健鹰、吴荣

2. 经济系列

高级经济师：钟伟政

经济师：侯桂军、翁诗英

助理经济师：陈军、韦德强、梁辉、邓夏炎、何宗宁、彭广宁、苏剑锋、周伟庆、吴琳、苏海波、周建浩、侯莹莹、叶鹏、周文翔、莫光宁、杨丹

经济员：卢克坚、张超红、詹西宁、李彩芳、黄丽曼、甘雨露、史晓龙

3. 会计系列

高级会计师：林少明

会计师：钟伟政、甘永明、李文顺

助理会计师：张明烈、李炎、梁梦、梁颐婷、满丽芳、周武贵、谢尚宏、张成、姚朝军、甘杰毅、李祖坚、陈燕红、王英、黄丹、谢理、王月荣、谢松玲、吴方荣、韦永丽、贾柳

会计员：谢奇、钟庆凤、蒋荣波、周汝辉

4. 统计系列

统计师：李桂芝

助理统计师：陈春英

5. 农艺系列

高级农艺师：周启美、张程

农艺师：梁新、蒙庆宁

助理农艺师：蒋诚、吴德刚、阳成梅、林云、伏军、何志凤、李家明、甘伟华、黄莲芬、农秩葆、詹西宁、吴福山、曾超雄

6. 工程系列

工程师：梁天明、韦勇教、甘再兴、罗开勇、周展华、杨启益

助理工程师：吴伟贤、谭水斌、周诚、陈志文、韦森健、何日茂、林晖

7. 其他

水产工程师：莫绍旺、吴新旦（助理经济师）

档案系列：姚晓文、莫勇珍（助理馆员）

中教一级：曾辉（助理经济师）

二、西江农场公司化改制后的科技队伍

2019年8月，西江农场公司下发《广西农垦西江农场有限公司关于聘任专业技术人员的通知》，对取得专业技术资格人员实行聘任制，聘任的专业技术人员高、中、初级职称共116人，其中政工系列43人，经济系列8人，会计系列14人，农艺系列31人，工程系列18人，其他2人。

截至2022年12月，西江农场公司聘任的专业技术人员高、中、初级职称共126人，其中政工系列41人，经济系列9人，会计系列16人，农艺系列29人，工程系列22人，其他9人。各系列职称人员名单如下。

1. 政工系列

高级政工师：李蔚、苏海波、吉文星、邓德平、王金文、吉文康

政工师：黄健鹰、梁辉、周永燕、周伟庆、侯莹莹、邓兆鹏、罗福光、蒋宇才、杨

丹、张秉新、李箭、谢奇、梁汉伟、刘桂忠、周武贵、甘杰毅、姚朝军、钟达观、余潮、蒋铁林

助理政工师：何国永、程林、曾礼红、李彩芳、杨立明、张超红、史晓龙、梁港、钟庆凤、李其伟、黄秀谱、凌华明、王东波、梁坤

政工员：吴荣

2. 经济系列

经济师：莫光宁、杨超浩

助理经济师：彭广宁、吴琳、蔡慧璇、甘雨露、丘峻锋

经济员：卢克坚、黄丽曼

3. 会计系列

会计师：马引兄、梁明丽

助理会计师：王月荣、谢燕、张明烈、梁梦、李芳玲、甘倩、周淑君、甘羽秋、谢尚宏、李祖坚、谢理、甘世坤

会计员：黎明洲、周汝辉

4. 农艺系列

高级农艺师：张程

农艺师：蒋诚、甘静、伏军、阳成梅、周建浩、林云、叶鹏、张成、詹西宁、苏华、王剑、蒙庆宁、吴德刚、甘伟华、周文翔

助理农艺师：阳剑、农秩葆、李宁、甘毅、蒋荣波、曾超雄、李家明、潘毅、卢邦

农业技术员：谭巨华、陈光、李锦锋、周永国

5. 工程系列

高级工程师：甘再兴

工程师：严一飞、林晖、韦森健、杨梓明、吴梅华、吕伊冰、韦勇教、周展华、何日茂、钟立胜

助理工程师：甘碧磊、唐运彬、周君健、黄诗洲、李江龙、李二虎、韦惠萍、郑瑶、许依文、梁源

工程技术员：汤桂华

6. 其他

水产工程师：莫绍旺、吴新旦（助理经济师）

档案系列：莫勇珍（馆员）、梁瑜婷（助理馆员）

高级技工师：黄京松、韦志秋、李志诚、梁树智、卢健

第二节 科研组织

1954 年，西江农场畜牧队从各县市购回的畜禽进行选留繁殖和杂交选育，成为农场最早的不挂牌的"草根"禽畜生产科研组织。

1956 年，西江农场畜牧队成立兽医室，到 1960 年改建兽医院，负担全场禽畜各种疾病的研究和防治。

1965 年，西江农场建立了农业试验站，开展农业科学研究工作。1971 年生产队均建立了农科班，到了 1978 年，全场农科班覆盖了场属各队，共建立了 15 个农科班，科研人员 200 多人。工业线的"双革"（技术革新、技术革命）小组也建立了起来，修理业、机务人员掀起了工具改革热潮。农场经济体制改革，兴办职工家庭农场后，农科班自然消失，农业试验站实际成为农业生产单位。

1973 年，西江农场成立了生物防治站和气象观测哨，有科研人员 6 人，从事病虫预测预报，寄生蜂的培育、放养和简单的气象观测记录工作。

西江农场各科研组织开展科研活动，比较活跃的时期是在二十世纪七十年代末期至八十年代末期。

1980 年，农场兽医院升格，改建成为广西农垦畜牧研究所，对农场禽畜品种进行杂交、改良，开展科学研究。直至 2000 年，畜牧业进行股份制改组，从农场分立，畜牧科研工作在新的环境和新的层面上开展。

2009 年，西江农场设立广西农垦国有西江农场测土配方施肥中心站，作为广西农垦玉林贵港白色片区农场实施国家测土配方施肥项目工作站点，对西江农场、旺茂总场、五星总场、桂丰农场、大伦农场、阳圩农场和百合农场 7 个广西农垦玉林贵港百色片区农场的总面积为 15.82 万亩的耕地地力进行评价，共调查了 5 个土类、9 个亚类、15 个土属、20 个土种。此外，还建立了广西农垦贵港百色片区农场耕地资源信息管理系统，完成了对第二次土壤普查等历史资料的一系列抢救性挖掘与整理工作，为广西农垦玉林贵港百色片区农场农业生产发展与宏观决策提供了一个现代化的信息平台。在自治区土壤肥料工作站的组织下编写了广西县域耕地地力评价丛书《广西农垦玉林贵港白色片区农场耕地地力评价》。2016 年 10 月，撤销广西农垦国有西江农场测土配方施肥中心站。

第三节　农业科技

一、农作物引种培育及栽培

西江农场根据各个时期的经营方针，进行农业科技的研究和活动。1956 年引种木薯良种南洋紫皮种，品种适应性强，亩产由 1957 年的 45.3 公斤提高到 1958 年的 876.2 公斤。1959 年改大畦双行种植为小畦单行种植，犁耙地、起畦、松土除草、中耕培土，收货均能使用机械作业，提高了木薯生产机械化程度，适应西江农场农业生产特点，这种种植方法沿用至二十世纪调整农业产业结构为止。

1958 年西江农场引种适应性广、抗逆性强的台糖 134 甘蔗品种，替换抗逆性差的品种，亩产由 1957 年的 230 公斤提高到 5350 公斤。

二十世纪六十年代，水稻逐年种矮仔粘、广场矮、珍珠矮、包胎矮等矮秆品种，当时珍珠矮、包胎矮为当家品种，亩产比高秆品种高 50~70 公斤，是水稻栽培史上一大进步。

水稻科研工作为推进提高水稻单位面积产量，西江农场 1976 年试种杂优水稻 147 亩，单造亩产 357.8 公斤，1977 年水稻杂优种植面积 2794 亩，单造亩产 312.8 公斤，当年比常规品种亩产 223 公斤增产 40.3%，其中试验站种植的 196 亩，单造亩产 367 公斤。1978 年推广杂优水稻，全场种植面积达 7607 亩，为使水稻产量跨《中国工业发展纲要》做出贡献。

水稻三系制种是二十世纪七十年代农业科技尖端科学之一，西江农场 1975 年开始杂优制种获得成功，但亩产稍低，随着制种技术的提高，1977 年全场三系制种 612 亩，平均亩产 26.8 公斤，十队农科班制种 16 亩，平均亩产 55 公斤，二队农科班制种 20 亩，平均亩产 65 公斤，两个队的农科班受到农场表彰，1978 年被授予农场科技大会奖。

1972 年，高粱三系制种成功。当年制种 82 亩，亩产 56 公斤，用杂交种种植，亩产达 150 公斤，比原来白高粱种亩产增产 50 公斤左右。

1976 年，西江农场试验站开始制群单 105 玉米杂交种获得成功，逐步替换了沿用已久的白玉米。1978 年继续在试验站制杂交玉米（MO17×自 330＝中单一号×墨黄九）桂顶一号获得成功。尔后根据本场所需的多少进行制种，一般情况下年制种面积 35~70 亩，杂交种亩产 140~225 公斤。这一品种表现好，产量高，一般栽培亩产约在 200~250 公斤，高产的亩产达 400 公斤以上，在 1988 年前是广西鼎力推广的优良品种。

二十世纪七十年代起，对主要作物特别是水稻建立三级种子繁殖体系，凡在外地引种的先在试验站试种，或进行品种比较试验，通过试验认定适合西江农场推广的品种，先在试验站繁殖一级种子，然后各队农科班进行单株繁殖去杂，单株选种，种子复壮，生产二级种子，各生产队划定地号或区队生产三级种子推广到大田。各级种子进行单打单晒单藏，这样初步解决了由于机械收获人为的种子混杂和退化现象。

农科班的建立不但在种子纯化和繁育上起积极作用，而且在高产栽培技术上对全场生产起到推动作用。1974年全场10个农科班种高产田260.7亩，平均亩产592.2公斤，比当年大田平均亩产401公斤增产47.7%，农科班成为大田生产的样板，起科研示范作用。

1975年，根据西江农场生产实践需要，全面开展水稻区试、水稻品比、水稻杂交选育、蒸汽育秧、甘蔗品比、水旱地化学除草等28项农业科学试验。经过多年的努力，选择了适应本场种植的品种、筛选了水旱地除草剂，特别是为水稻大面积直播创造了条件。成功选育了早中山、迟中山、包青一号、包青二号、红梅早等，迟中山成为那时期当家品种，一般单造亩产300公斤，高的可达400公斤以上。

1978年，西江农场开展水稻直播试验，为探索水稻机械化生产开辟道路。当年，早晚两造直播4051亩，占种植面积15.1%，平均亩产208.5公斤，移栽水稻9688亩，平均亩产186公斤，直播稻比移栽稻亩产高22.7公斤。当年直播水稻主要采取如下四个方面措施：稻田耙溶耙平；施足基肥；均匀撒播；使用除草剂控制杂草。1978年直播稻比移栽稻每亩少用种6~7公斤，亩节省用工3.1工，每亩降低成本7~8元。总结了1978年水稻直播经验，可以提高机械化程度，因而1979—1983年早晚两造进行大面积水稻直播，年直播面积达66.8%，这样的情况一直维持至兴办家庭农场和经营方针的改变。

农业科研还在水果种植方面进行。1979年，西江农场自育和引进枳壳砧橘苗种植，有效地防止了柑橘青枯病的发生。

二、种地养地结合

西江农场建场之前荒无人烟，土地瘦瘠，为改良土壤，建场后1954年开始，种植旱地绿肥，走种地养地结合的道路。1958年西江农场大量种植木豆、猫豆，与木薯轮作。此后种植绿肥的品种逐渐增多，二十世纪六十年代，除大面积种植木豆、猫豆外，又种猪屎豆、柽麻等绿肥。二十世纪七十年代至八十年代初，主要种植豇豆、金光菊、柽麻、田菁、大叶猪屎豆，1987年低产的剑麻园间种大叶猪屎豆达2600多亩。水田则是种植另外品种的绿肥，以种红花草为主，兼种苕子等，到了1962年，苕子种植面积达到500亩。二十世纪六十年代后期至七十年代初，特别强调水田绿肥的应用，水田种绿肥占水田面积的30%以上，亩产鲜茎叶1500公斤左右。水旱地绿肥的种植，增加了土壤有机质，提高了土壤肥力。

在农场调整农业产业结构，以原料蔗种植为主的经营方针以后，农业科技部门要求蔗叶还田，是种养结合，提高土壤有机质的重要一环。随着农业科技的进步，推广测土配方施肥，推行甘蔗智能施肥技术。在实施测土配方田间作业以后，有效提高农场蔗地土壤营养成分，促进农业职工节本增效。

三、病虫害防治

西江农场早年种植水稻和水果、花生及其他经济作物，病虫害影响作物生长，直接威胁到产品的收成减少，多年来采取不少植保技术，实施农业防治、生物防治、化学防治。

1. 农业防治　培育抗病虫能力强的品种，如柑橘采用枳壳砧可抗青枯病；建立留种田，繁殖复壮无病种子，对种子进行严格消毒。例如1973—1985年，水稻种子坚持年年消毒后，稻胡麻叶斑病很少发生，稻恶苗病已基本绝迹，稻穗颈瘟根本没有出现过。多施农家肥，合理排灌，改善农作物生长环境，提高作物的抗逆性。如水稻实行浅灌，露晒田，多施腐熟有机质肥料，经过这样处理，1970年以后，全场不再出现水稻发黄和水稻不结实的问题。合理轮作减少病虫传播的环境条件，如花生实行轮作减少立枯病和冠腐病的发生。改变耕作制度避过某种病虫的发生期，如水稻直播或晚造翻秋育秧，7月下旬播种可避过第三代三化螟虫盛孵期和稻瘿蚊对秧苗的危害。提前灌水耙沤，3月底前完成耙沤田，大量消灭越冬螟虫，实施后，从1980年起第一代螟虫发生危害甚微。挖除、烧毁病株，清洁田园，减少病虫传染环境。

2. 生物防治　利用自然界的有益昆虫、鸟类等消灭害虫。西江农场1982年建立了生物防治站，培养赤眼蜂，在防治稻纵卷叶螟上收到很好效果，放蜂后有益天敌回升，收到了生态效益，在不使用农药的情况下，水稻卷叶率不但不增加反而比用农药的对照区低，结实率比对照区提高。释放钝绥螨控制柑橘红蜘蛛效果相当显著。白花草是钝绥螨在果园中生存繁殖的寄主，其花粉是钝绥螨的食料；在果园中有计划地繁殖白花草，保持一定数量的天敌；为钝绥螨创造一个良好的生态环境，把以农药防治为主转变为以保护利用天敌为主的综合防治方法，推进农场生物防治水平提高一步。

发现、保护、利用有益天敌防治害虫是一项经济、省力、效果好的防治措施。在1958年前后，红麻小造桥虫严重危害西江农场的红麻，虽用药不少，红麻还是被虫吃光。后来发现螟蛉绒茧蜂在红麻小造桥虫幼虫体内产卵，寄生率在30%以上的则不需喷药。1960—1963年，全场种高粱4500亩，普遍发生高粱斜纹夜蛾危害。第三生产队有400多亩受害严重，开头使用农药解决不了问题，后来发现了哥鸟在高粱地啄吃夜蛾幼虫，便利用哥鸟防治夜蛾。

2017年，西江农场开始在四分场、五分场连片土地开展甘蔗螟虫赤眼蜂生物防治示范与推广，放蜂面积1万亩，放蜂不少于6次，每亩每次5张，每亩不少于30张。资金投入：每亩成本82.5元，其中自治区农业厅植保总站"螟黄赤眼蜂统防统治甘蔗螟虫"项目支持投入每亩42.50元，西江制糖有限公司承担每亩20元，农场承担每亩20元，当年10月27日自治区植保总站组织专家进行验收，结果为：与常规化学防治区相比，放蜂区甘蔗平均螟害株率为68.25％，对照区为95％，降低28.16％；放蜂区甘蔗平均螟害节率为8.16％，对照区为27.44％，降低70.26％。

2018年，西江农场继续在五、六、八、清井和前进5个分场（三分场为对照区）开展螟黄赤眼蜂防治甘蔗螟虫试点工作，放蜂面积1.5万亩。资金投入：每亩成本85元，其中自治区农业厅植保总站"螟黄赤眼蜂统防统治甘蔗螟虫"项目支持投入每亩25元，西江制糖有限公司承担每亩30元，农场承担每亩30元。当年11月12日自治区植保总站组织专家进行验收，结果为：放蜂区甘蔗平均螟害株率为65％，对照区为97％，降低32.99％；放蜂区甘蔗平均螟害节率为6.78％，对照区为23.49％，降低71.14％。

2019年，西江农场公司在二、三、四、五、六、七、八和十分场（九分场作为对照区）开展螟黄赤眼蜂防治甘蔗螟虫试点工作，放蜂面积2.8万亩。资金投入：每亩成本85元，其中自治区农业厅植保总站"螟黄赤眼蜂统防统治甘蔗螟虫"项目支持投入每亩25元，西江制糖公司承担每亩30元，农场公司承担每亩30元（农场25元＋蔗农5元）。当年11月14日自治区植保总站组织专家进行验收，结果为：放蜂区甘蔗平均螟害株率为30.25％，对照区为58％，降低47.84％；放蜂区甘蔗平均螟害节率为2.24％，对照区为7.87％，降低71.53％。

2020年、2021年，西江农场公司继续开展螟黄赤眼蜂防治甘蔗螟虫工作，每年放蜂面积3.5万亩。每年资金投入：每亩成本85元，其中自治区农业厅植保总站"螟黄赤眼蜂统防统治甘蔗螟虫"项目支持投入每亩25元，西江制糖公司承担每亩40元，西江农场公司承担每亩20元。当年10月29日自治区植保总站组织专家进行验收，结果分别为：2020年，放蜂区甘蔗平均螟害株率为12.58％，对照区为54％，降低76.7％；放蜂区甘蔗平均螟害节率为0.77％，对照区为5.13％，降低84.99％；2021年，放蜂区甘蔗平均螟害株率为21.08％，对照区为56.00％，降低62.36％；放蜂区甘蔗平均螟害节率为1.25％，对照区为4.92％，降低74.59％。

2022年，西江农场公司放蜂面积3.5万亩。资金投入：每亩成本85元，其中自治区农业厅植保总站"螟黄赤眼蜂统防统治甘蔗螟虫"项目支持投入每亩25元，西江制糖公司承担每亩40元，西江农场公司承担每亩20元。公司二、三、四、五、六、十分场6个分场使用无人机进行投放蜂球，七、八分场因是禁飞使用人工投放。2022年11月3日，自治区植保总站组织专家进行验收，结果为：放蜂区甘蔗平均螟害株率为7.67%，对照区为52%，降低85.25%；放蜂区甘蔗平均螟害节率为0.42%，对照区为4.26%，降低90.14%，取得较好的防治效果。

3. 化学防治　西江农场在化学防治方面，分别对多种作物的病虫实施农药消毒或喷杀，主要是稻瘟病、白叶枯病、柑橘黄龙病、柑橘青枯病、东亚飞蝗、红麻小造桥虫、高粱斜纹夜蛾以及稻纵卷叶螟等，配制药液消毒，或用机动、人力喷撒，都收到一定效果。此外，旱地恶性杂草白茅、罗氏草、刺苋、香附子、硬骨草等，经化学防治，都有很好的防效。二十世纪八十年代，曾大面积使用水田化学除草，水田中主要杂草有稗草、三梭草、牛毛、野慈姑，其中稗草属恶性杂草，稗草基数大，每平方米50～100条，严重的超过200条，对水稻产量影响最大，喷药后防效达96.6%，后来在移栽稻、秧田化学除草，同样达到比较令人满意的效果。

四、植保队伍建设

西江农场在植物保护组织的建设上，下了不少功夫，曾经拥有一支植保队伍，形成农场的植保体系。1956年，西江农场所属各队均设病虫侦察员1人，经常深入田间检查病虫发生情况，特别是蝗虫发生情况，一经发现及时组织力量迅速扑灭。1963年西江农场各队组织3～5人组成的植保队伍（植保小组），各队建立科研班后，有些队的科研班兼做植保工作，从事专业种子消毒和大田病虫害防治。科研班由农业技术员指挥开展工作，发挥专业技术的作用。1973年，农场在试验站成立了生物防治站，从事病虫测报和寄生蜂的培养及放蜂工作，推动农场植物保护与现代接轨。

植保队伍建立起来后，西江农场很注重发挥药械的效能。根据植保药械的生产及病虫害发生情况，各阶段使用的植保器械也有异。二十世纪五十年代种旱稻较多，蝗虫发生较严重，这时期普遍采用美制福特拖拉机带动苏制喷粉喷雾器，有效射幅8～12米，每班工效400亩。二十世纪六十年代至七十年代初，各队除使用人力背负式喷雾喷粉器外，还配有3马力担架式机动喷雾，适应水田和旱地分散作业的要求。二十世纪七十年代中期，各队配备有背负式"东方红"机动喷粉喷雾机，工效高速度快，每班能达到40～50亩。第三生产队1982年共有5台"东方红"背负式机动喷粉喷雾机，每台2～3人使用，每班台完成40～50亩，每天可喷杀200～250亩，4天就可以喷杀千亩水稻害虫。1984年，农场推行大包干经济责任制后，每个职工家庭均有背负式人力喷雾器，杀治植物病虫害十分灵活迅速。

五、甘蔗科研

二十世纪八十年代末，西江农场在确定发展原料蔗为主的经营方针以来，加强了甘蔗科研工作，注重甘蔗的栽培试验，服务于大面积生产的实践，发挥科技的引领作用。根据长期的科研总结，西江农场形成了较为成熟的甘蔗栽培技术，成为大面积甘蔗种植规程。这一套栽培技术是：选用良种，地膜冬植，旱种旱管，配比施肥，深耕深松，蔗叶还田，抗旱排涝，防治病虫，毒灭鼠害，化学除草等。

西江农场为优化甘蔗品种结构，选用良种，长期进行品比筛选，试种的甘蔗种有几十个品种，先后种过台糖134、桂11、选三、台糖16、粤糖63/237、台糖22、台糖25等新台系列，最后才确定新台糖28号为当家品种，并一直到2015年。地膜覆盖对促进甘蔗发芽率和提高有效蔗株数至关重要，西江农场每年开展"地膜杯"劳动竞赛，形成地膜冬植的齐抓共管。为灭除甘蔗株行间的恶性杂草，全场施行化学除草，经多年摸索，筛选出大面积蔗地化学除草最佳方案：40％阿特拉津200克＋25％除草醚250克＋清水50公斤，在甘蔗种后出苗前作表土喷雾，效果极佳。大面积甘蔗生产，常被老鼠咬倒甘蔗，危害甚烈，西江农场每年拌制毒谷，全场统一布放，毒灭老鼠，保护甘蔗，效果很好。

甘蔗科研成果，运用到甘蔗大面积生产中，促进了全场甘蔗高产丰收。二十世纪九十年代前，甘蔗单位面积产量只有1～3吨，从未突破4吨，总产只有几万吨。1991年后，甘蔗产量逐步提升，2002年总产接近20万吨。2006年后，甘蔗年年突破20万吨。2016年甘蔗产量创历史新高，总产达到26.67万吨，甘蔗科研转化为甘蔗生产的发展动力。

六、测土配方科学试验

西江农场测土配方施肥中心站自2009年成立以来，为提高科学种蔗成效，根据农场甘蔗生产中存在的问题做了大量的对比试验，采集了大量的大田生产数据，有不同肥料对比、不同农药的对比、盖膜与不盖膜的对比、早种与迟种的对比数据外，试验都是在同等条件下，统一地块进行，并且用同一个标准来判断，那就是最终的产量，产量的高低成为客观的科学评定。

1. 肥料对比试验　2011年，全场一共布置了8个肥料对比试验，在二分场、三分场、八分场、十一分场等都有布置，选择的肥料有邦禾有机无机复混肥、大力肥、农场自己的配方肥、芭田高含量复合肥，全部采用等价对比。经过对三分场、八分场、十一分场的试验进行测产，除了二分场产量农场配方肥高于其他肥料0.43吨外，其他品种的肥料产量差距基本在0.2吨之内，即同等价钱投入对甘蔗产量的影响并不大，而农场自己的配方肥产量要略高。

2. 农药对比试验 2012年，这一试验布置在三分场陈光的地块进行，选择地富丹、颗颗无损、蔗乐乐三种农药进行对比。从甘蔗长势看，4—5月份施用颗颗无损的优势比较明显，其株高要高出其他两种药5～8厘米，叶色也比其他两种药要青绿，8月份以后蔗乐乐的优势很明显地表现出来，月平均生产速度要高出其他两种药2.6厘米，一直到10月份；从防治效果看，地富丹对螟虫的防治效果是最好的，根据4月26日的枯心苗调查，施用地富丹的枯心率为4.3%，施用颗颗无损的枯心率为6.8%，施用蔗乐乐的枯心率为7.1%；对地下害虫的防治三种农药效果一般；测产结果相差无几。三种农药各有各的特点，各甘蔗承包岗不一定统一使用同一种农药，可根据实际各取所需，但必须坚持统防统治。通过一年来的统防统治，全场的虫口密度已经呈减低的趋势，在糖厂地磅看运蔗车上甘蔗的虫眼即可了然。

3. 盖膜与不盖膜的对比 这一对比试验是在五分场毛杰的喷灌区地块上进行的，甘蔗种植时间为2010年12月27日，同一天种、同样的肥料投入、同样的管理，经组织有关人员去验收，盖膜的亩有效茎为4316条，亩产达6.82吨，不盖膜的有效茎为3764条，亩产为5.37吨，通过对比，可知覆膜可以提高亩产约1.5吨。

4. 早种与迟种的对比 根据在三分场、五分场、八分场、十一分场每个月份种植的随机选择3个地块来做测产调查，测产调查结果，12月份种植的甘蔗株高平均达3.42米，单茎重平均达到1.71公斤，有效茎为3842条，亩产达到6.57吨；1月份种植的甘蔗株高平均达3.26米，单茎重平均达到1.66公斤，有效茎为每亩3927条，亩产达到6.52吨；2月份种植的甘蔗株高平均达3.04米，单茎重平均达到1.58公斤，有效茎为每亩4124条，亩产达到6.51吨；3月份种植的甘蔗株高平均达到2.86米，单茎重平均达到1.36公斤，有效茎为每亩4040条，亩产达到5.49吨；4月份以后种植的甘蔗平均株高为2.36米，若果在肥水不好的地块，很多连2米都达不到，单茎重平均为1.03公斤，有效茎为每亩3426条，亩产仅为3.53吨。

5. 品种间对比 2013年3月至2014年1月，在八分场良繁基地进行桂糖94/128、桂南亚08/174、桂南亚08/186、台优00/128、台糖05/3031、粤糖133与新台糖28号（对照组）7个甘蔗品种间比较试验。平均产量和蔗糖分含量最高为新台糖28，分别为6264吨/亩和14.52%；最低为桂南亚08/174，分别为4911吨/亩和13.30%；其他品种介于两者之间。从试验结果看，台优00/128、桂南亚08/186和粤糖133品种综合表现较好，桂南亚08/174综合表现最差。

2019 年和 2020 年，在五分场蔗糖产业示范区进行桂柳 05/136、桂糖 42、桂糖 46、桂糖 49、桂糖 50、桂糖 51、桂糖 55 和粤糖 00236（对照组）8 个品种新植和宿根种植对比试验，根据试验结果看，新植对比：桂糖 55 的理论产量最高，达到 10341 千克，桂柳 05136 次之，最低为粤糖 00236，为 5732 千克；平均糖分最高的是粤糖 00236，达到 16.63%，桂柳 05136 次之，桂糖 50 最低，为 14.38%。宿根对比：理论产量最高为桂糖 55，达到 8214 千克，桂糖 46 次之，桂糖 49 最少，为 4940 千克，平均糖分含量桂柳 05136 最高，达到 17.3%，桂糖 49 次之，桂糖 50 最低，为 16.03%。从新植和宿根试验数据看桂柳 05136、桂糖 46、桂糖 55 的综合表现较好，适合农场公司种植。

6. 赤眼蜂生物防治和常规化学喷雾防治比对 2017—2022 年，西江农场连续五年开展赤眼蜂生物防治与常规化学喷雾防治进行对比，2017—2022 年放蜂面积分别为 1 万亩、1.5 万亩、2.8 万亩、3.5 万亩、3.5 万亩和 3.5 万亩。试验结果：2017—2022 年放蜂区平均螟害株率分别为 68.25%、65%、30.25%、12.58%、21.08%和 7.67%，平均螟害节率分别 8.16%、6.78%、2.24%、0.77%、1.25%和 0.42%，常规化学喷雾防治平均株受害率分别为 95%、97%、58%、54%和 56%，平均节受害率 27.44%、23.49%、7.87%、5.13%和 4.92%，赤眼蜂生物防治效果优于常规化学喷雾防治效果，并且放蜂区螟害株率和螟害节率连续五年保持下降趋势，取得了较好的防治效果。

第四节　工业科技

西江农场工业的发展，从各厂的建厂初期直至"五小工业"改制，都是和工业科研、工业技术改造以及工具革新活动分不开的。

一、工业科研

西江农场修造厂（后改为西江机械厂）于 1968 年由技术员周栋奎与广西农机研究所秦景华等人共同设计研制丰收 37 全喂式联合收割机，经过 6 年时间共同努力，最后与湖南农机研究所合作，研制成功。于 1973 年经中南区有关农机研究单位技术鉴定通过，最后投入批量生产，共生产 315 台。该科研项目在 1978 年获全国科学大会奖。

1975—1983 年，由西江农场科研组与西江机械厂助理工程师胡茂清等负责设计改制成功 5HD-50Y 谷物低温循环干燥机，1983 年底通过了省级鉴定，并于 1984 年获得自治区科技成果三等奖，当时共生产了 13 套，本场自用 3 套，有 10 套供应广西农垦的其他农场。

1983—1985 年，西江机械厂与热带作物研究所共同研究，创制剑麻乱纤维回收机成功，并通过自治区农垦局鉴定认可。

二、工业技术改造

西江农场在二十世纪六十年代至八十年代，开展技术改造、技术革新活动，二十多年间从无间断，推进了农场工业科技进步和职工技术水平的提高。

淀粉干燥室改为气流干燥机，立式离心机改为卧式自动离心机，降低了煤耗，大幅度提高了干燥效率和淀粉质量。

改滚筒式碎解为锤片式碎解，提高了工作效率，节省了钢材。

改人力上料（木薯）为机械传动输送，降低工人劳动强度，节省了人工。

改进九号制绳机，提高工效 80%，经自治区农垦局工业处、剑麻联合公司及广西农垦各绳厂派员鉴定认可。

1971 年，研制多功能播种机成功，先后共生产了 107 台。

1979 年，改革炼乳浓缩设备，降低煤耗 33.3%，提高工效 10 倍，炼乳奶糖晶体由 35 微米降为 20 微米以下，理化卫生指标符合国家标准，1987 年，国家商标局批准了西江牌炼奶的注册商标。1986 年，根据季节气温的变化，反复试验成功控制装瓶温度，解决了春夏爆瓶难题。

1985 年，试制麦乳精成功，后经自治区标准局轻工产品检验中心站检验，符合国家标准。

1986 年，生产调制炼奶成功，年内该项目为西江农场增加净利润 3 万多元。

1986 年，研制成功固体鲜牛奶。

仿制及改进多种机械设备，计有起肥机、装载机、机动水肥喷淋机、挖坑机、淀粉厂多种设备、两用切蔓机、制药片机、一号、二号制绳机。

自制工业装备共计有液压龙门刨床、龙门剪床、振动剪床，2 米立式车床、镗缸机、液压泵试验台、100 吨液压机、改装汽车吊车、卷板机、振动推焊机、5 吨车间吊车、滚沙机、冲筛机、晒图机、C620 车床、C618 车床、木工小带锯、木工平刨、木工规格创等 19 项制造。

1976 年，修造厂改革中型水稻打谷机成功并在全场推广使用。

第三生产队改革成功东方红垂吊式水田五铧犁，甚为实用。

第九生产队改革成功圆盘式砍木薯种机和一机多用的铁工工装机。

第四生产队改革成功玉米联合播种施肥机，大大提高功效。

第十生产队改革成功经济实用的电动风柜和自动上料装置。

试验站改革成功适合试验用的水稻常规种、杂优种点播机。

1958年，机务科研制成功玉米脱粒机，实现了盼望已久的玉米脱粒机械化。

剑麻制品厂建厂后不断开展技术革新，严把质量关，白棕绳质量达到部颁标准，1985年获广西农垦棕绳优质产品奖；1986年保持优质又获自治区经济委员会优质产品奖，1987年投入一项革新项目，在理麻车间安装电子计算机调控生产，后于1988年开始正常使用。

第五节　畜牧科技

西江农场畜牧业自开始小规模养殖直至大群养殖生产，长期开展畜牧科技活动，在良种选育及引进，疫病防治，杂交和无公害标准化饲养等方面都有建树，推动了农场畜牧业的规模化生产。

1954年，从各县购进本地黄牛进行饲养观察，从中选留体型好适应性强的做母亲，与进口荷兰良种公牛杂交，其后代经过8个世代的不断选育，到二十世纪七十年代选育成功黑白花奶牛，具有适应性好，抵抗力强，产奶量高的特点，成为西江农场良好的奶牛群。这些品种奶牛后来远销到区内外场站，深受欢迎获得好评。

二十世纪五十年代末猪群饲养，饲养方法进行革新，由精粗饲料熟喂改为精料熟喂，青料生喂，是养猪饲喂方面的一个大进步。

二十世纪七十年代初，场兽医院研制成功活性酵母粉，对精粗饲料进行发酵糖化生喂，不仅提高了猪群对饲料养分的吸收利用，使猪群快长增重，而且大大减少燃料消耗，这成为农场发展养猪业的方向和一大进步。

1972年，以畜牧技师陈修文为主的畜牧技术人员开始研究广西白猪，经过二元、三元横交七个世代的选育，到1983年育成广西白瘦肉型猪，除在场内饲养，还推广到社会，普遍受到群众欢迎。

过去西江农场用本场自己饲养种公牛取精，成本高且受精率仅为80%，1976年起不养种公牛，到北京、上海采购冷冻颗粒精液，使之配种，受精率能达到90%以上，居自治区首位。

1984年，购进国外长白、杜洛克、汉普夏等良种猪，进行品种杂交，用广西白母猪与长白公猪杂交所得优良后代建立生产母猪群，再用杜洛克作终端父本，生产瘦肉型商品猪供国家外贸出口，取得较好的经济效益，受到外贸部门赞扬。

1986年，建成饲料加工厂以后，科学配方生产各种类型猪群的混合饲料，很有科学利用价值，经过多年的饲喂实践，猪群发育普遍良好，育肥猪月增重在15公斤以上。

第六节　科技奖项

西江农场建场以来在科技领域，农场和一些场属单位以及优秀的科技工作者，科技成果显著，获得了很多厅局级以上的领导机构授予的各种荣誉称号和表彰奖励。

西江农场修配厂：1960 年因在农机领域有开创精神，获自治区人民委员会授予的农机制造先进单位称号。

西江农场修造厂：1973 年研制成功丰收 37 全喂式联合收割机，获全国科学大会奖。

西江农场畜牧所：1978 年杂交选育成功广西白猪，获自治区科学大会奖。

西江农场兽医院：1978 年研制西江活性酵母粉成功，获自治区科学大会奖。

西江剑麻制品厂：1985 年白棕绳产品优质，达到部颁标准，获广西农垦总公司授予的优质产品奖。

西江农场：因农场在科学技术方面有重大贡献，1985 年获自治区科委授予的科技进步奖。

农垦西江农机大修厂：1988 年在工具革新创造性活动中，提高工作效率，降低生产成本，获自治区经委授予的经济效益先进单位称号。

剑麻制品厂：1986 年白棕绳因产品长期优质，达到部颁标准，获自治区经济委员会授予的优质产品奖。

优秀科技工作者获得的荣誉称号如下。

吴丽君 1982 年获自治区团委授予的青年先进生产能手称号。

陈修文 1983 年获国家农牧业渔业部授予的全国农垦系统提高猪瘦肉率技术工作成绩显著称号，受到表彰奖励。

龚学籍 1986 年筛选化学除草剂为大面积水稻直播创造条件，被自治区农垦局授予农垦科技四等奖。

陈修文 1986 年获自治区人民政府授予的广西瘦肉型猪育种研究成果科技进步三等奖，奖励奖金 1000 元。

龚学籍、韦德崇、周启美、梁胜林、潘锡锦 1995 年获自治区人民政府重奖的《旱地甘蔗高产综合栽培技术》研究与推广应用科研成果一等奖。

周启美、张程、陆德旺、蒋诚、梁新、蒙庆宁被广西农科院授予 2011 年旱地甘蔗高效节本栽培技术集成研究与示范先进个人称号；获广西农业科学技术进步一等奖。

李震、周启美、蒋诚、黄健鹰被广西农科院授予 2011 年高产高效甘蔗良种繁育及栽培技术研究与示范先进个人称号；获自治区农业科学技术进步一等奖。

第八章　文教　文体　卫生

第一节　幼儿教育

1955 年 9 月，西江农场首先在场部开办幼儿园，收 3～6 岁幼儿入园。1957 年，场部开办托儿所，全托幼儿 20 多人，管理人员 6 人，场属的各基层单位也先后开办托儿所。当时办托儿所属于职工福利的一部分，对全托儿童给予一定的照顾。到 1960 年，全场已有日托托儿所 12 个，入托幼儿 248 人。当年场部开办的幼儿园和场部托儿所合并，建成一个规模较大的幼儿园，校园面积 345.98 平方米，有较齐全的设备，分设日托、全托两部分，3 岁以上幼儿分小、中、大班进行教育，在园内工作的有幼师、保育员和管理干部，由场工会具体领导。从 1973 年起，场属各基层单位均设有幼儿班和托儿所，至 1975 年，全场幼师共达 24 人，根据定额，平均每个幼师负责教 30～40 个幼儿。1978 年，全场入幼儿班的儿童达到 898 人，幼师 17 人；托儿所 14 个，入托幼儿 136 人，保育员 38 人，这是办园办所以来，入园入所幼儿最多的时期（表 8-1）。

图 8-1　西江农场职工子女幼儿园

随着计划生育政策的落实，西江农场儿童人数逐年下降，入园、入托人数也逐年减少。至2022年，西江农场域内还设有希望幼儿园、西江幼儿园、博睿幼儿园等多家民营幼儿园，完全是按市场运作办园，已经不是福利性质的了。

表 8-1　西江农场幼儿教育基本情况统计表

年度	幼儿园数	班数	幼儿人数	教养员人数	负责人	职工
1955	1	1	35	1	1	2
1956	1	2	65	2	1	2
1957	1	3	90	4	1	2
1958	1	4	160	4	1	2
1959	1	4	160	4	1	2
1960	1	4	160	4	1	2
1961	1	4	160	4	1	2
1962	1	4	164	4	1	2
1963	1	4	164	4	1	2
1964	1	4	170	4	1	2
1965	1	4	170	4	1	2
1966	1	4	175	4	1	2
1967	1	4	175	4	1	2
1968	1	4	180	4	1	2
1969	1	4	180	4	1	2
1970	1	4	180	4	1	2
1971	4	7	315	7	1	2
1972	5	8	360	8	1	2
1973	10	14	560	14	1	2
1974	14	17	680	17	1	2
1975	14	17	840	24	1	2
1976	14	17	810	17	1	2
1977	14	17	828	17	1	2
1978	14	17	898	17	1	2
1979	14	17	846	17	1	2
1980	15	18	709	18	1	2
1981	15	18	618	18	1	2
1982	13	16	544	16	1	2
1983	13	16	375	16	1	2
1984	13	16	333	16	1	2
1985	13	16	383	16	1	2
1986	8	11	282	17	1	2
1987	7	10	265	12	1	2
1988	7	10	256		1	2

第二节　小学教育

1955年8月，西江农场场部开始办小学（表8-2），入学儿童14名，分一、二、三年级，共为1个教学班，设教师1名。此后，学生、班级逐年增加，校舍、教学人员也相应增加，首先在场部办起1所完全小学，即场部小学。到1961年秋，场部小学开始教出第一届小学毕业生，到这年全场也相继办起了5所完全小学，90%以上的适龄儿童均能入校学习。

1968年秋，按当时学制小学改为五年制。1979年后，凡离场部较远的场属基层单位都办有小学，全场共有小学13所，所有的适龄儿童均有机会入学。从1983年秋起，入学儿童开始减少，生产队小学试办复式班，全场小学从一年级起恢复六年制。1986年，全场小学尚有1280人，至1987年入学人数锐减，主要是各生产队小学入学儿童减少，便将6个生产队的四五年级学生集中到场"三·七"初中编班教学，名为"联办小学"。到了1988年秋季，全场只保留场部小学、联办小学（第三、五、六、七、八、十生产队的小学合并）、一队小学、四队小学（第二生产队小学合并）、九队小学以及园艺队小学等6所小学，进入六年级，无高小毕业生，场初中未招收新生。这时，场部小学开办学前班。1988年，全场小学生减至1023人，教师60人，已评职称的：高级教师6人，一级教师17人，二级教师18人，三级教师15人。

1994年，撤销"联办小学"及所属各队小学，合并为西江小学。2004年5月，根据自治区人民政府剥离企业办社会职能的要求，西江农场将自办的中小学校移交由地方接管，移交时中小学校实有土地面积280.96亩，总资产696万元，在校教职员工148人，在校学生3043人，其中小学学生1130人。

表8-2　小学教育发展情况

年度	学校个数	教职工人数（人）	在校学生人数（人）
1955	1	1	14
1956	1	2	54
1957	1	4	135
1958	1	5	155
1959	1	6	180
1960	1	9	210
1961	5	38	330
1962	5	38	430
1963	7	40	1104
1964	7	40	1260

（续）

年度	学校个数	教职工人数（人）	在校学生人数（人）
1965	9	42	1354
1966	11	42	1523
1967	12	42	1554
1968	12	48	1701
1969	13	48	1938
1970	13	66	2058
1971	12	44	1507
1972	12	46	1618
1973	10	42	1880
1974	10	49	1987
1975	10	57	1980
1976	10	33	1991
1977	12	28	2082
1978	13	47	2231
1979	13	135	2372
1980	12	98	1965
1981	12	107	2190
1982	12	102	2214
1983	11	114	1962
1984	11	103	1639
1985	11	95	1311
1986	11	72	1280
1987	11	75	1008
1988	6	60	1023
1989	6	80	897
1990	5	81	845
1991	5	80	801
1992	2	70	678
1993	3	77	853
1994	1	75	853
1995	1	74	958
1996	1	75	981
1997	1	75	1076
1998	1	75	1085
1999	1	68	1070
2000	1	68	972
2001	1	63	1100
2002	1	64	1130

第三节　中学教育

1961年，西江农场开始有第一届小学毕业生，5月份场里开始筹办初中，7月份招收一个班初中生，生源是合并到场的东山、旺华大队的两所小学和场部一所小学的毕业生，共56人，校址设在现奶制品厂旧房，教师4人。尔后，学生和班次逐年增加，校舍、教师也相应增加。1962年6月，自治区农垦局在西江农场设立的农垦机械学校撤销，场部初中校舍搬至农垦机校。1965年7月，场部初中由全日制改办农业中学，实行半工半读，学校更名为西江农场耕读中学。1968年8月，场部中学成立校革委会，耕读中学结束，恢复全日制，同时学制改为两年制，而初中和小学合并，叫作小学附设初中班，开头名为林艺队学校，后改为西江农场职工子弟学校。1969年秋，开始招收两年制高中班；同年的春季（3月7日），从场部学校带一个初中班（一年级）到场的江南片四、五队之间原场"革命青年队"队址开办一所初中，名为"三·七"中学，其后，这所初中招收江南片四、五、六、十等生产队小学毕业的学生入学。1972年秋，初中恢复三年学制。1975年秋，场职工子弟学校不设高中班，高中改设在"三·七"中学，且校名随即更改，叫作西江农场"五·七"中学。1976年秋，第三、四、五、六、七、八、九、十生产队小学增设初中班。1977年秋，"五·七"中学改名为西江农场高级中学。1978年秋起，西江农场高中的初中部只设初中三年级，招收江南片几个生产队小学的初中班升三年级的学生。当年，场职工子弟学校改名为场部学校，也招了两班高中。1981年，高中的学制又改，由两年制改回三年制。1984年秋，场部学校更名为场部中学，其小学部分分开，名为场部小学。其时，生产队小学不设初中，场高中的初中部设初中各年级。1985年10月3日，场高中的高中部搬迁至场部西头新建的高中教学大楼，其初中部至1988年秋，与场部中学合并，原"三·七"中学的校址，为联办小学的校址。

1986年，全场初中学生998人，高中学生314人。1988年秋，全场初中一所，学生510人；高中一所，学生388人；初中教师37人，高中教师25人。1988年教师开始评职称，全场已评中教职称的：高级教师1人，一级教师18人，二级教师22人，三级教师27人。

1994年，初中、高中合并为西江农场中学。当年，考上大专院校16人，获贵港市高考质量一等奖。1997年考上大专院校12人。

2004年5月，中小学移交由贵港市接管，西江农场不再办学。移交时中学在校学生共达1905人，教职工共87人，经地方政府有关部门接收后逐步剥离企业办社会职能。中

图 8-2 西江农场中学（现贵港市达开高中）

学（初中、高中）教育发展情况详见表8-3。

表 8-3 西江农场中学（初、高中）基本情况

年度	学校个数	教职工人数（人）		在校学生人数（人）
		合计	教师	
1961	1	7	4	56
1962	1	12	8	100
1963	1	17	12	150
1964	1	17	12	140
1965	1	20	14	140
1966	1	18	12	170
1967	1	18	12	230
1968	1	22	16	270
1969	1	30	20	340
1970	2	37	20	360
1971	2	41	26	332
1972	2	42	23	372
1973	2	43	27	475
1974	2	41	26	573
1975	3	51	31	955
1976	3	63	41	1294
1977	3	88	58	1182
1978	3	79	47	1182

（续）

年度	学校个数	教职工人数（人）		在校学生人数（人）
		合计	教师	
1980	3	144	111	1560
1981	3	134	103	1249
1982	3	116	93	1219
1983	3	122	87	1595
1984	3	121	73	1295
1985	3	113	67	1214
1986	3	124	82	1312
1987	2	137	77	954
1988	2	104	63	898
1989	2	97	63	787
1990	2	120	68	697
1991	2	103	56	570
1992	2	103	55	510
1993	2	93	50	491
1994	1	67	34	453
1995	1	63	33	405
1996	1	75	44	552
1997	1	76	40	754
1998	1	74	40	930
1999	1	68	38	1072
2000	1	78	53	1480
2001	1	72	53	1768
2002	1	87	71	1905

第四节　职业教育

1959年，西江农场曾开展一次全场性的成人教育和职业教育，各单位开办夜校，开设语言、数学两科课程；开设的业余农业中学，主要是职业教育，传授生产技术知识。1965年，开办一个从事卫生医疗的班级，共有学生55人，教师4人，全是兼职的。1976年至1979年4月，开办一所"五·七"大学，设有农作、畜牧兽医、农业机械3个专业班；1988年4月，正式挂牌开办职业中学，办有畜牧、电工两个班，下半年又增办农机一个班，毕业后全部就业。

此外，1982年11月根据上级指示，凡属1968年至1980年的初、高中毕业参加工作的列入文化补课范围，应补课的人数为 1277 人。至 1983 年进行青壮年初中文化考试，合格人数 361 人，对补考合格的发给合格证书。

西江农场职业教育发展情况详见表 8-4。

表 8-4　西江农场职业中学基本情况统计表

年度	学校个数	教职工人数		在校学生人数	备　考
		合计	教师		
1965	1	4	（兼职）4	55	医务专业
1977	1	12	6	59	"五·七"大学
1978	1	12	6	59	"五·七"大学
1979	1	12	6	59	"五·七"大学
1984	1			31	
1985	1	13	13	109	
1988	1	12	12	146	
1989	1	15	12	143	
1990	1	6	5	183	
1991	1	10	10	185	
1992	1	12	8	100	
1993	1	12	6	121	
1994	1	12	6	121	
1996	1	3	3	46	

<h2 style="text-align:center">第五节　勤工俭学</h2>

西江农场在幼儿教育、小学教育、中学教育兴办初期，均系利用现成的旧房子因陋就简兴办，没有专门建新校舍。以后儿童、青少年人数、班级、教师的逐步增多，学校规模逐年扩大，所新建和扩建学校的经费是本着因地制宜、勤俭节约的精神和经自治区农垦局、西江农场拨出专款等多渠道筹措的，生产队的学校，按有限资金，利用本队的木料、人工、沙、石等基建材料进行建筑。场部中、小学则利用农机校房屋。但 1975 年以后变化比较大，因将这两幢房屋拨给修造厂作职工住宅，学校新建一幢上下五间教室的教学大楼，1977 年和 1983 年又各建一幢教学大楼，1987 年和 1988 年两年内，共拆掉三幢危房，新建两幢平房（15 间宿舍，3 间教室），场部小学也新建两幢平房（共 5 间教室，1 间会议室兼广播室）。"三·七"初中开办时，利用原青年队简陋的旧房教学，尔后逐年新建教室、实验室、宿舍等 10 多幢房屋。自 1975 年以来，自治区农垦局每年都拨一部分补助款，扶持学校建设和买教学仪器。1984 年，自治区农垦局拨专款 21 万元扶持西江农场建高中新校舍，据调查统

计，至二十世纪八十年代末，全场学校建筑面积共达 22191.23 平方米，这其中包含 1984 年以来落实知识分子政策和学校教职工住房面积。

为落实勤工俭学活动，西江农场所属学校设有劳动生产场地，计全场学校有旱地 300 多亩，种有甘蔗、剑麻、木薯、玉米等农作物（二十世纪六十年代，场部中学还种过水稻）；二十世纪六七十年代，中学生每年春、夏、秋、冬四季均下生产队"支农"，七十年代还参加修筑防洪堤。二十世纪八十年代还设有养鱼基地，鱼塘水面 50 多亩，养鱼每年约 6 万尾。每年勤工俭学收入约 3 万元，纯收入约 2 万元，收入最多的是 1980 年，约 3.5 万元。1990—2003 年学校剥离交给地方管理前，中小学勤工俭学收入累计 11.25 万元。这些收入弥补了办学经费的不足（农场每年投入教育经费自 1977 年后高至 40 多万元），用来添置教学设备。如实验仪器、体育用品、图书等，也用来解决教职工一部分生活福利。多年来实践证明，勤工俭学不仅可以弥补一些办学经费，同时学生通过在校劳动，从小培养劳动感情，养成劳动习惯，增长劳动知识是具有重要意义的。

第六节　师资及教育成果

一、教师队伍建设

西江农场办学教师的业务水平有个逐步提高的过程。办学之初，幼师、小学教师及部分初中教师，从本场具有高、初中毕业文化程度的青年工人中（绝大多数为本场职工子女）挑选，培养任教，一部分初中教师和高中教师最初由场外各方调入，后陆续每年安排分配来场的大中专院校毕业生任教，到二十世纪八十年代，还通过一些渠道聘任一些具有教学经验的大专以上学历的教师来场任教。为提高教师教学水平，二十世纪六七十年代，积极开展教研活动和业务学习活动，开设对内对外的公开课、教研课、示范课，组织外出听课，以及以老带新等多种形式，促进教师队伍素质的提高。后来又鼓励、支持教师读专业函授、电大，及选送一些教师进专科学校进修学习（先后共 38 人），进一步提高师资水平。但在原教师队伍中，有一部分具有大专及本科毕业学历的教师，"文革"期间受到冲击，先后调离农场；在来场的插队青年中培养的中小学教师，亦于"文革"后期先后调离农场，这在一定程度上影响教师队伍的稳定提高。党的十一届三中全会召开后，党对知识分子的政策逐步得到落实，教师工资待遇相继得到改善提高，住宅有所改善，教师地位得以提高，因而教师队伍基本稳定，教师素质有所提高。据二十世纪八十年代末期统计，全场中小学教师 122 人中，具有大学本科毕业学历的 9 人，大学专科毕业学历的 30 人，中专毕业学历的 19 人，其余为高初中毕业学历。

二、教育成果

西江农场教育事业，是在农场党委统一领导下，由一名副书记分工主管，农场曾设宣教科、宣传部、教育办公室、宣传科、教卫科（1988年改为教育科），负责处理全场日常教育业务工作。初、高中设党支部，生产队的学校归生产队党支部领导，幼托、成人教育由场工会负责。

办学以来，西江农场的中学、小学、幼儿教育，遵循党的教育方针，在培养、教育本场广大职工子女方面取得了可喜的成绩。1964年秋，农场有第一届职工子女初中毕业，1971年有第一届职工子女高中毕业。1964年、1965年第一二届初中毕业生参加统考，考入玉林重点高中的有2人，考入贵县高中的有4人，考入中专的有15人，其中第二届毕业24人，升学16人，升学率达到66.6%。1965年、1966年保送王灵农垦中专17人，1977年秋恢复高考及中专统一考试，西江农场小学毕业生考入重点初中的：1982年、1983年各2人，1985年、1986年和1987年各1人。初中毕业生考入重点高中的：1979年玉林高中4人，贵县高中12人；1980年玉林高中3人，贵县高中7人；1981年玉林高中1人，贵县高中10人，明阳高中28人；1982年玉林高中1人，贵县高中3人，明阳高中20人；1984年玉林高中1人，贵县高中2人，明阳高中16人；1985年玉林高中2人，明阳高中3人；1986年贵县高中2人，达开高中1人；1987年，贵县高中1人；1988年，贵县高中5人。从二十世纪九十年代以来，每年考上高中或中等专业技术学校的农场初中毕业生，都达到8名至12名，1995年从农场技校毕业输送给社会的电机专业毕业生共37人。

高中毕业生考入大专院校及中专的：1977年32人，1978年26人，1979年25人，1980年33人，1981年5人，1982年15人，1983年28人，1984年14人，1985年26人，1986年22人，1987年20人，1988年44人。自二十世纪八十年代末至九十年代末，每年考上大专院校的人数在10~16人，1993年达到16人，位居广西农垦之首；1994年考入大专院校16人，获贵港市高考质量一等奖。

1982—1989年，西江农场许多有志青年职工为提高文化科学水平，考入各类成人大学的有82人，自费上大学学习的13人。西江农场高中毕业生以1978—1980年考入大专院校的应届毕业生为最多，其中1978年王杰光考入北京大学，黄文忠考入中山大学，邓江考入武汉地质学院，申西林考入广州第一军医大学，黎建宁考入江西冶金学院；1979年李少岩（女）考入武汉医学院，李小农考入中南矿冶学院，当年还有一位往届毕业生、本届职工子女、在八队任小学教师的藏北燕（女），刻苦自学，考上北京师范大学哲学系。

1980年应届毕业生李敏（女）考上武汉地质学院，宁春英（女）考上西北轻工业学院。王杰光考取北京大学物理系，毕业后分配在桂林冶金地质学院任教，1988年考取公费赴德国留学。藏北燕毕业后留校工作，并读研究生。读初、高中毕业的农场职工子弟，除升学的以外，许多人成为生产、工作中的骨干力量。据不完全统计，升入大、中专毕业后回农场工作的超过100人。

1980年，西江农场场部学校（含初中、小学）被评为全国农垦系统先进单位。1988年，场部小学被评为广西农垦先进单位。

第七节　文体活动

一、文艺活动

西江建场初期农场因生活环境简陋，文化生活比较枯燥。二十世纪五十年代后期，为活跃职工文化娱乐生活，组织职工自编自演节目，进行创编和演出。1959年，场部成立职工业余文艺宣传队，由负责宣教、青年工作的陈伟贤担任全面的编导工作，一面调剂职工业余文化生活，一面用文艺形式向广大职工宣传国家形势和场内好人好事，先后参加过贵县、玉林地区和自治区职工文艺会演。当时自编自演的主要节目有：广西渔鼓《养猪好》，演唱《木薯全身都是宝》《农垦工就是好》，采茶剧《西江农场好地方》，歌唱《西江工人志气高》《收麻歌》，短剧《三探亲》，莲花落《保住红旗不放松》，山歌联唱《西江好人好事多》等，其中《西江农场好地方》获贵县职工会演优秀节目奖，《养猪好》分别获得玉林地区、自治区优秀节目三等奖。1965年，修建江东水利期间，农场文艺宣传队创编节目到工地慰问演出，同时到场属各单位巡回表演。"文化大革命"运动开始后，以组成毛泽东思想文艺宣传队的形式演出；场部中学、"三·七"中学和场部小学相继组织了文艺宣传队，演出很活跃，1974年、1975年在场部组织规模较大的文艺会演，各宣传队纷纷拿出优秀的节目相继登台演出。1976年后，文艺宣传队撤销，但文艺晚会演出从来没有停止，随着时代的发展，文艺活动在新的层面上更加活跃和深入。从二十世纪八十年代以来，农场每逢重大节日，都组织职工排练，安排一台影响较大的文艺晚会，从2008年起，农场每年都组织文艺演出队到分场，"送文艺、送科技、送法律"到下属基层单位，业余文化活动形成了常态化。

2010年，西江农场承办自治区农垦工委交付的"送文艺、送科技、送法律"下农场的重任，创编了多个节目，到广西垦区的兄弟单位东风农场、山圩农场、五星农场和红山农场等慰问演出。2011年6月，西江农场艺术团代表广西农垦工委作为演出单位，参加自治区机关工委"永远跟党走"文艺演出比赛，演出的节目被评为三等奖。2011年秋，农场文艺队参加自治区农垦局举办的"广西建垦 60 周年"文艺会演，参演的歌舞节目：《春天的芭蕾》受到好评，获得二等奖。2012 年，西江农场合唱团参加在南宁举行的"弘扬广西精神，唱响企业之歌"企业歌曲演唱大赛，获得三等奖。西江农场演出的《可爱的家园——西江农场场歌》以其深刻的思想内容，优美的旋律，感人的演唱备受欢迎，广西电视台交通频道《律动广西》栏目，从 2012 年 11 月 26 日至 12 月 2 日将这首歌连续播放 7 天，每天分 7 个时段播出。2017 年 9 月，西江农场合唱团代表自治区农垦工委参加自治区宣传部组织的"迎十九大 感恩祖国"主题歌咏会演活动，荣获优秀奖。2020 年 10 月，西江农场公司党委"最美奋斗者"宣讲团参加广西农垦"最美奋斗者"汇报宣讲报告会，讲述西江农场幼儿园园长韦勇文二十多年对患病儿子无私照顾的伟大母爱、用心关爱幼儿园小朋友健康成长的人间大爱，以及水务分公司员工吕辉三十年如一日在平凡岗位上坚守和无私奉献的先进事迹，垦区上下反响热烈。2021 年 7 月，西江农场公司参加贵港市 2021 年"我邀明月颂中华"爱国诗词诵读大赛，荣获一等奖。

二、体育活动

西江农场自建场以来，从 1954 年开始，每年元旦、国庆、春节等重大节日，农场为活跃职工文化生活和增强职工体质，让大家欢度节日，每年都组织开展全场性的运动会，举行多种竞技性的体育比赛。搞得最好的、最为广大职工喜爱参加和乐于观看的是篮球比赛。每一次比赛对前 3 名或 4 名给予奖励，二十世纪六十年代到八十年代，各单位大都有球队，因为球队多，比赛时先进行分区预赛，然后集中到场部进行决赛。

二十世纪五十年代和六十年代，地方性的篮球活动比较多，各部门的活动也不少。1956 年，场部组成西江农场男女篮球队，代表西江农场参加贵县体育运动会，同年又参加广西农林水工会在南宁举行的运动会。1961 年，参加自治区在柳州举行的厂矿职工运动会，西江农场获优秀风格奖。当时，西江农场党政领导都很注重职工文体活动，经常过问篮球赛事，并拨款兴建灯光球场。1959—1961 年，从自治区体校和卫生厅请来教练，对球队进行严格训练，提高队员的球艺水平。与贵县代表队比赛时，观看者人山人海，场场爆满。当时，还接待贵县各厂矿企业、各级政府部门、学校的球队，以及自治区总工会、平桂矿务局、廖平农场等球队来访，切磋球艺，提高赛事水平。场属各基层单位球队，不少是以所在地名来命名，如六队球队命名为秋风岭队，十队球队命名为万丈塘队，五队球队命名为福船山队等。地方体委见到西江农场篮球队球艺精湛，有意引进入队，贵县体委吸收农场拔尖篮球队员黄汉操、黄集祥参加贵县代表队，队员张忠仁、谭秉器、黄秀娴、莫运洁被选入广西农垦球队，参加中南区农垦系统在广州举行的运动会。

1965 年，"四清"运动在西江农场全面铺开，强行将主力队员调走，解散了球队，使西江农场篮球活动曾停止了七八年时间，直到二十世纪七十年代初期，篮球活动才逐步恢复起来。为了搞好场群关系，体育活动作为一种有效措施，农闲时或到节假日，到贵糖、贵钢、贵化等厂矿访问和进行篮球友谊赛，有时还到毗邻乡镇覃塘镇、石卡乡、八塘乡、大圩镇等地进行慰问和参加球赛。1984 年，西江农场进行经济体制和经营机制改革，兴办职工家庭农场后，球队有所减少，球艺稍微降低，但篮球活动仍经常进行，篮球比赛每年都还开展，参赛的球队尚多，仍需分区预赛，重大节日的比赛，每晚分 3 个赛区比赛，时间要持续半个多月才能结束。排球、羽毛球、乒乓球、赛跑、拔河、各种棋类等也不时有活动和比赛，即使参加活动和观看的人数不如篮球活动那样多，但这类体育运动项目也每年组织进行比赛。

图 8-3　西江农场职工正在进行篮球比赛

1992 年 6 月，由西江农场主办一项竞技体育运动会广西首届"剑麻杯"篮球运动会，赛事在西江农场场部进行，参加比赛的有剑麻制品企业单位的 12 个企业，男女运动员 300 多人，通过主办运动会，进一步活跃了农场的体育赛事。1992 年 9 月，西江农场应邀组成西江农场体育代表团，参加贵港市第二届体育运动会，全场老中青少年运动员108人，参赛的有篮球、排球、乒乓球、围棋、射击、田径等项以及老年体育、残疾人体育项目，西江农场获总分82分，位列第九名。2005年8月，西江农场组团参加在良圻农场举行的"广西农垦首届职工球类运动会"，西江代表团共有50名男女运动员，参赛的项目有篮球、乒乓球、羽毛球、气排球以及门球等5个，经过9天几十个场次的竞技拼搏，共获得一等奖2个，二等奖2个，三等奖1个。

图8-4　国营西江农场体育代表团参加贵港市运动会

2009年10月，广西"农垦杯"职工球类运动会在南宁举行，运动会设五个项目，39枚奖牌。西江农场体育代表团由52人组成，参加全部项目比赛，取得优异成绩，获得奖牌8枚。其中获男子羽毛球团体赛冠军，男子篮球亚军，女子乒乓球团体亚军，男子乒乓球团体季军。

2017年6月，首届"西江农场杯"山地自行车比赛在西江农场举行。此次活动是由自治区农林水利工会、西江农场主办，广西自行车运动协会、西江农场工会承办，吸引了来自贵港、南宁、宾阳、柳州、顺德等各地的自行车运动员共220人参赛，其中来自西江农场的自行车运动爱好者18人。

随着农场老龄人口的不断增加，西江农场老年体育蓬勃发展，体育设施不断完善，现在每天都有几百名老年人出来打门球、打气排球、打乒乓球、打麻将、下象棋、舞剑、跳广场舞、跳健身舞，老年人的体育活动日益广泛，退休职工通过多样化的悦情愉心的活动，实现了老有所乐。

第八节　卫生事业

西江农场为保障职工的身体健康，医疗卫生机构设立比较早，西江农场卫生所前身是广西贵县新生农场卫生所，当时设在现大水塔脚旁的一间草棚里，医务人员 10 多人。改为西江农场卫生所后，于 1954 年增加了医务人员 5 名，其中派去二、三、五分场卫生室 4 名，接着在后来的场医院西面新建一所卫生所，有门诊部一幢，病房两幢，设病床 20 张，医务人员增至 24 人。1955 年有 7 个场属基层单位设有卫生室。1963 年在卫生所东头新建的西江农场医院落成，开始使用。随即人员、设备相应增加，场医院、基层卫生室形成两级防疫医疗网络。场医院行政上受场部领导，业务上受卫生部门领导，场属单位卫生室行政上受其所在单位领导，业务上受场医院领导。1984 年，场部设立教卫科，由一名副科长负责全场卫生行政领导工作。1987 年，教卫科撤销，全场卫生医疗行政领导工作由场医院负责。全场卫生室设置最多时，于 1982 年达到 19 个，从 1991 年起下降到 13 个。场医院设病床最多的是 1994 年和 1996 年，分别达到 96 张。

图 8-5　西江农场医院全景

二十世纪八十年代开始评定职称后，西江农场医院卫技人员已评有职称的 54 人，其中中医主治 1 人，中西医主治 1 人，内科主治 2 人，中西医师 15 人，中西医士 7 人，化验员 1 人，护士 8 人，护理员 11 人，中西药师 5 人，中西药剂士 1 人，中西药剂员 1 人，化验师 1 人。除重大危急伤病人员需作转院治疗外，一般常见病均能场内就地治疗。农场的整体卫生防疫、医疗保健、计划生育、药械采购供应等，均由场医院负责计划安排实施。2003 年 1 月和 2004 年 5 月，根据自治区人民政府有关剥离企业社会职能要求，以及自治区农垦局关于做好中小学、医院移交给地方政府管理的指示，西江农场将医院移交贵港市管理。

1. 农场医院　1960 年，西江农场党委决定将节余的福利费 10 多万元兴建农场医院，1961 年启动建设工程，1962 年竣工，1963 年初开始使用。设有房屋 4 幢，其中 3 幢有走廊相连，1 幢为门诊部。其中的 2 幢为普通病房，另单独 1 幢为传染病房，共设病床 80 多张，设内科、外科、儿科、妇产科、五官科、放射科、理疗针灸室、化验室，卫技人员增至 30 多人。此时期，外科可做普外及腹部手术，以及骨伤治疗、产科的一般手术；理疗有醋疗、蜡疗、紫外线、土红外线、超短波、中波、电睡眠、针灸等治疗方法，为西江农场卫生事业的中兴时期。1965 年 "四清" 运动开始，原办的护训班被迫停办，人员下放劳动，其他人员或下放或调出参加搞 "四清"。其后紧接着 "文革" 开始，技术骨干被批斗，进 "五七干校" 或下放。人员配备、医疗业务水平降至卫生所时期水平。1972 年以后，逐步有所好转，但长期均未能恢复到鼎盛时期水平。党的十一届三中全会召开以后，医疗卫生工作跟随国家社会生活进行拨乱反正，1980 年西江农场开始加强管理，进行制度改革，恢复公费医疗证就诊和报销医药费的规定，加强了对全场卫生室的管理，制订了卫生室工作制度。1984 年实行二级经济承包责任制，即卫生室向农场医院承包，医院向场部承包，订立有经济承包责任制实施细则，岗位责任制考工考勤定额方案，选编建设文明医院资料，奖勤罚懒，各项工作均与经济挂钩。经过承包和整顿，至 1985 年，医院建设有所加快，当年收进住院 538 人次，治愈率 64.5%，好转率 29.7%，做外科手术 108 例，创建院以来的新纪录。对儿童及妇科疾病作普查普治，协助场计生部门开展计划生育工作，当年出生率 7.4‰，自然增长率 7.1‰；进行全场性的灭蚊、防疫工作，流感、痢疾、肝炎等几种传染病发病率均有所下降；1984 年医院扩大对外门诊和收住院，增加收入 54054.26 元，向场部承包金额没有超支，还节余了 19000 多元。1984 年获得自治区农垦局 4 万元拨款，院方又自筹资金 3 万多元，于 1985 年建成一座颇具规模的制剂室，经验收合格，投入制剂生产。当年医院被评为全国农垦卫生系统先进单位。西江农场医院的环境自二十世纪八十年代后，不断进行美化和绿化，建筑面积逐步增加，至八十年代末，建筑面积已达到 3164 平方米，医疗科室、病房 1864.8 平方米，后勤用房 160 平方米，行政管理用房 72 平方米，职工宿舍 987.2 平方米，其他 80 平方米。主要设备有 200 毫安 X 光机 1 台，A 型超声波 1 台，心电图机 1 台，12 孔无影灯 1 台，麻醉机 1 台，万能手术床 1 张，洗胃机 1 台，吸引机 2 台，高倍显微镜 2 台，分析天平 1 台，中型消毒器 1 台，胃肠减压器 1 台，TDP-6 型治疗机 3 台，洗衣机 1 台，救护车 2 辆，以及制剂室的全套设备。1987 年，还增设急救室 1 间。

2. 基层单位卫生室 西江农场基层单位卫生室配备常用药品和必需的器械，根据单位人口多少，距农场医院远近，配备卫生员或医士、医生，一般能完成本单位的预防保健、治病疗伤和开展计划生育工作等任务。

3. 卫生队伍建设 西江农场卫生队伍，大致由 3 个方面人员组成：由上级派来；由部队转业或别的农场或者地方调入；由本场职工或职工子女中选拔进行培训或请地方代培训。建院以来，上级派来的医学院、中医学院本科毕业生，工农兵大学生、医专毕业生等，均先后离场而去。第二种来源稍多一些，约占医务人员的 9.6%。第三种来源是农场卫生队伍的中坚，虽然调进调出频繁，还是队伍中的主要力量。

4. 人员培训 西江农场为建设卫生队伍，采用多样式的培训方法，有带徒、短训、组织在职学习、托地方卫校代培训、回场医院复训、选送外出专科进修等形式。二十世纪五十年代以带徒方式为主，六十年代始有外出进修和办短训班。1965 年场医院开办了一期卫训班，时间一个月，学员 55 人。二十世纪七十年代开始委托地方代培训，八十年代开始有计划、有步骤地在场内职工或职工子女中选拔培训，其中有半年制的 15 人，一年制的 12 人，还代其他农场培训了 20 多人。现职进修者回场复训的 11 人，外出进修或请地方代培训的共达 86 人次，现职医务人员绝大部分均获一次以上的复训或进修，使人员素质、医疗质量都得到较大程度的提高。

5. 医疗技术水平 西江农场建场初期限于医技和设施的不足，稍重一点的病员皆往外转送治疗，自农场医院建成和扩大以后，技术水平逐步提高。场医院设门诊和留医两部。接诊收治内科、外科、儿科、妇产科、五官科、传染科病人。设有放射、A 超、心电图、检验、理疗、针推等科室。外科可做普外、腹部手术和骨伤、整形手术。眼科可做翼状胬肉切除手术，妇产科可做剖宫产等手术。牙科可做医牙、脱牙、镶牙、补牙。放射科除可以胸透拍片外，还可做胆囊、肾脏造影、钡餐检查。A 超除常规检查外，还可以做超声波定位肝穿。理疗可用蜡疗、醋疗、红外线、TDP 治疗机、内脏运动机、各种针灸、电针、推拿等治疗各种疾病。化验室可做各种临床化验、肝功、蛋白电泳、验血型配血等。医院门诊、留医部除接诊场内职工和收治农场职工住院，逐步扩大接诊场外群众和收治场外群众留医住院。收治住院人数逐年有所下降，二十世纪七十年代，年均收治住院 630 人，八十年代年均收治住院 413 人，到了九十年代，年均已不足 400 人。从 2000 年至医院剥离农场，年均只有 300 多人。

6. 防疫工作 西江农场在贵县卫生防疫站的支持帮助下，在二十世纪六十年代初期，进行钩端螺旋体病的普检普治。七十年代进行肠寄生虫病、丝虫病、肺结核病、麻风病、妇女病、肝病的普检普治，受检者达到 23923 人次，接种卡介苗 3751 人，七十年代第五生产队卫生室开始使用预防接种登记卡片。1981 年专项进行"小儿四病"（麻疹、百日咳、白喉、小儿麻痹）的预防接种工作，1980 年举办了两期饮食卫生短训班，集训了全场从事饮食工作人员 80 多人，加强了食品卫生的管理。1982 年，组织抽查了钩体、血丝虫、布氏病、乙肝、流感带菌者，及肝吸虫、痢疾带菌者，给予治疗。每年元旦、春节、劳动节、国庆节，都开展全场性的爱国卫生运动，进行大扫除。1984 年，西江农场制订并颁发了《文明礼貌卫生公约》《卫生防疫保健制度》《爱国卫生运动制度》3 个文件，规范全场的卫生防疫工作。1985 年，对场部范围内的饮食行业和食品加工业进行大检查，由县卫生防疫站复查，发给合格证书。由于场里对饮食卫生管理和对饮用水管理工作的加强，胃肠道疾病减少，肝类的发病率大幅度下降。

7. 药物制剂 西江农场医院的制剂室始建于 1962 年，由两名曾到过 191 医院专学药剂的人员负责制剂，品种由少到多。有大输液、生理盐水、林格液、2：1 液、5% 葡萄糖液、10% 葡萄糖液。小安瓿肌注液种类更多，有西药的、中药的、草药的，最多时达 32 种。二十世纪七十年代后增加设备，生产片剂，以穿心莲为多，年产达几十万片。在制剂中，严格执行制剂技术规程，从未发现质量不合格品。1983 年，国家有关部门对制剂工作有特别严格要求，曾一度停止大输液及肌注液的生产。1984 年筹建新的制剂室，1985 年建成经验收合格投入生产。以大输液为主，计有 5% 葡萄糖液、10% 葡萄糖液、25% 葡萄糖液、糖盐液、林格液、生理盐水、平衡液以及普鲁卡因液等，1987 年后，年产达 2 万瓶，片剂年产量在 50 万片以上。除满足本场所需，还支援了兄弟单位。在中草药方面，有一段时期全场医疗单位曾掀起过自种、自采、自制、自用的倡导，自采品种有六七十种之多，每年采集量和自种量，最多时达数千斤。自种以穿心莲、山枝为主。穿心莲干草及种子，除供本企业的需要，还有剩余外销各地。制剂工作的开展，能够解决临床部分用药，节约医疗费支出，增加收入。

8. 妇幼保健 西江农场妇女保健工作，由行政、工会、医院齐抓共管，相互配合进行，疾病防治主要由医院去实施，1973 年和 1985 年曾做过妇女病的普查普治。检查结果表明，全场的妇女病发病率大大下降，体质有所增强。2001—2008 年，农场工会协同医院对场属各单位进行妇女疾病多次普查，受检妇女 1200 多人，查出不同类型的妇科疾病 273 例，患病妇女得到及时治疗。少年儿童的保健开展比较早，二十世纪五十年代至六十年代，儿童的保健实施成人化保健方法，接种一般的预防疫苗和种牛痘。到了七十年代有专为儿童用的预防疫苗供应，一些基层卫生室开始做预防接种卡片，1981 年起，全场普遍建立了预防接种建卡制度，消灭了"小儿四病"，乙脑也未发生过。到了二十世纪八十年代中期，连续多年在"六·一"国际儿童节期间，对独生子女进行健康普查，其中1984年有29名独生子女儿童获贵县健美儿童奖。

9. 医院门诊 西江农场医院门诊人数从二十世纪七十年代起有比较详细记载，1971年门诊65764人次，1972年58776人次，整个七十年代年均门诊63260人次。八十年代实行了二级经济承包责任制，调动了医务人员的积极性，同时扩大了对外的接诊，门诊人次有较大增加，年均达到78677人次，最多的1988年达到129925人次。从二十世纪九十年代至2004年医院剥离农场，每年门诊人次都保持在8万至10万。

表 8-5　西江农场医疗卫生基本情况

年度	场医院（卫生院）					生产队卫生室				
	个数	病床（张）	职工			个数	病床（张）	职工		
			合计（人）	医务人员（人）	内科医生（人）			合计（人）	医务人员（人）	内科医生
1953	1	20	17	13	6	2				
1954	1	20	20	16	6	3				
1960	1	80	28	24	8	9				
1966	1	80	34	30	9	12				
1968	1	80	31	27	4	9				
1971	1	80	38	34	9	9				
1975	1	80	65	61	13	17				
1976	1	80	65	61	13	17				
1978	1	70	71	71	8	17		35	35	3
1979	1	70	65	65	29	17		30	30	3
1980	1	70	80	80	35	17		32	32	3
1981	1	70	82	73	32	18		30	30	4
1982	1	70	94	85	18	19		41	41	4
1983	1	70	93	84	42	17		39	39	27
1984	1	70	88	72	10	17		33	33	2
1985	2	70	85	70	11	17		33	33	2
1986	1	76	121	94	9	17		27	23	
1987	1	76	93	72	25	17		29	29	8
1988	1	76	81	42	25	17		22	12	10
1989	1	76	81	42	25	17		22	22	22
1990	1	76	82	68	37	17		20	20	20
1991	1	76	84	72	37	13		21	21	21
1992	1	94	82	72	37	13		21	21	21
1993	1	94	86	74	38	13		21	21	21

（续）

年度	场医院（卫生院）					生产队卫生室				
	个数	病床（张）	职工			个数	病床（张）	职工		
			合计（人）	医务人员（人）	内科医生（人）			合计（人）	医务人员（人）	内科医生
1994	1	96	102	73	63	13		22	22	22
1995	1	95	90	79	54	13		17	17	17
1996	1	96	75	62	35	13		17	17	17
1997	1	62	81	72	38	13		17	17	17
1998	1	62	84	70	38	13		15	15	15

第九章　民生建设

第一节　职工生活福利

一、各时期职工人数

西江农场从 1953 年建场以来，至二十世纪八十年代末，根据生产建设和经济发展需要，历年的职工人数大多数年份均比上一年度有所增加。自 1954 年开始有职工统计数字记载以来，到 1989 年的 35 年中，职工人数有 21 年上升，有 14 年稍有下降，大体呈现增加趋势。下降有几种原因：当年有成批的人员调出；退休职工增加；大批知青回城；补员不足等。各年代始末的职工人数是：二十世纪五十年代，1954 年（年末统计数字，下同）839 人，1959 年 2393 人；六十年代，1960 年 3306 人，1969 年 3542 人；七十年代，1970 年 3619 人，1979 年 5165 人；八十年代，1980 年 5036 人，1989 年 4863 人。

到了二十世纪九十年代以后，由于逐步推进企业改革，实施场办工业改革、改制，实行资产重组和畜牧业、制糖业分立，以及剥离企业办社会职能等原因，职工人数逐年下降，1990 年，职工人数 4177 人，2000 年 2903 人。进入新的世纪，西江农场职工人数频频下降，各年度职工人数详见表 9-1。

表 9-1　西江农场职工人数统计表

年度	1980	1985	1990	1995	2000	2001	2002	2003	2004	2005
职工人数（人）	4839	4444	4177	3304	2903	2773	2401	1843	1718	1647
年度	2006	2007	2008	2009	2010	2011	2012	2013	2014	2015
职工人数（人）	1581	1510	1445	1396	1366	1342	1279	1261	1300	1280
年度	2016	2017	2018	2019	2020	2021	2022			
职工人数（人）	1242	1176	1103	1090	1031	961	873			

二、离退休人员

西江农场于 1973 年有职工离退休并开始办理离退休手续，有第一批离退休职工。随着职工年龄日益增大，离退休职工也随之逐年增加，高峰期的 5 年中，年达 103～159 人之多，到二十世纪八十年代末，离退休人员共达1032人，其中离休干部16人，退休职工1016人。从那时到2000年，离退休人员增加了1132人，共已达到2164人。进入二十一世纪，退休职工年年增加，各年度离退休人数详见表9-2。

表9-2　西江农场离退休职工人数统计表

年度	1980	1985	1990	1995	2000	2001	2002	2003	2004	2005
累计离退休职工人数（人）	153	687	1197	1854	2164	2237	2271	2305	2324	2346
年度	2006	2007	2008	2009	2010	2011	2012	2013	2014	2015
累计离退休职工人数（人）	2359	2362	2366	2393	2405	2393	2397	2408	2400	2380
年度	2016	2017	2018	2019	2020	2021	2022			
累计离退休职工人数（人）	2378	2388	2387	2322	2292	2291	2155			

三、职工收入

西江农场职工收入主要是以工资为主，从1956年起，干部、工人实行等级工资制。1966年农牧工人实行工分制。1967年又恢复等级工资制。1984年种养业实行专业承包，兴办职工家庭农场后，职工的收入取决于他们生产经营的好坏。实行等级工资时是低工资制，从业人员年均收入1955年为254元，1956年为429元，而且长期未进行调资升级。1979—1988年，国家对职工进行4次调资调整，由1978年人均年工资466元提高到1271.6元。从建场初期至2022年职工收入统计如下（表9-3）。

表9-3　西江农场从业人员历年收入表

年度	年末职工人数（人）	从业人员年均收入（元）	比上年增加（＋）或减少（一）（元）
1955	2533	254	
1956	2715	429	＋175
1957	2741	395	－34
1958	2444	398	＋3
1959	2843	355	－43
1960	6432	234	－121
1961	6418	256	＋22
1962	3643	370	＋114
1963	3562	386	＋16
1964	6178	312	－74
1965	5682	295	－18
1966	5980	297	＋2

（续）

年度	年末职工人数（人）	从业人员年均收入（元）	比上年增加（＋）或减少（一）（元）
1967	6062	267	－30
1968	6281	273	＋6
1969	3542	347	＋74
1970	3619	472	＋125
1971	3922	365	－107
1972	4288	341	－24
1973	3988	360	＋19
1974	4374	449	＋89
1975	4704	428	－21
1976	4831	423	－5
1977	4860	435	＋12
1978	5198	466	＋31
1979	5092	518	＋52
1980	5036	610	＋92
1981	5034	661	＋51
1982	5340	645	－16
1983	5345	631	－14
1984	5046	568	－37
1985	4578	689	＋21
1986	4345	886	＋197
1987	4510	921	＋35
1988	4388	1855	＋934
1989	4474	1581	－274
1990	4177	1601	＋20
1991	4636	1708	＋107
1992	4720	2155	＋447
1993	4348	2282	＋127
1994	4008	2471	＋189
1995	3684	4115	＋1684
1996	3149	4765	＋650
1997	3088	4500	－265
1998	3074	4700	＋200
1999	2981	4746	＋46
2000	2903	4776	＋30
2001	2773	5040	＋264
2002	2401	5388	＋348
2003	1843	6624	＋1236
2004	1718	8376	＋1752

（续）

年度	年末职工人数（人）	从业人员年均收入（元）	比上年增加（＋）或减少（一）（元）
2005	1647	9396	＋1020
2006	1581	10308	＋912
2007	1510	11460	＋1152
2008	1445	12912	＋1452
2009	1396	15192	＋2280
2010	1366	18456	＋3264
2011	1342	22530	＋4074
2012	1297	25080	＋2550
2013	1261	28566	＋3486
2014	1300	33850	＋5284
2015	1280	36637	＋2787
2016	1242	40164	＋3527
2017	1176	43519	＋3355
2018	1103	44577	＋1058
2019	1090	45541	＋964
2020	1031	55286	＋9745
2021	961	56932	＋1646
2022	811	66374	＋9442

四、离退人员的养老金发放

1973 年西江农场开始办理职工离退休，实现老有所养、老有所医、老有所学和老有所乐。职工办理离退休手续后，均按月领取养老金。离休人员的离休费按国发〔1982〕62号文件规定，离休时原工资不变，符合有关条件的，加发一次性的一个半月或一个月工资；按桂发老字〔1987〕8 号文件规定，每月还发给交通费。退休人员按 1978 年《国务院关于工人退休退职的暂行办法》办理和按自治区劳动人事厅 1984 年 8 月 25 日贯彻区人民政府《对建国后参加工作的干部退休后发生活补贴》的文件执行。

在还未纳入全区统一的企业养老保险前，养老金直接由农场财务发放，从 2000 年 6月 1 日起，根据自治区人民政府发文规定，农场职工养老保险纳入自治区统一企业职工养老保险制度。

二十世纪七十年代刚退休的职工，退休金比较低，平均每人年不足 300 元，到 1995年，平均突破 2000 元，到 2007 年，年均突破 1 万元。各时期退休人员的养老金情况统计如下（表 9-4）。

表 9-4　西江农场退休人员历年退休金统计表

年度	离退休人数（人）	年均养老金（元）	比上年度增加（元）
1980	153	396	
1985	687	540	
1990	1197	888	
1995	1854	2484	
2000	2164	4944	
2001	2237	5436	492
2002	2271	6012	576
2003	2305	6168	156
2004	2324	6384	216
2005	2346	6864	480
2006	2359	8928	2064
2007	2362	10116	1188
2008	2366	11436	1320
2009	2393	12876	1440
2010	2405	14520	1644
2011	2393	16932	2412
2012	2397	19176	2244
2013	2408	21858	2616
2014	2400	24192	2334
2015	2380	26862	2670
2016	2378	29044	2182
2017	2388	30800	1756
2018	2387	32541	1741
2019	2322	34451	1910
2020	2292	36302	1851
2021	2291	38048	1746
2022	2155	39681	1633

五、劳保用品及抚孤

作为全民所有制的企业，西江农场从建场之日起即实行企业职工劳动保险制度，随着生产的发展，社会收入水平和农场经济发展的变化以及国家政策的补充修订，职工劳保福利待遇范围、标准也随之有所扩大和提高。至于农业工人的劳保用品，自 1984 年进行经济体制改革兴办职工家庭农场后，转为职工家庭自理了。

劳保品发放　从 1954 年招收工人起至 1974 年，西江农场劳保品发放，只限于技术工和特殊工种，参照国家有关规定，汽车、拖拉机驾驶员，修造机械设备的各种工人，锅炉工、电工、铁工等，每两年发放一套工作服，每季度发放一次手套、手巾、口罩、肥皂等。基建工每月发一次手套，每年发一次袖套。淀粉加工的流槽工、炼奶室的炼奶工每两年发放一次中统水鞋，到期以旧换新。

农牧业岗位职工，当时没有发放劳保用品规定，西江农场根据实际需要，确定农业职工每年每人发给雨衣、雨帽各一件，畜牧业职工每年每人发给雨帽、围裙各一件。

1965 年起，西江农场参照自治区颁布的《广西壮族自治区国营企业职工个人防护用品发放标准》的规定，发放各种劳保品，发放的范围、标准、使用年限都按具体规定执行，即汽车司机、拖拉机手、修理工、电工、淀粉工、麻绳工、砖机工、烧砖工每两年一套工作服；锅炉工每两年一双高温皮鞋、一套工作服；机床工每两年一套工作服，一副眼镜（备用）；化验工每年一付袖套，一件白大衣（备用）；基建工每两年一顶安全帽，一双元宝鞋，一个月一双手套；炊事员每年一副袖套，一条围裙，一条毛巾，两年一双中统水鞋；农工每年一件雨披，一项雨帽；畜牧工每年一副袖套，一条围裙，两年一双中统水鞋。

1983 年西江农场根据自治区农垦局劳字〔1983〕1 号文件规定的原则精神，给农牧工人发放各种劳保用品。即农业工人发给工作服、草帽、水壶、雨衣、胶鞋各一件（套）。畜牧工人发给工作服、工作帽、中统水鞋各一件（套），其他工种仍按以前所定的范围、标准发放。当年发给农牧工人的劳保用品共计工作服 3592 套，中统水鞋 456 对，解放鞋 3210 对，水壶 2971 只，雨衣 3045 件，白通帽 459 顶，草帽 3201 顶。

1984 年西江农场兴办职工家庭农场后，农牧工人的一切防护用品皆由家庭农场自理。

自二十世纪八十年代至现在，每年 5 月至 9 月给管理人员、治安员、保洁员发放清凉饮料，一直都在执行。

六、抚孤护孤

西江农场对于本场未成年的孤儿，均给予保障和抚养，落实对未成年人的爱护和关怀。凡本场职工的子女，因种种原因丧失父母，成为孤儿的，一般都由农场抚养，供给上学到初、高中毕业直至就业。据统计，从 1962 年起到 2021 年西江农场共抚养了孤儿 11 名：六队的邓进、邓荣，医院的林小兰，四队的郑志养、郑国养，八队的董红芬、董伟红，机械厂的叶德伟、叶德莲，石灰厂的周石芬、周春保。

七、养老、医疗保险

1. 退休及养老保险制度改革　西江农场从 1973 年办理职工离退休，按国家规定给离、退休人员应享有的待遇，由企业养老，凡男职工年满 60 周岁，女干部 55 周岁，女工人 50

周岁，即予以办理退休，退休后养老金由农场财政支付，按月领取，让职工安度晚年。

1995年7月，西江农场根据自治区劳动厅桂政劳险字〔1995〕5号文件《区劳动厅对农垦直属企业职工基本养老保险基金实行系统统筹的批复》，农垦职工基本养老保险实行系统统筹，当年西江农场3304名职工，1864名离退休人员参保。此后农垦社保每月将退休人员养老金拨付给农场，由农场按月发放。2000年7月，自治区人民政府发文，将广西农垦、林业、煤炭、华侨系统从当年6月1日起，企业养老保险纳入全区统筹，从2004年9月起，农场退休人员养老金全部改为社会化发放。农场职工参加基本养老保险统筹后，参保职工从1991年起补缴个人部分的养老保险费，缴费比例个人1991年11月至1994年12月每月5元，1995年1月至2003年12月按2%～7%，2004年之后按8%缴纳。单位缴费比例1995年7月至1996年12月按18.5%，1997年按19.5%，1998年之后按20%缴纳。

养老保险惠及广泛的社会人群，农场家属（灵活就业人员）也获得参保机会，2009—2010年参加个体基本养老保险的西江农场职工家属共有205人，其中有138人已于2011年末享受了按月领取基本养老金待遇。

2. 医疗及医疗保险制度改革　农场开办以后，因地制宜建立了卫生所，为职工诊治伤病，收重症职工留医治病，职工享受公费医疗的福利待遇。二十世纪六十年代初，西江农场建设了一座综合性医院，职工的医疗条件获得较大改善，只有危重病人才转到外面医疗设施较好的大医院留医治疗。

根据贵港市人民政府贵政发〔2000〕17号文件规定，西江农场职工从2001年1月1日起，参加贵港市城镇职工医疗保险，当年在职参保人数2903人，离退休人员2164人，年缴纳医疗保险费155万元。离休人员医疗费实报实销，在职职工和退休职工留医，可享受按规定比例核报医疗费用的待遇。

农场职工按规定享有医疗保险制度待遇的同时，根据自治区人民政府办公厅下发的桂政发〔2007〕92号《关于农垦等系统的居民参加新型农村合作医疗有关问题的通知》文件精神，西江农场居民从2008年1月起参加新型农村合作医疗，当年参加新农合的有2693户，参保人数5299人，每人年缴费20元；2009年改为每人每年缴费30元，到2011年增至每人每年50元，2015年调至每人每年90元，2016年调至每人每年120元。2017年城镇居民基本医疗保险和新型农村合作医疗整合建立城乡居民基本医疗保险（以下简称城乡居民医保），2017年城乡居民医保每年150元，2018年调至每年180元。根据农场办社会职能移交相关文件精神，2019年起农场公司将城乡居民基本医疗保险业务移交西江农场社区办理。参加新农合后，到医院留医，视情况其医疗费可报销65%～75%，而且报销比例还在逐年上升，共同享受医改成果。

第二节 民生工程和就业

一、加强民生工程建设

1. 防洪堤工程 从二十世纪五十年代至八十年代，建设了西江农场赖以生存的鲤鱼江南北堤防洪工程，全长 39 公里，堤顶标高 48.5 米；2002 年自治区和地方总投资 4333 万元，在原堤上加固加高，左堤建设了 10.3 公里；同年又投入 550 万元，动工建设右堤工程，极大稳定西江农场生产和经济发展，保障人民群众生命财产安全。

2. 水利工程 自 1958 年开始，至 1976 年，西江农场共建设干渠、支渠、斗渠各种水利渠道 81.26 公里；1998—2002 年建设"三面光"水利渠道 17.61 公里，全场水利可灌溉面积 26100 亩。

2014—2016 年，实施 2014 年和 2015 年"双高"水利项目 2.8 万亩，其中 2014 年项目 2 万亩、2015 年项目 0.8 万亩。项目工程累计投资 5840.62 万元，其中政府财政补助资金 2710.4 万元，自治区农垦局配套整合资金 3000.02 万元，农场公司自筹资金 130.2 万元。"双高"水利项目累计新建设抽水泵房 15 座，新增变压器 14 组，新建抽水机组 25 组，铺设灌溉管道（供水管道）179115.6 米。

3. 社区建设 1996—2022 年，西江农场投入小城镇建设的公共设施共达 5743 万元，解决了社区内给排水、街道拓宽硬化、路灯和绿地建设等。在城镇化建设进程中，2005 年春，西江农场街道名称征集工作领导小组广泛征集场部小城镇街道名称，广大职工群众积极参与，后将征集到的街名向贵港市呈报，2005 年 10 月，经贵港市人民政府批准，街道正式命名。从此结束了西江农场有街无名的历史。

街道（共 10 条）名称如下：狮岭路、西江园路、农垦路、永新路、康平路、育才街、兴旺街、江宁街、桃李路、东达街。

与此同时，城镇社区内建有文化广场、体艺馆、球场、球馆、老年活动中心、健身场和棋牌室等公共场所，农场保持表演文艺节目和开展各种体育比赛的传统，群众性的文体活动十分活跃。小区内早上老人跑步、舞剑、打太极拳，小孩互相追逐嬉戏；晚上，人们在小区石凳上乘凉谈天，一派和谐景象。

4. 危房改造 西江农场在鼓励、支持、帮助职工自建住宅楼房和集资建房的同时，积极推进危房改造工作。2011 年 6 月，西江农场成功启动了广西农垦最大的危房改造工程，截至 2014 年底，全面完成 3672 户危房改造工作，极大地改善了居民的住房条件和质量。

图 9-1 三分场危房改造，为职工新建楼房

二、创设条件安置职工就业

西江农场在小城镇综合规划中，有意识地安排职工建房用地在临街市范围内，让他们开商铺，至 2022 年，职工家属开设的铺面已达 200 多家，涉及的行业有电讯、医务、建材、修理、装修、美容、百货、副食、水果、饲料、餐饮等，解决了 450 多人的就业岗位。

在"五小工业"改制中，有 100 多名职工下岗，面临再就业的问题。西江农场并没有把下岗职工推向社会和推给政府，而是积极地在各分场调剂岗位，安排下岗职工 176 人全部再就业。

西江农场党政领导为加大农场就业岗位，积极推进蔬菜基地建设，2009 年蔬菜基地由原来 140 亩扩大到 220 亩；2012 年加大力度在五分场建设 500 亩国家级蔬菜标准园基地，实现了用较少的地安置较多的就业岗位，当年蔬菜基地共安排了 40 多人就业。

2017 年随着西江职教园征地，为解决失地职工（家属）的工作问题，西江农场在五分场蔬菜基地安排地块，优先满足失地职工（家属）租赁，采取一个岗位租赁约 5 亩的方式，由职工（家属）自主经营、自负盈亏。2017—2018 年，职工（家属）共签订合同 60 份，租赁面积 409 亩，解决职工（家属）就业 74 人。

三、开展"结对帮扶"活动

西江农场领导班子对少部分还未摆脱贫困线的职工极为关注，从 2012 年开始，在场内开展"结对帮扶"活动，全场 71 名党员干部，与 33 个单位的 91 名职工结对子，给他们送技术、送良种、送信息、送政策，帮助他们解决贷款，购买生产资料。"结对帮扶"主要是"扶志"，树立他们发展生产、脱贫致富的信心和决心。

四、"送温暖"工程

西江农场历届场领导为推动和谐企业建设，每年都到下面慰问困难职工，关心住院病人，让农场每位员工都找到归属感。2001—2008 年，将职工最低生活保障落到实处。2001 年，给特困职工家庭 100 多户补助 2 万多元，资助孤儿上学 2800 多元；2002 年，根据政府实行城市居民低保有关规定，西江农场对全场困难人群认真调查核实，年底核进低保的职工、家属 3180 人，补助总金额 16.2 万元；2003 年，获得享受低保待遇人数 1980 人，补助金额 25.2 万元；2004 年享受低保 1800 人次，全年补助 24.3 万元；2005 年享受低保 2135 人次，全年补助 31.8 万元；2006 年享受低保 2709 人次，全年补助 46.7 万元；2007 年享受低保 3370 人次，全年补助 83.44 万元；2008 年享受低保 3570 人次，全年补助 84.54 万元；2009 年享受低保 3077 人次，全年补助 107.38 万元；2010 年享受低保 7614 人次，全年补助 83.58 万元；2011 年享受低保 5958 人次，全年补助 87.4 万元；2012 年享受低保 5832 人次，全年补助 86.62 万元。

每年因病住院的职工，农场党政工都派人去慰问，送给他们慰问品和慰问金，把温暖送到病床前。

2015 年，西江农场每月有 90 多户困难家庭列入享受广西城镇低保救助范围，全年发放救助资金 60 多万元。为 8 户困难职工申请日常救助补助款，每户每月 300 元的救助金。为低保户办理有关证明，使低保对象的电视收视费得以减半，子女入学、就医等方面享受优惠。积极为当年考入大中专院校的低保户家庭和困难家庭申请贵港市总工会的金秋助学资金。2015 年有 24 名当年考上大学、6 名考上市重点高中的贫困学子共获得市总工会 8.1 万元助学金。每年对患病住院的职工家属和困难劳模进行上门探望，陈少海、岑少英分别获得市总工会的 9000 元、8000 元的困难慰问金，并办理免费体检。安置 27 名失地职工，对 2 名患精神疾病的职工争取社区医院救助金 1200 元。16 户患重大疾病的困难家庭获得资金救助和精神上的慰藉。发动职工家属参加自治区总工会的职工医疗互助保障保险，参保份数 1800 份。为 18 岁以下的独生子女困难家庭免费参加爱心保险。有 40 户独生子女困难家庭获得贵港市计生委免费参保。在职工生产方面，积极鼓励承包户参保农业灾害保险，2015 年有 1670 户承包户投保，1670 户的家庭在自然灾害损失中获得 69 万多元的政策性农业灾害保险赔付。自治区总工会对受灾的承包户下拨 13 万元救济补助款。

2016 年，西江农场开展元旦、春节送温暖、金秋助学一系列活动，农场工会协助港北区民政局对西江农场原享受低保金的 89 户低收入家庭进行入户复核、精准测算，对符合条件的低收入家庭都列入低保范围，对经过核查，一些家庭已有一定经济收入，收入超过贵港市公布的最低生活保障线的，不符合救济条件，不在救济范围的家庭一律由民政部门进行清退，真正做到精准帮扶。西江农场每月有 67 户共 1020 人次的低收入人员享受国家城镇居民每月 275～315 元救济金，全年共 362569 元。协助港北区残联对西江农场 124 名重度残疾人和一般轻度残疾人进行入户调查，对这 124 名残疾人进行逐一落实建档，完善有关资料，落实国家对残疾人的有关补助政策。共为 58 名重度残疾人争取到每人每月的 50 元护理补贴，是低保户的重度残疾人每人每月还可以增加领取 50 元的生活补贴。参加广西职工医疗互助保障的人数达 690 人。有 5 户困难家庭子女获得每人每年 3000 元的助学资金。为 7 名符合条件的独生子女免费购买爱心保险，帮助社区 225 户 415 人办理新农合。

2017 年，西江农场参保人员达 632 人；2018 年参保人员 632 人。2019 年共有 659 人参加职工医疗互助保障活动，保障期限为 2018 年 11 月 23 日 0 时起至 2019 年 11 月 22 日 24 时止，保费 70 元每人。2019 年西江农场公司工会共为 54 人次办理互助医疗报销工作，累计报销医疗费用 130585.86 元。

2020 年，西江农场公司参加职工医疗互助保障 642 人，每人缴纳保费 70 元，保障期限为 2019 年 11 月 23 日 0 时至 2020 年 11 月 22 日 24 时止；根据市总工会通知，从 2021 年开始，保障活动周期为当年的 1 月 1 日 0 时至当年 12 月 31 日 24 时止，为了保障员工的利益，西江农场公司下发了关于续保 2020 年 11 月 23 日 0 时起至 2020 年 12 月 31 日 24 时止保费的通知，根据通知精神，公司有 613 人续交了这期间的保费，每人 11 元。截至 2020 年 11 月 11 日，共有 42 人次办理职工医疗互助保障报销手续，共报销医疗费 98284.65 元。

2021 年，西江农场公司多措并举，保障职工身心健康。组织 160 名职工和 2 名劳模参加贵港市总工会组织的体格健康检查；组织职工疗休养，选出 2 名职工参加贵港市总工会组织的疗休养；开展医疗互助保障，2021 年公司共有职工 939 人，有 815 人参加了职工医疗互助保障，参保率达 86.8%。截至 2021 年 12 月 31 日，共有 64 人申报了医保报销手续，共计报销 90811.27 元，单笔最大金额为 13893.64 元。

2009 年以来，西江农场的"送温暖"深化了人文关怀。2010 年春节，农场分别到 72 户困难职工家庭致以节日的问候，发放慰问金 2.16 万元；给 12 名特困职工救济，支付补助金 3900 元，慰问留医治病职工 45 人，发放慰问金 8500 元。加强社会保障力度，争取地方政府支持，2010 年进入享受低保待遇的职工、家属 2538 人次，收入低保金 83.58 万元。加强职工医疗保险服务工作，争取广大群众都办理医疗保险，职工参保份额共达

1473 份，医疗保障覆盖面几乎惠及全员职工。

2015 年春节期间，西江农场共慰问困难党员 48 人，困难职工及困难劳模 74 户，慰问金 58800 元。争取到贵港市总工会慰问场内困难职工家属 4 人，慰问金 1200 元。

2016 年元旦、春节期间西江农场联合贵港市总工会走访困难职工 23 户、送慰问金 11500 元，协助市总工会看望劳模 2 人，送去慰问金 1.4 万元。贵港市国资委为 8 名特困职工，送去 4000 元慰问金。从爱心基金拨款 1500 元对十一分场家属梁燕华、九分场职工岑泽军进行救助。对林艺分场廖国源、退休老干部刘光汉家属、淀粉厂职工周米英、二分场退休职工苏英妹、前进分场职工黄志亮、二分场职工甘永忠、九分场职工黄运英七名职工进行特困救助，为他们送上共计 3400 元的慰问金。农场工会与市总工会协商争取上报 10 名困难职工，让他们享受政府的每人每月领取 300 元。4 月份开始协助贵港市总工会，对西江农场困难职工进行入户排查，对符合贵港市低收入条件的家庭进行精准扶助，建档立卡，经过深入调查，入户摸底，走访群众，公示。2016 年有 4 户困难职工符合帮扶条件，农场工会把他们的材料上报贵港市总工会建档录入全国扶贫帮扶系统。这 4 户工会会员每户获得国家的扶贫资金 3000 元共计 12000 元的资金帮扶。

2017 年西江农场慰问离退休干部 2 人，退休场级干部 4 人、困难职工 76 人，慰问金 52900 元。救济救助特困职工 13 人，发放救济金 5300 元。

2018 年西江农场在元旦春节期间慰问离退休干部 2 人，退休场级干部 6 人、困难职工 79 人，共计资金 52000 元。救助特困职工 13 人，发放救济金 5300 元。周启美、陈少海、岑少英三位劳模各获得贵港市国资委 2000 元，陈少海、岑少英各获得市总工会 1 万元的困难慰问金。

2019 年，西江农场公司工会慰问困难职工、党员 86 人次，发放慰问金 5.16 万元，看望慰问因病住院会员 3 人次，送上慰问金 3000 元。

2020 年春节和"七一"期间，西江农场开展慰问离退休场级领导干部和困难党员、困难职工 51 人次，发放慰问金 34700 元；慰问因病住院员工 2 人，送上慰问金 2000 元；用爱心基金给 1 户因病致困职工家庭送上慰问金 1000 元。

2021 年春节和"七一"前夕，西江农场公司对 66 名困难党员、困难职工、离退休场级老干部和历届道德荣誉获得者进行了慰问，送上慰问金慰问品共计 4.5 万元；年内慰问因病住院职工 4 名，送上慰问金 4000 元。10 月下旬，对农垦老领导、先进个人等 8 名同志进行慰问，每人慰问金 500 元。11 月上旬，协调贵港市总工会慰问困难劳模陈少海 2.5 万元。12 月，对年内退休的 70 名员工进行了慰问，每人发放一个价值约 200 元的保温水壶。9 月下旬，为公司工会会员购买发放中秋节日慰问品共计 19 万余元。协调贵港市妇联和商业保险公司为 3 名女职工购买了女性健康保险。

2022 年春节前夕和七一期间，西江农场公司共对 56 名困难员工、困难党员进行慰问，送上慰问金额 2.83 万元。看望慰问因病住院特困员工 3 人，每人送上慰问金 1000元，为公司全体员工购买发放节日慰问品。2022 年开展慰问退休员工活动，慰问 2022 年度退休员工 72 人。9 月初，各分会开展"送清凉"活动，给田间地头的一线员工送去各种冷饮，价值共计 8000 余元。宣传发动员工参加"城乡职工医疗互助保障"，共有 664 名员工参加，参保率达 75％。9 月，组织 150 余名员工进行身体健康检查。为 13 名不在档困难职工申请困难补助，为 5 名特困职工申请为建档困难职工。

第三节　职工住宅

一、居住环境

西江农场创建初期，系由国家投资在国有土地上建立起来的。这是一片茫茫的亘古荒原，渺无人烟，十分荒凉，住宿条件很差，当时正值我国开始执行国民经济第一个五年计划时期，财力有限，很难拿出钱来给农场职工建住房，因而建场初的两三年间，职工宿舍以及公用场所，建造的基本是茅房和瓦面泥巴房，仅在总场部和一、二分场部建有几幢砖木结构的住房。1953—1956 年，共建了职工宿舍茅草房共 35562 平方米，瓦面泥巴房 10000 平方米。分男女集体宿舍，大铺居住。当时干部、工人中，有谁要结婚了，经批准只能在泥巴房截一小间居住，生活异常简朴。1957 年，国家拨款改造茅房和泥巴房。二十世纪六十年代初西江农场把留下的茅房全部改造完，七十年代又把泥巴房基本改造完。与此同时，从二十世纪六十年代起，各年代均新建有职工宿舍，尤以党的十一届三中全会召开后的 1979 年至1986 年为多，这 8 年间共建了职工宿舍 26667 平方米，但当时大都是低标准，质量并不是很高，大多是砖木结构。资金来源有 3 条渠道，一是国家专项拨款，二是随兴办工农牧业生产项目专项贷款，三是企业单位利润留成。经过多年兴建，至 1988 年国家实行住房制度改革为止，全场职工使用公房的实有住宅面积（含小伙房）11389.26 平方米，人均 10.74 平方米，虽还不算很宽阔，但比 1978 年前人均 4.8 平方米的状况大有提高。

二、住房制度改革和职工自建楼房

西江农场根据中央 87 号文件批转农牧渔业部《关于农垦经济体制改革问题的报告》和自治区农垦局垦计字〔1987〕6 号文件《关于国营农场职工住宅改革暂行办法》的规定，1988 年实行住房制度改革，当年把各类房屋分别定级定价，卖给职工。买房的原则是"谁住谁买，谁买谁有"，实行有限产权制。根据调查统计资料，全场折价卖给职工住房 2688 户，面积共达 103064.27 平方米，总折价款 106.98 万元。

2000 年，按照自治区农垦局下达的关于国营农场职工住宅实施方案，停止公建房的住房投资，废止统建统配制度，职工新建住宅均以自建为主，并严格规定新建楼房必须按城镇综合规划统一进行。从此打破了建场几十年来统建统配、住房靠国家的局面。据不完全统计，职工住房制度改革实施以来，从 1987 年起至 2022 年，折价卖给职工的住房及职工自建楼房已达 4337 户，面积 175.96 万平方米；职工集资建房 2050 套，面积 36.48 万平方米，职工自建住宅楼房总计面积 205.48 万平方米。职工自建楼房形成规模化建设以后，2001 年，西江农场成立了社区，居民按城镇化管理，进一步推动农场的城镇化建设进程。2018 年 7 月，贵港市港北区贵城街道西江社区正式挂牌成立，西江农场承担的社会管理和公共服务职能移交给贵城街道西江社区，纳入地方政府统一管理。

图 9-2　职工住宅小区

三、危房改造工程

为使危房改造工程有步骤和规范化地进行，西江农场于 2011 年 9 月 27 日召开第十四届职工代表大会第二次会议，专题研究农场的危房改造工作，决定危改实施方案。大会听取并审议了场长李震作的危房改造工作报告；讨论并审议了《西江农场分场危房改造实施方案》《西江农场场部片区单位危房改造实施方案》，大会一致同意场长的工作报告和《西江农场分场危房改造实施方案》；大会原则通过《西江农场场部片区单位危房改造实施方案》，并形成了相应的决议。从此西江农场危房改造工程进入了制度化管理。

西江农场危房改造于 2011 年 5 月 31 日开始,成功启动广西农垦最大的危房改造工程。当年,农场分类推进,对 1863 户职工的危房分别进行全面拆除、旧房新建、原地加固等,最终完成既定目标任务。

2012 年是农场开展危房改造的第二年,工作重点是推进第一期危改项目竣工和第二期危改项目全面开工建设,截至 2012 年 11 月,按全年开工任务开工率达到 100%,全年竣工 1300 套,发放补助金 640.65 万元。截至 2014 年底,全面完成 3672 户危改工作,发放补助资金 5508 万元。危房改造工程任务的圆满完成,成为西江农场民生改善的亮点。

第十章　企业文化

第一节　企业精神

西江农场有广泛的企业文化体系，有深厚的企业文化传承。建场以来，农场曾以"场兴我荣，场衰我耻，艰苦奋斗，振兴西江"作为企业精神，激励、鼓舞、服务一代代西江职工，为农场的繁荣、富裕、发展而努力奋斗。进入经济体制和经营机制改革新的历史时期，农场为推进跨越式经济发展，提出"责任、创新、实干、效能"为新时期企业精神，造就和培育有道德、有理想、有文化、有纪律"四有"的职工队伍，充分发挥企业精神在物质文明、精神文明、政治文明建设中的重要作用。

一、建立激励机制

建场初期，西江农场为减轻职工劳动强度，提高工作效率，建立了西江农场合理化建议委员会，号召全体职工找窍门，提合理化建议，搞工具革新，对提合理化建议和工具改革卓有成效的职工进行表扬和奖励。随后开展以增产节约、降低成本、提高工效为中心的竞赛条件，评比先进，树立标兵，给予表彰奖励。

自二十世纪八十年代以来，西江农场长期坚持组织职工开展劳动竞赛，以竞赛活动为载体，提倡创新向上，激励奉献精神，劳动竞赛现已形成了一种机制和常态化。通过劳动竞赛的促进和激励，推进农场甘蔗单位面积产量和总产量不断提升。西江农场甘蔗种植业，在1995年以前全场进厂原料蔗从没达到过15万吨，自1996年农场开展以创高产为中心的社会主义劳动竞赛，激发广大职工科学种蔗创高产的积极性，当年进厂原料达到154394吨，比上年的92472吨，增产67％，自此以后，西江农场每年的甘蔗总产量都提升到15万吨以上，到2006年突破了22万吨，2016年总产达到266713吨，创历史新高产量。

1997年5月，经西江农场劳动竞赛委员会讨论决定，根据西农工会字〔1996〕第2号文精神，评选10名职工为劳动竞赛活动的优胜者，授予他们"十佳大面积种蔗高产能手"称号，并给予每人1台21英寸彩电的奖励，在全场职工中产生很大影响，掀起了全场创甘蔗大面积高产、实施科技兴蔗生产高潮。"十佳"的当选者廖梦玲，甘蔗总产 1019 吨；甘引兰，甘蔗总产 830 吨；甘谷明，甘蔗总产 755 吨；苏永娇，甘蔗总产 477 吨；梁风，甘蔗总产 430 吨；黄献芳，甘蔗总产 381 吨；覃世富，甘蔗总产 362 吨；杨小珍，甘蔗总产 355 吨；甘志源，甘蔗总产 322 吨；宋自忠，甘蔗总产 320 吨。他们典型的事迹，成为广大职工的楷模。为使劳动竞赛能够持久、规范地进行，2005 年西江农场制订了以"创高产、比优质、增效益"为中心的劳动竞赛方案，通过竞赛活动，促高产丰收，提升产品质量，增加经济效益。

从 2008 年开始，西江农场每年都进行冬春植蔗"地膜杯"劳动竞赛，通过杯赛的开展，推动科技兴农、科学种蔗，地膜覆盖的种蔗面积日益增加，甘蔗产量年年提升，为职工增收、企业增收增效发挥重要作用。在多年的竞赛活动中，激励职工思想境界的不断升华，形成了广大职工争先进、赶先进、超先进的奋发向上精神，涌现出一批各级的先进人物，其中有自治区的劳动模范，先进生产（工作）者，有农业生产第一线农业技术推广成绩显著科技人员，有测土配方工作先进个人，以及系统综合统计工作优秀工作者等，他们都是西江农场企业精神优秀代表者。

二、团队精神教育

西江农场对广大员工长期开展系统的企业精神教育，在企业持续经营和长期发展过程中，传承深厚的企业文化内容，由企业经营者积极倡导和广大员工自觉践行的企业精神，适应时代要求，在科学发展观实践中与时俱进。

（一）西江农场企业文化的核心价值观：创新发展

创新的本质是突破，即突破旧的思维定式，旧的常规戒律。创新是企业生存的根本，是发展的动力，是成功的保障。在今天，创新能力已成了国家的核心竞争力，也是企业生存和发展的关键，是企业实现跨越式发展的第一步。

（二）西江农场的企业愿景：奋勇争先，争创一流

致力于将西江农场建设成一个产业结构合理、管理模式科学、企业文化先进的企业。并通过不懈的创新和实干，持续提升企业的核心竞争力，在各项指标上做到管区一流。

（三）西江农场的企业作风：艰苦奋斗，吃苦耐劳，政令畅通，团队协作

要弘扬一种干事的企业风气，始终保持一股干劲、一种激情、一种拼命咬住发展目标不放松的精神，以昂扬向上的斗志、攻坚克难的勇气，创造更加辉煌的成就。

（四）西江农场的企业精神：责任 创新 实干 效率

责任胜于能力，没有做不好的工作，只有不负责任的人。创新是企业发展不竭的动力。我们要求真务实、埋头苦干，积极地做事，不要消极怠工。把全部精力用在推动企业经济又快又好发展上，用在保障和改善民生上，用在促进企业和谐稳定上。

（五）西江农场的战略思想：食品产业贵港片区龙头，贵港片区城乡服务协同型企业，食品农业带动性企业

按照广西农垦集团上下"一盘棋"打造现代一流食品企业的战略部署以及集团赋予西江"食品产业贵港片区龙头，贵港片区城乡服务协同型企业，食品农业带动型企业"的发展定位，西江农场公司将利用优越的区位优势，立足城乡服务产业，探索城乡服务业与一流食品企业的融合，推进食品产业建设，开创一流食品企业新局面。

（六）西江农场的发展理念：立志高远，锐意进取

要以习近平新时代中国特色社会主义思想为指导，高瞻远瞩，把奋勇争先、自我加压、挑战极限作为企业上下共同的行为标准，面对困难不气馁，面对挫折不低头，面对矛盾不绕道；心无旁骛，埋头苦干，一往无前，始终不渝地为推动企业全面协调可持续发展、为创造幸福美好的生活而努力奋斗！

（七）西江农场的效益理念：精打细算，开源节流

莫因细小而不为，莫因富足而浪费。企业要在经营中创造更多的效益，必须转变管理观念，细化管理，挖潜增效，加大成本管理力度，确保效益最大化。即便是效益好了，也要节俭，不能因此而产生铺张浪费的念头。

（八）西江农场的人才理念：人尽其才，以德为先

人才是企业发展最重要的资源，是企业成功的关键。企业注重员工正直诚实和勇于承担责任的职业品德，提倡沟通、合作与敬业、互相帮助。以科学规范的管理为员工提供良好的工作环境和发展平台，努力实现员工与企业的共同发展和进步。

（九）西江农场向员工时刻提醒

只为成功找方法，不为失败找借口。

态度决定一切，细节决定成败。

昨天的成功经验与辉煌，可能是明天成功的阻碍。

管理的关键不在于知而在于行。

干部的目标：做超级领导，即你的领导水平达到了能够让下属在没有领导的时候仍能够正常工作。形成有活力的员工，有合力的组织。

（十）西江农场的警示录

部下素质低不是你的责任，但是不能提高部下的素质是你的责任。

素质就是快速适应社会的能力，学历不等于能力，知识不代表素质。

每天问一遍：是你解决了问题，还是你成了问题的一部分？

不要相信"布置等于完成"。

标准是你应接受的工作最低水平。

一个不经意的细节，往往能够反映出一个人深层次的修养。

三、员工行为教育

西江农场企业经营者在长期进行企业精神文明建设过程中，制订了一系列的员工行为规范，提高了企业管理和经营管理水准。现已形成了西江农场员工行为教育体系。

（一）基本守则

①遵守国家的法律、法规、法令。

②遵守企业的规章制度，严守纪律，服从领导，不越权行事。

③大力弘扬企业文化精神，爱岗敬业，勤奋学习，钻研业务，精益求精。

④发扬优良传统，树立团队意识，单位、部门、员工之前应相互尊重，团结合作，努力创造和谐的人际关系。

⑤顾大局、识大体，自觉维护企业的声誉和权益。

⑥发扬"友爱、尊重、互助、共同拼搏、严格创新、严于律己、追求卓越"的生活工作作风，同事之间提倡在坚持原则的基础上文明礼貌、求同存异、相互尊重、相互宽容、相互理解、相互帮助，杜绝吵架、谩骂、斗殴等不文明行为和举动。

（二）职业道德守则

①崇尚敬业精神，工作尽职尽责，积极进取且不懈努力，不断学习，以求进步，做一个称职的员工。对所从事的业务，应以专业标准为尺度，从严要求，高质量完成本职工作。

②讲信誉、守信用，对企业和社会负有责任感、荣誉感，以实际行动塑造企业形象。

③诚信、正直。对企业各方面的工作，应主动通过正常途径及时提出意见、建议；对有损企业形象等消极行为，应予纠正。

④工作中出现失误，应勇于承认错误，承担责任，不诿过于人。

⑤应服从因工作需要的内部调动，自觉参加企业安排的统一劳动。

（三）日常行为规范

①注重仪表整洁，着装大方得体，举止优雅文明，遵守公民基本道德规范。

②按时上下班；不迟到，不早退，不擅离职守。现场作业员工要严格按业务规范要求执行。

③工作时间不串岗、不聊天、不做与工作无关的事，不上与工作学习无关的网站。

④在办公场所或在公共场合，用语文明、礼貌。在办公场所接听电话、办理业务、接受咨询时语气平和，音量适中，坚持使用"十字"文明用语，即：您好、请、对不起、谢谢、再见等。

⑤与人交谈，要专心致志，面带笑容，不能心不在焉，反应冷漠。

⑥接待来访人员，尽量用谦虚态度倾听，确认和领会对方谈话内容、目的。

⑦接待来访人员或需办事的人员也要相互语调平和，心态平和。严禁态度恶劣，语调高亢，更不能说脏话、谩骂等。

⑧爱护公物、生产设备，办公设施及生产工具要保持清洁并在固定位置摆放，如有移动应及时复位。正确使用设施及设备，杜绝违章操作或不当使用，严禁以任何方式或手段将企业财物或资源据为己有。

⑨下班时要整理好工作用具，摆放整齐。最后离开工作现场的员工，应关闭用电设备的电源及门窗，检查用水用电情况，节约用水、用电及工作生产资源等，无遗留问题后，方可离去。

⑩因事请假，按规定办理请假手续，事后及时销假。短时间外出办事，要向部门负责人请假说明。

⑪养成良好的卫生习惯和环境保护意识，不乱扔纸屑、果皮，不随地吐痰，自觉维护和随时保持管区环境、工作环境、作业场所的整洁、有序，做到彻底的3S（清理、清扫、整洁）。

四、员工文明规范

西江农场深厚的企业文化底蕴，渗透到农场的生产、生活、经济、社会的各方面。农场制订的《员工文明公约》，包括"十要""十不""文明用语""服务忌语""格言"等，要求全体员工自觉遵守、躬行。

（一）十要

①要热爱祖国，奉献农垦；

②要与时俱进，开拓创新；

③要爱岗敬业，争创一流；

④要自强自立，勤奋学习；

⑤要勤俭节约，安全生产；

⑥要学法守法，见义勇为；

⑦要热心公益，保护环境；

⑧要遵守公德，诚实守信；

⑨要家庭和睦，邻里友善；

⑩要相信科学，珍爱健康。

（二）十不

①不消极怠工、违章操作；

②不相互攀比、铺张浪费；

③不内外勾结、损公肥私；

④不打架斗殴、涉黄贩毒；

⑤不损坏公物、破坏环境；

⑥不乱搭乱建、乱停乱放；

⑦不随地吐痰、乱丢垃圾；

⑧不侵犯权益、虐待老幼；

⑨不信谣传谣、拨弄是非；

⑩不相信迷信、盲从邪教。

（三）文明用语

①您好，请问您找谁？对不起，请您稍等一下。

②您好，请问您找谁？对不起，×××同志不在，我能为您做些什么吗？

③您好！我免贵姓×，请问您有什么事吗？

④您好，请问您贵姓……对不起，打扰您一下，请问……谢谢！

⑤请进……

⑥同志，您请坐！

⑦同志，请喝茶！

⑧您好，请问什么事需要我为您服务吗？

⑨请出示您的证件，谢谢合作。

⑩同志，您的心情我非常理解，我会尽力为您服务。

⑪对不起，这件事需要向领导汇报，我尽快给您合理的答复。

⑫您走好，有服务不周的地方，请您提出宝贵意见，谢谢，再见！

（四）服务忌语

①我不管，别说了。

②没看我忙着的吗，你急什么。

③你有事就快说，我要干其他事呢。

④你怎么现在才来呀，早干什么去了。

⑤我要下班了，明天再说吧。

⑥你问我，我问谁去？

⑦不能办就是不能办，你啰唆啥。

⑧有意见，尽管向领导报告去嘛。

⑨我就这态度，你能拿我怎么着？

⑩说了多少次了，你怎么就是改不了啊？

（五）格言

①今日工作不努力，明日努力找工作。

②忠于企业、忠于职业、忠于人格。

③做好了，才算做了。

④不要小看自己，人有无限可能。

⑤团结一心，石头变成金。

⑥有您的自觉贡献，才有企业的辉煌。

⑦只有不完美的服务，没有挑剔的职工。

⑧居安思危，自强不息。

⑨细节的实质是认真的态度和科学的精神。

⑩农场情系你我他（她），生存发展靠大家。

⑪一切问题都不是问题，有问题是我们自己的问题。

⑫借口的实质是推卸责任。

第二节　企业文化建设

一、送文化下基层

西江农场从 2008 年起，场领导每年带领文艺演出队到分场演出，送文艺下分场，慰问职工。同时，每年收集大批科技、政治、法律书籍送到基层，供职工阅读、学习，以深厚的企业文化氛围，促进人们社会公德、职业道德、家庭美德的提升，以高尚的人品铸就产品。西江农场送文艺、送科技、送法律下基层已形成常态化，成为推进企业社会主义精神文明建设的一项措施。

图10-1 "送文艺、送科技"下分场慰问演出

二、建文化宣传橱窗

为展示农场各个时期发展业绩，增强员工的凝聚力和向心力，西江农场长期开办橱窗宣传专栏，用精美的彩色摄影图片和简练的文字，刊载时政要闻和农场的生产经营成果；彰扬员工创造性劳动的风采；推介土地管理开发和危房改造进程。宣传橱窗以图文并茂的样式，高扬主旋律，吸引广大职工群众，深受大家欢迎，成为西江农场新时期企业文化建设的亮点。

三、创办农场小报

为营造浓厚的企业文化氛围，交流生产工作信息，西江农场自二十世纪六十年代起，创办了一份小报《西江简讯》，成为职工群众沟通思想的平台。小报创办以来，其登载的新闻和生产、工作经验，每一期都成为农场广播室的信息来源，向广大职工广播。2008年10月，农场为进一步提高员工思想文化素质、树立西江新形象，由西江农场、西江制糖公司、西江畜牧公司、西江奶业公司、格林饲料公司、西江产业园区联合创办一份企业报，叫作《今日西江》，是四开四版的小报，第一版为西江要闻，第二版西江科技信息，第三版文艺副刊，第四版西江综合新闻。从 2009 年起，该报由《广西农垦报》编印公开发行。从 2021 年 7 月起，广西农垦报社停办农垦集团下属各企业有关专版，《今日西江》停刊。

四、创作西江农场场歌

西江农场经过公开征集评定，决定以《美丽的家园》为场歌，由马艳红女士作词，作曲家苏以淑谱曲，以深刻的思想内容，追思拓荒建场时的峥嵘岁月，讲述西江人用双手创造新生活，用智慧走上致富路的历史，歌颂改革开放以来农场取得的新成就，表达广大职工对未来的憧憬。场歌经排练公演并在场内广播，深受大家欢迎。2012 年 8 月，参加广西"企业歌曲"演唱大赛，获得很大成功，被评为"三等奖"。

2011 年 11 月 29 日，场歌在《广西农垦报》登载，全歌简谱如图 10-2。

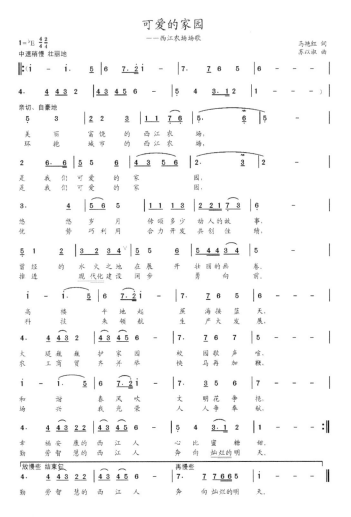

图 10-2　西江农场场歌简谱

场歌在报上公开发表和在舞台上公演后，极大鼓舞了西江员工奋发向上的精神。

五、场徽彰显企业文化

图 10-3　西江农场场徽

西江农场场徽，经过多方运筹和充分考虑，最终确定了设计方案，场徽图案成为西江农场的标志和象征，深受人们赞赏，该图案已登上了《广西农垦报》。

场徽的造型寓意深远，代表着一种企业文化的趋向，取"西江"两个字的拼音首写"X"与"J"相结合，相融于整个图案之中，体现了西江人团结、拼搏、奋进，不断构建和谐新西江的良好精神面貌。

场徽的设色独具匠心，大圆形代表西江农场及西江绿城，深绿色代表农场的甘蔗产业，草绿色代表房地产业，黄色代表其他支柱产业；七彩圆代表西江人紧密团结在西江领导班子周围，也代表西江人丰富多彩的企业文化生活；红色代表太阳，象征美好的明天。

六、深入开展社会主义荣辱观教育

西江农场为加强全员职工思想道德建设，根据贵港市委办公室贵办发〔2006〕13 号文件精神，决定在全场范围内开展社会主义荣辱观教育。

2006 年 4 月 13 日，西江农场党委以西农党字〔2006〕5 号文件发出通知，要求全场各单位要充分认识到社会主义荣辱观教育的重要性和紧迫性，组织党员、干部、职工学习社会主义荣辱观的主要内容，使社会主义荣辱观深入人心，并融入建设社会主义新农场的实践中。2006 年 4 月 26 日，场党委以西农党字〔2006〕8 号文件发出通知，随文印发《西江农场社会主义荣辱观学习教育活动实践方案》，要求场属各单位结合实际，按要求认真贯彻执行。

社会主义荣辱观教育开展以来，纠正善恶不清、荣辱不分的观念，提升了全员职工的道德水准，推进了西江农场社会主义精神文明建设和企业文化建设向深度和广度发展。

七、编印《西江农场企业文化手册》

西江农场在推进社会主义精神文明建设过程中，组织有关人员编写宣传材料，加强思想教育工作。2012 年初，场党委办公室编印了一本《西江农场企业文化手册》，全面展示农场企业文化建设的最新成果，对新时期员工思想政治文化教育开展，发挥很大作用。

单行本《西江农场企业文化手册》分别记述了西江农场企业的发展历程、企业理念、员工行为规范以及格言等 1 万多字，另外还配发了西江农场生产建设和企业管理诸方面的彩色照片 42 幅，编排精美。该书共印行 2000 册，除呈送自治区农垦局审阅，分别发行到有关部门和所属各单位以及员工手中。手册作为企业文化的一种形式和企业文化的概括，人们从中可受到启迪，引发对西江农场企业文化深层的思考。

图 10-4　西江农场企业文化手册

八、建设企业文化展厅、企业文化长廊

2016 年 4 月 22 日，西江农场公司文化展厅揭牌落成并正式开放。展厅位于西江农场公司职工之家二楼，面积 190 平方米，共有领导关怀、峥嵘岁月、走过风雨、锐意改革、企业文化、今日西江、展望未来、实物展、荣誉榜、书法摄影展等 10 大板块约 250 张图片，通过珍贵的照片和新颖的视角，展现西江人艰苦创业、辛勤耕耘、振兴经济、改革发展的光荣历史，充分体现了西江人"责任　创新　实干　效率"的企业精神。

图 10-5　西江农场文化展厅

图 10-6　西江农场企业文化长廊

　　2021 年 6 月，为庆祝中国共产党成立 100 周年和广西农垦建垦 70 周年，西江农场公司在机关大门的道路两旁因地制宜打造了一条企业文化长廊，由前言、发展历程、榜样力量、经济建设、党建引领、领导关怀、员工风采、结语等八大板块构成，精炼地介绍西江农场公司的历史和现状。让广大干部职工群众在休闲漫步中感受企业文化熏陶，增强归属感和自豪感，汇聚公司高质量发展的强大合力。

九、建设文化广场

2016 年，经过为期 2 年的紧张建设，西江农场文化广场正式建成并投入使用。广场占地 55 亩，总投资约 2600 万元。其中，体艺馆建筑面积约 9800 平方米，内设羽毛球及气排球场地共 12 个及配套有健身室及乒乓球室，文化广场有湖心双亭、观荷亭、景观林园、木栈桥、水榭楼阁等景观，配置有 4 个室外篮球场和 1 个五人制足球场，是广西农垦一个集生态绿色、文体活动、休闲娱乐、健身文化为一体的公园式文化广场。在广场的建设中，获得了贵港市体育局的大力支持，该局先后共援助了 4 个项目给西江农场，总价值 80 万元。

2018 年，在原有西江农场文化广场的基础之上增加"红色元素"，将其升级打造为"红色广场"。以增强党性为目标，以党建引领为主线，以主题展板、宣传标牌为载体，把"西江故事"、党建文化、廉政文化、孝道文化和社会主义核心价值观等 5 个主题板块内容图文并茂地展现在广大群众面前，使广大党员干部和职工群众在休闲娱乐中潜移默化感受到党建氛围，实现了党建教育由室内向室外延伸、党建教育模式由封闭型向开放型、党建教育对象由党员向群众普及的突破。

图 10-7　西江农场开展庆"七一"唱响主旋律快闪活动

2021 年，为庆祝中国共产党成立 100 周年，创新开展党史学习教育，西江农场公司在红色广场增加党史学习教育板块，以雕塑的形式展示五四精神、井冈山精神、长征精神、延安精神、抗战精神、南泥湾精神、农垦精神、雷锋精神、抗洪精神、抗疫精神等中国共产党人的精神谱系，追寻其历史轨迹，探究其深刻内涵，阐释其时代价值，引导广大干部职工群众继承、弘扬这些伟大精神，进一步推进社会主义现代化建设，共创美好新生活。

2022年，围绕清廉农垦建设的工作部署，公司党委对红色广场廉政文化板块进行升级，增加廉石、廉政家风建设板报、清廉文化专栏、廉洁文化打卡点等，打造清廉文化长廊，让广大干部职工自觉接受党性党风党纪教育，以一流的廉洁从业监督、一流的清廉文化、一流的政治生态为打造现代一流食品企业保驾护航。

第三节　职工文体活动

一、业余文化娱乐活动

（一）文娱设施

西江农场的职工业余文化娱乐活动，有较长的历史，从建场初期至今，开展活动从没间断。过去开展活动，只能因陋就简，各项设施比较简单。自二十世纪八十年代起，先后兴建了500平方米的一座两层结构文化室，拥有多功能的文娱活动场所（舞厅、棋艺、舞台、娱乐室）4840平方米，有各种规格摄像机5台。二十世纪九十年代后，又投入33万多元，添置了音响1套、钢琴1台等设备，各项文娱活动的基础设施，基本能适应场内演出的需要和达到较大型会演的条件，由于文化娱乐基础设施逐步完善，西江农场业余文化娱乐活动十分活跃。

图 10-8　在广场进行文体活动的职工群众

2016 年，西江农场文化广场正式建成并投入使用。广场占地 55 亩，内设体艺馆、篮球场、足球场、茶水室、水榭亭阁等，是广西农垦一个集生态绿色、文体活动、休闲娱乐、健身文化为一体的公园式文化广场。西江农场公司的诸多文体娱乐活动均在此开展，也成为广大干部职工群众平时锻炼健身、休闲娱乐的好去处。

（二）群众文化娱乐活动

西江农场职工群众性的文娱活动异常活跃。过去人们热衷于看电影，随着二十世纪八十年代以后，文娱基础设施的改善，无论清晨或者晚上，露天舞场每天有群体性的职工练功舞剑，跳广场舞、健身舞等。每到重大节日，西江农场都组织职工排练，安排一台影响较大的文艺晚会，参加演出的有来自基层 20 多个单位 600 多人，形成了文娱活动的群众化和经常化。西江农场还组织文艺演出队，到广西农垦的兄弟单位，东风农场、山圩农场、五星农场和红山农场等进行慰问演出。2008—2016 年，西江农场每年都组织文艺队下分场，"送文艺、送科技、送法律"到基层单位，业余文化娱乐形成常态化活动。

（三）组建文艺演出团体

根据新时期企业文化发展的新形势，西江农场加强文艺团体的建设，建立了西江合唱团、艺术团等演出团体，并广泛开展活动，提高职工文娱生活水平。2011 年 1 月，农场承办自治区农垦工委交办送文艺、送科技、送法律到基层的任务，根据任务需要，场艺术团自编、自导、自演了一批短小精悍的文艺节目，深入到广西垦区的南宁、崇左、玉林片的 5 个单位开展新春慰问活动，深受大众欢迎。

2011 年 6 月，西江农场艺术团代表区农垦工委作为演出单位，参加自治区机关工委"永远跟党走"文艺演出比赛，所表演的节目被评为三等奖。2011 年秋，农场文艺队参加自治区农垦局举办的"广西建垦 60 周年"文艺会演，参演的歌舞节目：《春天的芭蕾》被评为二等奖。2012 年 10 月，场合唱团参加"弘扬广西精神，唱响企业之歌"企业歌曲演唱大赛，大壮西江农场声威，演出获得很大成功，经评定获得三等奖。2017 年 9 月，西江合唱团代表自治区农垦工委参加自治区"迎十九大　感恩祖国"主题歌咏会演活动，荣获优秀奖。

二、群众体育活动

（一）体育活动设施

西江农场大众体育活动相当活跃，自二十世纪八十年代以来，各项体育设施日益改善，活动场所有较大发展，而且适应了不同群体活动的要求。根据 2012 年统计，全场共有 17 个篮球场，2 个门球场，1 个地掷球场，3 个气排球场，2 个羽毛球场，1 个乒乓球室（内设乒乓球桌 10 台）。其中除了篮球场是露天球场，其余场所均系室内，开展活动风雨无阻。由于活动场所兼顾了青少年、中老年的不同需要，业余体育活动，无论是竞技性的，或者是健身性的活动开展很活跃。

2016 年，西江农场文化广场正式建成并投入使用，其中的体艺馆建筑面积约 9800 平方米，内设羽毛球及气排球场地共 12 个及配套有健身室及乒乓球室，文化广场配置有 4 个室外篮球场和 1 个五人制足球场，西江农场公司的诸多文体竞技比赛均在此开展，也成为广大干部职工群众平时锻炼健身的好去处。

图 10-9　西江农场体育馆的气排球场地

（二）群众业余体育

西江农场业余体育活动，层面广项目多，有篮球、气排球、羽毛球、乒乓球、门球、地掷球、象棋、扑克、麻将、天九等项目。场工会为活跃职工文体活动，各场地都适时开放，让广大职工进入活动。排球场、乒乓球室天天晚上开放；羽毛球场每星期一、三、五开放；露天舞台每天晚上都开放，让大家跳广场舞、健身舞；其他场所如门球场、地掷球场和棋艺室等，竟日开放，随时可进入活动。

（三）承办运动会和组团参赛

西江农场因其体育活动场所充分，具有各项赛事的良好条件，一些比较大型的竞技体育项目曾在西江农场举行，多年来办过多届的运动会，农场也曾受到邀请，组团参加了多次的竞技运动会，在多个项目上获得优胜奖励。

1992 年 6 月，由西江农场主办"广西首届剑麻杯"篮球运动会，赛事在西江农场场部进行，参加比赛的有剑麻制品企业单位 12 个，男女运动员共 300 多人。

2003 年初，承办贵港市第二届老年运动会，项目有地掷球、门球、乒乓球等，比赛在西江农场场部赛场进行。

2003 年 10 月，承办"广西电信杯"老年门球赛，来自全区电信系统 16 个单位的 160 多名运动员，在西江农场门球场进行 4 天比赛，赛事由西江农场老龄办全面组织和服务。

2017 年 6 月 25 日，首届"西江农场杯"山地自行车比赛在西江农场举行。此次活动是由自治区农林水利工会、西江农场主办，广西自行车运动协会、西江农场工会承办，吸引了来自贵港、南宁、宾阳、柳州、顺德等各地的自行车运动员共 220 人参赛，其中来自西江农场的自行车运动爱好者 18 人。

组团参赛：场工会于 1992 年 9 月，应邀组成西江农场体育代表团，参加贵港市第二届体育运动会，全场老中青少年运动员共 108 人，参赛的有篮球、排球、乒乓球、围棋、射击、田径以及老年体育、残疾人体育等项目。西江农场获总分 82 分，排行名次第 9 名。2005 年 8 月，西江农场组团参加在农垦良圻举行的"广西农垦首届职工球类运动会"，西江代表团共有 50 名男女运动员，参赛篮球、乒乓球、羽毛球、气排球以及门球 5 个项目，经过 9 天几十场次拼搏，共获一等奖 2 个，二等奖 2 个，三等奖 1 个。

（四）老年体育蓬勃发展

西江农场随着退休人员的增加，老龄人口日益增多，自二十世纪九十年代老年人管理机构进一步建立和健全以来，老年体育工作有很大发展，活动场所有很大增加，环境卫生有很大改善，原老龄办的 8 间旧房，经过修理改装，1999 年，分别安排用作阅览室、象棋室、乒乓球室、麻将室等，安排老年人活动，开展活动场地比较充裕了。2002 年，场领导批准新建门球、地掷球场各 1 个，当年建成投入使用，后来原有的旧门球场也进行修缮，两个门球场均可开展活动。2003 年场老龄办向贵港市民政局申请拨款，建门球场顶棚和地掷球顶棚，获财政拨款 5 万元，当年 5 月，顶棚结构工程完工。从此，无论是刮风下雨或烈日当头，开展活动再不受到影响了，老年人体育更加活跃，每天都有两三百人以上出来打门球、气排球、乒乓球、象棋、麻将、舞剑、跳健身舞、广场舞等。

2014 年，西江农场投资 105 万建设的老年人活动中心（2018 年改为"职工之家"）投入使用，内设有棋牌室、乒乓球室、阅览室、地掷球场、门球场等，真正使退休职工老有所乐、老有所为（图 10-10、10-11）。

图 10-10　西江农场老年人门球比赛

图 10-11　西江农场职工之家内的乒乓球室

　　从 1999 年重阳节举办第一届运动会开始，直至现在，每年重阳节都举行老年人运动会，参与者越来越多，第一届参加的 258 人，第二届增加到 400 多人，2011 年重阳节参加的达到 600 多人，比赛的项目由开始时的 5 项，增加到 10 项，老年人体育活动日益广泛。

　　老龄办还经常组织老年人组成代表队，参加贵港市和自治区举办的各项体育赛事，自1999 年参加贵港市首届老年体育运动会以来，到现在已组团外出参加 10 届（次）的运动会，其中 4 次参加贵港市举行的运动会，6 次参加自治区举办的老年人赛事，历次参加赛事都有相当的成果，获得的奖项比较多，共获奖旗 27 面，内获自治区的奖旗 4 面，贵港市的奖旗 23 面。

（五）优秀残疾人运动员

在发展体育运动事业中，西江农场涌现出两名优秀的残疾人运动员黄汉升、黄东海，他们身残志坚，跟随中国残疾人代表团出征远东及南太平洋残疾人运动会以及出征巴西肢残轮椅运动会，为祖国争光。之后，他们又多次参加全国残疾人运动会赛事，为广西、为农场争得了荣誉（图 10-12）。

1. 黄汉升　黄汉升 1994 年 9 月被评为第六届远东及南太平洋残疾人运动会优秀运动员；荣获第六届远东及南太平洋残疾人运动会男子射箭个人全能的银牌。

2003 年 9 月，参加第六届全国残疾人运动会，在射箭项目的比赛中，成绩优异，获得 1 金 2 银 1 铜的佳绩。广西壮族自治区体育局、广西壮族自治区残疾人联合会授予他第六届全国残疾人运动会广西代表团优秀运动员称号。

2004 年 3 月，荣获全国残疾人射击、射箭锦标赛男子个人全能 ST 级比赛第三名；射击、射箭锦标赛射箭个人淘汰赛 ST 级比赛第四名。

2005 年 3 月荣获全国残疾人射箭锦标赛男子站姿 70 米个人冠军。

2005 年 9 月在巴西世界肢残轮椅运动会上荣获射箭 90 米站姿、70 米站姿以及单轮全能 3 枚金牌。

2006 年 10 月，荣获中华人民共和国第七届残疾人运动会道德风尚奖。

2006 年 11 月，荣获第九届远东及南太平洋残疾人运动会射箭比赛铜奖。

2007 年 5 月，在第七届全国残运会射箭男子 ARST 个人 70 米单轮赛荣获第五名；是年并获得第七届全国残运会射箭男子团体奥赛第五名；被授予全国残疾人射箭锦标赛体育风尚奖。

2. 黄东海　1994 年 7 月 10 日，黄东海光荣入选第六届远东及南太平洋地区残疾人运动会中国体育代表团射箭队，中国残疾人体育代表团、中国残疾人体育协会特授予"荣誉证书"。

1994 年 9 月，中华人民共和国体委、中国残疾人联合会向他颁发奖状，表彰他在第六届远东及南太平洋残疾人运动会中国残疾人体育代表团集训、参赛期间，工作努力，表现突出，被评为优秀运动员。

2003 年 9 月，获中华人民共和国第六届残疾人运动会射箭比赛男子单轮项目团体第二名，六届残运会组委会发给证书以资鼓励。

2003 年 9 月获中华人民共和国第六届残疾人运动会射箭比赛男子 50 米单轮项目站姿

图 10-12　西江农场原党委书记钟鑑浩（左一）为黄汉升（右一）、黄东海（中）发奖

第五名，大会组织委员会颁发证书。

2003 年 9 月获中华人民共和国第六届残疾人运动会射箭比赛男子个人单轮全能项目站姿第五名，大会组委颁发证书。

2003 年 10 月，广西壮族自治区体育局、广西壮族自治区残疾人联合会，授予他为第六届全国残疾人运动会广西代表团优秀运动员的荣誉称号。

第十一章　小城镇建设

第一节　场部小城镇规划

西江农场是一个于 1953 年建场的老国营企业，原场部的各项建筑设施已相当陈旧。1988 年，西江农场根据自治区农垦局部署，开始对场部小城镇居民点进行规划，并逐步付诸实施，但是进展相当缓慢。当时农场区域拥有 1.3 万人口，4800 多职工，住房条件十分简陋、拥挤，人均居住面积 5.6 平方米。自 1987 年国家房改政策出台后，农场再没有公建职工住房，福利性分配住房已经不存在。经济体制改革以后，职工生活和收入水平有了很大提高，个人投资建房的愿望越来越高，加快场部小城镇规划建设的呼声也越来越高。

1996 年，成立地级贵港市后，西江农场作为地级贵港市城区的一个重要区域，加速场部城镇化建设已迫在眉睫，也势在必行。农场通过贵港市城建局先后委托上海同济大学和广西城乡规划局编制农场小城镇规划方案，最后采用后者设计的方案，并呈报贵港市政

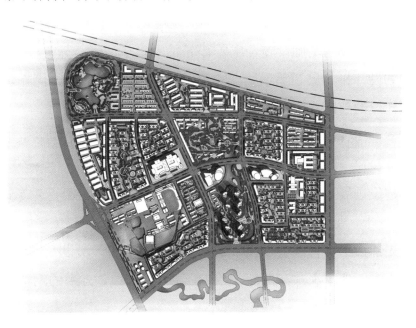

图 11-1　西江农场场部概念规划总平面图

府审批。2000 年 7 月，经贵港市政府批准，同意西江农场场部小城镇规划。西江农场严格执行市政府批准的小城镇规划方案，按照自筹资金，自己建设，自我配套，自行完善的原则实施。西江农场在推进场部小城镇规划建设过程中，牢牢地把握了下面几个环节，从而使城建工作有序地开展。

一、落实规划建设组织机构

为使农场小城镇规划建设管理工作真正落到实处，西江农场领导班子把这项工作列为工作的重心，由场长、书记主管，成立农场房改领导小组和"西江街"建房领导小组，成员分别从房产基建科、办公室、派出所、司法办、企管办和财务中心抽调人员组成，形成了全场性的齐抓共管。这两个领导小组专门负责场部小城镇居民点规划建设有关协调关系、制订方案、筹措资金、组织实施和质量监督等具体工作。领导小组在推进规划实施过程中，要保证规划的科学性、合理性和超前性得到贯彻落实，并能够与贵港市城区的总体规划接轨，不要各行其是，必须有机地联结。

二、小城镇规划建设基础设施配套

西江农场场部小城镇规划建设，基础设施配套能否高标准、高水平、超前建设，是小城镇建设能否成功的关键，如果建设过程迁就眼前利益，基础设施低起点、低水平、布局不合理、配套不完善，势必影响小城镇经济、社会的发展，并带来交通不畅、水电困难、环境污染严重等问题，和短期勉强维持，长期无发展，难治理的被动局面。根据西江农场的实际，小城镇规划建设的基础设施，主要有下列几个方面。

①首先是规划设计排污管道系统。结合新区和旧区实际情况，优先建设排污主干管道，然后在计划建设的新区，按规划设计铺设大管径的排污管主干线，然后根据各小区的规划设计布设分支排污管道，以建立小区的排污系统，确保小区在建设过程中雨水、生活污水的排泄和排放。

②根据小区建设进展，有计划、有步骤地铺设标准较高的混凝土主车道和人行道街道路面。主街道宽 30 米，主车道宽 12 米。

③按规划预先铺设给水管道主干线，架设供电主干线路，增设变压器，还增打两口出水量 80 立方米/小时的地下水井和两座 30 米高、贮水 150 立方米的钢筋混凝土水塔，以确保满足小区今后水电增容发展的需要。

④做好街道绿化和亮化配套，以美化街道，提高街道环境质量。在沿主街道两旁安装路灯，种上风景树，居住小区还要建小花园、花坛，供居民娱乐休闲。

⑤配套建设一个综合农贸市场，以满足居民日常生活需要。市场主要经营水果、蔬菜、水产、肉类、杂货、餐饮、粮油、成衣、家电等，方便人们日常生活所需。

⑥主动与贵港电信部门联系，请求他们支持，扩大农场场部小城镇程控电话容量，开通宽带网络，提高小城镇的信息流通能力。为使小城镇街道整洁美观，争取电讯工程支持，将电信主线路沿街道地下埋设，避免因架设通信电杆和线路，影响场部小城镇市容。此外，还要吸引贵港市农行、电信、邮政、税务、保险等部门到场部小城镇开设营业所，进一步完善场部小城镇基础设施的配套。

三、场部小城镇居民用地安排

西江农场对小城镇居民用地建设安排，作出充分的统筹规划，农场分期、分批、分阶段合理地推进。主要有3种方式，第一种方式，是由个人申请，单位组织，场房产基建科规划划地，筹集建公寓式楼房；第二种方式，是根据部分职工要求自建房屋的愿望，按不同地段收取公共设施费，由房产基建科规划划地，进行有偿划地建房，根据职工的不同要求和条件，安排占天占地建房的规格一是4.5米×12米＝54平方米，另一个是8米×12米＝96平方米；第三种方式，是采取公开招标的办法来安排建房宅基地，确保建房用地安排的公平、公正、公开。

四、加强建房管理

由于职工自建房屋都是自筹自建，不仅每个建房者的经济能力和建房要求不同，审美观也不一样。西江农场为确保职工建房过程的安全，同时保证职工所建房屋符合小城镇规划的要求，农场除加强监管，统筹兼顾，还请地质勘探公司对职工建房宅基地进行地质勘查，除了向建房者提供房屋基础设计的依据外，还着重强调建房时应邀请信誉好、具有相当资质的施工队伍进行施工，同时强制要求建房者要统一底层标高、统一供水排水、统一供电、统一要求房屋正面外墙贴墙砖、统一房前人行道的施工，并限定自取得建房资格后，一年半时间内建成两层以上。

五、理顺与地方政府关系

西江农场场部位于地级贵港市区西郊，已纳入城区的规划管理范围，农场要顺利实施场部小城镇规划建设，必须与当地城建、土地、交通等部门理顺好关系，取得他们的大力支持。场领导在组织场部小城镇进行建设的同时，不失时机地与场有关部门努力做好与贵港市有关部门的协调工作，并向贵港市政府阐明，西江农场开展场部小城镇规划建设，是依据党中央国务院的有关文件精神，以及农垦系统的统一部署进行的，是对农场 40 多年的老生活区进行拆旧建新的变革改造，是利用荒地、零星分散地进行统一规划安排职工建房，并没有超出原场部小城镇居民点规划范围，符合国家有关规定。经过耐心工作，多方协调，最终得到贵港市人民政府及有关部门的理解和支持，同时也增强了职工放心自建楼房，参与农场小城镇建设的积极性。场领导在职工建房的积极性和信心调动起来以后，为保障职工所建房屋的合法性，一方面努力引导和鼓励建房职工按市土地局、城建局要求办理有关用地、建房手续，另一方面积极与市土地、城建管理部门协调，争取在办理有关用地手续、建房手续的收费方面，酌情给予优惠，以减轻职工的经济负担。

第二节　小城镇规划实施

西江农场按照贵港市政府批准的农场场部小城镇规划方案，积极推进实施，同时广大职工群众积极参与小城镇建设，自建楼房和集资建房，经过多年的努力，现场部小城镇已建立较为通畅的交通网络和较为完善的排水体系、供电体系，场部小城镇已建设成为农场经济、政治、文化、生活中心，成为发展二、三产业的载体和区域性商品集散、物资交流和信息中心，为农场的经济发展和职工生活创造了良好的环境。

一、公共基础设施建设

自 1996 年起至 2002 年底，西江农场在场部小城镇建设项目上已投入资金 1360 万元，其中场部小城镇的基础设施建设，投资已达 1100 万元；其他前期费用投入 260 万元，用于征地、拆迁、土质勘探、电讯系统的整改等。基础设施建设主要工程实施如下。

图 11-2　西江农场大门

①街道路面建设 610 万元，建成主街道长 3100 米，铺设水泥路面总面积 8.98 万平方米。

②给水、排水及供电投资 380 万元，铺设主排污干道 4600 米，分支排污管道 2480 米，铺设主给水主干管道 2900 米，架设供电主干线 2700 米，安装路灯 150 座，增打两口取水井（出水总量 160 立方米/小时），增建一座 30 米高，贮水量 150 立方米的钢筋水泥结构的水塔。

③投资 85 万元，新建一个占地面积 2400 平方米的综合性农贸市场。

④投入 25 万元，专搞小区绿化工作，已建设一个 3300 平方米的小区花园，种绿化风景树 450 棵，铺设绿地面积 5300 平方米。

⑤高起点的"西江街"基础设施。

农场城镇化建设的主街道西江园路，公共基础设施高起点、高标准推进，道路交通、供水、排水体系形成规模：街道道路工程建设，已完成混凝土道路面积 24178 平方米，碎石渣路面 8242 平方米；街道的排污工程建设，完成新街主排污主干管道 2620 米，分支排污 1203 米及其附属工程，完成旧街排污管道 346 米。

街区范围其他设施附属工程建设，已整改了影响西江新街建设的原食品厂供水管道 415 米；完成了供水主干道及供水设施；30 米高的水塔保证给水畅通；完成三角小区的宅基、地质勘探。

⑥场部小城镇除拥有三家较大超市和一些自选商场外，还有职工家属开设的商店铺面约有 300 个，涉及行业有五金交电、医疗卫生、修理装修、建材、粮油、饲料、针织、瓜果等，吸引了贵港市的金融、电讯、邮政、税务、保险等部门到场部小城镇设点服务。

二、职工住房建设

1. 自建楼房　国家房改政策关于国营农场职工住宅实施方案，停止公建房的住房投资，废止统建统配制度，职工新建住宅均以自建为主，新建楼房按城镇规划统一进行的文件下达后，尤其是场部小城镇规划实施以来，职工自建住宅楼的愿望和要求空前高涨，很快就形成相当规模。根据调查统计资料表明，1996—2004 年，西江农场职工在农场场部小城镇规划区域自建楼房有 512 户，建筑面积 14.34 万平方米，与此同时，职工集资建房完成了 295 套，建筑面积 3.18 万平方米。

2. 危房改造　根据上级关于危房改造的指示精神，西江农场制定了 3 年内完成危房改造 3672 户的计划方案。西江农场危房改造自 2011 年 6 月 1 日开始，成功启动了广西农垦最大的危房改造工程。2011—2014 年，西江农场实施危房改造工程，采取全面拆除旧房建新或原地加固等办法，完成场部片区及十个分场 3672 户危改工作，发放国家补助资金 5508 万元。危房改造工程任务的圆满完成，成为西江农场住房改善的亮点。

图 11-3　西江农场场部住宅小区

3. 房改实施　西江农场根据中央批转国家农牧渔业部《关于农垦经济体制改革问题的报告》文件和自治区农垦局垦计字〔1987〕6 号文件《关于国营农场职工住宅改革暂行办法》的规定，1988 年制定了农场职工住房改革方案，方案经民主程序通过后，立即付诸实施。是年，按实施细则把各类职工住宅分别定级定价，卖给职工。买房的原则是"谁住谁买，谁买谁有"，实行有限产权制。全场折价卖给职工的住房，合计 2688 户，共103064.27 平方米，总折价款 106.98 万元。职工住房改革全面完成后，推动了职工自建楼房的步伐，加快了农场场部小城镇规划的实施。

第三节　场部小城镇管理

西江农场场部小城镇经过多年的艰苦建设和不断投入，面貌焕然一新，农场广大干部职工以自己的力量，建设成了宽畅、整洁、美观、绿荫如画的街道，感到十分自豪。场部小城镇建设，不但改善了职工的居住环境，也提高了人们建设新西江的信心。同时，也使人们认识到，要建设好小城镇，必须加强城镇化管理。

从 2001 年开始，强化小城镇的管理提上了议事日程，西江农场建立了社区管理机制。随着场部小城镇建设不断发展，小区的规模日益扩大，社区管理的问题越来越突出。为此，农场决定成立社区管理委员会，负责小区的综合市场、环境卫生、绿化维护、治安管理工作，并制订了社区管理制度，成立环卫队和一支治安队，使场部小城镇的社区管理逐步进入规范的轨道，确保小城镇建设得以健康持续地发展。

2005年春，为使小城镇管理更趋完善，西江农场成立了街名征集工作领导小组，在全场范围内进行街道名称征集活动，并把征集到的10条街名报请贵港市民政局审批。同年10月，经贵港市人民政府批准同意，正式对农场小城镇的街道进行了命名，随即投入了28300元制作交通指示牌，进一步完善了街道的硬件、软件设施。场部小城镇社区内，普遍建立有球场、球馆、健身场和棋牌室等公共活动场所。农场保持搞好文艺演出和各种体育竞技比赛等传统项目，社区的职工，居民踊跃参加活动和观看，小城镇的群众业余文化生活丰富多彩。

2007年3月，广西农垦四大园区建设之一西江产业园区进入第一期万亩用地规划和实施基础设施建设阶段。园区规划建设用地涉及5个分场土地。在城镇化管理进程，将引导项目建设向园区集中，推动农场生产经营向园区转变。由于启动了产业园区的建设，形成了西江农场城市化水平较高的城镇体系新格局。由于城镇规划建设和城镇管理都落到实处，建立和完善了住房、危改、就业、社保、医保诸多服务体系，实现了从农场到城市转变的新型城镇化。

2015年11月27日，《中共中央国务院关于进一步推进农垦改革发展的意见》（中发〔2015〕33号）印发并实施，明确用3年左右的时间，将国有农场承担的社会管理和公共服务职能纳入地方政府统一管理、基本完成农垦国有土地使用权确权登记发证任务（简称"两个3年"重点任务）。西江农场主动与地方政府对接，促成地方政府及时成立工作机构，多次与地方政府召开社会职能移交推进会，密切沟通，梳理筛选18项需移交的社会职能，加速地方政府印发接收农场办社会职能改革实施方案，不到2个月的时间，与地方政府签订农场办社会职能分离移交协议书，确定采取单独成立社区的模式接收农场办社会职能工作。2018年7月10日，贵港市港北区贵城街道西江社区正式挂牌成立，同时社区成立两委（党支部委员会和居民委员会）。为防止国有资产流失，西江农场请示广西农垦集团委托第三方对农场移交的场部道路、园林绿化、路灯、道路排污、道路监控设备等资产进行价值评估并出具评估报告。10月底，18项社会职能如期移交地方政府，移交资产原值6307.17万元，净值3541.48万元；2635份离退休人员的档案全部移交。12月7日，农场与贵港市供电局签订《"三供一业"供电资产移交协议》，供电资产移交协议，采取了先移交后整改的方式。至此，西江农场办社会职能移交工作全面完成。

第十二章 人 物

第一节 烈士传略

丘小林

丘小林,男,汉族,广西农垦国有西江农场人,1956年生于国营西江农场场部,幼年丧父,1959年父亲病逝时他年仅3岁,全家六口人靠母亲一人,以微薄工资维持家庭生活。

小林自小进西江农场学校读书,至1972年初中毕业,在校学习很是刻苦用功,特别喜爱文艺,常参加文艺活动,吹笛为其特长,在农场多次文艺演出中曾获好评。初中毕业后,分配到农场基建队工作,当木工学徒,十分虚心好学肯干,在师傅传授指教下,日益进步,很快掌握了一定的木工技艺,与队里同志关系友好,和谐相处。

1976年9月,丘小林应征入伍,先是参加广州军区坦克训练团学习,后学习期满,转入中国人民解放军53245部队坦克七连任驾驶员,其上进心及积极工作精神一如既往。在中越边境自卫还击作战中,丘小林果敢顽强,英勇杀敌,在战斗中表现了一个革命战士为祖国为人民无限忠诚和勇敢杀敌的英雄气概。在高平战役实施进攻果岗的战斗中,他面对道路复杂、山高路险,又有凶恶敌人密集的火力攻击的情况下,不怕随时都有被敌人火力造成伤亡的危险,毅然开窗露头驾驶,使坦克车能在复杂的地形地物道路上,跟上战斗队形,还协助炮长搜索目标,把搜索到的目标报告给炮长,使炮长能及时地、准确地判定距离,有效地歼灭目标,在全车乘员的努力协同下,消灭了一个又一个火力点,为后续部队的前进扫除障碍。在战斗最激烈的时刻,丘小林驾驶的战车通过一段又狭窄又拐弯的地段时,不幸遭到敌人火箭筒击中,车长命令全车战士跳车,在跳车时,丘小林被敌人机枪击中胸部,跌倒在地面上,在身受重伤的情况下,负着剧痛,顽强地继续前进了10多米,而且手握手枪,利用地形不断向敌人射击,此时,敌人朝他所在的方向又打来一排子弹,丘小林不幸再次中弹,光荣为国牺牲。

为了表彰丘小林的英勇行为和英雄的壮举,53245部队党委研究决定,批准为丘小林追记三等功，并根据丘小林生前的要求及平时在部队和战时在战场的表现，追认丘小林为中共正式党员。

黄祖裕

黄祖裕，男，汉族，广西农垦国有西江农场人，1960 年 3 月出生于国营西江农场第三生产队，自幼进农场学校读书，一贯勤奋好学，努力上进，从小学读到高中，1978 年高中毕业后，分配到第七生产队当工人，在工作岗位上积极肯干，各项任务皆奋勇当先，平时待人接物和蔼可亲，尊老让幼，与队里工友关系融洽，互相帮助，友好相处，成为备受人们赞誉的青年工人。

1978 年 12 月 26 日，黄祖裕应征入伍，编入中国人民解放军广西军区 53259 部队 378团第七连当步兵战士，在部队中好学上进，勇敢、积极、苦练。1979 年 2 月，随部队参加对越自卫反击战斗，发扬爱祖国、爱人民不怕牺牲精神，在战场上奋勇杀敌，壮烈殉国。鉴于黄祖裕的英雄壮举，部队追记他荣立三等功。

第二节　先进、模范人物

西江农场自建场以来，涌现出一批先进人物，根据档案资料整理见表 12-1。

表 12-1　西江农场先进、模范人物表（获地厅级以上荣誉）

姓名	荣誉称号	获奖年度	授予单位
陈远馨	省劳动模范	1954	广西省人民委员会
何志光	省劳动模范	1954	广西省人民委员会
刘洁庭	省劳动模范	1954	广西省人民委员会
何锦光	省劳动模范	1954	广西省人民委员会
张敬芳	省劳动模范	1954	广西省人民委员会
陶助德	省劳动模范	1955	广西省人民委员会
潘秀琼（女）	省劳动模范	1955	广西省人民委员会
黄延明	省劳动模范	1955	广西省人民委员会
覃煜华	省劳动模范	1955	广西省人民委员会
覃汉新	省劳动模范	1955	广西省人民委员会
甘显兴	省劳动模范	1955	广西省人民委员会
岑少英（女）	省劳动模范	1955	广西省人民委员会
陈少海	省劳动模范	1955	广西省人民委员会
刘月琴（女）	先进生产（工作）者	1956	广西农垦局

（续）

姓名	荣誉称号	获奖年度	授予单位
覃光	先进生产（工作）者	1956	广西农垦局
陈文忠	先进生产（工作）者	1956	广西农垦局
陈家政	先进生产（工作）者	1956	广西农垦局
黎建民	先进生产（工作）者	1956	广西农垦局
凌德富	先进生产（工作）者	1956	广西农垦局
刘建山	先进生产（工作）者	1956	广西农垦局
欧雪芳（女）	先进生产（工作）者	1956	广西农垦局
覃宗仁	先进生产（工作）者	1956	广西农垦局
梁开木	先进生产（工作）者	1956	广西农垦局
覃汉新	先进生产（工作）者	1956	广西农垦局
黄延明	先进生产（工作）者	1956	广西农垦局
陈国才	先进生产（工作）者	1956	广西农垦局
巫显明	先进生产（工作）者	1956	广西农垦局
陈少海	先进生产（工作）者	1956	广西农垦局
覃锦祥	先进生产（工作）者	1956	广西农垦局
陈光龙	先进生产（工作）者	1956	广西农垦局
韦国权	先进生产（工作）者	1956	广西农垦局
曾志群（女）	先进生产（工作）者	1956	广西农垦局
刘树华	农业社会主义建设先进工作者	1959	自治区人民委员会
孟祝华	农业社会主义建设先进工作者	1959	自治区人民委员会
李建奎	农业社会主义建设先进工作者	1959	自治区人民委员会
苏显兴	先进生产（工作）者	1963	自治区农垦局
刘金华	先进生产（工作）者	1963	自治区农垦局
甘济勇	先进生产（工作）者	1963	自治区农垦局
吴焕章	先进生产（工作）者	1963	自治区农垦局
顾德高	先进生产（工作）者	1963	自治区农垦局
覃桂东	先进生产（工作）者	1963	自治区农垦局
甘早兰（女）	先进生产（工作）者	1963	自治区农垦局
谢居意	先进生产（工作）者	1963	自治区农垦局
甘永贵	先进生产（工作）者	1963	自治区农垦局
黄斯养	先进生产（工作）者	1963	自治区农垦局
庞宗相	先进生产（工作）者	1963	自治区农垦局
覃长琪	先进生产（工作）者	1963	自治区农垦局
韦锦余	先进生产（工作）者	1963	自治区农垦局
周保兰（女）	先进生产（工作）者	1963	自治区农垦局
马秀然	先进生产（工作）者	1963	自治区农垦局
廖国信	先进生产（工作）者	1963	自治区农垦局
杨芳林	先进生产（工作）者	1963	自治区农垦局

（续）

姓名	荣誉称号	获奖年度	授予单位
梁承进	先进生产（工作）者	1963	自治区农垦局
王喜有	先进生产（工作）者	1963	自治区农垦局
李耀	先进生产（工作）者	1963	自治区农垦局
蒙德南	先进生产（工作）者	1963	自治区农垦局
李远烛	先进生产（工作）者	1963	自治区农垦局
刘碧坤（女）	先进生产（工作）者	1963	自治区农垦局
王厘昌	先进生产（工作）者	1963	自治区农垦局
苏丽英（女）	先进生产（工作）者	1963	自治区农垦局
徐家鑫	先进生产（工作）者	1978	自治区农垦局
陈修文	广西先进科技工作者	1978	自治区人民政府
蔡守义	积极参加社会主义建设成绩优异	1978	自治区农垦局
徐家鑫	新长征突击手	1979	自治区共青团
甘厚妹（女）	先进生产（工作）者	1979	自治区农垦局
钟庆兰（女）	先进生产（工作）者	1979	自治区农垦局
黄翠莲（女）	先进生产（工作）者	1979	自治区农垦局
李楷嘉	先进生产（工作）者	1979	自治区农垦局
蔡守义	先进生产（工作）者	1979	自治区农垦局
李绍国	全国农垦普教先进工作者	1980	
王厘昌	先进生产（工作）者	1980	自治区农垦局
李绍国	先进生产（工作）者	1980	自治区农垦局
巫培坚（女）	广西农垦最佳饲养员	1981	自治区农垦局
伍凤英（女）	广西农垦最佳饲养员	1981	自治区农垦局
黄菊兰（女）	广西农垦最佳饲养员	1981	自治区农垦局
黄炎芬（女）	广西农垦最佳饲养员	1981	自治区农垦局
熊玉森	广西农垦最佳饲养员	1981	自治区农垦局
杨振瑞（女）	广西农垦最佳饲养员	1981	自治区农垦局
陈修文	广西先进科技工作者	1981	自治区人民政府
谢镇防	先进生产（工作）者	1981	自治区农垦局
黄锦轩	先进生产（工作）者	1981	自治区农垦局
邱丽新（女）	先进生产（工作）者	1981	自治区农垦局
李绍国	先进生产（工作）者	1981	自治区农垦局
郑子金	先进生产（工作）者	1982	自治区农垦局
吴丽君	新长征突击手	1982	自治区共青团
李绍国	先进生产（工作）者	1982	自治区农垦局
黄炎芬（女）	广西农垦劳动模范	1983	自治区农垦局
黄炎芬（女）	先进生产（工作）者	1983	自治区农垦局
陈修文	先进生产（工作）者	1983	自治区农垦局
黄菊兰（女）	先进生产（工作）者	1983	自治区农垦局

（续）

姓名	荣誉称号	获奖年度	授予单位
欧德英（女）	先进生产（工作）者	1983	自治区农垦局
闭秋香（女）	先进生产（工作）者	1983	自治区农垦局
熊玉森	先进生产（工作）者	1983	自治区农垦局
李绍国	先进生产（工作）者	1983	自治区农垦局
胡茂清	科技进步三等奖	1983	自治区科技委员会
陈修文	长期从事科技工作奖	1983	国家农牧渔业部
陈修文	广西农垦劳动模范	1983	自治区农垦局
李绍国	全国"五讲四美"为人师表先进个人	1983	
胡茂清	科技成果三等奖	1984	自治区科技委员会
李楷嘉	先进生产（工作）者	1985	自治区农垦局
卢大全	先进生产（工作）者	1985	自治区农垦局
李绍国	先进生产（工作）者	1985	自治区农垦局
李绍国	全国农垦普教先进工作者	1985	
蔡守义	先进工作者	1985	农垦卫生系统
陈修文	广西农垦劳动模范	1986	自治区农垦局
刘加佑	先进生产（工作）者	1986	自治区农垦局
陈修文	广西农垦优秀党员	1986	自治区农垦局
何正验	端正党风先进个人	1986	玉林地直机关
岑玉泉	先进生产（工作）者	1987	自治区农垦局
罗光易	先进生产（工作）者	1987	自治区农垦局
唐建明	先进生产（工作）者	1987	自治区农垦局
梁成芳（女）	先进生产（工作）者	1987	自治区农垦局
覃福超	先进生产（工作）者	1987	自治区农垦局
李水生	先进生产（工作）者	1987	自治区农垦局
刘达文	先进生产（工作）者	1987	自治区农垦局
吴伙寿	先进生产（工作）者	1987	自治区农垦局
崔文亮	先进生产（工作）者	1987	自治区农垦局
林邦领	先进生产（工作）者	1987	自治区农垦局
陈进操	先进生产（工作）者	1987	自治区农垦局
施文良	先进生产（工作）者	1987	自治区农垦局
曾兴德	先进生产（工作）者	1987	自治区农垦局
翁达贤	先进生产（工作）者	1987	自治区农垦局
庞桂昌	先进生产（工作）者	1987	自治区农垦局
肖京平	先进生产（工作）者	1987	自治区农垦局
岑更华	先进生产（工作）者	1987	自治区农垦局
甘厚钦	先进生产（工作）者	1987	自治区农垦局
李绍国	先进生产（工作）者	1987	自治区农垦局
苏建兴	先进生产（工作）者	1987	自治区农垦局

（续）

姓名	荣誉称号	获奖年度	授予单位
陈修文	先进生产（工作）者	1987	自治区农垦局
梁金中	端正党风先进个人	1987	玉林地区行政公署
罗光易	农牧渔业财务工作成绩优秀	1987	国家农牧渔业部
李水生	先进生产（工作）者	1988	自治区农垦局
刘达文	先进生产（工作）者	1988	自治区农垦局
陈进操	先进生产（工作）者	1988	自治区农垦局
梁秀梅	先进生产（工作）者	1988	自治区农垦局
陈煜精	先进生产（工作）者	1988	自治区农垦局
覃胜	先进生产（工作）者	1988	自治区农垦局
陈立平	先进生产（工作）者	1988	自治区农垦局
莫世强	先进生产（工作）者	1988	自治区农垦局
郑文交	先进生产（工作）者	1988	自治区农垦局
甘水枝	先进生产（工作）者	1988	自治区农垦局
甘耀兰（女）	先进生产（工作）者	1988	自治区农垦局
甘国帮	先进生产（工作）者	1988	自治区农垦局
韦榜文	先进生产（工作）者	1988	自治区农垦局
梁伟兰	先进生产（工作）者	1988	自治区农垦局
陶土然	先进生产（工作）者	1988	自治区农垦局
谢思堂	先进生产（工作）者	1988	自治区农垦局
陈修文	先进生产（工作）者	1988	自治区农垦局
陈修文	发展瘦肉型猪先进个人	1988	自治区农业厅
覃福超	科技进步三等奖	1989	自治区科技委员会
李蔚	优秀工会工作者	1989	自治区总工会玉林办事处
苏建兴	工会积极分子	1989	自治区总工会玉林办事处
李蔚	优秀工会工作者	1990	自治区总工会玉林办事处
侯桂军	计划生育先进工作者	1991	贵港市人民政府
侯桂军	扑灭山林火灾先进工作者	1991	贵港市人民政府
吉文星	农垦优秀通讯员	1991	自治区农垦局
覃福超	供港澳产品先进个人	1991	外贸部
侯桂军	职工之友	1992	自治区农林水利工会
李蔚	优秀工会工作者	1992	自治区农林水利工会
侯桂军	支持工会工作优秀党政干部	1992	玉林地区工会
覃福超	科技进步三等奖	1993	自治区科技委员会
覃福超	科技进步三等奖	1994	农业部农垦局
蔡卓钢	抗洪救灾先进个人	1994	自治区人民政府
覃福超	全国优秀养猪企业家	1994	中国养猪协会
李蔚	优秀工会工作者	1994	自治区总工会玉林办事处
郑燕康	司法行政先进个人	1994	贵港市人民政府

（续）

姓名	荣誉称号	获奖年度	授予单位
蒋建英（女）	优秀工会工作者	1994	自治区总工会玉林办事处
黄汉升	第六届远东及南太平洋残疾人运动会优秀运动员	1994	
黄汉升	第六届远东及南太平洋残疾人运动会男子射箭全能银牌	1994	
黄东海	优秀运动员	1994	中华人民共和国体委、中国残疾人联合会
李蔚	优秀工会工作者	1995	自治区农林水利工会
何燕清（女）	区农垦优秀教师	1995	自治区农垦局
周启美	甘蔗大面积高产一等奖	1995	自治区农垦局
郑燕康	司法行政先进个人	1995	贵港市人民政府
吕书	安全保卫先进个人	1995	玉林地区行署
李蔚	优秀工会工作者	1995	自治区农林水利工会
翁诗英（女）	统计先进个人	1995	自治区统计局
覃福超	自治区有突出贡献科技人员	1996	自治区人民政府
覃福超	科技进步一等奖	1996	自治区经济合作厅
吕书	治保工作先进个人	1996	贵港市委、贵港市政府
覃福超	科技进步一等奖	1996	自治区经济合作厅
蒋建英（女）	优秀工会工作者	1996	自治区农林水利工会
翁诗英（女）	统计先进个人	1996	自治区统计局
翁诗英（女）	统计先进个人	1996	自治区农垦局
覃福超	推广农业科技有功人员	1997	自治区党委、自治区人民政府
李蔚	优秀工会工作者	1997	自治区农林水利工会
翁诗英（女）	统计先进个人	1997	自治区统计局
翁诗英（女）	统计先进个人	1997	自治区农垦局
李蔚	全国农林系统优秀工会工作者	1998	中国农林工会
张程	农技推广成绩显著	1998	自治区科技厅、人事厅、教育厅
翁诗英（女）	统计先进个人	1998	自治区农垦局
蒋建英（女）	农林系统优秀女工工作者	1999	中国农林工会
翁诗英（女）	统计先进个人	1999	自治区农垦局
吉文星	优秀通讯员	2000	自治区农垦局
翁诗英（女）	统计先进个人	2000	自治区农垦局
蒋建英（女）	工会积极分子	2001	自治区农林水利工会
杨立军	优秀通讯员	2002	自治区农垦局
罗福光	优秀通讯员	2022	自治区农垦局
郑燕康	土地资源管理先进个人	2002	广西农垦集团
李桂芝（女）	现代企业制度统计先进个人	2003	国家统计局企业调查队
杨立军	优秀通讯员	2003	自治区农垦局
郑燕康	调解工作先进个人	2003	贵港市委、贵港市人民政府

（续）

姓名	荣誉称号	获奖年度	授予单位
吉文星	优秀通讯员	2003	自治区农垦局
黄汉升	第六届全国残运会射箭金牌	2003	
黄汉升	第六届全国残运会射箭银牌	2003	
黄汉升	第六届全国残运会射箭银牌	2003	
黄汉升	第六届全国残运会射箭铜牌	2003	
黄汉升	广西代表团优秀运动员	2003	自治区体育局、自治区残联
黄东海	第六届残疾人运动会射箭比赛 男子单轮项目团体第二名	2003	
黄东海	第六届残疾人运动会射箭比赛 男子50米单轮全能项目站姿第五名	2003	
黄东海	第六届残疾人运动会射箭比赛 男子个人全能第五名	2003	
黄东海	第六届全国残运会广西代表团优秀运动员	2003	自治区体育局、自治区残疾人联合会
黄汉升	全国残疾人射击、射箭锦标赛 男子个人全能第三名	2004	
李祖坚	招商引资先进个人	2004	贵港市委、贵港市政府
黄汉升	全国残疾人射箭锦标赛男子 站姿70米个人冠军	2005	
黄汉升	巴西世界肢残轮椅运动会射箭站姿70米金牌	2005	
黄汉升	巴西世界肢残轮椅运动会射箭站姿90米金牌	2005	
黄汉升	巴西世界肢残轮椅运动会射箭单轮全能金牌	2005	
李桂芝（女）	区农垦综合统计二等奖	2005	自治区农垦局
杨立军	优秀通讯员	2005	自治区农垦局
吉文星	优秀通讯员	2005	自治区农垦局
张程	农技推广成绩显著	2005	自治区农垦局
周启美	农技推广成绩显著	2005	自治区农垦局
蒋诚	测土配方先进个人	2005—2009	自治区农业厅
吕书	政法综治工作先进个人	2005	贵港市委、贵港市政府
郑燕康	法制宣传教育先进个人	2006—2010	自治区委员会、自治区人民政府
黄汉升	第九届远东及南太平洋残疾人 运动会射箭比赛第三名	2006	
李桂芝（女）	区农垦综合统计一等奖	2006	自治区农垦局
吉文星	优秀通讯员	2006	自治区农垦局
杨立军	优秀通讯员	2006	自治区农垦局
黄汉升	第七届全国残运会射箭 男子ARST个人70米单轮赛第五名	2007	
黄汉升	第七届全国残运会射箭男子团体奥赛第五名	2007	
黄汉升	体育风尚奖	2007	广西体育代表团
李桂芝（女）	区农垦综合统计一等奖	2007	自治区农垦局

（续）

姓名	荣誉称号	获奖年度	授予单位
邱敏（女）	审计先进工作者	2005—2007	自治区农垦局
杨立军	优秀通讯员	2007	自治区农垦局
李震	优秀共产党员	2008	自治区农垦工委
李桂芝（女）	区农垦综合统计一等奖	2008	自治区农垦局
吉文星	区农垦纪检先进个人	2008	自治区农垦工委
李蔚	优秀党务工作者	2009	自治区农垦工委
李震	农场课题研究三等奖	2009	自治区农垦局
梁旭	优秀通讯员	2009	自治区农垦局
梁旭	反腐倡廉宣传先进个人	2009	自治区纪律办公厅
李桂芝（女）	区农垦综合统计一等奖	2009	自治区农垦局
周永燕（女）	政府网站建设先进个人	2009	贵港市人民政府
周永燕（女）	优秀通讯员	2009	自治区农垦局
甘伟华	《农垦杯》羽球男单季军	2009	自治区农垦局
周永燕（女）	优秀通讯员	2010	自治区农垦局
梁旭	优秀通讯员	2010	自治区农垦局
吉文星	专论文章获优秀作品奖	2010	中央文献出版社
李震	企业思想政治工作先进个人	2010	自治区农垦工委
李震	创先争优先进工作（生产）者	2010	自治区农垦工委
李蔚	优秀党务工作者	2010	自治区农垦工委
李桂芝（女）	区农垦综合统计一等奖	2010	自治区农垦局
周启美	自治区劳动模范	2010	自治区人民政府
蒋诚	测土配方先进个人	2010	自治区农业厅
周永燕（女）	政府网站建设先进个人	2010	贵港市人民政府
郑燕康	全区法制宣传先进个人	2010	自治区党委、自治区人民政府
杨立军	区农垦内审工作先进个人	2008—2010	自治区农垦局
莫绍旺	定点扶贫先进个人	2009—2010	自治区扶贫开发领导小组
甘显兴	建垦60周年功勋奖	2011	自治区农垦局
岑少英（女）	建垦60周年功勋奖	2011	自治区农垦局
陈修文	建垦60周年功勋奖	2011	自治区农垦局
黄炎芬（女）	建垦60周年功勋奖	2011	自治区农垦局
李震	建垦60周年先进工作（生产）者	2011	自治区农垦局
周启美	建垦60周年功勋奖	2011	自治区农垦局
张程	甘蔗良种繁育栽培一等奖	2011	自治区农业科学院
张程	甘蔗高效节本示范一等奖	2011	自治区农业科学院
梁新	甘蔗良种繁育栽培一等奖	2011	自治区农业科学院
梁新	甘蔗高效节本示范一等奖	2011	自治区农业科学院
蒋诚	甘蔗良种繁育栽培一等奖	2011	自治区农业科学院
蒋诚	甘蔗高效节本示范一等奖	2011	自治区农业科学院

（续）

姓名	荣誉称号	获奖年度	授予单位
杨立军	区农垦纪检先进个人	2011	自治区农垦工委
周启美	甘蔗良种繁育栽培一等奖	2011	自治区农业科学院
周启美	甘蔗高效节本示范一等奖	2011	自治区农业科学院
蒋建英（女）	农林系统优秀女工工作者	2011	自治区农林水利工会
李桂芝（女）	区农垦综合统计一等奖	2011	自治区农垦局
李蔚	农垦创先争优先进典型	2011	自治区农垦工委
邓夏炎	农垦创先争优先进典型	2011	自治区农垦工委
李震	甘蔗良种繁育栽培示范奖	2011	自治区农业科学院
黄健鹰	甘蔗良种繁育栽培示范奖	2011	自治区农业科学院
蒙庆宁	甘蔗高效节本示范一等奖	2011	自治区农业科学院
周永燕（女）	优秀通讯员	2011	自治区农垦工委
何正验	自治区第二批和谐家庭	2012	自治区精神文明建设委员会
陈军	第六次全国人口普查先进个人	2012	自治区人民政府
戚桂群（女）	市创先争优优秀党员	2012	贵港市委
李蔚	市创先争优优秀党员	2012	贵港市委
郑燕康	土地管理先进个人	2012	自治区农垦局
蒋诚	科技进步二等奖	2012	自治区农业厅
梁旭	优秀通讯员	2012	自治区农垦局
周永燕（女）	优秀通讯员	2012	自治区农垦工委
罗福光	第六次全国人口普查先进个人	2012	贵港市人民政府
邱敏	审计先进工作者	2011—2012	自治区农垦集团
黄健鹰	全国农业先进个人	2013	农业部
韦勇文	全区未成年人思想道德建设工作先进个人称号	2011—2013	自治区精神文明建设委员会
黄健鹰	优秀共产党员	2012—2013	自治区农垦工委
周伟庆	贵港市五一巾帼标兵	2013—2014	贵港市总工会
翁诗英	贵港市五一巾帼标兵	2013—2014	贵港市总工会
梁颐婷	广西农垦内部审计先进个人	2013—2014	自治区农垦局
黄汉升	第九届全国残运会暨第六届特殊奥林匹克运动会男子反曲弓射击比赛第二名	2015	
吕辉	广西农垦"敬业爱岗好人"	2016	农垦工委、农垦局
韦勇文	广西农垦"孝老爱亲好人"	2016	自治区精神文明建设委员会
梁旭	广西农垦新闻宣传与信息工作十佳通讯员	2016	自治区农垦局
周永燕	广西农垦新闻宣传与信息工作十佳通讯员	2016	自治区农垦局
李蔚	贵港市优秀党务工作者	2016	中共贵港市委
李蔚	广西农垦优秀共产党员	2014—2015	自治区农垦工作委员会
甘静	广西农垦优秀共产党员	2014—2015	自治区农垦工作委员会
吕辉	广西农垦优秀共产党员	2014—2015	自治区农垦工作委员会
吕辉	自治区优秀共产党员	2016	自治区党委
梁旭	广西农垦优秀党务工作者	2014—2015	自治区农垦工作委员会

（续）

姓名	荣誉称号	获奖年度	授予单位
吉文星	广西农垦纪检工作先进个人	2014—2015	自治区农垦纪律检查工作委员会
梁旭	广西农垦新闻宣传单位信息工作先进个人	2016	自治区农垦局
周永燕	广西农垦新闻宣传单位信息工作先进个人	2016	自治区农垦局
苏海波	土地资源管理工作先进个人	2016	自治区农垦局
韦勇文	第四届自治区孝老爱亲模范	2017	广西壮族自治区精神文明建设委员会
苏海波	全区投资和项目建设工作会议承办工作先进个人	2017	贵港市委、市人民政府
吕辉	广西勤廉榜样先进个人	2017	中共广西壮族自治区纪律检查委员会、中共广西壮族自治区委员会组织部、中共广西壮族自治区委员会宣传部
吕辉家庭	第一届贵港市文明家庭	2017	贵港市精神文明建设委员会
杨立军	第十一届广西（贵港）园林园艺博览会筹办工作先进个人	2018	贵港市委办、贵港市政办
吕辉	第五批全国岗位学雷锋标兵	2019	中宣部
吕辉家庭	广西"最美家庭"	2019	
邓德平	垦区国有农场办社会职能改革和土地确权登记发证重点工作先进个人	2018	自治区农垦局、农垦集团公司
吉文星	垦区国有农场办社会职能改革和土地确权登记发证重点工作先进个人	2018	自治区农垦局、农垦集团公司
梁辉	垦区国有农场办社会职能改革和土地确权登记发证重点工作先进个人	2018	自治区农垦局、农垦集团公司
苏海波	垦区国有农场办社会职能改革和土地确权登记发证重点工作先进个人	2018	自治区农垦局、农垦集团公司
林云	垦区国有农场办社会职能改革和土地确权登记发证重点工作先进个人	2018	自治区农垦局、农垦集团公司
莫绍旺	创建文明城市工作先进个人	2018	贵港市创建文明城市工作领导小组办公室
李蔚	优秀党务工作者	2019—2020	自治区农垦工委、农垦集团党委
周伟庆	优秀党务工作者	2019—2020	自治区农垦工委、农垦集团党委
苏海波	优秀共产党员	2019—2020	自治区农垦工委、农垦集团党委
陈汉祥	优秀共产党员	2019—2020	自治区农垦工委、农垦集团党委
王东波	优秀民兵	2020	中共贵港市委、市政府、贵港军分区
吕辉	广西壮族自治区劳动模范	2020	自治区委员会、自治区人民政府
吕辉家庭	第二届自治区文明家庭	2021	自治区委员会、区人民政府
甘静	优秀共产党员	2021	广西农垦集团党委
谭宗平	优秀共产党员	2021	广西农垦集团党委
马引兄	优秀共产党员	2021	广西农垦集团党委
覃乔燕	优秀共产党员	2021	广西农垦集团党委

（续）

姓名	荣誉称号	获奖年度	授予单位
苏海波	优秀党务工作者	2021	广西农垦集团党委
吉文星	优秀党务工作者	2021	广西农垦集团党委
周伟庆	优秀党务工作者	2021	广西农垦集团党委
谭宗平家庭	贵港市最美家庭	2021	贵港市妇联、市总工会、市文明办、市教育局
周伟庆	优秀共产党员	2021	中共贵港市委员会
吕辉	广西农垦建垦70周年建垦功臣	2021	广西农垦集团党委、农垦集团公司
吕辉	第六届自治区道德模范 （自治区助人为乐模范）	2021	广西壮族自治区精神文明建设委员会
李二虎	"我是农垦宣讲员"大赛决赛二等奖	2022	广西农垦集团党委

第三节　先进集体

表 12-2　西江农场所获先进集体荣誉表（获地厅级以上荣誉）

单位（部门）	荣誉称号	获奖年度	授予单位
二分场（队）	省农垦先进集体	1956	广西省垦殖厅
三分场（队）	省农垦先进集体	1956	广西省垦殖厅
畜牧所	省农垦先进集体	1956	广西省垦殖厅
七队机车组	省农垦先进集体	1956	广西省垦殖厅
西江农场	农林水系统先进集体	1958	自治区人民委员会
西江农场	广西农业社会主义建设先进单位	1959	自治区人民委员会
四分场（队）	自治区先进集体	1959	自治区人民委员会
加工厂	自治区先进集体	1959	自治区人民委员会
机械厂	自治区先进集体	1960	自治区人民委员会
二分场（队）	区农垦先进集体	1963	自治区农垦局
六分场（队）	区农垦先进集体	1963	自治区农垦局
十三队	区农垦先进集体	1963	自治区农垦局
西江农场	广西农垦先进单位	1979	自治区农垦局
学校（中小学）	全国农垦普教先进单位	1980	国家农垦部
机械厂	优秀科技成果三等奖	1984	自治区科委
医院	全国农垦卫生先进单位	1985	国家农垦部
畜牧所	区农垦先进集体	1987	自治区农垦局
机械厂	区农垦先进集体	1987	自治区农垦局
六分场（队）	区农垦先进集体	1987	自治区农垦局
第二种猪场	区农垦先进集体	1987	自治区农垦局
农林经理部	区农垦先进集体	1988	自治区农垦局
畜牧水产公司	区农垦先进集体	1988	自治区农垦局
第三种猪场	区农垦先进集体	1988	自治区农垦局
派出所	区农垦先进集体	1988	自治区农垦局

（续）

单位（部门）	荣誉称号	获奖年度	授予单位
场部小学	区农垦先进集体	1988	自治区农垦局
机械厂	区农垦先进集体	1988	自治区农垦局
二分场（队）	区农垦先进集体	1988	自治区农垦局
第二种猪场	区农垦先进集体	1988	自治区农垦局
工会	农林水系统先进职工之家	1992	自治区农林水利工会
工会	工会工作竞赛优胜单位	2000	自治区农林水利工会
司法所	贵港政法系统先进集体	2000	贵港市人民政府
司法所	优秀人民调解委员会	2003	贵港市人民政府
工会	工会女工委先进集体	2004	中国农林工会
财务部	财务会计决算一等奖	2004	广西农垦集团
纪委	落实纪检监察工作目标管理责任制一等奖	2005	贵港市纪委、贵港市监察局
工会	建设合格职工之家	2005	区农林水利工会
财务部	财务会计决算一等奖	2005	广西农垦集团
党委	市先进基层党组织	2006	贵港市委
财务部	财务会计决算一等奖	2006	广西农垦集团
党委	农垦先进基层党组织	2007	中共广西农垦工委
财务部	财务会计决算一等奖	2007	广西农垦集团
西江农场	招商引资工作先进单位二等奖	2008	自治区农垦局
西江农场	招商引资工作先进单位二等奖	2008	广西农垦集团
党委	农垦先进基层党组织	2008	中共广西农垦工委
党委	市先进基层党组织	2008	贵港市委
纪委	内审工作先进单位	2008—2010	自治区农垦局
工会	劳动关系和谐企业	2008	区农林水利工会
工会	广西农垦先进基层工会	2008	中共广西农垦工委
财务部	财务会计决算一等奖	2008	广西农垦集团
西江农场	宣传通讯工作先进单位	2009	自治区农垦局
西江农场	"招商引资与项目建设攻坚年"二等奖	2009	自治区农垦局
西江农场	落实纪检监察工作目标管理责任制先进单位二等奖	2009	贵港市
西江农场	效益贡献奖	2009	广西农垦集团
西江农场	"兴垦"杯优质高产第一名	2009	自治区农垦局
西江农场	基地农场甘蔗生产第一名	2009	广西农垦糖业集团
西江农场	政府门户网站建设及内容保障工作先进单位三等奖	2009	贵港市人民政府
党委	农垦先进基层党组织	2009	中共广西农垦工委
党委	市先进基层党组织	2009	贵港市委
财务部	财务会计决算一等奖	2009	广西农垦集团
西江农场	贵港市创建第五轮自治区文明城市活动先进集体	2010	贵港市精神文明建设委员会

（续）

单位（部门）	荣誉称号	获奖年度	授予单位
西江农场	宣传通讯工作先进单位	2010	自治区农垦局
西江农场	企业管理优秀单位	2010	广西农垦集团
西江农场	经营效益贡献奖	2010	广西农垦集团
西江农场	固定资产投资和招商引资工作三等奖	2010	自治区农垦局
西江农场	门户网站内容保障工作先进单位二等奖	2010	贵港市人民政府
西江农场	基地农场甘蔗生产第一名	2010	广西农垦糖业集团
党委	农垦先进基层党组织	2010	中共广西农垦工委
党委	农垦先进基层党组织	2010	自治区委员会
纪委	纪检监察先进集体	2010	自治区农垦工委
财务部	财务会计决算一等奖	2010	广西农垦集团
西江农场	贵港市参加自治区第七届市容"南珠杯"竞赛先进集体	2011	贵港市市容环境综合整治"南珠杯"竞赛协调指导小组
党委	农垦先进基层党组织	2011	中共广西农垦工委
工会	农林系统模范职工之家	2011	中国农林工会
财务部	财务会计决算一等奖	2011	广西农垦集团
物业公司	物业管理优秀住宅小区	2011	自治区住房和城乡建设厅
西江农场	农垦经济效益突出贡献奖	2011	自治区农垦局
西江农场	农垦企业管理优秀单位	2011	自治区农垦局
财务部	广西五一巾帼标兵岗	2012	自治区总工会
西江农场	自治区文明单位	2012	自治区精神文明建设委员会
西江农场	自治区农垦文明单位	2012	广西农垦精神文明建设委员会
西江农场	自治区第二批和谐企业	2012	自治区精神文明建设委员会
党委	广西农垦创先争优示范点	2012	中共广西农垦工委
党委	市创先争优先进基层党组织	2012	贵港市委
党委	全国创先争优先进基层党组织	2012	中共中央组织部
西江农场	自治区第二批和谐企业	2012	自治区精神文明建设委员会
西江农场	自治区第二批和谐企业	2012	自治区精神文明建设委员会
场财务部	贵港市五一巾帼标兵	2013	贵港市总工会
西江农场	第八批贵港市文明单位	2014	贵港市精神文明建设委员会
西江农场	宣传与信息工作先进单位	2013	中共广西农垦工委、广西壮族自治区农垦局
西江农场	经济效益突出贡献奖	2013	广西区农垦局、广西农垦集团有限责任公司
西江农场效能监察审计室	广西农垦内部审计先进集体	2012—2013	中共广西壮族自治区农垦工作委员会
西江农场	新闻宣传与信息工作先进单位	2014	中共广西农垦工委、广西壮族自治区农垦局
西江农场工会	广西五一劳动奖状	2015	广西壮族自治区总工会
西江农场工会	全区企业工会红旗单位	2015	广西壮族自治区总工会
西江农场工会	全区模范职工之家	2015	广西壮族自治区总工会
西江农场	广西农垦规划建设法规宣传年先进单位	2015	广西壮族自治区农垦局、广西农垦集团有限责任公司

（续）

单位（部门）	荣誉称号	获奖年度	授予单位
西江农场	新闻宣传与信息工作先进单位	2015	中共广西农垦工委、广西壮族自治区农垦局
西江农场党委	广西农垦先进基层党组织	2014—2015	中共广西壮族自治区农垦工作委员会
西江农场纪委	广西农垦纪检工作先进集体	2014—2015	中共广西壮族自治区农垦纪律检查工作委员会
西江农场	广西农垦新闻宣传单位信息工作先进单位	2016	广西壮族自治区农垦局
西江农场党委办	贵港市巾帼文明岗	2017	贵港市妇联
西江农场党委	垦区第一批党建工作示范点	2018	广西农垦工委、集团党委
西江农场党委办	广西三八红旗集体	2018	广西壮族自治区妇女联合会
西江农场公司	贵港市城市发展跃升先进集体	2019	中共贵港市委员会、市人民政府
西江农场公司	广西农垦改革"两个3年"重点工作特别贡献一等奖	2019	广西壮族自治区农垦局、广西农垦集团有限责任公司
西江农场公司党委	先进基层党组织	2020	自治区农垦工委、农垦集团党委
水务分公司党支部	先进基层党组织	2020	自治区农垦工委、农垦集团党委
西江农场公司	民兵工作先进单位	2020	中共贵港市委、市政府、贵港军分区
置业分公司党支部	先进基层党组织	2021	广西农垦集团党委
水务分公司工会	全区模范职工小家	2021	广西壮族自治区总工会
西江农场公司党委	先进基层党组织	2021	广西农垦集团党委
西江农场公司党委	自治区国资委党委系统先进基层党组织	2021	中共广西壮族自治区人民政府国有资产监督管理委员会
西江农场公司工会	全国农林水利气象系统模范职工之家	2022	中国农林水利气象工会全国委员会
机关党支部	2021年度创先争优示范党支部	2022	广西农垦集团党委
水务分公司党支部	2022年度优秀党建品牌（"水务攻坚先锋号"党建品牌）	2022	广西农垦集团党委

第四节　高级人才

表 12-3　西江农场高级人才表

姓名	职称	职称授予单位	职称获得年度
陈修文	高级畜牧兽医师	广西壮族自治区农垦局	1982
蒋以壮	高级农业经济师	广西壮族自治区农垦局	1985
龙自光	高级兽医师	广西壮族自治区农垦局	1985
胡茂清	高级工程师	广西壮族自治区农垦局	1985
陆秀峰	高级畜牧兽医师	广西壮族自治区农垦局	1988
龚学籍	高级农艺师	广西壮族自治区农垦局	1988
梁振安	高级农艺师	广西壮族自治区农垦局	1990
谢世华	高级畜牧师	广西壮族自治区农垦局	1990
潘锡锦	高级农艺师	广西壮族自治区农垦局	1990
甘隆英	内科副主任医师	广西壮族自治区农垦局	1992

（续）

姓名	职称	职称授予单位	职称获得年度
韦德崇	高级农艺师	广西壮族自治区农垦局	1992
何际雄	高级会计师	广西壮族自治区农垦局	1993
吴坚	高级农艺师	广西壮族自治区农垦局	1993
张明敏	高级农艺师	广西壮族自治区农垦局	1995
吉文星	高级政工师	广西壮族自治区农垦局	2007
李蔚	高级政工师	广西壮族自治区农垦局	2008
林少明	高级会计师	广西壮族自治区农垦局	2009
周启美	高级农艺师	广西壮族自治区农垦局	2010
李震	高级政工师	广西壮族自治区农垦局	2012
钟伟政	高级经济师	广西壮族自治区农垦局	2012
张程	高级农艺师	广西壮族自治区农垦局	2012
王金文	高级政工师	广西壮族自治区农垦局	2012
邓德平	高级政工师	广西壮族自治区农垦局	2013
侯桂军	高级政工师	广西壮族自治区农垦局	2013
叶君威	高级政工师	广西壮族自治区农垦局	2013
翁诗英	高级经济师	广西壮族自治区农垦局	2013
蒋建英	高级政工师	广西壮族自治区农垦局	2014
甘再兴	高级工程师	广西壮族自治区农垦局	2015
陈卓恒	高级政工师	广西壮族自治区农垦局	2017
梁新	高级农艺师	广西壮族自治区农垦局	2017
吉文康	高级政工师	广西农垦集团	2019
苏海波	高级政工师	广西农垦集团	2020

附　　录

省委关于在贵县建立机耕农场若干问题的决定

（一）

为了树立农业生产的先进旗帜，为农业集体化准备干部，积累经验，以机械化和集体生产的优越性教育农民，组织起来，逐步形成对小农经济的社会主义改造。遵照中央、中南局指示，我省急需建立一个机耕农场。经多方勘查研究贵县新生农场（现为劳改农场）在土质、水利、面积、交通等方面均甚合适，特别是已经有了一年的经营基础。因此，省委决定在新生农场基础上，有步骤地建设成为全省第一个机耕农场，将原柳州机耕农场和新生农场合并，改为国营西江机耕农场，并应迅速办理合并，编造计划，行动起来。

（二）

由于合并经营所引起的一系列问题，必须求得妥善解决。合并后农场仍有双重任务，一方面是利用现有劳改犯人的劳动，完成机耕农场的各项重大基本建设，以便逐步开展大规模的机械生产；另一方面又有通过劳动生产改造犯人的政治任务，因而一九五四年根据国营机械农场的需要与施工情况，最多能投入一万五千人，今后不再补投，而是逐年释放逐年扩大机耕面积的方针，直至释放完毕为止，原新生农场的干部原职不动，继续工作，只能根据工作的需要个别调配与调整，合并后干部管理即属机耕农场。各种机器设备，原则上不得抽出，只能在不妨碍现在农场生产的条件下适当调配少量运输工具，为了开始就搞好合并工作，省委同意组织一个专门委员会，由贺亦然任主任，徐麟村、侯慕寒任副主任，并吸收有关部门的负责干部为委员，专司解决合并工作中的若干重大问题，待工作完毕，即行解散。在合并以前原机械农场与新生农场，双方要对干部进行动员与教育，指出建立机耕农场的重大政治意义，强调互相团结互相学习，互相尊重，搞好工作，在一定时机双方干部开一个联欢大会，由省委指定一人作动员报告。

（三）

今后农场武装部队，除公安应仍有督促检查之责外，场方应直接与公安总队司令部取得联系，明确场内武装听从场方指挥，以便更好地完成看管任务与应付可能发生的意外，农场对犯人的管教工作在业务领导上仍属公安厅并继续加强对犯人的政治教育与劳动改造的工作，农场领导上也必须经常检查研究这方面的工作，不可委之下层干部不加过问。要经常进行警惕性教育，防止任何意外。农场管教单位仍按过去规定按期向公安厅汇报管教情况。对犯人的释放，加刑减刑等处理权仍属公安厅。犯人的供给等费用，仍按中央中南公安部门规定执行。

（四）

在未正式合并以前，新生农场必须继续进行生产，不得停止生产、妨碍生产，但明年的生产准备与今后的基本建设则由机耕农场负责。正式合并应在秋收后实行，但为了按期完成合并任务，目前应立即着手进行合并的具体工作，资产的合并办法是国营机耕农场按新生农场过去进行的清产核资（已上报中南）基础上，加上核资后的投资数进行转账。由机耕农场偿还，具体细则由专门委员会做出规定。

（五）

合并后机械农场应组织农场管理委员会和农场党委会，由专门委员会提出名单报省委批准，并明确行政领导直属省府，党的领导直属省委，工会、团的领导已分别归省领导，但为处理具体问题方便起见，农场的主要负责人应参加当地地县委为委员，以便于与当地党委密切联系。合并后机耕农场目前应切实抓紧利用大批劳改犯人进行水利、防洪、造林、整地等较大工程的建设，并进行必要的机器房、修配、加工厂及必要宿舍的修建。为节省开支与估计投资困难，有些修建应因陋就简，减少开支。

（六）

必须注意解决与群众的关系问题，确定场界以减少与群众纠纷，农场应结合行政力量，在场周围有关区乡进行扩大宣传，首先打通区乡干部党团员的思想，使其明了建立机械农场的意义，然后通过代表会，结合当地党委正确处理场界问题，处理的原则是能划归场内的尽量划，不能划的不能勉强，有的可以再过些时期划的也不可现在就划，要适当满足农民牧场需要，适当照顾草地，经过详细调查，充分协商，把场地界线肯定下来，但一定要采取慎重的方针，防止与民争利，造成今后工作困难。

（七）

中南局已正式批准建场，望即着手进行各项工作，并将执行中的问题与情况随时报告省委。

中国共产党广西省委员会（公章）

一九五三年十月九日

总路线光辉照耀　机械化显优越
西江农场生产跃进贡献大

《广西日报》1961年1月

一九五八年以来，生产连年增加，实现粮、油、肉、菜自给有余，成为国家生产的出口商品的基地。

（本报消息）国营西江农场是我自治区内规模最大的机耕农场。全场土地面积二十万亩，现已开垦种植的耕地有九万三千亩。一九五八年以来，在三面红旗的照耀下，全体职工坚持政治挂帅，勤俭办场，实现了连续四年的生产大跃进，给广大农民展示了农业耕作机械化的美好前途。

西江农场是一九五三年冬建立的，在一九五七年以前，由于缺乏办场的经验，经营方针不够明确，生产连年失利。在职工中曾一度产生"办农场没有前途"的思想，和流传着"石头遍地，旱涝兼备，多种多赔，少种少赔，不种不赔"的错误论调。自从一九五八年党提出建设社会主义总路线后，全场职工大鼓革命干劲，坚持政治挂帅，克服了各种错误的思想，决心办好农场。农场党委及时地领导全体职工总结了办场的经验教训，正确地分析本场的生产条件，提出了"以薯类为主，大力发展养猪，农林牧结合，多种经营，综合利用"的经营方针，积极扩大木薯种植面积，扩建淀粉厂，利用薯渣养猪。经过一九五八年、一九五九年这两年的努力，变亏本场为盈利场，共上交国家纯利润二十一万多元。一九六〇年，党中央提出全党大办农业，大办粮食的伟大号召后，农场进一步明确以粮食为纲，以猪为首，多种经营，综合利用的方针，掀起了生产的新高潮扩大粮食、淀粉原料、油料和豆类的种植面积，实现了全面的大丰收，成粮、油、肉、菜自给有余的农场，这年，上交给国家利润八十三万元，除完成一百四十九万斤公购粮外，还卖给国家商品粮食一百万斤，淀粉五百六十六万斤，生油一十四万多斤，生猪十四万八千多斤，并支援了各地大批木薯种、洋麻种、畜禽种。今年继续坚并贯彻正确的经营方针，种植面积扩大到九万三千三百亩，复种面积扩大到一十一万八千六百多亩，比去年增长百分之八，其中水稻等主粮作物面积六万三千亩，木薯等淀粉原料作物面积三万三百多亩，花生面积三千九百亩，预计粮食总产（包括薯类折原粮）可达一千五百二十万多斤，比去年增长百分之六点三，平均每个农业工人产粮五千二百一十斤，其他农作物和禽畜生产均获得相应的增长，到十月底止，计存栏猪六千八百三十多头，奶牛二百五十五头，鸡、鸭、鹅一万零四百多只，计划今年除完成公购粮 149 万斤任务外，还可交售给国家商品粮食二百八十万斤（原粮），生油五至七万斤，生猪二十四万斤和葡萄糖、洋麻等产品给国家，有力地支撑了国家出口，今年上交给国家利润预计达一百万元（注：实际 1961 年净盈利 589834 元）。

西江农场的连年增产，充分显示了耕作机械化的优越性。现在全场共有拖拉机四十八个混合台（折合八十八个标准台），运场汽车十四辆，大、中、小型动力五十八台，合一千九百五十七马力，拥有大、中型淀粉厂九座，自动榨油厂一座，葡萄糖厂一座。由于机械设备的增加，全场的整个田间操作、产品的加工和运输，绝大部分实现了机械化，从而大大提高了劳动生产效率，使每个农业工人能担负三十三亩耕地的工作，一年能生产五千二百多斤粮食，这也是国营农场全民所有制的巨大优越性。

西江农场建场初期规划设计图

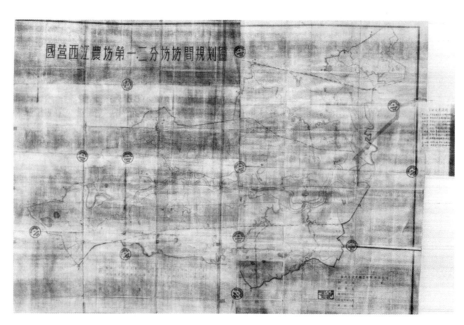

一、二分场规划设计图

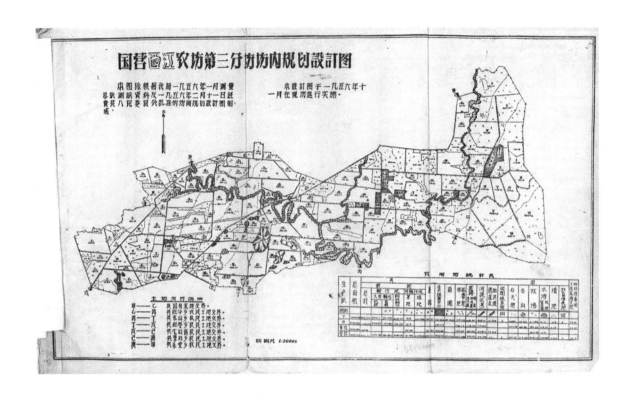

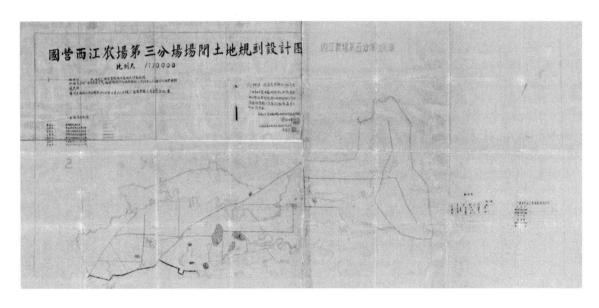

三分场规划设计图

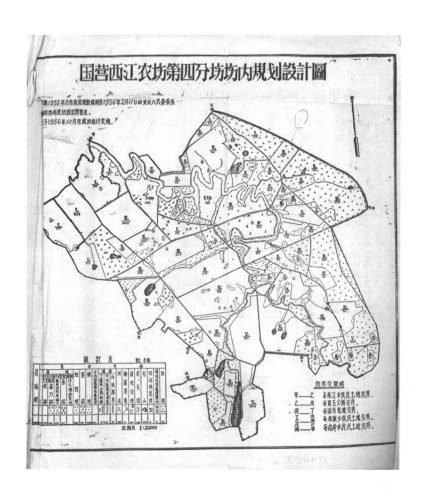

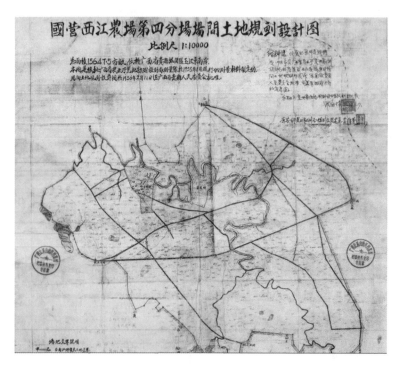

四分场规划设计图

五分场规划设计图

关于同意成立 "广西西江企业总公司" 的批复

广西壮族自治区

农 垦 局 文 件

垦办字〔1992〕第144号

★

关于同意成立"广西西江企业总公司"的批复

广西国营西江农场：

你场《关于成立广西西江企业总公司的请示》悉。

为适应改革开放新形势和有利于与外商接洽的需要，发展外向型经济，经研究，同意你场筹资900万元，成立"广西西江企业总公司"。农场的正、副场长即是总公司的正、副总经理。该公司为全民所有制性质，实行独立核算，自负盈亏，独立承担民事责任。同意总公司下设独立承担民事责任的具有法人资格的广西西江工业公司、广西西江农贸公司、广西西江畜牧水产公司、广西西江奶品公司、广西西江综合服务公司、广西西江建筑公司、广西西江商业公司。请到有关部门办理手续。

此复。

区 农 垦 局

一九九二年十月十四

抄送：自治区工商行政管理局，贵港市工商行政管理局，广西柳州玉林企业总公司

关于同意成立广西国营西江农场综合服务公司的批复

广西壮族自治区

农垦局文件

垦办字〔1992〕第54号

关于同意成立广西国营西江农场综合服务公司的批复

西江农场:

你场六月十一日《关于成立广西国营西江农场综合服务公司的请示》收悉,为适应当前改革开放和振兴农场经济的需要,经研究,同意成立"广西国营西江农场综合服务公司"。请尽快与当地工商行政管理部门办理有关手续。

此复。

区 农 垦 局

一九九二年六月十六日

关于同意将西江农场医院移交给当地政府管理的批复

广西农垦集团有限责任公司

文 件

垦企改发〔2002〕32 号

关于同意将西江农场医院移交给当地政府管理的批复

西江农场：

报来《关于分离西江农场医院交由地方卫生行政部门管理的请示》收悉。根据《自治区人民政府批转自治区经贸委关于分离国有企业办学校、医院职能意见的通知》（桂政发[2001]42 号）及今年农垦工作会议精神，经研究，批复如下：

一、同意将西江农场医院交给贵港市卫生局管理。

二、医院的土地、资产的移交接收按桂政发[2001]42 号文的规定办理。

此复

广西农垦集团有限责任公司

二OO二年八月五日

关于同意接收西江农场学校的函

贵港市人民政府办公室

贵政办函〔2002〕20号

关于同意接收西江农场学校的函

广西国营西江农场：

你场《关于剥离西江农场中学、小学归贵港市人民政府管辖的请示》（西农字〔2002〕第37号）收悉。经2002年11月15日第19次市长办公会议研究，同意接收西江农场中学、小学交我市教育局归口管理。请你场协助做好有关工作。

二○○○年十二月六日

主题词：教育　学校　接收△　管理　函

（共印12份）

关于启用新印章的通知

广 西 壮 族 自 治 区

农垦国有西江农场文件

西农办字（2003）34号

关于启用新印章的通知

场属各单位：

根据《广西区农垦局关于统一变更农场企业名称的通知》（垦企管发[2003]26号）要求，我场自二〇〇三年九月二十四日起更名为"广西农垦国有西江农场"，印章自下文之日起正式启用，原"广西国营西江农场"印章同时作废。

特此通知

附：　　　　新印章模　　　　　　　废印章模

关于农场公司化改制更名及启用新印章的通知

广西农垦西江农场有限公司
文 件

西农发〔2018〕61号

关于农场公司化改制更名
及启用新印章的通知

公司各单位、机关各部室：

根据党中央、国务院对农垦改革的精神及自治区党委、自治区人民政府对农垦企业化改革的要求和自治区农垦工委、自治区农垦局对农场公司化改革的部署，农场进行了公司化改制。目前，农场公司化改制已完成公司工商登记及换领企业法人营业执照工作，农场自2018年11月23日起改制为"广西农垦西江农场有限公司"，公司印章自公司更名之日起正式启用，原"广西农

— 1 —

垦国有西江农场"印章同时作废.

特此通知

新印章模   废印章模

广西农垦西江农场有限公司

2018 年 11 月 29 日

公开方式：公开

广西农垦国有西江农场办社会职能分离移交协议书

广西农垦国有西江农场
办社会职能分离移交协议书

甲方：港北区人民政府　　　　　（接收方）

乙方：广西农垦国有西江农场　　（移交方）

　　为进一步贯彻《中共广西壮族自治区委员会　广西壮族自治区人民政府关于进一步推进广西农垦改革发展的实施意见》（桂发〔2017〕3号）、《自治区农垦局　财政厅　教育厅　自治区卫生计生委　民政厅　中国人民银行南宁中心支行关于印发广西农垦国有农场办社会职能改革实施方案的通知》（桂垦发〔2017〕11号）等文件精神，切实减轻农场经营负担，根据国有农场社会职能改革工作任务安排，甲、乙双方就乙方承担的18项社会职能分离移交给甲方管理等相关事宜，经协商一致达成本协议。

　　一、移交职能内容

　　经梳理乙方需要移交甲方的社会管理职能共18项，主要项目内容如下：

　　（一）社会行政性职能11项：1、居民自治管理；2、环境保护、环境卫生与绿化亮化管理；3、卫生监督；4、计划生育管理；5、综合治理；6、安全生产监督；7、市场管理；8、道路、公路及桥梁管理；9、农机监理；10、动物防疫（包括血防等）；11、房产管理。

　　（二）社会事业性职能5项：1、民政；2、居民社会保险；3、离退休人员管理；4、人武工作；5、司法。

1

（三）社会服务性职能 2 项：1、场域企业生产和居民生活水电气的管理与服务；2、物业管理与服务。

二、移交方式

根据社会职能类别和甲方职能部门情况，乙方承担的社会职能按照以下方式进行分离移交：

（一）乙方计划生育管理、民政、党建群团、文化体育、文化宣传分别移交甲方卫计局、民政局和文体新局管理。由甲方成立贵城街道西江社区综合服务中心，并落实工作人员编制和经费，甲方卫计局、民政局、文体新局、组织部在社区综合服务中心设立业务窗口，为乙方辖区居民办理计生、民政（包括优抚、退伍军人安置、福利事业、殡葬、敬老、低保、社会救助、残疾人帮扶、慈善公益等）、党建等提供一站式服务。社区居委会在甲方部门的领导下负责组织乙方辖区文化体育活动，开展文化宣传工作，丰富职工群众文化娱乐生活。涉及上述职能移交前所形成的相关管理档案和资料一并移交贵城街道西江社区管理，计划生育管理档案、资料及业务统一移交贵城街道办事处。

（二）乙方负责对离退休人员分类进行梳理，并按照有关规定移交甲方人力资源和社会保障局管理。乙方离退休人员的养老待遇（含安葬费等）按照原来发放渠道进行发放，从 2019 年 1 月 1 日起，甲方人力资源和社会保障局接管乙方离退休人员档案（含截至 2018 年 6 月 30 日乙方统计离退休人员共 2489 人），离退休人员的医疗保险费用由乙方负责上缴。乙方负责按原渠道为离退休人员办理离退休手续，整理完善相关档案后移交甲方人力资源和社会保障局管理。

（三）乙方区域内环境保护、环境卫生与绿化管理、亮化管理、市场管理及环路内道路、公路和桥梁等管理工作移交甲方环保局、市政局和西江社区管理。移交后乙方区域内的环境保护工作由甲方环保局统一管理、监督。场部主要道路、公路和桥梁等路网道路清洁卫生、场容场貌全部纳入区市政局及下辖环卫所管理，保障路面、桥面清洁卫生，并对乙方辖区内占道经营、占道摆放等影响场容场貌的行为进行执法监督。乙方农贸市场划归甲方所有，由贵城街道西江社区负责经营管理，开展市场综合整治，维护市场秩序，提升市场功能，为乙方职工和周边居民提供服务。

（四）乙方区域内卫生监督移交甲方卫计局管理。移交后将乙方辖区内的执行卫生计生法规监督检查，全部纳入甲方卫计局执法监督范围内。由甲方卫计局统一管理和监督乙方辖区的卫生计生法规执行情况，并行使相应执法权。

（五）乙方区域内综合治理工作移交市公安局港北分局、甲方综治办和甲方司法局。移交后乙方辖区内公共安全、治安管理、纠纷调处、维稳、信访、社区矫正、民事调解、法律服务等综合治理和司法工作全部纳入市公安局港北分局、甲方综治办和甲方司法局管辖，综合治理涉及增加的人员编制，乙方协助甲方结合农垦改革政策规定共同向贵港市或自治区编制主管部门申请解决。

（六）乙方区域内场所安全生产管理和道路车辆交通安全管理分别移交甲方安监局和甲方辖区交警部门管理。移交后由甲方安监局负责对西江农场安全生产的综合监管工作，指导协调、监督检查西江农场安全生产工作，监督考核并通报西江农场安全生产责任制执行情况。道路交通安全由甲方辖区交警部门负责接收管理，涉及的道路交通安全标志牌一并移交。移交后，西江农场辖区主要道路交通秩序维护、交通安全管理等相关事宜由甲方负责落实。

（七）乙方区域内职工住宅小区物业管理与服务职能移交甲方建设局管理。由区建设局协调市住建委根据国家或地方物业管理相关规定指导成立业主委员会，由业主大会通过市场化选择物业管理公司，承担物业管理职责。

（八）乙方区域内人武工作移交甲方贵城街道武装部管理。移交后乙方不再负责人武工作管理，涉及乙方辖区内民兵组织建设管理、军事训练、征兵、拥军优属、民兵登记和统计等工作，全部由贵城街道武装部直接管理。

（九）乙方区域内环路外道路、桥梁、公路（含涵洞）管理和公共基础设施维护管理移交甲方交通局管理。将乙方已经建设的公路移交甲方交通局，由甲方交通局依法依规对公路进行执法检查，负责公路、道路桥梁的建设和维护、维修管理，并将乙方区域公路和交通建设资金纳入甲方财政预算与当地同步实施。

（十）甲方全力协助乙方将区域内企业生产和职工家属区居民用电和污水处理的管理移交贵港供电局和港北开发投资有限公司，乙方区域内居民生活垃圾移交甲方市政局环卫所管理。由乙方水厂负责代征污水处理费，乙方水厂按约定定期将污水处理费上缴甲方财政专户。各单位、团体和居民按照规定缴纳垃圾处理费，由乙方水厂负责代收垃圾处理费，并按约定定期上缴甲方财政专户。甲方市政局环卫所定期清理清运区域内日产生的和处理产生的生活垃圾，保持场区内居民生活环境清洁干净。

（十一）将乙方农业技术推广移交甲方农业局。 移交前，面向社会进行农技推广形成的相关管理、技术档案资料一并移交，移交后，由甲方农业局对照职责开展相关工作。乙方内部企业性农业技术推广不在移交范围。

三、移交后社会职能服务和经费保障

自 2018 年 5 月 28 日社会职能移交起，由甲方负责将本协议18 项职能根据类别和管理分解到甲方下辖各职能部门，并按照协议确定移交的约定履行管理职责，确保乙方及职工与周边区域享有同等的社会管理和公共服务。

甲、乙双方应结合自治区农垦改革文件、乙方办社会职能情况等财务数据，共同确定甲方承接乙方办社会职能管理和公共服务事业经费标准，并纳入甲方年度部门预算。改革过渡期内，中央、自治区财政部门为保障甲方承接乙方社会职能管理和服务运转而给予甲方的奖励、补贴或支持经费等各种费用，如拨付至乙方，乙方应全额支付给甲方，如中央或自治区财政直接拨付给甲方，由甲方确保经费专项用于承接乙方办社会职能和服务支出。自 2019 年 1 月 1 日起，甲方应将西江社区居委会承接乙方办社会职能所涉及的经费开支纳入政府年度部门预算，并确保专款专用，乙方不再就上述社会职能承担任何管理责任和费用。

四、资产移交

为落实社会职能移交和社区管理服务载体，乙方将明确移交的

公共服务资产整体移交给甲方管理，待自治区农垦局评估审核后，经甲、乙双方共同协商签订补充协议予以明确。

五、人员安置

人员安置按甲方成立贵城街道西江社区后的岗位设置，经甲、乙双方商定审核，优先安置乙方原在岗人员。

六、双方权利义务

（一）本协议书签订后，甲方应结合协议内容将18项社会职能分解落实到单位和部门，确保社会职能管理全部覆盖乙方辖区，社会公共服务水平逐步提升。

（二）社会职能移交后，甲方应及时配备涉及社会职能工作开展的人员和经费，确保社会职能管理工作正常开展，有序运行。

（三）乙方应在本协议书签订后30工作日内，对移交的18项社会职能相关档案、图纸等资料进行梳理移交甲方相关部门，办理移交手续。

（四）对协议书内乙方移交的道路、公路等公共基础设施，乙方应配合甲方交通部门到现场确认并设置界限标志，便于以后的管理和维护。

（五）本协议书内涉及移交的资产的审批，由乙方负责向上级国有资产管理部门申请办理资产无偿划拨手续。

（六）社会职能移交工作完成后，乙方应全力配合甲方积极向上级申请改革补助或奖励资金，资金用于社会职能改革和工作业务开展。

七、本协议未明确移交的其它办社会职能项目或在项目移交手续办理过程中出现的不尽事宜，按照《自治区农垦局 财政厅 教育厅 自治区卫生计生委 民政厅 中国人民银行南宁中心支行关于印发广西农垦国有农场办社会职能改革实施方案的通知》（桂垦发〔2017〕11号）文件执行。

八、本协议书一式四份，甲乙双方各执两份，本协议书自双方签字盖章之日起生效。

甲方（盖章）

甲方法定代表人或委托代理人：

乙方（盖章）

乙方法定代表人或委托代理人：

签字时间：2018年5月28日

广西农垦西江农场有限公司关于成立商业分公司的通知

广西农垦西江农场有限公司
文 件

西农发〔2021〕28号

广西农垦西江农场有限公司关于
成立商业分公司的通知

公司各单位、机关各部室:

根据农垦集团公司"一体两翼"战略规划部署,农场公司紧紧围绕主导产业创新发展思路,不断寻求多元化经济发展道路,努力实现企业产业转型升级。

经公司研究,并报农垦集团公司批准,决定成立广西农垦西江农场有限公司商业分公司(暂定名,以工商登记机关最终核准名称为准)负责贵港·农垦大厦等项目的运营管理工作。商业分

— 1 —

公司主营业务范围为中高端商业综合体经营管理服务,通过用工市场化和人才引进为公司主导产业发展打造一支专业、高效、务实、创新的物业运营团队,实现资产收入提升和持续稳定增值。

广西农垦西江农场有限公司

2021 年 4 月 26 日

公开方式:公开

广西农垦西江农场有限公司办公室　　　　2021 年 4 月 26 日印发

— 2 —

广西西江农场志

GUANGXI XIJIANG NONGCHANGZHI

后记

　　2020 年 7 月 24 日，按照《农业农村部办公厅关于组织开展第一批中国农垦农场志编纂工作的通知》精神，经广西农垦集团择优推荐、中国农垦农场志编纂委员会办公室审核并报部领导审定，农业农村部农垦局发布《关于公布第一批中国农垦农场志编纂农场名单的通知》（农垦综〔2020〕1 号），西江农场公司成为第一批中国农垦农场志编纂单位。

　　为确保《广西西江农场志》编纂工作顺利开展，西江农场公司于 2020 年 11 月 12 日印发了《关于印发〈广西农垦西江农场有限公司农垦农场志编纂工作方案〉的通知》（西农发〔2020〕59 号），成立了农垦农场志编纂工作领导小组，组长李蔚，副组长苏海波、邓德平，成员严一飞、吉文星、甘再兴、刘旭亮，领导小组统筹安排农场志的编纂工作。工作领导小组下设办公室，办公室设在党群工作部，负责农场志编撰的日常工作，包括方案定制、计划任务、人员安排及材料收集、整理等具体工作。办公室主任邓德平（兼），副主任周伟庆，成员黄健鹰、蒋诚、梁辉、林晖、罗福光、李江龙、马引兄、阳成梅、侯莹莹、邓兆鹏、莫勇珍、王东波。2022 年 3 月，公司因领导班子成员工作变动，将农垦农场志编纂工作领导小组调整为组长杨立军，副组长苏海波、邓德平，成员甘再兴、李坚、蒋诚、李蔚、吉文星。

《广西西江农场志》的编纂工作，从 2020 年 11 月开始启动，至 2022 年 8 月完成志书初稿，发给中国农业出版社审稿。在志书编纂过程中，公司领导高度重视，给予很大的关心和支持，从人员调配、档案材料查阅、办公用品供应等都保证了修志工作的顺利开展。公司聘请了广西地方志学术委员会委员、贵港市政府地方志办公室原主任、党组书记周朝宁同志担任《广西西江农场志》总纂，负责志稿撰写工作。公司各单位、部室为本志提供了大量翔实的第一手材料，使志书的内容更充实，史实和体例更完善。对《广西西江农场志》编写过程曾做出了贡献的所有人员，以及支持我们编纂工作的各界人士，我们表示深切的谢意！本志书在编纂取材上，以 2013 年编印的单位内部资料《西江农场志》为基础材料，亦曾参考二十世纪九十年代初编印的内部资料《国营西江农场场志》一书。可以说，《广西西江农场志》是在《国营西江农场场志》《西江农场志》的基础上不断发展、完善，才最终得以问世的。对前辈编辑们辛勤劳动作出的贡献，我们表示敬意和衷心感谢！

盛世修志，修志是一项系统工程，需要多方协调，各方配合才可毕其功。《广西西江农场志》编纂成书，并作为中国农垦农场志丛书系列之一，经由中国农业出版社正式出版发行，是我们公司企业文化建设的重大成果，具有深远意义。本志时间跨度比较长，上限时间为 1953 年，下限时间为 2022 年，由于年代久远，各时期档案材料保存不够完善，加上编写者的学识、水平有限，书中错漏之处在所难免，恳请读者批评指正。

广西西江农场志编纂委员会

二〇二二年十二月